지상에서 누리는 천국

HEAVEN ON EARTH
: A Treatise on Christian Assurance

by Thomas Brooks

잉글랜드 P&R 시리즈는 개신교를 탄생시킨 존 칼빈의 사상을 그대로 이어받아 신앙의 삶으로 구현한 청교도들, 그중에서도 가장 왕성하고도 풍부한 저술 활동으로 헤아릴 수도 없는 명저들이 가득한 잉글랜드 청교도와 그 신앙을 계승한 영적 위인들의 저서를 소개합니다. 존 후퍼(John Hooper), 윌리엄 퍼킨스(William Perkins), 리차드 십스(Richard Sibbes), 토마스 굿윈(Thomas Goodwin), 리차드 백스터(Richard Baxter), 존 오웬(John Owen), 존 번연(John Bunyan), 매튜 헨리(Matthew Henry), 조지 휫필드(George Whitefield), 존 라일(John Ryle), 찰스 스펄전(Charles Spurgeon), 마틴 로이드 존스(Martyn Lloyd-Jones) 등 일일이 열거하기 힘들 만큼 많은 영적 위인들이 잉글랜드 개혁신앙의 맥을 이어 왔습니다.

지상에서 누리는 천국

토마스 브룩스 지음 | 이태복 옮김

지평서원

| 차례 |

- 추천의 글 | 박순용 목사 · 6
- 독자에게 | 토마스 브룩스 · 11
- 지은이 머리말 · 19

1부 | 이 땅에서 천국을 맛보게 하는 구원의 확신

1장 하나님의 백성들이 이 세상에서
     영원한 행복과 복락을 확신하는 근거 · 25
2장 확신과 관련된 중대한 명제들 · 56
3장 확신을 향유하는 특별한 시기 · 93
4장 확신에 이르지 못하도록 방해하는 장애물과
     그것들을 제거하는 방법 · 156
5장 영원한 복락에 대한 근거가 충분한
     확신을 얻고자 애써야 할 이유(동기부여) · 214
6장 영원한 복락에 대한 근거가 충분한
     확신에 이르는 방법 · 253

2부 | 구원에 수반되는 여덟 가지, 그 본질과 속성

1장   구원에 수반되는 지식 · 303
2장   구원에 수반되는 믿음 · 331
3장   구원에 수반되는 회개 · 366
4장   구원에 수반되는 순종 · 383
5장   구원에 수반되는 사랑 · 402
6장   구원에 수반되는 기도 · 440
7장   구원에 수반되는 견인 · 465
8장   구원에 수반되는 소망 · 471

3부 | 진정한 확신과 거짓된 확신, 그리고 삶의 적용

1장   진정한 확신과 거짓된 확신의 차이 · 493
2장   확신에 관한 의문과 답변 · 524
3장   삶의 적용 · 545

HEAVEN ON EARTH
A Treatise on Christian Assurance

| 추천의 글 |

구원의 확신으로
천국의 복락을 이 땅에서 맛보십시오.

...

박순용 목사(하늘영광교회 담임 목사)

'구원의 확신'에 관한 최고의 책

교회의 역사 속에서 여러 사람들이 '구원의 확신(Assurance of Salvation)'에 관한 문제를 다룬 책들을 기록했지만, 그중에서 가장 대표적인 책을 한 권 들라고 한다면 단연코 이 책, 토마스 브룩스(Thomas Brooks)의 『지상에서 누리는 천국』(Heaven on Earth)을 꼽을 것입니다. 이와 비슷한 주제를 다룬 저작으로 윌리엄 거스리(William Guthrie)나 앤드류 그레이(Andrew Gray), 윌리엄 베이츠(William Bates) 등이 남긴 글들이 빈번하게 거론되기는 하지만, 브룩스의 이 책만큼 대표성과 대중성을 지닌 책은 없습니다.

그리고 그 밖에도 확신에 관한 내용을 다룬 탁월한 사람들의 부분적인 글들이 많이 남아 있습니다. 그러나 한 권의 책으로 남아 많은 사람들에게 읽히는 대표적인 책은 역시 브룩스의 책입니다. 확신을 다룬 책들 중 가장 탁월한 책답게, 브룩스는 이 책에서 확신에 관한 모든 것을 말해 주고 있습니다. 그래서 지금도 확신에 대한 어떤 답을 얻고자 하는 이에게, 그리고 그 주제를 다루려는 모든 이에게 이 책은 필독서로 알려져 있습니다.

　브룩스가 이 책에서 전개한 내용들을 살펴봅시다. 그는 먼저 그리스도인들이 영원한 복락에 대한 확신을 이 땅에서 가질 수 있다는 확신의 기초와 증거들을 말하고, 이와 관련된 몇 가지 중요한 사실들, 예를 들면 하나님께서 자신의 백성들에게 확신을 주시지 않는 몇몇 경우들이 있다는 것과 확신이 없다고 해서 구원받지 못한 것은 아니라는 것, 그리고 확신에 이르지 못하는 이유들과 기다림 이후에 확신을 얻게 되는 경우와, 반대로 확신을 얻은 후 그것을 상실할 수도 있다는 점을 언급하고 있습니다. 또한 확신에 이르지 못한 사람들에게 있는 여러 가지 장애들과 그것을 제거할 수 있는 방법들을 또한 덧붙여 설명합니다. 이처럼 브룩스는 많은 그리스도인들이 확신의 문제를 생각할 때 의문을 가지는 점들을 아주 필요적절하게 잘 설명합니다. 뿐만 아니라 그는 우리에게 '확신이 없어도 괜찮다'는 안이한 생각에 머물러서는 안 되고 오히려 확신을 얻기 위해 부단히 힘써야 한다고 역설하면서, 그 확신에 도달하는 길과 방법을 조심스럽게 말해 줍니다.

　흔히 우리는 확신 문제를 생각할 때 이 정도에서 멈추곤 합니다. 그러나 브룩스는 '확신' 문제가 기독교 신앙에서 구별되는 하나의 항목이 아니라 다른 많은 신앙의 덕목들과 직접적으로 연관된다는 사실 때문에, 지금까지의 내용을 1부로 하고, 2부에서 구원에 수반되는 신앙 덕목들, 곧 구원의 확신과 함께 생각해야 할 여덟 가지 신령한 덕목들에 대해 다룹니다. 곧 지식, 믿음, 회개, 순종, 사랑, 기도, 견인, 소망 등을 상세하게 다룹니다. 마지막으로 브룩스는 참된 확신과 거짓된 확신의 차이, 그리고 확신을 강화하고 유지하는 방법과 확신을 일시적으로 잃어버린 사람을 위한 권면으로 이 책을 끝맺습니다.

결국 브룩스는 이 책에서 확신 문제를 언급하고 있지만, 이 세상을 사는 그리스도인의 신앙과 삶의 모든 것들을 망라하여 언급하고 있다고 할 수 있습니다. 다시 말하면, 확신은 하나의 개별적 성경 지식이나 교리 문제가 아니라, 그리스도인의 신앙과 삶의 모든 영역과 연관되어 있는 문제로, 진실로 이 세상에서 마치 천국을 소유한 듯 생기와 능력을 소유한 채 살 수 있다는 성경의 주요 진리를 이 책에서 풍요롭게 말해 주고 있습니다.

그런데 브룩스는 이 모든 내용들을 딱딱하게 설명하지 않고 수많은 예화들을 적절하게 사용해 쉽게 말해 줍니다. 찰스 스펄전(C. H. Spurgeon)은 "예화를 알고 싶다면, 또 설교에서 예화와 일화와 선진들의 어록을 효과적으로 적용하고 싶다면, 브룩스의 책을 읽으라"라고 권한 적이 있는데, 독자들도 바로 그런 권면에 걸맞은 브룩스의 많은 예화들과 그것을 통한 쉬운 설명을 이 책에서 십분 느끼게 될 것입니다.

확신이 없거나 잃어버린 사람들에게

예수님을 믿으면서도 자신이 참된 하나님의 자녀인지, 영생을 소유했는지, 자기가 당장 죽으면 하나님의 품에 안길 것인지에 대해서 확신하지 못한다면, 그것은 분명 그리스도인으로서 불행한 신앙 상태에 놓여 있다고 말할 수 있을 것입니다. 왜냐하면 그것은 그리스도인으로서 누리는 은혜의 풍성함을 누리지 못한다는 말이며, 또 언제든지 요동할 수 있다는 의미이기 때문입니다. 실제로 예수님을 믿으면서도 자신이 참된 그리스도인인지 아닌지, 구원을 받는지 받지 못했는지를 알지 못하고 수시로 요동하며 신앙생활을 한다는 것, 따라서 하나님께서 자신의 자녀들에게 주시는 은혜의 풍성함을 누리지 못한다는 것은 그리스도인으로서는 생각할 수 없는 일입니다.

그러나 우리들의 현실을 보면 실제로 그런 사람들이 교회 안에 적지 않음을 보게 됩니다. 다시 말해, 마치 사도 요한이 그 당시 그리스도인들에게 영생이 있음을 알게 하고자 요한일서를 써서 전한 것과 같은 현실이 오늘날 우리에게서도 나타난다는 것입니다. 그리고 반대로 확신을 가졌다고 하지만 성경에 근거하지 않고 조작된 권면과 주장에 빠져 자기 암시적인 판단에 따라 구원의 확신을 말하거나, 다분히 감각적이고 신비주의적인 경험에 의존한 구원의 확신을 말하는 사람도 적지 않습니다. 그 결과가 어떤지에 대해서는 우리가 보는 현실이 적절한 답이 되리라고 생각합니다. 하나님의 자녀이면서도 그에게서 영생을 소유한 자로서의 생기 넘치는 모습과 증거를 우리가 쉽게 볼 수 없는 것은 그들이 근거가 충분한 확신을 갖지 못하고 있거나, 그것을 잃어버린 채 살아가고 있기 때문이라는 것입니다.

이런 면에서 볼 때 그리스도인이 확신을 가지고 이 땅의 삶을 사는 것은 너무나 중요하고 필요한 일입니다. 브룩스가 바로 이 사실을 알기 때문에 이 책을 쓴 것입니다. 그는 서론에서 다음과 같이 말합니다.

"어떤 사람이 지금 은혜의 상태 가운데 있다면, 그 사람은 죽은 후에 천국에 들어가게 되어 있습니다. 그러나 자기 자신이 현재 이런 은혜의 상태 가운데 있다는 것을 깨닫는다면, 그 사람은 죽은 이후뿐만 아니라 이 땅에 사는 동안에도 천국을 소유하게 되어 있습니다……확신은 이 세상에서 그리스도인이 누리는 영광의 아름다움과 극치입니다. 대개 확신이 있으면 아주 강력한 기쁨을 누리고 가장 감미로운 위안을 느끼며 가장 큰 평안을 얻게 됩니다……확신은 그리스도인의 행복, 곧 그리스도인이 안락하고 기쁨에 찬 존재로 살아가는 데 필요한 것입니다……하나님의 은혜를 소유하는 것, 그리고 더 나아가 우리에게 그런 은혜가 있다는 것을 확신하는 것은 영광의 왕좌에 올라앉아 있는 것과 같습니다."

로이드 존스(D. M. Lloyd-Jones) 목사 또한 그리스도인들이 확신을 소유해야 되는 이유를 말하면서 다음과 같이 덧붙였습니다.

"믿음을 위해 자신의 생명을 바친 사람들과 진리를 위해 화형당한 사람들……그들이 그렇게 할 수 있었던 비결은 무엇이었습니까? 무엇이 그들을 그토록 강하게 만들었습니까? 바로 그들이 자신이 의뢰한 분을 알고 있었기 때문입니다. 그들은 영생을 소유했으며, 화형을 당했지만 구원에 이르러 주 예수 그리스도와 대면했습니다. 만일 그들이 모든 것을 확신하지 않았다면 그와 같은 시련을 감당할 수 없었을 것입니다."[1]

로이드 존스의 말에서 알 수 있는 것처럼, 확신을 가진 그리스도인과 그렇지 못한 그리스도인의 차이는 너무도 분명합니다. 그러므로 그리스도인이라면 확신을 가져야 하고, 또 그것을 가지기를 구해야 합니다. 바로 그런 갈망과 추구가 있는 사람에게 브룩스는 필요 적절한 도움을 주고 있습니다.

저는 이 책을 읽는 사람들에게 분명히 많은 영적 유익이 있을 것임을 믿어 의심치 않습니다. 물론 이 책을 읽는 것이 능사는 아닙니다. 그러나 이 책이 구원의 확신을 갖지 못하거나 잃어버린 사람들에게 '지상에서 누리는 천국'을 위한 좋은 안내자가 되리라 믿습니다.

---

[1] D. M. Lloyd Jones, 김태곤 옮김, 『요한일서 강해』 제5권(서울: 생명의 말씀사), p.123,124.

| 독자에게 |

영원한 복락에 대해 온전히 확신하십시오.

...

토마스 브룩스(Thomas Brooks)

"머리 되시는 그리스도를 굳게 붙잡고 새로운 피조물의 법을 따라 행하는 모든 성도들에게, 우리 주 예수 그리스도를 통하여 하나님 아버지로부터 은혜와 긍휼과 평강이 넘칠지어다."

우리에게 가장 소중하신 예수 그리스도 안에서 사랑하는 자들이여! 여러분은 세상이 감당하지 못할 훌륭한 사람들입니다(히 11:38 참고). 여러분은 하나님과 겨루어 이긴 방백들입니다(창 32:28 참고). 여러분은 그리스도의 모든 즐거움을 한 몸에 받고 있는 존귀한 자들입니다(시 16:3 참고). 여러분은 그리스도의 영광입니다. 여러분은 그리스도께서 고르고 선택하신 가장 좋은 도구입니다. 그리스도께서는 마지막 날에 여러분을 도구로 사용하여 자신의 사악한 모든 원수들을 무찌르는 위업을 수행하실 것입니다.

여러분은 그리스도의 마음에 있는 인장입니다. 여러분은 그리스도의 손바닥에 새겨져 있습니다. 이스라엘 자손의 이름이 아론의 흉패에 기록되어 있었던 것처럼, 여러분의 이름은 그리스도의 가슴에 기록되어 있습니다. 여러분은 그리스도의 편지입니다. 여러분은 그리스도로부터 기름 부음을 받은 사람들입니다. 여러분은 분별하는 영을 받았습니다. 여러분은 그리스도의 마음을 소유하고 있습니다. 여러분에게는 가장 위대한 이점과 가장 탁월한 특권이 있어서 진리를 시험해 볼 수 있고 진리를 맛볼 수 있으며, 진리를 적용할 수 있고 진리를 변호할 수 있으며, 진리를 강화할 수 있고 진리를 유지할 수 있으며, 진리를 높일 수 있습니다. 그러므로 제가 이런 여러분에게 이 책을 헌정하지 않으면 누구에게 이 책을 헌정하겠습니까?

여러분은 제 마음속에서 그리스도 다음으로 가장 소중한 사람들입니다. 여러분의 유익과 진보, 여러분의 영광과 덕성 함양, 여러분의 만족과 견고함, 여러분을 위한 위로와 구원을 제가 얼마나 간절히 원하는지, 저에게 있는 것이 아주 작고 보잘것없더라도 여러분에게 드리지 않을 수 없습니다.

사랑하는 자들이여, 여러분도 잘 아는 바와 같이 구약 시대에 하나님은 부유한 사람들이 바치는 황금과 보석, 세마포와 자색 옷을 기쁘게 받으셨을 뿐만 아니라, 가난한 사람들이 바치는 염소털과 해달의 가죽, 산비둘기와 집비둘기 새끼도 기쁘게 받으셨습니다. 가난한 사람들로서는 그 소유 중에서 그것들이 하나님께 바칠 물건으로서 가장 좋은 것이었기 때문입니다.

저는 여러분이 하나님과 같은 마음을 저에게 보여 주기를 바랍니다. 여러분, 이 책에 기록된 모든 것을 지혜롭고 진지하게 숙고하고 친절하게 받아 주십시오. 여러분을 위해 이 책이 더욱 훌륭했다면 얼마나 좋을까 하는 아쉬움이 없는 것은 아닙니다. 그러나 비록 변변치 못한 것일지라도 전적인 사랑과 겸손으로 이 책을 여러분에게 드립니다.

저는 모든 성도들 중에서도 지극히 작은 자요, 성도들 가운데 한 사람으로 인정을 받기에도 너무나 부족하고 가치 없는 사람입니다. 그런데도 그런 제가 이 책을 출판하도록 감동된 몇 가지 이유들이 있습니다. 저는 이제 그것을 간략하게 말하려고 합니다.

첫째, 이 책의 기록들이 성령의 손으로 말미암아 자신들의 마음에 새겨지기를 간절히 고대하는 몇몇 보배로운 영혼들의 갈망을 채워 주고, 그들의 열렬하고도 경건한 요청을 만족시켜 주기 위해서입니다. 하나님은 성도들의 진지하고도 애정 어린 갈망을 통해서 분명한 목소리로 말씀하십니다. 바로 이 사실 때문에, 저는 성도들의 갈망에 기꺼이 반응하기로 결심하게 되었습니다. 사람들은 지위나 신분이 높은 사람들의 갈망을 무언의 명령으로 여기고 그 갈망을 채워 주기 위해서 노력합니다. 그러면서 선한 사람들의 갈망에 대해서는 한번 흘긋 보고 지나쳐서야 되겠습니까? 이교도인 세네카(Seneca)도 "선한 사람은 쳐다보기만 해도 마음이 즐겁다"라고 말했습니다. 하물며 선한 사람의 갈망을 보게 될 때 우리의 마음이 얼마나 더 기뻐해야 마땅하겠습니까?

둘째, 이 책에 기울인 저의 노력과 비슷한 성향의 이전의 노력들, 특히 『사탄의 계략을 이기는 보배로운 비결들』(Precious Remedies against Satan's Devices)이라는 책이 주님을 경외하는 사람들에게 얻은 좋은 반응과 상당한 호응은 저에게 용기를 갖게 만들었고, 주님께서 이 책에 복을 주어 많은 사람들에게 유익을 주실 것이라는 확신을 가지고 이 책을 출판하게 되었습니다. 주님께서 이전에 제가 한 수고에 복 주신 것을 알기 때문입니다.

저는 주님께서 이 책에 복을 주시도록 쉬지 않고 기도할 것입니다. 저의 부족한 수고가 성도들로부터 환영을 받고, 그들의 사랑이 지식과 모든 총명으로 점점 더 풍성하게 되도록, 저는 쉬지 않고 기도할 것입니다(빌 1:9 참고). 그들이 지극히 선한 것을 분별하며, 또 진실하여 허물없이 그리스도의 날까지 이르고, 예수 그리스도로 말미암아 의의 열매가 가득하여 하나님의 영광과 찬송이 되게 하시기를 쉬지 않고 기도할 것입니다(빌 1:10,11 참고).

셋째, 확신은 모든 시대의 성도들에게 지극히 유용합니다. 특히 급변하는 시대, 모든 사람들이 "파수꾼이여, 밤이 어떻게 되었느냐? 파수꾼이여, 밤이 어떻게 되었느냐? 파수꾼이 이르되 아침이 오나니 밤도 오리라"(사 21:11,12)라고 외치는 시대에 살고 있는 성도들에게 확신은 지극히 유용합니다.

그리스도인들이여! 주님께서는 지금 하늘과 땅을 흔들고 계십니다. 주님께서는 지금 모든 영광의 교만함을 훼파하고 계십니다. 주님께서는 지금 자신의 옷을 그 원수들의 선혈로 적시고 계십니다. 주님께서는 지금 찢고 나누고 계십니다. 주님께서는 지금 불태우며 깨뜨리고 계십니다. 주님께서는 지금 뽑아내고 내던지고 계십니다(렘 45:4,5 참고).

그러나 천상의 것들에 관하여 근거가 충분한 확신에 도달한 사람들은 이 모든 소동과 격변의 한복판에서도 크게 기뻐합니다(히 10:34 참고). 확신을 소유한 사람들은 유혹의 시기에도 결코 활기를 잃지 않을 것이고, 침몰하지도 않을 것이며, 움츠러들지도 않을 것입니다. 확신을 소유한 사람들은 자신들의 옷을 순결하고도 희게 유지할 것이며, 어린양이 어디로 인도하든지 따라갈 것입니다(계 3:4, 14:4 참고). 확신은 성도의 방주입니다. 그곳에서 성도는 노아처럼 모든 혼란과 파멸, 소동과 혼돈의 한복판에서도 고요하고 평안하게 지냅니다.

반면 천국도 확실하게 소유하지 못하고 세상도 확실하게 소유하지 못한 사람들, 현세적인 것들도 확실하게 소유하지 못하고 영원한 것들도 확실하게 소유하지 못한 사람들은 급변하는 시대 속에서 이중으로 비참함을 겪습니다(시 23:3,4; 계 6:12 참고).

넷째, 이 책을 출판하게 된 이유는 대부분의 그리스도인들에게서 마땅히 발견되어야만 하는 근거가 충분한 확신이 거의 발견되지 않는 오늘날의 현실 때문입니다. 대부분의 그리스도인들은 두려움과 소망 사이에서 어중간하게 살고 있습니다. 대부분의 그리스도인들은 마치 천국과 지옥 사이에 매달려 있는 듯합니다.

어떤 때는 자신들의 상태가 좋다고 소망을 가지다가도, 또 어떤 때는 자신들의 상태가 나쁘다고 두려움에 빠져 버립니다. 어떤 때는 모든 것이 잘되어 있고 앞으로도 영원토록 잘되어 갈 것이라고 소망을 품다가도, 곧 이러저러한 부패한 본성의 손으로, 또는 이러저러한 유혹의 득세로 자신들은 멸망하고 말 것이라는 두려움에 사로잡힙니다. 이렇게 그들은 폭풍 한가운데 이리저리 요동하는 배와 같습니다. 이렇게 연약한 영혼들이 힘을 얻을 수 있도록, 이렇게 불안정한 영혼들이 견고하게 설 수 있도록, 이렇게 서글픈 영혼들이 위로를 얻을 수 있도록 이 책을 세상에 발표합니다.

만일 주님께서 그들의 심령을 이끌어 이 책을 정독하도록 하신다면, 이 책이 여호와의 복 주심을 따라 자신들의 영원한 행복과 복락에 대한 온전한 확신에 도달하는 데 매우 크게 기여할 뿐만 아니라, 그 온전하고 복된 확신을 가지고 유지하는 데도 크게 기여한다는 사실을 그들이 깨닫게 되리라 믿습니다. 그렇게 될 수 있도록 저는 기도와 더불어 이 책을 세상에 출판합니다.

다섯째, 저는 제 생명이 잠깐 보이다가 없어지는 안개와 같다는 사실(약 4:14 참고), 제가 이 세상에 머물 수 있는 시간이 아주 짧다는 사실(시 39:12 참고)을 기억하면서 이 책을 세상에 출판합니다. 사람의 인생이 얼마나 짧은지, 어거스틴은 인생을 '죽어 가는 생명'이라고 불러야 할지 아니면 '살아가고 있는 죽음'이라고 불러야 할지를 단정할 수 없다고 말했습니다.

사람의 삶이라는 것은 연기의 그림자이며 그림자 같은 꿈에 불과합니다. 이 세상에서의 삶은 생명이 아니요, 생명을 향한 움직임과 여행에 불과합니다.¹⁾ 그리스도인의 삶은 생명이라기보다는 여행입니다. 그리스도인의 삶은 생명이라기보다는 생명을 향한 한 걸음입니다. 그러나 저는 죽어 가는 사람을 그리스도에게 연합시키는 것은 죽음이 아니라 생명임을 믿습니다. 또 살아 있는 사람을 그리스도로부터 분리시키는 것은 생명이 아니라 죽음임을 믿습니다.

제가 친구들과 성도들, 또는 죄인들에게 말할 수 있는 기간이 얼마 남아 있지 않습니다. 저는 그것을 알고 있습니다. 그러므로 죽은 이후에도 여러분에게 설교할 수 있는 기회를 가지고 싶은 마음이 더욱 간절해졌습니다. 비록 아벨은 죽었지만 그 믿음으로써 오히려 말하는 것처럼(히 11:4 참고), 제가 고대하는 본향 집으로 돌아가 그리스도의 품 안에 안겨 쉬게 될지라도 이 책은 말할 것이며 살아 있을 것입니다. 그리스도의 선지자들과 사도들은 이제 천국에 있습니다. 그러나 그들이 전한 메시지와 그들이 보여 준 본보기와 남긴 저술들은 이 세상에 살고 있는 성도들에게 지금도 설교하고 있습니다.

지스카(Zisca)는 자신이 죽어서 더 이상 보헤미아인들을 도울 수 없게 될 때를 내다보면서 자신의 살가죽이라도 남아 전쟁을 하고 있는 보헤미아인들에게 힘이 되기를 원한다고 말했습니다. 아, 보잘것없는 저는 생전에도 성도들에게 별 유익을 주지 못했습니다. 그러나 죽은 후에라도 이 책과 이전에 행한 연약한 수고들을 통해서 성도들에게 많은 유익을 줄 수 있기를 바랍니다. 그렇게 된다면 얼마나 좋을까요! 저자가 설교할 수 없을 때에도 책은 설교할 수 있습니다. 저자가 설교할 수 없는 상황에 있을 때에도 책은 설교할 수 있습니

---

1) 역자주 - 클레르보의 베르나르(Bernard of Clairvaux, St. known as the Mellifluous Doctor, 1090-1153)가 한 말입니다. 그는 프랑스에서 태어난 신학자요 개혁자로서 '은혜로운 박사'라는 별명을 가지고 있습니다. 시토회 수도원에 들어갔다가 나중에 샹파뉴에 신설된 클레르보(Clairvaux) 수도원의 초기 수도원장이 되었습니다. 칠십여 개가 넘는 수도원을 세우고 사백여 통이 넘는 서신과 삼백사십여 편의 설교를 남겼습니다.

다. 심지어 저자가 이 세상에 있지 않을 때에도 책은 설교할 수 있습니다.

여섯째, 제가 이 책을 세상에 출판하는 것은 그리스도를 진실로 사랑하는 모든 사람들을 향한 저의 충심 어린 사랑과 애정을 증명하고, 비록 그들이 각기 다른 모습으로 있다 할지라도 그들 모두가 제 눈에 보배롭고 제 마음에 매우 친밀하며 소중하다는 것을 알리고자 함입니다. 저는 저로 하여금 그리스도와 하나 된 사람들과 더불어 하나가 되게 하신 하나님께 감사합니다. 저는 더욱더 그들과 하나 되기를 원합니다(빌 4:21; 골 1:4; 살후 1:3 참고).

그리스도께서 성도들을 향해 풍성하고도 크며 감미로운 마음을 품으셨던 것처럼 저도 기꺼이 그런 마음을 품고 싶습니다. 늑대가 양을 괴롭히는 것은 흔한 일입니다. 그러나 양이 양을 괴롭히는 것은 괴이한 일입니다. 그리스도의 백합화가 가시나무 사이에 있는 것은 보통 있는 일이지만, 그리스도의 백합화가 가시나무가 되고 서로 상처를 주며 피를 흘리게 하는 것은 기괴하고 괴이한 일입니다.

그리스도인들이여! 터키 사람들과 이교도들도 서로 화합할 수 있지 않습니까? 헤롯과 빌라도도 서로 화합할 수 있지 않습니까? 모압과 암몬도 서로 화합할 수 있지 않습니까? 곰과 사자도 서로 화합할 수 있지 않습니까? 늑대와 사자도 서로 화합할 수 있지 않습니까? 아니, 마귀의 군대까지도 한 사람의 몸 안에서 서로 화합할 수 있지 않습니까? 그런데 마지막 날에 천국에 들어가야만 하는 성도들이 함께 화합할 수 없겠습니까?

판키롤루스(Pancirolus)의 말에 따르면, 로마인들이 가지고 있던 가장 보배로운 진주의 이름은 '유니오(unio)', 즉 '일치'였다고 합니다. 성도들의 일치는 값을 헤아릴 수 없이 보배로운 진주입니다. 이교도는 본성의 빛을 의지하며 "평화를 누리는 성(城)의 가장 두꺼운 성벽과 전쟁을 하고 있는 성의 가장 안전한 수비는 일치이다"라고 말할 수 있었습니다.

진실로 모든 성도들은 그리스도 안에서 하나입니다. 모든 성도들은 동일한 성령과 동일한 약속, 동일한 은혜와 동일한 특권을 소유하고 있습니다. 모든 성도들은 동료요 전우이며, 길동무요 공동 상속인이며, 같은 고난을 함께 당하는 친구요 동료 시민입니다. 그러므로 저는 그들 모두를 사랑하지 않을 수 없습니다. 감히 그렇게 하지 않을 수 없습니다. 저는 그들 모두를 존귀하게 여기지 않을 수 없습니다. 감히 그렇게 하지 않을 수 없습니다. 그리고 저의 이런 심정을 증거하기 위하여 저는 이 책을 그들의 영혼에 유익이 되도록 헌정하는 바입니다.

마지막으로, 제가 이 책을 세상에 출판하는 이유는 머리만 복잡하게 만드는 여러 가지 개념들, 경박한 여러 가지 억측들, 상상으로 만들어 낸 여러 가지 계시들, 그리고 광신적인 상상들로부터 참되고 진실한 그리스도인들을 보호하기 위해서입니다. 유감스럽게도 이미 많은 사람들이 그런 것들에 속고 기만당했습니다. 심지어 그 결과 영원한 멸망에 떨어졌다고 말하고 싶을 정도입니다.

지금까지 저는 이 책을 세상에 발표하게 된 여러 가지 이유, 그리고 여러분에게 이 책을 헌정하는 여러 가지 이유에 대해서 간략하게 말했습니다. 벌이 꽃에 한참 머물러 앉아 있는 것처럼, 여러분의 마음으로 진리를 한참 동안 깊이 숙고하십시오. 모든 진리는 천국의 꽃이요, 그 꽃은 온 세상보다 더 큰 가치가 있기 때문입니다.

이제 모든 은혜의 하나님께서 여러분의 마음과 영혼을 의와 성결의 모든 열매로 충만하게 하시기를, 여러분이 여러분 자신의 영원한 행복과 복락에 대해 온전한 확신에 도달하게 되기를 소원합니다. 바로 이것이 여러분의 영혼을 섬기는 저의 진실하고 간절하며 지속적인 바람입니다.

| 지은이 머리말 |

지상에서 누리는 천국,
그 확신의 본질에 대하여

　참된 은혜의 상태에 있다는 것은 더 이상 비참함에 있지 않으며 영원토록 행복을 누린다는 것입니다. 이런 상태에 있는 영혼은 하나님 가까이에 있는 영혼이요, 하나님께서 소중히 여기시는 영혼입니다. 이런 영혼은 하나님으로부터 큰 사랑을 받는 영혼이요, 하나님께서 보물처럼 귀하게 여기시는 영혼입니다. 이런 영혼은 하나님 안에 거하는 영혼입니다. 이런 영혼은 하나님의 영원하신 팔에 안겨 있는 안전한 영혼입니다. 이런 영혼은 가장 고결하고 고상한 모든 특권들을 완전하고 탁월하게 소유하고 있는 영혼입니다.

　어떤 사람이 은혜의 상태에 있다면, 그 사람의 처지는 행복하고 안전하며 확실합니다. 그러나 자기 자신이 그런 은혜의 상태 가운데 있다는 것을 깨닫고 알아야만 그 사람의 삶이 즐겁고 편안할 수 있습니다. 어떤 사람이 지금 은혜의 상태 가운데 있다면, 그 사람은 죽은 후에 천국에 들어가게 되어 있습니다. 그러나 자기 자신이 현재 이런 은혜의 상태 가운데 있다는 것을 깨닫는다면, 그 사람은 죽은 이후뿐만 아니라 이 땅에 사는 동안에도 천국을 소유하게 되어 있습니다. 자기 자신이 은혜의 상태 가운데 있다는 것을 깨닫는 사람은 천국에서도 복을 받게 되어 있고 스스로의 양심 안에서도 복을 받게 되어 있습니다. 그러므로 이런 사람은 갑절의 복을 받게 되는 것입니다.

확신은 하나님의 은혜를 받은 영혼의 반사적인 행위입니다. 이 반사적인 행위를 통해서 그 영혼은 자기 자신이 은혜롭고 복되며 행복한 상태에 있다는 사실을 분명하고도 확실하게 보게 됩니다. 확신은 어떤 사람이 은혜의 상태 안에 있다는 것에 관한 현저한 느낌이요 체험적인 인식입니다. 또 그 사람이 영광의 면류관을 쓰게 될 사람이라는 것에 관한 현저한 느낌이요 체험적인 인식입니다.

이런 확신은 그리스도의 영으로부터 오는 조명과 하나님의 성령으로부터 받는 증언과 보고를 통하여 자기 자신 안에 그리스도의 특별하고도 구체적이며 탁월한 은혜가 있다는 사실을 확인하게 됩니다.

"성령이 친히 우리의 영과 더불어 우리가 하나님의 자녀인 것을 증언하시나니, 자녀이면 또한 상속자 곧 하나님의 상속자요, 그리스도와 함께한 상속자니"(롬 8:16,17).

은혜를 받는 것과 내가 받은 은혜를 스스로 아는 것은 전혀 다른 일입니다. 믿는다는 것과 내가 진실로 믿고 있다는 사실을 확신하는 것은 전혀 다른 일입니다. 신앙을 가지고 있다는 것과 내가 진실로 신앙을 가지고 있다는 사실을 아는 것은 전혀 다른 일입니다. 확신은 내가 하나님의 은혜를 받았고 내가 진실로 믿으며 내가 진실로 신앙을 가지고 있다는 등의 사실을 확실하고도 분명하며 명확하게 앎으로써 생겨납니다.

확신은 이 세상에서 그리스도인이 누리는 영광의 아름다움과 극치입니다. 대개 확신이 있으면 아주 강력한 기쁨을 누리고, 가장 감미로운 위안을 느끼며, 가장 큰 평안을 얻게 됩니다. 확신은 대부분의 사람이 간절히 원하는 진주와 같으며, 극소수의 사람만이 쓰는 면류관과 같습니다. 하나님의 은혜로 아름답게 장식된 영혼은, 비록 자신이 은혜의 상태 가운데 있다는 것을 깨닫지 못하고 알지 못한다 할지라도, 안전하고 행복한 영혼입니다.

확신은 그리스도인에게 없어서는 안 되는 것이 아닙니다. 확신은 그리스도인의 행복, 곧 그리스도인이 안락하고 기쁨에 찬 존재로 살아가는 데 필요한 것입니다. 확신은 그리스도인으로서의 신분을 결정짓는 필수 조건이 아닙니다. 어떤 사람은 참된 성도이면서도 자신이 참된 성도라는 사실을 모를 수도 있습니다. 그래서 자신이 참된 성도라는 사실을 알 수만 있다면 온 세상이라도 다 내줄 마음을 가지고 있을 수도 있습니다.

하나님의 은혜를 소유하는 것, 그리고 더 나아가 우리에게 그런 은혜가 있다는 것을 확신하는 것은 영광의 왕좌에 올라앉아 있는 것과 같습니다. 그것은 이 세상에서 누리는 천국입니다. 본 강론에서 저는 확신에 관해 더 자세히 살펴보고자 합니다.

1부

이 땅에서 천국을 맛보게 하는
구원의 확신

HEAVEN ON EARTH
: A Treatise on Christian Assurance

1장

하나님의 백성들이 이 세상에서
영원한 행복과 복락을 확신하는 근거

1. 확신의 기초

사도 바울이 자신의 영원한 행복과 복락에 대한 확신을 세우는 토대는, 바울에게만 특별하게 주어진 어떤 특별한 계시가 아니라 모든 성도들에게 공통되는 근거이며, 다음의 말씀에서 명확하게 드러나는 근거입니다.

"자기 아들을 아끼지 아니하시고 우리 모든 사람을 위하여 내주신 이가 어찌 그 아들과 함께 모든 것을 우리에게 주시지 아니하겠느냐? 누가 능히 하나님께서 택하신 자들을 고발하리요? 의롭다 하신 이는 하나님이시니 누가 정죄하리요? 죽으실 뿐 아니라 다시 살아나신 이는 그리스도 예수시니, 그는 하나님 우편에 계신 자요 우리를 위하여 간구하시는 자시니라"(롬 8:32-34).

이 말씀이 명확하게 드러내는 사실이 있습니다. 그것은 이 복된 사도가 이 구절에서 말하는 영광스러운 확신은 어떤 직통 계시를 통해서 얻어진 것이 아니라는 사실입니다. 왜냐하면 사도는 모든 경건한 사람들에게 보편적이며 공통되는 논증으로부터 그 영광스러운 확신을 도출하고 있기 때문입니다. 그러므로 여기서 우리는 다음과 같은 결론을 이끌어 낼 수 있습니다.

모든 성도들은 이 세상에 있을 동안에도 자신들의 영원한 행복과 복락에 관하여 근거가 충분한 확신을 얻을 수 있습니다. 사도 바울의 경우와 같이 히스기야의 확신도 모든 성도들에게 공통되는 원리로부터 비롯되었습니다.

"여호와여 구하오니 내가 진실과 전심으로 주 앞에 행하며 주께서 보시기에 선하게 행한 것을 기억하옵소서 하고, 히스기야가 심히 통곡하더라"(왕하 20:3).

2. 성경의 근거

성도들이 자신의 영원한 행복과 복락에 대하여 근거가 충분한 확신에 도달하도록 돕는 것이 성경의 목적과 의도입니다. 사도 요한은 요한일서를 기록한 목적에 대해 다음과 같이 말합니다.

"내가 하나님의 아들의 이름을 믿는 너희에게 이것을 쓰는 것은 너희로 하여금 너희에게 영생이 있음을 알게 하려 함이라"(요일 5:13).

요한일서의 수신자인 이 귀중한 영혼들은 예수 그리스도를 진실하게 믿는 사람들이었습니다. 따라서 그들은 영원한 생명을 이미 가지고 있었습니다. 영생에 대한 하나님의 약속이 그들에게 주어졌다는 점에서 그들은 이미 영원한 생명을 소유하고 있었습니다(딛 1:2 참고). 그들의 머리 되시는 그리스도께서 먼저 하늘에 오르사 그들을 위한 처소를 예비하고 계시며, 그들의 대표로서 모든 백성을 대신하여 하늘에 나타나신다는 점에서 그들은 이미 영원한 생명을 소유하고 있었습니다(엡 2:6 참고). 또 영원한 생명이 벌써 그들 안에 시작되었다는 점에서 그들은 이미 영원한 생명을 소유하고 있었습니다. 은혜를 받았다는 것이 영화(榮化)가 시작되었다는 것이 아니고 무엇입니까? 영화는 은혜가 완성된 것이 아닙니까? 그러므로 은혜는 영화가 싹튼 것이요, 영화는 은혜가 활짝 핀 것입니다.

이와 같이 그들은 이런 모든 점에서 영원한 생명을 가지고 있었습니다. 그러나 그들은 자신들에게 영원한 생명이 있다는 사실을 알지 못했습니다. 그들은 예수 그리스도를 진실하게 믿었지만, 자신이 참으로 그리스도를 믿고 있다는 사실을 믿지 않았습니다. 그래서 사도는 그들에게 보낸 서신에서 다양하고 풍성한 논증으로 모든 사람들, 특히 믿음이 연약한 사람들을 도와 그들이 자신들의 영원한 행복에 대하여 근거가 충분한 확신을 얻도록 힘쓰고 있습니다.

사람들로 하여금 먼저 예수 그리스도를 알게 하고, 그다음에 예수 그리스도를 영접하게 하며, 그다음에 자신들이 참으로 그리스도 안에 있다는 감미롭고도 견고한 확신을 갖도록 하는 것이 모든 성경의 목적이요 의도입니다. 마틴 루터(Martin Luther)는 성경에 관하여 다음과 같이 말했습니다. "만일 천국에 하나님의 말씀이 없다면, 천국에 살 권리가 나에게 있을지라도 나는 천국에서 살지 않을 것입니다. 그러나 지옥이라 할지라도 만일 그곳에 하나님의 말씀이 있다면, 나는 얼마든지 그곳에서 살 것입니다."

성경에 기록된 역사에 필적할 만한 역사는 없습니다. 성경은 다음과 같은 점에서 유일하고 독특합니다. 즉, 성경은 매우 오래되었고 희귀하며 다양하고 간결하며 명료하고 조화롭고 진실합니다. 하나님의 말씀은 진리를 증언하고 거짓을 폭로합니다. 하나님의 말씀은 어리석음에 대항해서 싸우며 하나님의 긍휼하신 마음을 펼쳐 보입니다. 그리고 하나님의 말씀은 믿는 영혼으로 하여금 영원한 복락에 대하여 확신하게 합니다. 히브리서 6장 18절이 전하는 귀중한 메시지가 바로 이것입니다.

"이는 하나님이 거짓말을 하실 수 없는 이 두 가지 변하지 못할 사실로 말미암아 앞에 있는 소망을 얻으려고 피난처를 찾은 우리에게 큰 안위를 받게 하려 하심이라."

하나님께서는 우리가 누리는 안위가 강력하고 우리의 구원이 안전할 수 있도록 우리에게 자신의 말씀과 맹세와 인치심을 주셨습니다. 그러므로 확신이 없다면, 성도가 무슨 위안을 누릴 수 있겠습니까? 내 영혼을 위로하고 즐겁게 하는 것은 다른 것이 아닙니다. 그것은 내가 천국을 소유하고 있다는 확신, 내가 복음의 수많은 위로와 여러 가지 귀중한 약속을 소유하고 있다는 확신, 그리고 내가 귀하신 그리스도와 분명한 관계를 맺고 있다는 확신입니다.

금광이 많이 있고 산더미 같은 진주가 있으며, 보물이 무더기로 쌓여 있고 젖과 꿀이 흐르는 땅이 있다는 것을 겨우 아는 것만으로는 내 영혼이 큰 위안을 누릴 수 없습니다. 내 영혼이 기쁨을 누리기 위해서는 이러한 것들과 내가 분명한 관계를 맺고 있다는 사실을 알아야 합니다. 그렇게 좋은 것들이 있지만 그것들이 나와 아무런 관련이 없다는 사실을 아는 것은 나에게 위안이 되기보다는 오히려 괴로움이 됩니다.

세상에서 가장 맛있는 음식들이 차려진 잔치가 열리지만 나는 한입도 맛볼 수 없다는 사실을 아는 것, 물맛이 좋은 샘과 개울이 있지만 나는 광야에서 목말라 죽어 가야 한다는 사실을 아는 것, 그것은 분명 괴로운 일입니다. 다른 사람들을 위해서는 화려한 예복이 준비되어 있지만 나는 누더기를 걸치고 죽어야 한다는 사실을 아는 것, 다른 사람들은 죄를 용서받을 수 있지만 나는 생명에 이르는 사다리에 오를 수 없다는 사실을 아는 것, 그리고 다른 사람들은 높은 자리를 차지하지만 나는 거지 나사로와 함께 부자의 대문에 계속 누워 있어야 한다는 사실을 아는 것, 이것은 당연히 내 괴로움을 더 깊게 할 뿐입니다. 이런 지식은 결코 나에게 위안을 줄 수 없습니다.

대홍수로 멸망한 옛 세상의 사람들에게는 방주가 있다는 것을 아는 지식이 기쁨이 아니라 오히려 슬픔이 되었습니다. 왜냐하면 그들은 방주 밖에 있었기 때문입니다. 어떤 이스라엘 백성들에게는 놋뱀이 장대 위에 매달려 있다는 것을 아는 지식도 기쁨이 아니라 오히려 슬픔이 되었습니다. 왜냐하면 다른 사람들은 그것을 바라보고 살게 되었지만 자신은 불뱀에 물려 죽어 가고 있었기 때문입니다(민 21:4-9 참고).

그리스도 안에 평화와 죄 사함이 있고, 그리스도 안에 의(義)와 부유함이 있고, 그리스도 안에 행복이 있다는 사실을 단순히 아는 것이 어떻게 나에게 위안이 되겠습니까? 그 모든 것이 다른 사람들을 위한 것이요 나에게는 아무런 상관이 없다면 말입니다. 이런 지식은 나에게 기쁨과 위로의 근거라기보다는 나를 고문하는 지옥일 것입니다.

그러나 하나님은 어떤 사람이 영원한 행복을 누릴 수 있는지, 또 어떻게 하면 그 사람들이 자신의 복락과 영광을 확신할 수 있는지를 성경에 계시해 주셨습니다. 이에 관하여 루터는 이렇게 말했습니다. "나에게는 온 세상을 소유하는 것보다 성경책의 한 장을 소유하는 것이 더욱 소중합니다."

성경은 그리스도인의 대헌장(大憲章)이며 천국에 대한 가장 중요한 증언입니다. 사람들은 자신들의 토지와 관련된 계약서, 양도 증서, 권리 증서를 매우 소중하게 여기고 잘 보관합니다. 그렇다면 성도들은 하나님의 보배로운 말씀을 얼마나 더 소중히 여기고 마음의 벽장 안에 조심스럽게 간직해야 하겠습니까? 왜냐하면 성도들에게 하나님의 말씀은 그들의 보존과 구원과 보호와 확증과 위안과 영원한 구원에 대한 모든 확신이기 때문입니다.

3. 많은 성도들이 이미 얻은 확신

일반적으로 성도들은 영원한 행복과 복락에 대한 감미로운 확신에 도달했습니다. 사도 바울은 성도들을 대신하여 이런 확신에 관하여 다음과 같이 말합니다.

"만일 땅에 있는 우리의 장막 집이 무너지면 하나님께서 지으신 집, 곧 손으로 지은 것이 아니요 하늘에 있는 영원한 집이 우리에게 있는 줄 아느니라. 참으로 우리가 여기 있어 탄식하며 하늘로부터 오는 우리 처소로 덧입기를 간절히 사모하노라"(고후 5:1,2).

성도들은 이 확신 때문에 왕좌에 앉은 왕처럼 의기양양할 수 있습니다.

우리에게는 집이 있습니다. 하늘에 있는 집, 곧 천국에 있는 집, 손으로 지은 것이 아닌 하늘에 있는 영원한 집이 있습니다. 우리에게는 집이 있습니다. 천상의 집, 가장 위대한 지혜와 가장 높은 사랑으로 만들어진 집이 있습니다. 그 명예와 즐거움과 부유함과 안전함과 견고함과 영광과 지속성에 관한 한 이 세상에 있는 모든 궁전을 능가하는 집이 우리에게 있습니다. 이 집은 손으로 지은 것이 아니라 하늘에 있는 영원한 집입니다.

일반적으로 교회는 자신의 영원한 행복과 복락에 대하여 감미로운 확신을 가졌습니다. 아가서 2장 16절을 보십시오.

"내 사랑하는 자는 내게 속하였고 나는 그에게 속하였도다."

신부는 예수 그리스도가 자기에게 속해 있다는 사실을 알고 있다고 말합니다. 신부의 이 말을 다음과 같이 해석할 수 있습니다.

"나는 아주 강력한 확신과 담대함을 가지고 단언할 수 있습니다. 예수 그리스도는 내 머리요 내 남편이며 내 주며, 내 구속자요 나를 의롭게 하는 분이요 내 구주이십니다. 그리고 나는 그분의 것입니다. 나는 내가 살아 있다는 사실을 분명하게 확신하는 것만큼이나 동일하게 내가 그분의 소유라는 사실을 확신합니다. 그분이 나를 값 주고 사셨기 때문에 나는 그분의 소유입니다. 그분이 나를 정복하셨기 때문에 나는 그분의 소유입니다. 그분이 나에게 많은 것을 값없이 주셨기 때문에 나는 그분의 소유입니다. 그분이 나를 선택하셨기 때문에 나는 그분의 소유입니다. 그분이 나와 언약을 맺으셨기 때문에 나는 그분의 소유입니다. 그분이 나와 결혼하셨기 때문에 나는 그분의 소유입니다. 나는 오직 그분의 소유입니다. 나는 그분의 특별한 소유입니다. 내게 있는 모든 것은 다 그분의 소유입니다. 나는 영원히 그분의 소유입니다. 나는 이것을 잘 알고 있습니다. 그리고 이것을 아는 지식은 내 삶의 기쁨이요, 내 죽음의 힘과 면류관입니다."

일반적으로 교회는 자신의 영원한 행복과 복락에 대하여 감미로운 확신을 가졌습니다. 이사야 63장 16절을 보십시오.

"주는 우리 아버지시라. 아브라함은 우리를 모르고 이스라엘은 우리를 인정하지 아니할지라도 여호와여, 주는 우리의 아버지시라. 옛날부터 주의 이름을 우리의 구속자라 하셨거늘."

다윗은 다음과 같이 말할 수 있었습니다.

"하나님은 내 마음의 반석이시요 영원한 분깃이시라"(시 73:26).

또 다른 경우에 다윗은 다음과 같이 감미롭게 노래할 수 있었습니다.

"나는 주의 것이오니 나를 구원하소서!"(시 119:94)

욥은 칠흑 같은 어둠 너머에 자신의 대속자가 살아 계시다는 사실을 볼 수 있었습니다

"내가 알기에는 나의 대속자가 살아 계시니 마침내 그가 땅 위에 서실 것이라"(욥 19:25).

도마는 "나의 주님이시요 나의 하나님이시니이다"(요 20:28)라고 외쳤습

니다. 사도 바울은 "다른 어떤 피조물이라도 우리를 우리 주 그리스도 예수 안에 있는 하나님의 사랑에서 끊을 수 없으리라"(롬 8:39)라고 당당하게 외쳤습니다. 그리고 "나는 선한 싸움을 싸우고 나의 달려갈 길을 마치고 믿음을 지켰으니, 이제 후로는 나를 위하여 의의 면류관이 예비되었으므로"(딤후 4:7,8)라고 당당하게 외쳤습니다.

지금까지 말한 것을 볼 때 일반적으로 성도들은 확신을 얻었으며, 그러므로 지금도 성도들은 자신의 영원한 행복과 복락에 대하여 감미로운 확신을 얻을 수 있다는 점이 명확하게 드러납니다. 틀림없이 하나님은 옛 성도들을 사랑하신 것과 동일하게 지금도 성도들을 사랑하십니다. 성도들을 향한 하나님의 연민은 예나 지금이나 변함없이 강력합니다. 옛날에 하나님께서 성도들에게 확신을 주셨다는 사실은 하나님의 영광과 그리스도를 높이는 것과 사악한 사람들의 입을 막는 것, 그리고 의로운 사람들의 마음을 기쁘게 하는 것에 크게 이바지했습니다. 그리고 지금도 하나님께서 성도들에게 확신을 주신다는 것은 옛날과 동일한 효력을 발휘합니다.

4. 하나님께서 주신 확신의 약속

하나님께서는 자기 백성들에게 그들의 행복과 복락에 대하여 확신을 주겠다고 약속함으로써 자신을 속박하셨습니다.

"여호와께서 은혜와 영화를 주시며 정직하게 행하는 자에게 좋은 것을 아끼지 아니하실 것임이니이다"(시 84:11).

하나님께서는 좋은 것을 아끼시지 않습니다. 그러므로 틀림없이 하나님은 확신도 아끼시지 않을 것입니다. 왜냐하면 확신이야말로 좋은 것 중에서도 좋은 것이요, 성도들이 추구하는 유일한 것이며, 가장 중요하고 특별한 것이기 때문입니다.

에스겔서에도 시편의 말씀과 비슷한 말씀이 있습니다.

"그들이 내가 여호와 그들의 하나님이며 그들과 함께 있는 줄을 알고, 그들 곧 이스라엘 족속이 내 백성인 줄 알리라. 주 여호와의 말씀이라. 내 양 곧 내 초장의 양 너희는 사람이요 나는 너희 하나님이라. 주 여호와의 말씀이니라"(겔 34:30,31).

요한복음에도 이와 비슷한 말씀이 있습니다.

"나의 계명을 지키는 자라야 나를 사랑하는 자니, 나를 사랑하는 자는 내 아버지께 사랑을 받을 것이요 나도 그를 사랑하여 그에게 나를 나타내리라"(요 14:21).

그리스도께서는 다음과 같이 말씀하십니다.

"사람이 나를 사랑하면 내 말을 지키리니, 내 아버지께서 그를 사랑하실 것이요 우리가 그에게 가서 거처를 그와 함께하리라"(요 14:23).

주님께서 친히 그렇게 말씀하셨습니다. 그런데 그 말씀이 이루어지지 않겠습니까? 사람들은 자신이 한 말을 얼마든지 번복할 수 있습니다. 사람들은 약속을 하기가 무섭게 자신의 약속을 깨뜨립니다. 그러나 하나님께서 그렇게 하시겠습니까? 물론 하나님은 절대 그렇게 하시지 않습니다. 우리에게 약속을 주신 하나님은 신실하십니다. 사도 바울은 이렇게 말합니다.

"하나님의 약속은 얼마든지 그리스도 안에서 '예'가 되니"(고후 1:20).

하나님의 약속은 흔들리거나 변하지 않고 참으로 실현될 것입니다. 하나님의 약속은 보배로운 책입니다. 그 책 한장 한장에서 몰약과 긍휼이 뚝뚝 떨어집니다. 그러므로 차분히 앉아서 하나님의 약속이라는 젖을 먹으십시오. 하나님의 약속이라는 불로 여러분의 몸을 따뜻하게 하십시오.

하나님은 지금까지 언제나 자신의 말씀을 충실하게 지키셨습니다. 그뿐만

이 아닙니다. 때때로 하나님은 자신이 말씀하신 것보다 더 크고 좋은 일을 행하셨습니다. 하나님은 항상 약속을 이행하셨을 뿐만 아니라 약속하신 것보다 더 많은 일을 행하셨습니다. 하나님은 이스라엘 백성에게 가나안 땅을 약속하셨으나 가나안 전 지역 외에 약속하지 않았던 두 나라까지 주셨습니다.

아, 얼마나 자주 하나님은 우리가 구하기 전에 먼저 우리에게 복 주시리라 약속하셨습니까! 또 하나님은 우리의 공로를 전혀 상관하지 않을 뿐만 아니라 우리의 소망을 훨씬 뛰어넘는 긍휼을 우리에게 베풀어 주시지 않았습니까! 오늘날과 같이 암흑과 살인이 편만한 시대에도 하나님은 이 땅에 사는 자기 백성들의 기도와 소원과 희망과 확신보다 더 크고 놀라운 일들을 얼마나 자주 행하셨습니까! 또 약속의 책에 기록된 것보다 더 크고 놀라운 기이한 일들을 얼마나 자주 행하셨습니까!

사탄은 가장 좋은 것을 약속하지만 결국 가장 나쁜 것을 줍니다. 사탄은 명예를 약속하지만 결국 불명예를 줍니다. 사탄은 즐거움을 약속하지만 결국 고통을 줍니다. 사탄은 유익을 약속하지만 결국 손해를 끼칩니다. 사탄은 생명을 약속하지만 결국 사망을 줍니다.

그러나 하나님은 약속한 것을 그대로 주십니다. 하나님께서 우리에게 주시는 모든 것은 순금으로 된 것입니다. 그러므로 하나님께서 스스로 속박하사 당신에게 하나님의 사랑을 확신하게 하시리라고 약속하신 말씀들을 가지고 하나님 앞에 나아가 그 약속들을 주님 앞에 펼쳐 놓으십시오. 그리고 하나님께서 당신의 영원한 행복과 복락에 대한 확신을 당신에게 주시는 것이 당신에게 위로가 될 뿐만 아니라 주님에게 명예가 되며, 당신에게 평안이 될 뿐만 아니라 주님에게 영광이 된다는 점을 말씀드리십시오.

5. 성도 안에 있는 확신의 샘근원

모든 성도 안에는 확신에 이르게 하는 여러 가지 샘근원이 있습니다. 그러므로 모든 성도는 확신에 이를 수 있습니다. 그러면 확신에 이르게 하는 여러 가지 샘근원을 살펴봅시다.

1) 보배로운 믿음

이 믿음은 모든 성도 안에 다 있습니다. 비록 그 정도는 서로 다르지만 말입니다. 사도 베드로는 다음과 같이 말합니다.

"예수 그리스도의 종이며 사도인 시몬 베드로는 우리 하나님과 구주 예수 그리스도의 의를 힘입어 동일하게 보배로운 믿음을 우리와 함께 받은 자들에게 편지하노니"(벧후 1:1).

믿음은 시간이 흐르면서 저절로 확신으로 승화되고 진보하게 되어 있습니다. 믿음은 하나님과 하나님의 것을 자기의 소유로 만드는 은혜입니다. 믿음은 하나님을 바라보며 다윗처럼 이렇게 고백합니다.

"이 하나님은 영원히 우리 하나님이시니 그가 우리를 죽을 때까지 인도하시리로다"(시 48:14).

믿음은 그리스도를 바라보며 신부처럼 이렇게 고백합니다.

"나는 내 사랑하는 자에게 속하였도다. 그가 나를 사모하는구나"(아 7:10).

믿음은 불멸의 면류관을 바라보며 사도 바울처럼 이렇게 고백합니다.

"이제 후로는 나를 위하여 의의 면류관이 예비되었으므로"(딤후 4:8).

믿음은 그리스도의 의를 바라보며 이렇게 말합니다. "하나님 앞에서 나를 덮어 주는 이 의는 내 것이다." 믿음은 그리스도의 긍휼을 바라보며 이렇게 말합니다. "나를 용서하는 이 긍휼은 내 것이다." 믿음은 그리스도의 능력을 바라보며 이렇게 말합니다. "나를 붙들어 주는 이 능력은 내 것이다." 믿음은 그리스도의 지혜를 바라보며 이렇게 말합니다. "내 갈 길을 인도하는 이 지혜는 내 것이다." 믿음은 그리스도의 피를 바라보며 이렇게 말합니다. "나를 구원하는 이 피는 내 것이다."

2) 소망

믿음과 마찬가지로 소망도 확신에 이르게 합니다. 사도 바울은 그리스도에 대해서 이렇게 말합니다.

"이 비밀은 너희 안에 계신 그리스도시니 곧 영광의 소망이니라"(골 1:27).

히브리서에도 비슷한 말씀이 있습니다.

"우리가 이 소망을 가지고 있는 것은 영혼의 닻 같아서 튼튼하고 견고하여 휘장 안에 들어가나니"(히 6:19).

소망은 천국과 지성소를 굳게 붙잡습니다. 그리스도인의 소망은 판도라의 상자에 남은 희망[1]과는 다릅니다. 판도라의 상자 안에 남은 희망은 상자 밖으로 날아가 버리거나 영혼을 떠나 버릴 수도 있습니다. 마치 위선자들의 소망이 물거품같이 허망하게 사라지듯이 말입니다. 반면 그리스도인의 소망은 결코 그렇지 않습니다. 그리스도인의 소망은 아침 햇살과도 같습니다. 그것은 아주 가냘픈 빛으로 시작되어도 마침내 찬란한 햇빛으로 나아가고 맙니다. 날이 완전히 밝을 때까지 그 빛은 점점 더 밝게 빛날 것입니다.

알렉산더(Alexander) 대왕은 승리할 가능성이 높은 원정에 나서면서 자신이 가지고 있던 황금을 다른 사람들에게 모두 나눠 주었습니다. 그러자 어떤

---

[1] 역자주 – '판도라'는 그리스 신화에 등장하는 신(神)으로서, 제우스가 불을 훔쳐 인간에게 준 프로메테우스를 벌하기 위해 인간 세계에 보낸 인류 최초의 여자입니다. 판도라의 상자는 제우스가 판도라에게 보낸 상자로 그 뚜껑을 열었더니 그 안에서 온갖 해악이 나오고 희망만이 남았다고 합니다.

사람들이 알렉산더에게 그가 자기 자신을 위해 무엇을 남겨 두었느냐고 물었습니다. 이에 알렉산더는 더 크고 좋은 것들을 얻을 수 있다는 소망을 남겨 두었노라고 대답했습니다.

그리스도인도 이와 같습니다. 그리스도인은 다른 것은 다 버려도 자신의 소망만큼은 절대 버리지 않습니다. 왜냐하면 소망이 있어야 고통과 혼란으로부터 마음을 보호할 수 있음을 그리스도인은 잘 알기 때문입니다. 소망이 있어야 의기소침과 낙망으로부터 마음을 보호할 수 있음을 그리스도인은 잘 알기 때문입니다. 소망이 하나님의 광채요 영광의 불꽃임을 그리스도인은 잘 알기 때문입니다. 또 영혼이 영광으로 충만해질 때까지 그 어떤 것도 소망을 꺼뜨릴 수 없음을 그리스도인은 잘 알기 때문입니다. 소망으로 충만한 영혼은 머지않아 감미로운 확신을 누릴 것입니다.

하나님은, 소망을 품고 있는 영혼이 하늘로부터 선한 말씀을 얻지 못해서, 또 시간이 흐르면 자신도 누리게 되리라고 소망하던 것을 실제로 소유하지 못해서 탄식하고 신음하며 언제나 오르락내리락 하는 것을 보고 싶어하시지 않습니다. 그러므로 소망과 인내를 포기하지 말고 더 굳건히 붙잡으십시오. 잠시 후에 오시리라고 약속하신 그분이 오실 것입니다. 그분은 결코 지체하지 않으실 것입니다(히 10:37 참고).

3) 선한 양심

사도 바울은 이렇게 말합니다.

"우리가 세상에서 특별히 너희에 대하여 하나님의 거룩함과 진실함으로 행하되 육체의 지혜로 하지 아니하고 하나님의 은혜로 행함은 우리 양심이 증언하는 바니, 이것이 우리의 자랑이라"(고후 1:12).

사도 요한도 이와 비슷하게 말합니다.

"사랑하는 자들아, 만일 우리 마음이 우리를 책망할 것이 없으면 하나님 앞에서 담대함을 얻고"(요일 3:21).

선한 양심은 분명한 확신을 가지고 있습니다. 선한 양심을 가지고 있는 사람은 노아처럼 모든 혼란과 소동의 한복판에서도 정직과 평온, 의로움과 담대함 속에 거합니다. 선한 양심과 선한 확신은 언제나 함께 존재합니다.

예수님을 처음 따라다니기 시작한 한 제자가 우리 구주께 "선생님이여, 어디로 가시든지 저는 따르리이다"(마 8:19)라고 말씀드렸던 것처럼, 선한 양심도 믿는 영혼에게 똑같이 말합니다.

"당신이 의무를 행할 때마다, 또 규례에 참여할 때마다 나는 당신을 따를 것입니다. 내가 당신 곁에서 당신에게 더욱 힘을 주고 지원할 것입니다. 사는 동안에는 당신에게 위로가 되고, 죽음의 순간에는 당신에게 친구가 되어 줄 것입니다. 모든 것이 다 당신을 버릴지라도 나는 결코 당신을 버리지 않을 것입니다(마 26:35 참고)."

선한 양심은 가장 어두컴컴한 구름을 뚫고 그 너머에서 미소를 머금고 계시는 하나님을 바라봅니다. 잘 보십시오. 악한 양심에는 가장 큰 두려움과 의심이 따르는 것처럼, 선한 양심에는 가장 큰 밝음과 감미로움이 따릅니다. 이 세상에서 악한 양심에게 필적할 만한 지옥이 전혀 없는 것처럼, 이 세상에서 선한 양심에게 필적할 만한 천국이 전혀 없습니다. 선한 양심을 가지고 있는 사람은 확신에 이르게 하는 샘근원 중에서도 가장 탁월한 샘을 가지고 있는 셈입니다. 하나님께서 머지않아 그 사람의 귀에 이렇게 속삭이실 것입니다.

"안심하라. 네 죄 사함을 받았느니라"(마 9:2).

4) 성도들에 대한 참된 사랑

이 샘근원은 결코 마르지 않는 샘입니다. 이 샘근원은 가장 강한 성도들에게 있을 뿐만 아니라 가장 연약한 성도들에게도 있습니다. 사도 요한은 이렇게 말합니다.

"우리는 형제를 사랑함으로 사망에서 옮겨 생명으로 들어간 줄을 알거니와 사랑하지 아니하는 자는 사망에 머물러 있느니라"(요일 3:14).

사도 요한은 우리가 사망에서 옮겨 생명으로 들어간 줄을 '생각하거니와'라거나 '소망하거니와'라고 말하지 않습니다. 오히려 사도 요한은 우리가 사망에서 옮겨 생명으로 들어간 줄을 '알거니와'라고 말합니다.

형제에 대한 사랑 때문에 우리가 사망에서 생명으로 옮겨지는 것이 아닙니다. 다시 말해서, 형제를 사랑하기 때문에 우리가 본성의 상태에서 영적인 상태로 옮겨지거나, 지옥에서 천국으로 옮겨지는 것이 아니라는 말입니다. 오히려 형제에 대한 사랑은 우리가 생명과 영적인 상태와 천국으로 옮겨졌다는 사실의 증거입니다. 그러나 많은 사람들 안에 형제 사랑이라는 이 보배로운 개울이 얼마나 심각하게 말라 버렸는지를 숙고하는 것은 매우 슬픈 일입니다.

"사람들은 서로에게 신(神)이다"라는 말이 유행했던 적이 있습니다. 그러나 오늘날 "사람들은 서로에게 마귀이다"라고 말하는 편이 더 옳습니다. 자기 형제들에 대한 사랑이 부족한 사람은 확신이 흘러나오는 감미로운 샘근원 중 하나가 없는 셈입니다. 하나님이 사랑하시는 사람들을 사랑하지 않으면서 이 세상을 살아가는 것보다 더 끔찍한 지옥은 없을 것입니다.

자신의 정원에 감미로운 우물을 여러 개 소유하고 있는 사람에게는 자기 우물가에 앉아 물을 길어 올린 다음에 그 물을 마시는 것이 즐거울 뿐만 아니라 손쉽지 않습니까? 예수 그리스도를 믿는 영혼이여! 여러분은 여러 개의 샘근원을 가지고 있습니다. 여러분은 생명수를 솟구쳐 내는 여러 개의 우물을 가지고 있습니다. 이런 우물은 여러분 가까이에 있을 뿐만 아니라 여러분 안에도 있습니다. 그런데 어찌하여 여러분은 하갈처럼 주저앉아 눈물을 흘리며 슬퍼하고 있습니까?(창 21:15-19 참고) 오히려 여러분은 여러분 위에 있는 샘뿐만 아니라 여러분 안에 있는 샘으로부터 흘러나오는 물을 맛보고 마셔야 마땅하지 않습니까?

자신의 정원에 열매가 있는 사람은 그 열매를 바라보면서 자신의 눈을 즐겁게 할 수 있을 뿐만 아니라, 그 열매를 맛봄으로써 자신의 심령을 새롭게 할 수도 있습니다. 우리는 우리 안에 맺힌 성령의 열매들을 눈으로 볼 수 있을 뿐만 아니라 맛도 볼 수 있습니다(갈 5:22,23 참고). 성령의 열매들은 영원한 생명의 첫 열매들입니다. 정신 나간 사람이 아니라면 누구든지 은혜를 일컬어 '하나님께서 우리에게 보지도 말고 먹지도 말라고 하신 금단의 열매'라고 말하지 않을 것입니다.

우리는 하늘에 계신 그리스도를 생각해야 합니다. 그러나 그렇다고 해서 우리 안에 계신 '그리스도 곧 영광의 소망'(골 1:27 참고)을 발견하지 못할 정도가 되어서는 안 됩니다. 그리스도께서는 자신의 신부가 자신의 내면이 전적으로 아름답고 영광스럽다는 사실을 망각할 정도로 지나치게 자신의 거무스레한 피부색에 집착하지 않기를 바라셨습니다(아 1:5, 4:7; 시 45:11 참고).

6. 하나님의 성령의 권고

성령께서는 우리를 권고하시며 '온전한 확신'에 이르기를 고대하라고 재촉하십니다.

"더욱 힘써 너희 부르심과 택하심을 굳게 하라"(벧후 1:10).

이로 보건대, 성도들은 자신의 영원한 행복과 복락에 대해 확신할 수 있습니다.

"그러므로 형제들아, 더욱 힘써 너희 부르심과 택하심을 굳게 하라. 너희가 이것을 행한즉 언제든지 실족하지 아니하리라"(벧후 1:10).

우리말 성경에서 '힘써'로 번역된 헬라어는 두 가지 의미를 가지고 있습니다. 하나는 가능한 모든 신속함과 속력이라는 의미이고, 다른 하나는 행동을 하는 데 나타나는 진지함과 의향의 모든 태도라는 의미입니다. 이 두 가지 의미를 고려할 때 사도 베드로의 말은 다음과 같이 풀어 볼 수 있습니다. "너희의 부르심과 택하심을 굳게 하는 일을 너희의 가장 주된 일로 삼고 가장 중요한 연구 과제로 삼으며 가장 큰 관심의 대상으로 삼으라. 이 문제를 해결하면 다른 모든 문제도 해결된다. 이 문제가 해결될 때까지 다른 모든 문제는 해결되지 않은 상태로 남아 있게 된다."

사도는 이렇게 말한 다음에 이 일의 필요성과 유용성과 탁월함과 가능함을 보여 주기 위해 '더욱'이라는 표현을 덧붙입니다.

"그러므로 형제들아, 더욱 힘써 너희 부르심과 택하심을 굳게 하라."

사실 원문에는 '굳게 하라'는 대목이 '견고하고 확실하게 하라'로 되어 있습니다. 하나님께서 우리를 부르고 택하셨다는 사실을 확실하게 하는 것은 반드시 필요한 일입니다. 여러분의 영혼에 관한 일을 견고하고 확실하게 해 두는 것은 내적으로나 외적으로나 모두 중요한 일입니다.

확신은 그 가치가 보석과 같고 그 귀중함이 진주와 같아서, 누구든지 그것을 얻고자 하면 반드시 일을 해야 하고 땀을 흘려야 하며 눈물을 흘려야 하고 그것을 얻을 때까지 기다려야 합니다. 확신을 얻고자 하는 사람은 반드시 부지런해야 하며 전적으로 부지런해야 하고, 탐구하되 깊이 탐구해야 합니다. 그렇게 해야 마침내 금이 묻혀 있는 광맥에 도달할 수 있습니다.

확신은 성경에 기록된 '흰 돌, 새 이름, 감추었던 만나'입니다(계 2:17 참고). 목숨을 내놓고 확신을 얻기 위하여 수고하는 사람들만이 확신을 얻을 수 있습니다. 확신은 얼마나 보배로운 황금인지, 누구든지 그것을 먼저 획득하지 않고는 결코 그것을 몸에 걸 수 없습니다. "금메달을 획득한 후에 그것을 목에 걸라!"라는 말은 하늘과 이 땅에서 모두 통하는 말입니다.

이 세상에서 부와 명예를 얻는 것, 여러 언어를 터득하고 여러 가지 기념품을 소장하는 것도 많은 수고와 여행이 없이는 이룰 수 없습니다. 또 아침에 일찍 일어나고 저녁에 늦게 눕지 않고서는 이룰 수 없습니다. 여러분은 어떻게 생각합니까? 이처럼 하늘과 땅보다 더 가치 있는 확신을 냉랭하고 게으르며 열의 없는 수고로 얻을 수 있겠습니까? 만일 여러분이 그렇게 생각한다면, 여러분은 자신의 영혼을 스스로 속이고 있는 것일 뿐입니다.

하나님께서 결코 헐값으로 팔지 않는 다섯 가지가 있습니다. 그리스도, 진리, 하나님의 영광, 천국, 그리고 확신이 바로 그것입니다. 이런 것들을 소유하고 싶은 사람은 반드시 합당한 대가를 치루어야만 합니다. 그렇지 않으면 평생을 가도 그것들을 얻을 수 없습니다.

사도 베드로가 여러분에게 "더욱 힘써 너희 부르심과 택하심을 굳게 하라"라고 권고하는 것처럼, 사도 바울은 온전한 확신을 얻을 수 있으리라 기대하라고 여러분을 재촉합니다. 여기서 우리는 얼마든지 우리의 행복과 복락에 대해 온전히 확신할 수 있다는 것을 알게 됩니다. 사도는 이렇게 말합니다.

"우리가 간절히 원하는 것은 너희 각 사람이 동일한 부지런함을 나타내어 끝까지 소망의 풍성함에 이르러 게으르지 아니하고 믿음과 오래 참음으로 말미암아 약속들을 기업으로 받는 자들을 본받는 자 되게 하려는 것이니라"(히 6:11,12).[2]

---

[2] 역자주 – 한글성경에는 '확신'이라는 표현이 없지만 본래 저자가 인용하는 흠정역에는 '확신'이라는 표현이 있습니다. 흠정역에는 11절이 다음과 같이 되어 있습니다. "And we desire that every one of you do shew the same diligence to the full assurance of hope unto the end." 이것을 직역하면 다음과 같습니다. "우리는 너희 각자가 끝까지 소망의 온전한 확신을 향하여 같은 부지런함을 보여 주기를 바란다."

우리는 확신을 얻기 위해서 분투해야 할 뿐만 아니라 풍성하고 온전한 확신을 얻도록 분투하고 전적으로 부지런해야 합니다. 풍성하고 온전한 확신은 모든 두려움과 의심을 물리치고, 영혼으로 하여금 인내심을 가지고 기다리게 만들며, 용기를 가지고 행동하게 만들고 고난 중에서도 기뻐하게 만들며, 이 땅을 살아가는 사람의 마음속에 천국을 조성하며, 어떤 재난과 불행을 만나더라도 찬송하며 천성을 향해 나아가도록 만듭니다.

한 가지 틀림없는 사실이 있습니다. 만일 성도들이 자신의 행복과 복락에 대하여 온전하고도 근거가 충분한 확신을 이 세상에서 얻을 수 없다면, 그 백성들에게 자신의 부르심과 택하심을 굳게 하고 온전한 확신에 이르라고 권면하는 것은 하나님의 거룩하심과 의로우심과 신실하심과 선하심에 결코 어울릴 수 없습니다. 그러므로 부인할 수 없는 결론이 여기에서 나옵니다. 즉, 성도들은 슬픔에 싸여 이 세상을 살아가는 동안에도 자신의 복락과 영광에 대하여 복된 확신에 이를 수 있습니다. 만일 그럴 수 없다면, 비록 사람이 죽은 이후에 지옥을 피할 수 있다 할지라도 이 땅에서의 삶은 지옥이 될 수밖에 없을 것입니다.

7. 확신을 얻기 위해 사용할 수 있는 방편들

긍휼과 사랑이 풍성하신 주님은 성도들이 자신의 영원한 행복과 복락에 대하여 근거가 충분한 확신에 이를 수 있도록 그 방법과 방편들을 말씀 가운데 제시해 놓으셨습니다. 그러므로 성도는 얼마든지 확신을 얻을 수 있습니다. 이 요점을 증명하기 위해 세 가지 성경 구절을 살펴봅시다.

첫 번째 말씀은 베드로후서 1장 10절입니다.

"그러므로 형제들아 더욱 힘써 너희 부르심과 택하심을 굳게 하라. 너희가 이것을 행한즉 언제든지 실족하지 아니하리라."

여러분이 이 말씀을 자세히 들여다본다면, 주님께서 단순히 "더욱 힘써 너희 부르심과 택하심을 굳게 하라"라고 권면하실 뿐만 아니라 이것을 성취할 수 있는 방법과 방편까지도 명확하게 보여 주신다는 사실을 알게 될 것입니다. 주님께서 보여 주신 방법과 방편은 무엇입니까?

"너희 믿음에 덕을, 덕에 지식을, 지식에 절제를, 절제에 인내를, 인내에 경건을, 경건에 형제 우애를, 형제 우애에 사랑을 더하라"(벧후 1:5-7).

바로 그것입니다.

두 번째 성경 말씀은 고린도전서 11장 28절입니다.

"사람이 자기를 살피고 그 후에야 이 떡을 먹고 이 잔을 마실지니."

자기를 살피는 일을 통하여 사람은 자신이 그리스도와 어떤 관계를 맺고 있으며 또 그리스도의 집에 있는 모든 보화에 대해서 어떤 권리를 가지고 있는지를 알게 됩니다. 그렇게 되면 그 사람은 확신하는 태도를 갖게 되고, 영생을 얻기 위해 생명의 떡과 하늘의 만나를 떼어 먹게 됩니다.

세 번째 성경 말씀은 고린도후서 13장 5절입니다.

"너희는 믿음 안에 있는가 너희 자신을 시험하고 너희 자신을 확증하라. 예수 그리스도께서 너희 안에 계신 줄을 너희가 스스로 알지 못하느냐? 그렇지 않으면 너희는 버림받은 자니라."

'버림받은 자'라는 말을 다른 말로 표현하면, 주님께 인정을 받지 못하거나 불합격을 당한 사람이라는 뜻입니다. 사람이 자기 자신의 상태를 진지하게 점검하면 자신에게 믿음이 있는지 없는지를 알 수 있습니다. 자신이 그리스도의 신부인지 아닌지를 알 수 있습니다. 은혜의 역사가 자신의 마음속에 이루어졌는지 이루어지지 않았는지를 알 수 있습니다.

여기서 한 가지 틀림없는 사실이 있습니다. 만일 성경에 기록된 여러 가지 방편을 사용해서 소기의 목적을 이룰 수 없는데도, 하나님께서 사람들에게 이런저런 목적을 성취하기 위하여 이런저런 방편을 사용하라고 촉구하신다면, 그것은 하나님의 영광스러운 지혜와 한 점 흠 없는 의로움, 그리고 초월적인 거룩함에 모순될 것입니다(출 15:11 참고). 하나님 안에 있는 지혜와 의로움과 거룩함을 아주 조금만 가지고 있는 사람도, 만일 지정해 준 여러 가지 방편들을 활용해도 소기의 목적을 이룰 수 없다면, 건강이나 부 등을 얻기 위하여 이런저런 방편들을 사용하라고 사람들에게 절대 권면하지 않습니다. 하물며 지혜요 의로움이며 거룩이신 하나님께서 그렇게 하시겠습니까? 하나님은 절대 그렇게 하시지 않습니다.

하나님은 본래 유일하게 무한한 완전이십니다. 그리고 하나님의 완전하심은 결국 피조물들이 가지고 있는 모든 완전함을 다 모아 놓은 것이나 다름없습니다. 그렇기 때문에 하나님께서 피조물보다 못하게 행동하실 수는 없습니다. 만일 여러 가지 방편을 다 사용해도 소기의 목적을 이룰 수 없는데도 하나님께서 피조물에게 그런 방편들을 사용하라고 재촉하신다면, 그것은 하나님께서 피조물보다 못하게 행동하시는 것이 될 것입니다.

지금까지 말한 일곱 가지 논거를 통해서 여러분은 성도들이 이 세상에서 자신들의 영원한 행복과 복락에 대하여 근거가 충분한 확신에 이를 수 있다는 사실을 명료하게 깨닫게 되었습니다.

8. 성찬

그리스도께서 성찬을 제정해 주신 가장 중요한 목적은, 성도들에게 그리스도의 사랑을 확신시켜 주고 그들의 죄가 용서받았으며 하나님 앞에서 그들의 인격이 용납되고 그들의 영혼이 온전히 구원받았다는 사실을 보증해 주시려는 것이었습니다(마 26:27,28 참고). 보증은 사람들 간에 어떤 일들을 확실하고 분명하게 해 두는 역할을 합니다. 마찬가지로 주님의 성찬도 그리스도께서 성도들에게 주시는 명백한 보증입니다.

주님의 성찬은 그리스도의 옥새입니다. 이것으로써 그리스도는 자기 백성에게 그들이 이 세상에서 행복할 뿐 아니라 이후의 세상에서 더 행복할 것이며, 그들이 하나님의 영원한 사랑을 받고 있으며 하나님의 마음이 늘 그들을 향해 있고 그들의 이름이 생명책에 기록되어 있으며, 그들을 위해 장차 의의 면류관이 예비되어 있을 뿐 아니라 그 어떤 것도 그들의 빛과 생명이요 면류관이신 하나님, 그리고 만유 가운데 그들의 모든 것이 되시는 하나님으로부터 그들을 끊을 수 없다는 사실을 보증하고 확신시켜 주십니다.

성찬식이라는 성례 가운데서 그리스도는 자신의 사랑과 마음과 긍휼과 피를 나타내고 보여 주십니다. 성찬식이라는 성례를 통해 그리스도는 자기 자녀들이 더 이상 "주 예수께서 우리를 사랑하실까? 주님께서 우리를 기뻐하실까?"라고 말하지 않게 만드십니다. 오히려 아가서의 신부처럼 "나는 내 사랑하는 자에게 속하였도다. 그가 나를 사모하는구나!"(아 7:10)라고 말하게 하십니다.

보배로운 그리스도인들 중에는 오랫동안 두려움과 의심에 짓눌려 탄식과 슬픔으로 세월을 보내고, 이 목사 저 목사를 찾아다니며 이런저런 의무를 이행해 보았지만 자신의 불쌍한 영혼을 향한 그리스도의 사랑을 결코 확신하지 못한 채, 계속 두려움과 의심에 쫓겨 다니다가 마침내 이 영광스러운 성찬식에 참여하여 주님을 기다리는 중에 주님께서 그들에게 죄 사함과 영혼의 구원을 확신시켜 주시는 은혜를 체험한 사람들이 많이 있습니다. 성찬식이라는 규례 가운데서 하나님은 그들에게 만나를 양식으로 주셨고, 흰 돌과 새 이름을 주셨습니다. 그런데 흰 돌 위에 새겨진 새 이름은 받는 사람밖에는 알 사람이 없습니다(계 2:17 참고).

예수 그리스도를 믿는 보배로운 영혼들이여, 대답해 보십시오. 여러분은 성찬식이라는 이 규례 가운데서 하나님이 자주 여러분에게 "작은 자야 안심하라. 네 죄 사함을 받았느니라"(마 9:2)라고 속삭이시는 것을 경험하지 못했습니까? 분명히 여러분에게는 이런 경험이 있을 것입니다.

9. 주 안에서 누리는 기쁨

성도들에게 풍성하게, 그리고 지속적으로 하나님 안에서 기뻐하고 하나님을 찬송하라고 요구하는 여러 성경 구절들, 또 항상 손으로 수금을 타고 입으로 할렐루야를 외치라고 명백하게 요구하는 여러 성경 구절들은 성도들이 이 세상에서 근거가 충분한 확신을 얻을 수 있다는 사실을 분명히 보여 주는 증거가 됩니다.

하나님께서 자신의 영원한 친구가 되실 것인지, 아니면 영원한 원수가 되실 것인지를 모르는 사람들이 어떻게 하나님을 기뻐하고 그분을 영화롭게 할 수 있겠습니까? 하나님께서 자신에게 영원토록 사랑을 베풀어 주실 것인지 아니면 진노를 퍼부으실 것인지를 알지 못하는 사람들이 어떻게 하나님을 기뻐하고 그분을 영화롭게 할 수 있겠습니까? 어쩌면 평생을 이국 땅에서, 아니 흑암의 땅에서 보낼지도 모른다고 생각하는 사람들이 어떻게 자기들의 수금을 버드나무에 걸지 않을 수 있겠습니까?(시 137:2 참고) 어쩌면 마지막 심판 날에 마음을 애끓게 하고 양심에 상처를 입히며 영혼을 죽이는 말씀, 곧 "저주를 받은 자들아, 나를 떠나 마귀와 그 사자들을 위하여 예비된 영원한 불에 들어가라"(마 25:41)라는 말씀을 듣게 될지도 모른다고 생각하는 사람들이 어떻게 기뻐하거나 감사할 수 있겠습니까?

성경에 대해서 조금이라도 알고 있는 사람이라면 다 알 수 있듯이, 하나님의 책 전체에서 하나님을 기뻐하고 즐거워하며 찬양하고 감사하는 의무보다 성도들에게 더 빈번하게, 그리고 더 강력하게 요구되는 의무는 없습니다. 사도 바울은 이렇게 말합니다.

"항상 기뻐하라"(살전 5:16).

하나님은 자기 자녀들이 언제나 눈물을 흘리는 것을 원하시지 않습니다.

그리스도인들이여! 그리스도께서 여러분을 위하여 이미 행하신 일을 기억하십시오. 지금 그분이 하늘에서 여러분을 위하여 행하고 계시는 일을 기억하십시오. 그리고 그리스도께서 영원무궁토록 여러분을 위하여 행하실 일을 기억하십시오. 그러고 나서도 구슬프게 눈물을 흘리며 탄식하면서 세월을 보낼 수 있다면 그렇게 하십시오. 다윗은 이렇게 말합니다.

"너희 의인들아, 여호와를 기뻐하며 즐거워할지어다. 마음이 정직한 너희들아, 다 즐거이 외칠지어다"(시 32:11).

"너희 의인들아, 여호와를 즐거워하라. 찬송은 정직한 자들이 마땅히 할 바로다"(시 33:1).

그리스도인들이여, 하나님으로부터 받은 긍휼이 여러분의 비참함보다 더 크지 않습니까? 그렇습니다. 여러분이 겪는 가장 극심한 고난이 여러분 안에, 또 여러분에게 계시된 은혜의 가장 작은 불꽃이나 영광의 광선에 비교할 만합니까? 결코 그렇지 않습니다. 그리스도의 품 안에 한 시간 안겨 있는 것이 여러분의 모든 고통과 수고에 대한 보상이 되지 않습니까? 그렇습니다. 그런데 왜 여러분에게는 기뻐하는 시간보다 탄식하는 시간이 더 많습니까? 왜 여러분은 기뻐하지 않음으로써 하나님께서 슬퍼하기를 원하시지 않는 보배로운 마음들을 슬프게 만듭니까? 또 하나님께서 기뻐하기를 원하시지 않는 저 은혜 없는 마음들을 기쁘게 만듭니까?

아름다운 얼굴은 언제 보아도 눈을 즐겁게 합니다. 그러나 특히 그 얼굴에 기쁨이 드러나 있을 때 더욱 눈을 즐겁게 합니다. 얼굴에 나타난 기쁨은 새로운 아름다움을 더해 주고, 그전에도 아름답던 그 얼굴을 굉장히 아름답게 만듭니다. 얼굴에 나타난 기쁨은 아름다움에 광채와 영광을 더해 줍니다. 그리스도인의 얼굴과 마음과 삶에서 드러나는 기쁨도 마찬가지입니다. 그것은 그리스도인에게, 그리고 그리스도인이 행하는 하나님의 길에 총체적인 영광스러움과 광채를 더해 줍니다. 여호와로 인하여 기뻐하는 것은 그리스도인의 힘일 뿐만 아니라 그리스도인들의 아름다움과 영광이기도 합니다(느 8:10 참고).

많은 성도들은 기쁨과 환희가 확신의 결과요 효과임을 경험하고 깨닫습니다. 그렇기 때문에 의심할 여지 없이 성도들은 자신들의 영원한 행복에 관하여 근거가 충분한 확신을 얻을 수 있습니다. 만일 그렇지 않다면, 성도들이 항상 기뻐하는 일은 불가능합니다. 앞에 나온 논거와 마찬가지로 이번의 논거에서도 성도들이 이 세상에서 자신의 영원한 행복을 확신할 수 있다는 사실이 분명하게 입증됩니다.

10. 의인과 악인의 차이에 대한 성경의 명쾌한 가르침

성도들이 이 세상에서 자신의 영원한 행복을 확신할 수 있다는 사실을 입증하기 위한 마지막 논거를 살펴봅시다. 하나님께서는 성경에 여자의 후손과 뱀의 후손, 의인과 악인, 성도와 죄인, 아들과 종, 양과 염소, 양과 사자, 밀과 겨, 빛과 어둠 등을 아주 극명하게 구분해 놓으셨습니다. 그런데 만일 사람들이 자신이 영적으로 어느 쪽의 상태에 있는지를 알 수 없다면, 하나님은 결코 성경에 그렇게 명확한 구분을 제시하시지 않았을 것입니다. 즉, 사람들은 자신이 생명의 상태에 있는지 사망의 상태에 있는지를 알 수 있습니다. 자신이 비참함 가운데 있는지 한없는 행복 가운데 있는지를 알 수 있습니다. 자신이 진노 가운데 있는지 사랑 가운데 있는지를 알 수 있습니다(마 13:1 이하 참고).

만일 하나님의 자녀가 자신의 아버지가 누구인지를 알 수 없는데도 하나님께서 자신의 자녀들과 사탄의 자식들을 아주 분명하게 구분해 놓으셨다면(요 8:44 참고), 그것은 하나님의 은혜에 훨씬 못 미치는 것이요 하나님의 지혜와도 모순되는 것입니다.

"주는 나의 아버지시요"(시 89:26).

"주는 우리 아버지시라. 아브라함은 우리를 모르고 이스라엘은 우리를 인정하지 아니할지라도 여호와여, 주는 우리의 아버지시라. 옛날부터 주의 이름을 우리의 구속자라 하셨거늘"(사 63:16).

가장 연약한 성도라도 하나님을 '아빠 아버지'(롬 8:15)라고 부를 수 있습니다. 주님은 절대 자기 자녀들을 쓸쓸하게 버려두시지 않습니다. 헬라어 표현에 있는 것처럼, 절대 고아나 아비 없는 자식처럼 그들을 내버려 두시지 않습니다.

비록 성도의 구원이 하나님을 자신의 아버지로 아는 지식에 달려 있지는 않지만 성도가 누리는 위로는 바로 이런 지식에 달려 있습니다. 그래서 주님은 이스라엘에게 아버지가 되어 주실 뿐만 아니라 하나님이 그들의 아버지 되심을 이스라엘이 알기를 원하십니다.

"네가 이제부터는 내게 부르짖기를 나의 아버지여, 아버지는 나의 청년 시절의 보호자이시오니"(렘 3:4).

지금까지 말한 열 가지 논거를 볼 때, 성도들이 이 세상에서 자신의 영원한 행복과 복락에 대해 근거가 충분한 확신을 얻을 수 있다는 점이 명백하게 드러납니다. 이제 지금까지 말한 바를 적용한 다음에 이 장을 마치려고 합니다.

11. 적용 – 알미니안[3]과는 무관한 확신

성도들이 이 세상에서 자신의 영원한 행복과 복락에 대하여 확실하고도 근거가 충분한 확신을 얻을 수 없다고 단언하는 모든 사람들은 우리가 지금까지 입증한 보배로운 진리를 불쾌해하고 못마땅하게 여깁니다. 가령, 교황주의자들과 알미니안들이 바로 그런 사람들입니다. 그들의 저술과 가르침을 알고 있는 모든 사람들은 그들이 '그리스도를 영화롭게 하고 영혼을 격려하는 확신'이라는 교리에 반대한다는 사실을 알고 있습니다. 알미니안인 그레빈초비우스(Grevinchovius)는 이렇게 말했습니다. "이 세상에 천국에 대한 확신은 전혀 존재하지 않습니다." 그들은 확신이라는 진주를 발로 짓밟아 버립니다.

확신은 너무나 많은 빛과 광명과 탁월한 영광을 담고 있는 천국의 광채입니다. 그러나 그들의 침침한 눈은 그것을 바라보지 못합니다. 확신은 영광이 싹틔어 나온 것입니다. 확신은 천국에 가장 가까운 마을이며, 약속의 땅에 맺힌 포도송이입니다. 확신은 하나님의 광채이며, 그리스도인의 기쁨과 면류관입니다.

확신을 부인하는 사람들, 그리고 그 어떤 명목이나 뚱딴지 같은 생각으로든 확신을 야유하며 깍아내리는 사람들의 경건하지 못함과 어리석음은 더 큽니다. 이런 사람들은 위로자가 아니요 오히려 괴롭히는 사람입니다. 이런

---

[3] 역자주 – 알미니안이란 화란의 신학자 알미니우스(Arminius, 1560-1609)의 자유주의적 펠라기우스적 신학 견해를 따르는 사람들을 일컫는 말입니다. 알미니우스는 존 칼빈(John Calvin)의 예정론을 부인하고 인간의 자유의지를 역설한 것으로 유명합니다.

사람들은, 가련한 영혼들은 의의 면류관이 존재한다는 사실을 알 뿐, 이것이 자신들이 장차 그 면류관을 쓰는 영광을 누리게 될 것을 아는 것은 아니라고 말합니다. 또 이런 사람들은 하나님을 마치 크세르크세스(Xerxes) 왕 같은 이로 만들어 버립니다. 크세르크세스 왕은 자신의 배를 조종하는 키잡이에게 아침에 면류관을 씌워 주었다가 그날 저녁 그를 참수시킨 사람입니다.

알미니안들은 하나님이 어떤 사람에게 면류관을 씌워 주셨다가도 다음 시간에 그 면류관을 벗겨 버리실 수 있다고 말하기를 조금도 부끄러워하지 않습니다. 그들은 사람이 행복하면서 동시에 비참할 수도 있고, 하나님의 사랑 아래 있으면서 동시에 진노 아래 있을 수도 있으며, 천국의 상속자인 동시에 지옥의 선동자일 수도 있고, 빛의 자녀인 동시에 어둠의 자식일 수도 있으며, 동시에 이 모든 상태를 다 소유할 수도 있다고 말하기를 전혀 부끄러워하지 않습니다.

아, 이들은 얼마나 비참한 위로자들인지요! 이들의 가르침은 지친 영혼을 괴롭히고 상처 입은 심령을 낙담시키며 하나님께서 가장 기뻐하기를 원하시는 사람들을 가장 슬프게 만들 뿐입니다. 아, 상처 입은 심령이 '공의로운 해가 떠올라서 치료하는 광선'(말 4:2)을 비춘다는 사실을 알 수는 있지만 자신들이 치료받을 것임을 확신할 수는 없다고 단언하는 것은 얼마나 비참한 일입니까!

굶주린 영혼은 자기 아버지 집에 충분한 양식이 있다는 사실을 알 수는 있지만, 자신이 그 빵을 맛볼 수 있을지를 알지는 못합니다(눅 15:17 참고). 헐벗은 영혼은 자신의 모든 흠과 상처와 결점과 추함을 가릴 수 있는 의의 옷이 그리스도에게 있다는 것을 알 수는 있지만, 그리스도께서 그 옷을 자신에게 입혀 주실지를 알지는 못합니다(계 3:18 참고). 가난해진 영혼은 그리스도 안에 측량할 수 없는 풍성함이 있다는 것을 알 수는 있지만, 자신이 그 풍성함에 참여할 수 있을지를 확신하지는 못합니다(엡 3:8 참고). 이런 사람들이 불쌍한 영혼에게 허락하는 것은 고작 어쩌면 모든 일이 좋게 끝날 수도 있다는 여러 가지 추측과 어림짐작뿐입니다.

이런 사람들은 불쌍한 영혼들이 도마처럼 "나의 주님이시요 나의 하나님이시니이다"(요 20:28)라고 부르는 것을 결코 허용하지 않습니다. 이런 사람들은 불쌍한 영혼들이 욥처럼 "나의 대속자가 살아 계시니"(욥 19:25)라고 말하는 것을 결코 허용하지 않습니다. 이런 사람들은 불쌍한 영혼들이 아가서의 신부처럼 "나는 내 사랑하는 자에게 속하였도다. 그가 나를 사모하는구나"(아 7:10)라고 말하는 것을 결코 허용하지 않습니다.

그렇게 함으로써 그들은 영혼들을 애매하고 미심쩍어하며 의심하고 망설이는 상태에 그냥 내버려 둡니다. 마치 두 개의 천연 자석 사이에 매달려 있는 메카(Mecca)의 마호메트(Mahomet) 무덤처럼, 또는 교황주의자들이 묘사하는 대로 천국과 지옥 사이에 매달려 있는 에라스무스(Erasmus)처럼 말입니다. 이러한 생각을 품는 사람들은 가련한 영혼을 '마골밋사빕(Magor-missabib, 사방으로 두려움)' 즉, 자기 자신에게 두려움이 되는 것으로 만듭니다(렘 20:3 참고).

알미니안의 교리보다 더 마음을 불편하게 만드는 교리가 어디 있겠습니까? 알미니안의 교리보다 더 영혼을 불안하게 만들며 동요시키는 교리가 어디 있겠습니까? 알미니안의 교리에 따르면, 지금은 여러분이 생명 가운데 있을지라도 다음 순간 사망 가운데 있을 수도 있습니다. 지금은 여러분이 은혜로울지라도 다음 시간에는 은혜 없는 사람일 수도 있습니다. 지금은 여러분이 약속의 땅에 거할지라도 광야에서 죽을 수도 있습니다. 오늘은 여러분이 하나님의 거처이지만 내일은 사탄의 집회소가 될 수도 있습니다. 오늘은 여러분이 죄 사함이라는 흰 돌을 받았을지라도 내일은 저주라는 검은 돌을 받을 수도 있습니다. 지금은 여러분이 구주의 품 안에 있을지라도 내일은 원수의 손안에 들어갈 수도 있습니다. 지금은 여러분이 그리스도의 자유인이지만 내일은 사탄의 종이 될 수도 있습니다. 지금은 여러분이 영광의 그릇이지만 갑자기 진노의 그릇으로 돌변할 수도 있습니다. 이것이 알미니안의 교리입니다.

지금은 여러분이 하나님의 큰 사랑을 입고 있지만 얼마 있지 않아 하나님께 큰 미움을 받을 수도 있습니다. 오늘은 여러분의 이름이 생명책에 멋지게 기록되어 있지만 내일이면 그 책에 줄이 그어져 여러분의 이름이 영원히, 그리고 완전히 말소될 수 있습니다. 바로 이것이 알미니안의 교리입니다. 알미니안의 이런 교리는 의심 가운데 두려워 떠는 상태에 영혼을 붙들어 매어 놓는 것이 아닙니까? 만일 그렇지 않다면 이것은 도대체 무엇입니까?

그리스도인들이여, 다음과 같은 사실을 기억하십시오. 그리스도께서 "그들을 주신 내 아버지는 만물보다 크시매 아무도 아버지 손에서 **빼앗을 수 없느니라**"(요 10:29)라고 말씀하셨습니다. 그리고 사도 베드로는 "너희는 말세에 나타내기로 예비하신 구원을 얻기 위하여 믿음으로 말미암아 하나님의 능력으로 보호하심을 받았느니라"(벧전 1:5)라고 말했습니다. 또 이사야 선지자는 이렇게 말했습니다.

"산들이 떠나며 언덕들은 옮겨질지라도 나의 자비는 네게서 떠나지 아니하며 나의 화평의 언약은 흔들리지 아니하리라. 너를 긍휼히 여기시는 여호와께서 말씀하셨느니라"(사 54:10).

또 히브리서 기자는 이렇게 말했습니다.

"그러므로 자기를 힘입어 하나님께 나아가는 자들을 온전히 구원하실 수 있으니 이는 그가 항상 살아 계셔서 그들을 위하여 간구하심이라"(히 7:25).

만일 사람들과 마귀가 지금이나 앞으로 세상을 만들 수 있고 하나님을 폐위시킬 수 있으며 하늘에서 태양을 끌어 내리고 성부 하나님의 품에서 그리스도를 빼앗아 낼 수 있다면, 만일 그럴 수 있다면, 그리스도의 영원한 팔에서 성도를 빼앗아 내거나 성도가 보유하고 있는 귀중한 보화를 하나라도 강탈할 수 있을 것입니다(신 33:26,27 참고). 바로 이것이 여러분의 행복과 복락입니다.

마틴 루터가 남긴 탁월한 명언을 인용하면서 이 장을 마치려고 합니다.

"모든 성경이 중요한 목적으로 삼는 것은 바로 이것입니다. 즉, 하나님이 자신의 백성을 향하여 자비롭고 관대하며 은혜롭고 오래 참으신다는 사실을 우리가 의심하지 않고, 소망을 품고 하나님을 신뢰하며 믿도록 만드는 것입니다."

2장
확신과 관련된 중대한 명제들

1. 하나님께서 자기 백성에게 확신을 주시지 않는 경우들

하나님께서 어떤 성도들에게 한동안 확신을 주시지 않는 경우가 있습니다. 거기에는 일곱 가지 이유가 있습니다. 확신과 관련하여 제가 주장하고자 하는 첫 번째 명제는, 하나님께서 자신의 가장 사랑스럽고 빼어난 사람들에게 한동안 확신을 주시지 않는다는 것입니다. 그것도 중요한 여러 가지 이유로 그렇게 하신다는 것입니다.

1) 받은 은혜를 활용하게 하시기 위하여

하나님은 자신의 백성들이 받은 은혜를 활용하게 하시기 위하여 그렇게 하십니다. 하나님의 은혜를 받은 영혼은 언제나 다볼산에 올라 약속의 땅 가나안을 바라보고 싶어합니다. 언제나 아버지의 품 안에 안겨 있기를 원합니다.

언제나 아버지의 환한 미소 아래 있기를 원합니다. 언제나 하나님의 은총의 햇빛 속에 거하기를 원합니다. 언제나 하늘문이 활짝 열려 있어서 그리스도와 그분의 면류관을 볼 수 있기를 원합니다. 베드로처럼 언제나 변화산에 머물기를 원합니다.

은혜를 받은 영혼은 '사망의 음침한 골짜기'(시 23:4)나 '눈물 골짜기'(시 84:6)로 다니거나 지나가는 것을 몹시 싫어합니다. 옛날에 소돔 왕이 아브라함에게 "사람은 내게 보내고 물품은 네가 가지라"(창 14:21)라고 말했던 것처럼, 하나님의 은혜를 받은 영혼들도 "기쁨과 평안과 확신은 저에게 주십시오. 그리고 시험이나 고난이나 유혹은 당신이 가지십시오"라고 말합니다.

그러나 잘 생각해 보십시오. 만일 태양이 쉬지 않고 온 세상을 밝게 비춘다면 하늘에 총총히 박혀 있는 수많은 별들이 무슨 소용이 있겠습니까? 물론 아무런 소용도 없을 것입니다. 여러분이 받은 하나님의 은혜 역시 마찬가지입니다. 만일 언제나 확신만이 계속되어야 한다면 여러분이 하나님께로부터 받은 여러 가지 은혜는 아무 쓸모가 없을 것입니다. 그러하기에 자신의 자녀들이 믿음과 소망과 인내 등을 활용하도록 하기 위해 주님께서 잠시 동안 확신을 주시지 않는 것입니다. 그들이 하나님 앞에 간절히 기도하고 참회하는 눈물을 강같이 흘린다 할지라도 잠시 확신을 주시지 않는 것입니다.

2) 희생적인 의무들을 지속적으로 이행하게 하시기 위하여

주님께서는 자기 자녀들이 혈과 육에는 전혀 어울리지 않으며, 값비싼 희생을 치르지 않고서는 이행할 수 없는 여러 가지 종교적인 의무를 지속적으로 이행하게 하시기 위하여 가장 사랑하는 자녀들에게 확신을 주시지 않기도 합니다. 가령, 예레미야애가에 기록된 것처럼 애통하는 것과 회개하는 것, 자기를 판단하는 것과 자기를 혐오하는 것, 자기를 멸시하는 것과 자기를 탐색하는 것 등의 종교적 의무들을 지속적으로 이행하게 하시기 위해서 그렇게 하십니다.

"이로 말미암아 내가 우니 내 눈에 눈물이 물같이 흘러내림이여, 나를 위로하여 내 생명을 회복시켜 줄 자가 멀리 떠났음이로다. 원수들이 이기매 내 자녀들이 외롭도다"(애 1:16).

"나를 이끌어 어둠 안에서 걸어가게 하시고 빛 안에서 걸어가지 못하게 하셨으며, 종일토록 손을 들어 자주자주 나를 치시는도다"(애 3:2,3).

"주께서 내 심령이 평강에서 멀리 떠나게 하시니 내가 복을 내어 버렸음이여"(애 3:17).

그리고 40절을 보면 하나님께서 교회를 이렇게 다루신 효과를 볼 수 있습니다.

"우리가 스스로 우리의 행위들을 조사하고 여호와께로 돌아가자."

이뿐만이 아닙니다. 만일 여러분이 성경 전체를 주의 깊게 살펴본다면, 하나님의 백성들이 자기 점검과 자기 판단과 자기 혐오 등의 종교적 의무를 충실하게 이행한 것이 바로 이와 같은 이유 때문이었음을 발견하게 될 것입니다. 즉, 하나님께서 그 얼굴을 감추고 자기 백성과 자기 사이를 휘장으로 가리며 그들로부터 멀리 떨어져 있고 그들에게 위로와 우정의 말씀을 건네지 않으신다는 사실 때문이었음을 발견하게 될 것입니다.

여러분이 다음과 같은 의문을 품을 수도 있습니다. "왜 하나님은 자기 자녀들에게 혈과 육에는 전혀 어울리지 않으며 값비싼 희생을 치르지 않고서는 이행할 수 없는 종교적인 여러 가지 의무를 이행하도록 요구하시는가?"

이런 질문에 대해서 저는 다음과 같이 답변합니다.

첫째, 자신의 자녀들의 연약함 가운데 하나님의 능력과 권능이 드러나도록 하시기 위함입니다.

"여러 계시를 받은 것이 지극히 크므로 너무 자만하지 않게 하시려고 내 육체에 가시 곧 사탄의 사자를 주셨으니 이는 나를 쳐서 너무 자만하지 않게 하려 하심이라. 이것이 내게서 떠나가게 하기 위하여 내가 세 번 주께 간구하였더니, 나에게 이르시기를 내 은혜가 네게 족하도다 이는 내 능력이 약한 데서 온전하여짐이라 하신지라. 그러므로 도리어 크게 기뻐함으로 나의 여러 약한 것들에 대하여 자랑하리니 이는 그리스도의 능력이 내게 머물게 하려 함이라" (고후 12:7-9)

둘째, 자신의 자녀들이 받은 하나님의 은혜의 진실함뿐만 아니라 능력도 드러내시기 위함입니다. 작은 은혜는 그 은혜를 받은 사람으로 하여금 혈과 육도 쉽고 즐거운 것으로 받아들이는 종교적인 의무들을 이행하도록 만들 것입니다. 혈과 육을 크게 희생시키는 것이 아니라 오히려 그것에 유익하고 기쁨이 되는 종교적인 의무들을 골라서 이행하도록 만들 것입니다. 그러나 사람으로 하여금 옛사람과 정반대되고 값비싼 희생을 치르지 않고서는 이행할 수 없는 종류의 종교적인 의무들을 이행하도록 만드는 것은 바로 은혜의 능력임이 분명합니다.

셋째, 하나님의 자녀들이 그들의 머리이신 그리스도를 더 온전하고 탁월하게 닮도록 만들기 위함입니다. 그리스도는 처음부터 끝까지, 태어날 때부터 십자가에 달려 죽으실 때까지 혈과 육에는 전혀 어울리지 않으며 값비싼 희생을 치르지 않고서는 이행할 수 없는 여러 가지 종교적 의무를 완벽하게 이행하셨습니다. 이와 같은 사실은 인간의 기록을 연구하는 사람들보다는 성령의 기록을 연구하는 모든 사람들에게서 가장 명백하게 나타납니다.

넷째, 그러한 의무들을 이행함으로써 하나님의 자녀들이 하나님과 그리스도와 복음의 명성과 명예, 영예와 영광을 이 세상에서 좀 더 독특한 방식으로 유지하도록 하기 위함입니다. 그렇게 되면 이 세상은 경탄을 감추지 못하고 이렇게 외칠 것입니다. "아, 바로 이 사람들이 진실한 그리스도인들이구나!"

다섯째, 하나님의 자녀들이 그러한 의무들을 더 충실하게 이행할수록 마지막 날에 그들이 받게 될 상급이 더 커지기 때문입니다(히 11:7 참고).

여섯째, 사탄의 모략과 계략을 더 쉽게 방해하고, 사악한 이 세상을 더 공의롭게 심판하기 위함입니다. 사악한 이 세상은 가장 어려운 신앙의 의무들을 멸시할 뿐만 아니라 가장 손쉽게 이행할 수 있는 의무들까지도 경시합니다(마 25:4-6 참고).

3) 죄가 지닌 죄악성과 쓴맛을 온전히 알게 하시기 위하여

하나님께서 자신이 가장 귀하게 보는 사람들에게 확신을 주시지 않는 이유는, 그들로 하여금 죄의 심히 죄악됨과 쓴맛을 더 분명하고 온전히 알게 하시기 위함입니다(렘 2:19 참고). 확신을 얻지 못해서 신음하며 탄식하는 영혼은 이렇게 말합니다.

"주님! 이제 죄가 악할 뿐만 아니라 세상에서 가장 추악한 악임을 깨닫습니다. 주님은 세상에서 가장 높은 선(善)이신데, 죄 때문에 나는 주님과의 관계를 확신하지 못하는 상태에 빠지고 말았습니다. 주님의 은총은 생명보다 더 나은데, 죄 때문에 나는 주님의 그런 은총을 확신하지 못하는 상태에 빠지고 말았습니다. 주님의 부드러운 얼굴빛은 곡식이나 포도주나 향유가 주는 기쁨보다 더 큰데, 죄 때문에 나는 당신의 그런 얼굴빛을 누리지 못하는 상태에 빠지고 말았습니다. 나는 내 영혼 안에 유일하게 낙원을 만들 수 있는 기쁨들과 안위들을 누리지 못하는 상태에 빠지고 말았습니다(시 4:7, 63:3,4 참고).

주님! 이제 죄가 쓰디쓸 뿐만 아니라 쓰디씀의 본질 자체임을 깨닫습니다. 그 어떤 쓴맛도 죄만큼 쓰지는 않습니다. 죄는 내 영혼으로 하여금 감미로운 확신에 이르지 못하도록 만듭니다. 자비의 절정과 면류관일 뿐만 아니라 모든 긍휼과 비참함과 영광 가운데서 가장 감미로운 확신에 이르지 못하게 만듭니다. 가장 바람직한 선을 얻지 못하게 만드는 죄 안에서 얼마나 형언하기 어려운 사악함을 보는지요! 사탄과 이 세상과 나 자신의 기만된 마음이 감미로움을 찾을 수 있으리라고 말했던 것 안에서 지금은 얼마나 쓰디쓴 맛을 발견하게 되는지요!

이제 나는 오래전에 주의 신실한 사역자들이 나에게 말한 바가 참된 진리임을 체험하여 알게 되었습니다. 즉, 죄가 영혼의 품격을 떨어뜨리며 사람의 영혼을 더럽히고 오염시킬 뿐 아니라 영혼을 가장 선하고 위대하신 하나님에게서 가장 멀리 떨어지게 하며, 죄의 바다요 소굴 자체인 사탄과 가장 가까워지게 한다는 말을 이제야 깨닫게 되었습니다. 죄로 말미암아 사람의 영혼이 하나님의 형상과 거룩함과 아름다움과 하나님의 영광과 의를 상실했다는 말과, 그로 인해 영혼이 확신이라는 황금 목걸이를 걸 수 없게 되었다는 말을 이제 깨닫게 되었습니다."

확신을 얻지 못해서 신음하며 탄식하는 영혼은 이렇게 말합니다.

4) 사람이 자신의 유익을 위해 확신을 구하기 때문에

하나님께서 자신이 가장 사랑하는 자녀들에게 확신을 주시지 않는 이유는, 그들이 확신을 구하되 하나님의 명예와 영광을 위해서가 아니라 자신의 유익을 위하여 구하기 때문입니다. 하나님이 칭송과 명예를 얻고 하나님의 이름만이 온 세상에서 크고도 영광스럽게 되도록 확신을 구하는 것이 아니라 자신이 슬픔 없는 기쁨과 고통 없는 위로와 근심 없는 평안과 쓴맛 없는 감미로움과 어둠 없는 빛과 밤 없는 낮을 누리고 싶어서 확신을 구하기 때문입니다.

많은 그리스도인들은 마치 먹을 꿀을 구하기 위해 들판으로 날아가 막상 꿀을 채취한 후에 그 꿀을 주인의 꿀벌통에 가지고 오지 않는 벌처럼 행동합니다. 많은 그리스도인들이 확신을 추구하지만 하나님과 주인의 꿀벌통에 감사와 찬양을 가득 채우기 위해서가 아니라 확신에서 흘러나오는 달콤한 꿀을 배불리 먹기 위해서 확신을 추구합니다.

자신에게 맡겨진 일보다는 월급에 마음을 더 크게 쓰는 종은, 설령 그 주인이 월급을 늦게 준다고 해도 불평할 자격이 전혀 없습니다. 하나님 앞에서 순종하는 것보다 위로받는 것에 더 마음을 쓰고, 하나님의 영광보다 확신에 더 마음을 쓰는 사람도 마찬가지입니다. 이런 사람은 많은 기도와 눈물로 확신을 구하는데도 하나님이 확신을 더디 주신다고 이상해할 자격이 전혀 없습니다.

하나님의 영광을 가장 중요하게 여기는 사람은 하나님께서 그 사람 자신의 위로를 가장 중요하게 생각하신다는 것을 체험적으로 알게 되어 있습니다. 하나님께서는 결코 그런 영혼을 비탄에 젖어 지내도록 내버려 두시지 않습니다. 오히려 하나님은 책임지고 그 사람을 왕위에 오르게 하실 것입니다. 자신의 유익보다 하나님의 영광을 구하는 사람은, 하나님께서 자기에게 선을 행하기 위해서 하나님의 영광을 가리신다는 사실을 즉시 깨닫게 되어 있습니다. 만일 우리가 하나님의 영광에 대해서 인색한 태도를 취하지 않는다면, 하나님께서 머지않아 우리에게 풍성한 기쁨을 안겨 주실 것입니다.

5) 더욱 소중하고 효과적으로 하나님을 칭송하게 하시기 위하여

하나님께서 자기 자녀들에게 확신을 주시지 않는 이유는, 그들이 확신을 얻게 될 때 그것을 더 소중하게 여기고 더 주의 깊게 간직하며 더 현명하게 발전시키고, 그것 때문에 더 다정하고 효과적으로 하나님을 칭송할 수 있도록 하시기 위함입니다.

오랫동안 깜깜한 지하 감옥에 갇혀 있었던 사람은 그 누구보다 빛을 소중히 여길 것입니다. 마찬가지로 영적인 어둠 속에 가장 많이 빠져 있었던 빛의 자녀들은 그 누구보다 확신을 소중히 여길 것입니다. 큰 물고기 배 속에 갇혀 있었던 요나에게 빛은 굉장한 즐거움이었습니다(욘 2:2 참고). 시편 기자가 시편 139편 8절에서 말하는 것처럼, 종의 두려움과 불신앙으로 인해 음부(스올)에 자리를 펴고 살았던 사람들에게 확신도 그러합니다. 멀리 가서 구해 오거나 비싼 값을 주고 산 황금이 가장 소중하기 마련입니다. 마찬가지로 가장 많이 수고하고 인내하여 얻은 확신, 가장 많이 기다리고 눈물 흘려 얻은 확신, 가장 많이 분투하고 씨름하여 얻은 확신이 가장 소중히 여겨지고 가장 지혜롭고도 가치 있는 것으로 높여집니다.

하나님께서 현세의 것들을 부족하게 하심으로써 백성들에게 그것들을 더 소중히 여기도록 가르치고, 또 그것들을 마음껏 사용할 때 더욱 잘 사용할 수 있도록 가르치시는 것처럼, 신령한 것들을 부족하게 하심으로써 하나님은 자기 백성들이 그것들을 더 소중히 여기고 그것들을 마음껏 사용할 때 더욱 잘 사용할 수 있도록 그들을 가르치십니다.

오랫동안 광야를 여행한 이스라엘 사람들에게 가나안은 얼마나 감미로운 땅이었는지요! 오랫동안 애굽에서 종살이했던 이스라엘 사람들에게 애굽 사람들이 건네준 은금과 패물들은 얼마나 소중한 것이었는지요! 오랫동안 바벨론에서 포로 생활을 해 온 이스라엘 사람들에게 바벨론 사람들이 건네준 온갖 선물과 보물들은 얼마나 소중했는지요! 마찬가지로 오랫동안 확신을 얻지 못한 채로 지내다가 마침내 확신을 향유하게 된 보배로운 영혼들에게 확신은 그러합니다(민 14:33,34; 출 11:2; 스 1 참고).

트로이 사람들은 길을 잃고 오랫동안 지중해를 표류한 후에 육지를 발견하자 미칠 듯이 기뻐하면서 '이탈리아, 이탈리아'라고 외쳤습니다. 가난한 영혼들이 확신을 누리게 될 때도 마찬가지입니다. 오랫동안 슬픔과 근심의 바다에서 거센 파도와 수없이 싸운 이 영혼들은 확신을 얻게 될 때 기쁨에 겨워 '확신! 확신! 확신!'이라고 외칠 것입니다.

6) 확신을 얻기까지 더욱 겸손해지게 하시기 위하여

하나님께서 자신이 가장 사랑하는 사람들에게 적어도 한동안 확신을 주시지 않는 이유는, 그들이 스스로 겸비하고 겸손해지기를 원하시기 때문입니다. 긍휼을 누리는 것이 우리의 마음을 기쁘게 하듯이, 긍휼이 결핍되어 있는 것은 우리를 겸손해지게 만듭니다. 다윗의 마음이 가장 겸손했던 시절은 그가 왕이 된다는 약속을 받았지만 실제로 왕위에 오르지는 않았던 때입니다. 그의 머리에 왕관이 씌워지자마자 그의 외적인 선과 함께 그의 혈기도 올랐고 그는 마음의 교만함으로 다음과 같이 말합니다.

"내가 형통할 때에 말하기를 영원히 흔들리지 아니하리라"(시 30:6).

히스기야는 경건한 사람이었지만 하나님의 은혜를 누리면서 매우 교만해졌습니다(대하 32:24-31 참고). 하나님께서 그의 집을 다른 사람들의 집보다 더 높이시자마자 히스기야의 마음은 다른 사람들의 마음보다 더 교만해졌습니다. 하나님께서 히스기야에게 명성과 많은 부와 수많은 승리를 주심으로써 그를 높이실 뿐만 아니라 수많은 영적 체험을 주심으로써 그를 높이시자, 히스기야의 마음은 하늘 높은 줄 모르고 높아만 갔고, 하나님을 잊어버리고 자기 자신이 어떤 존재인지를 망각했으며, 자신이 받은 모든 은혜가 값없이 주어진 하나님의 은혜요 하나님에게서 대여받은 은혜임을 까맣게 잊었습니다.

여러분이 분명하게 알아야 할 사실이 있습니다. 겸손한 마음이 없는 것보다는 차라리 모든 은혜가 없는 편이 더 낫습니다. 겸손한 마음이 없는 것보다는 차라리 은혜를 전혀 받지 않은 편이 더 낫습니다. 아무리 작고 보잘것없는 은혜라 할지라도 겸손한 마음만 있다면, 그것은 교만한 마음을 품고서 가장 위대한 은혜들을 수없이 가지고 있는 것보다 훨씬 낫습니다. 저는 수없이 많은 보물, 화려한 의복과 함께 히스기야의 교만한 마음을 선택하느니 차라리 겸손한 마음을 가지고 있는 사도 바울의 초라한 겉옷을 선택하겠습니다.

그리스도인들이여! 이 사실을 잘 기억하십시오. 하나님께서 잡고 계신 활에는 두 개의 시위가 있습니다. 만일 여러분의 마음이 죄와 비참함을 인식하고서 겸손해지고 겸비해지지 않는다면, 하나님께서 여러분이 원하는 은혜를 주지 않음으로써 여러분의 마음을 낮추실 것입니다. 확신을 누리는 것이 영혼을 소생시키고 기쁘게 하는 것처럼, 확신이 없는 것은 영혼의 기력을 꺾고 낮춥니다. 그러므로 보배로운 영혼들이 왜 그렇게 오랫동안 확신을 얻지 못하는지, 그리스도의 병거인 확신이 왜 그렇게 더디 오는지 이상하게 여기지 마십시오.

7) 만유이신 그리스도를 온전히 의지하게 하시기 위하여

마지막으로 하나님께서 자신이 가장 사랑하는 자녀들에게 한동안 확신을 주시지 않는 이유는, 그들로 하여금 예수 그리스도를 분명하고 온전하게 의지하고 살도록, 예수 그리스도께서 만유 가운데 만유이심을 보도록 하기 위함입니다.

영혼은 본능적으로 그리스도 아래에 있는 모든 것을 의존합니다. 영혼은 본능적으로 피조물을 의존하고 자신이 받은 은혜를 의존하며, 자신이 이행한 의무를 의존합니다. 하나님의 나타나심을 의존하고 천상적인 위로에 의존하며, 은혜를 받았다는 증거들에 의존하고 감미로운 확신에 의존합니다. 그렇기 때문에 주님께서는 자기 백성들의 이런 연약함을 고치고 그들로 하여금 오직 예수 그리스도만을 전적으로 의지하며 살아가도록 만들기 위하여 위로나 확신 등을 주시지 않기도 합니다. 그래서 빛에 속한 자신의 자녀들을 한동안 흑암 가운데 행하도록 내버려 두십시오.

그리스도인들이여! 이 사실을 절대 잊지 마십시오. 확신을 누리는 것은 여러분에게 가장 큰 위안입니다. 그러나 확신이 없더라도 순수하게 그리스도만을 의존하면서 사는 것은 그리스도를 가장 높이는 일입니다. 눈으로 보고서 믿는 사람은 복됩니다. 손으로 만지고서 믿는 사람도 복됩니다. 그러나 보지 않고 믿는 사람들과 자신이 사랑받고 있다는 사실을 모르면서도 사랑하는 사람들, 그리고 아무런 위로나 확신이 없는데도 그리스도를 자신의 모든 것으로 알고 그분만을 의지하면서 살아가는 사람들은 그보다 훨씬 더 복됩니다. 이와 같이 거룩한 기술을 이미 습득한 사람들은 무슨 일이 일어나든지 절대 비참해지지 않습니다. 반면 이와 같이 거룩한 기술을 모르는 사람들은 무슨 일이 일어나든지 절대 행복해질 수 없습니다.

2. 확신을 나타내는 성경의 단어들

확신과 관련하여 제가 주장하는 두 번째 명제는 이것입니다. 성경은 성도들이 이 세상에서 근거가 충분한 확신을 얻을 수 있다는 것을 표현하기 위해서 감미롭고도 의미심장한 단어들을 많이 사용합니다.

흠정역 성경은 때때로 '확신(assurance)'이라는 말을 다른 단어로 표현하기도 합니다. 로마서 8장 38절에서 사도 바울은 다음과 같이 말합니다.

"내가 확신하노니(I am persuaded), 사망이나 생명이나 천사들이나 권세자들이나 현재 일이나 장래 일이나 능력이나 높음이나 깊음이나 다른 어떤 피조물이라도 우리를 우리 주 그리스도 예수 안에 있는 하나님의 사랑에서 끊을 수 없으리라."

여기에서는 '확신'이라는 뜻으로 'persuasion'이라는 단어가 사용되었습니다.

또 확신은 영혼을 향한 그리스도의 분명하고도 특별한 나타나심으로 묘사되기도 합니다.

"나의 계명을 지키는 자라야 나를 사랑하는 자니 나를 사랑하는 자는 내 아버지께 사랑을 받을 것이요 나도 그를 사랑하여 그에게 나를 나타내리라. 가룟인 아닌 유다가 이르되 주여 어찌하여 자기를 우리에게는 나타내시고 세상에는 아니하려 하시나이까? 예수께서 대답하여 이르시되 사람이 나를 사랑하면 내 말을 지키리니 내 아버지께서 그를 사랑하실 것이요 우리가 그에게 가서 거처를 그와 함께하리라. 나를 사랑하지 아니하는 자는 내 말을 지키지 아니하나니 너희가 듣는 말은 내 말이 아니요 나를 보내신 아버지의 말씀이니라"(요 14:21-24).

또 확신은 '안다'라는 동사로 자주 표현되기도 합니다. 요한일서 3장 14절과 19절, 24절 등을 보십시오.

그러나 성경은 확신을 가장 완전하게 표현하기 위해서 '온전한 확신'을 의미하는 단어를 사용합니다. 즉, 영혼이 성령과 말씀으로 말미암아 자신의 영원한 행복과 복락을 매우 충분하게 확신하는 것을 의미하는 단어입니다. 이런 확신은 노아의 방주처럼 모든 파도와 모든 의심과 모든 두려움에도 부서지거나 흐트러지지 않습니다. 또 노아처럼 차분하고 침착하게 앉아 있으며, 사도 바울처럼 죄와 지옥과 진노와 죽음과 마귀를 능히 이길 수 있습니다.

때때로 성경은 확신을 일컬어 '확실한 이해'(골 2:2)라고도 하고, '소망의 풍성함'(히 6:11)이라고도 하며, '온전한 믿음'(히 10:22)이라고도 합니다. 이와 같이 성경이 확신을 이해와 소망, 그리고 믿음에 연결시키는 까닭은 이런 것들이 확신을 뿜어내는 가장 유쾌한 샘근원이기 때문입니다.

성도라면 누구나 이렇게 온전한 확신을 간절히 원하고, 그것을 소중하게 여기며, 그것이 없는 것으로 인해 애통하고, 그것을 얻어 누리기 위해 많은 노력을 기울입니다. 그러나 온전한 확신에 이르는 사람은 소수에 불과합니다. 대부분의 사람들에게 확신은 너무나 탁월한 은혜입니다. 대부분의 사람들의 머리에 씌워지기에 확신은 너무나 무거운 왕관입니다. 온전한 확신은 가장 좋은 은혜요 가장 높은 은혜입니다. 그러므로 하나님은 가장 탁월하고도 사랑스러운 친구들에게만 확신을 주십니다.

로마 초대 황제였던 아우구스투스(Augustus)는 엄숙한 연회를 열고서, 어떤 사람들에게는 시시한 것들을 하사하고 어떤 사람들에게는 황금을 하사했다고 합니다. 명예와 부 등은 하나님께서 사람들 중에서도 가장 악한 사람들에게 주시는 시시한 것들입니다. 반면 확신은 하나님께서 시험으로 연단한 친구들에게만 주시는 '불로 연단한 금'(계 3:18)입니다. 하나님의 특별한 사랑과 은총을 받은 소수의 사람들 중에서도 하나님의 사랑에 대한 확신을 소유한 사람들은 극히 소수일 뿐입니다.

하나님께서 영혼을 사랑하시는 것과 자신의 사랑을 그 영혼에게 확신시켜 주시는 것은 전혀 다른 은혜입니다. 하나님은 자신의 생명책에 많은 사람의 이름을 기록하십니다. 그러나 그 사실을 모든 사람에게 확신시켜 주시지는 않습니다. 어떤 사람에게는 죽는 순간까지 그 사실을 알리시지 않습니다. 수많은 보배로운 영혼들이 이것을 체험하고 명확하게 증언합니다.

확신은 천국에 피는 꽃으로, 하나님은 소수의 사람들의 가슴에만 그 꽃을 달아 주십니다. 천국의 상속자가 되는 것과 자신이 천국의 상속자임을 분명하게 아는 것은 전혀 다른 은혜입니다. 부모의 품에 안겨 있는 어린아이는 장차 후계자로서 부모로부터 왕관과 왕국을 물려받을 테지만 그것을 모를 수도 있습니다. 이와 마찬가지로 많은 성도들은 면류관과 영광의 왕국을 상속받을 후계자이면서도 자신이 그런 존재임을 모를 수 있습니다.

출생의 고통을 거쳐 세상에 갓 태어난 어린 아기가 태어나는 순간부터 '아버지, 아버지'라고 부르지는 않습니다. 이처럼 중생의 고통을 거쳐 그리스도 안에서 새로 태어난 어린 아기들도 즉시 '아빠, 아버지'(롬 8:15)라고 부르지는 않습니다. 그들이 거듭나는 즉시 "아, 천국! 천국이 나의 것입니다. 아, 영광! 영광이 나의 것입니다"라고 외치지는 않습니다.

3. 참된 성도는 확신이 없을지라도 구원을 받음

확신과 관련하여 제가 주장하는 세 번째 명제는 다음과 같습니다. 하나님에게서 참된 은혜를 받은 사람일지라도 하나님의 사랑과 은총에 대한 확신이나 자신의 죄를 용서받고 자신의 영혼이 구원받았다는 사실에 대한 확신이 없을 수 있습니다. 진실로 경건한 사람인데도 자신의 영원한 행복을 확신하지 못할 수 있습니다. 하나님의 백성인데도 자신이 하나님의 백성이라는 사실을 모를 수 있습니다. 자신의 영적 상태가 양호한데도 그것을 깨닫지 못할 수 있습니다. 실제로는 영혼이 안전한 상태에 있는데도 위로를 바랄 수 있습니다. 하늘의 법정에서 모든 일이 자기에게 유리하게 돌아가고 있는데도, 양심의 법정에서는 괴로움을 겪는 까닭에 안타까운 심정으로 '만일 양심의 법정에서 모든 일이 나에게 유리해질 수만 있다면 일천 개의 세상이라도 아낌없이 내놓을 것이다'라고 말할 수도 있습니다.

마태복음 15장에 기록된 가나안 여자는 많은 사랑과 지혜, 열심과 겸손, 그리고 믿음을 발휘하였습니다. 그녀의 믿음이 얼마나 큰지, 그리스도께서 그녀의 믿음을 보고 감탄하셨을 정도입니다. 그리스도께서는 그녀의 간청을 들어주고 그녀에게 은혜를 베풀었으며 그녀의 마음을 만족시켜 주셨습니다.

그러나 성경 그 어디에서도 그녀가 확신을 가지고 있었다는 기록을 찾을 수는 없습니다(마 15:22,28 참고).

사도 바울도 에베소교회의 성도들에 관해 언급하면서 이렇게 말합니다.

"그 안에서 너희도 진리의 말씀, 곧 너희의 구원의 복음을 듣고 그 안에서 또한 믿어 약속의 성령으로 인치심을 받았으니"(엡 1:13).

먼저 그들은 진리의 말씀을 들었습니다. 그다음에 그들은 믿었습니다. 그러고 나서 그들은 인치심을 받았습니다. 다시 말해서, 천국의 기업과 피 흘려 값 주고 사신 것을 온전히 확신하게 되었습니다. 다음 말씀들도 동일한 진리를 말합니다.

"내가 하나님의 아들의 이름을 믿는 너희에게 이것을 쓰는 것은 너희로 하여금 너희에게 영생이 있음을 알게 하려 함이라"(요일 5:13).

"너희 중에 여호와를 경외하며 그의 종의 목소리를 청종하는 자가 누구냐? 흑암 중에 행하여 빛이 없는 자라도 여호와의 이름을 의뢰하며 자기 하나님께 의지할지어다"(사 50:10).

"나의 대적이여, 나로 말미암아 기뻐하지 말지어다. 나는 엎드러질지라도 일어날 것이요, 어두운 데에 앉을지라도 여호와께서 나의 빛이 되실 것임이로다. 내가 여호와께 범죄하였으니 그의 진노를 당하려니와 마침내 주께서 나를 위하여 논쟁하시고 심판하시며 주께서 나를 인도하사 광명에 이르게 하시리니 내가 그의 공의를 보리로다"(미 7:8,9).

아삽은 매우 경건한 사람이요 은혜 안에서 특출한 사람이었습니다. 그러나 시편 77편에서 일반적으로 보이는 것처럼 그는 확신이 없는 사람이었습니다. 에스라 사람 헤만은 의심할 여지 없이 매우 귀중한 영혼이었습니다. 그러나 어릴 적부터 그는 두려움으로 인해서 마음이 황망하였습니다(시 88편 참고).

하나님의 은혜 안에 있으며 앞으로 완전히 구원을 받게 될 그리스도인들 가운데는 확신과 확신이 만들어 내는 독특한 여러 가지 효과, 가령 놀라운 기쁨과 순전한 위로와 영광스러운 평안과 그리스도의 다시 오심에 대한 열렬한 갈망이 없는 사람들이 너무나 많습니다.

확신은 그리스도인의 행복의 필요 조건이지 그리스도인의 신분을 결정짓는 필요 조건이 아닙니다. 확신은 그리스도인이 누리는 위로의 필요 조건이지 그리스도인의 구원을 결정짓는 필요 조건이 아닙니다. 믿음이 없는 사람은 구원을 받을 수 없지만 확신이 없어도 구원받을 수 있습니다. 하나님께서는 성경의 여러 곳에서 믿음이 없으면 구원에 이를 수 없다고 선언하십니다. 그러나 하나님께서는 성경의 그 어디에서도 확신이 없으면 구원에 이를 수 없다고 선언하지 않으십니다.

사람이 자신의 구원을 확신하기 위해서는 먼저 구원을 받아야만 합니다. 실제로 이루어지지도 않은 구원을 확신할 수는 없기 때문입니다. 사람이 구원받기 위해서는 먼저 구원에 이르는 은혜를 받아야 합니다. 실제로 은혜를 가지고 있지도 않은데 그것으로 말미암아 구원을 얻는 일은 있을 수 없기 때문입니다. 또 사람이 죄 사함과 구원에 대한 확신을 가지기 위해서는 먼저 그리스도 안에 접붙임이 반드시 있어야 합니다. 그러나 사람이 믿음을 갖지 않고서는 절대로 그리스도 안에 접붙임 받을 수 없습니다. 그러므로 확신이 없다 하더라도 은혜가 있을 수는 있습니다.

그리스도께서는 구름에 휩싸여 하늘로 올라가셨습니다. 천사들(여호와의 사자)은 희생제사의 연기와 불꽃에 휩싸여 하늘로 올라갔습니다. 이와 같이 보배로운 많은 영혼들이 구름과 어둠 가운데서 천국으로 올라가는 일이 실제로 일어났다는 것에 대해서 저는 조금도 의심하지 않습니다(행 1:9; 삿 13:20 참고).

4. 확신에 도달하지 못하는 여섯 가지 이유

하나님의 은혜를 받았는데도 확신이 없을 수 있는데, 그 이유는 다음과 같습니다.

1) 트집을 잘 잡는 기질 때문에

새사람을 거스르고 옛사람의 편을 들기 때문입니다. 성령을 거스르고 육신의 편을 들기 때문입니다. 은혜를 거스르고 부패한 본성의 편을 들기 때문입니다. 다윗의 집을 거스르고 사울의 집의 편을 들기 때문입니다. 하나님의 역사를 거스르고 사탄의 역사의 편을 들기 때문입니다. 죄는 사탄의 역사입니다. 은혜와 거룩함은 하나님의 역사입니다. 그러나 가련한 많은 영혼들의 연약함, 아니 광기(狂氣)는 얼마나 큰지 하나님의 역사보다는 오히려 사탄의 역사에 합류하고 사탄의 편을 듭니다. 그것이 자신의 영혼에 불리한 일인데도 말입니다.

만일 어떤 판사가 원고의 진술에는 귀를 기울이지만 피고의 변호는 귀를 막고 듣지 않으려고 한다면, 당연히 여러분은 그 판사의 불공평함과 불의함을 비난하지 않겠습니까? 그런데 바로 여러분이 그런 판사와 같이 행동합니다. 여러분은 여러분의 영혼을 해하기 위해서 죄와 사탄이 말하는 것은 두 귀를 활짝 열어 들으면서도, 성령과 은혜, 새사람과 인간의 고상한 기능, 거듭난 사람이 영혼의 칭의와 성화와 위로에 대해서 하는 말에는 한쪽 귀도 열어두지 않습니다. 그렇다면 여러분 자신도 불공정한 판사처럼 비난받아야 마땅하지 않겠습니까?

트집을 잡기 좋아하는 기질을 소유한 당신에게 하고 싶은 말이 있습니다. 당신의 이웃에 대하여 거짓 증거하지 말라고 하신 하나님의 명령을 기억하는 것은 당신의 지혜요 의무입니다(출 20:16 참고). 그 계명은 바로 당신의 심령에 이루어진 은혜의 역사와 하나님께서 당신의 영혼을 위해 이루신 보배롭고도 영광스러운 일들에 대해서도 거짓 증거하지 말라는 요구를 내포하고 있습니다. 그러므로 당신은 이웃에 대하여 거짓 증거하지 않으려고 양심적으로 행동하는 것 못지않게, 주님께서 당신 안에, 그리고 당신을 위해서 행하신 일에 대해서도 거짓 증거하지 않고 양심적으로 행동해야 합니다. 만일 이웃에 대해서 거짓 증거하지 않기 위해서는 양심적으로 행동하면서도 자신에 대해서 거짓 증거하는 일에는 그렇게 하지 않는다면, 그것은 영혼에게 슬픔과 어둠이 될 수밖에 없습니다.

많은 이교도들은 서로에게 얼마나 충성스럽고 신실한지, 서로에 대해 거짓 증거를 하느니 차라리 죽는 편을 택할 정도였습니다. 여러분이 아무리 트집 잡기를 좋아한다고 해도 어떻게 감히 여러분의 영혼과 그 위에 베풀어지는 하나님의 은혜의 역사에 대해서 거짓 증거할 수가 있습니까! 이것은 분명히 확신에 이르지 못하게 만드는 일이요 영혼을 흑암에 가두는 일입니다. 아니 그것은 영혼을 지옥에 가두는 일입니다.

2) 받은 은혜의 분량이 극히 작고 연약하기 때문에

두 번째로, 그 사람이 받은 은혜가 지극히 작고 연약하기 때문입니다. 작은 촛불이 미미한 빛을 발산할 뿐인 것처럼, 작은 은혜는 미미한 증거만 드러낼 뿐입니다. 큰 분량의 은혜는 크고 분명한 증거를 나타내게 되어 있습니다. 반면 작은 분량의 은혜는 극히 작은 증거만을 나타내게 되어 있습니다. 어떤 별들은 얼마나 작은지 좀처럼 눈으로 식별할 수 없을 정도입니다. 마찬가지로 어떤 성도들의 은혜도 얼마나 작은지 그들 스스로도 자신이 받은 은혜를 거의 은혜로 깨닫지 못할 정도입니다. 작은 불은 작은 열기를 발산할 뿐입니다.

작은 은혜는 작은 위로와 증거만을 나타낼 뿐입니다.

물론 사람은 작은 은혜로도 죽은 이후에 천국에 들어갈 수 있습니다. 그러나 이 땅에서 천국을 누리는 데는 큰 은혜가 필요합니다. 기르는 가축이 몇 마리 안 되면 거기서 얻는 이득도 얼마 되지 않습니다. 작은 은혜도 마찬가지입니다. 작은 은혜로는 아주 작은 분량의 평화만을 얻을 수 있습니다. 작은 보석은 조금만 반짝일 뿐입니다. 작은 은혜도 이와 같습니다. 그러므로 이 세상을 살아가는 동안 아주 작은 기쁨과 위로만 누리는 그리스도인은 은혜를 아주 조금만 누리는 사람, 확신이라는 햇빛과 광채를 아주 조금만 누리는 사람입니다.

그러나 연약한 그리스도인들의 심령이 완전히 낙심하지 않도록 다음과 같은 귀띔을 해 주고 싶습니다. 아무리 연약한 그리스도인이라 할지라도 가장 강한 그리스도인과 동일한 분량의 칭의와 용서를 받았으며 양자로 입양되었고 그리스도에게 연합되었습니다. 또 아무리 연약한 그리스도인이라 할지라도 생존하는 가장 강하고 뛰어난 그리스도인과 똑같은 분량으로 그리스도에 대한 소유권과 권리를 가지고 있습니다. 다만 연약한 그리스도인은 강한 그리스도인만큼 자신의 소유권과 권리를 충분하게 활용하고 향상시키지 못할 뿐입니다. 여기서 강력한 그리스도인이라 함은 은혜를 더 많이 소유하고 있는 사람을 가리킵니다.

제롬(Jerome)은 산상수훈에 기록된 팔복에 관하여 말하면서 연약한 은혜에 대해서 많은 약속이 주어졌다고 주장합니다.

"심령이 가난한 자는 복이 있나니……애통하는 자는 복이 있나니……의에 주리고 목마른 자는 복이 있나니"(마 5:3, 4, 6).

연약한 성도들이여, 이것을 기억하십시오. 하나님의 약속은 황금 반지요, 그리스도는 그 반지에 박힌 세공된 보석입니다. 여러분은 반드시 그 보석을 믿고 안심해야 합니다. 여러분은 번영할 수 있는 은혜를 소유하고 있습니다. 또 여러분의 영혼은 안전하고 행복할 수 있는 은혜를 소유하고 있습니다.

연약한 영혼이여, 이것을 기억하십시오. 요셉이 야곱과 자기 형제들을 애굽으로 데리고 오려고 수레를 보냈던 것처럼(창 45장 참고), 하나님께서도 여러분이 소유하고 있는 연약한 은혜를 수레로 삼아 여러분을 하나님 자신에게로 인도하고자 하십니다. 하나님은 은혜를 보존하고 그 은혜를 더 강하고 크게 만드시는 분입니다. 자신이 소유하고 있는 은혜를 하인과 하녀로 삼아 그들의 인도를 따라 은혜의 샘이신 그리스도께로 나아가는 사람은 은혜 안에서 가장 위대한 감미로움과 엄청나게 증가하는 은혜를 발견할 것입니다.

3) 새삼 생각나는 지난날의 죄 때문에

세 번째 이유는, 옛 죄가 다시 생각나기 때문입니다. 이것은 참으로 안타까운 일입니다. 오래전에 저질렀고, 오래전에 애통했으며, 오래전에 혐오했고, 오래전에 십자가에 못 박은 죄들이 다시 생각날 수 있습니다. 우리의 영혼이 수많은 기도와 눈물과 한숨과 탄식과 호소로 비로소 정복할 수 있었던 그 오래된 죄들이 다시 생각날 수 있습니다. 오랫동안 묻혀 있던 죄들이 다시 생각날 수 있습니다. 그 죄들이 다시 살아나 우리의 영혼 앞에 서서 우리의 영혼을 뚫어지게 바라보면서 이렇게 말할 수 있습니다. "우리는 당신의 것이니 당신을 따를 것입니다. 우리는 당신의 것이니 한시라도 당신을 떠나지 않을 것입니다."

아, 이렇게 된다면 그 사람의 안색이 얼마나 크게 바뀌겠습니까? 그 사람의 생각이 얼마나 큰 혼란에 빠지겠습니까? 그 사람의 무릎이 얼마나 힘을 잃고, 그 마음이 얼마나 놀라겠습니까?

다윗과 욥은 이미 오래전에 회개하고 용서받은 젊은 시절의 죄를 다시 보고서 깜짝 놀라고 두려워 떨었습니다(시 25:7; 욥 13:26 참고). 옛 죄들이 새롭게 떠오르는 순간 영혼은 모든 것을 의심하기 시작합니다. 그리고 자신의 형편에 대해 이렇게 해석합니다.

"틀림없이 내 상태는 좋지 않다. 내 죄 사함은 확실하게 인침을 받지 못했다. 만일 그랬다면 어떻게 이런 죄들이 다시 살아나 기억날 수 있겠는가? 하나님은 은혜의 약속 안에서 이미 용서받은 죄가 다시 기억나지 않을 것이라고 말씀하시지 않았는가?(사 43:25; 렘 31:34 참고) 또 한 가지 분명한 사실이 있다. 만일 이런 죄들을 용서받지 못했다면 다른 죄들도 용서받지 못했다고 충분히 생각할 수 있다. 그런데 만일 내 죄를 용서받지 못했다면 어떻게 내가 멸망을 피할 수 있겠는가? 틀림없이 내 회개가 참되지 않았던 것이다. 내 슬픔이 진실하지 않았던 것이다. 내가 죄에게 가한 타격과 상처가 치명적이지 않았던 것이 분명하다. 만일 그것이 치명적이었다면 어떻게 지금 이런 일이 일어날 수 있겠는가? 어떻게 이런 죄들이 지금 무장한 적군과 같이 나를 대적하여 일어날 수 있단 말인가?"

이렇게 옛 죄들이 새롭게 떠오르는 것 때문에 많은 영혼이 확신을 전혀 얻지 못합니다.

4) 말씀과 탁월한 성도들의 기준에 못 미친다고 생각하기 때문에

네 번째 이유는, 하나님의 말씀이 요구하고, 다른 성도들이 이미 도달한 완전함에 자신이 미치지 못한다고 생각하기 때문입니다. 이런 영혼은 이렇게 말합니다.

"분명 내게는 은혜가 전혀 없다! 나는 이러저러한 의로운 말씀에 얼마나 못 미치는가! 나는 이러저러한 보배로운 그리스도인들에 얼마나 못 미치는가! 그들이 발하는 빛은 얼마나 선명한가! 그들이 보여 주는 사랑은 얼마나 강력한가! 그들의 재능은 얼마나 대단한가! 그들의 마음은 얼마나 은혜로 충만하며, 또 그들의 삶은 얼마나 거룩함으로 충만한가! 하나님과 사람들을 향한 그들의 모든 행동은 은혜롭고 은혜롭다. 그들은 성인들처럼 기도하고 천사들처럼 살아간다."

가련한 많은 영혼들이 의로움의 완벽한 기준에 빗대어 자신을 비교하고, 그리스도의 학교에서 가장 탁월한 사람들과 자신을 비교하며, 또 순결함과 거룩함이 가장 빼어나고 고상한 본이 되는 사람들과 자신을 비교하면서, 자신의 마음과 의로움의 완벽한 기준 사이에, 또 자신들의 행동이나 삶과 다른 사람들의 행동이나 삶 사이에 매우 엄청난 차이가 있다는 것을 깨닫고서 수심에 가득 찬 채로 주저앉아 낙담하곤 합니다.

수에토니우스(Suetonius)는 줄리어스 시저(Julius Caesar)가 알렉산더 대왕의 동상을 보고 나서 알렉산더 대왕과 자신을 비교하면서, 자신은 그 나이에 아주 작은 일밖에 성취하지 못했다는 사실 때문에 깊은 한숨을 내쉬었다고 말합니다. 이와 마찬가지로 많은 보배로운 영혼들은 자신이 아주 오래 살아왔는데도 하나님을 위해서, 그리고 자신의 내적이고도 영원한 유익을 위해서 한 일이 너무나 작다는 사실 때문에 주저앉아 울면서 탄식합니다. 자신이 은혜 안에 있는 사람들과 현저히 다르다는 것, 자신이 영광 중에 있는 사람들을 닮고 싶어한다는 것, 그리고 자신이 현세의 일에서는 다른 사람들보다 더 우월할지 몰라도 영적인 문제에서는 그들보다 훨씬 뒤떨어진다는 것 때문에 그들의 심령이 깊이 손상되고 의기소침해집니다.

5) 부패한 본성이 일으키는 두려움과 의심 때문에

다섯 번째는, 부패한 본성이 영혼 안에 일으키는 연기와 구름, 즉 여러 가지 두려움과 의심 때문입니다. 이것 때문에 영혼이 얼마든지 식별할 수 있는 여러 가지 탁월한 은혜를 보지 못합니다.

집 안에 귀중한 보석과 보물이 많다고 할지라도 연기가 자욱하면 반짝이고 빛나는 보석과 보물을 보지 못할 수 있습니다. 마찬가지로 성도의 영혼에 여러 가지 보배로운 은혜가 많이 있을지라도 부패한 본성이 영혼 안에서 매우 지독한 먼지와 연기를 만들어 내면, 그 영혼은 보배로운 은혜가 가지고 있는 아름다움과 영광을 볼 수 없습니다.

샘물이 하갈 옆에 있었지만 하나님께서 하갈의 눈을 열어 주시기 전까지 그녀는 그 샘물을 보지 못했습니다(창 21:19 참고). 마찬가지로 은혜가 영혼 가까이, 심지어 영혼 안에 있지만, 하나님께서 그 눈을 열어 보게 하시기 전에는 그것을 보지 못합니다. 야곱은 꿈에서 하나님을 뵈온 후에 깨어나 이렇게 말했습니다.

"여호와께서 과연 여기 계시거늘 내가 알지 못하였도다"(창 28:16).

보배로운 영혼도 동일하게 말할 수 있습니다. "은혜가 내 마음 안에 있었거늘 내가 알지 못하고 보지 못하였도다."

많은 사람들에게서 칭송 받는 존 브래드포드(John Bradford)는 한 서신에서 다음과 같이 말합니다.

"오, 주님! 제가 생각하기에 제가 이따금씩 바로 그런 것을 느끼는 것 같습니다. 내 마음이 사악한 사람들의 마음과 전혀 다를 바 없이 느껴지는 것을 때때로 경험합니다. 내 지성이 그들의 지성만큼이나 캄캄하고, 내 심령이 그들의 심령만큼이나 완고하고 완악하며 반역적입니다. 내 생각이 그들의 생각만큼이나 혼란스럽고, 내 정서가 그들의 정서만큼이나 난잡하며, 내 섬김의 행위들이 그들의 행위만큼이나 형식적입니다."

여러분 가운데 많은 사람들이 자신도 그렇다고 느끼지 않습니까? 틀림없이 그럴 것입니다. 그렇다면 여러분이 은혜를 가지고 있으면서도 그 은혜가 여러분의 영혼 안에서 불꽃을 튀기며 반짝이는 것을 보지 못한들, 전혀 이상한 일이 아닙니다.

어떤 사람들은 자기 밭에 곡식이 전혀 맺히지 않았다고 생각합니다. 왜냐하면 밭에 잡초가 가득하기 때문입니다. 또 자신의 곡식 더미에 밀이 하나도 없다고 생각합니다. 왜냐하면 눈에 보이는 것이 모두 겨이기 때문입니다. 또 자신의 광물에는 금이 하나도 없다고 생각합니다. 왜냐하면 많은 불순물이 그것을 덮고 있기 때문입니다. 마찬가지로 어떤 사람들은 자신의 마음에 은혜가 없다고 생각합니다. 왜냐하면 두려움과 의심이 마음에 가득하기 때문입니다.

베드로는 어떤 때에는 믿고 행한 반면 어떤 때에는 의심하여 물에 빠졌습니다(마 14:30 참고). 아브라함은 하나님을 믿고 아들 이삭을 바친 때가 있었던 반면 두려워하고 넘어지는 때도 있었습니다.

"그의 아내 사라를 자기 누이라 하였으므로"(창 20:2).

다윗과 욥도 마찬가지입니다. 그들에게도 얼버무리던 때가 있었고, 두려워하며 약해져 침착성을 잃고 의심을 품을 때가 있었습니다(시 116:11, 31:22 참고).

성도라고 해서 항상 최고의 상태를 유지하는 것은 아닙니다. 때때로 바닥까지 떨어지기도 합니다. 성도 중 가장 탁월한 사람들은 마치 방주와 같습니다. 그들은 파도에 따라, 두려움과 의심에 따라 위로 높이 솟구쳐 올랐다가 아래로 뚝 떨어집니다. 이런 상태는 그들이 그리스도의 품에 누워 안식하게 될 때까지 계속될 것입니다.

6) 자기 성찰과 점검을 소홀히 했기 때문에

여섯 번째로, 우리가 자신을 살피지 않고 점검하지 않으며 철저히 탐색하는 일을 하지 않기 때문입니다.

금광 안에는 금이 매장되어 있고 사람은 얼마든지 금을 캐낼 수 있습니다. 갱도를 파고 부지런히 금을 찾기만 한다면 얼마든지 금을 캐낼 수 있습니다. 마음속에는 은혜가 있고 여러분은 얼마든지 그 은혜를 볼 수 있습니다. 만일 여러분이 주님의 촛불을 켜고 세심하게 여러분의 마음을 탐색하기만 한다면 얼마든지 그 은혜를 볼 수 있습니다.

잘 보십시오. 실제로 많은 사람들이 자신의 재산을 부지런히 탐색하다가 자신의 재산이 파악하고 있던 것보다 더 많다는 사실을 발견하곤 합니다. 이와 마찬가지로 많은 탁월한 영혼들도 부지런히 자신의 마음을 성찰한 후에 자신의 영적 상태가 자신이 생각하고 판단한 것보다 훨씬 더 좋은 상태라는 사실을 발견하게 됩니다. 그러므로 탄식을 그치십시오. 성급하게 판단하지 마십시오. 여러분을 지옥의 자식이라고 속단하지 마십시오.

주님께서 여러분 안에, 그리고 여러분을 위하여 이미 행하신 일이 무엇인지를 부지런히 탐사하십시오. 또 주님께서 여러분 안에, 그리고 여러분을 위하여 지금 행하고 계신 일이 무엇인지를 부지런히 탐사하십시오. 회계 장부를 비교 검토해 보십시오. 다시 말해서, 여러분에게 주님이 행하신 일과 다른 사람들에게 주님이 행하신 일을 비교 검토해 보십시오.

정말로 아무런 빛도 없고 사랑도 없으며, 아무런 갈망도 없고 열망도 없으며, 하나님을 향한 아무런 갈증도 없습니까? 정말로 죄를 깨닫고 하나님의 은총이 없음을 깨닫는 가운데 아무런 탄식도 없고 신음도 없고 애통함도 없습니까? 만일 여러분이 자세히 조사해 본다면, 틀림없이 이런 것들이 어느 정도 있다는 것을 발견할 것입니다. 만일 그렇다면 그것들을 소중하게 여기십시오. 온 세상을 다 주어도 바꿀 수 없을 정도로 고귀한 것으로 소중하게 여기십시오.

하나님은 결코 '작은 일의 날'(슥 4:10)을 멸시하시지 않습니다. 그런데 여러분은 그것을 멸시합니까? 하늘보다 더 소중한 가치를 가지고 있는 것을 가리켜 그것은 별것이 아니라고 말하겠습니까? 어떻게 감히 그렇게 말할 수 있습니까? 가장 작은 은혜의 불꽃이라도 마침내 영광의 면류관으로 변할 것입니다. 그렇습니다. 이것을 기억하십시오. 아무리 작은 은혜라 할지라도 그것이 진실하고 참되다면 구원받기에 충분합니다. 이와 마찬가지로 아무리 작은 은혜라 할지라도 여러분이 그것을 지각한다면, 그것이 위안으로 삼기에 충분하다고 생각해야 마땅합니다.

5. 오랜 기다림 끝에 얻는 확신

확신과 관련하여 제가 주장하는 또 하나의 명제가 있습니다. 하나님께서 자녀들에게 오랫동안 확신을 주시지 않을 수 있지만, 끈기를 요구하는 기다림 후에 마침내 확신을 자녀들에게 주실 것입니다. 하나님은 다윗에게 나타나시고 그를 기가 막힐 웅덩이(또는 소란스러운 웅덩이)에서 끌어 올리시며 그의 발을 반석 위에 두사 그 걸음을 견고하게 하십니다(시 40:1-4 참고). 아가서에서 교회는 많은 위험과 곤란, 어려움과 모험을 통과한 다음에 비로소 자신이 마음에 사랑하는 자를 발견합니다(아 3:4 참고).

또한 시편 69편을 보십시오. 3-20절에서 선지자는 주저앉아 자신의 서글픈 상황에 대해 애통해합니다.

"내가 부르짖음으로 피곤하여 나의 목이 마르며 나의 하나님을 바라서 나의 눈이 쇠하였나이다……비방이 나의 마음을 상하게 하여 근심이 충만하니 불쌍히 여길 자를 바라나 없고 긍휼히 여길 자를 바라나 찾지 못하였나이다"(3,20절).

그러나 마침내 하나님께서 나타나시자 선지자가 말합니다.

"내가 노래로 하나님의 이름을 찬송하며 감사함으로 하나님을 위대하시다 하리니"(30절).

욥은 한숨을 지으면서 이렇게 말합니다.

"그런데 내가 앞으로 가도 그가 아니 계시고 뒤로 가도 보이지 아니하며, 그가 왼쪽에서 일하시나 내가 만날 수 없고 그가 오른쪽으로 돌이키시나 뵈올 수 없구나"(욥 23:8,9).

그러나 이렇게 한숨을 내쉰 다음에 욥은 기쁜 마음으로 크게 말합니다.

"나는 결코 너희를 옳다 하지 아니하겠고 내가 죽기 전에는 나의 온전함을 버리지 아니할 것이라. 내가 내 공의를 굳게 잡고 놓지 아니하리니, 내 마음이 나의 생애를 비웃지 아니하리라"(욥 27:5,6).

후로그모턴(Frogmorton)은 당시 영국의 설교자들이 대부분 그랬던 것처럼 경건하고 탁월한 설교자였습니다. 그런데 그는 확신을 갖지 못한 채 37년을 살았습니다. 그런 상태로 그는 임종을 맞이했는데, 임종 한 시간 전에야 비로소 확신을 가지게 되었고 확신 가운데 죽음을 맞이했습니다. 임종할 때가 가까워지자 후로그모턴은 지금은 죽어서 주님과 함께 있는 도드(Dod)의 집으로 갔습니다. 그곳에서 임종을 맞이하고 싶었기 때문입니다. 그리고 실제로 그는 그곳에서 자신의 존재가 하나님 앞에서 의롭다함을 받고 죄를 용서받았으며 자신의 영혼이 구원받았다는 사실을 충만하게 확신하면서 죽었습니다.

하나님께서는 순교자 글로버(Glover)에게도 오랫동안 확신을 주시지 않았습니다. 글로버는 확신을 얻기 위해서 많은 기도와 눈물을 주님 앞에 뿌렸지만, 주님은 그에게 확신을 주시지 않았습니다. 그런데 그가 화형대의 불이 보이는 곳에 서 있을 때 주님께서 그 은혜로우심을 그에게 비춰 주셨습니다. 그 빛이 얼마나 찬란했는지 그는 친구들에게 "주님이 오셨다네! 주님이 오셨다

네!"라고 크게 외쳤습니다.

캐더린 브레터지(Catherine Bretterge)도 임종을 맞이하기 하루 전에 사탄과 치열한 전투를 많이 치른 후에 비로소 '흔들리지 않는 나라'(히 12:28)와 썩지 않을 부요함과 쇠하지 않을 의의 면류관에 대한 감미로운 확신을 누렸습니다.

저는 밧줄에 묶여 화형대로 끌려간 세 명의 순교자에 대한 기록을 읽은 적이 있습니다. 세 명 중 한 사람인 허드슨(Hudson)은 자신의 화형대 아래에서 하나님께 탄원하기 위하여 땅에 엎드렸습니다. 그리고 하나님의 사랑을 느끼게 해 달라고 하나님께 간절히 구했습니다. 그 즉시 하나님은 그에게 그것을 허락하셨고, 그는 기꺼이 화형대를 향해 걸어가 기뻐하면서 결연히 영광스러운 순교자의 죽음을 맞이했습니다. 하나님께서는 그가 포박된 후에 감미롭고도 영광스러운 방식으로 하나님께 자기의 심경을 토로할 때까지 확신을 보류하셨던 것입니다.

지금도 하나님은 자신의 가장 사랑스러운 자녀들에게 확신을 주는 일을 보류하십니다. 하나님께서 이렇게 하시는 이유 가운데 하나는 자녀들로 하여금 하나님을 기다리며 바라야 하며 확신이 기다릴 가치가 있는 보석이라는 사실을 알려 주시기 위함입니다. 우리의 시간이 자꾸만 흘러가고 있을 때 하나님의 얼굴에서 흘러나오는 가장 엷은 미소만으로도 우리 영혼이 그동안 하나님을 기다려 온 모든 것을 충분히 보상할 수 있을 것입니다.

하나님께서 그렇게 하시는 또 다른 이유는 우리로 하여금 하나님이 자신의 마음대로 역사하는 자유로운 분이요, 피조물의 준비나 자격에 매이지 않는 분이심을 알게 하기 위함입니다. 비록 영혼이 한숨을 내쉬며 "주여, 어느 때까지니이까? 어느 때에야 내 슬픔을 기쁨으로 변하게 하시려나이까?"라고 탄식할지라도, 하나님은 자신이 원할 때 오고 자신이 원할 때 가며 자신이 원하는 만큼 머무시는 분입니다.

다시 한번 말합니다. 하나님께서 사랑하는 자녀들에게 확신 주는 일을 보류하시는 것은 자신의 자녀들을 두려움과 의심 가운데 가두어 두는 것을 기뻐하시기 때문이 아닙니다. 또 그들에게 주기에는 확신이라는 보석이 너무나 희귀하고 위대하며 빼어나기 때문도 아닙니다. 하나님이 그렇게 하시는 것은 그들의 영혼이 죄와 충분히 결별하지 않았거나, 그들의 영혼이 피조물을 즐거워하는 데 너무나 푹 빠져 있어서 그리스도를 문 밖에 세워 둘 정도이기 때문입니다. 또는 그들이 온 힘을 다 기울여 확신을 추구하지 않기 때문입니다. 그들이 자기의 부르심과 택함을 굳게 하는 데 온 힘을 다해 근면하게 행하지 않기 때문입니다. 또는 그들의 마음이 준비되지 못했기 때문이며, 그렇게 고귀한 은혜를 받기에 합당할 만큼 충분히 겸비해지지 않았기 때문입니다.

하나님께서 이같이 중대한 이유들 때문에 확신을 보류하신다는 사실로 말미암아 우리는 하나님을 숭상해야 마땅합니다. 하나님을 의롭다고 해야 마땅합니다. 그리고 묵묵히 하나님을 기다려야 마땅합니다. 그 사실로 인해서 하나님에 대하여 조금이라도 불쾌한 생각을 품거나 하나님에게 불손한 태도를 취하거나 성급하게 "그의 병거가 어찌하여 더디 오는가? 그의 병거들의 걸음이 어찌하여 늦어지는가?"(삿 5:28)라는 식으로 말해서는 안 됩니다.

6. 확신을 얻은 후에 그 확신을 상실하는 경우

확신과 관련하여 제가 주장하는 또 한 가지 명제는, 확신을 누리고 있는 가장 탁월한 영혼도 확신을 잃어버릴 수 있다는 것입니다. 그들도 확신의 생기와 활기와 아름다움과 광채와 영광을 잃어버릴 수 있습니다.

성도들은 은혜의 습성과 씨와 뿌리를 결코 잃어버릴 수 없습니다(요일 3:9 참고). 이것은 분명한 진리입니다. 그러나 그들은 은혜의 아름다움과 향기요 면류관과 영광인 확신을 잃어버릴 수는 있습니다.

은혜와 확신은 한 쌍의 연인과도 같습니다. 하나님께서 그것을 얼마나 긴밀하게 연결하셨는지, 우리 편에서 범하는 죄나 하나님 편에서 시행하시는 공의로도 그 둘을 결단코 나눌 수 없습니다. 이렇게 한 쌍의 연인과 같은 은혜와 확신을 함께 누리는 영혼은 두 개의 천국을 향유하게 됩니다. 하나는 이 땅에서 기쁨과 평안의 천국을 향유하는 것이요, 또 하나는 영원의 세계에서 행복과 복락의 천국을 향유하는 것입니다. 그러나 한 쌍의 연인과도 같은 은혜와 확신을 갈라놓는다면, 비록 영원한 세계에 들어갈 때는 지옥을 피할 수 있을지 몰라도 이 땅에 사는 동안에는 지옥을 경험하게 됩니다. 이 사실을 잘 알고 있는 크리소스톰(Chrysostom)은 자신에게는 하나님을 누리지 못하는 것이 그 어떤 형벌보다 훨씬 더 끔찍한 지옥일 것이라고 고백했습니다.

여러분이 그리스도를 계속 소유하고 계속 위로를 누리고 계속 면류관을 지키고 싶다면 은혜와 확신을 함께 가지십시오. 입술로나 생명으로나, 말로나 행실로나 이 두 가지를 절대 따로 떼어 놓지 마십시오.

가장 탁월한 사람들도 천국에서 누릴 복락과 영광에 대해 자신이 가지고 있는 현재의 여러 가지 증거들을 심각하게 더럽히고 손상시킬 수 있습니다. 그 결과 그들은 자신이 가지고 있는 증거들을 발견하지 못하고 깨닫지 못할 수도 있습니다. 그들은 여러 가지 경로를 통해서 성령을 심각하게 멸시하고 근심하게 할 수 있습니다. 즉, 중대한 범죄를 저지름으로써, 성령의 위로와 격려를 거부함으로써, 자신이나 다른 사람들에게서 성령이 행하시는 은혜로운 역사를 무시하거나 경시함으로써, 믿음을 공상으로 여기거나 신실함을 위선으로 여기는 등 성령의 역사를 잘못 판단함으로써, 또는 자신의 병든 마음이 낳은 불량한 자녀들을 아버지처럼 보살펴 줌으로써 성령을 심각하게 멸시하고 근심하게 할 수 있습니다. 그 결과 증언하는 영이신 성령께서 그리스도 안에서 그들이 가지고 있는 권익에 대하여는 증언하기를 거부하실 수도 있습니다. 유일한 위로자이신 성령께서 그들에게는 위로 베풀기를 거절하실 수도 있습니다.

살아 있는 가장 탁월한 성도들도 전성기를 누리다가 자신의 잘못으로 인하여 추운 겨울밤으로 떨어질 수 있습니다. 기쁨을 누리다가 탄식으로, 노래를 부르다가 울음으로, 결혼 예복을 입고 있다가 상복으로, 포도주를 마시고 있다가 물로, 단맛을 즐거워하다가 쓴맛으로, 천사들의 양식인 만나를 먹다가 옥수수 껍질로, 마음을 유쾌하게 하는 포도를 먹다가 소돔의 포도로, 즐거움이 넘치는 천국을 누리다가 황량하고 추악한 광야로 떨어질 수 있습니다. 잘 보십시오. 자주 믿음에 불신앙이 수반되고 신실함에 위선이 수반되며 겸손에 허영심이 수반되는 것처럼, 확신에는 두려움과 의심이 수반됩니다.

많은 사람들이 칭송하는 후커(Hooker)는 거의 30년 동안 계속 하나님과 친밀하게 교제하면서 살았습니다. 그동안 하나님께서 후커를 떠나셨다고 할 만한 중요한 일은 한 번도 없었습니다. 그런데 그는 임종 때에 확신을 전혀 느끼지 못한 채, 또 하나님께서 자신을 기쁘게 맞아 주신다는 사실을 경험하지 못한 채, 사악한 사람들에 대한 하나님의 심판을 의심하면서 숨을 거두었습니다. 이것은 많은 보배로운 영혼들의 기대와는 너무나 다르고 이해할 수 없는 일이었습니다.

잘 보십시오. 많은 사람들이 도시 가까이에서 도시를 보지 못하는 것처럼, 많은 탁월한 영혼들이 천국 가장 가까이에서 천국을 보지 못하고 놓쳐 버립니다. 여러분도 잘 아는 것처럼, 아브라함은 하나님께서 자기를 보호하신다는 것에 대해서 특별한 확신을 가지고 있었습니다. 그런데도 아브라함은 "원하건대 그대는 나의 누이라 하라. 그러면 내가 그대로 말미암아 안전하고 내 목숨이 그대로 말미암아 보존되리라"(창 12:13)라고 말합니다.

비굴한 두려움 때문에 자기 아내를 다른 사람들의 쾌락에 노출시키고, 자신과 자신의 이웃을 하나님의 불쾌하심에 노출시키다니, 확신의 생기와 활기와 아름다움과 광채와 영광이 얼마나 퇴색했는지요! 한 번에 네 가지, 곧 하나님의 영광과 아내의 정숙과 자신의 양심과 바로의 영혼을 손상시키다니, 확신의 생기와 활기와 아름다움과 광채와 영광이 얼마나 퇴색했는지요!

여러분도 잘 아는 것처럼, 때로 다윗은 감미로운 찬양을 불렀습니다.

"여호와는 나의 빛이요 나의 구원이시니 내가 누구를 두려워하리요! 여호와는 내 생명의 능력이시니 내가 누구를 무서워하리요"(시 27:1).

"여호와는 나의 반석이시요 나의 요새시요 나를 건지시는 이시요 나의 하나님이시요 내가 그 안에 피할 나의 바위시요 나의 방패시요 나의 구원의 뿔이시요 나의 산성이시로다"(시 18:2).

그러나 때로는 이렇게 탄식하기도 했습니다.

"내 영혼아, 네가 어찌하여 낙심하며 어찌하여 내 속에서 불안해하는가"(시 42:5).

"내 반석이신 하나님께 말하기를, 어찌하여 나를 잊으셨나이까? 내가 어찌하여 원수의 압제로 말미암아 슬프게 다니나이까?"(시 42:9)

"주의 화살이 나를 찌르고 주의 손이 나를 심히 누르시나이다. 주의 진노로 말미암아 내 살에 성한 곳이 없사오며 나의 죄로 말미암아 내 뼈에 평안함이 없나이다. 내 죄악이 내 머리에 넘쳐서 무거운 짐 같으니 내가 감당할 수 없나이다. 내 상처가 썩어 악취가 나오니 내가 우매한 까닭이로소이다. 내가 아프고 심히 구부러졌으며 종일토록 슬픔 중에 다니나이다"(시 38:2-6).

"여호와여, 주의 은혜로 나를 산같이 굳게 세우셨더니, 주의 얼굴을 가리시매 내가 근심하였나이다"(시 30:7).

"주의 구원의 즐거움을 내게 회복시켜 주시고 자원하는 심령을 주사 나를 붙드소서"(시 51:12).

다윗의 수금보다는 다윗의 마음이 더 자주 틀린 음을 냈습니다. 많은 시편에서 다윗은 탄식으로 시작하고 찬양으로 마칩니다. 그러나 또 한편 여러 시편에서 다윗은 기쁨으로 시작했다가 슬픔으로 마칩니다.

모울린 베드로(Moulin Peter)는 다윗의 시편에 관해 이렇게 말합니다. "그래서 그런 시편들을 읽은 사람은 정반대의 기분을 가진 두 사람이 그 시편들을 기록했다고 생각할 것입니다."

뿐만 아니라 매우 주목해 볼 만한 사실이 있습니다. 위대한 선지자 사무엘에게서 기름 부음을 받은 이후에 자신이 왕이 될 것임을 비상하게 확신한 다윗이 확신의 광채와 영광을 많이 잃어버렸다는 것입니다. 그래서 그는 비굴한 두려움에 압도되어 "(다른 사람들뿐만 아니라 선지자 사무엘까지 포함하여) 모든 사람이 거짓말쟁이라"(시 116:11), "내가 후일에는 사울의 손에 붙잡히리니"(삼상 27:1)라고 말합니다. 다윗의 말은 이런 뜻입니다.

"내가 왕관과 왕위를 약속받은 것은 사실이다. 그러나 나는 피 흘림을 통해서 왕관을 쟁취해야만 한다. 왕관을 쟁취해야만 그것을 머리에 쓸 수 있다. 그런데 사실 나는 그것을 얻기도 전에 죽을 것만 같다."

뿐만 아니라 다윗은 왕이 된 이후에도 왕이신 예수님께서 그 얼굴을 가리시기만 해도 극심한 고통에 사로잡혔습니다. 하나님께서 다윗을 외면하실 때면, 다윗의 영광스러운 보좌나 화려한 의상이나 금으로 만든 왕관이나 화려한 신복들이나 풍부한 국가 재정이나 다윗 자신의 명랑한 성격이나 그가 이전에 경험했던 많은 은혜의 체험들로도 다윗을 안정시키거나 만족시킬 수 없었습니다.

잘 알아 두십시오. 세상에 있는 모든 빛을 다 동원해도 태양 빛을 대신할 수 없는 것처럼, 현세의 모든 위로를 다 동원해도 한 가지 영적인 위로를 대신할 수 없습니다.

욥은 때때로 이렇게 노래합니다.

"지금 나의 증인이 하늘에 계시고 나의 중보자가 높은 데 계시니라"(욥 16:19).

"내가 알기에는 나의 대속자가 살아 계시니 마침내 그가 땅 위에 서실 것이라"(욥 19:25).

그러나 어떤 때에는 다음과 같은 욥의 불평을 들을 수 있습니다.

"전능자의 화살이 내게 박히매 나의 영이 그 독을 마셨나니 하나님의 두려움이 나를 엄습하여 치는구나"(욥 6:4).

또 다음과 같은 탄식도 들을 수 있습니다.

"나는 지난 세월과 하나님이 나를 보호하시던 때가 다시 오기를 원하노라. 그때에는 그의 등불이 내 머리에 비치었고 내가 그의 빛을 힘입어 암흑에서도 걸어 다녔느니라. 내가 원기 왕성하던 날과 같이 지내기를 원하노라. 그때에는 하나님이 내 장막에 기름을 발라 주셨도다. 그때에는 전능자가 아직도 나와 함께 계셨으며, 나의 젊은이들이 나를 둘러 있었으며"(욥 29:2-5).

지금까지 살펴본 이 모든 분명한 실례와 그 밖의 다른 많은 성도들의 체험에 비추어 볼 때, 가장 탁월한 성도라 할지라도 확신을 잃어버릴 수 있고 확신의 광채와 영광이 쇠퇴할 수도 있으며 고사할 수도 있다는 것을 분명히 알 수 있습니다. 이런 경우에 영혼은 어떻게 대처해야 하는지, 또 어떻게 하면 이처럼 불행한 상태에서 벗어나 확신을 회복할 수 있는지에 대해서는 이 강론의 마지막 부분에서 말하겠습니다.

7. 확신은 개개인의 문제

이제 확신과 관련하여 제가 주장하고자 하는 마지막 명제입니다. 어떤 그리스도인의 확신이 정말 확실하고 진실한가 하는 것은 오직 그 사람의 마음만이 알 수 있을 뿐이며, 다른 사람은 절대 그것을 알 수 없습니다.

예수님께 고침을 받은 맹인이 "한 가지 아는 것은 내가 맹인으로 있다가 지금 보는 그것이니이다"(요 9:25)라고 말한 것처럼, 확신을 가지고 있는 그리스도인은 다음과 같이 말할 수 있습니다.

"이전에 나는 종이었으나 지금은 아들입니다. 이전에 나는 죽어 있었으나 지금은 살아 있습니다. 이전에 나는 어둠이었으나 지금은 주님 안에서 빛입니다. 이전에 나는 진노의 자녀요 지옥의 상속자였으나 지금은 천국의 시민입니다. 이전에 나는 사탄의 노예였으나 지금은 하나님의 자유 시민입니다. 이전에 나는 종의 영을 가지고 있었으나 지금은 양자의 영을 가지고 있습니다. 양자의 영은 내 죄가 사함을 받고 내 존재가 하나님 앞에서 의롭다함을 얻었으며 내 영혼이 구원받았음을 나에게 보증해 줍니다."

확신에 찬 성도는 다음과 같이 말합니다.

"나는 이 모든 것을 알고 있습니다. 그러나 나는 당신이 그것을 확실하고 분명하게 알 수 있도록 할 수는 없습니다. 설령 당신이 온 세상을 내게 준다고 할지라도 그 일은 할 수 없습니다. 내가 경험하고 느낀 것, 내가 지금도 경험하고 느끼고 있는 것은 말로 표현할 수 있는 것이 아닙니다. 하나님께서 내게 주신 기쁨, 인간의 상상을 초월하는 기쁨, 확신, 영광스러운 확신을 당신에게 말로 표현할 수 있다면 하늘의 모든 별들과 바다의 모래를 셀 수 있을 것입니다."

아메리카 인디언인 세베리누스(Severinus)는 확신의 능력에 사로잡혀 이렇게 말했다고 합니다. "오, 나의 하나님이여! 나를 불쌍히 여기사 더 이상 기쁨이 넘치게 하지 마옵소서. 이토록 지극한 위안을 누리면서 이 세상을 살아가야 한다면, 나를 천국으로 데리고 가옵소서."

확신의 능력에 사로잡힌 성도들도 동일하게 말합니다.

"주여! 우리에게 기쁨과 위로, 즐거움과 만족이 얼마나 충만한지 이 땅에서는 그것을 도무지 표현할 길이 없습니다. 그러므로 우리를 천국으로 데리고 가옵소서. 그리하여 주님께서 우리에게 약속하신 영광을 누리게 하옵소서. 그렇게 되면 우리는 주님께서 우리 안에 행하신 그 모든 영광스러운 일들을 선포하고 널리 알릴 것입니다(벧전 1:8 참고)."

부모들은 자녀들에게 자기의 애정과 동정심이 얼마나 낭랑하게 울려 퍼지는지, 얼마나 감동적으로 녹아드는지, 얼마나 감미롭게 작용하는지를 체험적으로 느낍니다. 아버지가 되고 어머니가 되는 것, 자녀들에게 그와 같은 동정심을 갖는 것이 무엇인지를 다른 사람들에게는 도저히 설명할 수 없을 정도로 그것을 강하게 느낍니다.

확신은 소유한 사람만이 알 수 있는 흰 돌과도 같습니다.

"이기는 그에게는 내가 감추었던 만나를 주고 또 흰 돌을 줄 터인데 그 돌 위에 새 이름을 기록한 것이 있나니 받는 자밖에는 그 이름을 알 사람이 없느니라"(계 2:17).

로마인들 사이에서 흰 돌은 긴요한 용도로 사용되었습니다.

첫째, 로마인들은 전쟁에서 승리를 거둔 사람들과 정복한 사람들의 이름을 흰 돌에 새겼습니다. 요한계시록에서 주님도 "이기는 그에게는 내가 감추었던 만나를 주고 또 흰 돌을 줄 터인데"라고 말씀하셨습니다.

둘째, 로마인들은 재판에서 무죄를 선고받은 사람에게 흰 돌을 줌으로써 그 사람을 석방했습니다. 마찬가지로 요한계시록에서의 흰 돌도 무죄 언도와 죄 사함을 가리킵니다.

  셋째, 로마인들은 명예로운 지위에 선출된 사람들에게 흰 돌을 주었습니다. 마찬가지로 확신이라는 흰 돌은 우리가 하나님으로부터 택함을 받았으며 흔들리지 않는 나라와 썩지 않는 부요함과 쇠하지 않는 영광의 면류관을 얻도록 선택되었다는 사실을 입증합니다(히 12:28; 마 6:20; 벧전 1:4 참고).

  확신과 관련된 마지막 명제, 곧 어떤 그리스도인의 확신이 정말 확실하고 진실한가 하는 것은 오직 그 사람의 마음만이 알 수 있을 뿐이며, 다른 사람은 절대 그것을 알 수 없다는 것에 대해서는 이 정도로 살펴보겠습니다.

3장
확신을 향유하는 특별한 시기

확신과 관련하여 제가 주장하고 싶은 또 하나의 중요한 명제가 있습니다. 즉, 주님께서 자녀들에게 자신의 은총과 사랑에 대한 감미로운 확신을 은혜 가운데 기쁘게 허락하시는 특별한 시기나 시간이 있다는 것입니다.

1. 회심할 때

항상 그런 것은 아니지만, 때때로 주님은 사람이 처음 회심할 때 회개하는 그 영혼에게 자신의 사랑을 감미로운 방식으로 명확하게 나타내기를 기뻐하십니다. 그 영혼이 오랫동안 죄책감과 하나님의 진노를 의식하고 있었다면, 그 영혼이 오랫동안 하나님의 불쾌한 표정과 화를 의식하고 있었다면, 오랫동안 천국문이 자기에게 닫혀 있고 지옥문이 자기를 삼키려고 활짝 열려 있는 것을 보았다면, 그 영혼이 스스로에게 이르기를 '정말 아무런 소망이 없구나. 아무런 소망이 없구나. 나는 하나님과 그리스도와 천국을 영영 얻지 못할 것이다'라고 말할 때, 바로 그때 하나님께서 다가오셔서 그 영혼에게 평안의 인사를 건네십니다. 그러고는 이렇게 말씀하십니다.

"나 곧 나는 나를 위하여 네 허물을 도말하는 자니 네 죄를 기억하지 아니하리라"(사 43:25).

그리스도께서는 아주 다급하고 간절하게 자신의 음성을 그 영혼에게 들려주십니다.

"내 생각이 너희의 생각과 다르며 내 길은 너희의 길과 다름이니라. 여호와의 말씀이니라. 이는 하늘이 땅보다 높음같이 내 길은 너희의 길보다 높으며 내 생각은 너희의 생각보다 높음이니라"(사 55:8,9).

즉, 이렇게 말씀하시는 것과 같습니다.

"너희를 향한 내 생각은 평안을 주는 것이요 사랑을 베푸는 것이다. 영혼이여, 들으라! 여기에 너의 죄를 사할 자비가 있고, 너를 아름답게 장식할 은혜가 있으며, 너를 의롭게 할 의가 있고, 네 눈을 밝게 할 안약이 있으며, 너를 부요하게 할 황금이 있고, 너의 수치를 가릴 의복이 있으며, 너의 상처를 치료할 향유가 있고, 네게 필요한 영양분이 가득한 양식이 있으며, 너를 유쾌하게 만들 포도주가 있고, 네게 면류관이 될 행복이 있으며, 너를 만족시킬 나 자신이 있노라."

실제로 여러분 중 몇몇 사람들은 이런 일을 이미 경험하지 않았습니까? 틀림없이 여러분 중 어떤 사람들은 이런 일을 이미 경험했을 것입니다.

때때로 하나님은 반역하는 죄인을 다루시되, 세상의 지도자들이 무장하고 노골적으로 자기에게 반기를 들고 일어나는 사람들을 다루는 것처럼 다루십니다. 여러분도 아는 것처럼, 세상의 지도자들은 그런 사람들을 아주 엄하게 다스립니다. 그들에게 아주 형편없는 음식만 주고 편히 자지 못하게 만듭니다. 어디를 가든지 쇠사슬과 고문 등으로 괴롭힙니다. 그런데 그들에 대한 선고가 내려지고 그들이 생명이 사다리의 마지막 디딤대에서 언제라도 떨어져 나갈 수 있는 순간, 살게 되리라는 소망이 모두 사라져 버린 그 순간 왕의 사면이 공포됩니다. 이와 같이 하나님께서도 가련한 많은 영혼을 생명의 사다리 맨 마지막 디딤대까지 몰고 가십니다. 전혀 소망이 보이지 않는 상태까지 몰고 가십니다. 그런 후에 그들의 가슴에 용서를 안겨 주십니다. 그리고 다음과 같이 말씀하십니다. "크게 기뻐하려무나. 나는 내 은총 속에 너를 받아들였고 내 사랑을 너에게 주었다. 나는 너와 화해하였고 결코 너를 떠나지 않을 것이다."

여러분은 하나님께서 사도 바울을 어떻게 다루셨는지를 잘 알고 있습니다. 하나님은 먼저 바울을 각성시키고 죄를 확신하게 하셨습니다. 하나님은 먼저 바울을 말에서 떨어뜨리고 거꾸러뜨리셨습니다. 하나님은 먼저 바울을 깜짝 놀라고 경악하게 하셨습니다. 그러고 나서 은혜와 은총 가운데 자기 자신을 그에게 나타내 보이셨습니다. 또 그를 셋째 하늘로 데리고 가셨고 말로 형용할 수 없는 기이한 방식으로 자신의 사랑과 은총과 아름다움과 영광과 위엄과 긍휼을 나타내 보이셨습니다(행 9:3 참고).

탕자가 돌아왔을 때도 마찬가지입니다. 탕자가 돌아왔을 때 아버지는 살진 송아지를 잡아 아들을 위해 잔치를 열고 가장 좋은 옷을 입혔으며 손에 가락지를 끼우고 발에 신을 신겨 주었습니다(눅 15:22,23 참고). 어떤 사람들은 아버지가 돌아온 아들에게 입혀 준 가장 좋은 옷을 옛날 아담이 가지고 있던 존귀함으로 해석하고, 또 어떤 사람들은 그리스도의 의로 해석합니다.

또 가락지에 대해서는 사랑의 서약으로 가락지를 주고받기 때문에 하나님의 사랑의 보증을 의미하는 것이라고 해석하는 사람들도 있고, 사람들이 가락지를 인장(印章)으로 사용하기 때문에 하나님의 성령의 인치심을 의미하는 것이라고 해석하는 사람들도 있습니다. 로마인들 사이에서 가락지는 미덕과 영예와 숭고함의 상징이었습니다. 가락지를 끼고 있는 사람들은 가락지 때문에 일반 평민들과 구별되었습니다.

저는 앞에서 인용된 모든 성경 구절들의 가장 중요한 의도는 우리로 하여금 하나님을 깨닫게 하는 것이라고 믿습니다. 다시 말해서, 때때로 하나님께서 죄인이 처음 회심하여 하나님께로 돌아올 때 자비하심 가운데 자신의 사랑과 은총과 선의와 기쁨을 빼어나고도 현저한 방식으로 나타내기를 기뻐하신다는 진리를 보여 주는 것이라고 믿습니다.

그러면 하나님께서 죄인이 회심할 때 확신을 주시는 이유를 살펴봅시다.

1) 회개하는 죄인이 슬픔에 압도되어 쓰러지거나 신생에 따르는 고통과 진통에 짓눌려 단념하지 않도록 하기 위함입니다.

만일 주님께서 영혼에게 주님의 사랑의 광채를 어느 정도 비춰 주시지 않는다면, 영혼이 자기 자신에게 '마골밋사빕'(렘 20:3, 사방으로 두려움)이 될 때, 마음이 공포로 가득 찬 지옥이 되고, 양심이 '아겔다마'(행 1:19) 곧 더러운 피밭이 될 때, 영혼은 끊임없이 실신하고 낙심하며 낙망할 것입니다. 영혼이 안으로나 밖으로나, 잠을 잘 때나 식사를 할 때나, 사람들과 함께 있을 때나 홀로 떨어져 있을 때나, 규례를 행하고 있을 때나 규례를 행하기에 소홀할 때나 도무지 평안을 모를 때, 영혼은 끊임없이 실신하고 낙심하며 낙망할 것입니다.

영혼이 그와 같은 어둠에 빠져 있을 때 하나님께서 감미롭게 다가와 모든 것이 괜찮다고 말씀하십니다. 그 영혼을 위한 대속물을 얻었노라고, 회계 장부가 폐기 처분되었고 모든 부채가 다 갚아졌노라고, 그리고 그 영혼을 향한 자신의 사랑과 은총이 변하지 않을 것이라고 말씀하십니다(욥 33:24 참고).

2) 하나님을 향한 그 사람의 사랑과 애정을 더 크게 진작시키고 향상시키기 위함입니다.

사형을 바로 코앞에 둔 사람에게 왕이 사면을 베풀면, 그는 그렇게 자기에게 긍휼을 베푼 왕을 향하여 얼마나 간절한 사랑과 큰 애정을 품게 되겠습니까! 이와 마찬가지로 가련한 죄인이 사다리의 마지막 디딤대 위에 서서 지옥과 비참함으로 떨어지기 일보 직전에 있는 그때 하나님께서 다가와 그 영혼에게 평안과 용서를 말씀하신다면, 그 영혼은 그로 인해 하나님을 얼마나 뜨겁게 사랑하고 거룩한 경외심을 품으며 신령한 방식으로 즐거워하겠습니까!

옛날 안티고노스(Antigonus) 왕은 길을 가다가 더러운 도랑에 양 한 마리가 빠져 있는 것을 보고 그 양을 자신의 손으로 끌어냈습니다. 신하들은 왕의 이런 행동을 보고 그를 칭송하며 사랑하게 되었습니다. 마찬가지로 왕이신 예수 그리스도께서도 가련한 죄인들을 그들의 죄로부터, 지옥으로부터 끌어 내십니다. 이렇게 구원을 받은 사람이라면 당연히 그리스도를 높이 칭송할 수밖에 없을 것이며, 그리스도를 깊이 사랑할 수밖에 없을 것입니다.

그리스도의 눈이 유일하게 주목해서 보는 것이 있습니다. 그리스도의 마음이 유일하게 간직하고 있는 것이 있습니다. 그것은 바로 자기 백성의 마음으로부터 사랑을 가장 많이 얻어 낼 수 있는 방식과 시기에 자기 백성을 향하여 행동하는 것입니다. 그러하기에 때때로 하나님은 사람이 맨 처음 회심하는 순간에 가장 강력한 위안을 주십니다.

3) 그들로 하여금 좀 더 적극적이고 열정적이며 풍부하고 지속적으로 은혜와 거룩의 길로 행하게 하시기 위함입니다.

그리스도께서는 신적인 방식으로 사랑을 나타내 보일 때 영혼을 가장 많이 각성시키고 소생시키며 경건과 거룩의 길로 끌어들일 수 있다는 것을 알고 계십니다. 잘 보십시오. 가련한 영혼이 회심할 때 하나님의 미소와 그 모습을 보는 것은, 마치 새에게 날개가 달린 것과 같고 바퀴에 윤활유를 치는 것과 같으며, 시계추가 힘차게 움직이는 것과 같고 겁쟁이에게 보상을 주는 것과 같으며, 바늘에 자석을 대는 것과 같습니다. 하나님의 사랑을 보게 될 때 영혼은 열렬함과 생기를 갖게 되고, 그로 인하여 하나님을 위하여 어떻게 행동해야 하는지, 하나님을 향하여 어떻게 살아야 하는지, 그리고 하나님과 어떻게 동행해야 하는지를 매우 진지하고 신중히 생각하게 됩니다. 하나님의 사랑의 광채 아래 있는 영혼은 이렇게 말합니다.

"하나님의 사랑은 내 음식이요 음료로다. 나를 위해 그토록 많은 일을 행하신 하나님을 위해서 내가 할 수 있는 모든 것을 하는 것이 나에게 기쁨이요 면류관이로다. 하나님은 내가 어둠 속에 있는 것을 알고 내가 가장 추할 때 나에게 사랑을 속삭이셨다. 그리하여 내 근심이 기쁨으로, 내가 경험하던 지옥이 천국으로 변하게 되었다."

4) 사탄의 불같은 시험으로부터 자녀들을 보호하고 그들을 튼튼하게 하시기 위함입니다.

그리스도께서 성령에게 이끌려 마귀에게 시험을 받으러 광야로 가시기 전에 하나님의 성령이 그리스도 위에 비둘기같이 임하고 하늘로부터 "이는 내 사랑하는 아들이요 내 기뻐하는 자라"(마 3:16,17 참고)라는 음성이 들렸습니다. 이것은 그리스도께서 사탄의 모든 공격과 시험을 강력하게 물리치고 영광스럽게 승리를 거두기 위한 준비였습니다. 이와 마찬가지로 많은 경우 사람이 회심할 때, 주님은 그 영혼에게 자신의 사랑을 나타내 보이십니다. 그리하여 그 영혼이 견고하게 서서 퇴보하지 않고 하나님의 사랑을 느끼면서 믿음의 방패를 잘 활용하여 마귀의 모든 불화살을 막아 내도록 하시려는 것입니다(엡 6:16 참고).

하나님께서는 자신이 가련한 영혼을 흑암의 권세에서 건져 내 아들의 나라로 옮기기 시작하면 사탄이 사자같이 울부짖으며 발광할 것이고 그 영혼을 산란하게 하며 맹공격을 퍼부을 것임을 알고 계십니다. 옛날에 행했던 것처럼 말입니다.

"예수께서 무리가 달려와 모이는 것을 보시고 그 더러운 귀신을 꾸짖어 이르시되, 말 못하고 못 듣는 귀신아, 내가 네게 명하노니 그 아이에게서 나오고 다시 들어가지 말라 하시매 귀신이 소리 지르며 아이로 심히 경련을 일으키게 하고 나가니, 그 아이가 죽은 것같이 되어 많은 사람이 말하기를 죽었다 하나"(막 9:25, 26).

예수 그리스도께서 사랑과 긍휼과 동정의 눈으로 소년을 바라보자마자 마귀는 마치 미친개가 눈독을 들이고 있는 것에 달려드는 것처럼 크게 분노하고 격노하여 그 소년에게 심한 경련을 일으키고 맹공격을 퍼부었습니다. 이 불쌍한 소년은 고침을 받기 직전에 가장 심한 경련으로 쓰러졌습니다.

부유한 긍휼과 영광스러운 능력이 영혼에 가장 가까이 있을 때 사탄은 영혼을 향하여 가장 난폭하게 발광하고 난동을 부립니다. 죄인을 향한 그리스도의 긍휼이 더 많이 역사할수록, 사탄은 더욱더 맹렬하게 그 죄인을 공격할 것입니다. 그래서 하나님은 그 가련한 영혼이 죄와 슬픔이라는 광야를 빠져나오는 그 첫 순간에 가나안 땅을 어느 정도 미리 보게 하시고, 그 땅의 소산물의 송이와 뭉치를 허락하십니다. 하나님의 지혜와 선하심이 더욱 탁월하게 빛을 발하는 것입니다.

그러나 이 장에서 제시하는 명제를 오해하는 사람이 한 사람도 없도록 다음과 같은 두 가지 주의할 점을 덧붙이고자 합니다.

| 주의 1 | 하나님께서는 회심하는 모든 사람들에게 자신의 사랑을 보여

주시지는 않습니다.

물론 하나님은 회개하는 모든 죄인들을 소중하게 사랑하십니다. 그러나 회개하는 모든 죄인들이 처음 회심하는 순간에 하나님의 사랑을 보여 주시는 것은 아닙니다. 하나님은 자유로운 행위자이십니다. 그러므로 하나님은 자신이 원하는 곳에서, 자신이 원하는 때에 역사하십니다. 그리고 자신이 원하는 곳에서, 자신이 원하는 때에, 자신이 원하는 사람들에게 자신의 사랑을 나타내 보이십니다. 하나님께서 영혼에게 은혜의 역사를 이루시는 것과 그 영혼에게 자신의 은혜의 역사를 보여 주시는 것은 전혀 다른 문제입니다.

하나님은 때때로 조용하고 은밀한 방식으로 은혜를 역사하십니다. 그 영혼에 이루신 자신의 역사에 대해 선명하고도 만족스러운 증거를 주시기까지 5년이 걸리기도 하고, 10년이 걸리기도 하고, 15년이나 20년이 걸리기도 합니다. 뿐만 아니라 어떤 때는 그보다 더 오랜 세월이 걸릴 수도 있습니다.

하나님으로부터 받은 은혜가 우리에게 가장 소중한 보석인 것은 사실이지만, 때로는 처음 회심할 때 그것이 너무나 연약하고 불완전하여 그 광채를 볼 수 없기도 합니다. 우리 안에 있는 하나님의 은혜는 우리의 상태를 안전하고 견고하게 만들어 줍니다. 반면 우리 안에 있는 하나님의 은혜를 보는 것은 우리의 삶을 감미롭고 위로가 넘치게 만들어 줍니다.

| 주의 2 | 어떤 사람은 처음 회심할 때 자신을 향한 하나님의 사랑과 하나님과 자신의 관계, 영광을 얻게 될 자신의 권리를 너무나 선명하고도 영광스럽게 본 나머지, 그 이후 평생 동안 그와 유사한 경험을 전혀 하지 못할 수도 있습니다.

날마다 살진 송아지를 잡는 것이 아닙니다. 날마다 왕의 의복을 입는 것이 아닙니다. 날마다 축제와 혼인 잔치를 열 수는 없습니다. 아내라고 해서 날마다 품 안에만 있는 것은 아닙니다. 자식이라고 해서 날마다 팔 안에만 있는

것은 아닙니다. 친구라고 해서 날마다 식탁을 함께하는 것은 아닙니다. 영혼도 날마다 하나님의 사랑이 나타나는 것을 경험하는 것은 아닙니다.

야곱을 보십시오. 야곱이라고 해서 천사들이 오르락내리락 하는 것을 날마다 본 것은 아니었습니다(창 28:12 참고). 스데반을 보십시오. 스데반이라고 해서 날마다 하늘이 열리고 그리스도께서 하나님의 우편에 서 계신 것을 본 것은 아니었습니다(행 7:56 참고). 밧모섬에 갇혀 있는 사도 요한을 보십시오. 사도 요한이라고 해서 날마다 성령에 감동된 것은 아니었습니다.

옛날 페르시아 왕은 꿈을 꾸면서 "나에게는 테미스토클레스(Themistocles, B.C. 524?-460?, 그리스 아테네의 장군이요 정치가)가 있다. 나에게는 테미스토클레스가 있다"라고 외쳤다고 합니다. 그러나 날마다 "나에게는 그리스도가 있다. 나에게는 위로가 있다. 나에게는 확신이 있다"라고 외칠 수 있는 성도는 세상에 단 한 명도 없습니다. 욥의 수금은 슬픔으로 변하였고 그의 피리는 우는 소리로 변하였습니다(욥 30:31 참고). 가장 탁월한 성도들도 때로는 자신의 수금을 버드나무에 걸어 놓고(시 137:2 참고), "하나님께서 베푸신 은혜를 잊으셨는가? 더 이상 은총을 베풀지 아니하실까?"(시 77:7-9 참고)라고 부르짖습니다.

2. 힘들고 어려운 봉사를 수행하기 전

둘째, 하나님께서는 매우 어렵고 힘들며 위험한 봉사에 그들을 투입시키기를 원할 때도 확신을 주십니다. 감사하게도 하나님은 그러한 때에 그들에게 천국의 감미로움을 어느 정도 미리 맛보게 하십니다. 하나님은 푸근한 미소를 짓고 자주 입맞춤하며 그 영혼을 가슴에 안아 주십니다. 하나님은 성도의 손을 잡고 인도하며 자신의 선하심과 영광이 그 성도 앞을 지나가게 하십니다. 하나님이 속마음을 영혼에게 열어 보일 때 그 영혼은 하나님의 궁전과 지혜가 될 것입니다.

하늘을 가득 뒤덮었던 구름이 온데간데없이 사라지고, 영혼은 더 이상 어둠의 골짜기에서 탄식하며 앉아 있지 않을 것입니다. 그리스도께서 그 영혼을 산으로 이끌고 올라가 그곳에서 자신의 영광을 보여 주실 것입니다. 그 영혼이 모든 어려움과 낙심에 부딪칠 때 고상하고 용감하게 행동할 수 있도록, 숭고하고 영광스럽게 행동할 수 있도록 말입니다.

그리스도께서는 베드로와 야고보와 요한에게 아주 어렵고 힘든 사역을 맡길 의향을 가지고 계셨습니다. 그래서 그분은 그들을 데리고 변화산으로 올라가 자신의 아름다움과 영광을 보여 주셨습니다. 그곳에서 그들은 예수 그리스도가 변화되는 것을, 변모되는 것을, 변형되는 것을 목도했습니다. 그곳에서 그들은 예수 그리스도의 얼굴이 찬란한 해같이 빛나며 그리스도의 옷이 빛과 같이 희어지는 것을 보았습니다(마 17:1-6 참고). 산 위에서 주님은 자신의 신성의 지극히 찬란한 광채와 지극히 빛나는 영광을 그들에게 보여 주셨습니다. 그것을 본 베드로와 야고보와 요한은 놀라움과 황홀함과 경이로움에 완전히 사로잡혔습니다. 이렇게 그리스도께서 이 모든 은혜와 영광과 선하심과 감미로움을 그들에게 보여 주신 것은 그들을 고무하고 장려하여, 비록 세상이 그들을 증오하고 속박하며 경멸할지라도, 그리스도와 그리스도의 진리를 고백하며 그리스도와 그리스도의 진리 편에 서서 그리스도와 그리스도의 진리를 세상에 전하도록 하시기 위함이었습니다.

하나님은 사도 바울을 위해 미리 작정해 두신 바 험난하고도 어려운 사역에 그를 투입하시기 전에 그를 그와 같은 방식으로 다루셨습니다(행 9:1-23 참고). 하나님께서는 바울을 하늘로 이끌어 그의 마음에 자신의 사랑을 부어 주고, 그가 택한 그릇임을 알려 주셨습니다. 하나님은 다메섹으로 향하는 길에서 바울에게 나타나 그를 성령으로 충만하게 하셨습니다. 성령의 여러 가지 은사와 여러 가지 은혜와 위로를 그에게 충만히 부어 주셨습니다. 그러자 바울은 즉시 그리스도를 전하며 그리스도를 높였습니다. 이러한 사도 바울의 설교를 들은 모든 사람들은 깜짝 놀랐습니다. 바울은 다른 사람들보다 더 선명하고 충만하며 영광스럽게 하나님의 사랑과 은총을 보았기 때문에, 그리스도를 섬기며 봉사하는 일에서도 다른 사람들보다 더 부지런하고 풍족하며 충실했습니다(고후 11:21-33 참고).

하나님은 아브라함과 이삭과 야곱 등의 족장들을 다루고 모세와 이사야와 예레미야와 에스겔 등의 선지자들을 다룰 때마다 이 방법을 사용하셨습니다. 하나님은 그들에게 아주 중요한 임무를 맡길 때 그들의 마음에 자신의 사랑을 풍성하게 부어 주고 그들의 심령에 인 치며, 자신이 그들을 손에 쥔 인장처럼 굳게 붙들고 있음을 알려 주셨습니다. 하나님께서는 그들에게 자신의 얼굴과 임재와 도움에 대한 확신을 주셨습니다. 비록 다른 모든 사람들이 그들을 버릴지라도 하나님은 그들 곁에 서서 그들을 강하게 만들어 주고 그들을 지탱해 주며 의로운 오른손으로 그들을 붙들어 주겠다고 말씀하셨습니다.

하나님께서는 자신의 능력이 그들의 것이 되어 그들을 지켜 주고, 자신의 지혜가 그들의 것이 되어 그들을 인도하며, 자신의 선하심이 그들의 것이 되어 그들에게 필요를 충족시켜 주고, 자신의 은혜가 그들의 것이 되어 그들을 치유하며, 자신의 긍휼이 그들의 것이 되어 그들을 용서하고, 자신의 기쁨이 그들의 것이 되어 힘을 북돋아 주며, 자신의 약속이 그들의 것이 되어 그들을 안위하고, 자신의 성령이 그들의 것이 되어 그들을 지도할 것이라고 말씀하셨습니다.

이로 인해서 그들은 사자처럼 용맹할 수 있었으며, 확고하고 능력 있게 서서 모든 위험과 난관 앞에서도 하나님의 사역을 충실하게 견지할 수 있었습니다. 이로 인해서 그들은 옛날 용감한 느헤미야처럼 주님의 사역을 그만두거나 그것으로부터 도망하는 것을 거절할 수 있었습니다. 이로 인해서 그들은 궁수들이 그들의 급소를 쏠 때에도 활시위를 지속적으로 힘있게 당길 수 있었습니다.

이와 같이 하나님께서 자녀들에게 험난하고 어려운 직무를 맡길 때 자신의 사랑의 감미로운 맛과 자신의 은총에 대한 확신을 그들에게 어느 정도 주시는 데는 여러 가지 중요한 이유가 있습니다.

1) 그들이 하나님을 섬기다가 기력을 잃거나 비틀거리지 않고 모든 어려움이나 반대에도 단호하고 용감하게 하나님을 섬기게 하기 위함입니다.

하나님께서는 여호수아에게 자기 백성 이스라엘을 인도하고 통치하는 막중한 책무를 맡길 때 자신의 사랑과 임재에 대한 확신을 주셨습니다.

"강하고 담대하라. 너는 내가 그들의 조상에게 맹세하여 그들에게 주리라 한 땅을 이 백성에게 차지하게 하리라"(수 1:6).

이로 인해서 여호수아는 자신을 낙심하게 만드는 모든 일 앞에서도 단호하고 용감하게 끝까지 하나님을 섬기는 일을 수행해 나갑니다.

"만일 여호와를 섬기는 것이 너희에게 좋지 않게 보이거든 너희 조상들이 강 저쪽에서 섬기던 신들이든지 또는 너희가 거주하는 땅에 있는 아모리 족속의 신들이든지 너희가 섬길 자를 오늘 택하라. 오직 나와 내 집은 여호와를 섬기겠노라"(수 24:15).

이와 마찬가지로 주님은 사도 바울에게 가는 도시마다 결박과 환난이 그를 기다리고 있는 막중한 사명을 맡기실 때에도(행 20:23 참고) 미리 그에게 천국을 맛보게 하시고 그 얼굴빛을 환히 비춰 주셨습니다. 이로 인해서 사도 바울은 단호하고도 담대하게 주님의 일을 할 수 있게 되었습니다. 바울은 혈육과 그 일에 대하여 논의하지 않았습니다(갈 1:15-17 참고). 그 어떤 비방이나 채찍이나 감옥이나 매질이나 위험이나 사망도 이미 손에 주님의 쟁기를 들고 있는 바울로 하여금 뒤를 돌아보게 만들지 못했습니다.

하나님의 사랑이 바울의 영혼에 환히 비취었을 때, 그는 다윗의 용사들 중 한 사람이었던 삼마(Shammah, 삼하 23:11,12 참고)처럼 위대한 용기와 결단력으로 충만해졌습니다. 그리하여 다른 사람들은 넘어지고 도망가고 중도하차 하는데도 사도 바울은 끝까지 싸움을 지속해 나가고 자리를 지켰습니다(딤후 4:16,17 참고).

2) 하나님은 지혜롭고 신실하며 능력이 충만하고 긍휼이 풍성하며 의로우신 분이기 때문입니다.

하나님께서는 자기 백성에게 험하고 어려운 책임을 맡길 때 자신의 사랑을 어느 정도 맛보게 하고 자신의 은총을 어느 정도 깨닫게 하십니다. 왜냐하면 하나님은 지혜롭고 신실하며 능력이 충만하고 긍휼이 풍성하며 의로우신 분이기 때문입니다. 만일 하나님께서 자기 백성에게 그렇게 하시지 않는다면, 그것은 하나님께서 자기 자신뿐만 아니라 자신이 창조한 가련하고 연약한 피조물들보다도 못하게 행동하시는 것이 되기 때문입니다.

자기 아내나 자녀들, 종업원이나 사병, 사절단에게 험하고 어려운 임무를 맡기면서 그들에게 미소를 보이지도 않고 친절한 말을 건네지도 않으며, 그들의 인격을 높여 주거나 그들의 수고를 친절하게 받아들이며 훌륭하고도 풍성하게 보상할 것이라고 약속하지 않을 남편이나 아버지, 주인이나 장교, 왕이 세상에 있겠습니까? 아무도 없을 것입니다. 하물며 하나님께서 그렇게 하시겠습니까?

하나님은 가장 영광스러운 존재인 사람들에게도 자신의 영광을 전혀 주시지 않는 분입니다. 그런 하나님께서 벌레와 같이 연약한 피조물들의 신중한 행동보다 못하게 행동하심으로써 자신의 영광을 가리고 무색해지도록 용납하시겠습니까? 절대 그렇지 않습니다.

"나는 여호와이니 이는 내 이름이라 나는 내 영광을 다른 자에게, 내 찬송을 우상에게 주지 아니하리라"(사 42:8).

"나는 나를 위하며 나를 위하여 이를 이룰 것이라 어찌 내 이름을 욕되게 하리요 내 영광을 다른 자에게 주지 아니하리라"(사 48:11).

3) 그들이 하나님을 섬기는 일에 뛰어든 것을 결코 후회하지 않게 하시기 위함입니다.

만일 하나님께서 자신의 사랑의 영광스러운 광채로 자기 백성들의 마음을 따뜻하게 하지 않은 채로 그들을 어려운 책무에 투입하신다면, 그들은 반대나 위험에 부딪칠 때 쉽게 모든 것을 내팽개치고 주저앉아 하나님을 섬기는 일에 뛰어든 것을 후회하고 탄식할 것입니다. 그들은 선지자 요나처럼 투정하고 고집을 피울 것입니다. 또 하나님이 주신 사명을 회피하기 위하여 위험을 무릅쓰고 물에 빠지는 편을 선택할 것입니다.

그러나 주님은 자신의 은혜를 그 백성의 마음에 주고 계약금을 그들의 손에 쥐어 줌으로써, 그들로 하여금 한숨을 쉬거나 후회하지 않고 기쁜 마음으로 부여된 사명을 감당해 나가게 하십니다. 하나님께서 그들의 영혼에 여러 번 입을 맞추고 그들의 영혼을 꼭 안아 주시면, 그들의 영혼에는 굉장한 생기와 용기와 기개가 솟아납니다. 그리하여 그들은 가장 큰 위험에도 스스럼없이 도전할 수 있고 궁극적으로 가장 큰 어려움들을 이기고 승리자로 우뚝 설 수 있게 됩니다. 천국에 있는 길을 어느 정도 걸어 본 사람이라면 이렇게 말합니다.

"황금에 비할 때 찌끼는 아무것도 아니로구나! 빛에 비할 때 흑암은 아무것도 아니로구나! 천국에 비할 때 지옥은 아무것도 아니로구나! 하나님의 은혜가 얼마나 감미로운지를 발견하고 하나님의 품 안에 안겨 있는 행복을 맛본 나에게는 그 어떤 어려움이나 반대도 존재하지 않는구나."

10년의 박해 기간을 통틀어 가장 악독한 박해자요 가장 마지막 박해자였던 디오클레티안(Diocletian)은 다음과 같이 말했습니다.

"내가 그리스도의 이름을 이 세상에서 없애 버리려고 애를 쓰면 쓸수록 그리스도의 이름은 더 선명하게 부각되었습니다. 내가 그리스도의 길을 완전하게 봉쇄하려고 애를 쓰면 쓸수록 그리스도의 길은 더 넓어졌습니다. 그리스도와 관련되어 있다고 생각되는 모든 것을 완전히 뿌리 뽑으려고 애를 쓰면 쓸수록 그것은 성도들의 마음과 삶에 더 깊이 뿌리를 내리고 더 높이 올라갔습니다. 하나님께서 성도들 가운데 사랑이라는 광채와 은혜라는 값비싼 진주를 뿌려 주셨기 때문입니다."

한 번이라도 하나님의 품에 안겨 본 영혼들은 모든 반대의 한복판에서도 전혀 요동하지 않습니다. 그들은 마치 온 몸이 불로 만들어진 사람과 같습니다. 그들은 모든 반대를 소멸시키고 정복합니다. 모든 어려움은 그들의 흔들리지 않고 굽힘이 없는 강인함을 분발시키도록 자극할 뿐입니다. 개가 아무리 짖어도 달은 제 갈 길을 가는 것처럼, 그리스도의 날개 아래서 따뜻함을 발견한 모든 탁월한 영혼들은 모든 난관과 어려움에도 꺾이지 않고 그리스도인으로서의 경주를 다할 것입니다.

말은 나팔 소리를 들으면 힘차게 웁니다. 고래는 창을 조금도 무서워하지 않습니다. 이와 마찬가지로 확신의 능력을 누리는 성도는 주님을 섬기다가 만나는 모든 어려움과 위험을 두려워하지 않습니다. 하나님의 사랑과 은혜를 인식하고 있기 때문에, 그는 가장 큰 어려움을 척척 극복하고 개가를 올리게 되어 있습니다.

4) 사악한 사람들의 입을 막기 위함입니다.

만일 하나님께서 자기 백성에게 무거운 짐을 짊어지게 하시고는 그들에게 어느 정도의 안식도 주지 않고 손가락 하나 까딱하시지 않는다면, 이 세상이 뭐라고 말하겠습니까? 만일 하나님께서 자기 백성들이 생산해야 할 벽돌의 총량을 두 배로 늘려 놓고는 그들에게 짚을 전혀 주시지 않는다면, 이 세상이 뭐라고 말하겠습니까? 만일 하나님께서 자기 백성으로 하여금 강력한 적군과 싸우도록 해 놓고는 그들을 내버려 두신다면, 이 세상이 뭐라고 말하겠습니까? 만일 하나님께서 자기 백성에게 중요한 큰 일을 수행하라고 맡기고는 거기에 합당한 격려를 주시지 않는다면, 이 세상이 뭐라고 말하겠습니까?(출 32:12; 민 14:12-16 참고)

하나님을 혹독한 주인이라고 말하지 않겠습니까? 하나님의 행사가 공평하지 못하다고 말하지 않겠습니까? 하나님의 능력은 영광스럽고 하나님의 지혜는 놀랍고 하나님의 긍휼은 무궁무진하며 하나님의 선하심은 감탄할 만하며 하나님의 은혜는 부요하고 하나님의 지식은 헤아릴 수 없다고 말하는 사람들을 **뻔뻔한 거짓말쟁이**라고 말하지 않겠습니까?

하나님께서 정말 선한 분이라면 앞서 말한 도움을 자기 백성에게 주지도 않은 채로 그들을 험난하고 어려운 일에 투입할 수도 없고, 또 그렇게 하시지도 않을 것입니다. 하나님은 틀림없이 그들을 자신의 백성으로 인정하고 그들 곁에 서서 그들을 지지하실 것입니다. 또 그들을 도와주고 그들에게 환한 미소를 보내실 것입니다. 또 그들로 하여금 자유롭게 그 임무를 시작하도록 하실 뿐 아니라 그들이 훌륭하게 그 임무를 마칠 수 있도록 하실 만큼 꼼꼼하게 이끄실 것입니다.

하나님은 자기 백성이 피 묻은 옷을 입고 있는 것을 차마 보시지 못합니다. 그때마다 하나님의 심정은 그들을 불쌍히 여기는 마음으로 타오르게 되어 있습니다. 그리하여 마침내 하나님은 떨쳐 일어나셔서 그들에게 긍휼을 베푸시게 되어 있습니다.

3. 기다릴 때 주어지는 확신

하나님께서는 자기 백성들이 기다릴 때 그들에게 자신의 사랑의 은밀한 맛을 어느 정도 베풀고 자신의 얼굴빛을 그들에게 환히 비춰 주기를 기뻐하십니다. 다윗은 시편 40편 1-3절에서 다음과 같이 노래합니다.

"내가 여호와를 기다리고 기다렸더니, 귀를 기울이사 나의 부르짖음을 들으셨도다. 나를 기가 막힐 웅덩이와 수렁에서 끌어 올리시고 내 발을 반석 위에 두사 내 걸음을 견고하게 하셨도다. 새 노래, 곧 우리 하나님께 올릴 찬송을 내 입에 두셨으니 많은 사람이 보고 두려워하여 여호와를 의지하리로다."

하나님은 다윗으로 하여금 기다리는 가운데 인내심을 단련하도록 하신 다음에 감미로운 방식으로 그에게 갑자기 임하여 그를 얽어매고 있던 사슬을 깨뜨리고 감옥문을 열어 주셨으며, 그의 손을 잡고서 그가 빠져 있던 소란과 혼란의 웅덩이로부터 그를 이끌어 내십니다. 그러고는 자신의 사랑과 은혜를 그에게 눈부시게 보여 주십니다. 그러면 그의 마음은 크게 기뻐하고 그의 입은 즐거이 노래하게 됩니다.

신약성경에 나오는 경건한 성도 시므온의 경우도 마찬가지입니다. 시므온은 이스라엘의 위로, 곧 그리스도의 초림을 오랫동안 기다렸습니다. 그런 후에 성령께서 그에게 임하고 그를 인도하여 성전에서 그리스도를 보게 하셨습니다(눅 2:25-33 참고). 이 의롭고 경건한 노인은 하나님의 이런 역사로 인하여 "주재여, 이제는 말씀하신 대로 종을 평안히 놓아주시는도다"(눅 2:29)라고 노래합니다. 시므온의 말은 이런 뜻입니다. "나는 살 만큼 충분히 살았습니다. 이제 나는 내 마음에 그리스도를 소유하고 내 팔로 그리스도를 안아 보았습니다. 그리스도는 내 빛이요 생명이시며 사랑이요 기쁨이며 면류관이십니다. 그러므로 이제 나는 평안한 마음으로 죽을 수 있습니다."

성도들이여, 여러분에게 호소합니다. 여러분 중 많은 사람들이 그리스도의 감미롭고 친밀한 임재를 개인적으로 체험하지 않았습니까? 여러분이 긍휼의 문 앞에서 오랫동안 주님을 기다리고 있을 때 그것을 경험하지 않았습니까? 여러분이 울면서 주님을 기다리고 있을 때 주 예수께서 오셔서 "평안할지어다"라고 말씀하시지 않았습니까? "기다리는 영혼이여, 안심하라. 내 나라. 안심하라. 네 죄 사함을 받았느니라"라고 말씀하시지 않았습니까? 틀림없이 여러분에게는 이런 경험이 있을 것입니다.

하나님께서 "너는 여호와를 기다릴지어다! 강하고 담대하며 여호와를 기다릴지어다"(시 27:14)라는 말씀을 여러분에게 이행하시지 않았습니까? 하나님께서 "나를 바라는 자는 수치를 당하지 아니하리라"(사 49:23)라는 말씀을, 하나님을 기다리고 바라는 사람은 결코 그 소망과 기대로 인해 실망하지 않을 것이며 잘못되지 않을 것이라는 말씀을 여러분에게 이행하시지 않았습니까? 하나님은 여러분에게 그렇게 행하셨습니다.

여러분은 "그러나 여호와께서 기다리시나니 이는 너희에게 은혜를 베풀려 하심이요, 일어나시리니 이는 너희를 긍휼히 여기려 하심이라. 대저 여호와는 정의의 하나님이심이라. 그를 기다리는 자마다 복이 있도다"(사 30:18)라는 말씀이 여러분의 영혼에 매우 감미롭게 다가오는 것을 경험한 적이 없습니까? 여러분에게는 그런 경험이 있습니다. 또 하나님께서 "기다리는 자들에게나 구하는 영혼들에게 여호와는 선하시도다"(애 3:25)라는 말씀을 여러분에게 이행하시지 않았습니까? 하나님은 여러분에게 그렇게 행하셨습니다.

기다리는 영혼들이여, 이것을 꼭 기억하십시오. 확신은 바로 여러분의 것입니다. 그러나 그것이 여러분에게 주어지는 시간을 정하는 것은 주님의 고유 권한입니다. 보석은 여러분의 것입니다. 그러나 그것이 여러분에게 주어지는 시기를 정하는 것은 주님의 고유 권한입니다. 황금 목걸이는 여러분의 것입니다. 그러나 주님께서 그것을 여러분의 목에 걸어 주시는 그 시간은 오직 주님만이 아십니다.

그러므로 인내심을 가지고 침착하게 기다리십시오. 기대하는 마음을 품고 기다리십시오. 믿는 마음으로 기다리십시오. 주님을 사랑하는 마음을 품고 기다리십시오. 끈질기게 기다리십시오. 그러면 "잠시 잠깐 후면 오실 이가 오시리니 지체하지 아니하시리라"(히 10:37; 합 2:3 참고)라는 말씀이 여러분의 영혼에 능력 있게 성취되는 것을 체험하게 될 것입니다. 그분은 틀림없이 오실 것입니다. 그분은 가장 좋은 때에 오실 것입니다. 그분은 홀연히 오실 것입니다. 말라기 선지자는 말합니다.

"만군의 여호와가 이르노라. 보라, 내가 내 사자를 보내리니 그가 내 앞에서 길을 준비할 것이요, 또 너희의 구하는 바 주가 갑자기 그의 성전에 임하시리니, 곧 너희가 사모하는 바 언약의 사자가 임하실 것이라"(말 3:1).

제가 하고 싶은 말이 이것입니다. 만일 하나님의 사랑에 대한 확신이 기다릴 만한 가치가 있는 보석이 아니라면, 그것은 아무 가치도 없는 것입니다.

4. 고난의 때

고난을 받는 시기는 주님께서 자기 백성에게 자신의 은총을 어느 정도 경험하게 하기를 기뻐하시는 시기입니다. 그들이 의를 위해서, 그리고 복음을 위해서 고난을 받을 바로 그때 대부분의 경우 주님은 그 얼굴빛을 그들 위에 환히 비추어 주십니다. 하나님의 백성은 이 세상으로부터 가장 나쁜 소식을 들을 때 하늘로부터 가장 좋은 소식을 듣게 됩니다.

하나님께서 자기 백성에게 가장 환한 미소를 지어 보이기를 기뻐하시는 때는 이 세상이 그들을 향하여 가장 험상궂은 얼굴을 하고 있을 때입니다. 이 세상이 하나님의 백성들의 발목에 쇠사슬을 채울 때, 하나님은 그들의 목에 황금 목걸이를 걸어 주십니다. 이 세상이 하나님의 백성들의 손에 쓰디쓴 잔을 쥐어 줄 때, 하나님은 거기에 자신에게 있는 달콤한 꿀과 선하심과 감미로움을 어느 정도 섞어 주십니다. 이 세상이 하나님의 백성들을 향하여 돌을 던질 만반의 준비를 갖추고 있을 때, 하나님은 그들에게 흰 돌을 주십니다. 이 세상이 하나님의 백성에게 있는 선한 이름을 맹렬하게 공격할 때, 하나님은 그들에게 새 이름을 주십니다. 받은 사람만이 알 수 있는 새 이름, 아들이나 딸이라는 이름보다 더 나은 이름을 주십니다.

이 세상이 "그들을 십자가에 못 박으라. 그들을 십자가에 못 박으라"라고 외칠 때 하나님은 하늘로부터 부드러운 음성으로 이렇게 말씀하실 것입니다. "이들은 내가 사랑하는 자들이요, 내가 기뻐하는 자들이라"(마 3:17 참고). 이 세상이 하나님의 백성에게 누더기를 입힐 때, 하나님은 그들에게 자신의 왕복을 입혀 주실 것이며, 그들의 심령에 "왕이 존귀하게 하시기를 원하시는 사람에게는 이같이 할 것이라"(에 6:11)라고 은밀히 반포하실 것입니다.

이 세상이 하나님의 백성의 한 손에 냉수 한 잔을 줄 때, 하나님은 다른 손에 신주(神酒) 한 잔을 주실 것입니다. 이 세상이 하나님의 백성을 향해 이를 갈고 상상할 수도 없을 정도로 지독한 온갖 고문을 그들에게 행할 때, 주님은 그들에게 천국을 열어 보이실 것입니다. 초대 교회의 스데반 집사에게 하셨던 것처럼 말입니다.

또한 바울과 실라가 복음을 전하다가 붙잡혀 감옥에 갇혔을 때, 하나님께서는 말로 표현할 수 없을 정도로 지극히 큰 기쁨을 그들의 마음에 가득 채워 주셨고, 그 결과 그들은 다른 죄수들이 다 잠든 사이에도 하나님을 찬송하지 않을 수 없었습니다(행 16:23-25 참고). 하나님께서는 바울과 실라가 갇혀 있는 감옥을 왕궁과 낙원으로 변화시켜 주셨고, 바울과 실라는 하나님이 베푸신 긍휼에 대해서 찬송으로 보답했습니다. 바울과 실라는 감옥에 갇혀 있었지만 고통보다는 즐거움을, 슬픔보다는 기쁨을, 비통함보다는 감미로움을, 어둠보다는 빛을 더 많이 체험하였습니다.

하나님께서는 고난을 받는 자기 백성의 마음을 따뜻하게 하고 기쁘게 하기 위하여 자신의 선하심과 영광의 광채가 고난이라는 돌담을 관통해서 어느 정도 비취게 하십니다. 사도 요한이 '하나님의 말씀과 예수를 증언하였음으로 말미암아'(계 1:9) 밧모 섬에 유배되어 있을 때, 하나님은 그를 성령으로 충만하게 하시고, 사도 요한이 평생 체험한 것 중에서 가장 탁월하게 자기 자신을 나타내 보이시며 가장 영광스럽게 계시를 주셨습니다. 그때 하나님은 사도 요한을 자신의 신복과 모사로 삼으시고, 마지막 날에 있을 영광스럽고도 엄청난 일들에 대해서 말씀하셨습니다. 그때 사도 요한은 신령한 황홀경과 무아지경에 들어갔고, 자기 자신과 현세의 모든 것들을 초월하여 하나님께서 그에게 계시하기를 원하신 영광스러운 환상에 마음을 쏟았습니다.

순교자들이 불 속에서 하나님을 찬미하고 화염 속에서 박수를 치며 빨갛게 달아오른 석탄을 장밋빛 탄탄대로를 걷는 것처럼 밟고 걸어갈 수 있었던 것은, 하나님께서 그들에게 그 얼굴빛을 환히 비추어 주셨기 때문입니다. 이런 하나님의 은혜로 말미암아 순교자 빈센티우스(Vincentius)는 타오르는 화염이 자신의 턱수염까지 미치는 것을 느끼면서 다음과 같이 말했습니다.

"장차 올 영광에 비할 때 이것은 얼마나 작은 고통인가! 대양(大洋)과 같은 양의 포도주에 식초 한 방울을 떨어뜨린다고 무엇이 달라지겠는가! 장차 한 왕국을 소유하게 될 사람이 하루쯤 고생한다고 무엇이 달라지겠는가!"

상투스(Sanctus)는 무시무시한 고통을 당하면서도 자신을 향해 얼굴 가득 미소 지으시는 하나님으로 말미암아 "나는 그리스도인이라네"라며 진정한 기쁨을 노래할 수 있었습니다. 순교자 터툴리안(Tertullian) 시대의 그리스도인들도 자신들을 향한 하나님의 환한 미소로 말미암아 "이 세상의 잔인함은 우리의 영광이라네"라고 노래할 수 있었습니다.

이로 인해 한 프랑스인 순교자는 자신의 동료의 목에 교수형 밧줄이 드리워졌을 때 "그 황금 사슬을 내게 주시오. 그래서 순교자라는 고결한 신분의 기사직을 내게 수여해 주시오"라고 말했습니다. 이로 인해 또 다른 프랑스인 순교자는 죽을 때에 살아서 자기 몸에 채워져 있던 사슬을 자신이 장차 천국에서 누릴 영광의 상징으로 함께 묻어 달라고 청원하였습니다. 이로 인해 바질(Basil)은 "화형대의 불이나 칼이나 감옥이나 기근이나 이 모든 것이 내게는 기쁨이요 즐거움이라"라고 말했습니다. 이로 인해 사도 바울은 자신이 사슬에 매인 것을 조금도 부끄러워하지 않고 오히려 그것을 자랑했습니다. 이 세상에 속한 사람들이 자신들의 현세의 모든 영광을 자랑하는 것보다 더 크게 그것을 자랑했습니다.

이로 인해 테오도르(Theodoret)는 자신을 박해하는 사람들이 고문대를 치우고 더 이상 자신을 고문하지 않자 그들 때문에 자신이 손해를 봤다고 불만을 토로했습니다. "내가 고문대에서 고문을 당하는 내내 흰옷을 입은 젊은 사람, 곧 천사가 내 옆에 서서 괴로워 흐르는 내 땀을 닦아 주는 것 같았다. 나는 그 일로 굉장한 위로와 감미로움을 경험하였다. 그런데 이제는 그것을 경험할 수 없게 되었다."

결론적으로 말하자면, 비록 몸은 갇혀 있을지라도 소망을 품고 있는 사람들에게 하나님께서 보여 주시는 얼굴 가득한 미소는, 고난받는 그들로 하여금 그리스도께서 고난을 받으면서 기뻐하고 즐거워하셨던 것보다 더 크게 기뻐하고 즐거워하도록 만듭니다.

이탈리아인 순교자 파니누스(Faninus)가 죽음을 앞두고 지극히 즐거워하자 어떤 사람이 그에게 물었습니다. "그리스도께서는 죽음을 앞에 두고 겟세마네 동산에서 그토록 슬퍼하셨는데, 당신은 죽음을 앞두고 왜 그렇게 즐거워하는가?" 그러자 파니누스가 대답했습니다. "그리스도께서는 지옥과 사망뿐만 아니라 우리가 마땅히 받아야 하는 모든 슬픔과 갈등을 그 영혼 속에 모두 짊어지고 계셨습니다. 그리스도께서 고난받으심으로 우리는 슬픔과 그 모든 것에 대한 두려움으로부터 구원받았습니다. 그래서 우리에게는 가장 극심한 고난 속에서도 기뻐할 이유가 있는 것입니다."

자, 이제는 주님께서 왜 자기 백성들이 고난을 당하는 시기에 자신의 인자하심을 그들에게 보이고 자신의 얼굴빛을 그들에게 비춰 주기를 기뻐하시는지 그 특별한 이유들을 몇 가지 말하고자 합니다.

1) 하나님께서 자기 백성들의 인내심과 절개가 고난의 때에도 변하지 않고 강건하기를 원하시기 때문입니다.

하나님께서는 자기 백성의 체질이 어떠한지를 아주 정확하게 알고 계십니다. 만일 고난의 시기에 하나님께서 왼손으로 자기 백성을 떠받쳐 주시고 오른손으로 자기 백성을 덮어 주시지 않는다면, 만일 하나님께서 그 감미로움을 조금 맛보게 하고 선하심의 풍미를 어느 정도 경험하게 하시지 않는다면, 하나님의 백성은 금방 인내심을 잃어버리고 절개를 버리고 말 것입니다. 하나님은 이 사실을 아주 정확하게 알고 계십니다. 그러나 하나님께서 백성을 향해 미소를 짓고 은혜롭게 자신을 나타내 보이시면, 그들은 그 어떤 일에도 꺾이지 않고 인내심과 절개를 지킬 것입니다.

순교자 빈센티우스도 그러했습니다. 그를 박해하던 사람들은 그가 발휘한 인내심과 절개에 격노했습니다. 그래서 그들은 그를 완전히 발가벗겨 놓고 그의 온몸에 새파랗게 피멍이 들 정도로 채찍질을 했으며, 모든 상처에 소금과 식초를 뿌리고 새빨갛게 타오르는 석탄 위에 그를 세워 두었으며, 그러고 난 후에는 메스꺼운 지하 감옥에 알몸으로 던져 놓았습니다. 그 지하 감옥 바닥은 날카로운 조개껍데기로 되어 있었고, 그에게 제공된 침대는 가시 묶음으로 되어 있었습니다. 그러나 복된 순교자 빈센티우스는 이 모든 것을 아무런 불평도 없이 순순히 받아들였으며, 자신의 마음에 속삭이듯 말했습니다.

"빈센티우스는 내 이름이다. 그리고 너희들이 아무리 고문하더라도 하나님의 은혜로 말미암아 나는 변함없이 빈센티우스로 남을 것이다."

박해는 한 손에는 죽음을 들고 다른 한 손에는 생명을 들고 찾아옵니다. 박해는 몸은 죽이지만 영혼은 영화롭게 합니다. 아무리 잔인한 수난이라 할지라도, 그것은 사망을 피하는 정교한 요술에 불과합니다. 생명에서 생명에 이르며 감옥에서 낙원에 이르며 고난에서 영광에 이르는 정교한 요술에 불과합니다.

순교자 유스티누스(Justin)의 말에 의하면, 한때 로마인들이 자기들의 황제를 소위 불멸의 존재로 만들었을 때, 그들은 어떤 사람으로 하여금 황제가 불에서 건져져 천국에 들어가는 것을 보았노라고 맹세하게 하였다고 합니다. 그러나 우리는 고난당하는 성도들의 복된 영혼이 옛날에 불수레와 불말을 타고 하늘로 올라간 엘리야처럼, 그리고 불꽃 속에서 마노아에게 나타난 천사처럼, 그렇게 하늘로 올라가는 것을 믿음의 눈으로 볼 수 있습니다(삿 13:20; 왕하 2:11 참고).

순교자 존 후스(John Huss)는 매우 탁월한 하나님을 여러 번 발견하고 매우 감미로운 성령의 충만함을 여러 번 경험한 결과, 그의 인내심과 절개를 전혀 굽힐 줄 몰랐습니다. 그가 화형대 앞에 끌려 나왔을 때 사람들이 그의 머리 위에 로마 교황이 쓰는 삼중관을 종이로 만들어 씌워 주었습니다. 그 삼중관 위에는 추악한 마귀가 그려져 있었습니다. 그러나 후스는 그것을 보고 다음과 같이 말했습니다. "내 주님이신 예수 그리스도께서는 나를 위하여 가시로 만든 면류관을 쓰셨다. 그러므로 이 면류관이 아무리 부끄러운 것이라 할지라도 어찌 내가 그리스도를 위하여 이 가벼운 면류관을 쓰지 않겠는가? 진실로 나는 이 면류관을 쓸 것이다. 그것도 아주 기꺼운 마음으로 쓸 것이다."

그리고 사람들이 그의 목에 채워진 사슬을 화형대 틀에 묶을 때는 웃으면서 이렇게 말했습니다. "그리스도께서 나 자신을 위하여 이보다 훨씬 더 심한 사슬로 묶이셨다는 것을 아는 사람은 누구든지 기꺼이 예수 그리스도를 위하여 동일한 사슬을 받을 것이다."

여러분, 다음과 같은 사실을 꼭 기억하십시오. 인내하면서 고난을 받음으로써 자신의 피를 흘려 교회사 가운데 붉은 글씨로 기록된 사람들의 이름은 그리스도의 명부에, 곧 생명책에 황금색 글씨로 기록될 것입니다.

2) 어떤 사람을 견고히 세우고 또 어떤 사람을 회심시키며, 하나님의 백성의 대적이 죄를 더 크게 자각하고 더 큰 혼란에 빠지게 하시기 위함입니다.

하나님의 백성을 대적하는 사람들은 고난 가운데서 성도들이 위로를 누리고 용기백배하는 것을 볼 때 기이하게 여기고 몹시 놀랍니다. 사도 바울이 옥에 갇혀 있을 때 보여 준 탁월한 행동은 많은 사람들을 확고하게 세워 주었습니다.

"형제 중 다수가 나의 매임으로 말미암아 주 안에서 신뢰함으로 겁 없이 하나님의 말씀을 더욱 담대히 전하게 되었느니라"(빌 1:14).

성도들이 당하는 고난은 실로 어떤 사람들을 견고하게 세워 주는 데 이바지할 뿐만 아니라 하나님의 복 주심으로 말미암아 다른 사람들을 회심시키는 데도 이바지합니다. 그러하기에 사도 바울은 이렇게 말합니다.

"갇힌 중에서 낳은 아들 오네시모를 위하여 네게 간구하노라"(몬 1:10).

종교개혁자 마틴 루터는 다음과 같이 유명한 말을 남겼습니다.

"교회는 그 피와 기도로 온 세상을 회심시킨다(Ecclesia totum mundum convertit sanguine et oratione)."

바질은 초대 교회 성도들이 지극히 영웅적인 열정과 절개를 이 세상에 보여 준 결과 많은 이교도들이 기독교로 개종하였다고 증언합니다. 성도들이 고난 가운데 발휘한 탁월한 용기, 곧 그리스도께서 자신의 사랑으로 그들을 보호하고 건포도로 그들의 힘을 북돋우며 사과로 그들을 시원하게 할 때 발휘한 빼어난 용기는 박해자들을 초조하고 미치고 마음 상하게 만들었으며 몹시 괴롭혔습니다.

락탄티우스(Lactantius)는 자기 시대의 순교자들이 얼마나 용감했는지를 다음과 같이 자랑합니다. "남자들은 말할 것도 없고 우리의 자녀들과 여자들도 침묵 가운데 박해자들을 압도했다. 화형대의 불을 보고도 그들은 한숨 한 번 내쉬지 않았다."

헤게시푸스(Hegesippus)는 황제 안토니누스(Antoninus)가 다음과 같은 사실을 관찰하여 알고 있었다고 기록합니다. "지진이 일어나자 황제가 거느리고 있는 이교도 병사들은 가장 큰 공포에 시달리고 낙담한 반면 그리스도인들은 언제나 가장 용감하고 확신에 차 있었다."

이것은 틀림없는 사실입니다. 하나님의 얼굴빛이 성도들의 얼굴에 비취고 하나님의 사랑이 그들의 마음에 따뜻하게 전해지는 한, 그 어떤 지진이라 할지라도 고난당하는 성도들의 마음을 조금도 흔들 수 없습니다. 고난당하는 성도가 갑자기 습격을 당할 수도 있습니다. 그러나 그들을 완전히 정복할 수는 없습니다. 큰 재앙을 만날지도 모르지만, 그들은 완전히 쓰러지지 않습니다. 그들이 목이 잘려 죽을지도 모릅니다. 그러나 절대로 의로운 주님께서 그를 위해 예비해 놓은 면류관을 잃어버릴 수는 없습니다(딤후 4:7,8 참고).

고난당하는 성도는 결국 승리할 것입니다. 비록 죽임을 당할지라도 그로 인해 아무런 해도 입지 않을 것입니다. 죽임을 당할지라도 결단코 정복당하지는 않을 것입니다.

"또 우리 형제들이 어린양의 피와 자기들이 증언하는 말씀으로써 그를 이겼으니 그들은 죽기까지 자기들의 생명을 아끼지 아니하였도다"(계 12:11).

그리스도와 그분의 진리를 자기 목숨보다 더 사랑하는 사람들은 자기 목숨을 아까워하지 않습니다. 그리스도를 선택하느냐 자기 목숨을 선택하느냐 하는 갈림길에 놓였을 때 자기 목숨을 경시하고 경멸하며 소홀히 여기는 것은 자기 목숨을 사랑하지 않는 것입니다. 다음의 말에서 여러분은 성도들이 죽음으로써 오히려 승리하는 것을 볼 수 있습니다.

"그들이 나를 죽일지는 몰라도 그로 인해 내가 입는 해는 하나도 없다."

이것은 소크라테스(Socrates)가 자기 대적들에 관하여 한 말입니다. 성도도 이렇게 말할 수 있고, 그 이상으로 말할 수도 있습니다. 헬리오트로프(heliotrope)라는 풀은 태양의 움직임을 그대로 따라 움직이고 꽃을 피웁니다. 고난을 당하는 성도들도 마찬가지입니다. 성도들은 공의로운 태양이신 그리스도께서 그들을 향해 움직이는 그 내적 움직임을 그대로 따라 움직입니다.

3) 그들로 주님의 은혜를 칭송하고 그 이름을 영화롭게 하려 하심입니다.

만일 하나님의 백성이 슬픔에 빠져 있는데도 하나님께서 그들 곁에 서서 그들을 위로하고 격려하시지 않는다면, 하나님은 자신의 영광을 상당 부분 잃어버리게 될 것입니다. 헛된 인생들이 하나님께 얼마나 많은 험담과 조소와 경멸하는 말들을 내뱉겠습니까!(출 32:12; 민 14:13 참고)

잘 보십시오. 우리가 누리는 가장 위대한 유익이 그리스도의 고난을 통해서 우리에게 왔듯이, 하나님께서 성도들로 말미암아 받으시는 가장 큰 영광은 성도들의 고난의 여정을 통해서 하나님께로 돌아갑니다.

"너희가 그리스도의 이름으로 치욕을 당하면 복 있는 자로다. 영광의 영 곧 하나님의 영이 너희 위에 계심이라"(벧전 4:14).

하나님께서 고난당하는 자신의 백성을 격려하고 위로하며 소생시키고 분발하게 하며 정화시키고 의기양양하게 하신다는 사실은 하나님의 영광을 크게 진작시킵니다. 정말 그렇습니다. 성도들 안에 있는 지극히 숭고한 용기를 보는 사람들은 하나님을 탄복하며 바라보고, 그분을 높이며 사랑하고, 그분께 영광을 돌리게 됩니다. 하나님께서 자기 백성을 인정하고 흑암 가운데 처한 그들에게 빛이 되며 슬퍼하는 그들에게 기쁨이 되어 주시고, 감옥에 갇힌 그들에게 궁전이 되어 주시기 때문입니다(단 3:28-30, 6:25-27 참고).

하나님께서는 고난의 시기에 자기 백성에게 사랑과 영광을 베풀어 주지 않으면 자신이 많은 찬양과 기도를 잃어버리게 된다는 사실을 매우 잘 알고 계십니다. 하나님의 영광은 하나님께서 가장 민감하게 생각하시는 것입니다. 하나님의 마음은 자신의 영광에 매우 크게 기울어져 있습니다. 그래서 하나님은 자기 백성이 감옥에 갇혀 있을 때 그들을 방문하고, 지하 감옥에서 그들을 위해 향연을 베풀며, 활활 타오르는 용광로 안에서 그들과 함께 거닐고, 사자굴에서 그들에게 인자하심을 보이십니다. 모든 사람들이 그것을 보고 "은혜로다! 은혜로다!"라고 외치도록 말입니다(사 48:11; 창 39:20; 단 6:10; 슥 4:7 참고). 하나님께서는 고난당하는 자기 백성을 위하여 행하실 때, 그들의 대적과 원수들의 입을 막고 그들의 친구들을 기쁘게 할 수 있는 방식으로 은혜롭게 행하기를 좋아하십니다.

4) 하나님은 자기 백성이 믿음을 발휘할 때 기꺼이 그 얼굴빛을 환히 비추시기 때문입니다.

주님은 자기 백성이 믿음을 발휘할 때 기꺼이 자신의 선하심을 드러내며 그들에게 영원한 행복과 복락을 인 치십니다. 에베소서 1장 13절을 보십시오.

"그 안에서 너희도 진리의 말씀, 곧 너희의 구원의 복음을 듣고 그 안에서 또한 믿어 약속의 성령으로 인치심을 받았으니."

다른 말로 하자면, "그 안에서 또한 믿을 때에 약속의 성령으로 인치심을 받았으니"라고 표현할 수 있습니다. "너희가 주 예수 그리스도에 대한 믿음을 발휘하고 행사하고 있을 때에 주님의 성령께서 너희가 하나님의 자녀로 입양된 것, 하나님과 더불어 화목한 것, 죄를 용서받은 것과 영원한 상속을 이어받게 된 것을 확실하게 하고 인 쳐 주셨다"라는 뜻입니다.

그리스도에 대한 새롭고도 빈번한 믿음의 행동으로 그분을 믿고 그분을 영화롭게 하는 사람을, 그리스도께서는 반드시 영화롭고 안전하게 이끄실 것입니다. 그에게 자신의 인과 흔적을 새겨 주심으로써, 그리고 흔들리지 않을 나라와 썩지 않는 부요함과 쇠하지 않는 영광에 대한 확신을 주심으로써 그렇게 하실 것입니다.

그리스도인들이여! 여러분이 주님께 "주여, 먼저 내게 확신을 주옵소서. 그러면 나는 주님을 믿고 주님을 의존할 것입니다"라고 말씀드린다면, 여러분은 그리스도와 자신의 영혼 모두에게 동시에 잘못을 행하는 것입니다. 왜냐하면 여러분이 해야 하는 중요한 일은 믿고 주 예수님께 대한 믿음과 신앙의 행위를 지속적으로 견지해 나가는 것이기 때문입니다. 구속의 날에 이르기까지 여러분이 확신을 얻고 인치심을 받을 때까지 말입니다. 바로 이것이 확신에 이르는 가장 분명한 지름길입니다.

사도 바울은 이것을 로마서 15장 13절에 탁월하게 기록해 놓았습니다.

"소망의 하나님이 모든 기쁨과 평강을 믿음 안에서 너희에게 충만하게 하사 성령의 능력으로 소망이 넘치게 하시기를 원하노라."

사도는 "소망의 하나님이 모든 기쁨과 평강을 믿음 안에서 너희에게 충만하게 하사"라고 말합니다. 즉, 너희가 믿음을 발휘하고 실천할 때 소망의 하나님이 '말할 수 없는 영광스러운' 기쁨과 '모든 지각에 뛰어난' 평강을 너희에게 충만하게 하실 것이라는 뜻입니다(벧전 1:8; 빌 4:7 참고).

믿음은 낙원의 문을 여는 열쇠요 홍수와 같은 기쁨이 영혼 안으로 흘러 들어오게 만드는 관문입니다. 믿음은 하나님의 것을 자기 것으로 만드는 은혜입니다. 믿음은 모든 것을 자기 것으로 삼아 버립니다. 믿음은 하나님을 바라보면서 시편 기자처럼 고백합니다.

"하나님이여, 주는 나의 하나님이시라"(시 63:1).

"이 하나님은 영원히 우리 하나님이시니"(시 48:14).

믿음은 그리스도를 바라보면서 이렇게 말합니다.

"나는 내 사랑하는 자에게 속하였도다. 그가 나를 사모하는구나"(아 7:10).

믿음은 보배로운 약속들을 바라보며 이와 같이 보배로운 약속들이 자기 것이라고 말합니다.

"이로써 그 보배롭고 지극히 큰 약속을 우리에게 주사 이 약속으로 말미암아 너희가 정욕 때문에 세상에서 썩어질 것을 피하여 신성한 성품에 참여하는 자가 되게 하려 하셨느니라"(벧후 1:4).

믿음은 천국을 바라보면서 이렇게 말합니다.

"이제 후로는 나를 위하여 의의 면류관이 예비되었으므로"(딤후 4:8).

믿음이 이렇게 하나님의 모든 것을 자기 것으로 삼으면, 영혼은 기쁨과 평강으로 충만하게 됩니다. 믿음은 다른 은혜들에 영향을 미칩니다. 믿음은 마치 진주 목걸이에 꿰어 있는 은색실과 같습니다. 믿음은 다른 모든 미덕에 생기와 활기를 불어넣어 줍니다. 믿음 때문에 아브라함은 기뻐할 수 있었습니다. 믿음 때문에 노아는 홍수 한가운데서도 차분하고 평온하게 지낼 수 있었습니다.

믿음은 영혼을 움직이는 첫 번째 핀입니다. 믿음은 사랑, 기쁨, 위로, 평강이라는 모든 황금 바퀴를 돌아가게 만드는 시계 태엽입니다. 믿음은 기쁨과 평강이라는 모든 감미로운 꽃들을 피워 내는 뿌리가 되는 은혜입니다. 믿음은 마치 꿀벌과도 같아서 모든 꽃에서 꿀을 빨아들입니다. 믿음은 흑암으로부터 빛을 끌어냅니다. 고난으로부터 위안을 끌어냅니다. 비참함으로부터 긍휼을 끌어냅니다. 물로 포도주를 만들어 냅니다. 바위에서 꿀이 나게 하며 '먹는 자에게서 먹는 것'(삿 14:14)을 끌어냅니다.

사도 베드로는 이렇게 말합니다.

"예수를 너희가 보지 못하였으나 사랑하는도다. 이제도 보지 못하나 믿고 말할 수 없는 영광스러운 즐거움으로 기뻐하니"(벧전 1:8).

믿음을 발휘할 때 그들의 마음은 즐거움으로, 말할 수 없이 영광스러운 즐거움으로 충만해집니다. 믿음은 그리스도 안에서 우리의 모든 필요를 채우기에 넉넉한 충만함과 우리의 모든 필요를 채우고도 남는 충만함을 발견합니다. 그리고 이것은 마음을 영광스러운 기쁨으로 충만하게 합니다.

그리스도인들이여! 믿음, 믿음이야말로 근거가 충분한 확신에 이르는 가장 편리한 길이요 가장 안전한 길이며, 가장 감미롭고 빠른 길이며, 유일한 길입니다. 또한 원인에서 결과가 나오고 뿌리에서 열매가 자라나며 수원(水源)에서 시냇물이 흘러나오듯이, 믿음은 확신에서 나오는 기쁨과 평강에 이르는 가장 편리한 길이며, 가장 안전하고 감미로운 길이며, 가장 빠르고 유일한 길입니다.

생생하고도 빈번한 믿음의 행위에서 비롯되는 매우 큰 확신과 기쁨이 있습니다. 도무지 말로 표현할 수 없으며 생생하게 묘사할 수도 없는 확신과 기쁨이 있습니다. 벌집의 달콤함과 가나안의 소산물의 감미로움과 낙원의 아름다움과 샤론의 장미의 향기를 생생하게 표현할 수 있는 사람은 세상에 아무도 없습니다. 사물의 존재를 생생하게 묘사할 수 없는 것처럼, 사물의 감미로움을 생생하게 표현할 수 없는 것처럼, 믿음에서 비롯되는 확신과 기쁨도 생생하게 표현하거나 형용할 길이 없습니다. 연약한 사람이 그것을 표현하고 나타내기에는 그것이 너무나 위대하고 영광스럽기 때문입니다.

아브라함이 소망을 품을 수 없는 상황 가운데서 하나님을 믿고 소망을 품었을 때, 그리고 모든 위험과 난관 앞에서 하나님을 믿었을 때, 아브라함은 그토록 숭고하고 영광스러운 믿음의 행위를 이행하면서 다음과 같은 결론에 도달합니다.

"번제할 어린양은 하나님이 자기를 위하여 친히 준비하시리라"(창 22:8).

"여호와의 산에서 준비되리라"(창 22:14).

하나님께서는 아브라함이 보인 믿음의 행위와 결과들을 매우 흡족하게 여기셨고, "내가 네게 큰 복을 주고"(창 22:17)라고 맹세하셨습니다. 이 말씀인즉, 반드시 아브라함에게 복을 주실 것이며 아브라함의 복을 아브라함에게 주실 것이라는 뜻입니다. 이어서 하나님은 이렇게 맹세하셨습니다.

"네 씨가 크게 번성하여 하늘의 별과 같고 바닷가의 모래와 같게 하리니 네 씨가 그 대적의 성문을 차지하리라"(창 22:17).

뿐만 아니라 12, 15, 16절 말씀에서 보는 것처럼, 여호와의 사자 곧 주 예수께서 하늘로부터 아브라함을 부르셨습니다. 그것도 한 번이 아니라 두 번이나 아브라함을 부르셨습니다. 그러고는 이삭을 바치라고 하신 명령을 철회하고 번제로 드릴 숫양을 기적적으로 제공하면서 자신의 놀라운 사랑을 보여 주셨습니다.

지금까지 살펴본 것처럼, 믿음을 발휘하는 시기는 하나님께서 자신의 사랑을 나타내기를 몹시 기뻐하시는 시기입니다. 그때는 하나님께서 자신의 은총을 자기 백성에게 알리기를 몹시 기뻐하시는 시기입니다. 하늘에서 그들을 굽어보며 그들에 대한 사랑과 친절로 다시금 말씀하시는 시기입니다.

5. 말씀을 듣고 성찬을 받을 때

말씀을 듣고 받아들이는 시기는 주님께서 자기 백성에게 그 얼굴빛을 환히 비춰 주기를 매우 기뻐하시는 때입니다. 하나님의 백성들이 생명의 말씀을 듣거나 생명의 떡을 떼어 먹을 때, 하나님은 그들에게 찾아와 생명보다 더 나은 자신의 사랑을 그들에게 나타내십니다.

"베드로가 이 말을 할 때에 성령이 말씀 듣는 모든 사람에게 내려오시니"(행 10:44).

베드로가 그리스도를 전파하고 있을 때 성령께서 임하셨습니다. 즉, 성령의 여러 가지 은혜, 곧 기쁨과 위로와 사랑과 평강이 그들에게 임했습니다.

"내가 너희에게서 다만 이것을 알려 하노니 너희가 성령을 받은 것이 율법의 행위로냐 혹은 듣고 믿음으로냐?"(갈 3:2)

칼빈과 불링거(Bullinger)와 다른 여러 주석가들은 여기에 나오는 '성령'을 '믿음에 관하여 들음으로써, 복음의 교리를 들음으로써 사람의 마음에 일어나는 확신과 평강과 기쁨'으로 해석합니다. 이는 사도가 기록한 이 말씀에서 듣고 믿는 것이 복음의 교리이기 때문입니다. 복음은 믿음을 산출하는 통상적인 방편이기 때문에 그렇습니다.

사도는 로마서 10장 17절에서 "믿음은 들음에서 나며, 들음은 그리스도의 말씀으로 말미암았느니라"라고 말합니다. 또 데살로니가전서 1장 5,6절에서는 이렇게 말합니다.

"이는 우리 복음이 너희에게 말로만 이른 것이 아니라 또한 능력과 성령과 큰 확신으로 된 것임이라. 우리가 너희 가운데서 너희를 위하여 어떤 사람이 된 것은 너희가 아는 바와 같으니라. 또 너희는 많은 환난 가운데서 성령의 기쁨으로 말씀을 받아 우리와 주를 본받은 자가 되었으니."

이러한 성경 구절을 통해서 우리는 바울의 사역에 하나님의 능력이 함께했음을 알 수 있습니다. 설교를 듣는 사람들로 하여금 죄를 확신하게 하고 마음을 깨우쳐 주며, 겸비하게 하고 용기를 북돋아 주며, 기쁨을 주고 개혁을 이룩하며, 새롭게 하고 변화시키는 능력이 함께했습니다. 또한 성령의 감미롭고도 복된 증언이 바울의 사역에 함께하여 말씀을 듣는 사람들로 자신이 하나님의 부르심과 택하심을 받았다는 사실을 확신하게 했으며, 하나님의 말씀이 그들 가운데 능력으로 임하고 그들의 마음을 기쁨으로 충만하게 채워 많은 환난 가운데서도 기뻐하게 했습니다.

지혜자의 문 앞에 기다리는 마음으로 떨면서 앉아 있는 시온의 보배로운 아들딸들이여! 제가 묻는 말에 대답해 보십시오. 제가 묻는 말에 정직하게 대답해 보십시오. 여러분이 하나님의 말씀을 귀 기울여 들을 때 하나님께서 여러분의 영혼에 하늘의 만나를 내려 주시지 않았습니까? 분명히 그렇게 하셨을 것입니다. 하나님께서 능력으로 여러분에게 임하여 여러분이 하나님의 택함을 받았으며 여러분의 죄가 사함을 받았고 여러분이 하나님 앞에서 의롭다 하심을 받았으며 여러분의 영혼이 구원받았다는 것을 성령으로 여러분에게 인 치시지 않았습니까? 분명히 그렇게 하셨을 것입니다. 여기에는 논쟁의 여지가 전혀 없습니다. 많은 성도들이 이 규례 안에서 그리스도의 입술로부터 꿀과 감미로움, 골수와 기름진 것이 떨어지는 것을 경험했기 때문입니다.

그리스도께서는 말씀을 듣는 시간에, 자기 백성이 생명의 말씀을 듣는 시간에 자신의 얼굴빛을 그들 위에 환히 비춰 주실 뿐만 아니라, 그들이 성찬식에 참여하여 생명의 떡을 받아먹을 때에도 자신의 사랑을 그들에게 나타내고 자신이 그들의 것임을 밝히십니다. 기름진 것이 많은 이 잔치를 베푸신 주 예수님은 "평안할지어다"라고 인사하며 손님들 가운데로 오십니다. 이곳에서 주 예수님의 영광의 광채가 얼마나 찬란하게 빛나는지요! 그로 인하여 자녀들의 마음은 그 속에서부터 뜨겁게 불타오르고, 그들 주변에 몰려들었던 모든 칠흑 같은 흑암과 먹구름들은 자취도 없이 사라져 버립니다.

그리스도께서 사랑이라는 깃발을 내거신 이 포도주 저장실에 성도들이 들어와 있을 때, 이 가나안에 성도들이 들어와 있을 때, 바로 그때 그리스도께서는 그들을 젖과 꿀로 배불리 먹이십니다. 성도들이 이 낙원에 들어와 있을 때, 그들은 천사들의 양식을 맛봅니다. 성도들이 이 천국의 문 앞에 있을 때, 그들은 그리스도께서 성부 하나님의 우편에 계신 것을 봅니다. 성도들이 그 은혜의 보좌 앞에 있을 때, 그들은 하나님의 긍휼이 자기들을 향해 흘러넘치고 있음을 보게 됩니다.

이 규례 안에서 그들은 그리스도에 관해서 보고 경험하며 느낍니다. 그들은 다른 사람들에게 명확하게 표명하거나 선포할 수 없는 것을 보고 경험하고 느낍니다. 이 규례 안에서 성도들은 자신이 받은 은혜의 진실함을 보고, 그 은혜가 성장하는 것을 느끼고, 자신에게 있는 여러 가지 선명한 증거로 말미암아 기뻐합니다. 이 규례 안에서 그리스도는 자신의 여러 가지 약속들을 보증하고 언약을 재확인하며 자신의 사랑을 인 치고 자녀들의 죄가 용서되었다는 사실을 그들의 영혼에 확연하게 인 치십니다.

애통하는 마음으로 그리스도를 오랫동안 찾았지만 다른 규례 가운데서는 그리스도를 만날 수 없었던 많은 보배로운 영혼들이 이 규례 안에서 그리스도를 발견하곤 합니다. 열심을 잃어버리고 냉랭해졌던 수많은 영혼이 이 규례 안에서 열심을 되찾습니다. 갈급한 심령을 가진 수많은 영혼이 이 규례 안에서 하늘의 만나를 배불리 먹습니다. 목마른 심령을 가진 수많은 영혼이 이 규례 안에서 최고급 포도주를 마시고 기운을 되찾습니다. 활기 없는 상태로 있던 수많은 영혼이 이 규례 안에서 소생합니다.

저는 지금 죄와 허물로 완전히 죽어 있던 영혼이 이 규례에 참여하여 살아났다고 말하는 것이 아닙니다. 왜냐하면 이 규례는 그리스도께서 제정하신 것으로서, 영적인 생명이 전혀 없는 곳에 영적인 생명을 불어넣도록 제정된 것이 아니라 이미 성령께서 영적인 생명을 시작하신 곳에서 그 생명을 증대시키도록 제정된 것이기 때문입니다.

이 규례에서 연약한 손과 떨리는 무릎이 힘을 얻고, 의기소침한 마음들이 위로를 받으며, 의심하는 영혼들이 확고한 마음을 얻고, 비틀거리며 망설이는 영혼들이 분명한 태도를 취하게 되고, 넘어지고 있는 영혼들이 떠받침을 받습니다.

그리스도인들이여! 만일 여러분이 일어나서 거리낌 없이 말하기를 원한다면, 반드시 이것을 말하십시오. 말로는 표현할 수 없고 다른 이들에게 전해 줄 수도 없을 정도로 아름다운 천국을 여러분의 마음에 만들어 준 입맞춤과 포옹과 악수와 마음의 연락이 이 규례 안에서 그리스도와 여러분 사이에 있었다는 것을 반드시 말하십시오.

그리스도께서는 이 규례 안에서 성도들을 신령한 향기로 충만하게 채울 매우 귀중한 향유 옥합을 여십니다. 그리스도께서는 이 규례 안에서 성도들에게 가나안 땅의 포도송이를 주시는데, 이로 인해 성도들은 가나안에 들어가기를 간절히 열망하고 고대하게 됩니다(민 13:23,24 참고).

초대 교회의 그리스도인들은 성찬을 받을 때 그런 열정과 열의와 기쁨과 위로와 믿음과 용기와 확신으로 늘 충만해졌습니다. 그 결과 많은 기록들이 증언하는 것처럼, 그들은 초월적인 담대함과 유쾌함으로 폭군 앞에 설 수 있었습니다.

그러면 이제 하나님께서 왜 자기 백성들이 생명의 말씀에 귀를 기울이고 생명의 떡을 떼어 먹을 때 자신의 얼굴빛을 환히 비추어 주시는지 그 여러 가지 이유를 살펴보겠습니다.

1) 하나님께서 자신의 백성들이 그런 규례들을 존중하기를 원하시기 때문입니다.

하나님께서 그런 규례들을 통하여 자신의 백성들의 영혼에 자기 자신을 아주 탁월하게 나타내 주시면, 그들은 그런 규례들을 매우 소중하게 여기기 마련입니다. 우리의 영혼은 이렇게 말합니다. "우리는 그런 규례들을 사랑하지 않을 수 없다. 왜냐하면 그런 규례들에 참여하여 우리가 하나님으로부터 받아 누린 것들이 많기 때문이다(시 84:10,11 참고)."

바르실래는 늙어서 음식의 맛을 제대로 음미할 수도 없고 좋은 음악을 들어도 흥을 낼 수 없다는 이유로 다윗 왕의 궁전에 함께 들어가서 연회와 풍류를 즐기기를 거절했습니다(삼하 19:32 이하 참고). 그런데 그런 사람들이 많이 있습니다. 규례에 참석하면서도 하나님이 주시는 것을 전혀 보지 못하고 맛보지 못하는 사람들이 많이 있습니다. 이런 사람들은 규례를 좋아하지 않으며, 오히려 규례를 경시합니다.

그러나 규례에 참석하여 하나님의 선하심을 보고 듣고 맛본 영혼들은 규례를 끔찍하게 사랑하며 매우 소중하게 여깁니다. 욥은 이렇게 말합니다.

"내가 그의 입술의 명령을 어기지 아니하고 정한 음식보다 그의 입의 말씀을 귀히 여겼도다"(욥 23:12).

다윗도 이렇게 노래합니다.

"주의 입의 법이 내게는 천천 금은보다 좋으니이다"(시 119:72).

종교개혁자 마틴 루터는 하나님의 말씀을 얼마나 소중하게 여겼는지요! 그는 만일 하나님의 말씀이 천국에 없다면 천국에서 사는 것을 원하지 않으며, 만일 하나님의 말씀만 있다면 지옥에서도 살 수 있을 것이라고 말할 정도였습니다.

2) 하나님께서 자기 백성이 규례를 가까이 하고 지속적으로 규례에 참여하기를 원하시기 때문입니다.

지혜자의 문 앞에서 기다리고 있는 영혼은 하늘로부터 좋은 소식을 듣는 법입니다(잠 8:34,35 참고). 하나님께서 그 영혼에게 신령한 비밀들을 익히 알려 주시고 꿀벌통에서 떨어지는 꿀로 그 영혼을 배불리 먹이실 것입니다. 그렇게 되면 그 영혼은 룻이 나오미에게서 떨어지지 않으려고 했던 것처럼, 그 규례들에 찰싹 달라붙어 떨어지지 않으려고 할 것입니다. 그리고 룻이 나오미에게 "어머니께서 가시는 곳에 나도 가고 어머니께서 머무시는 곳에서 나도 머물겠나이다"(룻 1:16)라고 말한 것처럼 말할 것입니다. 죽음 외에는 내 영혼과 하나님의 규례를 갈라놓을 것이 하나도 없다고 말할 것입니다.

여호수아는 하나님께서 자기에게 맡기신 사명을 이행하면서 하나님이 성령으로 아주 특별하게 임재하시는 것을 경험하고 난 다음에 이렇게 선언합니다.

"만일 여호와를 섬기는 것이 너희에게 좋지 않게 보이거든 너희 조상들이 강 저쪽에서 섬기던 신들이든지 또는 너희가 거주하는 땅에 있는 아모리 족속의 신들이든지 너희가 섬길 자를 오늘 택하라. 오직 나와 내 집은 여호와를 섬기겠노라 하니"(수 24:15).

"그 결과가 무엇이든지 나는 내 하나님을 섬기는 일을 계속하겠노라.
나는 하나님의 길로 전심을 다해 행하리라.
나는 그분의 성전에서 그분을 기다리리라(말 3:1 참고).
나는 일곱 금 촛대 사이에서 그분을 찾으리라(계 2:1 참고).
나는 그분이 선한 주인이심을 확신하노라.
그러므로 나는 사나 죽으나 그분을 섬기겠노라.
나는 품삯을 받는 것보다 그분을 섬기는 일 자체가 더 좋음을 알았노라.
나는 상을 이미 받았노라.
그분의 계명을 지킨 것에 대해서 상을 받았을 뿐만 아니라
시편 기자의 말처럼,
그분의 계명을 지키는 가운데 상을 받았노라(시 19:11 참고).
주 예수와 내 영혼 사이에 지금까지 이루어진 선한 일들,
감미로운 상황들, 탁월한 암시들, 천상의 교통으로 말미암아
내 영혼은 매우 크고 영광스러운 채무 관계를 느끼고 있기에
나는 율법에 속한 종처럼 말하지 않을 수 없노라.
내가 내 상전을 사랑하니,
그분을 섬기는 일을 그만두지 않겠노라.
그 일이 내게 좋기 때문이라.
내 귀를 뚫었으니
나는 영원히 그분의 종이 되리라(출 21:5; 신 15:16,17 참고)."

3) 사탄과 그의 하수인들이 던지는 모든 유혹에서 자기 백성들의 영혼이 보호받고 강해지기를 원하시기 때문입니다.

하나님은 자기 백성들을 속이기 위해 숨어 있는 모든 유혹, 그리고 온 힘을 쏟아 교활한 계책을 써서 먼저 그들로 하여금 규례를 깍아내리고 그다음에 규례를 소홀히 행하도록 만들어 결국 규례를 무시하게 하려는 모든 유혹에서 그들의 영혼을 보호하고 강화시키기를 원하십니다.

주님은 규례 가운데서 자신을 자기 백성들에게 감미롭게 나타내고 여러 번의 입맞춤과 사랑의 정표들을 주십니다. 그러면 그들의 마음은 주님의 규례를 매우 사모하고 적극적으로 참여하게 됩니다. 그리하여 그들은 자기를 사랑하고 규례 가운데 임재와 은혜와 선하심을 풍성하게 나타내시는 주님으로 말미암아 여러 가지 유혹에 저항하고 그 유혹들을 이겨 낼 수 있게 됩니다. 성도들은 규례 가운데서 하나님과 감미롭게 교제하고 복되게 동행하기 때문에 규례를 떠나게 만들려는 모든 유혹에 강력하게 대처하고 그것들을 기쁨으로 정복하게 됩니다.

규례는 그리스도께서 잔치를 베푸시는 장소입니다. 그곳에서 그리스도는 자기 백성 앞에 천상의 모든 진미와 달콤한 음식을 차려 놓고 그들로 하여금 배불리 먹고 마시게 하십니다. 그리스도께서 차려 놓은 맛있는 음식을 먹고 마시는 일에는 과식할 위험이란 절대 있을 수 없습니다. 진실로 많은 영혼이 세상의 진미를 너무 많이 먹은 나머지 영원한 죽음을 맞이했습니다. 그러나 그리스도의 잔치에 초대를 받아 그분이 차린 진미를 먹고 마신 영혼은 단 한 사람도 예외 없이 모두 영원한 생명을 누렸습니다(아 2:4 참고).

4) 하나님의 백성들을 천국에 합당하게 숙성시키고, 하나님을 완벽하고 완전하며 충만하게 향유하는 것을 더욱 고대하고 사모하게 하기 위함입니다.

갓 회심한 영혼은 영적으로 유아에 불과합니다. 그러나 하나님은 그들을 권고하고 자기 길에서 자기 자신을 그들에게 명백하게 나타내 주심으로써 긍휼의 그릇인 그들을 영광에 더욱더 합당하도록 만드십니다.

그리스도인들이여! 제가 묻는 말에 대답해 보십시오. 여러분은 규례 가운데서 그리스도의 거룩한 감화와 신령한 영감과 신적인 소득을 경험하기 때문에 다윗처럼 말할 수밖에 없지 않습니까?

"하나님이여, 사슴이 시냇물을 찾기에 갈급함같이 내 영혼이 주를 찾기에 갈급하니이다. 내 영혼이 하나님, 곧 살아 계시는 하나님을 갈망하나니 내가 어느 때에 나아가서 하나님의 얼굴을 뵈올까?"(시 42:1,2)

"하나님이여, 주는 나의 하나님이시라. 내가 간절히 주를 찾되 물이 없어 마르고 황폐한 땅에서 내 영혼이 주를 갈망하며 내 육체가 주를 앙모하나이다. 내가 주의 권능과 영광을 보기 위하여 이와 같이 성소에서 주를 바라보았나이다"(시 63:1,2).

이와 같은 말씀 속에서 우리는 다윗이 품고 있는 강렬하고 진지하며 열정적인 갈망을 봅니다. 여기서 우리는 끝없는 갈망을 봅니다. 여기서 우리는 다윗의 심령이 가지고 있는 정수와 활력, 다윗의 영혼이 가지고 있는 힘과 원기, 그의 뜨거운 정서의 최고봉을 봅니다. 이 모든 것들이 하나님을 더 충만하게 향유하는 것을 목표로 강력하게 작용하고 있음을 봅니다.

잘 보십시오. 혼인을 앞두고 있는 처녀는 결혼식 날을 고대합니다. 견습생은 독립하는 날을 고대합니다. 포로는 풀려나는 날을 고대합니다. 저주를 받은 사람은 용서받는 날을 고대합니다. 길 가는 나그네는 하룻밤 묵을 곳을 간절히 찾습니다. 선원은 항구를 간절히 찾습니다. 이와 같이 하나님의 규례 가운데 하나님을 만난 영혼도 천국에서 하나님 뵈옵기를 간절히 고대합니다.

이런 영혼을 만족시킬 수 있는 것은 결코 한 방울의 은혜가 아닙니다. 한

번 핥으면 없어지는 분량의 은혜도 결코 아닙니다. 한 모금의 은혜도 결코 아닙니다. 이런 영혼은 하나님을 얼굴과 얼굴로 대하여 보기까지, 하나님의 품에 안겨 안식을 누리기까지 결코 만족할 줄을 모릅니다. 성도가 규례 안에서 하나님을 더 많이 경험할수록 하나님을 향한 갈망은 더욱 커지고 왕성해지며 하나님을 더 많이 경험하고 싶은 마음으로 더 굳게 결심하게 됩니다.

플루타르크(Plutarch)는 이렇게 말합니다. "일단 골(Gauls, 고대 켈트 사람의 땅으로 지금의 북이탈리아, 프랑스, 벨기에 등을 포함하는 지역) 사람들이 이탈리아산(産) 포도로 만들어진 포도주를 맛보면 이탈리아산이 아니면 아무것도 그들을 만족시킬 수 없게 된다."

이와 마찬가지로 규례 가운데서 하나님의 선하심과 감미로움을 맛본 사람은 그 어떤 것에도 만족하지 못합니다. 그런 사람은 하나님의 선하심과 감미로움을 더 많이 맛보아야 비로소 만족하게 됩니다. 작은 은혜로도 그 영혼을 구원할 수는 있지만, 그 영혼을 만족시키기 위해서는 반드시 매우 큰 은혜가 필요합니다. 하나님의 얼굴을 아주 잠깐 힐끗 보는 것도 그 영혼을 지탱해 주는 지팡이가 될 수 있고, 그 영혼을 안전하게 구원해 주는 방주가 될 수 있으며, 낮에는 구름 기둥 밤에는 불 기둥이 되어 그 영혼을 인도해 줄 수 있지만, 그 영혼을 만족스럽게 하기 위해서는 반드시 하나님의 얼굴을 많이 흡족히 보아야만 합니다.

5) 하나님의 백성으로 하여금 주님에 대하여 독한 말을 내뱉는 사악하고 경건하지 못한 사람들의 입을 막고 침묵시키게 만들기 위함입니다.

사악하고 경건하지 않은 사람들은 "하나님을 섬기는 것이 헛되니, 만군의 여호와 앞에서 그 명령을 지키며 슬프게 행하는 것이 무엇이 유익하리요"(말 3:14)라는 식으로 말합니다. 그런데 주님께서 규례 가운데 자신의 얼굴빛을 자기 백성 위에 환하게 비추어 주시면 그분의 백성은 당당하게 일어나 사악한 세상을 향하여 주님을 위해 선한 증언을 할 수 있습니다. 주님은 혹독한 주인이 아니기 때문에 심지 않은 것을 거두는 법이 결코 없다고 말입니다. 규례 가운데서 주님은 자신의 백성에게 입 맞추고 자신의 사랑을 쏟아 부으며 자신의 선함과 영광을 알게 하십니다. 그리하여 자신의 자녀들로 하여금 그들이 직접 체험한 것을 근거로 하여 사악한 사람들이 하나님과 하나님의 행사에 대해 늘어놓는 모든 거짓말과 아우성을 능히 반박하도록 하십니다. 그리고 그분의 백성들은 하나님을 찬송하게 됩니다.

하나님은 자기를 위해 증언할 증인 없이 홀로 서 계시지 않습니다. 오히려 하나님에게는 온 세상을 향하여 담대히 서서 하나님에 대해 유리하게 증언할 수 있는 사람들이 수없이 많이 있습니다. 자신이 하나님의 아름다움과 영광을 그 성소에서 직접 보았다고, 하나님의 길로 행하는 가운데 큰 기쁨과 위로를 경험했다고, 그런 기쁨과 위로가 마치 빛이 어둠을 능가하고 천국이 지옥을 능가하는 것처럼 세상의 모든 기쁨과 위로를 훨씬 능가한다고, 이전에는 결코 경험하지 못한 바 마음을 녹이고 겸비하게 하며 소생시키고 기쁘게 하는 역사를 체험했다고 평생 선언할 수 있는 증인들이 수없이 많습니다. 이런 영혼들은 늘 다음과 같이 말합니다.

"주의 궁정에서의 한 날이 다른 곳에서의 천 날보다 나은즉, 악인의 장막에 사는 것보다 내 하나님의 성전 문지기로 있는 것이 좋사오니"(시 84:10).

규례 안에서 하나님을 감미롭게 향유하는 것을 잃어버리느니 차라리 모세처럼 모든 것을 잃는 것이 낫고, 채찍질을 당하고 모든 것을 박탈당하는 것이 더 낫습니다.

규례 안에서 하나님은 우리 영혼에게 빛과 생명이요 기쁨과 면류관이 되셨습니다. 하나님은 자신의 영광을 아끼며 자녀들의 위로를 소중하게 생각하십니다. 그러므로 하나님은 자녀들에게 자신을 매우 탁월한 방식으로 보여 주고 규례 안에서 매우 감미로운 방식으로 그들의 심령에 역사하십니다. 그리하여 그들은 죄인들의 입을 언제든지 다물게 할 수 있는 논증거리를 갖게 됩니다. 또 자신들의 체험을 바탕으로 하나님의 모든 행사에 기쁨이 가득하며 주의 모든 길에 기름 방울이 뚝뚝 떨어진다고 선포할 수 있는 논증거리를 갖게 됩니다(잠 3:17; 시 65:11 참고).

지금까지 왜 하나님이 규례 안에서 그 얼굴빛을 자기 백성에게 환히 비추시는지 그 이유에 대해서 말했습니다. 다음 사항으로 넘어가기 전에 연약한 성도들이 넘어지거나 의심하지 않도록 몇 가지 주의할 점을 제시하고자 합니다. 왜냐하면 연약한 성도들은 다른 사람들이 깨달은 것처럼 생명의 떡을 떼는 가운데 자신들의 영혼에 아주 현저한 방식으로 주님이 은총을 풍성히 베풀어 주시거나 그 은혜와 사랑을 밝히 보여 주시는 것을 아직 깨닫지 못했기 때문입니다.

| 주의 1 | 성도들도 때로는 다른 사람들이 누리고 경험하는 위로나 소생함이나 확신이나 기쁨을 경험하지 못한 채 이 규례에 왔다 갔다 할 수 있습니다. 이런 일이 가능한 이유는 여러 가지가 있지만, 먼저 그들이 이 규례 안에서 하나님을 만날 준비가 되어 있지 못하고 부적합한 상태에 있기 때문입니다(대하 30:19,20; 고전 11:20-34 참고). 또 다른 이유는 그들이 어떤 죄를 마음에 숨겨 둔 채 그것을 가지고 장난하며 우물쭈물하고 있기 때문입니다. 또 그들이 하나님을 붙잡기 위하여 스스로 분발하지 않기 때문입니다. 선지자 이사야가 탄식한 것처럼 말입니다.

"주의 이름을 부르는 자가 없으며 스스로 분발하여 주를 붙잡는 자가 없사오니"(사 64:7).

또 다른 이유가 있다면 성령께서 그 영혼에게서 멀리 떠나 있기 때문입니다. 어쩌면 여러분은 그동안 성령을 근심하게 했는지도 모릅니다. 그래서 성령께서 여러분을 위로하기를 거절하고, 여러분에게 인 치고 증언하는 성령으로 역사하시지 않을 수도 있습니다.

여러분은 그동안 여러분의 죄로 성령을 근심하게 하였습니다. 그렇기 때문에 성령께서 침묵하심으로써 여러분을 초조하게 하십니다. 여러분은 성령께서 주신 강심제를 내팽개쳐 버렸습니다. 여러분은 그분이 주신 만나를 마구 짓밟아 버렸습니다. 그래서 성령께서 자신의 얼굴을 가리고 여러분을 향한 안색과 태도를 바꾸셨습니다. 여러분은 그동안 성령께 함부로 굴었습니다. 그래서 성령께서 여러분을 친구가 아니라 원수로 대하시는 것입니다(시 77:2; 창 31:5 참고).

|주의 2| 비록 하나님께서 이 규례 안에서 여러분에게 위로와 확신을 주시지 않는다 할지라도, 여러분은 반드시 의무를 지속적으로 이행해야 합니다. 여러분은 반드시 소망이라는 병원에서 참고 기다려야 합니다. 여러분은 언약의 사신이신 주 예수께서 오셔서 여러분에게 호흡을 불어넣어 주실 때까지 반드시 이 천상의 연못에 누워 있어야 합니다. 성령께서 여러분의 영혼에 역사하실 때까지 여러분은 성소라는 이 연못에 누워 있어야 합니다.

비록 하나님께서 여러분을 위로하시지 않을지라도 여러분은 여러분이 해야 할 일을 절대 게을리 해서는 안 됩니다. 확신을 누릴 때 하나님 앞에 감사한 것과 마찬가지로 확신이 없을 때에도 하나님께 순종해야 합니다.

라반은 야곱에게 줄 품삯을 자주 변경했습니다. 그러나 야곱은 결코 자신의 일을 떠나지 않았고, 태만히 행하지도 않았습니다(창 30:25-43 참고). 하나님께서 여러분의 품삯을 변경하고, 여러분의 위로를 불안으로 바꾸거나 여러분이 누리는 봄날의 행복을 스산한 가을로 바꾸실지라도, 여러분은 결코 여러분의 일을 떠나거나 태만히 행해서는 안 됩니다. 이것이 바로 순종이요 믿음이며 기다리는 것입니다. 하나님께서 그 규례 안에서 여러분을 향해 그 얼굴빛을 환히 비춰 주고 여러분의 밤을 낮으로 바꾸고 여러분의 슬픔을 기쁨으로 바꾸실 때까지 그렇게 해야 합니다.

하나님은 언제나 동일하십니다. 복음의 명령도 언제나 동일합니다. 그러므로 여러분이 해야 할 일도 언제나 동일합니다. 여러분의 영혼이 암흑 가운데 있든 빛 가운데 있든, 여러분이 하나님의 불쾌하심 가운데 있든 미소 가운데 있든, 여러분이 하나님의 팔에 안겨 있든 하나님의 발아래 깔려 있든 여러분이 해야 할 일은 언제나 동일합니다.

|주의 3| 시온의 많은 보배로운 아들딸들은 하나님이 그들의 영혼에 특별하게 임재해 계시다는 사실을 명확하게 입증할 수 있을 정도로, 그리고 온 세상을 다 준다고 해도 결코 그것을 포기하지 않을 정도로 많은 위로와 감미로움과 생명과 열기와 부흥과 소생과 골수와 기름진 것을 이 규례 안에서 지금까지 누려 왔고, 또 누릴 수 있습니다. 오히려 그들은 다른 사람들이 이 규례 안에서 누리는 강력한 위로와 충만한 확신을 얻을 수만 있다면 온 세상이라도 아낌없이 내놓으려고 할 것입니다.

이 규례 안에서 그리스도는 어떤 사람에게는 눈길을 주고, 또 어떤 사람에게는 입맞춤을 하십니다. 어떤 사람에게는 고개를 끄덕여 주고, 또 어떤 사람에게는 손을 잡아 주십니다. 이 규례 안에서 어떤 사람들은 아주 적은 분량의 은혜만을 맛보고, 어떤 사람들은 많은 분량의 은혜를 맛봅니다. 이 규례 안에서 어떤 사람들은 그리스도의 뒷모습만을 보고, 어떤 사람들은 그분을 얼굴과 얼굴로 마주 대하여 봅니다. 똑같은 규례 안에서 그리스도는 어떤 사람에게는 은을 주고, 어떤 사람에게는 금을 주십니다. 어떤 사람에게는 작은 분량의 위로만을 주고, 어떤 사람에게는 많은 분량의 위로를 주십니다. 어떤 사람들은 빗방울과 같은 은혜를 누리고, 어떤 사람들은 큰 바다와 같은 은혜를 누

립니다. 어떤 사람들은 대풍작을 거두고, 어떤 사람들은 몇 개의 이삭만 겨우 줍습니다. 그러나 그것조차도 만일 제대로 평가하기만 한다면, 온 세상보다 더 귀하고 가치 있는 것입니다.

공의로운 해는 그 무엇에도 얽매이지 않고 자신의 뜻대로 행하십니다. 그분은 자기 마음에 원하는 대로 자기가 원하는 사람에게 역사하고 환한 빛을 비추십니다. 누가 감히 "왜 그렇게 하십니까?"라고 물을 수 있겠습니까? 그리스도인들이여! 여러분은 절대 이렇게 말해서는 안 됩니다. "우리는 이 성례 가운데서 그리스도를 만나지 못했습니다. 왜냐하면 이 성례 가운데서 우리는 기쁨이나 확신을 경험하지 못했기 때문입니다."

그러나 실제로 여러분은 그 규례 안에서 그리스도를 매우 크게 경험했을 수도 있습니다. 단지 충만한 확신을 든든하게 가지고 "내 사랑하는 자는 내게 속하였고 나는 그에게 속하였도다"(아 2:16)라고 노래하며 자리에서 일어날 만큼 그리스도를 경험하지 못했을 뿐입니다. 눈으로 태양을 볼 수 없을 때에도 우리는 태양의 빛과 열을 누릴 수 있습니다. 이와 마찬가지로 성례 안에서 우리가 그리스도를 보지 못할 때에도 우리는 거룩한 감화력으로 인해 성례 안에서 그리스도를 크게 경험할 수 있습니다.

6. 개인적으로 고난당하고 있을 때

개인적으로 고난당할 때 주님께서는 자기 백성에게 자신의 사랑과 은총을 감미로운 방식으로 나타내기를 기쁘게 허락하십니다. 주님께서는 자신의 손으로 자신의 백성을 무겁게 짓누르신 후에 그 얼굴빛을 그들 위에 환히 비추어 주십니다. 시편 기자는 이렇게 말합니다.

"우리에게 여러 가지 심한 고난을 보이신 주께서 우리를 다시 살리시며 땅 깊은 곳에서 다시 이끌어 올리시리이다. 나를 더욱 창대하게 하시고 돌이키사 나를 위로하소서"(시 71:20,21).

"내 속에 근심이 많을 때에 주의 위안이 내 영혼을 즐겁게 하시나이다"(시 94:19).

그리스도인들이여! 노아의 방주가 땅에 차오르는 물이 더 높아지면 높아질수록 하늘에 더욱 가까이 올라갔던 것처럼, 하나님은 모든 고난을 통하여 여러분의 영혼을 천국에 더욱더 가까이 끌어올리지 않으셨습니까? 이와 같이 모든 고난은 성도의 마음을 분기시키고 고양시켜 천국과 천상의 것들을 향하도록 만들 뿐입니다.

뮌스터(Münster)가 병들어 누워 있을 때 친구들이 찾아와 어떻게 지내느냐고 물었습니다. 그러자 그는 자신의 온몸에 퍼져 있는 상처와 종기들을 가리키면서 말했습니다. "이것들은 하나님의 보석과 보물들일세. 하나님은 이런 보석으로 자신이 가장 아끼는 친구들을 단장해 주시지. 내게는 이것들이 세상의 모든 은금보다 더 소중하다네."

고난은 축복입니다(Afflictiones benedictionesn). 하나님의 징계는 우리에게 교훈을 줍니다. 하나님의 채찍은 우리를 훈계합니다. 하나님의 매질은 우리에게 선생님과도 같습니다. 하나님의 징벌은 우리에게 경고가 됩니다. 이것을 특별하게 언급하기 위하여 히브리어와 헬라어는 모두 징계하는 것과 가르치는 것을 동일하게 한 단어로 표현합니다. 왜냐하면 징계하는 참된 목적이 가르치는 것이기 때문입니다.

고난당하는 시온의 아들딸들이여! 여러분은 하나님이 매우 감미로운 방식으로 자신을 여러분에게 나타내 보여 주시는 것을 경험하지 않았습니까? 여러분은 하나님이 자신의 사랑을 매우 현저한 방식으로 보여 주시는 것을 경험하지 않았습니까? 여러분은 하나님이 여러분을 향해 매우 깊은 긍휼을 품고 계시다는 것을 경험하지 않았습니까? 여러분은 하나님이 매우 은혜로운 방식으로 여러분을 찾아오고 매우 영광스럽게 자신을 보여 주신 결과, 온 세상을 다 준다고 해도 결코 그것을 버릴 수 없다는 것을 경험하지 않았습니까? 틀림없이 여러분에게는 그런 경험이 있을 것입니다.

여러분은 하나님께서 여러분의 영혼을 평온하게 하고 안전하게 하시는 것을 경험하지 않았습니까? 여러분은 하나님께서 여러분의 영혼을 지지해 주고 붙들어 주시는 것을 경험하지 않았습니까? 여러분은 하나님께서 여러분의 영혼을 기쁘게 하고 소생시키시는 것을 경험하지 않았습니까? 틀림없이 여러분에게는 그런 경험이 있을 것입니다.

또 여러분은 주님께서 여러분이 앓고 있는 모든 질병에 가장 적절한 치료법과 보배로운 약속들을 적용하시는 것을 경험하지 않았습니까? 여러분이 곤경의 날을 보낼 때에 하나님이 예상하지 못한 긍휼을, 호세아 2장 14절에서 약속하신 그대로 실현하시는 것을 경험하지 않았습니까?

"그러므로 보라, 내가 그를 타일러 거친 들로 데리고 가서 말로 위로하고."

틀림없이 여러분에게는 그런 경험이 있을 것입니다.

여러분은 주님께서 여러분이 당하는 고난을 얼마나 감미롭고 거룩하게 만드셨는지, 여러분이 당하는 고난이 오히려 선한 수단이 되어 은밀하게 숨어 있는 많은 죄를 발견하게 만들고, 여러분에게 찰거머리같이 달라붙어 있는 많은 죄를 제거하며, 여러분의 뼈를 꺾고 여러분의 위로를 앗아갈 많은 죄에 빠지지 않도록 막은 것을 경험하지 않았습니까? 틀림없이 여러분에게는 그런 경험이 있을 것입니다.

여러분은 마치 호두나무와 같이 맞을수록 더 좋아지고, 마치 포도나무와 같이 수액을 흘릴수록 더 좋아지고, 마치 천방지축인 어린아이와 같이 매를 맞을수록 더 좋아진다는 것을 경험하지 않았습니까? 틀림없이 여러분에게는 그런 경험이 있을 것입니다.

여러분은 고난을 통하여 여러분의 쇠퇴한 은혜가 소생하고 회복되며 부흥하는 것을 경험하지 않았습니까? 여러분이 당하는 고난 때문에 싸늘하기만 했던 마음이 사랑으로 불타오르고, 죽기 일보 직전에 있던 믿음에 생기가 돌며, 시들시들 약해지던 소망이 다시 살아나고, 쇠약해지던 기쁨과 위로에 활력이 돌지 않았습니까? 틀림없이 그랬을 것입니다.

그렇다면 용기를 내 온 세상을 향해 선포하십시오. 고난을 겪는 동안 하나님의 얼굴을 뵈었노라고 선포하십시오. 고난을 겪는 동안 하나님의 음성을 들었노라고 선포하십시오. 고난을 겪는 동안 하나님이 주시는 맛있는 음식을 먹었노라고 선포하십시오. 고난을 겪는 동안 하나님의 위로를 많이 마셨노라고 선포하십시오. 고난을 겪는 동안 하나님의 임재와 하나님이 주시는 것들로 말미암아 가장 큰 만족을 누리고 가장 크게 기뻐했노라고 선포하십시오.

이사야서 38장 9-20절을 보십시오. 히스기야는 가장 극심한 고난 가운데서 이렇게 탄식합니다.

"나의 중년에 스올의 문에 들어가고……내가 다시는 여호와를 뵈옵지 못하리니 산 자의 땅에서 다시는 여호와를 뵈옵지 못하겠고……주께서 사자같이 나의 모든 뼈를 꺾으시오니……나는 제비같이, 학같이 지저귀며 비둘기같이 슬피 울며 내 눈이 쇠하도록 앙망하나이다. 여호와여, 내가 압제를 받사오니 나의 중보가 되옵소서"(10,11,13,14절).

그때 하나님은 긍휼을 가지고 히스기야에게 찾아와 그의 마음에 자신의 사랑을 새겨 주십니다.

"주께서 내 영혼을 사랑하사 멸망의 구덩이에서 건지셨고, 내 모든 죄를 주의 등 뒤에 던지셨나이다"(17절).

17절의 히브리어 말씀을 직역하면, "주께서 내 영혼을 사랑하사 무덤에서 건지셨고, 내 모든 죄를 주의 등 뒤에 던지셨나이다"입니다. 히스기야의 말은 이런 뜻입니다.

"고난 속에서 주님의 사랑이 내게 가장 강력하게 베풀어졌다는 사실을 이제 깨달았습니다. 주님께서는 지극히 사랑하는 자를 사랑하시는 것처럼 나에게 사랑을 베푸셨나이다. 오, 이제 주님은 그 사랑으로 나를 기운나게 하고 그 은혜로 나를 권고하셨나이다. 주님께서는 내 흑암을 빛으로 바꾸고 내 한숨을 찬송으로 바꾸며 내 슬픔을 기쁨으로 바꾸셨나이다."

이와 마찬가지로 하박국 선지자도 그의 창자가 흔들리고 입술이 떨리며, 썩이는 것이 그의 뼈에 들어오고 모든 피조물이 아무런 위로도 주지 못할 때(합 3:16 참고), 하나님의 지극히 감미로운 임재를 심령에 경험했습니다. 이에 하박국 선지자는 이렇게 말합니다.

"(비록 그럴지라도) 나는 여호와로 말미암아 즐거워하며 나의 구원의 하나님으로 말미암아 기뻐하리로다"(합 3:18).

이와 같은 말씀에서 여러분이 분명하게 알 수 있는 것이 있습니다. 고난의 시기에 하나님은 자기 자녀들의 영혼에 자신의 사랑과 은총을 감미롭게 나타내신다는 사실입니다.

7. 기도할 때

주님께서는 자기 백성들이 기도할 때 그들을 향한 자신의 사랑과 은총에 대해 감미롭고도 위로가 되는 확신을 주기를 은혜롭게 기뻐하십니다. 기도는 하나님의 이름에 합당한 영광과 명예로 하나님을 영화롭게 합니다. 그러면 하나님은 확신과 위로로 기도를 영화롭게 합니다. 대부분의 경우 기도를 가장 많이 하는 영혼이 가장 큰 확신을 누립니다.

기도의 의무만큼 영혼이 하나님과 그토록 가깝고도 친밀하며 정다운 교제를 나누게 되는 의무는 없습니다. 기도의 의무만큼 하나님께서 큰 기쁨 가운데 가난한 심령에게 자신의 은혜와 선하심과 긍휼과 후하심과 아름다움과 영광을 나타내 주시는 의무도 없습니다. 하나님은 천국에서도 가장 아름답고 감미로운 꽃을 무릎 꿇고 있는 자녀에게 주십니다.

기도는 하늘의 문이요 천국의 열쇠입니다. 사도 요한이 의심 없이 기도하며 울고 있을 때 봉인된 책이 그에게 열렸습니다(계 5:4 참고). 많은 그리스도인들은 기도 시간이야말로 하나님께서 인 치시는 시간이요, 하나님께서 그들에게 죄 사함을 확신하게 하고 구원받았음을 확실히 인 치시는 시간이라는 것을 체험적으로 알고 있습니다. 그들은 기도가 자신의 영혼의 피난처요, 하나님께는 제사이며, 그리스도께는 감미로운 향기요, 사탄에게는 괴로움이요, 확신에게는 문이라는 것을 알고 있습니다. 하나님은 기도의 양 날개 위에 가장 탁월하고 중요한 복들을 잔뜩 실어 주기를 매우 기뻐하십니다.

그리스도인들이여! 얼마나 자주 하나님은 여러분이 기도를 시작하자마자 여러분에게 입을 맞추고, 기도하는 중에 여러분에게 평안을 전하며, 기도를 마칠 즈음에 기쁨과 확신으로 충만하게 하셨습니까! 다니엘 9장 17-23절은 딱 들어맞는 말씀입니다. 그중에서 마지막 네 구절만 읽어 봅시다.

"내가 이같이 말하여 기도하며 내 죄와 내 백성 이스라엘의 죄를 자복하고 내 하나님의 거룩한 산을 위하여 내 하나님 여호와 앞에 간구할 때, 곧 내가 기도할 때에 이전에 환상 중에 본 그 사람 가브리엘이 빨리 날아서 저녁 제사를 드릴 때 즈음에 내게 이르더니, 내게 가르치며 내게 말하여 이르되, 다니엘아 내가 이제 네게 지혜와 총명을 주려고 왔느니라. 곧 네가 기도를 시작할 즈음에 명령이 내렸으므로 이제 네게 알리러 왔느니라. 너는 크게 은총을 입은 자

라. 그런즉 너는 이 일을 생각하고 그 환상을 깨달을지니라"(20-23절).

이처럼 다니엘이 기도하고 있는 중에 주님은 그에게 나타나 신적인 감동을 주시고, 다니엘이 '크게 은총을 입은 자'요 (히브리 원어대로 하자면) '많은 소망의 사람(a man of desires)'이라는 사실을 말씀해 주십니다.

사도행전 10장 1-4절도 같은 맥락의 말씀입니다.

"가이사랴에 고넬료라 하는 사람이 있으니, 이달리야 부대라 하는 군대의 백부장이라. 그가 경건하여 온 집안과 더불어 하나님을 경외하며 백성을 많이 구제하고 하나님께 항상 기도하더니, 하루는 제구시쯤 되어 환상 중에 밝히 보매 하나님의 사자가 들어와 이르되 고넬료야 하니, 고넬료가 주목하여 보고 두려워 이르되 주여 무슨 일이니이까? 천사가 이르되 네 기도와 구제가 하나님 앞에 상달되어 기억하신 바가 되었으니."

즉, 기도하는 고넬료를 하나님이 기억하고 천사를 통하여 현저하고도 명확하게 그에게 나타나셨습니다. 그리고 그의 기도와 선행이 하나님 앞에 향수요 감미로운 향기요 열납하고 크게 기뻐하실 제사일 뿐만 아니라, 하나님께서 그것들에 대해 은혜로운 상을 내리실 것을 확신시켜 주셨습니다.

이와 마찬가지로 베드로도 기도하다가 황홀한 중에 들어갔고, 하늘이 열리는 것을 보았으며, 그의 마음이 고양되고 그의 영혼의 모든 기능들이 신적인 계시로 충만해졌습니다(행 10:9-16 참고). 또 바울도 기도하는 중에 아나니아가 와서 자기에게 안수하여 다시 보게 하는 환상을 보았습니다(행 9:12 참고). 바울이 기도를 시작한 지 얼마 되지 않았을 때, 그가 하나님이 택한 그릇이라는 사실이 계시되었고, 성령의 음성과 위로가 그에게 충만히 임했습니다. 이와 같이 우리 구주께서도 기도하는 중에 그 용모가 변화되었습니다(마 17:1,2 참고).

이처럼 기도하는 시간은 주님께서 자기 백성에게 기꺼이 자신의 얼굴빛을 환히 비추시는 때입니다. 그 시간에 주님께서는 기꺼이 자신의 은혜와 은총과 선하심과 인자하심을, 엘리야의 영감이 엘리사에게 임했던 것처럼 임하게 하십니다(왕하 2:15 참고).

그러나 어떤 사람들은 다음과 같은 반론을 제기할지도 모릅니다.

"우리는 확신을 얻기 위하여 이른 새벽부터 밤늦은 시간까지 긍휼의 문 앞에서 줄곧 기다렸습니다. 그러나 아직까지 확신을 얻지 못했습니다. 우리는 기도하면서 기다렸고 기다리면서 기도했습니다. 우리는 기도하면서 애통해하고, 애통해하면서 기도했습니다. 그런데도 하나님은 우리에게 은혜로운 말씀을 한마디도 건네시지 않았습니다. 하나님은 미소 한 번 얼굴에 지으시지 않았습니다. 오히려 하나님은 구름으로 자신을 가리셨습니다. 우리는 지금까지 온 힘을 다했지만 아직도 우리 영혼은 어둠 속에 있습니다. 하나님이 우리와 함께 계시지 않는 것 같습니다. 하나님이 우리의 기도를 귀하게 여기시지 않는 것 같습니다. 우리가 확신을 얻기 위해서 기도하고 부르짖고 외쳤지만, 하나님은 우리의 기도를 전혀 들으시지 않습니다(애 3:8 참고). 기도하는 시간이 우리 영혼에 확신을 심어 주는 시간이라는 것을 우리는 경험한 적이 없습니다. 우리는 이것을 확신합니다."

이런 반론에 대해 저는 다음과 같이 답변하고자 합니다.

1) 여러분이 하나님의 은혜와 거룩, 하나님과의 교제와 하나님의 형상을 닮는 것을 진지하게, 그리고 열성적으로 추구하기보다 확신과 확신에 따르는 효과들, 가령 기쁨과 위로와 평안만을 더 열성적으로 추구했기 때문일 수 있습니다.

확신을 구할 때는 여러분의 기도가 생명과 생기로 충만하지만, 은혜와 거룩, 하나님과의 교제, 그리고 하나님의 형상을 닮기를 구할 때는 여러분의 기도가 생명도 없고 생기도 없이 싸늘했을 수도 있습니다. 만일 그랬더라면, 하나님께서 여러분이 기도하는데도 확신을 주시지 않은 것은 아주 당연한 일입니다.

확신은 여러분에게 가장 많은 위로를 주는 결정적 요소입니다. 그러나 하나님의 영광을 가장 크게 드러내는 것은 거룩함입니다. 이 세상에서는 사람의 거룩함이 하나님에게 가장 큰 행복이 되며, 천국에서는 하나님의 완전한 거룩하심이 사람에게 가장 큰 행복이 됩니다. 확신은 거룩함의 딸입니다. 그러하기에 어머니보다 딸을 더 소중하게 여기는 사람, 또 어머니보다 딸을 얻기를 더욱 열심히 추구하는 사람에게 하나님이 문을 꼭 닫고 그가 가장 간절히 원하는 것을 주시지 않는 것은 매우 당연한 일입니다.

확신을 얻을 수 있는 가장 확실하고도 쉬운 길은 거룩을 위해 하나님과 씨름하며 변론하는 것입니다. 마치 천사장 미가엘이 모세의 시체에 관하여 마귀와 다투어 변론한 것처럼 말입니다(유 1:9 참고). 사람의 전체적인 경향과 중심이 거룩을 추구한다면, 그는 어둠에 오랫동안 있지 않을 것입니다. 공의로운 해가 그 사람 위에 환히 비칠 것이며(말 4:2 참고), 그에게 머물러 있던 추운 겨울날을 뜨거운 여름날로 바꾸어 주고 그에게 확신이라는 왕관을 씌워 줄 것입니다.

어떤 사람이든지 그 사람이 거룩하면 거룩할수록 그는 더욱더 탁월한 사람입니다. 모든 더러움은 탁월함을 감소시킵니다. 마치 주석이 혼합되어 있는 금처럼, 불순물이 많이 혼합되어 있을수록 그 품질은 크게 떨어지기 마련입니다. 반대로 순금처럼 다른 것이 전혀 혼합되지 않고 순전할수록 그 영광스러움이 더 큰 법입니다. 이와 같이 어떤 사람의 거룩함이 탁월할수록 그는 가장 탁월하고 고상한 은총을 향유하기에 더 합당한 사람이 됩니다.

확신은 하나님께서 자신이 가장 존귀하게 여기는 사람들에게만 주실 정도로 고귀한 보석입니다(시 16:3 참고). 확신은 은혜와 거룩이라는 방식으로 그것을 얻은 사람이 아니고는 아무도 지니고 다닐 수 없는 '불로 연단한 금'(계 3:18)입니다.

만일 여러분이 하나님과 교제하고 그분의 형상을 닮는 것을 더 소중하게 여기고 그것을 얻기 위해서 더 노력했다면, 여러분은 벌써 하늘을 올려다보았을 것이고, 하나님이 그리스도 안에서 여러분을 향해 웃으시는 것을 볼 수 있었을 것입니다. 또 여러분은 벌써 여러분의 영혼을 들여다보았을 것이고, 은혜의 성령께서 여러분이 하나님의 아들이요 '상속자 곧 하나님의 상속자요 그리스도와 함께한 상속자'(롬 8:17)임을 여러분의 영혼에 증언하시는 것을 보았을 것입니다.

그러나 여러분은 그리스도께 마땅히 돌아가야 하는 영광보다는 여러분 자신이 누리게 될 위로에 더 큰 관심을 기울였습니다. 여러분은 뿌리이신 그리스도보다 꽃과 열매인 확신과 평안에 마음을 더 쏟았습니다. 여러분은 생명의 샘근원이신 그리스도보다 위로라는 물통에 마음을 더 쏟았습니다. 여러분은 공의로운 해보다는 해의 광선에 마음을 더 쏟았습니다. 그래서 하나님께서 여러분이 흑암의 골짜기를 걷도록 내버려 두시고, 자신의 얼굴을 여러분에게 가리고 원수처럼 행하시는 것은 의로운 일이 아닐 수 없습니다.

2) 아직 여러분이 탁월한 은혜에 합당한 사람이 아니기 때문일 수도 있습니다.
어쩌면 여러분이 그토록 위대한 은총을 감당할 수 없을지도 모릅니다. 배의 머리 부분은 자주 거센 물결을 견디지 못하고 부서져 버립니다. 하나님께서 주시는 모든 강력한 위로들의 진수가 즙틀에서 짜여 확신이라는 금잔에 부어집니다. 그때 여러분은 이 금잔을 들고서 말을 더듬거나 비틀거리지 않을 수 있습니까? 제 말을 믿으십시오.

확신은 장성한 사람들을 위한 양식입니다. 어린아이들은 그것을 먹고 소화시킬 수 없습니다. 사도는 히브리서 5장 12,14절에서 이렇게 말합니다.

"단단한 음식은 못 먹고 젖이나 먹어야 할 자가 되었도다……단단한 음식은 장성한 자의 것이니."

여기서 장성한 자란 상대적으로 완전하거나 성숙한 사람을 가리킵니다.

"그들은 지각을 사용함으로 연단을 받아 선악을 분별하는 자들이니라."

헬라어를 그대로 번역하자면, 이것은 '지속적인 습관과 오랜 기간의 실천으로 말미암아 얻은 기질 때문에 감각이 연단을 받아 선악을 분별한다'의 의미입니다. 여기서 '연단'이라는 뜻으로 쓰인 헬라어는 정확하게 말해서 '씨름 선수들이나 시합에서 승리를 쟁취하기 위해 경주하는 사람들이 실제로 하는 훈련'을 의미합니다. 이런 사람들은 자신의 모든 힘과 정력을 다 쏟아부어 오랜 기간의 훈련을 통하여 승리를 쟁취합니다.

불평하는 그리스도인이여! 어쩌면 여러분은 은혜 안에서 잘 자라지 못한 나무일지도 모릅니다. 어쩌면 여러분은 은혜 안에서 어린아이에 불과할지도 모릅니다(고전 3:1-3 참고). 어쩌면 여러분은 아직까지 젖을 떼지 못했거나, 젖을 떼었다 할지라도 아직까지 어린아이 티를 벗지 못했을지도 모릅니다.

그리스도인이여! 만일 여러분의 상태가 이와 같다면, 확신이 없다고 불평하지 말고 성장하는 일에 힘을 내십시오. 은혜와 거룩에 관하여 더욱 어른이 되도록 하십시오. 그렇게 하면 여러분 안에서 확신이 성장하는 것을 볼 것입니다. 하나님은 영적이라기보다는 육적인 편에 더 가까운 어린아이들에게는 우유를 주시고, 어린아이들보다는 더 많은 기술과 의지를 가지고 있으며 더 큰 능력과 탁월한 재능을 가지고 있어서 확신이라는 보석을 소중히 여기고 그 가치를 향상시킬 수 있는 장성한 사람들에게는 단단한 것, 다시 말해서 확신을 주십니다.

히브리어 '카보드(chabodh)'는 '무거운 짐'이라는 뜻과 '영광'이라는 뜻을 모두 가지고 있습니다. 진실로 영광이라는 것은 얼마나 무거운 짐인지 모릅니다. 그래서 만일 예수 그리스도를 무덤에서 일으켜 세우신 그 영광스러운 능력이 사람의 몸을 붙들지 않는다면, 만일 하나님의 영원하신 팔이 사람의 몸을 지탱하지 않는다면, 사람의 몸으로는 절대 그것을 감당할 수 없습니다.

확신은 영광의 절정이요 영광 중의 영광입니다. 그렇다면 이것은 틀림없는 사실입니다. 즉, 확신과 같이 매우 중요한 영광으로 면류관을 쓰고 싶은 사람은 내면에서 매우 영광스러워져야 한다는 것입니다(시 45:13-15 참고).

3) 하나님께서 응답을 지체하시는 것과 응답하시지 않는 것을 구별해야 합니다.

하나님은 우리의 기도를 들으시고도 응답을 미루실 수 있습니다. 하나님은 긍휼 베풀기를 미루실 수도 있습니다. 그러나 마침내 간구한 은혜를 베풀어 주십니다.

아이를 낳지 못하던 한나는 해가 거듭될수록 하나님 앞에 긍휼을 구합니다. 그러나 하나님은 오랫동안 응답을 미루셨습니다. 그러다가 마침내 한나의 소원을 들어주십니다. 성경은 한나의 얼굴에 다시는 근심 빛이 없었다고 명확하게 기록합니다(삼상 1:18 참고). 많은 기도와 눈물이 있은 후에 주님은 한나에게 찾아와 그녀가 원하던 바를 갖게 되리라는 확신을 심어 주셨습니다. 그러자 한나는 더 슬퍼하지 않고 만족하면서 자리에 앉아 편안함과 기쁨을 누립니다.

많은 기도와 오랜 기다림과 많은 눈물이 있은 후에 주님은 대부분 그 양손과 마음에 은혜를 가득 들고서 자기 백성을 찾아오십니다. 하나님은 은혜의 문 앞에서 눈물 어린 눈으로 오랫동안 앉아 있는 사람들에게 빈손으로 찾아가는 것을 좋아하시지 않습니다.

그리스도께서는 가나안 여자의 믿음과 인내와 성실함을 시험하셨습니다(마 15:21-28 참고). 그리스도께서는 그 여자의 기도를 뒤로 미루고 연기하셨습니다. 심지어 그 여자에게 무안하게 퇴짜를 놓으셨습니다. 그러나 마침내 그 여자에게 손을 드셨습니다. 마치 그 여자의 끈질긴 간청에 주님도 더 이상 어떻게 할 수가 없다는 듯이 말입니다.

"여자여, 네 믿음이 크도다. 네 소원대로 되리라"(마 15:28).

그리스도께서는 맨 처음에 그 여자를 물리치셨지만, 결국 그 여자를 받아 주셨습니다. 처음에는 따뜻한 말 한마디, 친절한 표정 하나도 그 여자에게 허락하시지 않았지만, 결국 따뜻한 여러 말과 친절한 표정들보다 더 귀한 것을 그 여자에게 허락하셨습니다. 왜냐하면 그리스도께서 "여자여, 네 믿음이 크도다. 네 소원대로 되리라"라고 말씀하셨기 때문입니다.

처음에 그리스도는 그 여자에게 인색한 나그네처럼 행동하셨지만, 결국 열렬한 연인처럼 행동하셨습니다. 비록 처음에는 그 여자의 말에 전혀 귀를 기울이지 않으셨지만, 결국 기쁜 마음으로 그 여자의 소원을 들어주셨습니다. 아니, 그 여자가 소원한 것 이상으로, 그 여자가 마음으로 소원한 다른 것들까지도 모두 허락해 주셨습니다.

하나님께서는 다니엘이 기도를 시작할 즈음에 다니엘의 기도에 응답하셨습니다. 하나님의 사랑은 다니엘을 향해 강력하게 작용하고 있었습니다. 그러나 천사 가브리엘이 와서 다니엘에게 이 사실을 통보해 준 때는 훨씬 이후였습니다(단 9:20-23 참고).

기도하고 있는 영혼들이여, 여러분은 확신을 얻고자 오랫동안 기도했지만 아직 그것을 얻지 못했노라고 말합니다. 좋습니다. 계속해서 기도하십시오. 기도하면서 기다리십시오. 기다리면서 기도하십시오.

"이 묵시는 정한 때가 있나니, 그 종말이 속히 이르겠고 결코 거짓되지 아니하리라. 비록 더딜지라도 기다리라. 지체되지 않고 반드시 응하리라"(합 2:3).

하나님께서는 기도하는 영혼을 절대 실망시키시지 않았습니다. 그리고 앞으로도 절대 실망시키시지 않을 것입니다. 마침내 여러분은 그동안의 모든 기도와 기다림과 눈물을 충분히 보상하고도 남는 확신을 틀림없이 얻을 것입니다. 그러므로 걸음을 늦추지 말고 계속 기도하십시오. 하나님이 여러분의 기도에 더디 응답하실지라도, 틀림없이 적당한 때가 오면 그동안 여러분이 겪은 모든 고통을 넉넉히 보상하고도 남는 기쁨과 위로를 아주 풍성하게 거두게 하실 것입니다(갈 6:9 참고).

농부는 땅에서 나는 귀한 열매를 바라고 길이 참지 않습니까?(약 5:7 참고) 하물며 여러분은 하늘과 땅보다 더 고귀한 보석인 확신을 얻기 위해서 인내하면서 기다리지 않겠습니까? 기도하는 영혼들이여, 이것을 꼭 기억하십시오. 씨앗을 뿌리자마자 거두리라고 생각하는 사람, 아침에 씨앗을 뿌리고서는 저녁에 수확하리라고 생각하는 사람은 우둔한 사람입니다.

로마 황제 티투스 베스파시안(Titus Vespasian)은 탄원을 올리러 온 사람이 누구든지 그 눈에서 모든 눈물을 제하고 그 마음에서 모든 근심을 제한 다음에 돌려보냈다고 합니다. 하물며 동정심이 충만한 하나님께서 천국의 탄원자들을 돌려보낼 때 그 눈에서 눈물을 제하지 않은 채로 돌려보내시겠습니까? 결코 그렇지 않습니다.

8. 사탄과 싸우기 전

때때로 영혼이 사탄과 처절히 싸우기 전에 주님은 은혜와 인자하심으로 자기 백성을 찾아와 기꺼이 그들에게 감미로운 확신을 심어 주십니다. '유다

지파의 사자'(계 5:5)가 그 영혼을 붙들어 주고 그 누구도 주님의 손에서 그 영혼을 빼앗아 갈 수 없기 때문에(요 10:28 참고), 비록 그들이 유혹을 당할지라도 더 큰 악에 빠지지는 않으며 비록 그들이 시험을 받을지라도 장차 면류관을 쓰게 되고 비록 사탄이 우는 사자처럼 그 영혼을 향해 울부짖을지라도 그 영혼을 삼키지는 못할 것이라는 확신을 주십니다.

하나님은 이스라엘 백성이 아말렉과 고된 전투를 벌이기 전에 먼저 하늘로부터 내리는 만나로 그들을 배불리 먹이고, 반석을 쳐서 마실 물을 주셨습니다(출 16:4,31, 17:1-8 참고). 사탄이 사도 바울을 괴롭히기 전에 주님은 사도를 셋째 하늘로 올려 말로 형용할 수 없을 만큼 매우 영광스러운 환상과 계시를 보여 주셨습니다(고후 12:1-4 참고). 예수 그리스도께서는 광야로 이끌려 나가 사탄에게서 시험을 받아 하나님의 아들 됨에 대해서 의심받고 질문받기 전에 하늘로부터 울려 퍼지는 음성을 들었습니다.

"이는 내 사랑하는 아들이요 내 기뻐하는 자라"(마 3:17).

사탄이 사자처럼 그리스도께 임하기 전에 주님의 성령께서 먼저 그 위에 비둘기같이 임하셨습니다(마 3:16 참고).

하나님께서는 사탄이 시험하여 그들에게 불쾌한 일을 행하기 전에 자기 백성과 천국에 있는 길을 함께 거닐며 자신의 오른쪽에 있는 영원한 즐거움을 어느 정도 맛보게 하십니다(시 16:11 참고).

이 점에 대해서는 말할 것이 더 많지만 이 정도로 해 두고, 이제 이 장의 마지막 항목으로 서둘러 넘어가겠습니다.

9. 사탄과의 싸움이 끝난 후

마지막으로, 사탄과의 처절한 싸움이 끝난 후에 하나님은 은혜 가운데서 기꺼이 자기 백성에게 자신의 얼굴빛을 환히 비춰 주시고, 그들의 마음을 자신의 사랑의 광채로 따뜻하게 하고 즐겁게 하십니다.

"이에 마귀는 예수를 떠나고 천사들이 나아와서 수종드니라"(마 4:11).

그리스도께서 사탄의 시험을 물리치고 제압하고 거부하고 쫓아 버리느라 지쳐 있을 그때, 천사들이 와서 그분의 마음을 강하게 하고 힘을 북돋아 주었습니다. 이와 마찬가지로 사도 바울은 사탄의 공격을 받고 난 후에 하늘로부터 감미로운 음성을 들었습니다.

"내 은혜가 네게 족하도다. 이는 내 능력이 약한 데서 온전하여짐이라"(고후 12:9).

이 음성으로 말미암아 그의 마음은 기쁨과 즐거움으로 충만해졌습니다.

감추었던 만나와 새 이름과 흰 돌이 승리한 사람, 곧 '통치자들과 권세들과 이 어둠의 세상 주관자들과 하늘에 있는 악의 영들을'(엡 6:12) 상대하여 싸우느라 그 옷이 피로 얼룩져 있는 사람에게 주어집니다(계 2:17 참고).

로마의 장군들이 적군을 이기고 승리를 거두자 원로원은 자신들이 그들을 얼마나 사랑하는지를 표현하기 위해 여러 가지 방법을 모두 사용했다고 합니다. 이와 마찬가지로 우리의 믿음이 사탄을 이기고 승리를 거두면, 하나님은 그 영혼을 팔에 안고 사랑을 베풀어 주며 많은 인자를 그에게 나타내십니다. 이제 영혼은 개선문을 통해 입장하고, 위풍당당한 마차가 그 영혼을 호위하며 '흰옷'(계 3:5, 7:9)이 그 영혼에게 입혀집니다. 그리고 승리의 상징인 종려나무 가지가 승리자의 손에 쥐어지고, 화관이 승리자의 머리에 씌워집니다. 성대한 잔치가 열리고, 하나님께서 승리자를 상의 높은 자리에 앉게 하사 다정하게 말씀하시며, 그를 상냥하게 대하실 것입니다. 큰 사랑을 받는 사람으로서, 흑암의 왕을 이기고 승리를 거둔 사람으로서 그를 대하실 것입니다.

사탄과의 전투는 대부분 가장 격렬하고 강렬합니다. 사탄과의 전투가 벌어지면 성도는 자신에게 반드시 필요한 숭고한 기운을 거의 대부분 사용하고 소진하게 됩니다. 그렇기 때문에 주님은 그런 전투가 끝난 후에 보통 자신의 가장 강력하고도 탁월한 강심제를 성도에게 주십니다.

⚜

지금까지 우리는 주님께서 하나님의 도움을 힘입어 자기 백성에게 자신의 사랑을 어느 정도 맛보게 하시는 때가 있음을 살펴보았습니다. 그들이 주님의 은총 가운데 있으며, 자신과 그 백성들 사이에 모든 것이 잘되어 가고 있고, 앞으로도 그러할 것이며, 비록 많은 것들이 그들을 괴롭힐지라도 그 무엇도 그들을 하나님과 그리스도와 면류관으로부터 떼어 놓을 수 없다는 사실을 은혜 가운데 감미롭게 확신시켜 주기를 기뻐하시는 특별한 시기가 있음을 살펴보았습니다.

4장

확신에 이르지 못하도록 방해하는
장애물과 그것들을 제거하는 방법

1. 은혜에 대해 자포자기하는 생각

지금부터 확신에 이르지 못하도록 가로막는 장애물과 방해물을 하나하나 짚어 보고자 합니다. 그중 첫 번째 장애물은 은혜에 대해 자포자기하는 생각입니다. 이런 생각은 영혼을 감옥에 가두고, 그 영혼을 언제나 침울하게 만듭니다. 이런 생각은 영혼의 창문을 모두 닫아 그들의 힘을 북돋아 줄 그 어떤 빛도 들어오지 못하게 합니다. 이런 생각은 사람으로 하여금 자신의 무기로 하나님께 대항하여 싸우게 합니다. 이런 생각은 사람으로 하여금 성령께서 주시는 강심제들을 아무 쓸모 없는 것으로 여기고 그것들을 내팽개치게 만듭니다. 이런 생각은 사람으로 하여금 가장 감미로운 약속에서 오히려 독을 빨아 먹게 만듭니다.

또한 자포자기하는 생각은 사람으로 하여금 전혀 의미 없는 일에 탁월하도록 만듭니다. 가령, 하나님을 냉혹한 분으로 여기거나 자신의 영혼과 행복에 대해 불리하게 논쟁하게 하고, 자신의 가장 위대한 특권을 불리한 처지로 바꾸고 가장 위대한 도움을 가장 큰 방해물로 바꾸게 합니다. 은혜에 대해서 자포자기하는 생각은 사람을 멸망하는 짐승보다 못하도록 만듭니다.

플리니(Pliny)의 말에 따르면, 전갈은 해악을 끼칠 수 있는 기회를 단 한 번이라도 놓치지 않으려 하기 때문에 언제나 모든 순간 독침을 바짝 세우고 있다고 합니다. 자포자기하는 사람들은 전갈과 같습니다. 이런 사람들은 끊임없이 자신의 독침을 바짝 세우고 있으며, 하나님이나 그리스도나 성경이나 성도들이나 규례들이나 자신의 영혼과 더불어 계속 논쟁합니다.

자포자기하는 영혼은 '마골밋사빕(렘 20:3, 사방으로 두려움)'입니다. 즉, 자포자기하는 영혼은 자기 자신에게 두려운 존재입니다. 이런 영혼은 절대 안식을 누리지 못합니다. 마치 노아의 방주와 같이 항상 이리저리 흔들릴 뿐입니다. 이런 영혼은 사방에서 곤란을 겪습니다. 이런 영혼은 두려움과 싸움으로 가득합니다.

자포자기하는 영혼은 다른 사람들에게도 짐이 되지만 자신에게 가장 큰 짐이 됩니다. 이런 영혼은 자신을 끊임없이 괴롭히고 두렵게 만들며, 못살게 굴고 책망하며 난처하게 만듭니다. 절망은 모든 감미로운 것을 쓴것으로 바꾸어 버립니다. 그리고 쓴 것을 모두 더욱 쓴것으로 만들어 버립니다. 절망은 달짝지근한 포도주에 쓰디쓴 담즙과 쑥을 집어 넣습니다. 절망은 모든 고난에 찌르는 듯한 아픔과 고통을 더해 줍니다.

이와 같이 영혼이 은혜에 대해 절망하는 생각에 사로잡혀 있는 동안 어떻게 근거가 충분한 확신에 도달할 수 있겠습니까? 그러므로 이렇게 절망하는 상태에 빠지지 않도록 영혼을 돕기 위해 잠깐 시간을 내 절망하는 영혼에게 몇 마디 권고를 전하고자 합니다.

1) 마귀를 그리스도보다 더 크게 여기는 절망

절망하고 있는 영혼이여! 절망은 대단히 비열하고 경멸할 만한 죄가 아닙니까? 그것은 하나님의 영광을 가리고 그리스도를 욕되게 하며 영혼을 죽이는 것이 아닙니까? 그것은 하나님의 실제 모습을 왜곡하고 그리스도를 부인하며 사탄에게 면류관을 씌워 주는 것이 아닙니까? 참으로 절망은 마귀를 정복자로 의심 없이 선포하며, 그를 그리스도보다 더 높입니다.

절망은 세상에 존재하는 가장 큰 악으로부터 흘러나오는 악입니다. 그것은 불신앙에서 흘러나옵니다. 그것은 무지에서 흘러나옵니다. 그것은 하나님과 그분의 은혜를 오해한 데서 흘러나옵니다. 그것은 성경을 잘못 생각한 데서 흘러나옵니다. 그것은 천국에서 영원히 추방된 이후 그 모든 재주와 능력을 총동원하여 가련한 영혼을 결코 천국에 들어갈 수 없다는 절망감에 사로잡히게 만들고자 분투하는 사탄에게서 흘러나옵니다.

절망하고 있는 영혼이여! 이 죄의 사악함을 생각하고 정신을 분명히 차리십시오. 이 죄의 사악함을 생각하고 생명을 얻기 위해서 분발하십시오. 이런 상태에서 벗어나기 위해서 애쓰십시오. 이런 상태는 서글플 뿐만 아니라 죄악됩니다. 이런 상태는 한탄스러울 뿐만 아니라 그에 못지않게 증오해야 할 상태입니다.

절망하고 있는 영혼이여! 제가 묻는 말에 대답해 보십시오. 그리스도를 죽인 사람들은 나중에 그리스도를 믿고 구원을 받은 반면 절망한 가룟 유다는 멸망당하지 않았습니까? 가룟 유다가 그리스도를 배반한 것도 큰 죄지만, 그는 절망함으로써 더욱 흉악한 죄를 범하지 않았습니까? 절망하는 프란시스 스피라(Francis Spira)는 저주를 받았지만, 회개한 므낫세는 구원을 받았습니다.

절망하고 있는 영혼이여! 은혜의 팔은 므낫세와 같은 사람, 극악무도한 사람, 마귀를 쏙 빼닮은 사람을 받아 주기 위해서 활짝 벌려져 있습니다. 몇몇 유대교 랍비들의 말에 따르면, 므낫세는 위대한 구약의 복음 선지자 이사야를 톱으로 켜 두 동강을 내게 했습니다. 므낫세는 여호와 하나님을 등지고 우상 숭배에 빠졌고, 자신의 아들들을 불 가운데로 지나게 했으며, 신접한 자와 박수를 신임하고, 예루살렘 거리에 무고한 피를 가득 채웠습니다(대하 33:1-9 참고).

막달라 마리아는 수많은 귀신에 들려 있었습니다. 그러나 그리스도께서 모든 귀신을 쫓아내고 그녀의 마음을 자신의 집으로, 자신이 거하는 방으로 삼으셨습니다(눅 7:47 참고). 그렇다면 절망하고 있는 영혼이여, 어찌하여 당신은 전혀 소망이 없다고 말합니까? 바울은 그리스도와 그분의 백성을 향해 적개심을 가득 품었던 사람이었습니다. 그에게는 신성 모독과 불경건이 가득했습니다(행 8:1,2, 9:1, 26:11 참고). 그러나 보십시오. 그는 하나님으로부터 택함 받은 그릇이 되었습니다. 그는 셋째 하늘로 올림을 받았습니다. 그는 성령의 은혜와 은사로 충만해졌습니다.

절망하고 있는 영혼이여, 어찌하여 당신은 도움을 전혀 얻을 수 없다고 말합니까? 비록 탕자는 자기 아버지로부터 멀리 도망가 추잡하고 사악한 방법으로 모든 재산을 탕진하였지만, 그가 아버지 집으로 돌아가겠다고 결심하였을 때 그의 아버지는 그를 마중 나와 만났고, 그를 죽이는 대신에 오히려 입을 맞추었으며, 그를 거절하는 대신에 따뜻하게 맞아 주었고, 그를 문전박대하는 대신에 화려한 잔치를 베풀었습니다(눅 15:13-23 참고). 그렇다면 절망하고 있는 영혼이여, 당신은 이런 사실들 앞에서 어떻게 감히 하나님께서 당신에게 결코 사랑의 눈길을 던지지 않을 것이며 부스러기와 같은 은혜도 베풀지 않으실 것이라고 말할 수 있습니까?

사도 바울은 고린도전서 6장에서 불의한 악인들, 곧 음행하는 자, 우상 숭배하는 자, 간음하는 자, 탐색하는 자, 남색하는 자, 도적이나 탐욕을 부리는 자, 술 취하는 자, 모욕하는 자, 속여 빼앗는 자에 대해서 말합니다. 그런데 비록 이 사람들이 불의한 악인이라 할지라도 하나님의 무한한 선하심과 값 없이 베풀어 주시는 은혜로 말미암아 이들의 죄와 더러움이 깨끗이 씻어졌고, 그리스도로 말미암아 의롭다함을 받았으며, 그리스도의 성령으로 말미암아 거룩하게 되었고, 그리스도의 보배로운 은혜로 아름답게 단장되고 치장되었다고 말합니다(고전 6:9-11 참고).

그러므로 절망하고 있는 영혼이여, 당신이 죄 속에서 죽게 될 것이라고 말하지 마십시오. 아무리 발버둥을 쳐도 결국 영원한 슬픔에 떨어지고 말 것이라고 말하지 마십시오. 불의한 사람들을 용서함으로써 하나님의 값없는 은혜가 영화롭게 되었습니다. 그렇다면 어떻게 당신을 용서하는 것이 하나님의 값없는 은혜에 치욕이 되겠습니까? 하나님은 그토록 불경건한 사람들을 의롭게 하시는 가운데 의로우실 수 있었습니다. 그런 하나님이 당신을 의롭게 하시는 가운데 불의하실 수 있겠습니까? 그들에게는 하나님의 은혜를 받을 만한 자격이나 적합함이 전혀 없었습니다. 그렇다고 하나님이 그들에게 은혜를 내려 주시지 않았습니까? 그렇지 않습니다.

아, 절망하는 영혼이여! 어찌하여 당신은 두려워하고 있습니까? 당신에게는 은혜를 받을 수 있는 자격과 적합함이 없기 때문에 은혜의 강물이 여러분에게 결코 흘러 들어오지 않을 것이며, 결국 당신이 특별한 은혜와 긍휼을 한 방울도 얻지 못하여 영원히 멸망당할 수밖에 없다고 두려워하지 마십시오.

2) 절망을 이기는 하나님의 은혜

절망하고 있는 영혼이여! 제가 묻는 말에 대답해 보십시오. 하나님의 은혜는 값없이 주시는 은혜가 아닙니까? 그리고 인간의 구원은 하나님께서 값없이 주시는 은혜로 이루어지지 않습니까?

"너희는 그 은혜에 의하여 믿음으로 말미암아 구원을 받았으니, 이것은 너희에게서 난 것이 아니요 하나님의 선물이라"(엡 2:8).

이 황금 사슬의 모든 연결 고리는 은혜입니다.

우리가 하나님의 택함을 받은 것도 바로 값없이 주시는 은혜 때문입니다.

"그런즉 이와 같이 지금도 은혜로 택하심을 따라 남은 자가 있느니라"(롬 11:5).

어떤 사람들은 여전히 흑암 가운데 있는데, 어떤 사람들은 하나님의 택함을 받아 영원으로부터 말미암는 보석이 되고 생명에 이르게 되는 것은 바로 값없이 주시는 은혜 때문입니다.

3) 값없이 주시는 은혜의 선물이신 그리스도

주 예수 그리스도는 값없이 주시는 은혜의 선물입니다. 그리스도는 하나님께서 주시는 모든 선물 중에서 가장 위대하고 감미로우며 탁월하고 중요한 선물입니다. 하나님은 사랑의 손으로 이 선물을 우리에게 주십니다.

"하나님이 세상을 이처럼 사랑하사 독생자를 주셨으니 이는 그를 믿는 자마다 멸망하지 않고 영생을 얻게 하려 하심이라"(요 3:16).

"하나님이 세상을 이처럼 사랑하사."

다시 말해서, 하나님이 세상을 사랑하되 정말 아무런 대가를 요구하지 않고 너무나 열정적으로, 완전하게, 감탄할 만하게, 정말 상상도 못할 정도로 사랑하신다는 것입니다. 그로 말미암아 독생자를 주셨습니다. 자신의 종을 주신 것이 아니라 아들을 주셨습니다. 자신의 양자를 주신 것이 아니라 친아들을 주셨습니다. 그것도 하나밖에 없는 아들을 주셨습니다.

저는 아들을 넷 둔 어떤 사람에 대한 글을 읽은 적이 있습니다. 기근이 닥쳐 심한 굶주림에 시달리게 되자 그 부모는 양식을 구하기 위해 아들 하나를 내다 팔기로 결심했다고 합니다. 그다음에 두 사람은 머리를 맞대고 네 명의 아들 중 누구를 내다 팔 것인지를 신중하게 의논했습니다. 큰아들은 그들의 기력의 시작이었기에 팔고 싶지 않았습니다. 둘째 아들은 아버지를 꼭 빼닮아서 버리고 싶지 않았습니다. 셋째 아들은 어머니를 그대로 닮아서 헤어지고 싶지 않았습니다. 막내아들은 그들이 노년에 이르러 낳은 아들이었습니다. 마치 야곱의 막내아들 베냐민처럼 소중한 아들이요 아버지와 어머니가 모두 깊이 사랑하는 아들이었습니다. 결국 그들은 아무도 내다 팔지 않기로 굳게 결심했다고 합니다. 어떤 아들이든 그 아이를 내다 팔아 굶주림을 면하느니 차라리 굶어 죽는 편이 더 낫겠다고 굳게 결심했다고 합니다.

그러나 하나님의 마음은 죄인들을 향해 얼마나 뜨겁게 불타올랐는지 예수 그리스도를 아낌없이 내주셨습니다. 예수 그리스도는 하나님의 장자이며, 하나님을 그대로 닮은 아들인데도 말입니다. 예수 그리스도는 야곱의 베냐민처럼 소중한 아들이요, 하나님의 가장 큰 기쁨이며 가장 중요한 즐거움이었는데도 말입니다. 솔로몬은 이에 대하여 잠언에서 이렇게 말했습니다.

"내가 그 곁에 있어서 창조자가 되어 날마다 그의 기뻐하신 바가 되었으며 항상 그 앞에서 즐거워하였으며"(잠 8:30).

히브리어로 보면, '그의 기뻐하신 바'라는 대목은 '그가 가장 크게 기뻐하신 바'라는 뜻입니다. 그리고 '항상 그 앞에서 즐거워하였으며'라는 말은 어린아이들이 자기 부모 앞에서 신나게 뛰어노는 것처럼 그 앞에서 매우 즐거워했다는 뜻입니다.

절망하고 있는 영혼이여! 그런데 어찌하여 당신은 주저앉아 신음하고 있습니까? 어찌하여 당신은 슬픔 가운데 거닐고 있습니까? 어찌하여 당신은 당신에게 베풀어질 은혜가 전혀 없노라고 슬프게 결론짓고 있습니까? 절망하고 있는 영혼이여! 머리를 똑바로 드십시오. 예수 그리스도 자신이 값없이 주어지는 은혜의 선물이십니다. 하나님이 값없이 베풀어 주시는 그 한량없고 헤아릴 수 없으며 끝없는 사랑을 숙고한다면, 그 은혜에 크게 감탄하고 많은 위로를 발견하게 될 것입니다. 그리고 절망할 이유를 전혀 찾을 수 없을 것입니다.

예수 그리스도께서 값없이 주시는 은혜의 선물, 또는 값없는 은혜의 선물인 것처럼, 보배로운 은혜 언약 역시 은혜의 선물입니다.

"내가 내 언약을 나와 너 사이에 두어 너를 크게 번성하게 하리라 하시니"(창 17:2).

그런데 히브리어를 보면, 이 부분이 "내가 너에게 내 언약을 줄 것이다"라고 되어 있습니다. 즉, 은혜 언약이 은혜의 값없는 선물임을 알 수 있습니다.

하나님은 비느하스에게 영원한 제사장 직분의 언약을 선물로 주셨습니다.

"제사장 아론의 손자 엘르아살의 아들 비느하스가 내 질투심으로 질투하여 이스라엘 자손 중에서 내 노를 돌이켜서 내 질투심으로 그들을 소멸하지 않게 하였도다. 그러므로 말하라 내가 그에게 내 평화의 언약을 주리니"(민 25:11,12).

이와 마찬가지로 하나님은 자신과 언약을 맺도록 이끌어 들인 모든 사람들에게 은혜 언약을 은총과 은혜의 선물로 주십니다. 처음부터 끝까지 모든 것이 값없이 주시는 은혜로 말미암습니다. 하나님은 값없이 사랑하십니다.

"내가 그들의 반역을 고치고 기쁘게 그들을 사랑하리니"(호 14:4).

모세도 동일하게 말합니다.

"여호와께서 너희를 기뻐하시고 너희를 택하심은 너희가 다른 민족보다 수효가 많기 때문이 아니니라. 너희는 오히려 모든 민족 중에 가장 적으니라. 여호와께서 다만 너희를 사랑하심으로 말미암아, 또는 너희의 조상들에게 하신 맹세를 지키려 하심으로 말미암아 자기의 권능의 손으로 너희를 인도하여 내시되, 너희를 그 종 되었던 집에서, 애굽 왕 바로의 손에서 속량하셨나니"(신 7:7,8).

하나님이 사랑하시는 유일한 이유는 그분의 사랑입니다. 하나님이 사랑하시는 이유는 오직, 전적으로 하나님 자신 안에 있습니다. 우리 안에는 하나님의 사랑을 받을 만한 자격이 조금도 없습니다. 우리 안에는 하나님의 사랑의 광채가 우리 위에 비취도록 만들 만한 사랑이나 사랑스러움이 전혀 없습니다. 모든 사람의 마음속에는 더러움과 반역과 불성실함이 있습니다. 하나님께서 그들을 영원히 파멸시키고 그들의 이름을 피와 진노라는 글씨로 자신의 검은 책에 기록하여 자신을 영화롭게 하신다 할지라도 지극히 당연할 만큼 우리 안에는 더러움과 반역과 불성실함만이 있을 뿐입니다.

하나님은 우리를 값없이 사랑하실 뿐 아니라, 또한 값없이 우리를 의롭게 하십니다.

"그리스도 예수 안에 있는 속량으로 말미암아 하나님의 은혜로 값없이 의롭다하심을 얻은 자 되었느니라"(롬 3:24).

비참한 죄인들이 값없이 의롭다하심을 얻는 것처럼, 또한 그들을 값없이 용서하십니다. 성경은 그리스도에 대해서 이렇게 말합니다.

"이스라엘에게 회개함과 죄 사함을 주시려고 그를 오른손으로 높이사 임금과 구주로 삼으셨느니라"(행 5:31).

비참한 죄인들은 값없이 용서를 받는 것처럼, 또한 값없이 구원받습니다.

"죄의 삯은 사망이요, 하나님의 은사는 그리스도 예수 우리 주 안에 있는 영생이니라"(롬 6:23).

절망하고 있는 영혼이여! 잘 보십시오. 모든 것이 값없는 은혜입니다. 야곱이 환상 가운데 본 사닥다리는 맨 밑에서부터 맨 위에 이르기까지 모두 은혜로 되어 있습니다. 그리스도도 선물이요, 은혜 언약도 선물이요, 죄 사함도 선물이며, 천국과 구원도 선물입니다. 절망하고 있는 영혼이여! 그런데 어찌하여 당신은 하나님과 당신 자신의 상태와 조건에 대해서 심히 암울하고 슬프고 비관적인 생각을 하면서 주저앉아 탄식하고 있습니까? 진실로 모든 행복과 복락은 값없는 은혜를 통하여 우리 것이 됩니다. 행위나 업적을 통해서가 아닙니다. 절망하고 있는 영혼이여! 그러므로 자리를 박차고 일어나십시오. 절망적인 모든 생각들을 떨쳐 버리십시오. 생명수 샘의 물을 값없이 마셔야 합니다(계 21:6, 22:17 참고).

당신의 마음이 싸늘하게 죽어 있고 바위처럼 완악하며 비참하다고 합시다. 그러나 그것이 무슨 문제입니까? 당신의 죄가 너무 많고 당신의 두려움은 너무 크다고 합시다. 그러나 그것이 무슨 문제입니까? 눈을 크게 뜨고 보십시오. 당신 앞에는 영광스러운 은혜, 부요한 은혜, 기이한 은혜, 값없는 은혜가 비길 데 없이 부요하게 활짝 펼쳐져 있습니다.

이 진리를 불로 삼아 여러분을 따뜻하게 하십시오. 이 진리를 생수로 삼아 여러분 자신의 원기를 회복하십시오. 이 진리를 강심제로 삼아 여러분의 힘을 북돋우십시오. 그리하여 더는 밤이 오지 않고 낮만 계속되게 하십시오. 그리하여 여러분의 슬픔이 변하여 기쁨이 되게 하십시오. 그리하여 여러분의 아름다운 옷을 입으십시오(사 52:1 참고). 그리하여 여러분의 남은 생이 기쁨과 감미로움의 날이 되게 하십시오. 그리하여 값없는 은혜가 여러분에게 영원한 그늘이요 안식처요 쉼터가 되게 하십시오.

절망하고 있는 영혼들이여! 제가 묻는 말에 대답해 보십시오. 여러분은 비참한 죄인들을 향한 하나님의 긍휼과 심정과 하나님의 은혜와 은총을 가장 분명하고도 감미롭게, 그리고 가장 완벽하게 밝혀 주는 특별한 성경 구절들을 이해하고 있습니까? 또 여러분은 그런 구절들을 가장 진지하게 자주 깊이 숙고하고 있습니까? 가령 시편 86편 5절이 그러한 구절입니다.

"주는 선하사 사죄하기를 즐거워하시며 주께 부르짖는 자에게 인자함이 후하심이니이다."

하나님의 궁휼은 그분의 모든 행사를 초월하며 우리의 모든 행위를 초월합니다. 하나님의 은혜는 측량하거나 측정할 수 없습니다. 하나님의 모든 행사와 모든 속성은 은혜의 발밑에 앉아 있습니다. 하나님이 발사하시는 포는 무지개로 변합니다. 활은 있지만 화살은 없습니다. 활은 당겨졌지만 시위는 없습니다. 무지개는 은혜의 상징입니다. 무지개는 은혜와 은총의 신호요, 하나님께서 자신의 언약을 기억하실 것이라는 보증입니다. 그 모양은 생기가 넘치는 녹색입니다(계 4:3 참고). 이것은 비참한 죄인들을 향한 하나님의 은혜와 궁휼이 언제나 생생하고 푸르다는 것을 알려 줍니다.

절망하고 있는 영혼들이여! 제가 묻는 말에 대답해 보십시오. 여러분은 느헤미야 9장 16,17절을 진지하게 숙고해 보았습니까?

"그들과 우리 조상들이 교만하고 목을 굳게 하여 주의 명령을 듣지 아니하고 거역하며, 주께서 그들 가운데에서 행하신 기사를 기억하지 아니하고 목을 굳게 하며, 패역하여 스스로 한 우두머리를 세우고 종 되었던 땅으로 돌아가고자 하였나이다. 그러나 주께서는 용서하시는 하나님이시라. 은혜로우시며 궁휼히 여기시며 더디 노하시며 인자가 풍부하시므로 그들을 버리지 아니하셨나이다."

느헤미야는 "주께서는 용서하시는 하나님이시라"라고 말합니다. 히브리어 원문대로 읽으면, "주께서는 용서의 하나님이시라"라는 뜻입니다. '용서의 하나님'이라는 이 히브리어 어법에는 매우 강한 의미가 들어 있습니다. 여기에서 우리가 알 수 있는 것은, 궁휼이 하나님의 본질적인 요소이며, 불법과 죄악과 죄를 용서하는 일에 관한 한 하나님을 필적할 만한 것이 하나도 없다는 것입니다. 느헤미야는 하나님을 죄를 사하는 용서와 궁휼이 가득한 분으로 묘사합니다. 원은 시작점이 있어도 끝나는 점이 없는 것처럼, 하나님의 궁휼도 그러합니다.

"주와 같은 신이 어디 있으리이까? 주께서는 죄악과 그 기업에 남은 자의 허물을 사유하시며 인애를 기뻐하시므로 진노를 오래 품지 아니하시나이다"(미 7:18).

알렉산더 대왕은 성을 함락시키기 위해서 그 성 앞에 진을 치고 있는 동안에 등불을 하나 켜 놓았다고 합니다. 성 안에 있는 사람들에게 그 등불이 타고 있는 동안 나와서 항복하면 자비를 얻을 수 있지만, 항복하지 않으면 그 어떤 자비도 기대할 수 없다는 것을 알리기 위해서였다고 합니다. 그러나 죄인들을 향한 하나님의 긍휼과 인내심은 얼마나 대단한지요. 하나님은 처음 켜 놓은 등불이 다 꺼지면 또 다른 등불을 켜 놓고 여러 해가 지나도 계속해서 그들을 기다리십니다. 죄인들이 하나님을 대적하여 가장 악한 일을 했을 때조차도 하나님은 자신의 마음에 사랑을 가득 채우고 자신의 손에 용서를 가득 쥐고 은혜를 선포하십니다. 지금이라도 그들이 하나님의 긍휼을 믿고 받아들이면 긍휼을 입을 수 있다고 말씀하십니다(눅 13:7,9; 렘 3:1-15 참고).

절망하고 있는 영혼이여, 그런데 어찌하여 당신은 하나님의 긍휼에 대해서 그토록 빈약하고 초라한 생각을 함으로써, 또 당신의 연약하고 어두운 이해력이라는 형편없는 잣대로 하나님의 긍휼을 측량함으로써 당신의 삶을 지옥으로 만들고 있습니까?

절망하고 있는 영혼들이여! 제가 묻는 말에 대답해 보십시오. 여러분은 이사야 55장 7-9절에 기록된 말씀을 진지하게 숙고해 본 적이 있습니까?

"악인은 그의 길을, 불의한 자는 그의 생각을 버리고 여호와께로 돌아오라. 그리하면 그가 긍휼히 여기시리라. 우리 하나님께로 돌아오라. 그가 너그럽게 용서하시리라. 이는 내 생각이 너희의 생각과 다르며 내 길은 너희의 길과 다름이니라. 여호와의 말씀이니라. 이는 하늘이 땅보다 높음같이 내 길은 너희의 길보다 높으며 내 생각은 너희의 생각보다 높음이니라."

절망하고 있는 영혼들이여, 민수기 14장 19,20절과 출애굽기 34장 6,7절,

미가 7장 18,19절, 이사야 30장 18,19절, 시편 78편 34-40절, 103편 8-13절, 예레미야 3장 1-12절, 누가복음 15장 20-24절, 디모데전서 1장 13-17절을 찾아 보십시오. 그리고 나서 여러분이 이런 성경 구절들을 진지하게, 자주 숙고했는지 말해 보십시오. 이와 같은 성경 구절에서 드러나 있는 그토록 많은 은혜와 그토록 풍성한 사랑과 은총, 그토록 깊은 동정심을 분명하게 보고서도 어떻게 절망하는 생각들로 여러분의 보배로운 영혼을 괴롭히고 학대할 수 있습니까!

가장 무서운 두려움이라도 능히 진정시킬 수 있고, 가장 캄캄한 흑암이라도 능히 쫓아 버릴 수 있는, 그리고 가장 침울해 있는 심령이라도 기운을 북돋아 줄 수 있을 정도로 매우 풍성한 은혜와 선하심과 사랑과 은총과 긍휼과 영광이 이 성경 구절들 속에서 불꽃을 튀기며 환히 빛나고 있습니다.

4) 그리스도의 피와 고난

절망하고 있는 영혼들이여! 제가 묻는 말에 대답해 보십시오. 여러분은 지금 주 예수의 보배로운 피에 끝없는 해를 가하고 있지 않습니까? 성경은 세 가지를 일컬어 보배롭다고 말합니다. 하나는, 그리스도의 피를 일컬어 "보배로운 피"(벧전 1:19)라고 합니다. 또 믿음을 일컬어 "보배로운 믿음"(벧후 1:1)이라고 말합니다. 마지막으로, 하나님의 약속을 일컬어 "보배로운 약속"(벧후 1:4 참고)이라고 말합니다.

그런데 지금 여러분의 행동은 '아벨의 피보다 더 나은 것을 말하는'(히 12:24) 이 보배로운 피를 얼마나 지독하게 모욕하고 있는지요! 그리스도의 보배로운 피가 있는데도 여러분은 절망의 능력 때문에 기운을 잃어버리고 힘없이 주저앉아 있으니 말입니다. 여러분의 이런 태도는 무엇을 말합니까? 여러분의 이런 태도는 그리스도의 보배로운 피에 실제로 존재하는 효력과 가치와 능력과 효능이 전혀 존재하지 않는다고 온 세상을 향해 선포하는 것이 아닙니까? 그리스도의 피를 발로 짓밟는 불경건한 사람들뿐만 아니라 그 피의 능력과 효능과 가치를 경시하여 절망에 빠진 영혼들을 향해서 그리스도의 피가 말씀하고 변론할 그날에 여러분은 지금의 이런 부끄러운 태도에 대해서 어떻게 답변하겠습니까?(히 10:29 참고)

예수 그리스도의 피는 무수한 악명 높은 죄인들의 죄를 모두 깨끗이 씻었습니다. 그런데 그 피가 죄인 한 사람이 범한 죄도 깨끗이 씻지 못하겠습니까? 예수 그리스도의 피는 이미 수천 명의 사람을 영광으로 인도하였습니다. 그런데 이제 당신의 영혼을 영광으로 인도할 만큼의 작은 효력도 남아 있지 않다는 말입니까?(요일 1:7-9 참고) 예수 그리스도의 피는 이미 셀 수 없이 많은 사람들을 하나님의 진노에서 건져 냈습니다. 그런데 지금까지 그 효력을 너무나 많이 쓴 까닭에 이제 당신의 영혼을 구원하는 데는 효력을 미처 발휘할 수 없게 되었다는 말입니까? 앞으로도 이 피로 말미암아 실제로 구원받고 의롭다하심을 얻을 사람들이 이 세상에 수없이 많지 않습니까? 그런데 도대체 당신은 어찌하여 이 보배로운 피의 능력과 효험으로 말미암아 장차 임할 하나님의 진노로부터 구원받고 의롭다하심을 얻을 수 있다는 사실을 믿지 못하여 절망하고 있습니까?

다섯 명의 수도사들이 모여서 죄를 죽이는 가장 효과적인 방법이 무엇인지를 연구하였다고 합니다. 한 수도사가 이렇게 말했습니다. "죽음에 대해서 묵상하는 것이 가장 좋은 방법이라네." 두 번째 수도사는 다르게 말했습니다. "심판을 묵상하는 것이 가장 좋은 방법이라네." 세 번째 수도사도 다른 의견을 말했습니다. "천국의 기쁨을 묵상하는 것이 가장 좋은 방법일세." 네 번째 수도사도 다른 결론을 내놓았습니다. "내 생각에는 지옥의 고통을 묵상하는 것이 가장 좋은 방법이라네." 이에 다섯 번째 수도사는 "예수 그리스도의 피와 그분이 당하신 고난을 묵상하는 것이 가장 좋은 방법일세"라고 말했습니다. 물론 마지막 방법이 죄를 죽이는 모든 동기 중에서 가장 강력하고 탁월한 동기입니다.

절망하고 있는 영혼들이여, 절망하고 있는 영혼들이여! 만일 여러분이 절망하는 생각들을 떨쳐 버리고 현재 처한 지옥에서 벗어나고 싶다면, 그리스도의 보배로운 피를 많이 묵상하고 숙고하며 그것을 자신의 영혼에 많이 적용하십시오. 그렇게 하면 슬픔과 탄식이 달아나고 즐거움과 기쁨을 얻을 것입니다(사 51:11 참고). 주님께서 여러분의 머리 위에 '영원한 이름'(사 56:5)을 주실 것입니다. 주님께서 여러분에게 '영원한 빛이 되며 영광이' 되실 것입니다(사 60:19 참고). 그리고 사람들이 다시는 여러분을 '버림받은 자라 부르지 않을' 것입니다(사 62:4 참고). 왜냐하면 주님께서 여러분을 기뻐하실 것이기 때문입니다. 주님께서 여러분에게 생명의 샘이 되고, 여러분과 함께 거하며, 여러분의 탄식을 노래로 바꾸고 여러분의 두려움을 즐거움으로 바꾸며 여러분이 갇혀 있는 감옥을 기쁨의 천국으로 바꾸실 것이기 때문입니다.

예수 그리스도로 인해 하나님을 찬송합니다. 우리의 인격을 하나님 앞에서 의롭게 하고 우리의 양심을 평온하게 하며, 우리의 두려움을 흩어 버리고 우리의 의심을 다 풀어 주며, 죄와 지옥과 사망에 대해서 승리할 수 있게 하신 예수 그리스도의 보배로운 피로 말미암아 하나님을 찬송합니다.

"누가 정죄하리요? 죽으실 뿐 아니라 다시 살아나신 이는 그리스도 예수시니"(롬 8:34).

사도 바울은 그리스도의 죽으심에 근거하여, 또 그리스도의 피에 근거하여 완전한 승리를 강력하게 외칩니다. 사도는 자신의 모든 원수들을 바라보면서도 행복하게 노래합니다.

"우리가 넉넉히 이기느니라"(롬 8:37).

겨우 이기는 것이 아닙니다. 실제로 우리는 이기고, 또 이깁니다.

절망하고 있는 영혼들이여! 이전에 범한 수많은 죄에 그리스도의 피를 하찮게 여기고 경시하는 이 죄를 더하지 마십시오. 그리스도의 피처럼 영혼을 구원하는 피는 또 없습니다. 이와 마찬가지로 그리스도의 피처럼 영혼을 함몰시키는 피도 전혀 없습니다. 그리스도의 피가 한 방울이라도 어떤 사람의 머리로 돌아가지 않으면, 결국 그 사람은 영원토록 비참해질 것입니다. 반면에 그리스도의 피가 한 방울이라도 어떤 사람의 마음에 떨어지면, 결국 그 사람은 영원토록 행복해질 것입니다. 주님께서 세상을 벌하시는 날, 만일 그리스도의 피가 여러분 마음의 문설주에 발라져 있으면 멸망시키는 천사가 여러분을 살려 두겠지만, 그렇지 않다면 여러분은 영원히 멸망당하고 말 것입니다(출 12:7-13 참고).

5) 긍휼의 문을 잠그는 절망의 빗장

절망하고 있는 영혼들이여! 마지막으로 여러분에게 할 말이 있습니다. 하나님께서는 어떤 사람들을 여러분이 빠져 있는 그 절망의 심연으로부터, 여러분이 빠져 있는 그 '스올의 뱃속'(욘 2:2)에서 건져 내셨습니다. 그러므로 당신도 현재 당신을 짓누르고 있는 죄가 있지만 장차 멸망받지 않을 수도 있다는 소망을 가질 수 있습니다.

아삽은 절망하고 있는 영혼의 전형적인 인물이 아닙니까? 아삽의 말을 들어 보십시오.

"나의 환난 날에 내가 주를 찾았으며 밤에는 내 손을 들고 거두지 아니하였나니 내 영혼이 위로받기를 거절하였도다. 내가 하나님을 기억하고 불안하여 근심하니 내 심령이 상하도다(셀라). 주께서 내가 눈을 붙이지 못하게 하시니 내가 괴로워 말할 수 없나이다. 내가 옛날 곧 지나간 세월을 생각하였사오며, 밤에 부른 노래를 내가 기억하여 내 심령으로, 내가 내 마음으로 간구하기를, 주께서 영원히 버리실까, 다시는 은혜를 베풀지 아니하실까, 그의 인자하심은 영원히 끝났는가, 그의 약속하심도 영구히 폐하였는가, 하나님이 그가 베푸실 은혜를 잊으셨는가, 노하심으로 그가 베푸실 긍휼을 그치셨는가 하였나이다(셀라)"(시 77:2-9).

그런데 하나님은 이러한 절망의 심연에서 아삽을 건져 내셨습니다. 10절에서 아삽은 "또 내가 말하기를 이는 나의 잘못이라"라고 말합니다. 원문 그대로 읽자면, "이것 때문에 내가 병들었다"입니다. 바로 여기에서 아삽은 성령께서 주시는 강심제와 위로를 내팽개치지 않도록 자신을 다스립니다. 하나님에 대해서 그토록 냉혹하고 침울하며 어두운 생각을 품지 않으려고 자신을 다스립니다. 그러고 나서 13절에 이르러 그는 마치 하늘에서 뚝 떨어진 사람처럼 말합니다.

"하나님이여, 주의 도는 극히 거룩하시오니 하나님과 같이 위대하신 신이 누구오니이까?"

이전에는 하나님에 대한 생각이 그의 마음을 괴롭히고 그를 무겁게 짓눌렀습니다. 그러나 이제 마침내 하나님의 위대하심과 자신이 하나님의 사람이라는 생각으로 말미암아 하나님을 찬양하고 깊은 위로를 받게 됩니다.

에스라 사람 헤만도 다음과 같이 탄식합니다.

"무릇 나의 영혼에는 재난이 가득하며 나의 생명은 스올에 가까웠사오니……주께서 나를 깊은 웅덩이와 어둡고 음침한 곳에 두셨사오며 주의 노가 나를 심히 누르시고 주의 모든 파도가 나를 괴롭게 하셨나이다(셀라)……여호와여, 어찌하여 나의 영혼을 버리시며 어찌하여 주의 얼굴을 내게서 숨기시나이까? 내가 어릴 적부터 고난을 당하여 죽게 되었사오며 주께서 두렵게 하실 때에 당황하였나이다. 주의 진노가 내게 넘치고 주의 두려움이 나를 끊었나이다"(시 88:

3,6,7,14-16).

그러나 헤만의 상태는 좋았습니다. 그의 영혼은 안전했고 행복했습니다. 왜냐하면 같은 시편에서 그가 하나님, 곧 자신의 '구원의 하나님'(1절)을 향해 기도하기 때문입니다.

요나도 마찬가지였습니다. 그는 물고기 배 속에 있으면서 자신이 하나님의 목전에서 쫓겨났다고 결론을 내립니다(욘 2:4 참고). 요나는 자신의 죄와 하나님의 진노와 격노하심을 너무나 분명하고 출중하게 깨닫고 있었기 때문에 마음으로 매우 괴로워하였으며, 마치 임종을 앞둔 사람처럼 말합니다. "나는 마치 모세가 애굽에서 추방되었던 것처럼 주님의 목전에서 쫓겨났으며, 주님의 임재로부터 내쫓겼나이다. 하나님께서는 남편이 자신에게 불성실하고 부정한 아내를 내쫓듯이 나를 내버리되, 아무리 노력해도 전혀 기뻐할 수 없고 흡족해할 수 없는 사람으로 여기고 내쫓으셨나이다."

그러나 하나님의 마음과 사랑이 요나를 향해서 얼마나 불붙는 것 같았는지 모릅니다. 그래서 하나님은 요나를 버리지 않고 기적을 통하여 구원해 내십니다. 하나님의 마음속에서 요나는 중요한 존재였고, 하나님은 결국 요나의 믿음이 승리하도록 만드셨습니다.

그 밖에도 유명한 사람들의 일화를 몇 가지 더 말하고자 합니다. 영국의 제임스 왕이 다스리던 시절에 켄트(Kent) 주에 호니우드(Honiwood)라는 여인이 살고 있었습니다. 이 여인은 나이 많은 경건한 여인이었는데, 하나님의 은총과 자신의 영원한 복락에 대한 확신을 갖지 못해서 여러 해 동안 양심에 많은 고통과 두려움을 겪고 있었습니다. 이 여인은 자주 다음과 같이 부르짖었습니다. "나는 저주받은 영혼입니다. 나는 저주받은 영혼입니다."

탁월한 경건과 은사를 구비한 여러 명의 신사들이 이 여인의 의심을 해결하고 그녀의 양심을 평온하게 하며, 그녀의 영혼을 만족시키고 기쁘게 만들기 위하여 가능한 모든 수단을 다 써 보았습니다. 그러나 이 여인은 절망의 능력 아래 얼마나 꽁꽁 묶여 있었는지 계속해서 "나는 저주받은 영혼입니다. 나는 저주받은 영혼입니다"라고 부르짖을 뿐이었습니다.

이 신사들이 자리에서 일어나려고 하는 순간, 이 여인은 그들을 위해 포도주 한 잔을 요청했습니다. 그리고 포도주를 가져오자 한 잔을 따라 그 신사들 중 한 사람과 축배를 들었습니다. 그러고는 포도주를 마시자마자 격정에 사로잡혀 베니스산 유리잔을 바닥에 냅다 던져 버렸습니다. 그리고 나서 "이 유리잔이 깨지는 것이 매우 명백한 것처럼, 나도 틀림없이 저주를 받을 것입니다"라고 부르짖었습니다. 그런데 유리잔이 조금도 손상되지 않고 바닥에 부딪쳐 되튀기만 했습니다. 방문한 신사들 중 한 명이 그것을 주워 손에 들고 이렇게 말했습니다. "여기를 보십시오. 당신의 불신앙을 논박하기 위해서 하나님이 기적을 베풀어 주셨습니다. 더는 하나님을 시험하지 마십시오. 더는 하나님을 시험하지 마십시오."

이 여인과 함께 있던 사람들은 모두 이 일을 보고 매우 놀랐습니다. 그리고 이 일에 대해서 모두 하나님을 영화롭게 했습니다. 이윽고 이 여인은 하나님의 은혜와 긍휼로 절망이라는 지옥에서 구원을 받았고, 많은 위로와 기쁨으로 충만해졌습니다. 그리고 죽는 순간까지 평강과 확신이 가득 넘치는 삶을 살았습니다.

또 다른 예를 말하겠습니다. 에섹스(Essex) 주 틸버리(Tilbury)에 한 신사가 살았습니다. 그는 오랫동안 얼마나 깊은 절망의 늪에 빠져 있었는지, 그 어떤 사람에게서 주어지는 위로든지 모두 거부하였고, 그 누구도 자기와 함께 기도하는 것을 허락하지 않았습니다. 뿐만 아니라 그는 자기 집 근처에 사는 목사들이나 그리스도인들에게 사람을 보내 요청하기를, 만일 자신이 지옥에 떨어져 당할 고통을 더하고 싶지 않다면 자신을 위해서 더 이상 기도하지 말라고 했습니다. 그는 비록 이전에 자기 가정에서 수없이 많은 예배를 드렸지만, 이제 자기 가정에서 그 어떤 종교적인 예배가 드려지는 것도 결코 용납하지 않았습니다. 그러나 하나님께서 마침내 그에게 놀라운 내적인 소생을 허락하셨고, 점진적으로 매우 풍성한 천상의 위로로 그를 충만하게 채워 주셨습니다.

그것이 얼마나 놀라운 일이었는지, 그는 자신에게 일어난 모든 일은 직접 체험하지 못한 사람으로서는 아무리 달변의 혀를 가지고 있을지라도 말로 형용할 수 없고, 아무리 상상력이 풍부할지라도 마음으로 상상할 수 없는 것이라고 간증했습니다. 마침내 하나님은 그에게 '받는 자밖에는 알 사람이 없는 새 이름이 새겨진 흰 돌'(계 2:17 참고)을 주셨습니다. 그는 이후에 땅 위에서 천국을 누리면서 아홉 달을 더 살았으며, 그리스도의 품에 안겨 마지막 숨을 내쉬었습니다.

저는 그렇게 오래 살지는 않았지만 절망이라는 심연에 너무 깊이 빠져 자신에게 제공된 영적인 위로들을 모두 내팽개쳐 버리려고 했던 사람들을 몇 명 알고 있습니다. 그들은 자신의 영혼에 불리한 논증을 매우 능숙하게 펼쳐 나갔습니다. 그리고 자신에게 위로와 힘이 될 만한 그 어떤 것도 받아들이지 않기로 굳게 결심하고 있었습니다. 그들은 모든 규례와 종교적인 예배에 대해서 반대하는 경향을 가지고 있었습니다. 그들은 경건한 의무들을 이행하지 않았고, 다른 사람들과 함께 경건한 의무에 참여하는 것을 단호히 거부했습니다. 뿐만 아니라 그들은 자신을 무겁게 짓누르는 죄와 하나님의 진노에 대한 인식 때문에 현실 생활에 꼭 필요한 편안함이나 즐거움마저 거부했습니다. 목숨마저도 위협을 받을 정도였습니다. 그러나 하나님은 이 끔찍한 웅덩이, 즉 이 땅의 지옥으로부터 그들의 영혼을 건져 내셨고, 자신의 은총과 은혜를 그들에게 매우 명백하게 나타내셨습니다. 온 세상을 수천 개 준다고 해도 결코 바꾸지 않을 정도로 소중한 은총과 은혜를 뚜렷하게 나타내셨습니다.

절망하고 있는 영혼들이여! 절망하고 있는 영혼들이여! 어쩌면 여러분의 상태가 지금까지 말한 사람들보다 더 심각할지도 모릅니다. 그러나 분명한 것은 지금까지 말한 사람들의 상태도 여러분의 상태만큼이나 심각했지만 그들이 하나님의 긍휼을 힘입었다는 것입니다. 이것을 잘 보십시오. 하나님께서는 그들의 지옥을 천국으로 변화시키셨습니다. 그들이 비천한 상태에 있을 때 하나님께서 그들을 기억하셨습니다. 하나님은 미친 듯이 사납게 구는 그들의 양심을 평온하게 만드셨습니다. 갈피를 잡지 못하고 산란해하는 그들의 영혼을 잠잠하게 만드셨습니다. 하나님께서는 그들의 눈에서 모든 눈물을 닦아 주셨습니다. 그리고 그들의 마음에 영원토록 마르지 않는 생명수 샘물이 되어 주셨습니다.

그러므로 절망하고 있는 영혼들이여! 낙심하지 말고 고개를 들어 은혜의 보좌를 바라보십시오. 여러분의 안식처가 누구이신지 기억하십시오. 그리고 하나님의 사랑이 여러분의 마음 문을 애타게 두드릴 때 더 이상 절망으로 그 사랑을 물리치지 마십시오.

2. 너무 고차원적인 것들로 사탄과 논쟁하는 것

확신에 도달하지 못하게 만드는 두 번째 장애물은, 하나님의 섭리와 지혜처럼 사람의 능력으로는 도달할 수 없는 것들에 관해 사탄과 논쟁하는 것입니다. 사탄은 이것을 무기로 삼아 수많은 보배로운 영혼들이 확신에 도달하지 못하도록 방해합니다.

사탄은 하나님께서 그를 낙원에서 추방하고 흑암의 사슬로 매 놓으신 이후

줄곧 자신의 모든 간계와 능력과 경험을 활용하여 사람들을 유혹하고 자신과 같은 비참함에 빠뜨리려고 애쓰고 있습니다. 그래서 사탄은 사람들이 마지막 날에 하늘에 있는 천국에 들어가는 것을 막을 수 없다면, 이 땅에서 사는 동안의 삶이라도 황량하게 만들고자 자신의 모든 힘과 능력을 다 기울입니다. 이 목적을 성취하기 위해서 사탄은 사람들의 생각과 마음을 잔뜩 부추겨 하나님의 섭리에 대해서, 자신이 하나님의 선택을 받았는가 하는 것에 대해서 바쁘게 추론하도록 만듭니다. 가령 하나님께서 그들이 영원한 행복을 얻도록 섭리하셨는지, 또는 영원한 복락을 누리도록 그들을 선택하셨는지 등을 생각하도록 만듭니다.

이렇게 함으로써 사탄은 성도들이 두 개의 천국을 제공하는 확신에 이르지 못하도록 방해합니다. 확신은 이 세상을 살 때 기쁨과 위로의 천국을 살게 하고, 죽은 이후에는 복락과 영광의 천국을 살게 하는데, 그런 확신에 이르지 못하도록 방해하는 것입니다.

로마 제국의 장군 마르켈루스(Marcellus)에 대한 일화가 있습니다. 그는 정복자가 되어도, 패배자가 되어도 결코 가만히 있지 못했습니다. 바로 사탄이 그런 존재입니다. 믿음에 의해서 정복을 당해도 그는 굴하지 않고 계속해서 싸워 나갑니다. 반대로 믿음을 짓밟고 승리를 거두어도 그는 울부짖으며 의기양양합니다. 사탄의 가장 큰 목적은 영혼을 영원히 멸망시키는 것입니다. 만일 그렇게 할 수 없다면 그들로 하여금 하나님의 섭리와 지혜에 관해서 분주하고 복잡하게 생각하게 하여 영혼을 곤경에 빠뜨리려고 애를 씁니다.

다윗의 용사들이 블레셋 사람의 진영을 돌파하고 지나간 것처럼(삼하 23:16 참고) 영혼이 사탄의 시험을 돌파하고 무사히 지나가면, 또 삼손이 자신을 결박한 줄을 끊었던 것처럼(삿 15:13-15 참고) 영혼이 사탄의 올무를 두 동강 내면, 사탄은 그다음 작전에 돌입합니다. 즉, 사람이나 천사는 절대 오류 없이 분명하게 단정할 수 없는 그런 논쟁과 토론에 그들을 참여시키는 것입니다. 그리하여 비록 그들의 면류관을 빼앗을 수는 없다 하더라도 그들이 누릴 수 있는 위로는 약탈하는 것입니다.

의심하고 있는 영혼이여! 논쟁하는 것은 지혜로운 일도 아니고, 당신이 해야 할 일도 아닙니다. 오히려 하나님을 믿고 기도하며 기다리는 것이 지혜로운 일이며, 당신이 해야 할 일입니다. 이것 말고는 천국에 이를 수 있는 길이 없습니다. 이것 말고는 확신에 도달할 수 있는 길이 없습니다.

아담을 보십시오. 그는 사탄과 논쟁하다가 결국 타락했으며, 그 결과 낙원을 잃어버렸습니다. 반면에 욥을 보십시오. 그는 믿음으로 사탄을 대적했고, 결국 우뚝 서 거름 더미에서 승리를 거두었습니다.

두려워 떨고 있는 영혼이여! 사탄이 이것저것에 관해 논쟁하도록 여러분을 유혹할 때 다음과 같이 반박하십시오.

"(사탄아) 감추어진 일은 우리 하나님 여호와께 속하였거니와 나타난 일은 영원히 우리와 우리 자손에게 속하였나니, 이는 우리에게 이 율법의 모든 말씀을 행하게 하심이니라"(신 29:29).

감추어진 문제들에 대해서는 호기심을 가지고 꼬치꼬치 파고들면서도 정작 분명하게 드러난 율법을 준수하는 일에는 부주의하고 태만한 것은 위험합니다. 사탄에게 이렇게 반박하십시오.

"사탄아, 너는 처음부터 살인한 자요, 거짓말쟁이다(요 8:44 참고). 너는 성도들의 위로와 확신과 구원을 공개적으로 대적하는 원수이다. 만일 내게 말할 것이 있다면, 그것을 나의 그리스도께 말씀드려라. 그분은 나의 위안이요 면류관이며 기쁨이요 능력이며 내 구속주요 중보자이시다. 그분이 나를 위해 변론하실 것이다."

그리스도인들이여! 만일 여러분이 쓸데없이 논쟁하는 일을 그만두고 싶다면, 하나님을 믿고 순종하는 일에 전념하십시오. 그러면 확신이 여러분을 따를 것입니다. 그리고 여러분이 평안히 누울 것이요 안식을 누릴 것이며, 그 어떤 것도 여러분을 두렵게 하지 못할 것입니다(욥 11:13-20 참고).

3. 자기 점검과 성찰의 부재

가련한 영혼으로 하여금 확신에 이르지 못하게 만드는 세 번째 장애물은, 자신의 영혼을 점검하지 않고, 하나님이 그들 안에 이미 행하신 일과 지금도 행하고 계신 일을 철저하게 탐사하고 살피지 않는 것입니다.

자신의 마음을 읽기보다는 다른 사람들이 기록한 책을 더 잘 읽는 사람들이 있습니다. 자신의 기질이나 마음이나 말이나 행동이나 생활 태도보다는 다른 사람들의 기질이나 마음이나 말이나 행동 등을 관찰하고 연구하는 데 더 엄밀하고 호기심이 많은 사람들이 있습니다. 이것은 참으로 슬픈 해악입니다. 이것 때문에 많은 사람들이 흑암 가운데 앉아 수없이 많은 날들을 보냈습니다. 물론 자신의 가장 고상한 부분인 불멸의 영혼의 내적 움직임과 그 안에서 이루어지는 하나님의 역사를 진지하게, 그리고 자주 관찰하지 않는 사람도 확신에 대해서 말하거나 확신이 없음을 탄식할 수 있습니다. 그러나 그런 사람은 확신을 얻기가 참으로 어렵습니다.

비틀거리며 흔들리는 영혼들이여! 이리저리 요동하고 안정을 모르는 영혼들이여! 여러분이 분명하게 알아야 할 것이 있습니다. 여러분이 자신의 내면을 살피고 외부의 일보다는 내면의 일을 더 잘 알게 될 때까지는, 자신의 마음속에 있는 금맥을 캐내기 위해서 마음을 깊이 탐사하고 성찰할 때까지는, 본성의 일과 은혜의 일을 구별할 수 있게 되기까지는, 보배로운 것과 사악한 것, 그리고 하나님의 역사와 사탄의 역사를 분별할 수 있게 되기까지는, 여러분은 감미로운 확신을 절대 체험할 수 없습니다. 앞에서 말한 것들이 이루어질 때 비로소 의심의 구름이 걷히고 공의로운 해가 여러분 위에 환히 비치고 여러분 안에 확신이라는 샛별이 떠오를 것입니다.

의심에 빠져 두려워하는 영혼들이여! 스스로를 기만하지 마십시오. 여러분의 마음을 부주의하고도 가볍고 빈약하게 탐사한다면, 여러분은 자신에게 임한 하나님의 깊고도 비밀스러우며 기이하고 신비한 역사를 절대 구별할 수 없습니다. 만일 여러분이 은을 구하는 것처럼 하지 않는다면, 보물을 찾는 것처럼 그리스도와 그분의 은혜를 구하지 않는다면, 여러분은 결코 그리스도와 그분의 은혜를 얻지 못할 것입니다(잠 2:3-5 참고).

가장 고귀한 광물은 가장 깊은 곳에 묻혀 있습니다. 가장 탁월한 보석은 땅속에 있습니다. 그러므로 그것을 얻기 위해서는 반드시 부지런히 그것들을 탐사하고 땅을 깊이 파야 합니다. 그렇지 않고서는 절대 그것들을 얻을 수 없습니다. 의심하고 있는 영혼들이여! 만일 여러분이 신령한 보물들을 찾고자 한다면, 부패함이라는 재 속에 숨겨져 있으며 여러분 영혼의 가장 후미진 곳에 잘 보이지 않게 숨어 있는 값비싼 진주를 찾고자 한다면, 마음을 탐사하고 탐구하는 일을 반드시 계속해야 합니다. 열심히 일하고 땀을 흘려야 합니다. 땀을 흘리고 일을 해야 합니다.

의심하는 영혼들이여! 제가 묻는 말에 대답해 보십시오. 고린도후서 13장 5절에 기록된 사도 바울의 친절한 권면이 여러분 안에 능력으로 새겨진 적이 한 번이라도 있습니까?

"너희는 믿음 안에 있는가? (혹은 믿음이 너희 안에 있는가) 너희 자신을 시험하고 너희 자신을 확증하라."

사도 바울은 동일한 훈계를 두 번이나 반복합니다. 이 일이 얼마나 필요하며 탁월한지, 또한 이 일이 얼마나 어려운지를 보여 주고자 한 것입니다. 사람이 보배로운 믿음을 가지고 있는지 아닌지, 자신이 그리스도의 신부인지 마귀의 창녀인지를 알기 위해서는 피상적으로가 아니라 철저하고도 진지하며 실질적으로 자신을 점검해야 함을 보여 주고자 한 것입니다.

반짝이는 것이 다 금은 아닙니다. 사람들이 믿음이라고 부르는 것이 다 믿음은 아닙니다. 그러므로 자기 영혼을 기만하지 않으려면 반드시 상당한 수고를 기울여 내면의 상태를 탐사하고 점검해야만 합니다.

클리마쿠스(Climacus)의 기록에 따르면, 고대 사람들에게는 밤에 하루를 반성하고서도 다음 날 그것을 지키지 못하면 그 내용을 작은 책에 기록하는 습관이 있었다고 합니다. 그러나 오늘날 하나님이 베풀어 주신 은혜와 자신들의 결점을 일기로 기록하고, 신령한 체험과 천상의 은혜의 내적 활동을 일기로 기록하는 사람들은 얼마나 극소수인지요!

세네카(Seneca)의 기록에 보면, 밤마다 자신에게 세 가지 질문을 던진 한 이교도가 나옵니다. 그는 자신에게 이런 질문들을 던졌습니다. "오늘 어떤 악함을 고쳤는가? 오늘 어떤 악에 저항했는가? 오늘 어떤 면에서 진보를 이루었는가?" 이교도도 이렇게 하는데 하물며 그리스도인이라는 사람들이 자신의 마음을 살피는 데 수고를 기울이지 않아서야 되겠습니까? 하나님께서 자기의 마음에 이미 어떤 역사를 이루셨고, 또 지금도 어떤 역사를 이루고 계신지를 알기 위해서 밤낮으로 자신의 마음을 탐사하는 일을 하지 않아도 되겠습니까?

하나님은 모든 사람들의 마음에서 바쁘게 역사하고 계십니다. 은혜의 역사를 이루거나 진노의 역사를 이루거나, 바쁘게 역사하고 계십니다. 세우고 건축하는 역사를 이루거나 뿌리를 뽑아내는 역사를 이루거나, 바쁘게 역사하고 계십니다. 내면에 있는 모든 것을 영광스럽게 만들거나 모든 것을 지옥으로 바꾸거나, 바쁘게 역사하고 계십니다.

의심하고 있는 영혼들이여! 이것을 반드시 기억하십시오. 가장 확실한 기쁨과 가장 강력한 위로는 내면에 있는 것들을 철저하게 점검하는 데서 비롯됩니다. 이것이야말로 여러분이 현재 어떤 상태에 있는지, 그리고 장차 어떤 상태에 처하게 될는지를 알 수 있는 방법입니다. 이것이야말로 여러분의 마음을 괴롭히는 모든 논쟁을 그치게 하는 방법이며, 이 땅에서 천국을 소유하게 되는 방법입니다.

4. 하나님의 은혜의 역사에 대한 오해

수많은 보배로운 영혼으로 하여금 확신에 이르지 못하도록 하는 네 번째 장애물은 하나님의 은혜의 역사에 대한 오해입니다. 잘 보십시오. 많은 위선자들이 선한 본성을 은혜로 착각합니다. 사울, 예후, 가룟 유다와 같은 사람들에게서도 발견할 수 있는 일반적인 은혜와 은사들을 특별하고 특색 있는 은혜로 착각합니다.

마찬가지로 하나님이 소중하게 여기시는 성도들은 흔히 은혜를 선한 본성으로 착각하곤 합니다. 값비싼 진주를 아무런 가치도 없는 돌덩어리로 착각하곤 합니다. 특별한 은혜를 일반 은혜로 착각하곤 합니다. 두려워하고 있는 많은 영혼들은 복음서에 나오는 남자처럼 자신의 믿음을 불신앙이라고 단정하기 쉽습니다(막 9:24 참고). 자신의 확신을 억측이라고, 자신의 열정을 단순한 감정이라고 단정하기 쉽습니다. 그리고 이런 경향 때문에 많은 사람들이 확신에 이르지 못합니다.

이런 장애물을 제거하기 위해서는 새롭게 하는 은혜와 죄를 범하지 못하도록 억제하는 은혜, 일반 은혜와 특별 은혜, 현세적인 은혜와 거룩하게 하는 은혜를 지혜롭고도 진지하게 분별해야 합니다. 전자와 후자의 차이점에 대해서는 『사탄의 책략 물리치기』(Precious Remedies against Satan's Devices)라는 책에서 열 가지 구체적인 차이점을 이미 말했습니다. 그러므로 이런 차이점에 대해서 만족스럽게 완전히 알고 싶은 사람들은 그 책을 읽어 보기 바랍니다. 만일 당신이 그 구체적인 내용들을 찬찬히 살펴본다면, 틀림없이 그 수고를 보상하고도 남는 유익과 만족을 얻을 수 있을 것입니다. 여기서는 당신을 기쁘고 만족스럽게 하기에 충분한 그 책의 기록을 다시 반복하는 것보다 이렇게 그 책을 소개하는 편이 더 알맞을 듯합니다.

5. 성령을 근심하게 만드는 것

확신에 이르지 못하도록 방해하는 다섯 번째 장애물은, 은혜의 성령께서 하시는 말씀에 귀를 기울이지 않고 그분의 지혜를 따르지 않으며, 귀를 틀어 막고 성령의 음성을 듣지 않고 성령께서 영혼 안에 지펴 주신 불에 찬물을 끼얹으며, 사람의 격정과 병적인 기질과 흑암의 권세와 그 패거리들의 탓으로 돌려야 할 것을 성령의 탓으로 돌림으로써 성령을 근심시키고 노엽게 만드는 것입니다. 사람들은 이런 방식이나 이와 유사한 방식으로 자신에게 기쁨을 주실 수 있는 오직 한 분, 성령을 슬프게 합니다. 자신을 즐거워하게 하실 수 있는 오직 한 분 성령을 탄식하게 만듭니다. 자신을 노래하게 하실 수 있는 오직 한 분 성령을 슬퍼하게 만듭니다. 바로 이것 때문에 예레미야 선지자는 한숨을 쉬며 탄식했습니다.

"이로 말미암아 내가 우니 내 눈에 눈물이 물같이 흘러내림이여, 나를 위로하여 내 생명을 회복시켜 줄 자가 멀리 떠났음이로다"(애 1:16).

의심하고 있는 영혼들이여! 만일 여러분이 확신을 얻고 싶다면, 성령의 움직임을 주의 깊게 살피고, 그분의 인도하심에 자신을 철저히 굴복시키십시오. 그분의 명령을 준행하고, 그분의 발자취를 따라 걸으십시오. 성령 안에서 살아가고, 성령 안에서 행하십시오. 그분을 여러분의 영혼에서 가장 중요한 분으로 모시십시오. 그렇게 할 때 그분을 인 치시는 분이요 여러분의 영혼으로 더불어 증언하시는 성령으로 모실 수 있습니다. 제 말을 믿으십시오. 만일 여러분이 그렇게 하지 않는다면, 여러분은 결코 평온과 안정을 누릴 수 없을 것입니다.

요한일서 3장 19절에서 "굳세게 하리니"라고 번역된 단어의 의미는 '확인시키다'입니다. 이것은 우리의 마음이 얼마나 고집 세고 까다로운지를 시사합니다. 또 하나님과 그리스도, 성경과 우리 자신과 다른 사람들의 체험, 그리고 성령의 감미로운 암시와 기쁨을 얼마나 믿지 못하고 그것에 대해 이의를 제기하고 논쟁하는지를 시사합니다. 특히 우리가 성령께서 우리에게 확인시켜 주시는 것을 등한히 할 때, 우리 마음은 실제로 그렇게 작용합니다. 태만은 두려움과 의심을 낳습니다. 또 태만은 지옥에게 일거리를 주며, 성령과 영혼의 의사에게 폐를 끼칩니다. 우리가 성령께서 하지 말라고 금하시는 것을 행할 때, 우리의 마음은 실제로 그렇게 작용합니다.

만일 여러분이 성령과 친밀히 교제하고 순종한다면, 여러분의 영혼은 머지않아 어둠을 벗을 것입니다. 반대로 만일 여러분이 성령을 거슬러 반역한다면, 그분은 여러분의 인생을 지옥으로 만드실 것입니다. 성령께서는 자신의 평범한 감화력을 여러분에게 주지 않고 구속의 날까지 여러분을 인 치지도 않으며, 여러분이 두려움이나 공포와 더불어 힘겹게 싸우도록 방치하심으로써 여러분의 인생을 지옥으로 만드실 것입니다(사 63:10 참고). 그러므로 성령께서 시키시는 대로 행하고, 금하시는 것을 절대 하지 마십시오. 그렇게 하면 머지않아 확신과 기쁨이 여러분과 함께 있을 것입니다.

6. 감정을 의지하여 신령한 일들을 판단하는 것

확신에 도달하지 못하도록 가로막는 여섯 번째 장애물은, 의심하는 영혼들이 자신의 감각과 이성과 느낌으로 자신의 영적인 상태를 판단하는 것입니다. 그렇게 하는 한 절대 확신에 이를 수 없습니다. 확신이라는 귀한 보석을 잡기에는 사람의 이성의 팔이 너무나 짧습니다. 확신이라는 값비싼 진주는 땅에서 하늘로 뻗은 믿음의 손이 아니면 그 어떤 손에도 주어지지 않습니다.

영혼은 다음과 같이 추론할 수 있습니다.

"하나님의 얼굴이 이전과 같이 나를 향하고 있는지 모르겠다(창 31:5 참고). 그러므로 내 상태가 나쁜 것이 매우 분명하다. 나는 이전에 경험했던 생기나 기쁨이나 감동을 느끼지 못한다. 나는 이전처럼 성령의 은밀한 감동이나 역사나 은혜를 내 영혼 안에서 지각할 수 없다. 나는 이전처럼 하늘로부터 매우 좋은 소식을 듣고 있지 못하다. 따라서 틀림없이 하나님은 나의 하나님이 아니다. 나는 하나님의 사랑을 받는 사람이 아니다. 나는 은혜의 상태 앞에 있지 않다. 나는 내 자신을 기만하고, 다른 사람들을 기만했을 뿐이다. 그러므로 결국 나는 내 죄악 속에서 멸망하고 말 것이다."

이때 일어나는 두려움과 의심, 구름과 흑암, 당황스러움을 그 어떤 혀가 형용할 수 있으며, 그 어떤 마음이 상상할 수 있겠습니까? 감각과 느낌을 잣대로 삼아 우리의 영적 상태를 판단하는 것은 무엇입니까? 그것은 감각과 이성이 재판석에 앉아 있는 하루 동안, 아니 한 시간 동안 우리 자신을 행복하게 만들었다가도 불행하게 만들고, 의롭다고 했다가도 불의하다고 선언하며, 구원에 이르렀다가도 멸망에 이르게 하는 것이 아니고 무엇입니까? 하나님께서 감각과 느낌을 여러분의 영적 상태를 가늠하는 심판관으로 세우셨습니까? 그렇지 않습니다. 그런데 어찌하여 당신은 그렇게 하려고 합니까?

여러분의 이성이 성경입니까? 여러분의 감각이 성경입니까? 여러분의 느낌이 성경입니까? 아닙니다. 그런데 어찌하여 당신은 감각과 이성을 여러분의 영적 상태를 판단하는 재판관으로 만들려고 합니까? 하나님의 말씀이 재판관이 아닙니까? 마지막 날에 모든 사람들과 그들의 행위를 판단하는 것은 하나님의 말씀이 아닙니까? 주님께서 그렇게 말씀하셨습니다.

"내가 한 그 말이 마지막 날에 그를 심판하리라"(요 12:48).

이사야 선지자도 그렇게 말했습니다.

"마땅히 율법과 증거의 말씀을 따를지니, 그들이 말하는 바가 이 말씀에 맞지 아니하면 그들이 정녕 아침 빛을 보지 못하고"(사 8:20).

의심하고 있는 영혼들이여! 그런데 왜 여러분은 감각과 느낌을 재판관으로 삼아 여러분의 상태를 판단할 뿐만 아니라 진리 자체를 판단하려고 합니까? 이것은 하나님을 왕좌에서 끌어내리고 여러분의 감각과 느낌을 신으로 세우는 것이 아니고 무엇입니까? 이것은 이스라엘의 거룩한 자를 제한하고 속박하는 것이 아니고 무엇입니까? 이것은 영혼을 아무렇게나 흔들어 대고 영혼을 두려움과 양심의 가책이라는 미궁에 빠뜨리는 것이 아니고 무엇입니까? 이것은 그리스도를 모욕하고 사탄을 만족시키며 여러분 자신을 고문하는 것이 아니고 무엇입니까?

잘 들어 보십시오. 의심하고 있는 영혼들이여! 여러분에게 충고합니다. 믿는 일에 전념하십시오. 오직 성경만을 여러분의 상태를 판단하는 재판관으로 삼으십시오. 감각과 느낌의 판단이 어떠하든지 간에 하나님의 말씀의 판단을 고수하십시오. 진지하게, 성실하게, 그리고 공평하게 당신의 마음과 성경을 비교하고, 당신의 길과 하나님의 말씀을 비교하십시오. 그리고 만일 하나님의 말씀이 당신에게 성실하라고, 나다나엘과 같은 사람이 되라고, 새로운 피조물이 되라고, 거듭나라고, 당신 안에 썩어 없어지지 않을 씨앗을 소유하라고 말씀한다면, 말씀에 충실하게 반응하십시오. 그 말씀을 즐거워하십시오. 그 말씀을 의지하십시오. 그리고 더 이상 두려움이나 의심에 굴복하지 마십시오. 당신의 얼굴에 더 이상 근심 빛이 없도록 하십시오. 왜냐하면 하나님께서 우리의 행복을 위해서 말씀하시는 한 그 어떤 것도 그 영혼을 불행하게 만들거나 그렇게 되도록 말 수 없기 때문입니다(시 119:24 참고).

콘스탄틴(Constantine) 대제는 니케아 공의회에서의 모든 이견과 논쟁이 성경으로 말미암아 종식되고 해결되기를 원했습니다. 의심하고 있는 영혼들이여! 이 사실을 기쁜 마음으로 바라보십시오. 여러분의 마음에 일어나는 모든 이견과 논쟁은 하나님의 말씀으로 말미암아 종식될 수 있습니다. 성경에서 고개를 돌리는 것, 성경이 제한하고 있는 선을 넘어가는 것, 성경이 요구하는 선에 미치지 못하는 것, 성경에 의존하는 것만큼 감각과 느낌에 의존하는 것은 모두 위험합니다.

그러므로 언제나 하나님의 말씀을 여러분의 상담자로 삼으십시오. 이것 외에는 확신과 기쁨을 얻을 방법이 없습니다. 이것 외에는 만족과 견고함을 얻을 방법이 없습니다. 만일 여러분이 감각과 느낌을 재판관으로 삼아 여러분의 상태를 판단하기로 마음을 먹는다면, 평생 두려워하면서 살고 눈물을 흘리며 죽을 것을 각오해야 합니다.

7. 나태함과 부주의함에 빠져 있는 것

확신에 이르지 못하도록 방해하는 일곱 번째 장애물은 종교적인 의무를 이행하는 데나 자신이 받은 은혜를 활용하는 데서 사람들이 보여 주는 태만함과 부주의함, 게으름, 그리고 천박함입니다. 사람들은 이 세상을 추구할 때 얼마나 적극적이며 생기 왕성한지 모릅니다! 반면 은혜와 거룩의 길에서는 얼마나 활기 없고 소극적인지요! 의심하고 있는 그리스도인들이여! 이것을 꼭 기억하십시오. 확신과 위로에 대한 하나님의 약속은 게으른 그리스도인이 아니라 근면한 그리스도인에게 주어졌습니다. 그것은 나태한 그리스도인이 아니라 적극적인 그리스도인에게 주어졌습니다. 그것은 태만한 그리스도인이 아니라 부지런한 그리스도인에게 주어졌습니다.

예수님께서는 다음과 같이 말씀하셨습니다.

"나의 계명을 지키는 자라야 나를 사랑하는 자니, 나를 사랑하는 자는 내 아버지께 사랑을 받을 것이요 나도 그를 사랑하여 그에게 나를 나타내리라"(요 14:21).

그러자 가룟인 아닌 유다가 예수님께 물었습니다.

"주여, 어찌하여 자기를 우리에게는 나타내시고 세상에는 아니하려 하시나이까?"(요 14:22)

예수님은 다음과 같이 대답하셨습니다.

"사람이 나를 사랑하면 내 말을 지키리니, 내 아버지께서 그를 사랑하실 것이요, 우리가 그에게 가서 거처를 그와 함께하리라"(요 14:23).

사도 베드로도 베드로후서에서 이렇게 말합니다.

"그러므로 형제들아, 더욱 힘써 너희 부르심과 택하심을 굳게 하라. 너희가 이것을 행한즉 언제든지 실족하지 아니하리라. 이같이 하면 우리 주, 곧 구주 예수 그리스도의 영원한 나라에 들어감을 넉넉히 너희에게 주시리라"(벧후 1:10,11).

나태한 그리스도인은 언제나 네 가지를 결핍하게 되어 있습니다. 그 네 가지란 위로, 만족, 담대함, 확신입니다. 하나님께서는 기쁨과 게으름, 확신과 나태함이 함께 있지 못하도록 완전히 갈라놓으셨습니다. 그러므로 하나님께서 매우 분명하게 나누신 것들을 사람이 묶을 수는 없습니다.

확신과 기쁨은 힘쓰고 애쓰는 그리스도인들에게만 주시는 그리스도의 가장 탁월한 선물입니다. 나태한 그리스도인은 입에 불평이 가득하지만, 활기 있는 그리스도인은 그 마음에 위로가 충만합니다. 하나님은 종교적인 의무를 이행하는 가운데 자녀들의 마음이 뜨거워지기를 원하십니다. 사도 바울은 이렇게 말합니다.

"부지런하여 게으르지 말고, 열심을 품고 주를 섬기라"(롬 12:11).

여기서 '열심을 품고'라는 대목을 원문 그대로 읽으면, '펄펄 끓는 뜨거움을 가지라'라는 뜻입니다.

천상적인 열기가 없는 예배, 하나님의 불이 없는 예배는 결코 예배가 아닙니다. 그것은 헛된 예배입니다. 나태한 심령은 언제나 패배하는 심령입니다. 나태한 그리스도인들이여! 기억하십시오. 하나님은 적극적으로 행동하는 하나님이십니다. 그러므로 하나님은 종교적인 의무 가운데 활기가 있는 것을 좋아하십니다. 기억하십시오. 영광의 공작(公爵)인 천사들은 생기와 활기로 충만해서 언제나 영광 중에 하나님의 얼굴을 뵙습니다(마 18:10 참고).

기억하십시오. 귀한 광석을 얻고자 하는 사람은 반드시 땅을 깊이 파야 합니다. 부자가 되고자 하는 사람은 반드시 땀을 흘려 수고해야 합니다. 호두의 속을 먹고자 하는 사람은 반드시 호두의 두꺼운 껍질을 깨야 합니다. 골수를 얻고자 하는 사람은 반드시 뼈를 꺾어야 합니다. 승리의 화환을 머리에 쓰고자 하는 사람은 반드시 경주해야 합니다. 개선 마차를 타고 당당하게 행진하고자 하는 사람은 반드시 전쟁에서 승리를 거두어야 합니다. 이와 마찬가지로 확신을 얻고자 하는 사람은 반드시 적극적으로, 그리고 생기 있게 의무를 이행해야 합니다.

하나님 앞에서 효과적인 기도는 오직 열렬한 기도뿐입니다. 오직 일하는 기도만이 하늘에서 놀라운 역사를 이루고, 기도하는 사람의 마음에 놀라운 확신을 가져옵니다. 냉랭한 기도는 절대 따뜻한 응답을 받을 수 없습니다. 왜냐하면 하나님께서 우리의 간청에 적합하게 응답하시기 때문입니다. 즉, 하나님은 생기 없는 예배에는 생기 없는 응답을 주십니다. 사람들의 마음이 둔하면 하나님도 침묵으로 응답하십니다.

엘리야는 진지하게 기도했습니다. 헬라어 표현대로 하자면, 그는 기도 안에서 기도했습니다. 그리고 하나님은 그에게 응답하셨습니다. 기도하는 사람들은 많지만, 기도 안에서 기도하는 사람들은 많지 않습니다. 기도 가운데 하나님과 더불어 생생하고도 진지한 관계를 맺는 사람들은 많지 않습니다. 그러므로 하나님의 공의는 그들의 기도를 받아 주지 않습니다.

역사의 기록에 따르면, 어떤 사람이 바질이 어떤 사람인지를 알려 달라고 하나님께 구했을 때 그 사람의 꿈에 불기둥이 하나 나타났는데, 거기에는 다음과 같은 글씨가 새겨져 있었다고 합니다. "바질은 이와 같은 사람이니 하나님을 향하여 불타오르는 마음을 가지고 있는 사람이다."

게으름과 의심에 빠져 있는 그리스도인들이여! 만일 지금 여러분이 말씀을 듣는 일에나 기도하는 일에 뜨거운 열심을 발휘하고 있다면, 머지않아 하늘의 문이 열리고 하나님께서 만나를 눈처럼 내려 주고 여러분의 가슴에 확신을 내려 주실 것입니다.

나태한 그리스도인들에게 충고합니다. 확신이 없다고 불평하지 말고 종교적인 의무를 이행하는 데 더 이상 형식적이거나 경박한 태도를 취하거나 피상적인 입장을 취하지 마십시오. 오히려 크게 분발하여 여러분의 모든 힘과 능력을 거룩한 일에 쏟아 부으십시오. 그리하면 머지않아 여러분은 말할 수 없는 즐거움과 충만한 영광으로 여러분을 가득 채워 줄 복된 소식을 하늘로부터 듣게 될 것입니다. 여러분은 이런 일을 체험적으로 알게 될 것입니다.

8. 의무에 태만한 것

확신에 이르지 못하도록 가로막는 여덟 번째 장애물은 어떤 규례들을 게을리 하거나 경건한 의무들을 태만히 하는 것입니다. 그런 사람들은 그리스도의 길 중에서 몇몇 길로 행하면서 그리스도를 추구할 뿐, 그리스도의 모든 길로 행하지는 않습니다. 그들은 이런저런 규례에 참여하여 그리스도를 섬기지만, 모든 규례에 다 참여하지는 않습니다.

의심하고 있는 영혼들 중에는, 생명의 말씀을 듣는 일에는 하나님을 섬기지만 생명의 떡을 떼는 일에서 하나님을 섬기는 일은 등한히 하고 소홀히 하는 사람들이 많지 않습니까? 가정에서의 경건은 날마다 성실하게 이행하지만 개인적으로 은밀하게 하나님을 구하는 일은 좀처럼 하지 않는 사람들이 많지 않습니까? 귀를 활짝 열어 놓고 열심히 듣기만 하는 사람들이 있습니다. 또 혀만 사용해서 말하고 기도만 하는 사람들도 있습니다. 눈만 사용해서 믿고 찾아보고 이것저것 조사만 하는 사람들도 있습니다. 또 손만 사용해서 주의 만찬을 받기만 하는 사람들도 있습니다. 참으로 심각한 일입니다.

이런 사실을 깊이 생각할 때 그렇게 많은 사람들에게 확신이 없는 것은 전혀 이상한 일이 아니라는 생각이 듭니다. 오히려 어떤 사람이 확신을 가지고 있다는 것이 더욱더 이상하다는 생각이 듭니다. 하나님께서 자신의 은혜와 은총을 가난한 영혼들에게 나타내는 데 기쁘게 사용하시는 모든 방편과 예배 안에서 성실하고 순진하게 하나님을 기다리며 섬기는 사람들이 극히 적다는 사실을 숙고할 때 그런 생각이 저절로 듭니다.

의심하고 있는 영혼들이여! 이것을 꼭 기억하십시오. 하나님은 여러분이 모든 규례 가운데서 하나님의 얼굴을 구하기를 원하시기 때문에, 여러분이 소홀히 여기고 참여하지 않는 규례 안에서 확신을 베푸실 수도 있습니다. 하나님은 여러분이 하나님 자신과 더불어 씨름하는 것뿐만 아니라 자신을 섬기는 것도 좋아하십니다.

모든 의무를 이행하고 모든 규례에 참여함으로써 하나님을 영화롭게 하지 않는 사람은, '받는 사람만이 알 수 있는 흰 돌과 새 이름'(계 2:17 참고)을 주시기 전까지 아주 오랫동안 확신을 갖지 못해 탄식할 수도 있습니다.

시온의 보배로운 자녀들 가운데 많은 사람들은 하나님이 어떤 규례 가운데서 확신을 주시는 것을 경험했습니다. 또 다른 사람들은 하나님이 그것과는 다른 규례 가운데서 확신을 주시는 것을 체험했습니다. 어떤 사람들에게 하나님은 이러이러한 예배 가운데서 평안을 말씀하십니다. 한편 또 다른 사람들에게는 이러이러한 의무 가운데서 위로를 베풀어 주십니다. 그러므로 의심하고 있는 영혼들이여! 만일 여러분이 확신을 얻고 싶다면 주님께서 자신의 영광과 선하심을 나타내기를 기뻐하시는 모든 길과 예배 가운데서 주님을 구하십시오.

그리스도께서 어떤 사람들에게는 말씀을 듣는 시간에 향유 옥합을 깨뜨려 주십니다. 또 어떤 사람들에게는 기도하고 성찬에 참여하는 시간에 감미로운 몰약을 떨어뜨려 주십니다. 개인적인 경건의 시간에는 주의 영광을 보지 못했던 어떤 사람들은 성소에서 주의 영광을 봅니다. 또 성소에서는 오랫동안 두려움에 떨면서 앉아 있던 어떤 사람들은 개인적인 경건의 시간에 감미롭고도 잔잔한 주님의 음성을 듣습니다.

의심하고 있는 영혼들이여, 이것을 꼭 기억하십시오. 모압과 암몬 자손은 한 가지 일을 하지 않았기 때문에 성소에 영원히 들어오지 못하는 저주를 받았습니다. 그들이 하지 않은 한 가지 일은 무엇이었습니까? 그것은 하나님의 백성 이스라엘이 광야를 여행할 때 떡과 물로 그들을 영접하지 않은 것입니다(신 23:3,4 참고).

저는 사람들이 하나님의 규례나 경건한 의무들을 태만히 하는 죄악을 범하기 때문에, 또 그들이 하나님의 모든 길로 행하지 않고 하나님을 섬기지 않기 때문에, 오늘날 하나님께서 많은 사람들이 그 은혜로운 임재 앞에 나아오는 것을 허락하시지 않는다고 진실로 믿습니다. 마치 다윗이 압살롬이 자기 앞에 나아오는 것을 허락하지 않은 것처럼 말입니다(삼하 14:24 참고).

그러므로 만일 여러분이 확신을 얻고 싶다면, 주님을 찾으십시오. 주님을 찾되, 그분을 찾을 만한 때뿐만 아니라 그분을 찾을 수 있는 모든 은혜로운 제도 안에서 주님을 찾으십시오. 그렇게 하면 주님을 기뻐하는 것이 여러분의 힘이 될 것입니다. 그리고 주님의 영광이 여러분 위에 머물 것입니다. 슬픔의 날이 끝날 것입니다. 여러분은 평안히 누울 것이요 아무도 여러분을 놀라게 하지 못할 것입니다.

의심하고 있는 영혼들이여! 여러분에게 간절한 마음으로 권면합니다. 솔로몬이 말한 것처럼, 그리스도의 모든 길이 '즐거운 길'이라는 사실을 진지하게 숙고하십시오(잠 3:17 참고). 어떤 한 길만 즐거운 길이 아니라 그리스도의 모든 길이 즐거운 길입니다. 그리스도의 모든 길에는 장미가 뿌려져 있고, 그리스도의 모든 길이 황금으로 포장되어 있으며, 그리스도의 모든 길이 위로와 상쾌함으로 가득 차 있습니다. 시편 기자도 같은 말을 합니다.

"주의 길에는 기름 방울이 떨어지며"(시 65:11).

어떤 한 길에만 기름 방울이 떨어지는 것이 아니라 하나님의 모든 길에 기름 방울이 떨어집니다. 그러므로 하나님의 모든 길로 행하십시오. 하나님의 모든 길을 따라 걸어가십시오. 그리하면 여러분의 영혼은 골수와 기름진 것으로 배부를 것입니다(시 63:5 참고). 선지자 이사야의 탁월한 말을 절대 잊지 마십시오.

"주께서 기쁘게 공의를 행하는 자와 주의 길에서 주를 기억하는 자를 선대하시거늘"(사 64:5).

하나님이 평강과 화해라는 방식으로, 은혜와 은총이라는 방식으로 자신과 만나 주시기를 원하는 사람은 하나님의 모든 길에서 하나님을 기억해야 합니다. 이런저런 특별한 길에서뿐만 아니라 하나님께서 자신의 영광을 환히 비춰 주기를 기뻐하시는 그 모든 길에서 하나님을 기억해야만 합니다.

그러므로 의심하고 있는 영혼들이여! 확신이 없다고 불평하지 마십시오. 하나님이 정하신 모든 것 안에서 좀 더 성실하고 순전하게 하나님을 섬기십시오. 그리하면 머지않아 여러분 영혼의 어두운 밤은 끝날 것입니다.

9. 세상을 사랑하는 마음

그리스도인이 확신에 이르지 못하도록 가로막는 아홉 번째 장애물은, 무절제하게 세상을 사랑하는 마음입니다. 이런 사람들의 마음과 생각은 이 세상을 얻고 이 세상의 것을 지키는 데 너무나 분주합니다. 그래서 그들은 마땅히 해야 할 대로 확신을 구하지도 않고, 마땅히 해야 할 대로 확신을 소중히 여기지도 않으며, 마땅히 해야 할 대로 확신이 없는 것 때문에 애통해하지도 않으며, 마땅히 해야 할 대로 확신의 가치와 탁월함을 연구하지도 않습니다. 그러므로 그들에게는 확신이 없을 수밖에 없습니다.

부자가 천국에 들어가는 것이 참으로 어려운 일인 것처럼(마 19:23,24 참고), 세속적인 그리스도인이 천국에 대한 확신을 갖는 것도 매우 어려운 일입니다. 세속적인 그리스도인은 이 세상으로부터 '볼모 잡은 것'(합 2:6)에 매우 흡족해하고 마음을 빼앗기고 깊이 만족하고 푹 빠져 있습니다. 그 결과 세속적인 그리스도인은 확신을 얻고자 하는 사람이 반드시 갖추고 있어야 하는 활기와 애정, 열정과 빈번함으로 확신을 추구할 수 없습니다.

창세기 13장 2절은 아브라함에 대해 "아브람에게 가축과 은과 금이 풍부하였더라"라고 기록합니다. 그런데 히브리 원문을 그대로 직역하면 "아브람은 가축과 은과 금으로 무거웠더라"가 됩니다. 어떤 사람의 해석에 따르면, 이것은 많은 재산이 무거운 짐이 된다는 사실, 많은 경우 그것이 그리스도의 위로와 담대함과 행복과 확신을 가로막는 장애물이 된다는 사실을 보여 준다고 합니다. 솔로몬은 많은 재산 때문에 자신의 지혜로 얻은 유익보다 더 큰 해를 당했습니다. 세속적인 향락에서 그의 가장 탁월한 심령과 가장 고상한 미덕을 소멸시키고 다 태워 버릴 정도로 대단한 화염이 솟아 나온 것입니다. 겉으로는 화려한 의복을 입고 있었지만, 그의 영혼은 너덜너덜하게 되어 버렸습니다.

어떤 사람의 말에 따르면, 이탈리아 남쪽에 있는 섬 시칠리아(Sicily)에는 향기로운 꽃들이 얼마나 만발한지 사냥개들도 그곳에서는 사냥을 하지 못할 정도라고 합니다. 향기로운 꽃들의 향내 때문에 사냥개들의 코가 제 기능을 발휘하지 못하는 것입니다. 이 세상의 감미로운 온갖 기쁨과 만족들이 주는 것이 무엇입니까? 그것들은 사람들로 하여금 천국의 향기를 잃어버리게 할 뿐입니다. 그것들은 사람들로 하여금 마음을 쏟아 확신을 추구하지 못하게 할 뿐입니다. 그것들은 사람들로 하여금 그리스도의 향기를 맡지 못하게 하고 그리스도를 추구하지 못하게 할 뿐입니다.

모든 피조물은 그림자에 불과하며 헛되고 헛됩니다. 헛되다는 것은 피조물의 진수 그 자체입니다. 피조물에서 추출해 낼 수 있는 모든 것이 헛됩니다. 피조물은 요나의 박넝쿨처럼 하룻밤 사이에 얼마든지 없어질 수 있습니다. 피조물의 그늘 아래서 얼마 동안은 쉴 수 있겠지만, 그것은 이내 쇠퇴하여 없어집니다. 지혜자의 말을 명심하십시오.

"네가 어찌 허무한 것에 주목하겠느냐? 정녕히 재물은 스스로 날개를 내어 하늘을 나는 독수리처럼 날아가리라"(잠 23:5).

많은 재물을 신뢰하던 사람들이 그 재물로 말미암아 끝까지 평안한 적이 지금까지 한 번이라도 있습니까? 새가 이 나뭇가지에서 저 나뭇가지로 금방 옮겨 다니는 것처럼, 재물도 이 사람에게서 저 사람에게로 금방 옮겨 다닙니다.

세속적인 그리스도인들이여! 확신이 없다고 불평하지 마십시오. 주님 앞에서 진실로 겸비하고 여러분을 낮추십시오. 지금까지 속이는 헛된 것을 그토록 열심히 구한 것에 대해 겸비해지십시오. 지금까지 생명수의 근원을 너무나 심하게 등지고 살았던 것에 대해 겸비해지십시오. 복음서에 등장하는 마르다처럼, 꼭 필요한 두 가지 일, 곧 그리스도와 확신은 철저히 무시하고 소홀히 한 채로 다른 많은 일들을 하느라 분주하게 보냈던 것에 대해 겸비해지십시오. 이 세상을 여러분의 발로 짓밟으십시오. 이 세상의 비단 그물을 뚫고 나갈 때까지, 이 세상의 황금 사슬을 벗을 때까지 결코 쉬지 마십시오. 이 세상으로 가득 차 있는 마음에는 결핍이 가득할 뿐입니다. 이런 마음에는 기쁨도 없고 평안도 없으며, 위로도 없고 담대함도 없으며, 확신도 없습니다.

공전(公轉)하는 궤도가 가장 짧은 별들은 북극성에 가장 가까이 있는 별입니다. 사람의 경우, 이 세상과 가장 적은 관계를 맺고 있는 사람의 마음이 언제나 하나님과 가장 가까우며, 하나님의 은총에 대한 확신과 가장 가깝습니다. 세속적인 그리스도인들이여! 이것을 반드시 기억하십시오. 여러분은 이 세상과 반드시 결별해야 합니다. 그렇지 않고서는 여러분의 영혼과 확신이 절대 서로 만날 수 없습니다. 세속적인 그리스도인이 구원을 받는다면, 그 사람은 불 가운데서 구원을 받은 것과 같습니다(고전 3:15 참고). 세속적인 그리스도인이 자신의 구원을 확신하기 위해서는 "인간의 모든 위로는 슬픔에 불과하다"라고 절규하는 일이 반드시 필요합니다.

하나님은 이 땅의 맛있는 음식을 많이 먹어 배가 너무 불러서 어쩔 줄 몰라

하는 사람들에게는 절대 천국의 감미로움을 허락하시지 않습니다. 거름 더미에 올라앉아 있는 수탉의 눈에는 세상에서 가장 값비싼 진주보다도 보리알 하나가 더 좋아 보이기 마련입니다. 확신이라는 값진 진주보다 작은 보리알 하나를 더 좋아하고, 에서처럼 복 중에서 가장 좋은 복인 하나님의 복보다 한 끼 음식을 더 좋아하고, 천국보다 파리(Paris)[1]를 더 좋아하고, 하나님의 얼굴보다 하나님의 얼굴이 새겨진 주화를 더 좋아하는 사람들도 거름 더미 위에 앉아 있는 것과 같습니다. 그들은 마지막 날에 에서와 같이 눈물을 흘리며 확신이라는 천상의 보석을 구하겠지만, 눈물을 흘리며 복을 구한 에서가 거절을 당한 것처럼, 그들도 거절당하고 쫓겨날 것입니다(히 12:16,17 참고).

10. 마음에 은밀히 죄를 품는 것

그리스도인이 확신에 이르지 못하도록 방해하는 열 번째 장애물은, 마음에 은밀히 죄를 품고 사랑하는 것이요, 그것에 관해서 진실하게 반응하지 못하는 것입니다. 이전에도 하나님과 양심이 그렇게 하지 못하도록 경계하고 또 그렇게 하는 것을 엄히 책망했는데도, 영혼이 마음에 품은 이런저런 은밀한 죄를 호의적으로 바라보면서 "이것은 작은 죄가 아닌가? 내 생명은 보존될 것이다"(창 19:20 참고)라고 비밀스럽게 말한다면, 그 영혼은 칠흑 같은 어둠에 빠질 것입니다.

죄와 장난치며 노는 사람들이 얼마나 많은지요! 죄를 이길 수 있도록 수없이 기도하고, 죄를 범하는 자신의 연약함에 대해서 수없이 탄식한 다음에도 그렇게 하는 사람들이 얼마나 많은지요! 자신의 죄에 대해 안타까워하고 깊

---

[1] 역자주 – 당시에 파리는 세상적인 문명의 도시로서 육신적인 사람들에게 동경의 대상이 되었습니다.

이 애통한 후에도 그렇게 하는 사람들이 얼마나 많은지요! 자신의 생기 없음과 메마름, 완고함과 교만함, 그리고 비판적인 성향과 그 밖의 다른 비천함에 대해서 탄식하면서도 기회만 주어지면 언제라도 자신이 탄식한 바로 그 죄를 만족시키는 사람들이 참으로 많습니다. 비록 그 일을 옳게 여기는 것은 아니지만, 기회만 주어지면 언제라도 그 죄에 쉽게 넘어가는 사람들이 많습니다. 그들에게는 확신이 없을 수밖에 없습니다.

이스라엘 백성들이 바로 그러했습니다. 이스라엘 백성들은 광야에서 만나를 먹고 반석에서 흘러나오는 물을 마셨습니다. 하나님은 그들에게 낮에는 구름 기둥, 밤에는 불 기둥이 되어 주셨습니다. 하나님은 그 팔로 그들을 안아 이끌고, 눈동자와 같이 그들을 지켜 주셨습니다. 하나님은 그들에게 자신의 놀라운 일들을 보여 주셨습니다. 그런데도 그들은 애굽에서 먹던 맛있는 음식을 그리워했습니다.

오늘날도 마찬가지입니다. 하나님께서 새로운 이름과 흰 돌을 주신 후에도, 하나님이 그 영혼에게 자신의 사랑을 보여 주신 후에도, 하나님이 어떤 사람을 천국으로 끌어 올리신 후에도, 하나님이 어떤 사람을 자신의 무릎 위에 앉히신 후에도, 그 사람을 품에 품으신 후에도, 그 영혼에게 하나님이 화평과 용서를 말씀하신 후에도(시 85:8 참고), 영혼은 다시 망령된 데로 돌아가 버립니다. 이것은 결국 확신을 가로막는 장애물임이 입증될 것입니다. 이것은 하나님을 자극하여 그 얼굴빛을 변하게 만들고, 그분이 여러분의 친구로서가 아니라 여러분의 원수로서 행하시게 만들 것입니다.

우리가 하나님의 사랑을 남용하면 하나님의 공의는 쇠로 만든 회초리를 집어 듭니다. 사람들이 하나님의 긍휼에 뒷발질을 하면 하나님은 매몰차게, 그리고 사무치게 매질하십니다. 하나님은 죄와 평안, 죄와 기쁨, 그리고 죄와 확신을 영원토록 갈라놓으셨습니다. 자기 죄와 우호적인 관계를 유지하는 사람을 하나님은 깨끗하게 내쫓으실 것입니다. 만일 죄와 그 영혼이 하나라면, 하나님과 그 영혼은 둘일 수밖에 없습니다. 그 어떤 죄든지 죄를 가지고 장난치려고 결심한 사람은 많은 두려움 속에서 살 것을 반드시 각오해야 합니다.

지금 말하는 것을 결코 잊지 마십시오. 많은 죄를 피하고 있지만 어느 한 가지 죄를 맛보는 사람은, 아람 왕 벤하닷처럼 한 가지 질병에서 회복되겠지만 결국 다른 질병으로 죽게 될 것입니다(왕하 8:7,10,15 참고). 뿐만 아니라 그런 사람은 두 가지 지옥에 자신을 몰아넣기 위해서, 다시 말해서 이 세상에서의 지옥과 저 세상에서의 지옥에 자신을 몰아넣기 위해서 애씁니다. 그러므로 만일 여러분이 확신을 얻고자 한다면, 아브라함처럼 여러분의 이삭을 제물로 바치십시오. 여러분의 베냐민을 떠나보내십시오. 여러분의 오른쪽 눈을 뽑아 버리십시오. 여러분의 오른손을 잘라 내십시오. 그렇게 하지 않으면 확신과 기쁨은 절대 여러분의 몫으로 돌아오지 않을 것입니다.

이 장애물은 그리스도인의 영혼에 굉장히 위험한 결과를 초래합니다. 그러므로 저는 이 장애물을 제거하기 위해서, 또 그리스도인들이 자신의 마음에 은밀히 사랑하는 죄를 향해 미소 짓지 않도록, 몇 가지 숙고할 내용을 덧붙이고자 합니다. 그리하여 그리스도인이 더 이상 죄를 가지고 장난하지 않고, 너무나 쉽게 엄습하고 찰거머리같이 달라붙는 죄를 벗어던지기를 바랍니다(히 12:1 참고). 그리고 나서 마음에 은밀히 사랑하는 죄를 진압하도록 도와주는 방법을 몇 가지 제시하려고 합니다. 그리하여 영혼이 어둠에서 벗어나게 되기를 바랍니다.

1) 마음에 은밀히 사랑하는 죄를 제거하기 위한 동기부여

(1) 마음에 은밀히 품고 있는 죄, 곧 여러분이 너무나 쉽게 가지고 장난치곤

하는 죄에 대하여 모든 힘과 능력을 다하여 대항하게 만드는 첫 번째 동기는, 그렇게 하는 것이야말로 여러분의 마음이 진실하고 정직하다는 것을 잘 보여 주는 강력하고도 분명한 증거가 된다는 사실을 진지하게 숙고하는 것입니다.

"또한 나는 그의 앞에 완전하여 나의 죄악에서 스스로 자신을 지켰나니"(시 18:23).

다윗의 말은 이런 뜻입니다. "나는 가장 쉽게 넘어지는 경향이 있다고 판단되는 그 특별한 죄를 엄격하고 부지런히 감시하였습니다. 그리고 이것은 나 자신에게 내 마음이 하나님 앞에서 정직하다는 것을 명확히 증거합니다."

사실 위선자치고 마음에 은밀하게 품고 있는 이런저런 죄를 귀여워하고 그것을 가지고 장난치지 않는 사람은 이 세상에 단 한 사람도 없습니다. 비록 이따금씩, 그리고 육적인 이유들 때문에 그들이 이런저런 죄를 아주 격렬하게 반대하는 것처럼 보이지만, 바로 그 시간에도 그들의 마음은 은밀히 품고 있는 죄에 강력하고도 뜨겁게 결합되어 있습니다(욥 20:12,13 참고).

예를 들어, 사울과 가룟 유다, 헤롯을 보십시오. 그러므로 만일 여러분이 자신의 정직함에 대한 분명한 증거를 가지고 싶다면, 여러분에게 있는 (삼손을 파멸시킨) 들릴라를 짓밟으십시오. 여러분의 정직함에 대한 이러한 증거는 지금 당장 여러분이 이해하고 믿는 것보다 더 많은 위로와 소생함을 고난과 고통의 때에 줄 것입니다. 신랑의 기쁨이나 풍작을 거둔 농부의 기쁨이 제아무리 클지라도 자신의 의로움을 인식하고 그에 대한 증거를 소유한 영혼이 얻는 기쁨에 비하면 아무것도 아님을 말해 줄 수 있는 사람들이 어느 정도 있습니다(고후 1:12 참고).

정직함이야말로 모든 미덕의 여왕입니다. 정직함은 왕좌를 차지하고 있으며, 언제까지나 그 왕좌를 지킬 것입니다. 뿐만 아니라 영혼 안에 정직함이 있는 것을 보기만 해도 사람은 노아처럼 모든 폭풍우와 큰 폭설 중에서도 유쾌해지고 감사하는 마음을 갖게 됩니다. 잘 보십시오. 마음에 은밀히 품고 있는 죄를 가지고 노는 것이 위선의 증거이듯이, 마음에 은밀히 품고 있는 죄를 죽이는 것이 진실함의 증거입니다.

(2) 의심하고 있는 영혼으로 하여금 마음에 은밀히 품고 있는 죄를 짓밟도록 촉구하는 두 번째 동기는, 그들이 애지중지하는 죄를 정복하면 다른 죄들을 쉽게 정복할 수 있음을 엄숙하게 숙고하는 것입니다.

골리앗이 죽자 나머지 블레셋 사람들은 혼비백산이 되어 도망갔습니다(삼상 17:51,52 참고). 전쟁에서 장군의 목을 베면 병사들을 쉽게 처리하고 전멸시킬 수 있습니다. 탄식하며 의심에 빠져 있는 영혼들이여! 만일 너무나 쉽게 여러분을 사로잡고 찰거머리같이 여러분에게 달라붙는 특별한 죄들에 대항하여 모든 힘과 능력을 동원하여 공격하리라 결심하고 용기를 낸다면, 여러분은 눈앞에 보이는 큰 산들이 낮아져 평지가 되는 것을 보게 될 것입니다(슥 4:7 참고). 여러분의 마음에 은밀히 보호를 받고 있는 죄를 처단하면 다른 죄들은 오래 살래야 살 수 없습니다. 압살롬의 가슴에 창 하나만 제대로 관통시키면, 완벽한 승리가 자동적으로 따라오게 되어 있습니다(삼하 18:14 참고).

(3) 여러분이 마음에 은밀히 품고 있는 죄가 무엇이든지 그 죄를 십자가에 못 박으라고 촉구하는 세 번째 동기는, 마음에 은밀히 죄를 품고 살면서 지금까지 여러분의 영혼이 입은 큰 해를 진지하게 숙고하는 것입니다.

사울은 아각에게 호의를 베풀었다가 왕관과 나라를 잃어버렸습니다(삼상 15:8-11 참고). 삼손은 들릴라와 장난을 치다가 힘과 시력과 자유를 잃어버렸을 뿐 아니라 마지막에는 생명을 잃어버렸습니다(삿 16:15-31 참고). 그러나 이런 손실은 여러분이 입은 손실에 비하면 아무것도 아닙니다. 왜냐하면 여러분은 영적인 힘을 잃어버렸기 때문입니다. 여러분은 하나님과의 교제를 잃어버렸기 때문입니다. 여러분은 빛과 생명과 자유와 영광의 성령을 잃어버렸기 때문입니다. 여러분은 말로 형용할 수 없는 즐거움과 모든 지식을 능가하는 평강을 잃어버렸기 때문입니다. 여러분은 한때 가슴속에 생생하게 살아 있던, 기운차게 불꽃 튀는 영광의 소망들을 잃어버렸기 때문입니다.

안토니우스(Mark Antony)는 클레오파트라에게 얼마나 마음을 빼앗겼는지, 악티움(Actium) 전투가 한창일 때, 제국과 자신의 생명과 모든 것이 절체절명의 위기에 봉착해 있을 그 절박한 때에 그는 아우구스투스(Augustus)에게서 도망쳐 클레오파트라를 따라갔습니다. 그 결과 그는 모든 것을 잃어버리고 멸망했습니다. 오늘날에도 클레오파트라와 같은 것에 깊이 홀리고 애지중지하는 이런저런 죄에 푹 빠져 그것들을 즐기느라 하나님과 그리스도, 천국과 자신의 영혼을 영원토록 잃어버리는 사람들이 많이 있습니다.

그리스도인들이여! 죄를 가지고 장난치다가 여러분이 과거에 잃어버린 것들과 지금도 날마다 잃어버리는 것들을 생각한다면, 여러분이 마음에 은밀히 품고 있는 여러 가지 죄를 죽이는 일에 효과적인 조치를 취하는 데 도움이 될 것입니다.

"나에게는 더 이상 하나님을 사랑할 의무가 전혀 없다. 왜냐하면 하나님은 나에게 너무나도 소중한 도시를 빼앗아 가셨기 때문이다."

이 말은 르망(Le Mans)이라는 도시를 빼앗기고서 헨리 2세가 내뱉은 신성모독의 말입니다. 그러나 여러분이 정직하게 이렇게 말할 수 있다면, 참으로 행복하고 복된 일일 것입니다.

"우리는 더 이상 우리의 마음에 은밀히 숨겨 놓은 여러 가지 죄를 절대 사랑하지 않을 것입니다. 또 그것들을 절대 감싸지 않을 것입니다. 또 절대 그것들을 가지고 장난치지 않을 것입니다. 왜냐하면 그것들이 우리의 영적인 기쁨을 손상시키고 하늘로부터 오는 영적인 유익을 손상시키기 때문입니다."

이런저런 기계 때문에 여러분이 현실적으로 많은 손해를 보았다는 것을 알게 되면, 여러분은 그 기계들을 싫어하지 않겠습니까? 하물며 마음에 은밀히 품고 있는 여러 가지 죄 때문에 여러분이 입은 영적인 해를 생각한다면, 여러분은 그 죄들을 그보다 더 싫어해야 당연하지 않겠습니까? 아, 주님! 마음에 은밀히 죄를 품고 지내는 데 자동적으로 수반되는 슬픈 손실을 빤히 보면서도 여전히 들릴라와 같은 죄를 가지고 재미있어하는 사람들의 마음은 얼마나 단단한 강철로 만들어졌는지요!

(4) 마음에 사랑하는 죄를 죽이도록 촉구하는 네 번째 동기는, 마음에 은밀하게 숨어 있는 한 가지 죄를 정복하고 실제로 죽일 때 그리스도인은 지금까지 다른 모든 죄를 만족시키고 범하면서 얻은 것보다 더 영광스러운 기쁨과 위로와 평안을 더 많이 누리게 된다는 것입니다.

죄에 대한 승리에 저절로 따라오는 즐거움과 감미로움은 죄를 범할 때 생기는 그럴듯한 즐거움보다 천 배는 더 큽니다. 죄를 정복할 때 따라오는 기쁨은 고상한 기쁨이요 순결한 기쁨이며, 특별한 기쁨이요 날로 늘어 가는 기쁨이며 영원히 지속되는 기쁨입니다. 반면 죄를 범할 때 따라오는 기쁨은 야비한 기쁨이요 부패한 기쁨이며, 날로 줄어드는 기쁨이요 이내 소멸하고 마는 기쁨입니다. 진실로 죄 안에 참된 기쁨이 조금이라도 있다면, 완전한 의미에서 지옥이라는 것은 절대 존재할 수 없습니다. 왜냐하면 완전한 의미에서 지옥은 사람들이 가장 완벽하게 범죄하며, 가장 완벽하게 죄로 인하여 고통을 받는 곳이기 때문입니다.

의심하고 있는 영혼들이여! 만일 여러분이 좋은 날들을 보고 싶다면, 만일 여러분이 빛 가운데로 행하고 싶다면, 만일 여러분이 천사들처럼 언제나 찬양하고 할렐루야를 외치고 싶다면, 여러분에게 찰거머리같이 달라붙는 죄를 예수 그리스도의 영과 능력으로 진압할 때까지 쉬지 마십시오. 이것을 꼭 기억하십시오. 마음에 은밀히 품고 있는 죄를 정복하지 못하고서 마음으로 축제를 열어서는 절대 안 됩니다. 죄에 대해서 탄식하고 구슬피 우는 것이 아니라 죄를 죽일 때 비로소 인생을 기쁨의 천국으로 만들 수 있습니다.

지금까지 말한 모든 것을 듣고도 여러분에게 아직도 죄를 가지고 장난치려는 생각이 있다면, 여러분은 하나님과 아무런 상관도 없는 사람으로 살 각오를 해야 합니다. 확신이나 평강과는 아무런 상관도 없는 사람으로 살 각오를 해야 합니다. 밖으로는 비참한 시험이 있고 안으로는 심한 고통이 있을 것을 각오해야 합니다. 사탄이 우는 사자와 간교한 뱀으로, 또 마귀와 빛의 사자로 한꺼번에 두 얼굴을 가지고 역사할 것을 각오해야 합니다.

아직도 죄를 가지고 장난치려는 생각이 남아 있다면, 하늘로부터 그 어떤 소식도 오지 않을 것을 각오해야 합니다. 혹시 하늘로부터 무슨 소식이 온다면 백발백중 나쁜 소식만 올 것임을 각오해야 합니다. 그리고 양심이 잔소리를 심하게 하는 아내처럼, 먹이를 찾아 울부짖는 사자처럼 역사할 것을 각오해야 합니다. 이 모든 것은 죄를 가지고 장난친 것에 대한 당연한 보상입니다. 만일 여러분이 이런 보상을 좋아한다면, 마음대로 하십시오. 계속해서 죄를 가지고 장난치십시오. 그러나 만일 여러분이 이런 보상을 좋아하지 않는다면, 여러분에게 있는 이삭을 하나님께 제물로 바치십시오.

(5) 마음에 은밀히 품고 있는 죄를 짓밟도록 촉구하는 다섯 번째 동기는, 임종하는 날 여러분이 기꺼이 하고 싶은 것을 살아 있는 동안 날마다 계속하는 것이 여러분의 의무요 영광이라는 점을 현명하게 숙고하는 것입니다.

임종을 맞이하는 날 여러분은 얼마나 간절히 살고 싶어하며 사랑하고 싶어 하겠습니까? 임종을 맞이하는 날 여러분은 얼마나 간절히 하나님을 사모하고 싶어하며, 얼마나 간절히 하나님을 의지하고 싶어하며, 얼마나 간절히 하나님을 기뻐하고 싶어하며, 얼마나 간절히 하나님을 갈망하고 싶어하며, 또 얼마나 간절히 하나님과 동행하고 싶어하겠습니까? 임종을 맞이하는 날 여러분은 마음에 은밀히 품고 있던 죄를 얼마나 깊이 미워하고 증오하며 혐오하고 싶어하겠습니까? 임종을 맞이하는 날 여러분은 마음에 은밀히 품고 있는 죄로 인해서 얼마나 깊이 탄식하고 싶어하며, 그것을 극복하기 위해서 얼마나 간절히 기도하고 싶어하며, 그것으로 인해서 얼마나 깊이 애통하고 싶어하며, 그것을 얼마나 철저하게 경계하고 싶어하겠습니까? 또 그 죄를 여러분에게 가까이 끌어 오는 모든 기회로부터 얼마나 빨리 달아나고 싶어하겠습니까?

의심하고 있는 영혼들이여! 여러분은 임종을 맞이하는 날에 마음속 깊이 품고 있던 죄를 만족시키는 일을 결단코 하지 않을 것입니다. 그런데 왜 다른 날에는 그런 죄를 만족시키려고 합니까? 여러분은 그날이 임종의 날이 아니라고 생각할지 모르지만, 실제로 바로 그날이 여러분이 이 세상을 떠나는 날이 될 수도 있습니다. 그런데도 마음에 은밀히 품고 있는 죄를 만족시키려고 하겠습니까?

마지막 순간에 기꺼이 하고 싶어할 일을 처음에 하기 위해 혼신의 힘을 기울여 노력하는 영혼은 매우 복된 영혼입니다. 임종하는 날 어떻게 해서든지 하고 싶어할 일을 살아 있는 모든 날 동안 행하는 영혼은 참으로 복된 영혼입니다. 그렇게 하는 것 외에는 확신에 이를 수 있는 방법이 전혀 없습니다. 그렇게 하는 것 외에는 위로와 기쁨을 누릴 수 있는 방법이 전혀 없습니다. 그렇게 하는 것 외에는 안식과 평강을 얻을 수 있는 방법이 전혀 없습니다. 그렇게 하는 것 외에는 하나님의 나라와 면류관을 차지하는 방법이 전혀 없습니다.

두려워 떨고 있는 영혼들이여! 간절한 마음으로 부탁합니다. 여러분의 심령이 마음에 은밀히 품고 있는 죄로 달려가는 것을 보거든 가슴에 손을 얹고 스스로를 타이르십시오.

"아, 나의 영혼이여! 죽음을 바로 앞에 둔 순간에도 죄와 더불어 장난을 치겠는가? 죽음을 바로 앞에 둔 순간에도 죄를 어루만지며 포옹하겠는가? 죽음을 바로 앞에 둔 순간이라면 오히려 죄에 대해 가능한 모든 혐오감과 적대감을 표현하지 않겠는가? 죽음을 바로 앞에 둔 순간이라면 오히려 지옥보다는 죄로 인해서 떨지 않겠는가? 세상에서 가장 강한 독을 지닌 뱀보다도 죄를 범할 수 있는 기회를 더 혐오하지 않겠는가? 죽음을 바로 앞에 둔 순간이라면 마음에 사랑하는 죄를 향해 미소 짓기보다는 가장 끔찍하고 큰 형벌을 감수하는 편을 택하지 않겠는가? 분명히 그렇게 할 것이다. 아, 내 영혼이여! 죽음을 앞에 둔 순간에도 기꺼이 이 일을 하고 싶어하겠는가? 그렇다면 어찌하여 오늘은 이 일을 해도 괜찮다고 생각하는가? 어찌하여 오늘은 이 일을 해도 괜찮다고 생각하는가?"

(6) 혼신의 힘을 기울여 마음에 은밀히 품고 있는 죄를 짓밟도록 촉구하는 여섯 번째 동기는, 그렇게 하지 않으면 두려움과 의심이 영혼을 계속해서 물고 늘어질 것이라는 점을 진지하게 숙고하는 것입니다.

마음에 은밀히 품고 있는 죄를 짓밟지 않은 영혼은 계속해서 두려움 가운데 거할 수밖에 없습니다. 모든 것이 아무 의미도 없다는 두려움, 자신의 영혼에 이루어진 역사가 참된 역사가 아니요 모조품에 불과하다는 두려움, 자신의 영혼에 이루어진 역사가 구원하시는 성령의 특별한 은혜의 역사가 아니요 구원과는 무관한 일반적인 역사라는 두려움에서 헤어 나올 수가 없습니다. 마음에 은밀히 품고 있는 죄를 짓밟지 않으면, 그 영혼은 은혜의 자연스러운 아름다움과 영광을 결코 볼 수 없습니다. 은혜의 자연스러운 아름다움과 영광은 불꽃을 튀며 빛을 내는 찬란한 진주인데, 영혼이 한쪽 구석에서 죄를 꼭 끌어안고 있으면 매우 큰 먼지가 일어나 그 찬란한 진주를 볼 수가 없습니다. 마음에 은밀히 품고 있는 죄를 짓밟지 않으면, 여러분은 기독교 신앙 안에서 어린아이요 잘 자라지 못한 나무요 난쟁이에 불과합니다.

영혼이 죄를 갈망하는 것은 성령의 역사에 찬물을 끼얹는 것입니다. 그것은 은혜의 역사를 절름발이로 만드는 것입니다. 그것은 기도와 믿음의 날개를 잘라 내는 것입니다. 그 결과 영혼은 종교적인 의무를 담대하고 열정적으로 감당하지도 못하고, 부지런하고 지속적으로 감당하지도 못합니다. 그런 영혼은 필연적으로 바로가 꿈에 본 보기 흉하도록 파리하게 야윈 소처럼 될 수밖에 없습니다(창 41:4 참고).

잘 보십시오. 헤롯이 헤로디아와의 부정한 관계를 절대 포기하지 않았던 것처럼(마 14:3 참고), 어떤 사람들은 헤로디아와 같은 것과의 부정한 관계를 계속 은밀하게 유지함으로써 현재의 비참한 상태를 결코 벗어나지 못합니다. 마찬가지로 의심에 빠진 많은 영혼들도 어떤 특별한 죄를 갈망함으로써 영적으로 비참한 상태를 벗어나지 못합니다.

그리스도인들이여! 이 사실을 꼭 기억하십시오. 죄는 영혼의 질병이요 영혼의 연약함입니다. 몸이 허약하고 병들면 성장하지 않는 법입니다. 죄는 영혼의 모든 자양분을 부패함으로 변질시키는 독소입니다. 그 결과 죄는 영혼이 은혜와 거룩함에서 성장하는 것을 방해합니다.

그리스도인들이여! 만일 여러분이 두려움과 의심을 극복하고 싶다면, 만일 여러분이 은혜의 아름다움과 영광을 보고 싶다면, 만일 여러분이 은혜와 거룩함에서 탁월하고도 뛰어난 사람이 되고 싶다면, 여러분이 반드시 해야 할 일이 있습니다. 여러분은 내면과 외면에 큰 폭풍을 불러 일으키게 만드는 아간과 요나를 반드시 처단해야 합니다. 즉, 여러분이 마음에 은밀히 품고 있는 죄를 반드시 처단해야 합니다.

옛날에 리시마코스(Lysimachus) 왕은 물 한 모금을 마시기 위해 갈 길을 지체했다가 결국 나라를 잃고 말았습니다. 바로 그것이 리시마코스 왕에게는 쓰라린 비통함의 원인이 되었습니다. 그리스도인들이여! 여러분이 앞으로 정신을 차리고 죄를 정복하는 데 수반되는 놀라운 기쁨을 맛보게 될 때, 이전에 이런저런 죄를 갈망하느라 세상의 모든 왕국보다 무한히 큰 가치를 지닌 기쁨과 위로와 평강과 확신을 잃어버린 것을 회고한다면, 여러분은 마음에 쓰라린 비통함을 느낄 수밖에 없을 것입니다.

2) 마음에 은밀히 품은 죄를 정복하고 제압하는 방법

한편 어떤 사람은 이렇게 물을 것입니다.

"우리는 마음에 은밀히 품고 있는 죄를 진심으로 정복하기를 원합니다. 우리는 그런 죄를 효과적으로 죽이기를 가장 간절히 바랍니다. 그러나 우리가 애지중지 아끼는 죄를 정복하기 위해서 어떻게 해야 하는지를 모르겠습니다. 우리에게 채워진 황금 족쇄를 어떻게 풀어야 하는지 모르겠습니다. 비단으로 된 이 올무에서 어떻게 벗어나야 하는지 모르겠습니다."

이 질문에 대해 다섯 가지 방법을 제시하겠습니다.

(1) 만일 당신이 마음에 은밀히 품고 있는 이런저런 죄를 정복하고 싶다면, 당신의 모든 힘과 능력을 다 기울여 그 죄에 대항하십시오.

당신의 영적인 힘을 가다듬고 당신을 너무나 쉽게 사로잡는 그 죄를 대적하는 일에 집중하십시오. 아람 왕이 그 병거 장관들에게 명령한 것처럼 자기 자신에게 명령하십시오.

"너희는 작은 자나 큰 자나 더불어 싸우지 말고 오직 이스라엘 왕하고만 싸우라"(대하 18:30).

의심하고 있는 영혼들이여, 이런저런 죄와 더불어 사소한 접전을 벌이는 것은 지혜로운 일도 아니고, 여러분이 해야 할 일도 아닙니다. 오히려 이스라엘의 왕, 곧 여러분이 왕처럼 생각하고 마음을 두고 있는 죄, 마치 왕처럼 여러분에게 권력을 행사하는 그 죄와 더불어 직접 맹렬하게 싸워야 합니다.

콘스탄틴 대제의 신조는 "고칠 가망이 없으면 잘라 내야 한다"라는 것이었습니다. 정말 그렇습니다. 무슨 일이 있어도 여러분의 마음에 은밀히 숨겨져 있는 죄들을 성령의 검으로 조각조각 잘라 내야 합니다. 마치 사무엘이 길갈에서 아각을 하나님 앞에서 찍어 쪼갰던 것처럼 말입니다(삼상 15:33 참고). 그렇게 하지 않으면 여러분은 결단코 고침을 받을 수 없습니다. 자잘한 싸움으로는 그 일을 성취할 수 없습니다. 여러분은 반드시 마음에 은밀히 품고 있는 죄를 쫓아가 죽여야 합니다. 그렇지 않으면 그 죄가 여러분의 영혼을 죽일 것입니다.

(2) 마음에 은밀히 품고 있는 죄를 진압하기 위해서 마음에 은밀히 품고 있는 죄와 정반대되는 특별한 은혜에 대해 가장 탁월하고 출중하게 되기 위해 노력하십시오.

모든 은혜에서 탁월한 것이 그리스도인의 영광인 것처럼, 자신이 마음으로 사랑하는 죄와 가장 반대되는 특별한 은혜에서 탁월해지는 것이 그리스도인의 특별한 의무입니다.

당신의 마음에 숨어 있는 죄, 당신의 영혼이 가장 좋아하는 죄가 교만입니까? 세상입니까? 위선입니까? 그렇다면 다른 무엇보다도 겸손의 옷을 입기 위해 노력하십시오. 천상적인 마음이 충만해지도록 노력하십시오. 그 무엇보다 진실해지도록 노력하십시오. 제가 알기로, 마음에 은밀히 품고 있는 죄를 효과적으로 죽이는 데 이보다 더 분명하고 탁월하고 좋은 방법은 없습니다. 이 방법을 따른다면 머지않아 황금으로 된 사슬에서 풀려날 것입니다. 머지않아 "승리하였노라! 승리하였노라"라고 외치게 될 것입니다.

(3) 마음에 은밀히 품고 있는 죄를 짓밟고 싶다면, 마지막 날에 그 죄가 우

리에게 어떤 모습으로 비칠지를 생각하고 그 시각으로 지금 그 죄를 바라보십시오.

우리의 몸이 병들었을 때 그 죄가 우리에게 어떤 모습으로 비칠지를 생각하고, 지금 건강할 때 바로 그 시각으로 그 죄를 바라보십시오. 죽음의 문턱에서 그 죄가 우리에게 어떤 모습으로 비칠지를 생각하고, 지금 살아 있을 때 바로 그 시각으로 그 죄를 바라보십시오.

영혼들이여! 마지막 날에는 용서받지 못한 모든 죄 중에서도 여러분이 마음에 은밀히 품고 사랑했던 죄들이 하나님과 양심과 사탄에 의해 가장 더럽고 추잡하며 끔찍하고 두려운 것으로 여러분 앞에 펼쳐질 것입니다. 마지막 날에는 여러분이 마음에 은밀히 품고 사랑했던 죄들이 지옥의 기괴한 괴물과 마귀로 보일 것입니다. 하나님을 자극하여 여러분을 대적하게 만들고, 그리스도의 사랑과 동정심이 여러분에게로 흘러오는 것을 가로막으며, 양심이 여러분을 대적하도록 만들고, 영광의 문이 여러분 앞에서 닫혀 버리도록 만들며, 여러분을 위해 지옥 중에서도 가장 뜨거운 곳을 마련하고, 사탄에게 영원토록 여러분을 이길 가장 큰 유리함을 준 바로 그 기괴한 괴물과 마귀로 보일 것입니다.

영혼들이여! 마지막 날에는 다른 모든 범죄들보다 여러분이 마음에 은밀히 품고 사랑했던 죄들이 더 무겁게 여러분을 짓누르고 압도할 것이며, 여러분을 더 슬프게 만들고 더 깊이 침몰시킬 것이며, 여러분을 더욱 두렵고 놀라게 만들 것입니다. 살아 있을 때 가장 감미롭게 보였던 죄들이 죽음의 순간과 그 이후에는 가장 비통한 죄로 입증될 것입니다(욥 20:11-29 참고). 지금 여러분이 유쾌하게 여기는 작은 죄들은, 여러분이 영원으로 들어가는 문지방을 넘어갈 때에 가장 두려운 지옥으로 입증될 것입니다.

그리스도인들이여! 마음에 은밀히 품고 있는 죄를 바라볼 때마다 당장 눈에 들어오는 모습 그대로 받아들이지 말고, 서너 시간이 지난 다음에 여러분이 그것을 바라볼 시각으로 바라보십시오. 그렇게 하면 여러분은 마음에 은밀히 품고 사랑했던 죄들을 정복하는 남다른 방법을 체험적으로 알게 될 것입니다.

(4) 마음에 은밀히 품고 사랑하는 죄들을 정복하기 위해서 금식과 기도 같은 특별한 방편을 사용하십시오.

몸에 기괴한 병이 들었을 때는 평범한 의술로는 그 병을 다스릴 수 없는 법입니다. 이와 마찬가지로 마음에 은밀히 사랑하는 죄들을 제거하기 위해서는 평범한 의무를 이행하는 것만으로는 충분하지 않습니다. 왜냐하면 그런 죄들은 영혼과 오랫동안 친숙해서 엄청나게 강해져 있고 유리한 위치를 차지하고 있기 때문입니다. 복음서에서는 기도와 금식이 아니면 나가지 않는 귀신들이 있다고 말합니다(마 17:14-22 참고). 마찬가지로 마음에 은밀히 품고 있는 죄들은 금식과 겸비함으로 열렬하고도 지속적으로 기도하지 않으면 도무지 나가려고 하지도 않고, 쫓겨나지도 않는 흰옷을 입은 마귀와 같습니다. 오직 금식과 기도라는 방편을 진지하고 성실하게 따르는 사람들은 '사로잡힌 자를 사로잡게 만드는'(엡 4:8 참고) 하나님의 능력을 체험하게 될 것입니다. 오직 그런 사람들은 그리스도께서 십자가에서 정사와 권세를 눌러 이기신 것처럼 자신으로 하여금 내면에 있는 흰옷을 입은 마귀들을 정복하게 하시는 하나님의 능력이 자신의 노력에 함께하는 것을 체험하게 될 것입니다(골 2:14,15 참고).

(5) 만일 여러분이 마음에 은밀히 품고 있는 죄를 이기고 싶다면, 그런 죄를 범할 만한 모든 기회를 멀리하십시오.

죄를 범할 수 있는 기회를 멀리하지 않는 사람은 사탄과 자신의 마음을 동시에 시험하는 것과 같습니다. 그런 사람은 자신을 유혹하여 금지된 열매를 따 먹게 해 보라고 사탄을 유혹합니다. 또 금지된 열매를 맛보라고 자기 자신의 마음을 유혹합니다.

"악은 어떤 모양이라도 버리라"(살전 5:22).

"또 어떤 자를 그 육체로 더럽힌 옷까지도 미워하되 두려움으로 긍휼히 여기라"(유 1:23).

악한 모양이나 그림자, 치우친 사랑이나 미심스럽게 생각되는 모든 것을 피하십시오. 그리하여 하나님과 복음, 여러분 자신의 양심과 다른 사람들에게 상처를 입히지 마십시오. 만일 여러분이 마음에 품고 있는 죄를 즐겁게 할 만한 것이 집 안에 있다면, 그것이 여러분의 눈앞에 있다면, 그것이 여러분의 손안에 있다면, 그것을 제거하십시오. 그것을 아주 멀리 던져 버리십시오. 죄를 범할 수 있는 기회를 항상 달고 다니는 한, 당신의 영혼은 결코 안전할 수 없으며, 안정될 수도 없습니다.

"당신은 참으로 하나님의 은혜를 받은 사람이라는 증거를 갖고 싶습니까?
그렇다면 죄를 범할 수 있는 기회들을 피하십시오.
당신은 가장 탁월했던 성도들을 본받고 싶습니까?
그렇다면 죄를 범할 수 있는 기회들을 피하십시오.
당신은 시대를 뒤흔든 성도들의 대열에 합류하고 싶습니까?
그렇다면 죄를 범할 수 있는 기회들을 피하십시오.
당신은 항상 하나님과 화평을 누리며 양심과 화평을 누리고 싶습니까?
그렇다면 죄를 범할 수 있는 기회들을 피하십시오.
당신은 사탄의 가장 위대한 목표를 좌절시키고
오히려 가장 교묘한 계략을 이용하고 싶습니까?
그렇다면 죄를 범할 수 있는 기회들을 피하십시오.

당신은 당신의 뼈가 꺾이지 않고

당신의 마음이 피 흘리지 않기를 바랍니까?

그렇다면 죄를 범할 수 있는 기회들을 피하십시오.

당신은 두려움과 의심을 억누르고 믿음과 소망을 유지하고 싶습니까?

그렇다면 죄를 범할 수 있는 기회들을 피하십시오.

당신은 살아 있는 동안 확신을 누리고,

죽을 때 기쁨과 평강을 누리고 싶습니까?

그렇다면 죄를 범할 수 있는 기회들을 피하십시오.

이것을 행한다면, 여러분은 모든 일을 한 셈입니다.

반대로 이것을 행하지 않는다면, 여러분은 아무것도 하지 않은 셈입니다."

지금까지 저는 영혼이 확신에 이르지 못하도록 가로막는 여러 가지 장애물들과 그런 장애물들을 제거하는 방법에 대해서 말했습니다.

5장

영원한 복락에 대한 근거가 충분한 확신을 얻고자 애써야 할 이유(동기부여)

1. 구원받은 것 같았지만 결국 지옥에 떨어지는 사람들

여러분이 근거가 충분한 확신에 이르도록 촉구하기 위해서 제가 제시하는 첫 번째 동기는, 이전에 틀림없이 천국에 갈 것이라고 생각했던 많은 사람들이 지금 지옥에 떨어져 있다는 것입니다. 가령 천국문을 두드리며 "주여 주여, 우리가 주의 이름으로 선지자 노릇 하며, 주의 이름으로 귀신을 쫓아내며 주의 이름으로 많은 권능을 행하지 아니하였나이까?"(마 7:22)라고 부르짖는 사람들과 같은 사람들이 많이 있습니다. 이 사실을 엄숙하게 숙고하십시오. 그들은 부르짖었지만 무섭고도 끔찍한 말씀만이 그들에게 선포되었습니다.

"내가 너희를 도무지 알지 못하니 불법을 행하는 자들아, 내게서 떠나가라"(마 7:23).

미련한 다섯 처녀들은 자기들이 가장 지혜로운 사람들과 똑같이 행복하다는 황금빛 꿈을 꾸고 있었습니다. 그러나 그 꿈에서 깨어났을 때 그들은 이미 신랑이 자기 영광 가운데 들어갔고 은혜의 문이 굳게 닫힌 것을 알았습니다(마 25:2-12 참고).

본래 사람은 자기 자신에 대해서 아첨하는 경향을 가지고 있어서 자기의 죄가 분명히 죄인데도 죄가 아니라고 생각합니다. 혹시 그것이 죄라고 할지라도 아주 사소하고 작은 죄에 불과하다고 생각합니다. 실제로는 아주 크고 심각한 죄인데 말입니다(신 29:19 참고). 또 본래 사람은 자신에 대해서 아첨하는 경향을 가지고 있어서 자기는 하나님의 은혜를 받은 적이 없는데도 하나님의 은혜를 받았다고 생각합니다. 또 자기가 은혜라고 생각하는 것들이 사실은 거짓 은혜인데도 자신이 받은 은혜를 참된 은혜로 여깁니다. 또 자기의 상태가 다른 사람들의 상태보다 더 심각한데도 자기가 다른 사람들처럼 심각한 문제를 가지고 있지는 않다고 생각합니다. 또 아각처럼 실제로는 하나님이 성경에 기록된 대로 응징하기 위해서 손에 칼을 쥐고 계신데도 죽음의 처절한 고통이 이미 지나가 버렸다고 생각합니다(삼상 15:32 참고).

항구에 들어오는 화려한 모든 배를 자기 것으로 주장하는 어느 미치광이 아테네 사람에 대해서 읽은 적이 있습니다. 실제로 이 사람은 가난했고 아무것도 가지고 있지 않았습니다. 우리 시대에도 이렇게 정신 나간 사람들이 얼마나 가득한지 모릅니다. 실제로는 가난하고 눈멀었으며 비참하고 아주 형편없고 헐벗은 상태인데도, 실제로는 그리스도에 대하여 외인이요 은혜를 받지 못한 사람인데도, 그리스도와 하나님을 자신의 소유로 주장하고 하나님의 약속과 복음의 특권과 오는 세상의 모든 영광을 자기 것으로 주장하는 미친 사람들이 참으로 많이 있습니다.

그리스도인들이여! 근거가 충분한 확신에 이르도록 애쓰십시오. 그리하여 영원무궁히 실패로 끝나지 않고 마지막 날에 영광의 면류관을 쓰고 주인의 즐거움에 참여하기에 합당한 사람으로 인정받으십시오(마 25:21 참고). 그 즐거움이 얼마나 크고 영광스러운지, 그것이 여러분 안으로 들어오는 것이 아니라 여러분이 그 안으로 들어가야 하는 것입니다.

2. 영혼에 관한 문제에 대해 아첨하고 속이는 사람들

그리스도인이 근거가 충분한 확신을 얻어야 하는 두 번째 동기는, 이 세상에 영혼의 문제에 관해 부드러운 말로 아첨하고 감쪽같이 속이며 사기치는 사람들이 너무나 많다는 것입니다. 마귀는 자신의 수많은 중요한 하수인들을 빛의 천사들로 가장해 놓았습니다. 그리하여 좀 더 쉽고 효과적으로 사람들의 영혼을 기만할 수 있도록 하려는 것입니다. 우리 시대는 이런 사실에 대한 서글픈 증거들이 많이 있습니다. 침침한 눈에는 빛의 천사들처럼 보이지만, 그 원리와 실천을 보면 흑암의 권세의 하수인에 불과한 사람들이 얼마나 많이 있는지요! 그들은 혼신의 힘을 기울여 지옥에 갈 개종자를 만들고, 사람들이 구원에 이르지 못하도록 얼토당토않은 여러 가지 개념들과 의견들과 독단들을 심어 거기에 사로잡히게 만듭니다. 뿐만 아니라 하나님께서 미리 기적으로 그것을 막지 않으시면, 그들은 사람들을 지옥에서도 가장 뜨겁고 어둡고 깊은 곳으로 끌어내릴 것입니다.

그러므로 여러분은 신중해야 하며, 근거가 충분한 확신을 얻어야 합니다. 또 사탄이 여러분의 불멸하는 영혼을 속이지 못하도록 주의해야 합니다. 그리스도께서는 미리 우리에게 경고하셨습니다.

"거짓 그리스도들과 거짓 선지자들이 일어나 큰 표적과 기사를 보여 할 수만 있으면 택하신 자들도 미혹하리라"(마 24:24).

진실로 여러분에게 말하건대, 오늘날 이 말씀이 여러분의 귀에 이루어졌습니다. 오늘날 자신이 그리스도라고 강력히 주장하는 뻔뻔한 신성모독자들이 얼마나 많은지요! 지금까지 땅이 입을 열어 그처럼 기괴한 사람들, 그와 같은 지옥의 선동자들을 삼키지 않은 것은 제가 보기에 참으로 적지 않은 기적입니다.

사도 바울은 에베소서 4장 14절에서 '간사한 유혹,' 곧 사기꾼들이나 노름꾼들이 도박을 할 때 사용하는 간교한 술수에 대해서 말합니다. 또 호시탐탐 기회를 노리다가 연약하여 흔들리는 영혼들을 영원한 멸망에 처하게 만드는 의견들과 원리들과 실천으로 끌고 가는 '사람의 속임수'에 대해서도 말합니다. 사탄의 제자들과 하수인들은 뛰어난 방법을 사용합니다. 그들은 속이는 기술을 가지고 있습니다. 그들은 속이는 기술에 관한 한 타의 추종을 불허하는 박사들입니다. 그들은 다른 사람들을 유혹하되, 풀이나 짚을 재료로 삼아 집을 세우도록, 다시 말해서 이런저런 견해나 개념을 토대로 삼아 건축하도록 유혹할 수만 있다면 무슨 방법이든지 가리지 않고 다 사용합니다. 그렇게 하여 사람들과 그들의 공적을 모두 영원히 불태웁니다(고전 3:15 참고).

카누트(Canute) 왕에 대한 기록을 보면, 그는 자신의 호적수인 에드먼드 아이언사이드(Edmund Ironside)를 죽이는 사람에게 영국에서 가장 높은 자리를 주리라고 약속했다고 합니다. 그런데 정말로 어떤 사람이 그 일을 수행하고 약속한 보상을 받으려 하자, 카누트 왕은 그를 런던에서 가장 높은 탑으로 데리고 가 교수형에 처했다고 합니다. 사탄과 그의 하수인들이 바로 이렇게 행합니다. 그들은 가련한 영혼들에게 이런저런 의견과 개념을 받아들이면 이런저런 유익을 얻게 될 것이라고, 또 출세할 것이라고 약속합니다. 그러나 결국 가련한 영혼은 자신에게 약속된 면류관 대신 목매는 밧줄이 주어지고, 약속된 위로 대신 고문이 주어지며, 약속된 영광 대신 모욕이 주어지고, 약속된 기쁨 대신 황량한 슬픔이 주어지며, 약속된 천국 대신 지옥이 주어진다는 것을 깨닫게 됩니다.

오늘날 영혼의 문제에 관해 부드러운 말로 아첨하는 사람들과 영혼을 해치는 사람들이 참으로 많습니다. 그들은 악한 의사처럼 상처는 아물게 하지만 환자는 죽입니다. 아첨 때문에 아합과 헤롯과 네로와 알렉산더는 영원히 타락했습니다. 디오니시우스(Dionysius)에게는 그가 뱉은 침도 꿀처럼 달다고 아첨하는 사람들이 있었는데, 바로 그 아첨꾼들 때문에 그가 멸망했습니다. 시저에게는 그의 얼굴에 낀 기미가 하늘에 떠 있는 별과 같다고 아첨하는 사람들이 있었는데, 바로 그들 때문에 그가 망하고 말았습니다. 오늘날 젊은이 늙은이 할 것 없이 얼마나 많은 사람들이 이처럼 사람들의 영혼을 기만하고 함정에 빠뜨리기 위하여 매복하면서 영혼의 문제에 관해 아첨하는 사람들 때문에 길을 잃고 영원히 타락해 버리는지요!

이것을 숙고함으로써 여러분의 마음이 성령의 도움을 받아 깊은 감동을 받는다면 얼마나 좋겠습니까! 이것을 숙고함으로써 여러분이 영원한 행복과 복락에 대해 근거가 충분한 확신에 이르기를 절실히 바라도록 여러분을 촉구하고 분발시키는 생명과 능력이 여러분의 영혼에 임한다면 얼마나 좋겠습니까! 그리하여 여러분이 반석 위에 지은 집처럼, 그 어떤 비바람과 폭풍우 한가운데서도 넘어지지 않고 견고하게 설 수 있다면 얼마나 좋겠습니까! 그리하여 그 어떤 것도 여러분을 흔들거나 불안하게 만들 수 없고, 그 어떤 사람도 여러분의 면류관을 빼앗아 갈 수 없다면 얼마나 좋겠습니까!(마 7:24,25; 계 3:11 참고)

3. 염려와 두려움과 의심을 내쫓는 확신

근거가 충분한 확신을 얻어야 할 세 번째 동기는, 여러분의 행복과 복락에 대하여 근거가 충분한 확신을 갖게 되면 여러분의 마음이 평안을 누리고 삼중적인 짐을 벗게 되리라는 것입니다. 즉, 염려와 두려움과 의심이라는 무거운 짐을 벗게 되는 것입니다.

1) 염려

그리스도인이여, 염려라는 짐을 지고 있으면 당신은 맥없이 주저앉아 탄식하며 괴로워하게 됩니다. 이것저것을 소유하는 것에 대한 염려, 이런저런 세상의 만족을 유지하는 것에 대한 염려는 마음을 괴롭히는 염려의 세력에 짓눌려 살아가는 사람들의 영혼을 불안하고 산란하며 비통하게 만들고 괴롭힙니다(마 13:22 참고). 그러나 더 좋은 것들에 대한 확신을 갖게 되면 영혼은 노래하며 모든 염려를 가볍게 떨쳐 버립니다. 한 순교자의 고백은 이 사실을 잘 보여 줍니다. "내 영혼은 안식을 향해 있습니다. 나는 그리스도의 무릎을 베고 달콤한 낮잠을 잤습니다. 그러므로 이제 나는 찬송을 부르며 염려를 떨쳐 버릴 것입니다. 내 이름에 대해서 염려하지 않을 것입니다."

하나님의 나라와 면류관에 대한 확신은 보통 머리를 복잡하게 만들고 마음을 산만하게 만드는 모든 염려들을 완전히 태우는 불입니다. 확신을 얻는 것 외에는 염려라는 짐을 벗을 수 있는 방법이 전혀 없습니다.

2) 두려움

확신을 갖게 되면 염려라는 짐뿐만 아니라 두려움이라는 짐도 벗게 됩니다. 지금 여러분의 마음은 좋은 것들을 소유하고 싶은데 그것이 마음대로 되지 않을지도 모른다는 두려움, 좋은 것들을 가지고 있지 못한 데서 생겨나는 두려움, 그리고 지금 가지고 있는 좋은 것들을 잃어버릴 수도 있다는 두려움으로 가득 차 있습니다. 이런 두려움 때문에 사람들은 마치 카멜레온처럼 이런저런 색깔, 이런저런 양식, 이런저런 유행으로 쉼없이 변화합니다. 뿐만 아니라 이런 두려움 때문에 사람들의 삶은 지옥이 됩니다.

그러나 확신을 갖게 되면 이 모든 두려움이 자취를 감춥니다. 마치 해가 떠오르면 안개가 자취를 감추어 버리듯 말입니다. 확신을 갖게 되면 이 모든 두려움이 소멸합니다. 마치 물을 뿌리면 불이 꺼지는 것처럼 말입니다. 다윗은 확신을 가지고 있었기 때문에 아무런 두려움도, 아무런 염려도 없이 행할 수 있었습니다.

"내가 사망의 음침한 골짜기로 다닐지라도 해를 두려워하지 않을 것은 주께서 나와 함께하심이라. 주의 지팡이와 막대기가 나를 안위하시나이다"(시 23:4).

하갈은 하나님께서 그녀의 눈을 열어 주사 근처에 있는 샘물을 발견하게 하실 때까지 두려움과 곤혹스러움으로 얼마나 힘들어했습니까?(창 21:16, 19 참고) 이와 마찬가지로 영혼도 확신을 얻고 누릴 때까지는 여러 가지 두려움과 곤혹스러움으로 가득 찰 수밖에 없습니다. 그리스도인들이여, 여러분의 영원한 행복과 복락에 대해서 근거가 충분한 확신을 얻는 것 외에는 여러분의 두려움을 효과적으로 제거할 수 있는 다른 방법이 전혀 없습니다. 결국 이것은 모든 말 중에서도 가장 확실한 진리로 드러날 것입니다.

3) 의심

확신을 갖게 되면 의심이라는 짐이 사라집니다. 지금도 여러분은 의심하고 있습니다. 때때로 여러분은 자신이 진정한 그리스도인인지, 아니면 대부분의 신앙고백자들처럼 아그립바와 같은 사람이나 유사 그리스도인, 절반의 그리스도인이 아닌지를 의심합니다. 때때로 여러분은 하나님의 아들 됨을 의심하고, 그 결과 자연스럽게 천국의 상속자 됨을 의심하게 됩니다. 때때로 여러분은 자신이 하나님을 정말 알고 있는지를 의심하고, 그 결과 자연스럽게 하나님과 정말 교제하고 있는지를 의심하게 됩니다. 여러분은, 지금 여러분의 전 생애가 의심으로 가득 차 있으며, 근거가 충분한 확신을 얻게 될 때까지는 앞으로도 그럴 수밖에 없다는 것을 반드시 알아야 합니다.

엠마오로 가던 두 제자는 그리스도와 동행하고 있었지만, 그들의 눈이 가리어져서 그분인 줄을 알아보지 못했고, 그들의 마음은 두려움과 의심으로 가득 차 있었습니다(눅 24:15,16 참고). 그리스도인의 눈이 열려 자신의 확신을 볼 수 있기 전까지 그의 마음에는 의심과 당황이 가득할 것입니다.

막달라 마리아는 그리스도 바로 옆에 있으면서도 그분을 볼 수 없었기 때문에 탄식하고 슬퍼하면서 사람들이 그녀의 주님을 훔쳐 갔노라고 불평하였습니다(요 20:13-16 참고). 그리스도인들이여! 비록 여러분이 그리스도 바로 옆에 있을지라도 확신을 얻을 때까지는 의심과 슬픔과 불평 속에서 평생을 살아가게 되어 있습니다.

지금까지 한 말을 요약하겠습니다. 만일 여러분이 염려라는 짐과 두려움이라는 짐, 그리고 의심이라는 짐을 벗어 버리고 싶다면, 여러분의 행복과 복락에 대해서 근거가 충분한 확신을 얻으십시오. 그러나 만일 여러분이 그런 짐을 지고서도 마음이 행복하다면, 여러분의 부르심과 택하심을 굳게 하는 일을 태만히 하십시오. 그렇게 하면 그 짐들을 평생 지고 살 수 있을 것입니다. 여러분이 아침에 눈을 뜰 때 그런 짐이 여러분과 함께 있을 것입니다. 여러분이 길을 갈 때도 그 짐들이 여러분과 나란히 걸을 것입니다. 여러분이 자리에 누울 때에도 그 짐들이 함께 누울 것입니다. 그리하여 마침내 그 짐들이 여러분의 삶을 지옥으로 만들 것입니다.

4. 확신에 도달하는 것을 필사적으로 방해하는 사탄

근거가 충분한 확신을 얻기 위해 힘써야 하는 네 번째 동기는, 사탄이 그 모든 기술과 계략을 동원하여, 모든 힘과 능력을 동원하여 여러분이 여러분의 행복과 복락에 대해 근거가 충분한 확신에 도달하지 못하도록 적극 방해한다는 것입니다.

그리스도인이 기쁨과 위로를 누리는 것에 대해 사탄이 얼마나 대단하게 질투하고 대적하는지 모릅니다. 그래서 사탄은 가련한 영혼을 의심과 어둠 속에 가두기 위해 자신의 모든 능력을 동원할 수밖에 없습니다. 확신이 영혼을 영원토록 행복하게 만드는 매우 귀중한 진주라는 사실을 사탄은 잘 알고 있습니다. 사탄은 확신이 그리스도인이 걸어가는 광야를 천국으로 변하게 한다는 사실을 잘 알고 있습니다. 사탄은 확신이 그리스도인들 가운데 가장 고상하고 관대한 심령을 낳는다는 것을 잘 알고 있습니다. 사탄은 확신이 사람들을 강력하게 만들어 위업을 달성하게 하고, 사탄 주위에서 비틀거리는 자신의 왕국을 흔들어 대는 장본인임을 알고 있습니다. 그러하기에 사탄은 아담을 낙원에서 쫓아내기 위하여 그랬던 것처럼, 영혼들이 확신을 갖지 못하도록 열심히 애를 씁니다.

사탄은 하나님의 사랑이 당신의 영혼에 뿌린 첫 번째 은혜의 씨앗도 시기했습니다. 그렇기 때문에 사탄이 당신의 은혜가 성장하고 은혜의 절정이요 면류관인 당신의 확신이 증가하는 것을 시기하는 것은 당연한 일입니다. 당신이 은혜 안에서 어린아이였을 때, 사탄은 당신의 꺼져 가는 심지에 찬물을 끼얹었습니다. 심지에 불이 타올라서 확신으로 나아가지 않도록 말입니다. 당신이 성장하여 좀 더 성숙해진 지금, 당신을 향한 사탄의 적대심도 마찬가지로 높아졌습니다. 그러므로 사탄은 자신의 능력과 방법을 총동원하여 당신이 영원한 복락과 행복에 대한 확신을 얻지 못하도록 방해할 수밖에 없습니다.

사탄은 당신의 촛불, 횃불, 별빛을 시기합니다. 그렇다면 태양이 당신 위에 비치는 것을 얼마나 더 시기하겠습니까! 사탄은 당신이 상에서 떨어지는 은혜의 부스러기를 먹는 것도 시기합니다. 그렇다면 당신이 자녀의 자격으로 지혜의 상에 앉아서 지혜가 차려 놓은 진수성찬을 배부르게 먹고 마시는 것을 얼마나 더 시기하겠습니까! 사탄은 당신이 돼지들 틈에서 쥐엄 열매를 먹는 것도 시기합니다. 그렇다면 당신이 살진 송아지를 잡아서 먹는다면 얼마나 더 시기하겠습니까! 사탄은 당신이 모르드개처럼 왕의 문에 앉아 있는 것도 시기합니다. 그렇다면 당신이 왕의 옷을 입고 있다면 얼마나 더 시기하겠습니까!

사탄은 당신이 한 방울의 위로라도 맛보는 것을 시기합니다. 그렇다면 당신이 하나님의 오른편에 있는 복락의 강물에 푹 잠긴다면 얼마나 더 시기하겠습니까! 사탄은 당신이 하나님의 무릎에 앉아 있는 것도 시기합니다. 그렇다면 당신이 하나님의 품에 안겨 있다면 얼마나 더 시기하겠습니까! 사탄은 당신이 하나님을 섬기는 일에 참여하도록 허락받는 것도 시기합니다. 그렇다면 당신이 하나님의 신하요 자문이 된다면 얼마나 더 시기하겠습니까!

어떤 사람들은 수정이 놀라운 효험을 가지고 있어서 다른 돌과 접촉하기만 해도 그 돌에 생기가 돌고 광택과 아름다움을 발산하게 된다고 말합니다. 확신도 이와 같습니다. 확신은 영혼을 소생하고 영혼에 아름다움과 영광을 주는 천상의 수정입니다. 바로 이런 일을 사탄은 가장 견디지 못합니다.

사탄은 확신이 광야 생활을 지탱시켜 주는 만나요, 반석에서 솟아나는 생수요, 낮에는 구름 기둥, 밤에는 불 기둥이라는 사실을 알고 있습니다. 사탄은 확신이 모든 상처를 아물게 하는 연고요, 모든 질병을 치료하는 약이요,

모든 폐해를 방지하는 구제책이라는 사실을 알고 있습니다. 사탄은 확신이 그리스도인에게 바다에서는 닻이 되어 주고, 육지에서는 방패가 되어 준다는 사실을 알고 있습니다. 사탄은 확신이 그리스도인을 지탱시키는 지팡이요, 그리스도인을 방어하는 검이요, 그리스도인을 숨겨 주는 천막이요, 그리스도인의 기운을 북돋아 주는 강장제임을 잘 알고 있습니다. 바로 이런 이유로 사탄은 가련한 영혼들이 근거가 충분한 확신에 이르지 못하도록 하기 위하여 굶주린 사자처럼, 간교한 뱀처럼 애쓰고 힘씁니다. 이 '아침의 아들 계명성'은 영광의 절정에서 타락하여 가장 밑바닥의 비참함으로 떨어졌습니다(사 14:12 참고). 그렇기 때문에 사탄은 모든 것을 자신처럼 비참하고 불행하게 만들기 위해서 온 힘을 다합니다.

그리스도인들이여! 여러분 앞에는 이와 같이 막강한 원수가 버티고 서 있습니다. 이 원수는 여러분의 영혼을 확신과 분리시켜 서로 만나지 못하게 함으로써 여러분을 괴롭힐 수만 있다면, 이런 악행으로 말미암아 장차 자신이 받게 될 무시무시한 고통에 전혀 개의치 않습니다. 그러므로 여러분도 온 힘을 다해 확신을 구해야 하지 않겠습니까? 이 사실을 숙고하고 여러분이 마음에 확신이라는 흰 돌을 얻을 때까지 쉬지 않기를 바랍니다.

5. 성도의 가장 큰 재산인 확신

근거가 충분한 확신을 얻기 위해 힘써야 하는 다섯 번째 동기는, 근거가 충분한 확신이 그 무엇과도 비교할 수 없는 귀중한 보석이라는 것입니다. 이 사실을 숙고하십시오. 확신은 얼마나 귀하고 값비싼 진주인지 모릅니다. 확신은 그것을 누리기 위해서 영혼이 치른 모든 대가와 비용을 상쇄하고도 남을 만큼 충분히 보상합니다. 그렇습니다. 영혼이 육체와 이 세상을 떠나가려는 마지막 임종의 순간에 확신을 누리는 것은 그동안 확신을 얻기 위해서 하나님 앞에서 드린 모든 기도와 하나님 앞에서 흘린 모든 눈물, 그리고 여기저기에서 이 예배 저 예배에서 내쉰 모든 신음과 탄식을 충분히 보상하고도 남을 것입니다.

금광에서 발견된 금은 그동안 금을 찾아 땅을 파 들어간 광부에게 보상이 됩니다. 마지막에 쓰게 되는 승리의 면류관은 그동안 경주해 온 사람에게 보상이 됩니다. 포도를 재배해 거둔 열매는 그동안 재배하느라 고생한 농부에게 보상이 됩니다. 곡간에 가득 채워진 곡식은 수확한 사람에게 보상이 됩니다. 갈수록 늘어가는 양 떼는 양을 치느라 밤낮을 가리지 않고 수고한 양치기에게 보상이 됩니다. 마찬가지로 마지막 임종의 순간에 누리는 확신은 그동안 은혜의 문을 두드리고 그 앞에서 울면서 기다리던 영혼들에게 풍성한 보상이 됩니다.

하나님은 야곱의 자손이 자신을 찾을 때 결코 그들을 외면하시지 않습니다(사 45:19 참고). 하나님의 법도를 순종하는 데서도 보상을 받지만, 그 법도를 순종한 것에 대해서도 보상을 받습니다(시 19:11 참고). 요셉은 13년 동안 감옥에 갇혀 있던 것에 대한 보상으로 그 네 배 되는 기간 동안 왕처럼 애굽을 통치하였습니다. 다윗은 7년 동안 사울의 추격을 받은 것에 대한 보상으로 40년 동안 계속해서 영광스러운 통치권을 행사했습니다. 다니엘은 사자굴에 몇 시간 동안 갇힌 것에 대한 보상으로 120방백을 다스리는 수석 총리가 되었습니다. 사드락과 메삭과 아벳느고는 용광로에 던져진 것에 대한 보상으로 위대한 위엄과 영광을 얻게 되었습니다.

의심하고 있는 영혼들이여! 확신을 얻기 위해 열심히 기도하고 행하십시오. 수고하면 반드시 보상이 주어질 것입니다. 아합 왕이 수리아 왕에게 "나와 내 것은 다 왕의 것이니이다"(왕상 20:4)라고 말했던 것처럼, 조만간 그리스도께서도 당신에게 "나와 내 것은 다 너의 것이니라"라고 말씀하실 것입니다. 그리스도께서는 다음과 같이 말씀하십니다.

"아, 의심하고 있는 영혼들이여,
나는 네 것이니라.
확신은 네 것이니라.
그리고 기쁨도 네 것이니라.
내 공로는 네 것이요,
내 성령도 네 것이요,
내 영광도 네 것이니라.
내 모든 존재도 네 것이요,
내 모든 소유도 네 것이니라."

주님의 이 말씀은 신적인 꿀(위로)이 가득한 꿀벌통과 같습니다. 주님의 이 말씀은 확신을 얻으려고 열심히 씨름하며 땀 흘리는 당신의 모든 노고를 충분히 보상할 것입니다(마 25:34-40; 계 3:11,12 참고).

어거스틴은 그의 참회록에 다음과 같은 유명한 말을 남겼습니다.

"갑자기 이전에 감미롭게 느꼈던 헛된 것들과 이전에 잃어버릴까 봐 노심초사했던 것들 없이도 존재할 수 있게 되었을 때, 그것은 내게 얼마나 행복한 일이었는지 모른다. 나는 기쁜 마음으로 그것들을 버렸다. 왜냐하면 참되고 유일하게 감미로우신 주님이 그것들을 내게서 쫓아내셨기 때문이다. 그리고 그것들 대신 모든 쾌락보다 더욱 즐거우신 주님이, 모든 빛보다 더욱 밝으신 주님이 내 안에 들어오셨기 때문이다."

그리스도인들이여! 용기를 내 지속적으로 밀고 나가십시오. 그렇게 하면 확신이 여러분의 것이 될 것입니다. 그렇게 하면 여러분은 수고하고 기다린 다음에 자리에 차분히 앉아 시므온처럼 즐겁게 노래할 수 있을 것입니다.

"주재여, 이제는 말씀하신 대로 종을 평안히 놓아주시는도다. 내 눈이 주의 구원을 보았사오니"(눅 2:29,30).

즉, "내 마음이 확신의 감미로움을 알았사오니 이제는 말씀하신 대로 종을 평안히 놓아주시는도다"라고 노래할 수 있을 것입니다.

6. 헛된 것을 위해 애쓰는 세상 사람들의 노력

세상 사람들도 현세의 복을 확보하기 위해서 혼신의 힘을 기울입니다. 그러므로 성도들은 더 나은 것들을 얻기 위해서 동일한 열심을 발휘해야 합니다. 이것이 바로 확신을 얻으라고 여러분을 촉구하는 여섯 번째 동기입니다. 세상 사람들이 자신과 후손들을 위해 현세의 복을 확보하려고 얼마나 많은 수고와 노력을 기울이는지 숙고하십시오. 세상 사람들은 이 세상에서 잠깐 쓰다가 버릴 것들을 확보하기 위해서 얼마나 바쁘게 뛰어다니고 멀리 여행하며, 계획을 세우고 속임수를 쓰며, 맹세하고 헐뜯으며 독살하는지요! 단지 그림자에 불과하고 일장춘몽에 불과하며 아무것도 아닌 것들을 얻기 위해서 얼마나 많은 애를 쓰는지요!

얼마나 많은 사람들이 자신의 왕관과 왕국을 든든히 세우기 위해서, 또 이 세상의 비틀거리는 영광을 확실히 자기 것으로 만들기 위해서, 마치 삼손이 나귀의 턱뼈로 사람들을 죽여 한 더미, 두 더미 쌓았던 것처럼 무고한 피를 얼마나 많이 흘리는지요!(삿 15:15,16 참고) 그들은 피비린내 나는 도살자로 판명되고 맙니다. 그들은 무수한 사람들의 피를 흘리더라도 자기가 왕관을 꼭 써야 한다고 고집합니다.

새가 이쪽 가지에서 저쪽 가지로 쉽게 날아가 버리는 것처럼, 현세의 것도 이 사람에게서 저 사람에게로 쉽게 날아가 버립니다. 그런 것을 얻기 위해서 사람들이 목숨도 아끼지 않고 내놓는 것입니다. 이 사실을 통해 우리는 깊이 자극받고 정신을 바짝 차리고 행동해야 합니다. 생명을 얻기 위해서 노력해야 합니다. 신령하고 영원한 것들을 확보해야 합니다.

이 세상이 하늘보다 더 낫습니까? 이 세상의 영광이 장차 올 세상의 영광보다 더 낫습니까? 이 세상의 재물이 천국의 재물, 곧 썩지도 않고 좀이나 동록이 해하지 못하며, 도둑이 구멍을 뚫지도 못하고 도둑질도 못하는 천국의 재물보다 더 항구적입니까?(마 6:19,20 참고) 절대 그렇지 않습니다.

그렇다면 그리스도인들이여! 부끄러운 줄 아십시오. 진주를 얻으려고 하는 여러분보다 조약돌을 주우려는 이 세상 사람들이 더 부지런하고 근면하기 때문입니다. 이 세상에서 죽음을 맞이할 때, 그리고 하나님의 심판대 앞에 섰을 때, 여러분에게 기쁨과 면류관이 될 것들을 얻기 위해 여러분이 수고하는 것보다, 마지막 날에 자신의 짐이 되고 파멸이 되며 저주가 되고 지옥이 될 것을 얻으려는 세상 사람들이 더 부지런하고 근면하기 때문입니다.

교회 역사를 보면, 자신의 외모를 꾸미기 위해서 매우 세심한 주의를 기울여 비싼 값을 주고 옷을 입는 창녀를 보고 눈물을 흘린 어떤 사람에 관한 이야기가 나옵니다. 이 사람이 눈물을 흘린 이유 중 하나는 지옥에 가기 위해서 그토록 많은 수고를 기울이는 사람을 보았기 때문이고, 또 하나는 창녀는 음란한 사람들을 기쁘게 하기 위해서 세심한 주의를 기울이는데 자신은 하나님을 기쁘게 하기 위해서 그렇게 세심한 주의를 기울이지 않았다는 사실 때문이었습니다.

그리스도인들이여, 여러분도 차분히 앉아 비통하게 슬퍼해야 마땅하지 않겠습니까? 이 세상 사람들은 자신을 비참하게 만들 일을 위하여 여러분이 확신을 얻기 위해서 수고하는 것보다, 여러분이 죄 사함을 얻기 위해서 수고하는 것보다, 여러분이 그리스도를 더 깊이 사랑하기 위해서 수고하는 것보다 더 많이 수고하면서 열심을 아낌없이 쏟아 붓고 있습니다.

7. 모든 고난의 짐을 가볍게 해 주는 확신

확신을 얻기 위해 힘써야 하는 일곱 번째 동기는, 확신으로 말미암아 여러분이 짐을 짐으로 여기지 않고 그것을 잘 감당하게 된다는 것입니다. 이것을 숙고하십시오.

"너희가 갇힌 자를 동정하고 너희 소유를 빼앗기는 것도 기쁘게 당한 것은 더 낫고 영구한 소유가 있는 줄 앎이라"(히 10:34).

여기에서 볼 수 있듯이, 하늘에 영구한 소유가 있는 줄을 확신하고 있었기 때문에 이 훌륭한 사람은 짐을 짐으로 여기지 않고 인내하면서 기쁜 마음으로 그것을 짊어질 수 있었습니다. 사도들도 마찬가지였습니다. 그들은 '땅에 있는 장막 집이 무너지면 하나님께서 지으신 집 곧 손으로 지은 것이 아니요 하늘에 있는 영원한 집'이 자신에게 있는 줄 알았기 때문에 영광과 욕됨, 악한 이름과 아름다운 이름을 다 견뎌 냈습니다(고후 5:1 참고). 그들은 많은 연약함과 여러 가지 질병과 궁핍과 여러 번의 죽을 위기를 겪었습니다. 그들은 가진 것이 하나도 없었습니다. 그런데도 그들은 모든 것을 소유한 사람으로 살았습니다. 여러 교회, 거짓 사도들, 무자비한 세상이 쉴 새 없이 그들에게 무거운 짐을 지웠습니다. 그런데도 그들은 그것들을 짐으로 여기지 않고 즐겁게 감당했습니다. 근거가 충분한 확신의 능력으로 그렇게 해 나갈 수 있었던 것입니다.

이처럼 확신은 힘겨운 고난을 가볍게 만듭니다. 확신은 기나긴 고난을 짧은 것으로 만듭니다. 확신은 쓰라린 고난을 달콤한 것으로 만듭니다(고후 4:16-18 참고). 반면에 사람에게 확신이 없으면 무거운 짐의 그림자만 보여도 기겁을 하고 가장 가벼운 짐에도 풀썩 주저앉아 버립니다. 그런 사람은 계속해서 다음과 같이 부르짖습니다. "이 세상에 나보다 무거운 짐을 지고 있는 사람은 한 사람도 없습니다. 내 짐은 다른 사람들의 짐보다 더 무겁습니다. 내 짐은 다른 사람들의 짐보다 더 큽니다."

사람에게 확신이 없으면 하나님에게서 받은 은혜마저도 때때로 그에게 짐이 되고, 하나님이 베푸신 위로마저도 때때로 그에게 짐이 되며, 하나님과의 교제마저도 때때로 그에게 짐이 됩니다. 뿐만 아니라 그 사람의 삶 자체가 그에게 짐이 됩니다.

그리스도인들이여! 영원한 세상의 것들에 대한 확신을 가지기 전까지는 절대 무거운 짐을 짐으로 여기지 않고 감당할 수가 없습니다. 반면 여러분이 확신을 가지고 있다면, 그 어떤 십자가가 여러분을 짓누르든지, 여러분은 그 아래서 기쁘게 뛸 것입니다. 여러분이 확신을 가지고 있다면, 그 어떤 산이 여러분을 짓누르든지, 여러분은 그 아래서 즐거워할 것입니다. 확신이 있는 사람의 마음은 어떤 환경에 처하든지 능히 대처할 수 있습니다. 이렇게 사람의 마음이 어떤 환경에 처하든지 능히 대처하게 된다면, 그 어떤 것도 그에게 짐이 될 수 없습니다.

장차 올 더 좋은 것들에 대한 확신은 이 세상의 저급한 것들에 수반되는 바 아프게 쏘는 것과 독을 제거합니다. 이렇게 아프게 쏘는 것과 독이 제거된다면, 현세에서 가장 사악한 것들도 사람에게 전혀 무거운 짐이 될 수 없습니다. 오히려 그것들은 그에게 기쁨이요 즐거움이 됩니다. 독이 있는 피조물이라 할지라도 아프게 쏘는 것이 제거되면, 사람은 그것과 더불어 장난을 칠 수도 있으며, 그것을 가슴에 품을 수도 있습니다. 확신은 모든 고난과 손실 등에서 아프게 쏘는 것을 제거합니다. 그러하기에 확신에 찬 영혼은, 다른 사람들이 그보다 훨씬 덜한 고난과 손실 속에서도 주저앉아 한숨을 내쉬고 슬퍼하며 자신은 도무지 감당할 수 없이 무거운 짐을 지고 있노라고 불평할 때에도 차분히 앉아서 노래할 수 있습니다.

만일 그리스도인들에게 영원한 세상에 관한 더 큰 확신만 있다면, 그리스도인들이 이 세상의 무거운 짐으로 인해 탄식하는 일이 훨씬 적어질 것입니다. 그렇게 되면 작은 짐을 무거운 짐으로 과장하는 일도 없을 것입니다. 그리스도인들이여! 여러분으로 하여금 모든 종류의 짐을 짐으로 느끼지 않고 감당할 수 있게 하는 것은 새로운 개념이나 견해나 그 무엇을 머리로 아는 것이 결코 아닙니다. 오직 여러분의 마음에 근거가 충분한 확신을 얻을 때 비로소 그렇게 될 수 있습니다.

8. 확신을 구하라는 하나님의 명령

확신을 구하라고 여러분을 촉구하는 여덟 번째 동기는, 그것이 하나님의 특별한 명령이기 때문입니다. 가령 베드로후서 1장 10절에서 하나님은 그리스도인에게 확신을 추구하라고 말씀하십니다.

"그러므로 형제들아, 더욱 힘써 너희 부르심과 택하심을 굳게 하라. 너희가 이것을 행한즉 언제든지 실족하지 아니하리라."

고린도후서 13장 5절도 같은 내용을 담고 있습니다.

"너희는 믿음 안에 있는가 너희 자신을 시험하고 너희 자신을 확증하라. 예수 그리스도께서 너희 안에 계신 줄을 너희가 스스로 알지 못하느냐. 그렇지 않으면 너희가 버림받은 자니라."

여기에서 '버림받은 자'라는 표현을 헬라어로 읽자면, '인정되지 않은 자'

라고 할 수 있습니다. 히브리서 6장 11절도 같은 내용입니다.

"우리가 간절히 원하는 것은 너희 각 사람이 동일한 부지런함을 나타내어 끝까지 소망의 풍성함에 이르러."[1]

활기가 없고 의심하며 꾸벅꾸벅 졸고 있는 그리스도인들이여! 여러분은 하나님의 모든 명령을 순종해야 합니다. 여러분이 동원할 수 있는 모든 능력과 권위로 마음을 재촉하여 여러분의 영원한 복락에 대해 확신할 수 있도록 여러분의 마음을 각성시키고 자극해야 합니다. 한 가지 명령을 선택하여 여러분의 마음에 의무로 부과하십시오. 만일 마음이 완고하고 의지가 굴복하지 않는다면, 다른 명령을 선택하여 그것을 여러분의 마음에 강하게 밀어붙이십시오. 만일 그렇게 해도 소용이 없다면 또 다른 명령을 선택하여 그것을 여러분의 마음에 사무치게 하십시오. 여러분의 영혼이 깊이 자극을 받아 확신을 얻기 위해 모든 힘을 다해 수고하겠노라고 할 때까지 이 작업을 결코 중단하지 마십시오.

그리스도인들이여! 여러분은 하나님의 모든 명령이 직접적이고도 즉각적인 순종을 요구하며, 절대적이고도 보편적인 순종을 요구한다고 여러분의 마음에 말해야 합니다. 여러분이 하나님의 뜻을 보았다면 무조건 순종해야 합니다. 한 가지 일에서뿐만 아니라 다른 일에서도 순종해야 합니다. 그리스도인들이여! 만일 제가 잘못 알고 있는 것이 아니라면, 여러분은 기도하고 말씀을 청종하라는 하나님의 명령을 성실하게 순종해야 하는 것만큼이나 여러분의 장래의 행복에 대한 확신을 얻으라는 하나님의 명령에도 성실하게 순종해야만 합니다.

---

[1] 역자주 – 한글 성경에는 '확신'이라는 표현이 없지만, 본래 저자가 사용하는 흠정역에는 '확신'이라는 표현이 들어 있습니다. "And we desire that every one of you do shew the same diligence to the full assurance of hope unto the end." 이것을 직역하면 다음과 같습니다. "우리는 너희 각자가 끝까지 소망의 온전한 확신을 향하여 같은 부지런함을 보여 주기를 바란다."

많은 사람들이 확신이 없다고 불평하면서도 정작 확신을 구하라고 요구하는 하나님의 명령들에 주의를 기울이지도 않고 성실하게 순종하지도 않는다는 것을 생각할 때, 그리스도인들의 순종이 이교도들이 자기들이 섬기는 신의 명령을 순종하는 것보다도 못한 수준이라는 것을 생각할 때, 참으로 서글픈 마음이 듭니다. 이교도들은 자기들의 신들이 사람을 제물로 요구할 때 촛불이라도 켜서 바칩니다. 또는 헤라클레스(Heracles)처럼, 살아 있는 사람 대신 사람을 그려서 그 그림이라도 제물로 바칩니다.

그리스도인들이여! 명심하십시오. 여러분이 하나님의 계명을 하나라도 경홀히 여기면, 하나님도 여러분이 누려야 할 위로를 무시하실 것입니다. 만일 여러분이 앞에 언급한 여러 가지 계명을 좀 더 양심적으로 순종한다면, 제가 믿기로는 공의로운 해가 틀림없이, 그리고 신속하게 떠올라 자신의 사랑과 영광의 빛을 여러분 위에 찬란하게 비추실 것입니다. 여러분의 결핍이나 불평거리보다 하나님의 계명에 마음을 더 많이 기울이십시오. 그러면 빛이 갑자기 여러분에게 비칠 것입니다. 그리스도의 계명을 순종함으로써 여러분이 그리스도에게 드리는 유익보다 더 많은 유익을 여러분이 얻을 것입니다. 그의 아들에게 입을 맞춤으로써 여러분은 그분을 소유할 수 있게 될 것이며, 그분과 확신을 여러분의 것으로 만들게 될 것입니다.

9. 확신이 없으면 심각한 상처를 입게 되는 그리스도인

확신을 구하라고 여러분을 촉구하는 아홉 번째 동기를 살펴봅시다. 확신 없이 사는 것보다 사탄을 더 즐겁게 할 수 있는 방법은 없으며, 확신 없이 사는 것보다 여러분 자신을 더 크게 해칠 수 있는 방법도 없습니다. 확신 없이 사는 것은 여러분을 사탄의 모든 올무와 유혹에 무방비 상태로 노출시키는 것과 같습니다. 뿐만 아니라 확신 없이 사는 것은 여러분이 사탄을 충동하고 자극하여 죄 중에서도 가장 사악한 죄로, 태만함 중에서도 가장 중대한 태만함으로, 가장 묘한 술책과 가장 고약한 곤경으로 여러분을 유혹해 보라고 적극 나서는 것과 같습니다.

그리스도인들이여! 도대체 사탄이 무엇으로 어떻게 여러분을 만족시켜 주었기에 여러분이 이와 같이 사탄을 즐겁게 하려 하는 것입니까? 사탄은 순진무구한 우리를 유혹하여 우리의 영광을 강탈해 가지 않았습니까? 사탄은 여러분의 영혼과 여러분의 구주를 오랫동안 떨어뜨려 놓지 않았습니까? 여러분이 여호수아처럼 하나님 앞에 서 있을 때, 사탄은 여러분의 오른쪽에 서서 여러분을 대적하지 않았습니까?(슥 3:1 참고) 사탄은 자주 이 세상의 영광을 여러분 앞에 펼쳐 보이고 그것으로 여러분을 유혹하고 홀리려고 하지 않았습니까?(마 4:8 참고) 사탄은 여러분 안에 불붙은 하나님의 역사에 자주 찬물을 끼얹지 않았습니까? 여러분은 사탄이 굶주려 우는 사자와 간교한 뱀이라는 것, 유혹하고 속이는 자라는 것, 거짓말쟁이요 살인자라는 것을 자주 깨닫지 않았습니까?

지금까지 말한 것은 모두 사실입니다. 그렇다면 더는 확신 없는 삶으로 사탄을 기쁘게 하지 마십시오. 확신 없이 사는 사람은 하나님의 열매를 만족스럽게 맺지 못하고 살아감으로써 사탄을 기쁘게 합니다. 확신 없이 사는 사람은 하나님보다 피조물을 더 즐거워하며 살아감으로써 사탄을 기쁘게 합니다. 확신 없이 사는 사람은 하나님으로부터 사랑을 받고 있는 사람처럼 살지 못함으로써 사탄을 기쁘게 합니다. 확신 없이 사는 사람은 사탄을 기쁘게 할 가능성이 매우 높습니다. 때로는 사탄의 명령에 동조함으로써, 때로는 사탄을 졸졸 따라다님으로써, 때로는 사탄의 편에 서서 행동함으로써 그를 기쁘게 할 것입니다.

그리스도인들이여! 명심하십시오. 여러분의 영원한 행복과 복락에 대한 확신을 얻는 것 외에는 이토록 비통한 악을 효과적으로 방지할 수 있는 방법이 없습니다. 확신은 사람으로 하여금 사탄에게 도전적인 태도를 취하도록 합니다. 확신은 영혼으로 하여금 지속적으로 악한 자를 대적하게 만들고, 악한 자를 이기는 일을 행복으로 여기게 만듭니다. 확신에 찬 영혼은 죽을 때까지 사탄과 싸우려고 할 것입니다. 확신에 찬 영혼은 겁쟁이처럼 도망치지 않고, 다윗처럼 용감하게 일어서서 승리할 것입니다.

확신 없이 사는 것은 사탄을 즐겁게 할 뿐만 아니라 여러분 자신의 영혼을 해롭게 합니다. 확신 없이 사는 것은 위로와 기쁨에 관해서 여러분 자신의 영혼을 해롭게 합니다. 확신 없이 사는 것은 평강과 만족에 관해서 여러분 자신의 영혼을 해롭게 합니다. 확신 없이 사는 것은 담대함과 대담함에 관해서 여러분 자신의 영혼을 해롭게 합니다.

확신 없이 사는 사람은 자신의 보배로운 영혼을 하나님과 세상과 육적인 친구들과 위선자들과 사탄에게서 오는 수많은 타격과 불행과 불쾌함과 상처에 무방비로 노출시킵니다.

그러므로 그리스도인들이여, 사탄을 만족시키고 싶지 않다면, 여러분의 영혼에 해를 입히고 싶지 않다면, 모든 잔인함과 횡포 중에서도 가장 사악한 영적인 잔인함과 횡포를 여러분 자신에게 일삼고 싶지 않다면, 하나님께서 자신의 달콤한 사랑과 마음에 품고 계시는 은밀한 것을 여러분에게 알려 주실 때까지 하나님으로 쉬시지 못하게 하십시오. 하나님께서 여러분을 끌어안아 주실 때까지, 하나님께서 여러분을 도장같이 마음에 품고 도장같이 팔에 두실 때까지 하나님으로 쉬시지 못하게 하십시오(아 8:6 참고).

10. 확신에 수반되는 유익들

근거가 충분한 확신을 구하라고 촉구하는 열 번째 동기는, 확신을 얻음으로써 여러분에게 돌아올 기분 좋은 유익과 영광스러운 이점입니다. 이것을 숙고하십시오. 만일 확신을 얻을 때 틀림없이 돌아오게 되어 있는 유익을 생각하고서도 확신을 구해야겠다고 자극받지 못한다면, 그 어떤 것을 통해서도 그런 자극을 받지 못할 것입니다.

1) 확신을 얻으면 이 땅에서 천국을 살게 됩니다.

확신을 얻게 되면 천국이 여러분의 마음속에 이루어집니다. 확신을 얻게 되면 이 땅에서도 천국을 소유할 수 있게 됩니다. 확신에 찬 영혼은 천국에서 살아가고 천국에서 거닐며 천국에서 일하고 천국에서 쉽니다. 확신에 찬 영혼은 그 내면에 천국을 가지고 있습니다. 확신에 찬 영혼은 그 주변에 천국을 가지고 있습니다. 확신에 찬 영혼은 그 머리 위에 천국을 가지고 있습니다. 그의 모든 말은 "천국, 천국!" "영광, 영광!"입니다.

2) 확신을 얻으면 삶의 모든 변화를 감미롭게 받아들일 수 있습니다.

확신을 얻게 되면 이 세상 삶의 모든 변화를 감미롭게 받아들일 수 있습니다. 이 세상 삶은 수많은 변화로 이어집니다. 확신은 질병과 건강, 연약함과 강건함, 결핍과 풍부, 불명예와 명예를 감미롭게 합니다(고후 4:16-18 참고). 사람이 영원히 변하지 않는 사랑을 받고 있다는 사실을 인식하면서 살아가는 한, 그 어떤 외적인 변화도 그의 심령에 주목할 만한 변화를 가져오지 못합니다. 시대가 변하고 사람들이 변하며 정권이 변하고 나라들이 변해도, 확신의 능력 아래 있는 사람은 절대 그 얼굴빛을 바꾸지 않으며, 그 주인을 바꾸지도 않고, 그 일을 바꾸거나 그 소망을 바꾸지도 않습니다. 다른 사람들은 다양한 변화 속에서 하찮은 모든 것을 구하기 위해 카멜레온처럼 여러 가지 색깔로 변화를 거듭할지라도, 확신에 찬 영혼은 그 모든 변화 가운데서도 언제나 그 모습 그대로 변하지 않습니다.

철학자 안티스티네스(Antistines)는 자신의 삶이 행복해지기 위해 오직 소크라테스와 같은 심령을 가지게 되기를 소원했습니다. 소크라테스는 그 어떤 학대나 모욕이나 고난이나 손해를 당하든지 언제나 평온한 심령을 그대로 유지했기 때문입니다. 그를 시기하던 사람들이 원하는 대로 모든 재판이 이루어졌지만, 그는 조금도 동요하지 않고 변하지 않는 태도를 보였습니다.

그리스도인들이여! 확신이 없어서 오늘날 작고 보기 흉한 사람들이 수없이 많이 생겨났습니다. 만일 여러분이 소크라테스와 같은 사람이 되고 싶다면, 영원한 행복에 대한 확신을 얻으십시오. 소크라테스에게는 유능한 제자가 한 사람 있었는데, 그는 테트라고노스(Tetragonos), 즉 정사각형이라는 뜻의 이름을 가지고 있었습니다. 그는 주사위를 던지듯 어디에 던져도 빈틈없고 확실한 사람으로서 변함이 없었습니다. 만일 여러분이 테트라고노스와 같은 사람이 되고 싶다면, 영원한 행복에 대한 확신을 얻으십시오.

확신은 여러분의 영혼을 결코 변하지 않는 바사와 메대의 법처럼 만들 것입니다(에 1:19; 단 6:8,12,15 참고). 확신은 가장 암울한 낮과 가장 긴 밤을 감미롭게 만들 것입니다. 수없이 다양한 변화 속에서도 확신은 사람으로 하여금 하박국처럼 차분히 앉아 여호와를 즐거워하고 자신의 구원이 되시는 하나님으로 말미암아 기뻐하게 만들 것입니다(합 3:17-19 참고).

3) 확신은 마음이 세상을 동경하지 않도록 만듭니다.

확신은 마음이 이 세상과 세상의 영광을 무절제하게 따라가지 않도록 이끕니다. 모세는 하나님께서 상 주실 것과 보이지 않는 하나님께서 자기를 사랑하고 은혜를 베푸실 것을 확신하고 있었기에 애굽의 모든 명예와 쾌락과 보물에 마음을 빼앗기지 않았습니다. 모세는 그 모든 것을 경시했고, 세상의 영광을 짓밟아 버렸습니다(히 11:24-27 참고). 마치 사람들이 아무짝에도 쓸모없는 것을 밟아 뭉개듯이 말입니다.

이와 마찬가지로 사도 바울도 셋째 하늘에 올라갔다 온 뒤, 그 어떤 것도 그리스도 안에 있는 하나님의 사랑으로부터 자신을 끊을 수 없음을 확신하였기에 세상을 십자가에 못 박았습니다(고후 12:1-4; 롬 8:38,39 참고).

"그리스도로 말미암아 세상이 나를 대하여 십자가에 못 박히고 내가 또한 세상을 대하여 그러하니라"(갈 6:14).

사도 바울의 말은 이런 뜻입니다. "세상은 나를 대하여 죽었고, 나 또한 세상을 대하여 죽었습니다. 세상과 나는 이런 점에서 서로 일치합니다. 세상은 내게 조금도 관심이 없고, 나 또한 세상에 조금도 관심이 없습니다."

천연 자석은 가운데 다이아몬드가 있으면 쇠를 끌어당기지 못합니다. 이 세상의 헛된 것들도 확신이라는 귀중한 고급 진주가 영혼 안에 있으면 그 영혼을 자기에게로 끌어당기지 못합니다.

저는 부활한 나사로에 대한 글을 읽은 적이 있습니다. 그는 무덤에서 부활한 다음에 결코 웃는 모습을 보이지 않았다고 합니다. 자신이 더 영광스러운 것들을 소유하고 있다는 확신 때문에 그의 마음이 이 세상에 속한 것들에 대해 무감각해졌기 때문입니다. 그는 이 세상에 속한 것들에서 웃을 만한 가치를 전혀 보지 못했습니다.

만일 그리스도인들 가운데 더 많은 확신이 있다면, 오늘날 볼 수 있는 것처럼 그리스도인들이 세상을 얻기 위해서 치열하게 싸우고, 탐욕스럽게 세상을 추구하고 따라가는 일은 없을 것입니다. 그런 일은 하나님의 영광을 가리고 그리스도를 욕되게 하며 복음을 부끄럽게 만듭니다.

더 많은 확신을 얻으십시오. 그리하면 돈이 좀 적어도 자족할 수 있을 것입니다. 더 많은 확신을 얻으십시오. 그리하면 조금 낮은 지위, 조금 적은 수익에도 자족할 수 있을 것입니다. 확신을 얻으십시오. 그리하면 빵 한 조각 때문에 범죄하거나 황금빛 쐐기를 향해 맹렬하게 달려들지 않을 것입니다.

4) 확신은 하나님과의 교제를 돕습니다.

확신은 하나님과 나누는 여러분의 교제를 매우 탁월하고 감미롭게 만들 것입니다. 자신이 하나님의 아들이 되었다는 확신은 그와 하나님의 교제를 매우 탁월하게 만들어 줍니다. 솔로몬의 아가서 전체를 통해 볼 수 있듯이, 자기가 하나님께 속해 있다는 사실을 가장 분명하게 확신하는 사람들만큼 하나님과 빼어나고 감미로운 교제를 나누는 사람은 없습니다.

"내 사랑하는 자는 내게 속하였고, 나는 그에게 속하였도다. 그가 백합화 가운데에서 양 떼를 먹이는구나"(아 2:16).

신부는 자신이 신랑에게 속해 있다는 것을 확신한다고 말합니다. 그러므로 신랑이 밤새 자신의 품속에 누워 있을 것이라고 말합니다(아 1:13 참고). 그래서 신부는 왕이신 예수님의 머리카락을 보고 사랑하여 병이 났으며, 신랑의 입맞춤과 포옹으로 마음이 고조되고 온통 신랑에게 마음을 빼앗깁니다(아 7:5 참고).

"그가 왼팔로 내 머리를 고이고 오른팔로 나를 안는구나"(아 2:6).

신부가 그리스도께 속해 있다는 사실을 가장 강하게 확신하는 사람은 바로 신부 자신이었습니다. 그리스도와 가장 고상하고 친밀한 교제를 나눈 사람이 바로 신부 자신이었습니다. 아내가 자신이 남편에게 속해 있다는 확신을 가질 때, 그 확신은 남편과의 교제를 감미롭게 해 주고, 강화시켜 줍니다. 자녀가 자신이 아버지에게 속해 있다는 확신을 가질 때, 그 확신은 아버지를 대하는 태도와 아버지와의 사귐을 감미롭게 해 줍니다. 이와 마찬가지로 성도가 자신이 하나님께 속해 있다는 확신을 가질 때, 그 확신은 하나님과의 교제와 사귐을 감미롭게 해 줍니다. 자신이 하나님께 속해 있다는 것을 확신하게 되면, 하나님을 생각하고 보고 맛보는 것과 하나님의 선한 말씀이 모두 감미로워집니다.

확신에 찬 영혼이 볼 때 하나님은 언제나 변함없이 친절하신 분입니다. 하나님이 그 손에 홀을 쥐고 계시든 칼을 쥐고 계시든, 하나님이 그 손에 위로의 잔을 들고 계시든 진노의 막대기를 쥐고 계시든, 하나님이 혼인 예복을 입고 계시든 붉은 피로 얼룩진 옷을 입고 계시든, 하나님이 자상한 아버지의 역할을 하시든 엄격한 재판관의 역할을 하시든 변함없이 친절한 분으로 보인다는 말입니다.

5) 확신은 영적 퇴보를 방지합니다.

확신은 여러분이 하나님과 하나님의 길에서 퇴보하는 것을 막아 주는 탁월한 예방제입니다. 룻이 시어머니 나오미를 떠나지 않으려고 했던 것처럼, 확신은 영혼이 하나님과 하나님의 길에서 결코 떠나지 않게 만들어 줍니다.

확신은 사람이 그리스도의 좋은 병사처럼 믿음에 굳건하게 서서 자기 자신을 잊어버리게 만듭니다(갈 5:1; 딤후 2:3 참고).

"그러므로 형제들아, 더욱 힘써 너희 부르심과 택하심을 굳게 하라. 너희가 이것을 행한즉 언제든지 실족하지 아니하리라"(벧후 1:10).

사람이 비틀거릴 수도 있으나 확신은 그가 심각하게 넘어지거나 완전히 넘어지지 않게 합니다. 오늘날 이토록 많은 배교자들이 존재하는 이유는 근거가 충분한 확신을 가진 사람이 너무나 적기 때문입니다.

플리니는 물을 거슬러 헤엄쳐 올라가는 물고기에 대해 이야기합니다. 오늘날 많은 신앙고백자들이 물을 거슬러 헤엄쳐 올라갑니다. 그들은 하나님과 그리스도와 양심으로부터 헤엄쳐 달아납니다. 뿐만 아니라 그들은 윤리와 통속적인 정직함이라는 원리로부터 헤엄쳐 달아나 버립니다.

친애하는 여러분이여, 내 말을 믿으십시오. 많은 사람들이 그리스도를 배신할 때에도 사람이 그리스도께 대하여 신실한 의를 지키도록 만들어 주는 것은 머리로 고상한 견해들을 아는 지식이 아니라 마음속에 있는 건전한 확신입니다.

확신에 찬 그리스도인은 자신이 가지고 있는 황금을 구리와 바꾸지 않습니다. 확신에 찬 그리스도인은 오래된 금 한 조각이 일천 개의 새로운 모조 황금보다 가치 있다는 사실을 압니다. 다시 말해서, 그리스도의 오래된 진리 하나가 새로운 잘못된 견해 일천 개보다 더 가치 있다는 사실을 압니다. 새로운 잘못된 견해들이 제아무리 반짝거리는 옷을 걸치고 있다 할지라도 말입니다. 그러므로 확신에 찬 그리스도인은 진리를 소중히 여기고 그 진리를 인정하며 고수합니다. 반면 건전한 확신이 없는 사람들은 그리스도와 귀중한 여러 가지 진리와 자기 자신과 다른 사람들의 불멸하는 영혼을 팔아먹을 것입니다.

확신을 얻으십시오. 그러면 당신은 백향목처럼 보이는 사람들이 쓰러질 때에도 든든히 서 있을 것입니다. 확신 없이 있어 보십시오. 그러면 비록 당신의 보배로운 영혼을 전부 다 잃어버리지는 않을지라도 당신은 넘어질 수밖에 없을 것이고, 당신의 모든 뼈가 꺾이고 말 것입니다.

6) 확신은 거룩한 담대함을 낳습니다.

확신은 하나님 앞에서 영혼을 지극히 담대하게 만듭니다. 확신은 사람을 하나님과 매우 친밀하게 만듭니다. 확신은 사람이 값없이 주시는 은혜의 문을 담대하게 두드리게 만듭니다. 확신은 사람이 은혜의 보좌 앞으로 담대히 나아가게 만듭니다. 확신은 사람이 거리낌 없이 담대히 지성소로 들어가게 만듭니다.

"우리가 마음에 뿌림을 받아 악한 양심으로부터 벗어나고 몸은 맑은 물로 씻음을 받았으니, 참마음과 온전한 믿음으로 하나님께 나아가자"(히 10:22).

확신은 영혼으로 하여금 하나님과 친밀히 교제하게 합니다. 마치 총애받는 신하가 군주와 교제하는 것처럼 말입니다. 마치 신부가 신랑과 교제하는 것처럼 말입니다. 마치 요셉이 야곱과 교제하는 것처럼 말입니다.

종교개혁자 마틴 루터(Martin Luther)는 확신의 능력에 사로잡혀 담대한 믿음의 초월적인 환희를 다음과 같이 표현했습니다. "내 뜻이 이루어지게 하소서(Fiat mea vlountas)." 그런 후에 거침없이 자신의 말을 이어갑니다. "주여, 내 뜻은 곧 당신의 뜻이나이다(Mea voluntas, Domine, quia tua)."

확신이 없기 때문에 얼굴에 수심이 가득하고 손이 힘없이 늘어지며, 무릎이 연약해지고 마음이 두려움과 떨림으로 가득 차게 됩니다. 그러므로 확신을 얻으십시오. 그러면 확신이 여러분의 두려움을 쫓아낼 것입니다. 확신이 여러분의 소망을 크게 만들 것입니다. 확신이 여러분의 심령을 유쾌하게 만들 것입니다. 확신이 믿음에 날개를 달아 줄 것입니다. 확신이 하나님 앞에서 여러분을 겸손하면서도 담대하게 만들 것입니다.

확신을 얻으십시오. 그러면 여러분은 은혜의 문 앞에서 문을 두드리거나 들어가기를 구하거나 응답을 구하는 일에 주저하지 않을 것입니다. 오히려 여러분은 에스더와 같이 담대히 하나님의 은혜와 선하심에 여러분 자신을 과감하게 내맡길 것입니다. 어떤 사람은 그리스도에 관해 이렇게 말합니다.

"참으로 이제 생각하건대, 나는 그리스도의 뼈 중의 뼈요 살 중의 살이므로 그리스도는 나를 멸시하실 수 없습니다(창 2:23 참고). 설령 그분이 형으로서 나를 무시할지 몰라도 남편으로서는 나를 사랑하실 것입니다. 바로 이것이 내게 위로가 됩니다."

확신은 그리스도와 영혼 사이에 존재하는 모든 서먹서먹함을 완전히 제거할 것입니다. 확신은 따로 떨어져 있던 그리스도와 우리의 영혼을 하나로 결합할 것입니다.

7) 확신은 임종을 맞이할 준비를 하게 합니다.

확신은 죽음과 죽음을 예보하는 모든 고통과 아픔과 허약함과 질병과 질환에 대한 생각을 감미롭게 만들어 줍니다. 뿐만 아니라 확신은 사람이 죽는 날을 사모하고 고대하게 만듭니다. 사람이 확신을 갖게 되면 그리스도와 따로 떨어져 있는 것을 싫어하게 됩니다. 확신은 사람을 두려움 중에서도 가장 큰 두려움인 죽음에 대해 미소를 짓게 만듭니다. 확신은 사람이 쏟아지는 창과 전쟁의 소란함과 피로 물든 전사의 의복을 비웃게 만듭니다. 확신은 순교자들로 하여금 사자들 앞에서도 당당하게 맞서게 했고, 박해자들을 대항하고 그들을 지치게 만들었으며, 화형대에 입을 맞추고 화염 속에서도 손뼉을 치며 찬송하게 했고, 마치 장미 화단을 밟는 것처럼 빨갛게 달아오른 석탄 위를 걷게 했습니다.

확신에 찬 영혼은 죽음을 통해서 자신의 모든 죄와 슬픔과 고통과 유혹과 버림과 반대와 영원히 고별하게 된다는 것을 잘 알고 있습니다. 확신에 찬 영혼은 죽음을 통해서 자신의 기쁨이 다시 살아날 것을 잘 알고 있습니다. 확신에 찬 영혼은 죽음이 출구인 동시에 입구인 것을 알고 있습니다. 다시 말해서, 죽음이 죄를 벗어나는 출구요 하나님을 분명하고 충만하고 지속적으로 향유하게 되는 입구임을 알고 있습니다. 그러하기에 확신에 찬 영혼은 행복해하며 이렇게 노래합니다.

"사망아 너의 승리가 어디 있느냐? 사망아 네가 쏘는 것이 어디 있느냐?"(고전 15:55)

"차라리 세상을 떠나서 그리스도와 함께 있는 것이 훨씬 더 좋은 일이라"(빌 1:23).

"내 사랑하는 자야 너는 빨리 달리라"(아 8:14).

"아멘, 주 예수여, (어서) 오시옵소서"(계 22:20).

확신을 갖게 되면 사는 것보다 죽는 것을 더욱 소망하게 됩니다. 확신을 갖게 된 영혼은 이렇게 말합니다.

"그리스도께로 가기를 싫어하는 사람이나 죽음을 두려워하라(Ejus est timere mortem, qui ad Christum nolit ire)."

"나는 그리스도와 함께 있을 수만 있다면 구름을 타고 올라가든 불병거를 타고 올라가든 전혀 개의치 않는다."

페르시아 사람들은 일 년에 한 번씩 모든 뱀과 독이 있는 것들을 죽이는 특별한 날을 가졌다고 합니다. 확신에 찬 영혼은 자신에게는 죽음의 날이 바로 그와 같은 날임을 잘 알고 있습니다. 그래서 그는 죽음을 사랑스럽고 소망스러운 것으로 생각하지 않을 수 없습니다. 그는 죄가 죽음을 이 세상에 태어나게 한 산파이며 장차 죽음이 죄를 매장하는 무덤이 되리라는 것을 잘 알고 있습니다. 그래서 그에게 죽음은 두려움이 아니라 오히려 기쁨입니다. 그는 죽음을 원수처럼 생각하거나 두려워하지 않고 오히려 친구로 생각하며 환영합니다.

등이 굽은 리차드 3세가 곤경에 빠져 "말을 한 필 주면 나라 전체를 주겠다. 말을 한 필 주면 나라 전체를 주겠다"라고 외쳤습니다. 이와 마찬가지로 확신이 없는 영혼은 죽음의 문턱에서 "확신을 준다면 나라 전체를 주겠다.

확신을 준다면 나라 전체를 주겠다"라고 부르짖을 것입니다. 순교자 세베루스(Severus)는 "만일 일천 개의 세상이 모두 내 것이라면, 나는 지금 당장 그 모든 것을 그리스도께 바치겠다"라고 말했습니다. 이와 마찬가지로 확신이 없는 영혼은 영원으로 들어가는 입구에서 "만일 일천 개의 세상이 모두 내 것이라면, 확신을 얻기 위해서 그 모든 것을 아낌없이 내놓겠다"라고 부르짖을 것입니다.

이와는 반대로 확신에 찬 영혼은 일천 개의 세상을 다 준다고 해도 죽음을 피하려고 하지 않을 것입니다. 그는 자신의 모래시계에 모래가 다 떨어지고 자신의 태양이 다 지더라도, "일 초라도, 일 초라도 더 살게 해 주시오"라고 외쳤던 어느 여인처럼 울부짖지 않을 것입니다. 오히려 그는 "주님, 주님이 보내신 병거가 왜 이렇게 지연되고 있나이까? 빨리 오게 하옵소서"라고 외칠 것입니다.

8) 확신은 은혜의 맛을 그대로 살려 줍니다.

확신은 통에 있는 가루 한 움큼과 병에 조금밖에 없는 기름을 매우 많아지게 합니다(왕상 17:8-16 참고). 확신은 모든 양식에 양념이 될 것입니다. 확신은 모든 은혜가 은혜로서 맛을 내게 만들 것입니다. 확신은 다니엘이 먹은 채식이 왕의 진미만큼 감미로운 것이 되도록 만들 것입니다(단 1:8-16 참고). 확신은 거지 나사로의 누더기 옷이 부자의 자색 옷만큼 만족스러운 것이 되도록 만들 것입니다(눅 16:19-23 참고). 확신은 야곱의 돌 베개가 죄 가운데 부유한 사람들이 눕는 부드러운 솜털과 상아로 된 침상만큼 부드러운 것이 되도록 만들 것입니다(창 28:18; 암 6:4 참고).

잘 보십시오. 확신이 없으면 죄인은 자신에게 베풀어진 은혜에서도 쓴맛만을 경험합니다. 다시 말해서, 확신이 없는 사람은 은혜의 선함과 감미로움을 전혀 맛보지 못합니다. 이와 마찬가지로 확신을 누리게 되면, 성도는 가장 작은 은혜에서도 총체적인 아름다움과 영광을 맛봅니다. 그러하기에 확신에 찬 사람들은 얼마 안 되는 전재산을 가지고도 매우 행복하고 유쾌하게 살아갑니다. 반면 세상을 마음대로 움직일 수 있지만 온 세상보다 더 가치 있는 확신을 가지지 못한 이 세상의 유력가들은, 자기에게 베풀어진 이런 여러 가지 은혜의 노예와 하인으로 살아갑니다(욥 20:22 참고). 그들은 모든 풍성함을 누리면서도 여러 가지 궁핍과 곤고함을 겪고, 두려움과 근심에 전적으로 매여 있습니다. 그 어떤 것도 그들을 기쁘게 하지 못하며, 그들에게 감미로운 맛을 주지도 못합니다. 왜냐하면 그들에게 확신이 없기 때문입니다. 즉, 성도로 하여금 그가 서 있는 땅과 그가 숨 쉬는 공기를 즐거워하고 그가 앉아 있는 자리와 먹고 있는 음식을 즐거워하며 그가 입고 있는 옷을 즐거워하게 만드는 확신이 그들에게 없기 때문입니다.

그리스도인들에게 확신이 좀 더 많다면, 그들은 큰 은혜를 작은 은혜로 깎아내리지 않을 것이며, 작은 은혜를 전혀 은혜가 아닌 것으로 깎아내리지 않을 것입니다. 절대로 그렇게 하지 않을 것입니다. 그리스도인들에게 확신이 좀 더 많다면, 그들은 이 세상에서 누리는 모든 은혜를 위대하게 생각할 것입니다. 모든 은혜를 달콤하고 향기로운 은혜로 여길 것입니다. 잘 보십시오. 모세가 마라의 쓴물에 던져 넣은 나무가 쓴물을 달게 만들었던 것처럼(출 15:23-25 참고), 확신도 모든 쓴것을 달게 만들고, 단것을 더 달게 만드는 생명의 나무입니다.

9) 확신은 그리스도인의 의무 이행에 활력을 줍니다.

확신은 사람을 좀 더 천사처럼 만듭니다. 확신이 있는 사람은 쉴 새 없이 활동하고 움직입니다. 확신이 있는 사람은 그리스도의 영광을 더욱 드러내기 위해서 언제나 바쁘게 움직이는 영광의 제후들, 곧 천사들과 비슷하게 될 것입니다. 천사들은 쉼 없이 어린양의 노래를 부릅니다. 천사들은 쉬지 않고 하나님을 경외하는 사람들 주변에 진을 치고 있습니다(시 34:7 참고). 모든 천사들은 구원받을 상속자들을 위하여 섬기라고 보내심을 받은 영들입니다(히 1:14 참고).

사도 바울에게서 볼 수 있듯이, 확신은 하나님을 섬기는 일에 열정적이며 지속적이고 풍족하게 만듭니다. 확신에 찬 그리스도인은 생각보다는 행동이 더 많고, 말보다는 행함이 더 많으며, 입술보다는 실제 생활이 더 많고, 혀보다는 손이 앞섭니다. 확신에 찬 그리스도인은 한 가지 일을 마친 다음에 또 다른 일을 찾습니다. 확신에 찬 그리스도인은 이렇게 말합니다. "주님, 제가 다음에 해야 할 일을 알려 주십시오. 제가 다음에 해야 할 일은 무엇입니까?" 그의 머리와 마음은 그가 하는 일에 몰두하고, 무슨 일을 하든지 혼신의 힘을 기울입니다. 왜냐하면 죽은 후에는 일할 수 없기 때문입니다.

확신에 찬 그리스도인은 어떤 일에든지 손을 댑니다. 그는 어떤 짐이든지 짊어집니다. 그는 어떤 멍에든지 그리스도를 위해서라면 주저하지 않고 맵니다. 이제 어느 정도 할 만큼은 했다고 생각하는 법이 결코 없습니다. 언제나 너무 적게 일했다고 생각합니다. 그리고 자신의 능력이 닿는 모든 일을 다 행한 후에는 숨을 내쉬며 앉아서 이렇게 말합니다. "나는 무익한 종일 따름입니다."

한마디로 말해서, 확신은 당신의 마음에 놀라운 영향력을 행사합니다. 모든 의무와 종교적 의무를 이행할 때 그 어떤 것도 확신만큼 사랑하며 재미있게 살게 하지는 못합니다. 그 어떤 것도 확신만큼 겸손하고 감사하며 만족하고 유쾌하게 살게 하지 못합니다. 그 어떤 것도 확신만큼 진지하게 기도하게 만들고, 솔직하게 찬송하게 만들지는 못합니다. 그 어떤 것도 확신만큼 사람을 즐겁고 기쁘게 만들지 못합니다. 그 어떤 것도 확신만큼 사람이 더 바른 태도로 인생을 살아가게 만들거나 더 기꺼이 죽음을 맞이하게 만들지 못합니다.

그리스도인들이여! 만일 이 세상을 살아가는 동안 천사처럼 살기를 원한다면, 장차 올 세상에 대한 확신을 가지십시오. 그러면 여러분은 더 이상 우둔하거나 활기 없지 않을 것입니다. 오히려 적극적이고 생기가 넘칠 것입니다. 모든 소망과 마음이 온통 천국에 가 있는 사람들답게 말입니다.

10) 확신은 영혼으로 하여금 그리스도를 향유하게 만듭니다.

확신이 있다면 당신의 영혼은 그리스도와 그리스도께 속한 보배로운 것들을 감미로운 것으로 여기게 되어 있습니다. 확신에 찬 영혼에게 그리스도의 인격과 성품과 목적과 그리스도의 직분과 그분의 은혜와 그리스도께서 흘리신 피와 그분의 말씀과 신적 위엄과 성령과 그리스도께서 제정하신 여러 가지 규례들과 그리스도의 미소와 입맞춤 등은 얼마나 감미로운 것인지요.

확신을 갖게 되면 그리스도에 대한 묵상이 더 이상 두려움이나 공포를 낳지 않을 것입니다. 오히려 이제 여러분의 마음은 가장 좋은 상태에서 주 예수 그리스도의 감미로움과 선하심과 친절하심과 사랑스러우심을 묵상하는 일에 가장 깊이 전념할 것입니다. 이제 그리스도께서 만들고 운영하시는 모든 제도와 행정이 여러분에게 보배로운 것이 될 것입니다. 그리스도께서 그 이름으로 인 치신 모든 것에 여러분은 마음을 쏟게 될 것입니다. 이제 여러분은 그리스도의 기준으로 모든 사물들을 대하며, 그리스도께서 소중히 여기시는 것을 소중히 여기게 될 것입니다. 그리스도께서 중요하게 여기시는 것을 여러분이 하찮게 여기는 일은 일어나지 않을 것입니다. 그리스도께서 매우 하찮은 것으로 여기시는 것을 여러분이 중요하게 여기는 일도 일어나지 않을 것입니다.

또 확신은 그리스도의 형상을 가지고 있는 모든 것에 대한 여러분의 태도를 매우 감미롭게 만들 것입니다. 확신은 여러분으로 하여금 연약한 성도들을 용납하게 할 것입니다. 비록 그들의 빛이 여러분의 빛처럼 선명하지 못하고, 그들의 능력이 여러분의 능력만큼 대단하지 못하며, 그들의 기쁨이 여러분의 기쁨만큼 크지 못하고, 그들의 판단력이 여러분의 판단력만큼 박식하지 못하며, 그들의 양심이 여러분의 양심만큼 잘 만족되지도 않고, 그들의 삶이 여러분의 삶만큼 온화하지도 않지만, 확신으로 말미암아 여러분은 그들을 용납하게 될 것입니다.

확신은 사람으로 하여금 하나님과 같은 성품을 갖게 합니다. 언제라도 용서를 베풀 의향을 갖게 하며, 선한 일에 풍성하게 하며, 놀라울 정도로 인내하게 합니다. 확신은 사람들로 하여금 다른 사람들의 장점을 열심히 찾아 내며 연약한 사람들을 든든히 세워 줄 수 있는 모든 기회를 기뻐하게 만듭니다. 또한 낙심한 사람들을 위로하며 가난한 사람들을 부요하게 하고 유혹에 넘어진 사람들을 회복시켜 주며 마음이 인색해진 사람들을 넓어지게 하며 쇠약해진 사람들을 건강하게 세워 줄 수 있는 모든 기회를 기뻐하게 만듭니다. 진실로 사람들이 그토록 모질고 심술궂으며 비판적인 이유는, 하나님께서 그들의 마음에 이처럼 감미로운 기쁨의 꽃인 확신을 주시지 않았기 때문입니다.

만일 사람들이 마음에 하나님이 자신을 값없이 사랑해 주셨고 은혜롭게 용납해 주셨으며 완전하게 의롭다 하셨고 무조건적으로 용서해 주셨으며 영원토록 영화롭게 하실 것이라는 확신을 갖는다면, 사람들은 하나님이 사랑하시는 것을 사랑하지 않을 수 없을 것이며, 하나님이 인정하시는 것을 인정하지 않을 수 없을 것이며, 하나님이 기꺼이 받아들이시는 것을 받아들이지 않을 수 없을 것이며, 예수 그리스도와 하나인 모든 사람들과 하나가 되지 않을 수 없을 것입니다.

그리스도인들에게 확신이 더 많다면, 다윗과 요나단 같은 심령이 그리스도인들 사이에서 오늘날보다 더 많이 있을 것입니다. 만일 그리스도인들에게 확신이 더 많다면, 생명과 사랑과 감미로움과 온유함이 좀 더 많아질 것입니다. 만일 확신이 더 많다면, 성도들 가운데 소란과 논쟁과 분열과 불화와 물고 뜯는 일과 멸망시키는 일이 줄어들 것입니다. 확신은 송아지와 어린 사자, 이리와 어린양, 표범과 어린 염소, 암소와 곰이 함께 뒹굴고 함께 먹게 만듭니다(사 11:6-8 참고).

확신이 없는 사람들은 형제들을 사랑하되, 파리가 꿀단지를 사랑하는 수준으로 사랑합니다. 파리는 단지에 먹을 꿀이 있는 동안만 단지를 좋아합니다. 이와 마찬가지로 확신이 없는 사람들은 사랑을 이끌어 내는 외적인 동기가 있는 동안만 형제들을 사랑할 뿐, 그 외적인 동기가 사라지면 사랑하지 않습니다. 디오니시우스는 술병에 술이 가득 차 있을 때에만 술병을 좋아했다고 합니다. 그래서 술병의 술이 다 떨어지면 그 병을 힘껏 집어 던졌다고 합니다. 이와 마찬가지로 확신이 없는 많은 사람들은 성도들을 사랑하되, 그들의 지갑이 두툼하고 그들의 집에 현세의 좋은 것들이 가득 차 있을 때에만 성도들을 사랑합니다. 그러다가 성도들이 빈털터리가 되면 욥의 친구들이 욥을 버렸던 것처럼, 그들은 성도들을 헌신짝 버리듯 벗어던져 버립니다.

오직 확신만이 사람으로 하여금 하나님이 사랑하시는 것처럼 사랑하게 만듭니다. 오직 확신만이 사람으로 하여금 하나님만큼 오래 사랑하게 만듭니다. 확신에 찬 그리스도인들은 가장 미미할지라도 은혜의 새싹과 꽃이 피어나는 한 결코 사랑하기를 멈추지 않을 것입니다. 확신에 찬 그리스도인에게는 화려한 왕의 옷을 입고 있는 솔로몬이나 누더기를 걸치고 있는 거지 나사로나 모두 똑같이 아름답습니다. 확신에 찬 그리스도인에게는 거름 더미 위에 앉아 있는 욥이나 왕좌에 앉아 있는 다윗이나 똑같이 즐거운 대상입니다. 확신에 찬 그리스도인이 매력을 느끼는 것은 성도들의 외적인 화려함이나 장관이 아니라 성도들의 내적인 아름다움과 영광입니다.

11. 거짓 확신에서 그리스도인을 보호하는 참된 확신

여러분의 영원한 행복과 복락에 대하여 근거가 충분한 확신을 얻기 위해 힘써야 하는 열한 번째 동기는, 이 세상에 거짓된 지식, 거짓된 신앙, 거짓된 사랑, 거짓된 회개 등이 매우 많이 있는 것처럼 거짓된 확신도 매우 많이 있다는 것입니다. 이 사실을 숙고하십시오.

많은 사람들이 자신은 이런저런 사람이고 자신에게는 이러이러한 영광스런 확신이 있다고 거침없이 말하며 대단한 듯 그 증거들을 보여 주지만, 실제로 그들의 확신을 성소의 저울에 달아 보면 너무나 가벼운 것으로 드러나고, 실제로 여러 가지 유혹에 대항해야 할 상황 앞에 너무나 연약한 것으로 드러나며, 영혼이 거룩한 활동에 참여해야 할 상황 앞에 게으른 억측에 불과한 것으로 드러나고 맙니다.

이 세상에 가짜 금이 있다는 것 때문에 사람들은 진짜 금, 시금석과 불에도 견딜 수 있는 진짜 금을 얻기 위하여 적극적으로 부지런히 움직이지 않습니까? 그렇다면 이 세상에 가짜 확신이 있다는 것 때문에 여러분도 진짜 확신, 곧 근거가 충분한 확신을 얻기 위하여 더 주의하고 적극적인 자세를 취해야 하지 않겠습니까? 그런 확신은 하나님께서 가치를 인정할 뿐 아니라 모든 것이 드러나는 날에 하나님의 시금석을 통과할 수 있으며, 심판의 보좌가 세워지고 그 앞에 놓인 책들이 펼쳐질 때 부끄러움과 수치를 당하지 않게 해 줄 것입니다.

✢

지금까지 저는 근거가 충분한 확신을 얻어야 한다고 여러분에게 촉구하기 위해서 여러 가지 동기들을 좀 장황하게 제시하였습니다. 제가 이렇게 한 까닭은 확신을 얻는 일이야말로 여러분에게 한없이 중요한 일인데도 사람들이 이 일을 너무나 꺼리기 때문입니다. 확신은 그 안에 보상을 늘 달고 다니지만, 확신을 추구하는 사람은 매우 적습니다. 확신을 얻는 과정에 드는 수고는 확신을 얻었을 때 따라오는 유익과 비교할 때 정말 아무것도 아닙니다. 그런데도 확신을 얻기 위해서 땀을 흘리는 사람은 매우 적습니다.

지금까지 말한 동기들이 여러분을 각성시키고 자극하여 '흰 돌'과 '새 이름'을 얻을 때까지 결코 쉬지 못하도록, 죄 사함을 받았다는 확신을 마음속 깊이 가질 때까지 결코 쉬지 못하도록 만들지 못한다면, 제가 아는 한 다른 그 어떤 것으로도 여러분을 그렇게 만들 수 없을 것입니다.

6장

영원한 복락에 대한 근거가 충분한
확신에 이르는 방법

1. 은혜를 적극적으로 활용하라

만일 여러분이 확신을 얻고자 한다면, 은혜를 많이 활용하고 사용하십시오. 이미 예수 그리스도를 믿는 에베소 교인들이 은혜를 활용하고 사용하고 있을 때, 주의 성령께서 그들을 구속의 날까지 인 치셨습니다(엡 1:13 참고). 확신은 은혜를 사용할 때 따라오는 것입니다. 확신은 영양분을 공급받고 양육 받아야 합니다. 영혼이 은혜를 활용할 때 확신은 그 영혼 안에서 자라나며 유지됩니다.

은혜가 가장 왕성하게 행동으로 옮겨질 때 은혜를 가장 분명하게 확인할 수 있습니다. 은혜는 행함으로써 점점 더 완벽해집니다. 받은 바 은혜를 게을리 하면 틀림없이 은혜는 감소하게 됩니다. 우물물은 자꾸 길어 내야 더 깨끗하고 신선한 물이 솟아나는 법입니다. 활기 없고 기운 없는 정신을 가지고는 그 어떤 것도 얻을 수 없습니다.

수건에 꼭꼭 싸 놓은 달란트는 녹이 슬게 되어 있습니다. 가장 고상한 능력이라 할지라도 개발하지 않으면 쇠퇴하고 맙니다. 소유하고만 있는 은혜가 보이지 않는 것은 다 타 버린 재 속에서 불씨가 보이지 않는 것과 같고, 광석 속에 함유된 금이 보이지 않는 것과 같으며, 무덤 속에 누워 있는 죽은 사람이 보이지 않는 것과 같습니다. 반면 활발하게 활동하고 작용하는 은혜는 보좌에 앉은 왕과 같아서 반짝거리며 빛을 냅니다.

아, 그리스도인들이여! 만일 여러분이 받은 은혜를 좀 더 적극적으로 활용한다면, 그 은혜가 더 명백해질 것입니다. 그리고 만일 여러분이 받은 은혜가 더 명백해지면, 여러분의 확신이 더욱 분명하고 온전해질 것입니다. 사도 바울은 한때 디모데에게 "그러므로 내가 나의 안수함으로 네 속에 있는 하나님의 은사를 다시 불 일듯 하게 하기 위하여 너로 생각하게 하노니"(딤후 1:6)라고 말하였습니다.

저도 여러분에게 다음과 같이 말합니다. 만일 여러분이 확신을 얻고 싶다면, 여러분 속에 있는 하나님의 은혜를 다시 불 일듯 하게 하십시오. 하늘에서 임한 불이 점점 세차게 타오르도록 하십시오. 하나님께로부터 받은 고결한 심령을 일으켜 세우십시오. 무슨 일이 있어도 믿는 일과 회개하는 일을 멈추지 마십시오. 여러분이 참으로 믿고 회개하고 있다는 것이 여러분이 살아 있다는 사실만큼이나, 또 하나님께서 야곱 가운데 다스리고 시온 가운데 거하신다는 사실만큼이나 확실하다는 확신이 여러분의 마음속 깊이 분명하게 새겨질 때까지 제가 말한 대로 하십시오.

그리스도인들이여! 이것을 반드시 기억하십시오. 여러분이 이 세상을 살아가는 동안 하나님께 영광을 돌리는 길은 은혜를 받아 그냥 소유하고만 있는 것이 아니라 받은 은혜를 활용하고 실행하는 것입니다.

그리스도인들이여! 이것을 반드시 기억하십시오. 여러분이 모든 위로를 누릴 수 있는 길은 단순히 은혜를 소유하고 앉아 있는 것이 아니라 은혜를 적극 활용하는 것입니다.

그리스도인들이여! 이것을 반드시 기억하십시오. 받은 은혜를 활용하지 않기 때문에 여러분은 자신이 받은 은혜를 식별하지도 못하고 장래의 행복에 대해서도 아무런 확신을 갖지 못하는 것입니다.

부자가 되고 싶은 사람은 한시도 쉬지 않고 돈을 벌어야만 합니다. 이와 마찬가지로 확신이라는 재산을 얻고 싶은 사람은 쉬지 않고 은혜를 활용해야 합니다(골 2:2 참고). 오직 활기 있고 적극적인 그리스도인들만이 은혜를 활용할 때 수반되는 기쁨과 위로와 만족을 알고 그것을 체험할 수 있습니다. 만일 당신이 은혜 안에서 언제나 어린 아기이기를 원하지 않으며 확신과 상관없는 사람이기를 원하지 않는다면, 당신이 받은 은혜의 황금 바퀴가 항상 굴러가도록 힘쓰십시오.

2. 하나님께 순종하는 일에 마음을 쏟으라

그리스도인들이여! 만일 여러분이 확신을 얻고 싶다면, 여러분은 하나님께 순종함으로써 얻게 되는 유익보다는 하나님께 순종하는 일 자체에 더 많은 마음을 쏟아야 합니다. 여러분은 논쟁하는 것보다는 순종하는 일에 더 탁월해야만 합니다. 여러분은 말하고 언쟁하는 것보다는 행동하고 실행하는 것에 더 탁월해야만 합니다.

확신은 빈둥거리는 사람들이 아니라 땀 흘려 수고하는 거룩한 사람들에게 그리스도께서 주시는 천상의 보수입니다. 물론 어느 누구도 자신의 순종이 공로가 되어 확신을 얻지는 않습니다. 그러나 대개 하나님은 순종에 확신이라는 면류관을 씌워 주십니다.

"나의 계명을 지키는 자라야 나를 사랑하는 자니, 나를 사랑하는 자는 내 아버지께 사랑을 받을 것이요, 나도 그를 사랑하여 그에게 나를 나타내리라. 가룟인 아닌 유다가 이르되 주여, 어찌하여 자기를 우리에게는 나타내시고 세상에는 아니하려 하시나이까? 예수께서 대답하여 이르시되 사람이 나를 사랑하면 내 말을 지키리니, 내 아버지께서 그를 사랑하실 것이요 우리가 그에게 가서 거처를 그와 함께하리라"(요 14:21-23).

이 말씀에서 볼 수 있는 것처럼, 행동하는 그리스도인과 행하는 그리스도인이 성부 하나님과 성자 하나님의 사랑을 가장 많이 받는 유일한 그리스도인이요, 은혜와 은총의 가장 탁월한 현현을 체험하는 유일한 그리스도인이며, 성부 하나님과 성자 하나님의 임재와 동행을 가장 많이 경험하는 그리스도인입니다.

시편 50편 23절 말씀도 같은 내용을 담고 있습니다.

"그의 행위를 옳게 하는 자에게 내가 하나님의 구원을 보이리라."

이 말씀은 다음과 같은 뜻입니다.

"그 행위를 옳게 하는 자에게 나는 내가 그의 구주임을 나타낼 것이다. 나는 그에게 구원을 보여 줄 것이다. 그리고 그가 구원받은 사람이라는 사실을 알려 줄 것이다. 나는 그를 구원할 것이다. 그리고 그로 하여금 내가 그를 구원하였다는 것을 보게 할 것이다. 그는 구원이 얼마나 귀한 것인지를 깨닫고 구원의 감격을 맛볼 것이다."

갈라디아서 6장 16절 말씀도 같은 내용입니다.

"무릇 이 규례를(새로운 피조물의 규례를) 행하는 자에게와 하나님의 이스라엘에게 평강과 긍휼이 있을지어다."

여기에서 '행하는'이라고 번역된 헬라어 단어는 단순히 행한다는 뜻이 아니라 규칙에 따라 질서 있게, 규모 있게, 옆길로 새지 않고 똑바로 걸어간다는 뜻을 지니고 있습니다. 평강과 긍휼도 이와 같은 방식으로 새로운 피조물의 규례를 따라 행하는 탁월한 사람들 안에, 그들과 함께, 또 그들 위에 있을 것입니다.

확신은 너무나 귀중한 보석이기 때문에 새로운 피조물의 규례와 정반대로 행하는 사람의 마음에는 절대 주어질 수 없습니다. 그런 사람들도 확신에 대해 말하고 야단법석을 떨 수 있습니다. 그러나 확신이라는 면류관을 쓰게 되는 주인공은 새로운 피조물의 규례대로 충실하게 행하는 그리스도인입니다.

확신은 성도가 누리는 행복 중에서도 탁월한 행복입니다. 그러므로 하나님은 절대 거룩이라는 방식을 벗어나서 그것을 주시지 않을 것입니다.

"여호와께서 자기를 위하여 경건한 자를 택하신 줄 너희가 알지어다"(시 4:3).

그 내면이 전적으로 영광스럽고 그 옷이 황금으로 장식된 사람들이 아니면 그 누구도 하나님의 궁정에서 총애를 받는 신하가 아니며, 그 누구도 하나님의 방백으로 인정을 받지 못합니다. 그 내면의 원리가 신령한 영광으로 충만하고 그 삶의 실천이 순결하고 거룩하여 온화하고 적합한 사람들, 바로 이런 사람들이 하나님께로부터 기도를 응답받는 영광을 누리며, 하나님의 마음을 아는 행복을 누립니다.

3. 성령의 교훈을 부지런히 따르라

그리스도인이 확신을 얻고자 한다면 성령에 대해서 부드러운 태도를 취해야 합니다. 성령의 음성을 듣고 그 지도를 따르며 그의 법을 순종하며 살아야 합니다. 성령은 성부 하나님의 은밀한 것들을 계시해 주시는 위대한 분입니다. 성령은 성부 하나님의 가슴에 안겨 계십니다. 성령은 생명책에 기록된 모든 이름을 다 알고 계십니다. 성령은 가련한 죄인들을 향한 하나님의 마음이 어떻게 작용하는지를 속속들이 알고 계십니다. 성령은 위대한 위로자이십니다. 성령은 구속의 날까지 영혼을 인 치시는 유일한 분입니다.

만일 여러분이 고의적으로 죄를 지음으로써, 여러분을 기쁘게 할 수 있는 유일한 그분을 슬프게 만든다면, 누가 여러분을 기쁘게 할 수 있겠습니까? 그리스도인들이여! 내 말을 믿으십시오. 여러분이 성령을 등지면, 그분은 그 얼굴을 여러분에게로 향하지 않으실 것입니다. 여러분이 성령을 괴롭히는 것은 여러분 자신을 불안하게 만드는 결과를 가져올 뿐입니다.

"그들이 반역하여 주의 성령을 근심하게 하였으므로, 그가 돌이켜 그들의 대적이 되사 친히 그들을 치셨더니"(사 63:10).

잘 보십시오. 아무리 많은 불빛이 있어도 태양 빛이 없는 것을 채울 수는 없는 것처럼, 아무리 많은 피조물이 있어도 성령의 증언이 없는 것을 채울 수는 없습니다. 하나님은 출애굽기 23장 20,21절에서 백성을 향해 다음과 같이 말씀하셨습니다.

"내가 사자를 네 앞서 보내어 길에서 너를 보호하여 너를 내가 예비한 곳에 이르게 하리니, 너희는 삼가 그의 목소리를 청종하고 그를 노엽게 하지 말라. 그가 너희의 허물을 용서하지 아니할 것은 내 이름이 그에게 있음이니라."

하나님께서 말씀하신 것처럼 저도 여러분에게 말합니다. 주님의 성령은 여러분을 인도하고 지켜 주시는 분입니다. 또한 오직 그분만이 하나님의 사랑과 은총에 대하여 영혼을 만족시키는 증거를 여러분에게 보이실 수 있습니다. 그러므로 만일 여러분이 확신을 얻고 싶다면, 성령을 주의하고 그분의 음성에 순종하며, 그분을 노엽게 만들지 마십시오.

만일 여러분이 고의적인 범죄로 성령을 노엽게 한다면, 성령께서는 여러분을 위로해 주시지도, 조언하시지도 않을 것입니다. 또 성령께서는 여러분에게 인 치는 성령으로서, 증언하는 성령으로서 역사하시지 않을 것입니다. 오히려 성령께서는 여러분의 영혼 안에 폭풍우와 큰 폭설을 일으키실 것입니다. 성령께서는 성부 하나님이 불쾌해하시는 것과 여러분의 구주께서 피를 흘리시는 것과 자기 자신이 슬퍼하는 것을 여러분에게 보여 주실 것입니다. 이런 광경을 보게 되면 틀림없이 의심하고 있는 여러분의 영혼은 괴로워하며 심한 가책을 느낄 것입니다.

주님의 성령은 섬세하고 거룩한 분이며, 그가 머무는 모든 영혼을 행복하게 만들어 주시는 신성한 손님이십니다.

"하나님의 성령을 근심하게 하지 말라. 그 안에서 너희가 구원의 날까지 인 치심을 받았느니라"(엡 4:30).

여러분은 집에 찾아온 손님이나 친한 친구를 슬프게 만들지 않을 것입니다. 오히려 예의 바르고 친절하게 그들을 환대할 것입니다. 그런데 왜 여러분은 성령을 슬프게 만드는 일을 아무렇지도 않게 생각합니까? 성령은 성부 하나님의 형상을 여러분에게 새겨 주실 수 있는 유일한 분이요, 여러분에게 영생과 영광을 인 쳐 주실 수 있는 유일한 분입니다.

아, 그리스도인들이여! 확신에 도달하는 방법은 주저앉아 확신이 없다고 한숨지으며 탄식하는 것이 아닙니다. 성령에 민감하게 반응하고 성령에 순응하며, 성령을 바짝 따르고 성령에 순종하며, 성령을 환대하고 성령을 영화롭게 하며 복종하는 것이 확신에 도달하는 방법입니다.

다윗은 골리앗의 칼에 대해서 "그 같은 것이 또 없나니"(삼상 21:9)라고 말했습니다. 저도 다윗과 똑같은 식으로 말합니다. 사람의 행복과 복락에 대해서 근거가 충분한 확신에 도달하는 데는 이 같은 것이 또 없습니다. 어떤 사람이 "만일 말을 타고 천국에 갈 수 있는 길이 있다면, 그것은 기도함으로써 가능합니다"라고 말했다고 합니다. 저도 그 사람과 똑같은 식으로 말합니다.

만일 확신에 이를 수 있는 길이 이 세상에 있다면, 그것은 주님의 성령을 거스르는 것을 두려워하고 주님의 성령을 기쁘게 하는 것을 철저히 따르는 것입니다. 왜냐하면 성령의 직무가 가련한 영혼들에게 그들의 죄가 사함을 받고 그들의 영혼이 구원받았다는 것을 증언하는 것이기 때문입니다.

4. 모든 규례에 부지런히 참석하라

만일 여러분이 확신을 얻고 싶다면, 확신을 갖게 하는 모든 규례를 성실하게, 부지런히, 그리고 지속적으로 행하십시오. 왕을 만나고 싶어하는 사람은 왕이 다니는 길목에서 그를 기다려야 하는 법입니다. 그리스도께서 제정해 주신 모든 규례는 그리스도께서 늘 다니시는 길입니다. 그러므로 그리스도의 아름다움을 눈으로 보고 싶은 사람, 그리스도의 선하심을 맛보고 싶은 사람, 그리고 그리스도의 사랑으로 황홀해지고 싶은 사람은 반드시 지혜의 문 앞에서 기다려야만 합니다(잠 8:34,35 참고). 반드시 그리스도께서 친히 지정하고 세우신 모든 규례 안에서 그리스도를 따라가야만 합니다.

성소로부터 황금 도관을 통해 흘러나오는 것이 아닌 위로나 확신은 결코 영혼에게 유익을 주지 못하고, 또 오랫동안 영혼에 머물 수도 없습니다. 그런 위로와 확신은 '쉬 없어지는 아침 이슬과 같고 잠깐 피었다가 쉽게 지는 들꽃'과 같습니다(호 6:4; 벧전 1:24 참고).

앞 장에서 저는 주님이 그 모든 규례 가운데서 자신의 사랑과 영광을 영혼들에게 환히 비춰 주기를 얼마나 기뻐하시는지에 대해서 상세하게 말했습니다. 그러므로 여기서는 이 점에 대해서 더 상세하게 말하지 않겠습니다.

5. 은혜에 대한 하나님의 약속의 범위에 특별히 주의를 기울이라

확신을 얻기 위해서는 당신 안에 하나님의 어떤 은사가 있는지를 지혜롭고도 진지하게 살펴보아야 합니다. 당신을 영원한 은혜의 약속 안에 들어오도록 하는 어떤 은사가 있는지를 지혜롭고도 진지하게 살펴보라는 것입니다. 당신에게 이런저런 은사가 있는데, 만일 그 은사가 당신을 영원한 은혜의 약속 안에 거하게 한다면, 그것은 당신이 구원받았다는 것을 증명하는 절대적이고도 확실한 증거입니다.

이 진리를 더 깊이 살펴보기 전에 먼저 다음 세 가지를 주의하십시오.

첫째, 그 누구도 무조건적인 약속을 근거로 삼아 자신의 행복과 복락에 대한 분명한 증거를 얻을 수는 없습니다.

무조건적인 약속에는 누가 구원을 받을 것이고 누가 영원한 행복을 얻을 것인지가 표시되어 있지 않습니다. 그리스도를 주시겠다는 약속, 성령을 보내 주시겠다는 약속, 새로운 마음을 주시겠다는 약속, 죄를 용서하고 도말해 주시겠다는 약속은 모두 무조건적인 약속입니다. 그런데 하나님은 자신이 원하는 대로 자신이 기뻐하는 사람들에게 이런 약속을 이행하십니다.

그러므로 자주 하나님은 부유한 사람들을 구원에서 배제하고 가난한 사람들을 택하십니다. 자주 박식한 사람들을 배제하고 무식한 사람들을 택하십니다. 자주 강한 사람들을 배제하고 연약한 사람들을 택하십니다. 하나님께서는 자주 뛰어난 사람들을 배제하고 비천한 사람들을 택하십니다. 자주 훌륭한 성품의 사람들을 배제하고 난폭한 성품의 사람들을 택하십니다. 아무 육체라도 하나님 앞에서 자랑하지 못하게 하고 모든 사람들로 하여금 은혜를 찬미하게 하시려고 말입니다(고전 1:25-29 참고).

둘째, 무조건적인 약속은 탁월하고 독특한 용도를 지닙니다.

무조건적인 약속에는 누가 구원을 받을 것이고 누가 영원한 행복을 얻을 것인지가 표시되어 있지 않기 때문에, 그 어떤 사람도 무조건적인 약속을 근거로 자신의 행복과 복락에 대한 분명한 증거를 가질 수 없지만, 무조건적인 약속은 매우 탁월하고 독특한 용도를 가지고 있습니다.

우선 무조건적인 약속은 우리의 구원이 우리 안에 있는 어떤 것이나 우리가 행한 어떤 것으로부터 말미암지 않고 오직 값없이 주어지는 하나님의 은혜로 말미암는다는 사실을 우리에게 밝히 보여 줍니다. 또한 무조건적인 약속은 죄인 중에 괴수인 사람들이 죄책감에 사로잡힌 자신의 영혼, 추잡하고 지쳐 있으며 무거운 짐을 지고 어찌할 바 모르는 자신들의 영혼을 쉬게 할 수 있는 가장 안전하고 영광스러운 토대입니다. 하나님께서는 자신의 사랑을 받을 만한 그 어떤 자격도, 정말 눈곱만큼의 자격도 찾지 않고 오직 자기 자신의 이름을 위하여 의롭다 하고 용서하며 구원하시기 때문에(사 55:1,2 참고), 또한 하나님으로 하여금 긍휼을 베푸시도록 만드는 모든 동기가 오직 하나님의 마음속에 있기 때문에, 그들이 모두 무조건적인 약속 안에 들어와 있기 때문에, 죄인 중에 가장 사악한 사람이라 할지라도 주저앉아 "아무런 소망이 없구나! 아무런 소망이 없구나!"라고 탄식할 이유가 전혀 없습니다.

셋째, 무조건적인 약속들은 하나님의 은총에 대한 감각과 느낌을 잃어버린 많은 보배로운 영혼들에게 탁월한 강심제가 될 수 있습니다.

의심할 것도 없이 무조건적인 약속들은 자주 그렇게 탁월한 강심제로 작용합니다. 하나님의 수많은 보배로운 아들들에게 무조건적인 약속은 생명의 물이며, 천상의 불입니다. 하나님의 보배로운 아들들이 자기 자신의 연약한 불꽃을 화염으로 키울 수 없을 때, 또 모든 촛불과 횃불과 별빛이 빛을 잃어 그들이 어둠 가운데 있을 때, 다가가 그들의 몸을 따뜻하게 할 수 있는 천상의 불입니다.

요한복음 10장 29절과 이사야 31장 3절과 57장 15절과 히브리서 10장 37절에서 보는 것처럼, 곤경에 빠져 괴로워하는 영혼에게 다른 모든 위로가 아무런 위로도 주지 못할 때, 무조건적인 약속들은 그 괴로운 영혼에게 충만한 위로가 될 것입니다.

이와 같은 사실을 전제로 하고, 당신으로 하여금 영원한 행복과 복락에 관한 영원한 은혜의 약속 안에 들어가게 하는 하나님의 어떤 은사가 당신 안에 있는지를 살펴보십시오. 여러분이 이런 작업을 잘하도록 약간의 도움을 주기 위해서, 다음에 나오는 여러 가지 상세한 내용을 상기시키고자 합니다.

1) 첫 번째 은사 – 믿음

믿음은 영혼을 영원한 복락에 관한 약속 안으로 들어오도록 만드는 하나님의 은사입니다. 성경의 모든 곳에서 이 점을 증언합니다.

"믿고 세례를 받는 사람은 구원을 얻을 것이요"(막 16:16).

"이는 그를 믿는 자마다 영생을 얻게 하려 하심이니라"(요 3:15).

"이는 그를 믿는 자마다 멸망하지 않고 영생을 얻게 하려 하심이라"(요 3:16).

"영접하는 자, 곧 그 이름을 믿는 자들에게는 하나님의 자녀가 되는 권세를 주셨으니"(요 1:12).

믿음은 바로 그리스도를 당신의 주와 구주로 영접하는 것입니다. 복음이 제시하는 그리스도의 모습 그대로 말입니다. 이렇게 그리스도를 영접하는 것은 주로 당신의 의지가 하는 행동입니다. 비록 의지가 홀로 하는 행동은 아니지만 말입니다.

그러므로 만일 당신이 진실과 진정으로 기꺼이 그리스도를 영접하되, 그리스도가 제시하는 조건에 따라, 복음이 제시하는 조건에 따라 영접하기를 원한다면, 다시 말해서 그리스도께서 당신을 구원할 뿐만 아니라 당신을 지배하고, 그리스도께서 당신을 구속할 뿐만 아니라 당신 위에 군림하시기를 진실과 진정으로 기쁘게 원한다면, 당신은 믿음을 가진 사람입니다.

진실한 마음으로 기꺼이 믿으려는 당신의 마음이 바로 믿음입니다. 그리고 믿음이라는 은사를 통해서 당신은 영원한 행복과 복락에 관한 약속의 범주 안에 들어와 있는 것입니다.

그리스도인 독자여, 다음 장에서 저는 구원 얻는 올바른 믿음의 특징과 여러 가지 특성, 그리고 여러 가지 탁월함에 대해서 선명하고도 상세하게 말하려고 합니다. 그러므로 여기서는 구원 얻는 믿음에 관하여 더 길게 말하지 않겠습니다. 구원 얻는 믿음에 관해서는 다음 장을 읽어 보기 바랍니다.

2) 두 번째 은사 – 하나님을 인내심 있게 기다리는 것

이것은 당신을 영원한 행복과 복락에 관한 약속 안으로 들어오도록 만드는 은사입니다. 하나님을 기다리는 마음의 기질만이라도 가지고 있는 사람은 하나님께서 영원히 인정하고 영화롭게 하는 바로 그것을 가지고 있는 사람입니다.

"그러나 여호와께서 기다리시나니 이는 너희에게 은혜를 베풀려 하심이요 일어나시리니 이는 너희를 긍휼히 여기려 하심이라. 대저 여호와는 정의의 하나님이심이라. 그를 기다리는 자마다 복이 있도다"(사 30:18).

진실로 하나님께서 복이 있다고 선언하신 사람들을 복이 있다고 선포하는 것은 절대 불법이 아닙니다.

하나님께서 자신을 향하여 자비로우신 것처럼 스스로에게 자비롭지 못하거나, 하나님께서 자신의 현재 상태에 대해서 좋고 귀하게 생각하시는 것처럼 스스로의 현재 상태에 대해서 생각하지 않는 것은 결코 경건이라고 할 수 없습니다. 그것은 오히려 잔인함이요 몰인정함입니다. 하나님께서는 기다리는 영혼이 복되다고 말씀하셨습니다. 그런데 어느 누가 감히 기다리는 영혼이 복되지 않다고 판단하며, 또 감히 그렇게 말할 수 있단 말입니까?

"사람은 다 거짓되되 오직 하나님은 참되시다 할지어다"(롬 3:4).

"주 외에는 자기를 앙망하는 자를 위하여 이런 일을 행한 신을 옛부터 들은 자도 없고, 귀로 들은 자도 없고, 눈으로 본 자도 없었나이다"(사 64:4).

"누구든지 내게 들으며 날마다 내 문 곁에서 기다리며 문설주 옆에서 기다리는 자는 복이 있나니"(잠 8:34).

"나를 바라는 자는 수치를 당하지 아니하리라"(사 49:23).

이것은 "나는 기다리는 영혼을 결코 실망시키지 않을 것이다. 나는 그의 인내심 있는 기다림을 좌절시킴으로써 그를 부끄럽게 만들지 않을 것이다. 결단코 그렇게 하지 않을 것이다"라는 말씀입니다.

하나님을 기다리는 영혼은 반드시 챔피언 벨트를 차게 될 것이며, 마침내 승리의 화관을 차지하게 될 것입니다. 진실로 그리스도를 무덤에서 일으켜 세우는 일과 영혼을 영광의 상태로 이끄는 일에서도 하나님의 찬란한 사랑과 영광을 볼 수 있지만, 하나님을 인내심 있게 기다리는 가련한 영혼을 유지시키시는 데서도 그에 못지않은 찬란한 사랑과 영광을 볼 수 있습니다.

그 무엇도 하나님을 기다리는 영혼을 비참하게 만들 수 없습니다. 조금만 더 믿음을 가지고 인내심 있게 하나님을 기다리며 나아가십시오. 그렇게 하면 "보라, 내가 속히 오리니, 내가 줄 상이 내게 있어 각 사람에게 그가 행한 대로 갚아 주리라"(계 22:12)라는 말씀대로 이루어질 것입니다.

3) 세 번째 은사 – 의에 대하여 주리고 목말라하는 것

마태복음 5장 6절에서 주님은 다음과 같이 말씀하셨습니다.

"의에 주리고 목마른 자는 복이 있나니, 그들이 배부를 것임이요."

이것을 헬라어 원문대로 읽는다면 "지금 의에 주리고 목말라하는 사람들은 복이 있나니"가 됩니다. 이런 표현은 사람들의 영적 상태가 현재 이런 상태에 있을 때, 이런 사람들에게 복이 있으며 이런 사람들이 영적인 충만함을 받게 되리라는 사실을 암시합니다.

이와 관련이 있는 구절로는 이사야 44장 2-5절의 말씀이 있습니다.

"너를 만들고 너를 모태에서부터 지어 낸 너를 도와줄 여호와가 이같이 말하노라. 나의 종 야곱, 나의 택한 여수룬아! 두려워하지 말라. 나는 목마른 자에게 물을 주며, 마른땅에 시내가 흐르게 하며 나의 영을 네 자손에게, 나의 복을 네 후손에게 부어 주리니, 그들이 풀 가운데에서 솟아나기를 시냇가의 버들같이 할 것이라. 한 사람은 이르기를 나는 여호와께 속하였다 할 것이며 또 한 사람은 야곱의 이름으로 자기를 부를 것이며 또 다른 사람은 자기가 여호와께 속하였음을 그의 손으로 기록하고 이스라엘의 이름으로 존귀히 여김을 받으리라."

이사야 35장 6,7절 말씀도 이와 비슷한 중요한 문제를 다룹니다.

"그때에 저는 자는 사슴같이 뛸 것이며 말 못하는 자의 혀는 노래하리니, 이는 광야에서 물이 솟겠고 사막에서 시내가 흐를 것임이라. 뜨거운 사막이 변하여 못이 될 것이며, 메마른 땅이 변하여 원천이 될 것이며 승냥이의 눕던 곳에 풀과 갈대와 부들이 날 것이며."

시편 107편 9절 말씀도 이와 유사한 취지의 말씀입니다.

"그가 사모하는 영혼에게 만족을 주시며 주린 영혼에게 좋은 것으로 채워 주심이로다."

하나님의 이런 은사가 우리 안에 있는지를 살펴보는 것은 대단히 중요한 일입니다. 그러므로 어느 누구도 이 일에 오류를 범하거나 실패하지 않도록 다음에 나오는 상세한 내용에 주의하기를 바랍니다. 지금 우리가 숙고하고 있는 이 특별한 진리를 더 효과적으로, 그리고 더 온전하게 명백히 보이기 위해서 말입니다.

첫째, 의에 대한 모든 진실한 배고픔과 목마름은 진지하고 열렬한 갈망과 동경입니다. 그것은 마치 라헬이 자식을 갈망하는 것과 같고, 삼손이 물을 갈망하는 것과 같습니다.

"내 영혼이 하나님, 곧 살아 계시는 하나님을 갈망하나니 내가 어느 때에 나아가서 하나님의 얼굴을 뵈올까?"(시 42:2)

학자들의 관찰에 따르면, 모든 동물 중에서 본성적으로 가장 갈증을 많이 느끼는 것은 사슴이라고 합니다. 그런데 사슴은 특별히 사냥개에게 계속 추격을 당할 때 가장 큰 갈증을 느낀다고 합니다. 다윗은 이렇게 말합니다.

"하나님이여 사슴이 시냇물을 찾기에 갈급함같이 내 영혼이 주를 찾기에 갈급하니이다"(시 42:1).

다윗의 말은 이런 뜻입니다. "하나님이여, 추격을 당하는 사슴이, 상처를 입은 사슴이, 아니 본성적으로 갈증을 가장 많이 느끼는 암사슴이 시냇물을 찾기에 갈급함같이 내 영혼이 주를 찾기에 갈급하나이다."

은혜로운 영혼은 전가되고 주입되는 그리스도의 의에 대해서 언제나 갈망을 느끼고 허덕이고 쇠약해지며 한숨을 쉬며 마음이 상합니다(시 119:20 참고). 헬라어에서 '갈망한다'는 동사는 '타오르다'라는 의미를 가지고 있는 어근에서 파생되었습니다. 아, 그리스도인들이여! 참된 갈망은 타오르기 마련입니다. 참된 갈망은 영혼으로 하여금 하나님과 그리스도를 향한 거룩한 정열로 타오르도록 만듭니다.

만약 당신의 갈망이 열정적이지 않다면, 당신의 갈망이 당신의 정서를 뜨겁게 하지 않는다면, 당신의 갈망이 당신을 불타오르는 스랍처럼 만들지 않는다면, 그리스도께서는 그런 갈망을 전혀 기뻐하시지 않을 것입니다. 당신의 갈망은 제단에서 집은 핀 숯에 접촉한 영혼에서 흘러나오는 갈망과는 달리 하늘에서 아무런 기적도 일으키지 못한 채 당신의 품으로 되돌아올 것입니다.

둘째, 의에 대한 영혼의 모든 참된 갈망은 영적이고 천상적인 여러 가지 숙고를 통해 일어납니다(시 27:4, 63:1-4; 빌 3:7-10 참고). 의에 대한 영혼의 모든 참된 갈망은 그리스도 안에 있는, 그리고 전가되고 주입되는 그리스도의 의에 있는 진정한 가치, 진정한 아름다움, 영광, 탁월함에 대한 어느 정도의 확신과 이해와 믿음이 있을 때 영혼 안에 생겨납니다. 외면적인 숙고에서 비롯되는 의에 대한 갈망은 아무런 가치도 없고 중요성도 없으며, 지속성도 없습니다. 반면 영적인 숙고에서 비롯되는 의에 대한 갈망은 생기와 생명과 영광으로 충만합니다. 바로 이런 갈망이야말로 하나님께서 눈여겨보실 뿐만 아니라 열납하시는 갈망입니다. 바로 이런 갈망이야말로 하나님께서 기록하실 뿐만 아니라 보상해 주시는 갈망입니다(시 145:19 참고).

셋째, 그리스도와 그분의 의를 진실로 갈망하고 목말라하면 그 영혼에 활기가 넘쳐 여러 가지 노력을 하게 되어 있습니다. 만일 그것이 순수한 갈망이라면, 그 갈망은 영혼으로 하여금 그리스도와 그분의 의를 향유할 수 있는 모든 거룩한 방편을 활용하는 일에 나태하지 않고 적극적이게 만들며, 게으르지 않고 부지런하게 만들 것입니다.

"밤에 내 영혼이 주를 사모하였사온즉 내 중심이 주를 간절히 구하오리니, 이는 주께서 땅에서 심판하시는 때에 세계의 거민이 의를 배움이니이다"(사 26:9).

'갈망'이라는 히브리어가 의미하는 것처럼, 참된 갈망은 우리로 하여금 소원하는 것을 얻는 일에 진지하고 부지런하게 만들 것입니다. 갈증을 느끼는 사람은 물을 갈망할 뿐만 아니라 물을 얻기 위해 노력하게 되어 있습니다. 유죄 선고를 받은 사람은 용서받기를 갈망할 뿐만 아니라, 편지를 쓰고 탄원하며 눈물을 흘리고 이런저런 친구들을 동원해서 자기를 위해 탄원서를 올리게 할 것입니다. 탐욕스러운 사람은 돈을 갈망할 뿐만 아니라, 아침 일찍 일어나 밤늦게 잠자리에 들며, 자신의 가방과 창고를 가득 채울 수 있는 모든 기회를 활용하고 시도할 것입니다. 이와 마찬가지로 거룩한 모든 갈망은 영혼으로 하여금 소원하는 은혜를 얻을 수 있는 모든 방편을 활용하도록 만듭니다. 이와 같은 방식으로 달려야 확신에 도달할 수 있습니다. 이와 같은 방식으로 의지를 발동하는 것이 노력하는 것입니다. 이와 같은 방식으로 갈망하는 것이 우리 아버지 하나님의 뜻을 이루는 것입니다.

하나님은 동전 몇 푼을 큰돈으로 여기고 받아 주며 얼마 되지 않는 것을 아주 큰 것으로 여기고 받아 주시는 분입니다. 우리 하나님은 고운 가루 한 움큼을 제사로 열납하고, 염소 털 한 움큼을 헌물로 열납하며, 우리가 가지고 있는 얼마 되지 않는 것을 열납하고, 우리가 바치는 작은 것을 큰 것으로 간주하십니다(계 2:2; 출 35:6; 고후 8:12 참고). 옛날 페르시아 왕도 사랑스러운 신하로부터 받은 적은 분량의 물을 열납한 것으로 유명하지만, 하나님만큼은 아닙니다. 노아가 방주에서 나와 드린 제사는 많은 것을 바칠 수 있는 큰 제사가 아니었습니다. 그런데도 하나님은 노아의 제사를 크게 흠향하고 높이 평가하셨습니다.

비천한 벌레에 불과한 우리를 향한 하나님의 겸손한 사랑이 얼마나 큰지, 하나님은 우리의 행위보다 우리의 의지를 더 귀하게 보십니다. 실제 겉으로 이루어진 행위보다 마음의 소원을 더 중요하게 보십니다. 하나님은 가장 훌륭한 행위보다는 기꺼운 마음을 더 좋아하십니다. 그러므로 갈망과 노력이 진실할 경우, 하나님은 그런 사람들을 판단하시되, 그 사람들의 현재 모습이 아니라 그들이 갈망하고 노력하는 목표만큼 선하다고 판단하십니다.

넷째, 영적인 갈망과 목마름은 오직 영적인 것으로만 충족됩니다. 영적인 갈망과 목마름이 있는 사람은 다음과 같이 말하게 되어 있습니다.

"주여, 아버지를 우리에게 보여 주옵소서. 그리하면 족하겠나이다"(요 14:8).

즉, "이 세상의 모든 것은 우리를 만족시킬 수 없습니다. 오직 아버지를 보는 것, 그것이 우리를 만족하게 합니다"라는 말입니다. 시편 63편 5,6절 말씀도 이런 뜻입니다.

"골수와 기름진 것을 먹음과 같이 나의 영혼이 만족할 것이라. 나의 입이 기쁜 입술로 주를 찬송하되 내가 나의 침상에서 주를 기억하며 새벽에 주의 말씀을 작은 소리로 읊조릴 때에 하오리니."

시편 65편 4절 말씀도 같은 뜻입니다.

"우리가 주의 집, 곧 주의 성전의 아름다움으로 만족하리이다."

영적으로 갈증을 느끼는 영혼을 만족시킬 수 있는 것은 오직 하나님과 하나님의 집에 있는 보배로운 것들뿐입니다.

어떤 사람이 다음과 같은 훌륭한 말을 남겼습니다. "주님, 제가 가지고 있는 모든 것을 주님께 다 바친다고 할지라도 제 자신을 바치지 않는다면, 주님을 기쁘시게 하지 못할 것입니다. 이와 마찬가지로 주님께서 우리에게 선한 것들을 많이 주시고 또 그것들이 우리의 원기를 회복시켜 준다 할지라도 주님 자신을 우리에게 주시지 않는다면, 그것들은 우리를 만족시킬 수 없습니다."

아기에게 젖 대신 딸랑이를 주면 아기는 만족스러워하지 않을 것입니다. 집은 있지만 남편이 함께 있지 않으면 아내는 만족스러워하지 않을 것입니다. 보석 상자는 있지만 그 안에 보석이 없으면 처녀는 만족스러워하지 않을 것입니다. 온 세상을 다 준다고 해도 그리스도가 없으면 영혼은 만족스러워하지 않을 것입니다.

마틴 루터는 경제적으로 어려울 때 독일의 어떤 선제후(選帝侯)에게서 생각하지 못한 상당한 액수의 돈을 받고서는 조금 놀라며 하나님을 향하여 그렇게 보잘것없고 저급한 것들을 가지고 자신을 만족시키시느냐고 항의했다고 합니다. 주린 영혼은 생명의 떡이 아니면 그 어떤 떡으로도 결코 만족하지 않습니다. 목마른 영혼은 생명의 샘물이 아니면 그 어떤 물로도 결코 만족하지 않습니다.

소돔 왕이 아브람에게 "사람은 내게 보내고 물품은 네가 가지라"(창 14:21)라고 말했던 것처럼, 주린 영혼도 다음과 같이 말합니다. "물품을 네가 가지라. 명예와 재물과 피조물의 은총은 네가 가지라. 곡식과 기름과 포도주도 네가 가지라. 다만 그리스도는 내게 보내라. 그분의 얼굴빛은 내게 보내라. 그분의 성령의 즐거움은 내게 보내라."

아, 영적인 갈망에 대한 응답은 영혼에 참으로 감미롭기 그지없습니다.

"소원을 성취하면 마음에 달아도"(잠 13:19).

하늘에서 날아온 응답은 영혼 안에 천국을 실현시킵니다.

저는 옛 페르시아 왕 다리오(Darius)에 관한 글을 읽은 적이 있습니다. 그가 적군의 추격을 피해 달아나고 있을 때 얼마나 목이 말랐는지 짐승의 사체가 들어 있는 더러운 웅덩이를 발견하고는 정신없이 실컷 물을 들이마시고는 다음과 같이 고백했다고 합니다. "내 평생에 이처럼 맛 좋은 물을 마시기는 처음이구나." 아, 그 더러운 웅덩이의 물도 그렇게 맛이 좋았다면, 하나님의 오른편에 있는 저 생명수는 얼마나 달콤하겠습니까! 하나님의 꿀벌집에서 떨어지는 꿀 방울은 얼마나 감미롭겠습니까! 반석에서 솟아난 생수와 광야에 떨어진 만나는 목마르고 배고픈 이스라엘 백성들에게 감미로운 것이었지만, 신령한 것들에 대해서 주리고 목마른 사람들에게 주어지는 신령한 응답과 신령한 보상만큼 감미롭지는 않았습니다.

6. 그리스도의 참된 제자와 그 밖의 사람들을 구별하라

여러분의 영원한 행복에 관하여 근거가 충분한 확신에 도달하기 위해서는 불경건한 사람들로부터뿐만 아니라 전 세계에서 가장 수준이 높고 가장 화려하게 번쩍거리는 위선자들로부터도 여러분을 선명하고 완전하게 차별시키고 구별해 주는 여러 가지 탁월한 세부적인 사항을 많이 구비하고 있어야 합니다.

가장 지독한 죄인들도 똑같이 할 수 있을 뿐만 아니라 가장 탁월한 성도들보다 더 잘할 수 있는 의무나 선행을 많이 하는 것은 아무런 의미가 없습니다. 가장 세련된 위선자들도 도무지 할 수 없는 일에 탁월한 것, 이것이 여러분이 확신을 갖는 데 틀림없이 큰 도움이 될 것입니다.

하나님께서 가장 사랑하는 자들에게만 주시는 보석들을 가슴에 안고 있는 사람은 자신이 하나님의 총애를 받는지를 의심할 필요가 없습니다. 만일 그가 그것을 의심한다면 그것이 죄요, 나중에 그것을 부끄러워하게 될 것입니다.

그러나 여러분은 이렇게 말하고 싶을지도 모릅니다. "그리스도께서 진실한 이스라엘 사람이라고 인정하셨던 나다나엘 같은 사람들과 그 밖의 다른 모든 사람들을 구별하고 차별할 수 있는 여러 가지 탁월한 세부 사항이란 무엇입니까?" 이 질문에 대한 대답으로 여섯 가지 세부 사항을 살펴봅시다.

1) 나다나엘 같은 사람은 하나님께서 인정하고 열납하시는 모든 의무와 봉사에 끊임없이 충실하게 힘씁니다.

이런 사람은 행하는 모든 일에서 자신의 마음이 하나님 앞에서 옳다는 것을 인정받으려고 가장 근면하고 부지런하게 움직입니다. 다윗이 그러했습니다.

"하나님이여, 나를 살피사 내 마음을 아시며 나를 시험하사 내 뜻을 아옵소서. 내게 무슨 악한 행위가 있나 보시고 나를 영원한 길로 인도하소서"(시 139:23,24).

베드로도 그리스도 앞에서 자신의 마음이 옳다는 것을 세 번이나 인정받고 싶어했습니다.

"주님, 그러하나이다. 내가 주님을 사랑하는 줄 주님께서 아시나이다……주님, 그러하나이다. 내가 주님을 사랑하는 줄 주님께서 아시나이다……주님, 모든 것을 아시오매 내가 주님을 사랑하는 줄을 주님께서 아시나이다"(요 21:15-17).

베드로는 다음과 같이 말하고 있는 셈입니다. "주님, 주님은 내 사랑의 진실함과 정직함을 아시나이다. 그러므로 나는 주님께 호소합니다."

같은 취지로 사도 바울도 이렇게 말합니다.

"그런즉 우리는 몸으로 있든지 떠나든지 주를 기쁘시게 하는 자가 되기를 힘쓰노라"(고후 5:9).

여기에서 '힘쓰노라'라고 번역된 헬라어는 매우 강한 뜻을 가지고 있습니다. 즉, 이것은 하나님의 인정과 승인을 받는 것을 가장 위대한 명예로 생각하고 하나님께 인정받기 위해서 숭고하고 거룩한 열망을 가지고 노력하는 것, 모든 힘과 마음을 다해 노력하는 것을 의미합니다.

사도 바울의 말대로라면, 세상에서 야망에 찬 사람들이 사람들 가운데서 영광을 얻기 위하여 제아무리 부지런하고 진지하며 근면하게 온갖 애를 쓴다 할지라도, 우리 그리스도인들이 주님을 기쁘시게 하는 자가 되고자 힘쓰는 것만 못합니다. 아, 그러나 가장 세련된 위선자들은 사람들에게만 인정을 받기 위해서 힘씁니다. 그런 마음으로 기도하고 금식하며, 그런 마음으로 말을 하고 들으며 나누어 줍니다. 사람들의 눈이 그들을 지켜보고, 사람들의 귀가 그들의 말을 듣고, 사람들의 혀가 그들을 칭찬하며, 사람들의 손이 그들에게 보답을 해 주기만 하면, 그들은 기분 좋게 앉아 다 잘되었다고 말하며 스스로를 찬미할 것입니다. "아, 우리가 얻고 싶은 것을 다 얻었구나!"

사람들의 말에 따르면, 나이팅게일이라는 새는 숲 속에 홀로 있을 때 자신의 소리에 관심을 두지 않는다고 합니다. 그러나 자신의 소리를 들어 주는 대상이 하나라도 있거나 사람들이 사는 곳에 가까이 있을 때는 좀 더 기품 있고 우아하게 지저귄다고 합니다. 진실로 이것이 위선자들 중에서도 가장 탁월한 사람들이 가지고 있는 기질이요 특성입니다.

나다나엘과 같이 신실한 사람들은 하나님 앞에서 인정을 받기 위하여 어디에 있든지 힘쓰고 언제 어떤 봉사를 하든지 힘을 다합니다. 수천 명의 사람들이 자기를 주목하고 있을 때와 마찬가지로 자기를 보는 사람이 아무도 없는 숲 속에서도 하나님 앞에서 인정을 받기 위해 동일하게 노력합니다.

태양은 대낮에 모든 사람이 잠을 잘지라도, 또 모든 눈이 자기의 광채의 영광을 보지 않는다 할지라도 환한 빛을 비출 것입니다. 진실한 마음도 이와 같이 빛을 발할 것입니다. 진실한 마음도 이와 같이 선을 행할 것입니다. 비록 세상이 모두 눈을 감고 아무도 보지 않는다 할지라도 진실한 마음을 가진 사람은 자신이 하는 일을 눈여겨볼 것이며, 자신이 섬기는 하나님을 눈여겨볼 것입니다. 이 사람은 하나님께서 불꽃 같은 눈동자로 항상 지켜보신다는 사실을 알고 있습니다. 그렇기 때문에 다른 사람들이 자기를 전혀 지켜보지 않고 갈채를 보내지 않을지라도 전혀 상관하지 않습니다. 오직 하나님께서 그의 귀에 대고 "잘하였도다. 착하고 충성된 종아!"(마 25:21,23)라고 은밀하게 속삭이시기만 한다면, 그의 영혼은 그것으로 충분합니다. 그것은 그를 만족시키고 그의 원기를 회복시키기에 충분하며, 그로 하여금 자신이 섬기는 하나님의 길과 하나님의 일을 열심히 하도록 격려하기에 충분합니다.

2) 나다나엘 같은 사람은 거룩의 최고 경지에 이르기 위해서 노력합니다.

그는 자신의 원칙을 충실히 고수하며 살아갑니다. 그는 자신을 영광으로 이끄는 은혜가 그렇게 많은데도 만족할 줄을 모릅니다. 오히려 그는 더 큰 영광을 누리기 위하여 은혜 안에서 더욱 높이 성장하려고 애씁니다.

"어떻게 해서든지 죽은 자 가운데서 부활에 이르려 하노니"(빌 3:11).

즉, 그는 부활의 아침에 죽은 자들이 맞이할 완전함에 이르려 합니다.

진실로 거룩함에 관하여 더욱더 뛰어난 것을 자신의 가장 큰 행복으로 여기는 그런 사람이 천국에 들어가기에 가장 합당한 사람입니다. 야곱의 사닥다리 꼭대기에 우뚝 설 때까지 결코 만족할 줄 모르는 사람, 은혜와 거룩함의 최고의 경지에 이를 때까지 결코 만족할 줄 모르는 사람은 천국에서 결코 천한 사람이나 문지기가 되지 않을 것입니다.

"왕의 딸은 궁중에서 모든 영화를 누리니 그의 옷은 금으로 수놓았도다"(시 45:13).

왕의 딸의 내적인 원칙들은 모두 영광스럽고, 그녀의 외적인 실천은 그녀의 내적인 원칙들을 그대로 반영합니다.

하나님을 온전히 따랐다는 것, 다시 말해서 자신들의 원칙을 충실히 지키며 살았다는 것이 여호수아와 갈렙의 명예와 영광이었습니다(민 14:24, 30 참고). 요한계시록 14장 4,5절에 나오는 순결한 사람들도 마찬가지입니다. 그들은 하나님 앞에서 흠이 없는 자들이었으며, 어린양이 어디로 인도하든지 따라갔습니다.

"이 사람들은 여자와 더불어 더럽히지 아니하고 순결한 자라. 어린양이 어디로 인도하든지 따라가는 자며 사람 가운데에서 속량함을 받아 처음 익은 열매로 하나님과 어린양에게 속한 자들이니, 그 입에 거짓말이 없고 흠이 없는 자들이더라."

다시 말해서, 그들은 자신이 고백한 신앙에 충실했습니다. 그들의 내적인 원칙과 외적인 실천 생활이 훌륭하게 일치했습니다.

사도 바울도 바로 이런 삶을 살았습니다.

"우리가 세상에서 특별히 너희에 대하여 하나님의 거룩함과 진실함으로 행하되 육체의 지혜로 하지 아니하고 하나님의 은혜로 행함은 우리 양심이 증언하는 바니, 이것이 우리의 자랑이라"(고후 1:12).

"우리가 너희 믿는 자들을 향하여 어떻게 거룩하고 옳고 흠 없이 행하였는지에 대하여 너희가 증인이요 하나님도 그러하시도다"(살전 2:10).

이와 같이 성경의 위대한 사람들은 자기 자신들의 원칙을 충실히 지키며 살았습니다.

많은 사람들에게서 칭송받는 브래드포드(Bradford)와 부처(Bucer)도 그들 자신들의 원칙을 얼마나 충실히 지키며 살았는지 모릅니다. 그들의 친구들이 그들을 아무리 칭송해도 부족했으며, 그들의 대적들이 그들에게서 마땅한 트집을 전혀 잡을 수 없을 정도였습니다.

성도들이라면 다 알고 있는 사실이 있습니다.

첫째, 그들은 자신의 원칙에 충실하게 살아가는 것이 그리스도께서 자기 안에 살아 계시고 자기가 그리스도와 연합되어 있다는 사실에 대한 최상의 증거임을 알고 있습니다.

둘째, 그들은 자만심이 강한 사람들의 입을 효과적으로 막고 그들의 양심을 깨우치는 것은 자기들의 신앙고백이 아니라 신앙 원칙에 충실하게 살아가는 것임을 알고 있습니다.

"곧 선행으로 어리석은 사람들의 무식한 말을 막으시는 것이라"(벧전 2:15). 여러분이 자신의 원칙을 충실하게 지키며 살아갈 때 어리석은 사람들의 무식한 말을 막을 수 있다는 것입니다. 헬라어 단어가 특별히 언급하는 것처럼, 사악한 사람들을 침묵시키고 잠잠하게 하며 그들로 하여금 입을 열지 못하게 하고 어안이 벙벙하게 하는 방법으로는 여러분이 자신의 원칙을 충실히 지키며 살아가는 것보다 더 좋은 것이 없습니다. 입에서 나오는 말보다는 실천하는 삶이 더욱더 강력한 영향을 미치는 법입니다. 입에서 나오는 말은 사람을 설득할 뿐이지만, 실천하는 삶은 사람을 압도하여 지배합니다.

셋째, 그들은 자신들의 원칙을 충실히 지키며 살아감으로써 그리스도와 그분의 모든 길에 총체적인 영광을 비춘다는 사실을 알고 있습니다. 성도들이 자신의 원칙에 충실히 살아가는 것을 볼 때 사람들은 그리스도와 그의 모든 길에 대해서 좋게 생각하며 좋게 말하게 되어 있습니다(마 5:16; 벧전 2:11,12; 벧후 1:5-13 참고).

넷째, 그들은 확신과 기쁨과 평강 등을 얻고 유지할 수 있는 가장 쉬운 방법, 가장 유일한 방법이 자신들의 원칙을 충실히 지키며 살아가는 것임을 알고 있습니다.

다섯째, 그들은 자신의 원칙에 못 미치게 살아가거나 그와 정반대로 살아가는 것이 곧 사탄을 기쁘게 하는 것이요, 사악한 사람들을 자극하여 자신들을 일컫는 그 아름다운 이름을 모독하도록 만드는 것임을 알고 있습니다. 그들은 자신의 원칙에 충실히 살지 못하는 것이 곧 자신의 두려움과 의심을 배가시키는 것이요, 양심의 손에 칼을 쥐어 주는 것이며, 장차 회개해야만 하는 비참한 일을 저지르는 것임을 알고 있습니다.

이런 사실들과 이와 유사한 사실들을 숙고하는 것은 성도들을 매우 크게 각성시키고 분발시켜 자기 자신의 원칙을 충실히 지키며 살아가는 일에, 거룩함의 최고 경지에 도달하는 일에, 목표를 향하여 점점 전진해 나가는 일에, 그리고 현세의 삶에서 도달할 수 있는 최고봉에 다다를 때까지 아무 일도 이루지 못했다고 생각하는 일에 혼신의 힘을 기울여 애쓰도록 합니다.

많은 위선자들이 야곱의 사닥다리를 어느 정도 딛고 올라갈 수 있다는 것은 사실입니다. 그들은 자신들에게 유익과 기쁨과 칭찬이 되는 계단을 어느 정도 딛고 위로 올라갈 수 있습니다. 그러나 결국 그들은 지옥의 가장 깊은 곳으로 굴러 떨어지고 맙니다. 가룟 유다를 비롯한 사람들이 그랬던 것처럼 말입니다. 위선자들은 야곱의 사닥다리 꼭대기에 올라서는 것을, 거룩함의 정상에 우뚝 서는 것을 바라지도 않으며 좋아하지도 않고 기뻐하지도 않습니다(창 28:12 참고). 서기관들과 바리새인들과 성경에 등장하는 다른 모든 위선자들에게서 볼 수 있는 것처럼 말입니다.

3) 나다나엘 같은 사람들이 가장 크게 소망하고 수고하는 것은 죄를 가리는 것보다 치료받는 것입니다.

은혜로운 영혼에게 죄는 가장 큰 고통입니다. 다윗은 "나는 이제 망했다(Perii)"라고 절망하며 부르짖지 않고, "내가 어리석게 행했도다(Peeccavi)"라고 부르짖었습니다(시 51:3 참고). 다니엘은 "우리가 책망을 받고 압제를 당하였나이다"라고 탄식하지 않고, "우리가 반역하였나이다"라고 탄식했습니다(단 9:5 참고). 사도 바울은 자신을 핍박하는 사람들 때문에 울지 않고, 자신의 마음의 법에 저항하여 싸우는 자신의 지체 속에 있는 한 다른 법 때문에 울었습니다(롬 7:23 참고). 은혜로운 영혼은 자신의 죄 때문에 고난과 징계를 받게 되었다는 것 때문에 슬퍼하기보다는 하나님께서 자신의 죄로 말미암아 슬퍼하신다는 사실, 자신의 죄로 말미암아 하나님의 영광이 가리워졌다는 사실 때문에 더 크게 슬퍼합니다.

자신의 몸 안에 독사의 독이 퍼져 나가는 것을 느끼는 사슴은 샘물을 마시고 고침을 받기 위해서 가시덤불을 헤치고 나와 푸르고 상쾌한 초장 위를 달려갑니다. 이와 마찬가지로 은혜스러운 영혼도 죄라는 독이 자신 안에 역사하는 것을 느끼면 생명의 근원이신 그리스도께로 나아가기 위해 모든 피조물(가시덤불)을 헤치고 나와 자신의 모든 의무와 의로움(상쾌한 초장) 위를 달려갑니다. 그리스도 안에 있는 위로의 샘물을 마시고 구원의 샘물을 마심으로써 자신 안에 있는 영적인 독을 토해 내고 완전히 고침을 받기 위해서 말입니다.

성도들은 자신의 죄가 주님을 가장 괴롭고 슬프게 만든다는 것을, 자신의 죄가 주님의 마음에 가장 힘들고 무거운 짐이 된다는 것을, 자신의 죄가 주님의 눈에 가장 거슬린다는 것을 알고 있습니다. 유다의 죄는 금강석 끝 철필로 기록됩니다(렘 17:1 참고). 성도들의 죄는 가장 강력한 빛의 광채를 거스르는 것입니다. 성도들의 죄는 하나님의 가장 인자한 긍휼을 거스르는 것입니다. 성도들의 죄는 가장 분명하게 나타난 가장 위대한 사랑을 거스르는 것입니다. 성도들의 죄는 가장 가깝고 소중한 관계를 깨뜨립니다. 성도들의 죄는 가장 탁월하고 숭고한 기대를 깨뜨립니다. 믿는 사람들은 이 사실로 인해 다음과 같이 부르짖습니다.

"오, 주님! 고쳐 주시옵소서. 오, 주님! 고쳐 주시옵소서. 오, 나에게 깨끗이 씻어 주는 은혜를 베푸시옵소서. 나에게 깨끗이 씻어 주는 은혜를 베푸시옵소서. 용서하시는 긍휼을 전혀 맛보지 못한다 할지라도 좋습니다. 깨끗이 씻어 주는 은혜를 베푸시옵소서."

플로렌스의 공작인 코스무스(Cosmus)는 유명한 말을 남겼습니다. "원수의 죄는 용서해 주어야 하지만, 친구의 죄는 절대 용서해서는 안 된다는 글을 읽은 적이 있습니다."

하나님의 친구들의 죄, 하나님의 사람들의 죄가 하나님을 가장 크게 격분시키고 가장 큰 슬픔을 느끼게 만듭니다. 그리고 바로 이 사실 때문에 하나님의 사람들은 한숨을 쉬고 신음하며 다음과 같이 말합니다.

"오호라, 나는 곤고한 사람이로다. 이 사망의 몸에서 누가 나를 건져 내랴"(롬 7:24).

반면 사악한 사람들은 죄를 고침받기 위해서 수고하지 않습니다. 그들은 단순히 죄를 가리기 위해서, 죄에 수반되는 여러 가지 결과들, 즉 양심의 가책이나 불행 등을 제거하기 위해서 수고합니다(호 7:10-16 참고). 가인, 사울,

가룟 유다, 그 밖의 많은 사람들에게서 이런 사실을 볼 수 있습니다. 호세아 5장 14,15절을 보십시오. 하나님께서는 "그들이 고난받을 때에 나를 간절히 구하리라"(15절)라고 말씀하십니다. 그러나 그들은 그 고난이 임하게 된 원인인 자신들의 죄를 제거하기 위해서 하나님을 구하는 것이 아니라 고난을 제거하기 위해서 하나님을 구합니다. 마치 현재 자신을 괴롭히는 고통과 괴로움은 기꺼이 제거하고 싶어하면서도 정작 그 고통과 괴로움의 근원이 되는 악한 습관을 제거하기는 싫어하는 환자처럼 말입니다.

시편 78편 34-37절의 말씀을 보십시오.

"하나님이 그들을 죽이실 때에 그들이 그에게 구하며 돌이켜 하나님을 간절히 찾았고, 하나님이 그들의 반석이시며 지존하신 하나님이 그들의 구속자이심을 기억하였도다. 그러나 그들이 입으로 그에게 아첨하며 자기 혀로 그에게 거짓을 말하였으니, 이는 하나님께 향하는 그들의 마음이 정함이 없으며 그의 언약에 성실하지 아니하였음이로다."

이런 말씀들에서 여러분이 분명하게 깨닫는 것이 있습니다. 그것은 이 사람들이 하나님의 진노의 손을 치우기 위해서, 자신들 위에 드리워 있는 하나님의 진노를 제거하기 위해서는 간절하고도 절박하게 하나님을 구하지만, 하나님으로 하여금 그 칼을 들어 자신들의 피를 크게 흘리도록 만든 자신들의 죄를 고침 받기 위해서는 하나님을 간절하고도 절박하게 구하지 않는다는 점입니다. 하나님의 공의가 자신들 가운데 비참한 살육을 행하는데도 그들은 하나님 앞에서 입으로 아첨하며 그 혀로 거짓을 말하고 위선자로 행세할 뿐이었습니다. 그들은 고통에서 벗어나기를 간절히 바라면서도 자신들의 죄를 제거하는 일에는 아무런 관심도 없고 좋아하지도 않았습니다.

그러나 은혜로운 영혼은 다음과 같이 부르짖습니다.

"주여, 내 죄를 제거하여 주시기만 하십시오. 그러면 나는 만족하고 기뻐할 것입니다. 비록 주님의 무거운 손이 계속 나를 짓누르실지라도 말입니다."

진실로 나다나엘과 같은 사람은 옛날 어떤 선한 사람처럼, 가장 큰 고통을 당하면서도 "오, 주님! 나를 내 자신에게서 구원하여 주옵소서"라고 탄식하며 말합니다. 죄의 짐에 필적할 만한 것은 아무것도 없습니다. 그러므로 믿는 사람은 다음과 같이 말합니다. "주여, 내 내면의 짐으로부터 나를 구원해 주옵소서. 그러나 주님이 기뻐하시는 것이라면 그 어떤 외적인 짐이라도 좋사오니 그것을 내게 얹어 주시옵소서."

4) 여러분의 영혼은 그리스도를 가장 소중한 분으로 여기고 있습니까?

여러분의 눈에는 그리스도가 수많은 사람 중에서 가장 으뜸 되는 분으로 보이지 않습니까? 여러분의 눈에는 그리스도가 그 전체로 사랑스럽지 않습니까?(아 5:16 참고) 하늘에서는 주 외에 누가 여러분에게 있으며, 땅에서는 주밖에 여러분의 사모할 이가 있습니까?(시 73:25,26 참고) 아무도 없지 않습니까!

여러분은 성부 하나님께서 예수 그리스도를 높이시는 것처럼 예수 그리스도를 높입니까? 성부 하나님께서는 예수 그리스도를 모든 통치와 권세보다 더 높이십니다(엡 1:21; 빌 2:9 참고). 성부 하나님께서는 그리스도를 여러분의 모든 의무와 특권과 은혜와 긍휼과 만족과 즐거움보다 더 높이십니다. 여러분도 이와 같이 예수 그리스도를 높입니까? 성부 하나님이 예수 그리스도를 가장 소중한 보석으로 여기시는 것처럼 여러분도 예수 그리스도를 가장 귀중한 보석으로 여기지 않습니까?

그렇습니다. 실로 그리스도께서 마음을 사로잡고 계신 사람들이 아니면 그 누구도 그리스도를 가장 소중한 분으로 높일 수 없습니다. 그리스도께서 마음을 사로잡고 계신 사람들은 그리스도를 소중히 사랑하고 믿습니다. 왜냐하면 그리스도는 오직 그분을 믿는 사람들에게만 소중한 분이시기 때문입니다(벧전 2:7 참고).

마틴 루터는 그리스도 없이 천국에 들어가느니 차라리 그리스도와 함께 지옥에 가고 싶다고 말했습니다. 여러분의 마음도 이와 같지 않습니까? 그런데 어찌하여 당신은 은혜를 전혀 받지 않았다고 말하며 그리스도인이 아니라고 말합니까?

틀림없는 사실인즉, 그리스도와 연합해 있고 장차 그리스도와 함께 영원히 통치할 사람들이 아니면 그 누구도 그리스도의 인격을 그렇게 소중히 여길 수 없습니다. 진실한 성도는 그리스도를 인하여 그리스도를 사랑합니다. 진실한 성도는 그리스도의 인격적인 탁월함으로 인하여 그리스도를 사랑합니다(아 5:10-16 참고).

알렉산더 대왕이 자신의 두 친구에 대해서 말한 바를 오늘날 많은 사람들에게 적용해 볼 수 있습니다. 그는 이렇게 말했습니다. "헤페스티온(Hæphestion)은 나를 알렉산더로서 사랑하지만, 크라테루스(Craterus)는 나를 알렉산더 대왕으로서 사랑한다."

한 사람은 그의 인격을 보고 그를 사랑했지만, 다른 한 사람은 그를 통해 얻게 될 유익을 보고 그를 사랑했습니다. 이와 마찬가지로 나다나엘과 같이 진실한 그리스도인들 중에는 그리스도의 인격 때문에, 그리스도의 인격적인 탁월함 때문에, 그리스도의 인격적인 아름다움 때문에, 그리스도의 인격적인 영광 때문에 그리스도를 사랑하는 사람들이 있습니다. 이런 사람들은 그리스도 안에서 완전한 은혜와 거룩함을 봅니다. 그리고 그 완전함은 그들의 눈에 매우 사랑스럽고 매력적으로 보입니다. 비록 그 완전함으로 인해서 자기들이 왕국을 얻거나 면류관을 얻는 일은 결코 없을 테지만 말입니다.

반면 그리스도를 향해서 어떤 사랑이나 선한 뜻을 품는 사람들 중 대부분은 그리스도로부터 얻게 될 여러 가지 유익을 고려하는 가운데 그렇게 행합니다. 그리스도께서 여러 가지 유익을 주시는데도 사람들이 그분을 거의 사랑하지 않는다는 것은 옛날부터 어거스틴이 불만스러워했던 사실입니다.

빵을 얻기 위해서 그리스도를 따라가는 사람들은 많지만, 그리스도를 사랑하기 때문에 그리스도를 따라가는 사람들은 매우 적습니다(요 6:26 참고). 자신들이 얻게 될 현세의 유익 때문에 그리스도를 따라가는 사람들은 많지만, 그리스도의 내적인 탁월함 때문에 그리스도를 따라가는 사람들은 매우 적습니다. 그리스도를 통해서 출세하기 위하여 그리스도를 따라가는 사람들은 많지만, 그리스도를 통해서 선한 사람이 되고자 그리스도를 따라가는 사람들은 매우 적습니다.

틀림없이 여러분은 그리스도의 가장 친밀한 친구입니다. 틀림없이 여러분은 그리스도께서 그 품에 고이 안고 계시는 사람들입니다. 왜냐하면 여러분이 다른 모든 것보다 그리스도를 더 귀중하게 여기기 때문입니다. 왜냐하면 여러분이 성부 하나님께서 그리스도를 높이시는 것과 마찬가지로 예수 그리스도를 높이기 때문입니다. 하나님께서 '즐거움의 기름'(히 1:9)을 그리스도에게 부어 주셨기 때문에, 그리스도의 모든 옷에 '몰약과 침향과 육계의 향기'(시 45:8)가 있기 때문에 여러분이 그렇게 행합니다. 그러므로 틀림없이 여러분은 그리스도의 가장 친밀한 벗입니다. 거듭나지 않은 모든 사람들, 다시 나지 않은 모든 사람들, 왕족의 혈통에서 태어나지 않은 모든 사람들, 신의 성품에 참여하지 않은 모든 사람들에게 이런 일은 너무나 고매하고 어렵고 위대하고 숭고한 일입니다.

5) 여러분의 가장 중대하고 격렬한 투쟁이 내면의 부패함에 대한 것입니까?

그 투쟁은 하나님의 눈과 여러분 자신의 영혼에게만 명백하게 보이는 은밀한 죄들에 대한 것이 아닙니까? 본성을 교육하여 빛을 비춰 주고, 성령께서 일반적인 은혜로 죄를 확신하게 하시면 사람들은 모든 사람들의 눈에 명백하게 죄로 보이는 것들과 투쟁할 수 있습니다.

사도 바울은 자신의 지체 속에서 한 다른 법이 자신의 마음의 법과 싸우고 있다고 탄식합니다(롬 7:23 참고). 이것은 내면에서 이루어지는 전투요 내적인 싸움입니다. 사도는 자신 안에 있는 한 법과 심각한 싸움을 하고 있었고, 그로 인해 "오호라, 나는 곤고한 사람이로다. 이 사망의 몸에서 누가 나를 건져 내랴?"(롬 7:24)라고 탄식했습니다. 이와 같이 다윗도 "자기 허물을 능히 깨달을 자 누구리요? 나를 숨은 허물에서 벗어나게 하소서"(시 19:12)라고 부르짖습니다.

또한 히스기야도 자신의 마음의 교만함 때문에, 히브리어 표현대로 하자면 자신의 마음을 높이 들어올린 것 때문에 자기 자신을 겸비하게 하였습니다(대하 32:26 참고). 질병을 고침 받은 일, 적군에게서 승리를 거둔 일, 호화로운 보물을 많이 보유한 것 때문에 그의 마음이 높아졌습니다. 그래서 그렇게 마음이 육적으로 높아지고 자랑한 것으로 인해 자기 자신을 겸비하게 하였습니다. 그는 여호와 앞에서 자기 자신을 낮추고 엎드렸습니다.

진실한 마음을 가진 사람은 다른 사람들이 죄로 거의 인정하지 않을 은밀하고도 내적인 부패함들 때문에 눈물을 흘리고 깊이 애통합니다. 신체 내부에 출혈이 있어서 결국 영원히 죽음을 맞이하고 마는 사람들이 많이 있습니다. 이와 같이 죄의 내적인 역사로 인해 영원히 죽음을 맞이하는 영혼들이 많이 있습니다. 그런데 이런 사람들은 자신들에게 무슨 일이 일어나고 있는지를 깨닫지도 못하고 알지도 못합니다. 그것을 깨닫고 알았을 때는 도무지 손을 쓸 수 없을 정도가 되었을 때입니다.

그러나 나다나엘처럼 진실한 사람은 자신의 영혼 안에서 일어나는 죄의 내적인 역사, 죄의 맨 처음 움직임으로 인해 슬퍼합니다. 그렇게 함으로써 영원한 위험을 미리 방지합니다. 영혼 안에 죄가 활동할 때마다 성도는 다음과 같이 부르짖습니다. "오, 주님! 도와주옵소서. 오, 주님! 나를 위해 싸우시옵소서. 이 바벨론의 자식들을 산산조각 내시옵소서. 죄의 맨 처음 움직임을 진압해 주시옵소서. 그리하여 죄의 활동이 잉태되어 그 자식을 낳지 못하도록 하옵소서. 그리하여 주님의 영광과 내 자신의 양심이 동시에 손상을 입지 않도록 하옵소서."

6) 여러분은 그리스도를 머리로 여기고 순복합니까?

마귀와 악한 사람들은 그리스도를 주인으로서 여기고 순복합니다. 반면 믿음으로 그리스도와 연합한 사람들, 그리스도에게 영적으로 소속된 사람들은 그리스도를 머리로서 여기고 순복합니다. 이 점에 대해서 좀 더 자세히 설명하겠습니다.

(1) 지체들은 머리에게 순복하되 기껍고도 즐거운 마음으로 순복합니다.

지체들은 억지로 순복하는 것이 아니요 자원해서 순복합니다. 믿는 영혼에게도 이것은 마찬가지입니다.

"너희는 내 얼굴을 찾으라 하실 때에 내가 마음으로 주께 말하되 여호와여 내가 주의 얼굴을 찾으리이다 하였나이다"(시 27:8).

"주의 권능의 날에 주의 백성이 거룩한 옷을 입고 즐거이 헌신하니 새벽 이슬 같은 주의 청년들이 주께 나오는도다"(시 110:3).

다메섹으로 가는 길에서 바울은 "주여, 내가 어떻게 하기를 원하시나이까?"(행 9:6 참고)라고 외칩니다.[1] 그런 다음에 사도행전 21장 13절에서는 "나는 주 예수의 이름을 위하여 결박당할 뿐 아니라 예루살렘에서 죽을 것도 각오하였노라"라고 고백합니다. 은혜로운 영혼은 어느 정도 자연스럽게 그리스도를 위해 봉사합니다. 그리스도를 위해 봉사하는 것은 은혜로운 영혼에게 어느 정도 자연스러운 일입니다.

(2) 지체들은 머리에게 순복하되 예외 없이 순복합니다.

지체들은 머리가 명령한 모든 것을 행합니다. 이와 마찬가지로 그리스도의 참된 지체들은 자신들의 머리가 되시는 그리스도께서 요구하시는 모든 것에 그 어떤 이의나 단서를 달지 않고 예외 없이 순복하기 위해 진실로 노력합니다.

"유대 왕 헤롯 때에 아비야 반열에 제사장 한 사람이 있었으니 이름은 사가랴요, 그의 아내는 아론의 자손이니 이름은 엘리사벳이라. 이 두 사람이 하나님 앞에 의인이니 주의 모든 계명과 규례대로 흠이 없이 행하더라"(눅 1:5,6).

그들은 하나님 앞에서 행하되, 주춤거리거나 대충대충 하지 않고 철저하게 행했습니다. 그들은 하나님께서 계시하신 뜻의 모든 중요한 부분에 편견이나 편애 없이, 그리고 이쪽저쪽으로 치우지지 않고 일치하는 삶을 살았습니다.

하나님께서는 다윗을 다음과 같이 평가하셨습니다.

"내가 이새의 아들 다윗을 만나니, 내 마음에 맞는 사람이라. 내 뜻을 다 이루리라"(행 13:22).

헬라어로 보면 '내 뜻'이라는 단어는 복수형으로 되어 있습니다. 이것은 다윗이 하나님의 뜻을 순종하되 그 모든 뜻을 진실로 순종했음을 시사합니다.

(3) 지체들은 머리에 순복하되, 싫증을 내지 않고 지속적으로 순복합니다.

---

1) 역자주 – 한글 성경에는 인용된 말이 번역되어 있지 않습니다. 그러나 저자가 인용하는 흠정역에는 "And he trembling and astonished said, Lord, what wilt thou have me to do?"라고 되어 있습니다. 이것을 그대로 직역하자면, "그가 떨며 놀라 말하기를 '주여, 내가 어떻게 하기를 원하시나이까?'라고 하니, 주께서 그에게 말씀하시기를 '일어나서 성읍으로 들어가라. 그러면 네가 행할 일을 말해 줄 사람이 있을 것이라'라고 하시더라"가 됩니다.

지체들은 머리에 순종하는 것을 결코 짜증스럽게 생각하지 않습니다. 지체들은 머리에 순복하되 모든 장소에서, 모든 경우에, 모든 시간에 순복합니다. 그리스도의 참된 지체들 역시 마찬가지입니다. 사도 바울의 말을 들어 보십시오.

"이것으로 말미암아 나도 하나님과 사람에 대하여 항상 양심에 거리낌이 없기를 힘쓰나이다"(행 24:16).

다시 말해서, 하나님과 다른 형제들을 향한 자신의 모든 활동과 행실 가운데서 불의하지 않고 진실하기 위해 모든 근면함과 기술과 노련함과 양심을 다 사용했다는 것입니다.

다윗도 마찬가지입니다.

"내가 주의 율례들을 영원히 행하려고 내 마음을 기울였나이다"(시 119:112).

히브리어의 의미를 살려서 말하자면, '내 마음을 기울였나이다'라는 것은 어떤 사람이 가죽을 잡아당겨 늘리는 것처럼 "내 마음을 팽팽하게 잡아당겼나이다"라는 뜻입니다. '행하려고'라는 표현도 히브리어의 의미를 살려서 말하자면, 빈틈없이 정확하고 완벽하게 행한다는 뜻입니다.

은혜로운 영혼은 '속이는 활'(시 78:57)과 같지 않으며, 아침 이슬과도 같지 않습니다. 은혜로운 영혼은 마치 불에 넣어도 타지 않고 물에 넣어도 가라앉지 않는 트라키아에 있는 돌과 같습니다.

의심하고 있는 영혼들이여! 이제 제가 묻는 질문에 답해 보십시오.

① 여러분은 하나님 앞에서 여러분의 마음이 옳다고 인정을 받기 위하여 모든 의무와 봉사에 힘써 참여하고 있습니까?

② 여러분은 거룩함의 최고봉에 오르고 여러분 자신의 원칙에 충실히 살기 위해 힘쓰고 있습니까?

③ 여러분의 가장 큰 소망과 노력은 죄를 가리는 것보다는 죄를 고침 받는

것입니까?

④ 여러분은 그리스도를 가장 소중한 분으로 여기고 있습니까? 여러분은 마치 성부 하나님께서 그리스도를 높이시는 것처럼 여러분의 모든 판단과 정서에서 그리스도를 다른 무엇보다 더 소중하게 높입니까?

⑤ 여러분에게 가장 중요하고도 격렬한 투쟁과 싸움이 내적인 부패에 대항하는 것이며, 하나님과 여러분 자신의 영혼이 볼 때 명백하게 죄로 드러나는 은밀한 죄의 역사와 움직임에 대항하는 것입니까?

⑥ 여러분은 마음의 전체적인 성향과 기질로 그리스도를 여러분의 머리로 여기고 순복합니까? 거리낌 없이 기쁜 마음으로 그렇게 합니까? 그 어떤 이의나 단서를 달지 않고, 한 가지 일에서만이 아니라 다른 일에서도 예외 없이 그렇게 합니까? 지속적으로, 그리고 싫증을 내지 않고 그렇게 합니까?

그렇습니다. 우리는 이와 같이 해야 합니다. 만일 우리가 그렇지 않다고 대답한다면, 우리는 하나님의 은혜에 대하여 거짓말하는 사람입니다. 주님께서 이와 같은 일들을 우리 안에, 그리고 우리를 위하여 이루셨습니다(사 26:12 참고). 그렇다면 여러분은 다음과 같은 사실을 꼭 숙지하십시오.

첫째, 여러분의 영적 상태는 선합니다. 여러분은 틀림없이 주 예수 그리스도와 복된 관계를 맺고 있습니다. 앞에서 열거한 것들을 행할 수 있는 사람들은 오직 그리스도와 연합한 영혼들뿐이며, 그리스도에게 속한 사람들뿐이며, 그리스도의 특별하고도 독특한 감화를 받은 사람들뿐이며, 그리스도의 사랑을 크게 받는 사람들뿐입니다.

진실로 앞에서 열거한 것들은 본성이라는 정원에서는 도저히 피어날 수 없는 천국의 꽃들입니다. 그것들은 하나님께서 그리스도의 피 값을 주고 사신 사람들에게만 내려 주시는 귀중한 진주입니다. 그리스도와 연합하고 교제하는 사람들, 또 그리스도와 함께 영원히 다스릴 사람들이 아닌 사람들의 가슴에서도 앞에서 열거한 보석들을 얼마든지 발견할 수 있다는 것을 성경을 사용하여 입증할 수 있는 사람은 이 세상에 단 한 사람도 없습니다.

둘째, 이와 같은 꿀벌집에서 감미로움을 빨아 먹는 것, 또 이와 같은 것들을 하나님의 은총과 여러분의 영원한 행복과 복락에 대한 틀림없는 보증과 증거로 여기는 것은 절대 죄가 아니며, 오히려 여러분이 마땅히 행해야 할 의무입니다. 우리가 그리스도께 속해 있다는 것에 대해 성령의 증언을 유일한 증거로 생각하고, 성령의 열매를 통해 나타나는 다른 여러 가지 증거들을 부인하는 사람들이 있습니다. 그러나 이것은 나무에서 익어 가고 있는 열매가 그 나무가 살아 있음을 증거한다는 사실을 부인하는 것과 같습니다. 그러나 사실 나무에서 익어 가고 있는 열매가 그 나무 안에 생명이 있다는 사실에 대한 틀림없고도 부인할 수 없는 증거라는 것은 어린아이도 다 아는 사실입니다. 성령의 증언에 대해서는 본 강론의 마지막 부분에서 상세히 다루려고 합니다.

우리가 받은 은혜를 가지고 판단하는 것과 우리가 받은 은혜를 의존하는 것, 또는 우리가 받은 은혜를 신뢰하는 것은 틀림없이 전혀 다른 문제입니다. 만일 어떤 사람이 태양이 찬란한 광채를 발하는 것을 근거로 태양이 존재한다고 주장한다면, 당연히 그 사람은 덮어놓고 이의를 제기하는 일에 관한 한 이 세상에서 가장 탁월한 사람이라 할지라도 자신의 말에 대해서 할 말이 없으리라고 생각할 것입니다.

7. 은혜 안에서 성장하도록 노력하라

여러분의 영원한 행복과 복락에 관하여 근거가 충분한 확신에 도달하기 위해서는 은혜 안에서 더욱더 성장하고 강해져야 합니다.

"그러므로 너희가 더욱 힘써 너희 믿음에 덕을, 덕에 지식을, 지식에 절제를, 절제에 인내를, 인내에 경건을, 경건에 형제 우애를, 형제 우애에 사랑을 더하라……이같이 하면 우리 주, 곧 구주 예수 그리스도의 영원한 나라에 들어감을 넉넉히 너희에게 주시리라"(벧후 1:5-7,11).

여기에서 '예수 그리스도의 영원한 나라에 들어감'이란 말은 천국이라는 장소에 들어가는 것을 의미하지 않습니다. 왜냐하면 성경은 그 어디에서도 천국을 일컬어 예수 그리스도의 나라라고 하지 않기 때문입니다. 성경은 오히려 천국을 하나님 아버지의 나라라고 부릅니다. "이같이 하면 우리 주, 곧 구주 예수 그리스도의 영원한 나라에 들어감을 넉넉히 너희에게 주시리라"라는 말씀과 반대되는 경우를 언급하는 9절 말씀을 볼 때, '예수 그리스도의 영원한 나라에 들어감'이란 말은 확신을 의미하는 것이 분명합니다. 그러므로 온전한 확신에 도달하는 길은 결국 은혜 위에 은혜를 더하는 것입니다.

여기에서 '더하라'라고 번역된 헬라어는 훨씬 강한 뜻을 담고 있습니다. 이것은 우리가 받은 은혜를 함께 연결하는 것을 의미합니다. 마치 춤을 추는 처녀들이 서로 손을 잡는 것처럼 말입니다. 우리는 은혜 위에 은혜를 지속적으로 연결해야 합니다. 우리는 은혜 위에 은혜를 계속 더해 가야 합니다. 우리는 여러 가지 은혜들이 함께 춤추는 것을 앞에서 계속 끌어 가야 합니다.

은혜의 분량이 많으면, 거기에는 진리에 대한 중대한 증거들이 있기 마련입니다. 반면 은혜의 분량이 적으면, 미미한 증거들만이 있을 뿐입니다. 은혜의 분량이 많으면, 그 영혼이 그리스도와 연합하고 교제하고 있다는 것에 대한 중대한 증거가 있기 마련입니다. 그리고 여러분이 그리스도와 연합되어 교제하고 있다는 사실이 더 명확해지면 명확해질수록 여러분이 누리는 확신도 더 명확해지고 온전해지게 되어 있습니다.

은혜의 분량이 많으면, 성령께서 여러분 안에 영화롭게 거하신다는 것에 대한 가장 중대하고도 명확한 증거들이 있기 마련입니다. 그리고 성령께서 여러분 안에 거하신다는 사실을 더욱 강하게 확신할수록, 여러분의 확신은 더 커지게 되어 있습니다. 많은 분량의 은혜는 영혼을 괴롭히고 흑암으로 하여금 영혼을 둘러싸도록 만드는 불순물과 그루터기와 두려움과 의심을 소멸하고 태워 버리는 불과 같을 것입니다. 그리고 이렇게 여러분의 두려움과 의심과 흑암이 더 많이 제거될수록, 여러분의 마음은 여러분을 향한 하나님의 생각이 사랑으로 가득 찬 것을, 다시 말해서 여러분이 하나님의 눈에 보배로운 존재이며 하나님이 여러분을 기뻐하시기 때문에 영원토록 선을 행하시리라는 사실을 더욱 실제적으로, 그리고 더욱 쉽게 확신할 수 있게 되어 있습니다(렘 32:41 참고).

8. 영혼이 가장 좋은 상태에 있을 때 확신을 구하라

여러분의 영원한 행복과 복락에 관하여 근거가 충분한 확신에 도달하기 위해서는 여러분의 마음이 가장 양호하고 신령한 기질과 상태에 있을 때 하나님을 향하고 천국을 향하며 거룩을 향해야 합니다. 유혹이 있고 영적으로 버려진 시기는 기도를 해야 하는 시간이요, 말씀을 들어야 하는 시간이며, 애통해야 하는 시간이요, 믿음을 발휘해야 하는 시간입니다. 이때는 의심하는 영혼이 하나님과 자신 사이에 어떤 일들이 일어났는지, 또 앞으로 어떤 일이 일어날지를 살피고 점검하는 일처럼 굉장히 심원하고 엄숙한 일을 하기에 적절한 시기가 아닙니다. 여러분 자신의 마음의 기질과 상태를 관찰하는 일에 부지런하고 지속적이며 근면하고 성실하십시오.

한편 여러분의 마음이 가장 정직하고 부드럽고 쉽게 감화받을 수 있는 상태임을 알게 될 때, 여러분의 마음이 가장 온유하고 겸손하며 가장 감미롭게 고양되어 있고 가장 신령하게 차분해져 있음을 알게 될 때, 바로 그때야말로 여러분이 가장 큰 자유로움으로 여러분의 마음을 하나님께 열 수 있는, 그리고 하나님과 여러분 사이가 지금 어떻게 되어 있으며 앞으로 영원토록 어떻게 될 것인지를 보여 달라고 여러분의 구원에 관해서 하나님께 간구할 수 있는 가장 좋은 시기입니다.

이렇게 여러분이 하나님 앞에 여러분 자신을 세우고 여러분의 마음을 하나님께 열어 놓은 다음에는 하나님과 여러분 자신의 새롭게 된 양심이 여러분의 영원한 상태에 관해 뭐라고 보고하는지를 지혜롭게 관찰하십시오. 다윗은 다음과 같이 말했습니다.

"내가 하나님 여호와께서 하실 말씀을 들으리니 무릇 그의 백성, 그의 성도들에게 화평을 말씀하실 것이라. 그들은 다시 어리석은 데로 돌아가지 말지로다"(시 85:8).

히브리어 원문에도 그렇게 되어 있습니다.

그러므로 여러분이 하나님 앞에서 여러분의 속마음을 다 털어놓았다면, 잠잠히 하나님께서 여러분에게 말씀하실 것에 귀를 기울여야만 합니다. 틀림없이 하나님은 여러분에게 화평을 말씀하실 것입니다. 하나님께서는 여러분에게 다음과 같이 말씀하실 것입니다.

"아들아, 크게 기뻐하라. 네 죄가 사함을 받았느니라. 네 마음이 내 앞에서 의로우니 내 영이 너를 기뻐하노라. 나는 이미 너에게 복을 주었다. 훗날에 내가 너를 영화롭게 하리라."

사탄의 강력한 유혹을 받아 자살하고 싶은 충동에 강하게 사로잡혔지만 자기 자신을 파멸시키는 일에서 건짐을 받은 어떤 사람에 대한 글을 읽은 적이 있습니다. 그는 이전에 자신이 하나님 앞에서 엄숙하게 기도하고 자신을 점검하며 자신의 영적 상태를 성실하게 살폈을 때 그 작업의 마지막 순간에 이르러 자신의 마음이 하나님 앞에서 의롭다는 명백한 증거를 얻은 경험이 있었음을 기억함으로써 자기 자신을 파멸시키는 일에서 건짐을 받을 수 있었다고 합니다.

하나님과 양심과 하나님의 말씀은 엄숙한 기도와 자기 점검에 대해서 주시는 증거를 지혜롭고도 진지하게 관찰하는 강력한 위안을 낳을 수 있고, 가장 극심한 고난 중에 있는 영혼에 힘을 북돋아 줄 수 있으며, 가장 강력한 유혹에 대항할 수 있는 힘을 영혼에 불어넣을 수 있습니다. 또한 왕자들이 왕으로 즉위하는 날을 갈망하는 것처럼 영혼으로 하여금 죽음의 날을 갈망하도록 만들 수 있습니다.

9. 구원에 수반되는 여러 가지 것들이 있는지를 확인하라

지식, 믿음, 회개, 순종, 사랑, 기도, 견인, 그리고 소망이 있는지를 확인하십시오. 여러분의 영원한 행복과 복락에 관하여 근거가 충분한 확신에 도달하기 위해서는 영원한 구원에 수반되는 여러 가지 것들이 여러분에게 있는지를 부지런히 조사해야 합니다.

"사랑하는 자들아, 우리가 이같이 말하나 너희에게는 이보다 더 좋은 것 곧 구원에 속한 것이 있음을 확신하노라"(히 6:9).[2]

다시 말해서, 구원을 함축하고 구원에 관련된 것들이 여러분에게 있다는 것을 확신하라는 말입니다.

---

[2] 역자주 - 한글 성경은 저자가 인용하는 흠정역의 의미를 그대로 살리지 못하고 있는 것처럼 보입니다. 본래 흠정역은 "But, beloved, we are persuaded better things of you, and things that accompany salvation, though we thus speak"으로 되어 있는데, 이것을 그대로 직역해 보자면 다음과 같습니다. "사랑하는 자들아, 비록 우리가 이같이 말은 하지만 너희에게는 더 좋은 일들과 구원과 함께 수반되는 일들이 있음을 확신하노라."

사랑하는 독자들이여! 만일 여러분이 구원에 수반되며 구원을 함축하는 탁월한 여러 가지 것들을 소유하고 있다면, 여러분은 여러분의 구원을 담대하게 확신할 수 있습니다. 그러나 이렇게 묻는 사람도 있을 것입니다.

"구원에 수반되는 것들은 무엇입니까?"

구원에 수반되는 것들에는 여덟 가지가 있습니다. 그 여덟 가지는 지식, 믿음, 회개, 순종, 사랑, 기도, 견인, 소망입니다.

1) 지식

"영생은 곧 유일하신 참 하나님과 그가 보내신 자 예수 그리스도를 아는 것이니이다"(요 17:3).

신적인 지식은 영원한 생명의 시작입니다. 그것은 영광의 불꽃입니다. 그것은 영혼 안에 생명을 역사합니다. 그것은 영원한 생명의 맛보기요 보증입니다.

"또 아는 것은 하나님의 아들이 이르러 우리에게 지각을 주사, 우리로 참된 자를 알게 하신 것과 또한 우리가 참된 자, 곧 그의 아들 예수 그리스도 안에 있는 것이니 그는 참 하나님이시요 영생이시라"(요일 5:20).

"그의 신기한 능력으로 생명과 경건에 속한 모든 것을 우리에게 주셨으니, 이는 자기의 영광과 덕으로써 우리를 부르신 이를 앎으로 말미암음이라"(벧후 1:3).

구원에 수반되는 지식이 어떤 것인지에 대해서는 곧 살펴보겠습니다.

2) 믿음

"주께서 사랑하시는 형제들아, 우리가 항상 너희에 관하여 마땅히 하나님께 감사할 것은 하나님이 처음부터 너희를 택하사 성령의 거룩하게 하심과 진리를 믿음으로 구원을 받게 하심이니"(살후 2:13).

"너희는 말세에 나타내기로 예비하신 구원을 얻기 위하여 믿음으로 말미암아 하나님의 능력으로 보호하심을 받았느니라"(벧전 1:5).

"우리는 뒤로 물러가 멸망할 자가 아니요 오직 영혼을 구원함에 이르는 믿음을 가진 자니라"(히 10:39).

"모세가 광야에서 뱀을 든 것같이 인자도 들려야 하리니, 이는 그를 믿는 자마다 영생을 얻게 하려 하심이니라"(요 3:14,15).

"아들을 믿는 자에게는 영생이 있고"(요 3:36).

"내가 진실로 진실로 너희에게 이르노니 내 말을 듣고 또 나 보내신 이를 믿는 자는 영생을 얻었고 심판에 이르지 아니하나니 사망에서 생명으로 옮겼느니라"(요 5:24).

"내 아버지의 뜻은 아들을 보고 믿는 자마다 영생을 얻는 이것이니 마지막 날에 내가 이를 다시 살리리라 하시니라"(요 6:40).

"진실로 진실로 너희에게 이르노니 믿는 자는 영생을 가졌나니"(요 6:47).

3) 회개

"하나님의 뜻대로 하는 근심은 후회할 것이 없는 구원에 이르게 하는 회개를 이루는 것이요, 세상 근심은 사망을 이루는 것이니라"(고후 7:10).

"예루살렘아, 네 마음의 악을 씻어 버리라. 그리하면 구원을 얻으리라"(렘 4:14).

"그들이 이 말을 듣고 잠잠하여 하나님께 영광을 돌려 이르되, 그러면 하나님께서 이방인에게도 생명 얻는 회개를 주셨도다 하니라"(행 11:18).

"이르시되 진실로 너희에게 이르노니, 너희가 돌이켜 어린아이들과 같이 되지 아니하면 결단코 천국에 들어가지 못하리라"(마 18:3).

"그러므로 너희가 회개하고 돌이켜 너희 죄 없이 함을 받으라. 이같이 하면 새롭게 되는 날이 주 앞으로부터 이를 것이요"(행 3:19).

4) 순종

"온전하게 되셨은즉 자기에게 순종하는 모든 자에게 영원한 구원의 근원이 되시고"(히 5:9).

"감사로 제사를 드리는 자가 나를 영화롭게 하나니 그의 행위를 옳게 하는 자에게 내가 하나님의 구원을 보이리라"(시 50:23).

5) 사랑

"이제 후로는 나를 위하여 의의 면류관이 예비되었으므로 주 곧 의로우신 재판장이 그날에 내게 주실 것이며 내게만 아니라 주의 나타나심을 사모하는 모든 자에게도니라"(딤후 4:8).

"내 사랑하는 형제들아, 들을지어다. 하나님이 세상에서 가난한 자를 택하사 믿음에 부요하게 하시고, 또 자기를 사랑하는 자들에게 약속하신 나라를 상속으로 받게 하지 아니하셨느냐?"(약 2:5).

"기록된 바 하나님이 자기를 사랑하는 자들을 위하여 예비하신 모든 것은 눈으로 보지 못하고, 귀로 듣지 못하고 사람의 마음으로 생각하지도 못하였다 함과 같으니라"(고전 2:9).

"시험을 참는 자는 복이 있나니 이는 시련을 견디어 낸 자가 주께서 자기를 사랑하는 자들에게 약속하신 생명의 면류관을 얻을 것이기 때문이라"(약 1:12).

"예수께서 이르시되 내가 진실로 너희에게 이르노니, 세상이 새롭게 되어 인자가 자기 영광의 보좌에 앉을 때에 나를 따르는 너희도 열두 보좌에 앉아 이스라엘 열두 지파를 심판하리라. 또 내 이름을 위하여 집이나 형제나 자매나 부모나 자식이나 전토를 버린 자마다 여러 배를 받고 또 영생을 상속하리라"(마

19:28,29).

그리스도의 말씀은 전체적으로 이런 뜻입니다. "만일 누구든지 내 이름과 내 영광을 존중해서 어떤 식으로든, 또 어떤 일에서든 그 사랑하는 마음을 내게 보이면, 이 세상에 살 동안에는 긍휼을 상으로 받을 것이고, 이 세상을 떠난 후에는 영광을 상으로 받을 것이다."

6) 기도

"사람이 마음으로 믿어 의에 이르고 입으로 시인하여 구원에 이르느니라……누구든지 주의 이름을 부르는 자는 구원을 받으리라"(롬 10:10,13).

"누구든지 주의 이름을 부르는 자는 구원을 받으리라 하였느니라"(행 2:21).

즉, 어떤 사람이 말하는 것처럼 주님의 이름을 부르는 사람은 틀림없이 구원에 이르도록 인침을 받을 것이라는 뜻입니다. 또는 다른 사람이 말하는 것처럼 기도라는 이 은혜를 소유한 사람에게는 그것이 그의 구원에 대한 분명한 증거와 확신이 된다는 뜻입니다. 그러므로 기도하는 은혜를 가지고 있다는 것은 예언의 은사를 가지고 있는 것보다 더 좋고 중요한 은총입니다(마 17:21 참고).[3] 예언하는 영들이 하늘문이 자기들에게 굳게 닫히는 것을 보게 될 때에도 기도하는 영혼들은 하늘문이 자기들에게 활짝 열리는 것을 보게 될 것입니다.

7) 견인

"또 너희가 내 이름으로 말미암아 모든 사람에게 미움을 받을 것이나 끝까

---

3) 역자주 – 한글 성경에는 이 구절이 본문에는 '없음'으로 되어 있으나 난외주에 "기도와 금식이 아니면 이런 유가 나가지 아니하느니라"라고 기록되어 있습니다. 저자가 사용한 흠정역에는 같은 뜻으로 "Howbeit this kind goeth not out but by prayer and fasting"이라고 되어 있습니다.

지 견디는 자는 구원을 얻으리라"(마 10:22).

"불법이 성하므로 많은 사람의 사랑이 식어지리라. 그러나 끝까지 견디는 자는 구원을 얻으리라"(마 24:12,13).

"너는 장차 받을 고난을 두려워하지 말라. 볼지어다 마귀가 장차 너희 가운데에서 몇 사람을 옥에 던져 시험을 받게 하리니, 너희가 십일 동안 환난을 받으리라. 네가 죽도록 충성하라. 그리하면 내가 생명의 관을 네게 주리라"(계 2:10).

"이기는 자는 이와 같이 흰옷을 입을 것이요, 내가 그 이름을 생명책에서 결코 지우지 아니하고 그 이름을 내 아버지 앞과 그의 천사들 앞에서 시인하리라 ……이기는 그에게는 내가 내 보좌에 함께 앉게 하여 주기를 내가 이기고 아버지 보좌에 함께 앉은 것과 같이하리라"(계 3:5,21).

8) 소망

"우리가 소망으로 구원을 얻었으매 보이는 소망이 소망이 아니니, 보는 것을 누가 바라리요?"(롬 8:24)

"우리가 성령으로 믿음을 따라 의의 소망을 기다리노니"(갈 5:5).

"너희 마음의 눈을 밝히사 그의 부르심의 소망이 무엇이며, 성도 안에서 그 기업의 영광의 풍성함이 무엇이며"(엡 1:18).

"우리는 낮에 속하였으니 정신을 차리고 믿음과 사랑의 호심경을 붙이고 구원의 소망의 투구를 쓰자"(살전 5:8).

"우리로 그의 은혜를 힘입어 의롭다하심을 얻어 영생의 소망을 따라 상속자가 되게 하려 하심이라"(딛 3:7).

"영생의 소망을 위함이라. 이 영생은 거짓이 없으신 하나님이 영원 전부터 약속하신 것인데"(딛 1:2).

✣

이렇게 하여 구원에 수반되는 여덟 가지 특별히 소중한 것들을 살펴보았습니다. 그러나 여러분에게 더 심도 있고도 온전하게 교훈과 만족과 확증과 위안을 주기 위해서는 2부에서 다음과 같은 것을 좀 더 자세히 살펴야 할 것입니다.

- 구원에 수반되는 지식이란 무엇인가?
- 구원에 수반되는 믿음이란 무엇인가?
- 구원에 수반되는 회개란 무엇인가?
- 구원에 수반되는 순종이란 무엇인가?
- 구원에 수반되는 사랑이란 무엇인가?
- 구원에 수반되는 기도란 무엇인가?
- 구원에 수반되는 견인이란 무엇인가?
- 구원에 수반되는 소망이란 무엇인가?

제가 이 보배로운 것들에 관하여 여러분에게 상세히 설명한 다음에 여러분이 자신의 영원한 복락에 대한 거룩한 담대함과 복된 확신을 가지게 되어 깊은 만족과 기쁨으로 가득하게 되기를 바랍니다.

저는 2부 1장에서 먼저 첫 번째 것부터 시작하여 구원에 수반되는 지식, 구원을 함축하는 지식, 구원과 관련되어 있는 지식이 무엇을 의미하는지를 설명하려고 합니다. 그리고 그다음 장에 계속하여 구원에 수반되는 나머지 일곱 가지를 상세히 설명하려고 합니다.

2부

구원에 수반되는 여덟 가지, 그 본질과 속성

_지식 · 믿음 · 회개 · 순종 · 사랑 · 기도 · 견인 · 소망

HEAVEN ON EARTH
: A Treatise on Christian Assurance

1장
구원에 수반되는 지식

1. 역사하는 지식

구원에 수반되는 지식은 역사하는 지식, 활동하는 지식입니다.

"어두운 데에 빛이 비치라 말씀하셨던 그 하나님께서 예수 그리스도의 얼굴에 있는 하나님의 영광을 아는 빛을 우리 마음에 비추셨느니라"(고후 4:6).

신적인 빛은 머리뿐만 아니라 마음에 영향을 미칩니다. 그리스도의 영광스러운 얼굴을 통해 영혼에 비치는 신적인 빛의 광채는 매우 실제적인 도움을 줍니다. 다시 말해서, 그것은 마음에 영향을 끼치며 마음을 따뜻하게 하고 새롭게 빚어 줍니다. 신적인 지식은 마음을 정복하고 지도하며, 마음을 다루고 고무시키며, 마음을 안도하게 합니다.

"우리가 알거니와 우리의 옛사람이 예수와 함께 십자가에 못 박힌 것은 죄의 몸이 죽어 다시는 우리가 죄에게 종노릇하지 아니하려 함이니"(롬 6:6).

신적인 지식은 사람으로 하여금 죄를 십자가에 못 박도록 만듭니다. 신적인 지식은 사람으로 하여금 죄에게 종노릇하지 않도록 합니다. 세상의 그 어떤 지식도 그렇게 할 수 없습니다. 다른 모든 지식을 구비하고 있을지라도 사람들은 여전히 자신들의 정욕에 종노릇하고 사탄의 포로가 되어 사탄이 원하는 대로 질질 끌려 다닙니다. 구원에 수반되는 지식 외에는 그 어떤 지식도 사람이 자신의 정욕을 이기도록 만들지 못합니다. 소크라테스와 같이 세상에서 가장 지혜로운 철학자들과 가장 위대한 박사들도 고상한 이해력과 보기 드문 성찰력을 모두 구비하고 있으면서도 자신들의 정욕에 평생 매여 종노릇했습니다.

"우리가 그의 계명을 지키면 이로써 우리가 그를 아는 줄로 알 것이요, 그를 아노라 하고 그의 계명을 지키지 아니하는 자는 거짓말하는 자요 진리가 그 속에 있지 아니하되"(요일 2:3,4).

사람이 하나님의 계명을 지키면 그것으로써 자신이 하나님을 아는 줄로 안다고 말합니다. 다시 말해서, 자신이 참으로 하나님을 아는 줄로 확신했다는 것입니다. 우리가 알고 있다는 사실을 아는 것은 곧 그것을 확신한다는 뜻입니다. 야고보서 3장 17절을 보십시오.

"오직 위로부터 난 지혜는 첫째 성결하고 다음에 화평하고 관용하고 양순하며 긍휼과 선한 열매가 가득하고 편견과 거짓이 없나니."

사도 야고보는 13절에서 다음과 같이 질문합니다.

"너희 중에 지혜와 총명이 있는 자가 누구냐? 그는 선행으로 말미암아 지혜의 온유함으로 그 행함을 보일지니라."

신적인 지식이 사람에게 들어가면 그 사람의 영적인 활동이 활발해집니다. 신적인 지식이 사람에게 들어가면 그 사람은 마치 자신의 행위로 구원을 받으려고 하는 것처럼 열심히 활동하게 됩니다. 그러면서도 그 사람은 신적인 지식으로 인해 자신이 오직 값없이 베풀어 주시는 하나님의 은혜로 말미암아 구원을 얻는다는 사실을 믿습니다(엡 2:8 참고). 역사하지 않고 활동하지 않는 지식은 단지 영혼을 지옥으로 인도하고 그 지식을 가지고 있는 사람들이 받는 저주를 배가시키는 데 기여할 뿐입니다(마 23:14 참고).[1]

2. 변화시키는 지식

구원에 수반되는 지식은 변화시키는 지식이요, 변형시키는 지식입니다. 그것은 영혼을 변화시키고 변형시킵니다.

"우리가 다 수건을 벗은 얼굴로 거울을 보는 것같이 주의 영광을 보매 그와 같은 형상으로 변화하여 영광에서 영광에 이르니, 곧 주의 영으로 말미암음이니라"(고후 3:18).

마음에 내리쬐는 신적인 빛은 마음을 따뜻하게 하고 더 좋은 상태로 만듭니다. 그것은 마음을 변화시키고 변모시킵니다. 그것은 마음을 그리스도의 형상으로 새롭게 빚습니다.

자연주의자들의 주장에 따르면, 태양 광선을 자주 쬔 진주가 더 반짝거린다고 합니다. 이와 마찬가지로 성도들에게 공의로운 해가 그 빛을 자주 비추고 내리쬐면, 성도들은 거룩함과 의로움, 천상적인 마음과 겸손함에서 빛을 발하고 반짝이게 됩니다. 신적인 빛은 영혼에 총체적인 아름다움과 영광을 더해 줍니다. 왜냐하면 신적인 빛이 사람을 점점 더 그리스도의 영광스러운

---

[1] 역자주 – 저자가 사용한 흠정역에는 한글 성경에 없는 부분이 있습니다. "Woe unto you, scribes and Pharisees, hypocrites! for ye devour widows' houses, and for a pretence make long prayer: therefore ye shall receive the greater damnation." 이를 직역하면 "화 있을진저! 외식하는 서기관들과 바리새인들이여, 너희는 과부들의 집을 삼키며 남들에게 보이고자 길게 기도하는도다. 그러므로 너희는 더 큰 심판을 받으리라"가 됩니다.

형상으로 변화시키기 때문입니다. 마치 어린 자녀가 부모로부터 신체를 그대로 물려받은 것처럼, 마치 인쇄기에 조판된 글자가 종이에 그대로 찍혀 나오는 것처럼, 마치 밀랍이 거푸집에서 그대로 찍혀 나오는 것처럼, 그리고 두 부로 만들어 도장을 찍은 계약서가 서로 똑같은 것처럼, 영혼에 내리쬐는 신적인 빛과 지식의 광채는 그 영혼에 그리스도의 생생한 형상을 그대로 찍어내고 주 예수로 옷 입게 만들고 예수 그리스도를 그대로 닮도록 만듭니다.

관념적인 지식도 사람으로 하여금 그리스도의 영광스럽고 덕망 있는 행동과 미덕을 뛰어나게 찬양하도록 만들 수 있습니다. 그러나 구원에 수반되는 변화시키는 지식은 사람이 그리스도의 영광스러운 행동과 미덕을 훌륭하게 본받게 합니다.

"그러나 너희는 택하신 족속이요, 왕 같은 제사장들이요, 거룩한 나라요, 그의 소유가 된 백성이니, 이는 너희를 어두운 데서 불러내어 그의 기이한 빛에 들어가게 하신 이의 아름다운 덕을 선포하게 하려 하심이라"(벧전 2:9).

하나님께서 자신의 신적인 빛과 찬란한 빛을 영혼에 비춰 주시면, 그리스도인은 그가 모방할 수 있는 것을 실천하여 그리스도의 미덕을 선포할 것입니다. 그렇게 되기 전까지는 사람이 아무리 다른 모든 지식을 구비하고 있다 할지라도 악마의 화신으로 존재할 수밖에 없습니다.

다메섹으로 가는 바울에게 하늘로부터 신적인 빛의 광채가 비췄을 때, 그 빛은 바울을 얼마나 크게 변화시키고 변모시켰습니까! 그 신적인 빛의 광채는 바울을 얼마나 바꾸어 놓고 변화시켰습니까! 그것은 반항하는 그의 영혼을 고분고분하게 만들었습니다. "주여, 내가 어떻게 하기를 원하시나이까?" (행 9:6 참고).[2] 주님은 그에게 일어나 시내로 들어가라고 명하셨고, 그렇게

---

2) 역자주 – 한글 성경에는 이 구절이 생략되어 있지만, 저자가 사용한 흠정역에는 "Lord, what wilt thou have me to do?"라는 구절이 있습니다. 이를 직역하였습니다.

하면 어떻게 행할 것인지를 말해 줄 자가 있을 것이라고 하셨습니다. 그러자 바울은 하늘에서 내려온 계시에 순종합니다(행 26:19 참고).

신적인 빛은 사자와 같은 이 사람을 양과 같이 온순하게 변화시켰습니다. 신적인 빛은 핍박자를 설교자로 변화시켰고, 성도들을 파멸시키는 사람을 성도들을 세워 주는 사람으로 변화시켰으며, 극악무도한 사람을 천사로 변화시켰고, 악명 높은 신성모독자를 하나님과 하나님의 값없는 은혜의 역사를 크게 칭송하는 사람으로 변화시켰습니다. 사도행전 9장과 26장을 비교하면 이런 사실을 확인할 수 있습니다.

이 천상의 불꽃이 막달라 마리아의 마음에 떨어졌을 때, 그것은 그녀 안에서 얼마나 놀랍고도 큰 변화와 전환을 일으켰는지요!(눅 7:36-38 참고) 이제 그녀는 깊이 사랑하고 진정으로 믿으며, 깊이 회개하고 많은 눈물을 흘립니다. 신적인 빛이 삭개오와 빌립보 감옥의 간수장 안에 이룬 변화는 얼마나 큰지요!

진실로 만일 당신의 빛과 지식이 당신을 더 좋은 사람으로 변화시키지 않았다면, 만일 그것이 당신을 변화시키고 변모시키지 않았다면, 만일 당신이 그 모든 빛과 지식을 구비하고 있으면서도 이전과 다를 바 없이 악하고 비열한 모습 그대로 남아 있다면, 당신의 빛과 지식, 당신이 가지고 있는 많은 개념과 사색은 당신에게 마치 불과 같을 뿐입니다. 벽난로에 있는 불이 아니라 집에 붙은 불과 같아서 그 집과 그 안에 있는 사람들을 다 태워 버리는 불 말입니다. 또한 그것은 마치 앞뒤를 분간하지 못하는 말 위에 얹어진 안장과 같을 것입니다. 말 타는 사람의 목을 부러뜨리기만 할 뿐 그 밖에는 아무짝에도 쓸모가 없는 그런 안장 말입니다.

변화시키지 않는 지식은 결국 지옥에 있는 모든 마귀보다 사람을 더 많이 괴롭히게 되어 있습니다. 그것은 그 사람을 찌르는 칼이 될 것이고, 그를 후려치는 채찍이 될 것이며, 그를 무는 뱀이 될 것이고, 그를 쏘는 전갈이 될 것이며, 영원히 그를 물어뜯는 독수리와 벌레가 될 것입니다.

탬벌레인(Tamberlaine)이 전쟁을 하고 있을 때, 어떤 사람이 큰 금단지 하나를 발견하고는 그것을 파내 탬벌레인에게 가져왔습니다. 탬벌레인은 그것에 자기 아버지의 도장이 찍혀 있느냐고 물었습니다. 그리고 자기 아버지의 도장이 아니라 로마의 도장이 찍혀 있는 것을 확인하고는 그것을 결코 자신의 소유로 삼으려고 하지 않았습니다.

하나님도 마지막 날에 그렇게 하실 것입니다. 하나님은 사람에게 있는 지식에 그리스도의 형상, 그리스도의 흔적, 그리스도의 도장이 찍혀 있지 않다면 그 어떤 지식도 자신의 것으로 인정하시지 않을 것입니다. 하나님은 오직 영혼을 변화시키고 변모시키는 지식만을 자신의 소유로 인정하실 것입니다. 하나님은 오직 사람을 새롭게 만드는 지식, 신적인 빛이 비치기 이전과는 전혀 다른 새로운 사람으로 만드는 지식만을 자신의 소유로 인정하실 것입니다.

3. 체험적인 지식

구원에 수반되는 지식은 체험적인 지식입니다. 구원에 수반되는 지식은 거룩하고 천상적인 것들에 대한 신령한 인식과 체험에서 비롯되는 지식입니다.

"내게 입 맞추기를 원하니 네 사랑이 포도주보다 나음이로구나"(아 1:2).

포도주는 탁월하고 유용하며, 마음을 편하게 하고 기쁨을 주며, 기운이 솟게 하고 원기를 회복시켜 줍니다. 그런데 신부는 그리스도의 사랑이 포도주보다 더 낫다고 말합니다. 신부는 신랑인 그리스도의 사랑이 얼마나 감미로운지를 경험한 것입니다. 그리고 이 경험은 신부의 마음을 사로잡고 그녀에게 한 번 입 맞추는 것이 아니라 여러 번 입 맞추기를, 그리스도를 조금 경험하는 것이 아니라 많이 경험하기를 한없이 갈망하며 매우 간절히 열망하도록 만듭니다. 신부의 지식은 체험적이기 때문에, 그녀는 그리스도와 가장 친밀하고도 가장 고상한 연합과 교제에 들어가기까지 결코 만족하지 못하며 쉬지 못합니다. 아가서 1장 13절을 보십시오.

"나의 사랑하는 자는 내 품 가운데 몰약 향주머니요."

몰약은 놀라울 정도로 향기롭고 향긋합니다. 그런데 신부는 자기의 사랑하는 자가 마치 그와 같다고 말합니다. "나는 예수 그리스도께서 내 영혼에 놀라울 정도로 향기롭고 향긋하다는 것을 알았습니다"라고 말합니다. 한편 몰약은 비록 향기롭고 향긋하지만 그 맛은 씁니다. 그런데 신부는 자기의 사랑하는 자가 마치 몰약과 같다고 말합니다(시 45:8 참고).

"나는 예수 그리스도께서 나의 변변치 못하고 더 악한 부분인 옛사람에게는 쓰디쓴 분임을 알았습니다. 반대로 고결한 부분인 새사람, 거듭난 사람에게는 감미롭고 사랑스러운 분이심을 깨달았습니다. 나는 그분이 내 죄에 대해서는 통렬한 원수이지만 동시에 내 영혼에는 감미롭고 보배로운 친구이심을 깨달았습니다."

자연주의자들의 주장에 따르면, 몰약은 다른 것을 보존하는 특성을 가지고 있습니다. 그런데 신부는 자기의 사랑하는 자가 마치 그와 같다고 말합니다. "아, 나는 주 예수께서 내 영혼이 이런저런 유혹에 빠지고, 이런저런 고통의 권세 아래로 떨어지는 것을 막아 주신다는 것을 깨달았습니다."

이와 관련된 말씀으로 빌립보서 1장 9절이 있습니다.

"내가 기도하노라. 너희 사랑을 지식과 모든 총명으로 점점 더 풍성하게 하사."

여기서 '총명'이라고 번역된 헬라어는 정확히 '감각'이라는 의미를 가지고 있습니다. 물론 그것은 육체적인 감각이 아니라 신령한 감각과 미각, 그리고 거룩하고 천상적인 것들에 대한 체험적인 지식입니다.

사도는 관념적이고 사색적인 모든 지식으로는 하나님의 나라에 들어갈 수 없음을 너무나 잘 알고 있었습니다. 그렇기 때문에 사도는 그들의 지식이 체험적이기를 간절한 마음으로 기도합니다. 체험적인 지식만이 구원에 수반되는 지식이요, 그것만이 마지막 날에 구원을 소유하게 할 것이기 때문입니다.

진실로 단순히 개념적이고 사색적이며 일반적인 지식, 즉 여러 가지 책이나 많은 설교, 또는 겉으로 보기에 유익한 다른 여러 가지 방법을 통해서 얻은 지식은 사람을 구원으로 이끄는 지식이 결코 아닙니다. 가룟 유다, 데마, 그리고 서기관과 바리새인들이 그런 지식을 가지고 있었지만 구원에 이르지 못했습니다.

그리스도께서는 마지막 날에 자신에 대해서 관념적으로는 많은 것을 알지만 경험적으로는 아무것도 모르는 사람들에게 소망과 도움과 위로와 구원의 문을 굳게 닫으실 것입니다. 미련한 다섯 처녀들, 자신들을 왜 모르시냐고 따져 묻는 신앙고백자들과 설교자들과 이적을 행하는 자들에게 행복의 문을 굳게 닫으셨던 것처럼 말입니다(마 25:11,12 참고). 이 사람들은 사색적인 지식은 많이 가지고 있었지만 체험적인 지식은 전혀 가지고 있지 않았습니다. 이 사람들은 그리스도에 관해서 외적이고 일반적인 지식은 많이 가지고 있었지만 그리스도와 신령하고도 내적으로 만난 적은 전혀 없었습니다.

구원에 수반되는 체험적인 지식을 소유한 사람은 자신의 체험을 통해 죄가 이 세상에서 가장 큰 악임을 알게 되고 그렇게 말할 것입니다(롬 7장 참고). 왜냐하면 자신이 그것을 체험했기 때문입니다. 구원에 수반되는 체험적인 지식을 소유한 사람은 오직 그리스도가 자신에게 필요한 유일한 '한 가지'라고 말할 것입니다(시 27:4 참고). 왜냐하면 자신이 그것을 체험했기 때문입니다. 구원에 수반되는 체험적인 지식을 소유한 사람은 하나님의 은혜가 생명보다 더 낫다고 말할 것입니다(시 63:3 참고). 왜냐하면 자신이 그것을 체험했기 때문입니다. 구원에 수반되는 체험적인 지식을 소유한 사람은 죄를 용서해 주시는 하나님의 긍휼만이 사람을 행복하게 할 수 있다고 말할 것입니다(시 32:1,2 참고). 왜냐하면 자신이 그것을 체험했기 때문입니다. 구원에 수반되는 체험적인 지식을 소유한 사람은 상한 심령이 얼마나 무거운 짐인지 그 누구도 그것을 감당할 수 없다고 말할 것입니다(잠 18:14 참고). 왜냐하면 자신이 그것을 체험했기 때문입니다.

구원에 수반되는 체험적인 지식을 소유한 사람은 겸손하고 상한 심령이 하나님께서 구하시는 제사라고 말할 것입니다(시 51:17 참고). 왜냐하면 자신이 그것을 체험했기 때문입니다. 구원에 수반되는 체험적인 지식을 소유한 사람은 하나님의 모든 약속이 보배롭고 지극히 크다고 말할 것입니다(벧후 1:4 참고). 왜냐하면 자신이 그것을 체험했기 때문입니다. 구원에 수반되는 체험적인 지식을 소유한 사람은 하나님의 미소만 있으면 현세의 은혜가 전혀 없어도 괜찮다고 말할 것입니다. 왜냐하면 자신이 그것을 체험했기 때문입니다. 구원에 수반되는 체험적인 지식을 소유한 사람은 하나님과의 교제만이 성도의 마음에 천국을 이룰 수 있다고 말할 것입니다. 왜냐하면 자신이 그것을 체험했기 때문입니다.

구원에 수반되는 체험적인 지식을 소유한 사람은 사람들이 성령을 기쁘게 하고 순종할 때 성령께서 그들을 위로하실 것이라고 말할 것입니다(요 16:7 참고). 왜냐하면 자신이 그것을 체험했기 때문입니다. 반면 우리가 성령의 역사와 교훈을 무시하고 경홀히 여긴다면, 성령께서 우리에게서 멀리 떠나고 우리의 영혼을 괴롭게 하며 어렵게 하실 것이라고 말할 것입니다(렘 1:16; 사 63:10,11 참고). 왜냐하면 자신이 그것을 체험했기 때문입니다.

자, 독자들이여! 이것을 기억하십시오. 체험적이지 못한 지식은 결코 여러분에게 그 어떤 유익도 줄 수 없습니다. 서기관과 바리새인들의 경우처럼 그런 지식은 오직 여러분의 죄책과 여러분이 당할 형벌을 더할 뿐입니다.

노아 시대의 사람들을 생각해 보십시오. 방주의 문이 닫히고 그들이 홍수로 빠져 죽게 되었을 때, 방주가 있다는 사실을 아는 것이나 방주로 기어 올라가는 것이 그들에게 무슨 유익이 되었습니까? 돈이 하나도 없는 어떤 사람이 산더미처럼 쌓여 있는 은금과 무더기로 쌓여 있는 여러 가지 보석과 진주들을 눈으로 구경한다고 한들 그것이 그 사람에게 무슨 유익을 주겠습니까?

다른 악인들을 위해서는 죄 사함이 있지만 나를 위해서는 그 어떤 죄 사함도 허락되지 않다는 것을 아는 것은 위로가 아니라 오히려 고통입니다. 다른 사람들을 위해서는 즐거움과 위로가 되며 원기를 회복시켜 줄 물과 포도주가 마련되어 있지만, 나를 위해서는 물이나 포도주가 한 방울도 마련되어 있지 않다는 것을 아는 것은 위로가 아니라 오히려 고통입니다. 다른 사람들은 샘근원에서 물을 마시고 있는데, 내 물병은 텅 비어 목말라 죽어 가고 있다는 것을 아는 것은 위로가 아니라 오히려 고통입니다. 다른 사람들을 위해서는 추위와 폭풍우와 태풍으로부터 그들을 보호해 줄 집과 옷이 있지만, 나는 부자의 대문 앞에 누워 있는 거지 나사로처럼 괴롭고 거친 날씨에 무방비 상태로 노출되어 있다는 것을 아는 것은 위로가 아니라 오히려 고통입니다.

이런 종류의 지식은 사람들을 위로하기보다는 오히려 사람들을 괴롭게 합니다. 이런 종류의 지식은 불에 기름을 끼얹을 뿐이고, 그들이 들어갈 지옥을 더욱 뜨겁게 할 뿐입니다. 마귀들과 배교자들이 하나님과 그리스도와 성경에 대해서 가지고 있는 지식은 단순히 이론적인 지식에 불과하기 때문에 그들에게 그 어떤 위로도 주지 못합니다. 오히려 그 지식은 그들에게 가장 큰 고통입니다. 그 지식은 영원토록 그들을 갉아먹는 벌레입니다. 그 지식은 그들에게 그런 지식이 없는 경우보다 그들을 일만 배나 더 비참하게 만듭니다.

그들은 계속해서 부르짖습니다. "우리의 빛이, 우리의 빛이 꺼져 버린다면 얼마나 좋을까! 우리의 지식, 우리의 지식이 다 사라져 버린다면 얼마나 좋을까! 우리가 알고 있는 것을 결코 안 적이 없는 이교도들이나 야만인들과 방과 자리를 바꿀 수 있다면 얼마나 좋을까!"

만일 어리석은 사람들의 등을 영원토록 후려치는 저 무시무시한 채찍을 면할 수만 있다면, 저주를 받은 마귀들과 배교자들이라도 지옥에서 자신들을 얼마나 행복하다고 생각할는지요!

독자들이여, 기억하십시오. 가장 예리한 통찰력을 지닌 현인(賢人)의 가장 고상한 개념보다도 아주 작은 마음의 지식, 아주 작은 체험적인 지식이 더 큰 효력과 더 큰 가치가 있다는 사실을 꼭 기억하십시오. 그리스도에 대해서 강론하는 사람도 잘하는 것이지만, 체험적인 지식으로 그리스도를 먹고사는 사람은 그보다 훨씬 더 잘하는 것입니다.

아담을 비참하게 만든 것은 선악을 알게 하는 나무의 열매를 눈으로 바라본 것이 아니라 그것을 먹은 것이었습니다(창 3:6 참고). 여러분을 행복하게 만드는 것은 그리스도를 눈으로 바라보는 것이 아니라 그리스도를 체험적으로 맛보는 것입니다. 체험적인 지식이 아니라면 그 어떤 지식도 사람을 구원할 수 없는 것처럼, 체험적인 지식이 아니라면 그 어떤 지식도 여러분을 만족시킬 수 없습니다.

4. 마음을 감동시키는 지식

구원에 수반되는 지식은 마음을 감동시키는 지식입니다. 구원에 수반되는 지식은 그리스도와 모든 신령한 것들로써 마음을 감동시킵니다. 구원에 수반되는 지식은 영혼으로 하여금 그리스도와 그리스도께 속한 모든 것들을 매우 소중히 여기게 합니다.

"너희는 건포도로 내 힘을 돕고 사과로 나를 시원하게 하라. 내가 사랑하므로 병이 생겼음이라"(아 2:5).

신부는 다음과 같이 말하고 있습니다.

"아, 내 마음은 그리스도에게 완전히 사로잡혀 있습니다. 내 마음은 그리스도의 사랑으로 소생되고 황홀해합니다. 내 영혼이 뜨거워지고 그리스도를 향하여 활기차게 고동치고 있습니다. 아, 그리스도 없이는 살 수 없습니다. 그리스도 없이는 도무지 살 수 없습니다. 나는 내 자신 안에서 살 수 없습니다. 나는 여러 가지 의무를 감당하는 가운데 살 수 없습니다. 나는 현세의 긍휼 가운데 살 수 없습니다. 나는 일반적인 섭리 가운데 살 수 없습니다. 나는 오직 그리스도 안에서만 살 수 있습니다.

그분은 내 생명이요 내 사랑이요 내 기쁨이요 내 면류관이며, 만유 중에 만유이십니다. 그리스도의 음성은 내 마음을 감동시킵니다. 그리스도를 보면 나는 감동을 받습니다. 그리스도를 맛보면 나는 감동을 받습니다. 그리스도를 어렴풋이 알기만 해도 나는 감동을 받습니다. 그리스도의 성품과 그리스도의 이름과 그리스도의 직분과 그리스도의 말씀과 그리스도의 모습과 그분의 아름다움에 대해서 더 많이 알수록, 내 마음과 정서는 그리스도를 더 소중히 높이고 추구하며 깊이 사랑하고, 그분을 놀랍도록 소중히 여기게 됩니다."

아가서 5장 10절에서 신부는 이렇게 고백합니다.

"내 사랑하는 자는 희고도 붉어 많은 사람 가운데에 뛰어나구나."

이 말씀은 시편 73편 25,26절을 연상시킵니다.

"하늘에서는 주 외에 누가 내게 있으리요 땅에서는 주 밖에 내가 사모할 이 없나이다. 내 육체와 마음은 쇠약하나 하나님은 내 마음의 반석이시요 영원한 분깃이시라."

그리스도에 관해서 신부가 가지고 있는 지식이 그녀로 하여금 마음으로 얼마나 간절히 그리스도를 사모하고 사랑하게 만들었는지, 그녀는 가장 생생하고 사랑스러운 색깔로 그리스도를 설명하고자 자신이 사용할 수 있는 모든 수사학적 기교를 사용합니다.

"그러나 내게는 우리 주 예수 그리스도의 십자가 외에 결코 자랑할 것이 없으니 그리스도로 말미암아 세상이 나를 대하여 십자가에 못 박히고 내가 또한 세상을 대하여 그러하니라"(갈 6:14).

"오, 내 마음은 결코 그리스도 외에는 사랑할 것이 없습니다. 그리스도를 알면 알수록 나는 그분을 더 좋아하게 됩니다. 그리스도를 알면 알수록 그분을 더 사랑하게 됩니다. 그리스도를 알면 알수록 그분을 더 갈망하게 됩니다. 그리스도를 알면 알수록 내 마음은 그분에게 더욱 결합합니다. 그리스도의 아름다움은 매력 있고, 그리스도의 사랑은 황홀하며, 그리스도의 선하심은 사람을 끌어당기는 힘이 있고, 그리스도의 나타나심은 마음을 끄는 힘이 있으며, 그리스도의 인격은 나를 반하게 합니다. 그리스도의 사랑스러운 모습은 나에게 기쁨을 주고, 그리스도의 상쾌한 음성은 나에게 즐거움을 주며, 그리스도의 보배로운 성령은 나에게 위안이 되고, 그리스도의 거룩한 말씀은 나를 다스립니다. 이런 것들로 인해 그리스도는 나에게 천국이 됩니다."

그러나 사람을 구원으로 이끌지 못하는 모든 이론적인 지식과 사색적인 지식은 결코 마음에 감동을 주지 않습니다. 이런 지식은 결코 사람의 마음을 끌어당기지 않습니다. 이런 지식은 결코 마음으로 그리스도와 그리스도께 속한 보배로운 것들을 사모하게 만들지 않습니다. 수많은 관념과 수많은 빛과 수많은 지식을 가지고 있는 사람들이 그리스도에 대해서 전혀 애정을 품지 못하고, 그리스도를 전혀 즐거워하지 않으며, 마음으로 전혀 그리스도를 추구하지 못하는 것은 바로 이런 이유 때문입니다.

독자들이여! 이것을 반드시 기억하십시오. 만일 당신의 지식이 지금 당신의 마음을 감동시키지 못한다면, 마지막 날에 그것은 당신의 마음을 고통스럽게 하는 증인이 될 것입니다. 만일 당신의 지식이 지금 당신으로 하여금 그리스도를 사모하게 만들지 못한다면, 마지막 날에 그것은 그리스도로 하여금 당신을 향해 더욱 크게 진노하도록 만들 것입니다. 만일 당신의 지식이 지금 그리스도께 속한 모든 것을 소중히 여기도록 만들지 못한다면, 그것은 마지막 날에 그리스도로 하여금 당신을 더욱 사악한 존재로 보도록 만들 것입니다. 머릿속을 가득 채우고 있지만 마음에까지 이르지 못하는, 그래서 마음을 이롭고 따뜻하고 감동받게 하지 못하는 지식을 무수히 가지고 있는 것보다 마음을 깊이 감동시키는 지식을 조금 가지고 있는 편이 훨씬 더 낫습니다.

그러므로 알기보다는 당신이 알고 있는 것으로 당신의 마음이 감동을 받기 위해 더욱 힘쓰십시오. 왜냐하면 마음을 감동시키는 지식이 구원에 수반되는 유일한 지식이요 구원을 소유하게 하는 유일한 지식이기 때문입니다.

5. 세상을 경멸하는 지식

구원에 수반되는 지식은 세상을 경멸하고 세상을 십자가에 못 박으며 세상을 멀리하는 지식입니다. 구원에 수반되는 이런 지식은 사람이 세상을 낮고 비천하고 초라하게 생각하도록 만듭니다. 이런 지식은 사람으로 하여금 세상을 아무런 가치도 없는 것으로 여기고 경시하고 무시하게 합니다. 구원에 수반되는 신적인 빛은 사람으로 하여금 세상을 잡다한 것이요 무상하고 잠깐 있다 사라질 것으로 여기도록 만듭니다. 이런 빛은 사람으로 하여금 세상을 거짓말쟁이요 기만하는 자로, 아첨하는 자요 살인하는 자로, 가장 좋은 선물과 물건을 제공하여 수천 명의 영혼을 영원한 파멸로 몰아넣는 마녀로 여기도록 만듭니다.

신적인 지식으로 말미암아 바울은 이 세상의 모든 화려함과 영광을 전적으로 무시하게 되었습니다. 빌립보서 3장 4-9절, 특히 7,8절을 보십시오.

"그러나 무엇이든지 내게 유익하던 것을 내가 그리스도를 위하여 다 해로 여길뿐더러 또한 모든 것을 해로 여김은 내 주 그리스도 예수를 아는 지식이 가장 고상하기 때문이라. 내가 그를 위하여 모든 것을 잃어버리고 배설물로여김은 그리스도를 얻고."

신적인 지식은 그것을 구비한 사람의 마음을 세상 위로 얼마나 높이 들어 올리는지요! 그 사람은 경멸과 멸시의 눈으로 세상을 바라보며 세상을 일종의 배설물, 배설물 중에서도 가장 더러운 배설물인 개의 배설물이나 개의 먹이로 여깁니다. 히브리서 10장 34절도 이와 비슷한 의미의 말씀입니다.

"너희가 갇힌 자를 동정하고 너희 소유를 빼앗기는 것도 기쁘게 당한 것은 더 낫고 영구한 소유가 있는 줄 앎이라."

신적인 지식은 사람으로 하여금 자신의 원수가 자신의 소유를 불태워 버릴지라도 기뻐하도록 만듭니다. 이런 사람들은 하나님이 발행하신 환어음을 가지고 있어서 하나님을 위해 백 원을 잃으면 만 원을 받고, 하나님을 위해 십 원을 잃으면 천 원을 받습니다. 그리고 이런 신적인 지식은 그것을 구비한 사람을 기쁘게 만들며, 이 세상의 모든 영광을 무시하게 만듭니다(마 19:27-30 참고). 옛날에 어떤 사람이 철학자의 영광을 경멸했던 것처럼 말입니다.

성경 기자가 말하는 것처럼, 모세가 애굽과 구스(에티오피아)의 화려함과 즐거움과 영광과 부와 유익을 모두 경멸하고 비웃을 수 있었던 것은 바로 천상의 지식 때문이었습니다(히 11:24-26 참고). 모세와 마찬가지로 삭개오에게 비췬 신적인 빛의 광채가 그에게 얼마나 큰 영향을 끼쳤는지요! 삭개오는 세상과 결별하고 세상을 벗어던졌으며, 세상을 아무런 가치도 없는 것으로 알고 경멸하고 무시하게 되었습니다(눅 19:2-8 참고).

"삭개오가 서서 주께 여짜오되, 주여 보시옵소서. 내 소유의 절반을 가난한 자들에게 주겠사오며, 만일 누구의 것을 속여 빼앗은 일이 있으면 네 갑절이나 갚겠나이다. 예수께서 이르시되 오늘 구원이 이 집에 이르렀으니 이 사람도 아브라함의 자손임이로다"(눅 19:8,9).

주님께서 삭개오의 영혼에 그 빛을 비춰 주시기 전까지, 그는 이 세상을 귀하게 여겨 사랑하고 소중히 여겼으며, 전심으로 이 세상을 추구했습니다. 그는 세상에서 출세하기 위하여 수단과 방법을 가리지 않았습니다. 그는 마음을 온통 세상에 빼앗긴 상태였습니다. 다른 사람들을 파멸시키고서라도 자신의 재물을 쌓으리라 결심하고 있었습니다. 그러나 신적인 빛이 삭개오의 영혼에 비춰자, 그는 이 세상을 모두 떨쳐 버리고 쉽게 이 세상과 결별하였습니다. 그는 이 세상을 매우 경시하고 멸시하는 눈으로 바라보게 되었습니다. 그가 구비하게 된 신적 지식 때문에 그는 이 세상이 미소를 짓든 인상을 찌푸리든 끄떡도 하지 않고 견고히 서 있을 수 있었습니다. 그에게 이 세상은 더 이상 함정이나 미끼나 유혹거리가 아니었습니다.

삭개오는 이 세상에서 돈과 권세와 명예를 많이 누리는 것보다 아브라함의 자손이 되는 것, 아브라함과 함께 동일한 언약에 참여하는 것, 자녀들이 아버지의 발자취를 따라가듯이 아브라함이 걸었던 믿음의 발자취를 따라 걷는 것, 자녀들이 아버지의 품에서 쉬듯이 아브라함의 품에 안겨 쉬는 것이 더 좋다는 것을 알았습니다. 그리고 이것은 그로 하여금 세상과 결별하게 했으며, 우상을 향해서 말했던 것처럼 세상을 향하여 이렇게 말하게 했습니다. "나가라. 내가 다시 너와 무슨 상관이 있으리요?"(사 30:22; 호 14:8 참고)

당신이 세상의 권세 아래 있도록 내버려 두는 지식과 빛, 당신이 세상과 더불어 동맹과 우호 관계를 유지하도록 내버려 두는 지식과 빛은 절대 당신을 천국으로 인도하지 못합니다. 그런 지식과 빛으로는 절대 구원에 이르지 못합니다. 만일 당신의 지식이 당신으로 하여금 세상을 무시하게 만들지 못한다면, 그런 지식으로는 영광의 면류관을 결코 쓸 수 없습니다. 해를 옷 입고 그 머리에는 열두 별의 관을 쓰고 있는 교회는 달을 발로 짓밟습니다(계 12:1 참고).

지식을 구비하고 있는 사람들이여! 지식을 구비하고 있는 사람들이여! 여러분 자신을 기만하지 마십시오. 진실로 여러분이 태양이신 예수 그리스도의 아름다움과 의를 옷 입고 승리와 영광의 면류관을 머리에 쓰고 있다면, 당연히 여러분은 달을 발로 짓밟아야만 합니다. 이 세상의 가치 없는 것들을 발로 짓밟고 뭉개야 합니다. 이 세상의 모든 부귀영화를 무시해야 합니다. 여러분이 그것에 속해 있지 않고 오히려 그것을 거룩하게 경멸하기 때문입니다.

만일 여러분의 지식으로 말미암아 여러분이 마음을 온통 사로잡는 것들을 짓밟게 되지 않는다면, 여러분은 영원히 멸망당할 것입니다. 여러분의 지식이 여러분을 하늘로 이끌어 올리기는커녕 여러분을 지옥의 더 깊은 곳으로 내동댕이칠 것입니다. 그러므로 여러분으로 하여금 이 세상을 경멸하고 이 세상과 결별하며 이 세상을 발등상으로 여기게 하는 지식이 아니라면, 그 어떤 지식으로도 절대 만족하지 마십시오. 오직 그런 지식과 빛만이 마지막 날에 여러분을 영원한 빛으로 인도할 것입니다.

6. 겸비하게 하는 지식

구원에 수반되는 지식은 영혼을 겸손하고 겸비하게 만듭니다. 구원에 수반되는 지식은 사람이 자신을 매우 미천하고 비열하게 보게 만듭니다. 지식이 가장 많은 사도 바울에게서 이런 사실을 잘 볼 수 있습니다.

"모든 성도 중에 지극히 작은 자보다 더 작은 나에게 이 은혜를 주신 것은 측량할 수 없는 그리스도의 풍성함을 이방인에게 전하게 하시고"(엡 3:8).

바울은 자신이 지닌 위대한 빛 앞에서 자신이 얼마나 비천한 존재인지를 깨달았습니다. 비록 그는 위대한 사도였지만, 자신을 모든 성도 중에 지극히 작은 자보다 더 작은 자로 여겼습니다.

주님보다 먼저 세상에 와서 주님이 오시는 길을 예비했던 세례 요한도 마찬가지였습니다. 그는 자신을 얼마나 비천하고 부족한 존재로 여겼습니까!

"요한이 대답하되 나는 물로 세례를 베풀거니와 너희 가운데 너희가 알지 못하는 한 사람이 섰으니 곧 내 뒤에 오시는 그이라. 나는 그의 신발끈을 풀기도 감당하지 못하겠노라 하더라"(요 1:26,27).

이 구절에서 요한은 히브리 사람들의 풍습을 넌지시 암시합니다. 다른 사람들보다 신분이 높은 사람들은 사환을 따로 두어 자신의 신발을 나르고, 신발을 벗을 때 자신의 신발끈을 풀게 했습니다. 요한은 다음과 같이 말하고 있습니다. "아, 나는 가련하고 연약하며 무가치한 피조물입니다. 나에게는 그리스도 밑에 들어가 가장 비천한 일, 가장 낮은 일도 맡을 자격조차도 없습니다. 나는 그리스도의 신발을 들고 다니거나 그 신발끈을 풀어 드릴 자격조차도 없습니다."

베드로도 마찬가지로 외칩니다.

"주여, 나를 떠나소서. 나는 죄인이로소이다"(눅 5:8).

자신이 더러움과 죄, 사악함과 비열함으로 혼합되어 뒤섞여 있는 죄인이라는 말입니다.

아브라함은 그 모든 지식과 빛을 구비하고 있으면서도 스스로를 티끌이나 재에 불과한 존재로 일컫습니다(창 18:27 참고). 야곱 역시 그 모든 지식을 갖추고 있었으면서도 자신은 모든 은총과 진리를 조금도 감당할 수 없다고 고백합니다(창 32:10 참고). 다윗은 그 모든 지식을 구비하고 있었으며서도 "나는 벌레요 사람이 아니라"(시 22:6)라고 고백합니다. 아삽은 자신이 어리석고 무지한 자요 주 앞에서 짐승과 같은 존재라고 시인합니다(시 73:22 참고). 욥은 모든 지식에도 자신이 티끌과 재 가운데서 회개할 만한 이유를 많이 가지고 있다고 고백합니다(욥 42:6 참고). 아굴은 매우 선량하고 매우 위대한 지식을 가지고 있었지만, 그는 자신을 지극히 천한 존재요 아무것도 아닌 존재로 여겼습니다.

"나는 다른 사람에게 비하면 짐승이라. 내게는 사람의 총명이 있지 아니하니라. 나는 지혜를 배우지 못하였고 또 거룩하신 자를 아는 지식이 없거니와"(잠 30:2,3).

구약의 복음 선지자 이사야는 매우 위대했을 뿐 아니라 모든 지식과 환상을 가지고 있었는데도 자신이 입술이 부정한 사람이요 입술이 부정한 백성 중에 거주하고 있다고 고백합니다(사 6:5 참고).

이와 같이 신적이요 천상적인 지식은 사람을 하나님께로 가까이 나아가게 합니다. 신적이요 천상적인 지식은 사람에게 하나님을 가장 분명하고 완전하게 보여 줍니다. 누구든지 하나님께 더 가까이 나아가 하나님을 더 분명하게 본다면 하나님 앞에 더 겸손하고 겸비하게 엎드릴 수밖에 없습니다.

세상에서 가장 겸비한 사람은 틀림없이 하나님과 가장 친밀히 교제하는 사람들일 것입니다. 하나님을 가까운 곳에서 섬기는 천사들은 겸손의 증거로서 날개로 자신의 얼굴을 가립니다. 신적인 지식은 사람으로 하여금 자신의 내면을 바라보고 자신을 분석하게 합니다. 신적인 지식은 사람에게 자신의 영혼의 결점을 보게 하는 거울과 같습니다. 이런 지식은 사람이 스스로를 보잘것없고 비천한 존재로 여기게 만듭니다. 이 천상적인 빛의 광채 속에서 그리스도인은 자기 자신의 교만과 무지와 성급함과 가치 없음과 변덕스러움과 고집스러움과 헛됨을 깨닫게 됩니다.

여러분을 잔뜩 교만하게 만드는 지식은 여러분을 타락시키게 되어 있습니다. 여러분을 부풀어 오르게 만드는 지식은 여러분을 함몰시키게 되어 있습니다. 여러분의 눈에 자신이 몹시 유쾌해 보이게 만드는 지식은 하나님과 선한 사람들의 눈에 여러분을 경멸스러운 존재로 보이게 만들기 마련입니다.

"지식은 교만하게 하며"(고전 8:1).

다시 말해서, 관념적인 지식, 이론적인 지식, 사람이 파멸하기에 적합하게 만들고 구원에 이르지 못하도록 만드는 지식은 사람을 교만하게 만든다는 것입니다. 이런 지식은 사람을 교만하고 잔뜩 거만하게 만듭니다. 실제로는 아무것도 아니면서 스스로 뭔가 된 듯이 생각하게 만듭니다. 이에 대해서 사도 바울은 다음과 같이 말합니다.

"만일 누구든지 무엇을 아는 줄로 생각하면 아직도 마땅히 알 것을 알지 못하는 것이요"(고전 8:2).

자신에 관해 "내가 아는 유일한 것은 내가 아무것도 모른다는 것입니다"라고 말한 옛 철학자가 오늘날 공상적으로 신앙을 고백하는 그리스도인들을 대항하여 일어나 판단하지 않겠습니까? 그렇습니다. 만일 당신이 지닌 지식이 구원에 수반되는 지식이라면, 그것은 영혼을 겸비하고 겸손하게 만들 것입니다. 만일 그렇지 않다면, 당신의 지식은 당신을 단번에 마귀의 포로와 하수인으로 만들 것입니다.

7. 천상의 신령한 은혜를 자기 것으로 삼는 지식

구원에 수반되는 지식은 대상을 자기 것으로 삼는 지식, 곧 천상의 신령한 은혜를 자기 영혼의 것으로 삼고 적용시키는 지식입니다. 욥은 이렇게 고백합니다.

"나의 대속자가 살아 계시니"(욥 19:25).

"지금 나의 증인이 하늘에 계시고 나의 중보자가 높은 데 계시니라"(욥 16:19).

마찬가지로 다윗은 "여호와는 나의 산업과 나의 잔의 소득이시니"(시 16:5)라고 말합니다. 특히 시편 18편 2절에서 다윗은 '나의(나를)'라는 단어를 여덟 번이나 사용합니다.

"여호와는 나의 반석이시요 나의 요새시요 나를 건지시는 이시요 나의 하나님이시요 내가 그 안에 피할 나의 바위시요 나의 방패시요 나의 구원의 뿔이시요 나의 산성이시로다."

아가서의 신부도 마찬가지입니다.

"내가 사랑하는 자는 내게 속하였고 나는 그에게 속하였도다"(아 2:16).

도마도 마찬가지입니다.

"나의 주님이시요 나의 하나님이시니이다"(요 20:28).

사도 바울도 마찬가지입니다.

"내가 그리스도와 함께 십자가에 못 박혔나니 그런즉 이제는 내가 사는 것이 아니요 오직 내 안에 그리스도께서 사시는 것이라. 이제 내가 육체 가운데 사는 것은 나를 사랑하사 나를 위하여 자기 자신을 버리신 하나님의 아들을 믿는 믿음 안에서 사는 것이라"(갈 2:20).

적용적인 지식(적용된 지식)이 가장 감미로운 지식입니다. 적용적인 지식은 마음을 소생시키고 심령을 즐겁게 하며 영혼을 기쁘게 합니다. 적용적인 지식은 사람이 즐거운 마음으로 의무를 이행하게 만들며, 즐거운 마음으로 죽음을 맞이하고 즐거운 마음으로 천국에 들어가게 만듭니다.

이런 종류의 지식을 지니지 못한 사람들은, 비록 은혜를 받았다 할지라도 그 마음에 온갖 두려움이 가득하고 그 삶에 온갖 슬픔이 가득합니다. 그 결과 그들은 한숨을 쉬고 탄식하면서 천국에 들어갑니다.

그러나 보배로운 영혼이 이 진리를 칼로 사용하여 자신을 찌르거나 해치지 못하도록, 다음의 사실을 꼭 기억하십시오. 구원에 수반되는 지식을 가진 모든 성도들이 이렇게 적용적인 지식을 가지는 것은 아닙니다. 적용적인 지식은 영혼에 큰 위로를 주고, 어떤 영혼들의 구원에 실제로 수반되지만, 모든 사람들의 구원에 이런 지식이 실제로 수반되는 것은 아닙니다. 만일 당신의 지식이 앞서 말한 여섯 가지 구체적인 항목에서 묘사한 지식이 분명하다면, 비록 당신이 적용적인 지식에 아직 이르지 못했을지라도, 당신은 구원에 수반되는 지식을 이미 가진 사람입니다. 당신의 지식은 분명히 구원에 이르는 지식입니다. 구원에 수반되는 적용적인 지식은 하나님과 참으로 깊이 교제하고, 자신이 참으로 하나님의 소유라는 사실을 강하게 확신하는 탁월한 성도들 안에서만 발견됩니다.

많은 사람들의 구원에는 적용적인 지식이 수반됩니다. 그러나 적용적인 지식, 자신이 그리스도께 참으로 속해 있다는 것과 그리스도를 통해서 얻게 되는 복된 은총과 유익에 대한 적용적인 지식이 모든 사람들의 구원에 다 수반되는 것은 아닙니다. 당신의 영혼이 안전할 수 있습니다. 당신의 구원이 확고할 수 있습니다. 비록 당신이 이렇게 천상의 신령한 은혜를 자기 영혼의 것으로 삼고 적용시키는 지식을 아직 갖지 못했다 할지라도 말입니다. 그러나 이렇게 천상의 신령한 은혜를 자기 영혼의 것으로 삼고 적용시키는 지식이 없다면, 당신의 삶은 편안할 수가 없습니다. 그러므로 만일 당신이 적용적인 지식을 소유하지 못했다면, 목숨을 다해 그것을 얻고자 노력하십시오. 이런 지식은 가치를 따질 수 없는 진주와 같습니다. 그러므로 만일 당신이 그것을 소유하게 된다면, 그 진주를 얻기 위해서 그동안 쏟은 모든 노력과 추구와 수고와 땀과 눈물이 보상될 것입니다.

8. 여러 가지 미덕을 동반하는 지식

구원에 수반되는 지식에는 여러 가지 미덕이 따릅니다.

첫 번째로, 하나님을 더 깊이 알고 더 분명하게 보고자 하는 거룩한 노력과 천상적인 열망과 목마름과 갈망이 따릅니다.

"명철한 자의 마음은 지식을 요구하고 미련한 자의 입은 미련한 것을 즐기느니라"(잠 15:14).

여기에서 '요구하고'라고 번역된 히브리어는 본래 '간절하고 부지런히 추구한다'는 뜻을 가지고 있습니다. 굶주린 사람이 먹을 것을 구하듯이, 탐욕스런 사람이 황금을 구하듯이 추구하는 것을 의미합니다. 또한 더 많이 가지면 가질수록 더 많이 갈망하는 것, 유죄 선고를 받은 죄수가 사면을 구하듯이, 병든 사람이 낫기를 바라듯이 추구하는 것을 말합니다.

이 구절에서 '요구하고'라는 단어는 '열심히, 근면하게, 부지런히 추구하는 것'이라는 의미로 사용되었습니다. 추구하는 것을 얻기 위하여 간청하고 애원하고 문의하고 사방팔방으로 다니면서 추구하는 것입니다. 잠언 18장 15절도 같은 맥락의 말씀입니다.

"명철한 자의 마음은 지식을 얻고, 지혜로운 자의 귀는 지식을 구하느니라."

신적인 지식을 지니고 있는 사람의 마음과 귀는 하나님을 아는 데 더욱 집중하게 되어 있습니다. 그런 사람은 내적, 외적으로 하나님에 관해 더욱 많이 아는 데 집중하게 되어 있습니다. 신적인 지식은 놀라울 정도로 감미롭고 즐거우며 위로가 되고 만족을 주며 기운을 새롭게 하고 힘을 북돋아 주고 튼튼하게 합니다.

신적인 지식이 감미롭고 유용하다는 것을 깨달은 영혼들은 신적인 지식을 더욱 고대하고 갈망하며 동경하고 사모합니다. 갓난아이가 자연스럽게 엄마의 젖을 간절히 바라듯이, 주님의 은혜를 맛본 영혼은 자연스럽게 하나님을 더욱 깊이 경험하기를 간절히 바랍니다(벧전 2:2,3 참고).

다윗은 그의 모든 지식에도 다음과 같이 부르짖습니다.

"내 눈을 열어서 주의 율법에서 놀라운 것을 보게 하소서. 나는 땅에서 나그네가 되었사오니 주의 계명들을 내게 숨기지 마소서"(시 119:18,19).

욥은 그 모든 지식에도 다음과 같이 부르짖습니다.

"내가 깨닫지 못하는 것을 내게 가르치소서. 내가 악을 행하였으나 다시는 아니하겠나이다 하였는가?"(욥 34:32)

두 번째로, 천상의 신령한 것들에 대한 지식에 관하여 다른 사람들을 가르치고 교화하며 알려 주고자 하는 거룩한 노력이 따릅니다. 천상의 빛은 감춰져 있을 수 없습니다. 만일 여러분이 태양이 빛나는 것을 막을 수 있다면, 은혜를 받은 영혼이 하나님께서 자기에게 주신 지식과 빛을 두루 베풀고 널리 퍼뜨리는 것을 막을 수 있을 것입니다.

영혼 안에 있는 신적인 빛은 투명한 등 안에 있는 불빛이나 방이나 등대에 달아 놓은 전등빛과 같습니다. 투명한 등 안에 있는 불빛은 사방으로 그 빛을 내뿜고, 방에 달아 놓은 전등이나 등대의 불빛은 다른 사람들에게 빛을 비춰 줍니다. 신적인 지식을 구비하고 있는 그리스도인은 마치 이야기 속에 나오는 등, 항상 불이 타오르고 빛을 발하며 절대 꺼지지 않는 등과 같습니다.

창세기 18장 17-19절을 보십시오.

"여호와께서 이르시되 내가 하려는 것을 아브라함에게 숨기겠느냐? 아브라함은 강대한 나라가 되고 천하 만민은 그로 말미암아 복을 받게 될 것이 아니냐? 내가 그로 그 자식과 권속에게 명하여 여호와의 도를 지켜 의와 공도를 행하게 하려고 그를 택하였나니 이는 나 여호와가 아브라함에게 대하여 말한 일을 이루려 함이니라."

자신의 지식을 다른 사람들에게 전달해 주는 사람은 하나님의 신복이요 대언자일 것입니다. 그는 하나님의 품에 누울 것입니다. 그는 하나님의 비밀을 알 것입니다.

"지혜로운 자의 입술은 지식을 전파하여도 미련한 자의 마음은 정함이 없느니라"(잠 15:7).

여기에서 '전파하여도'라고 번역된 히브리어는 본래 밭고랑에 씨를 흩어 뿌리는 농부에서 따온 은유입니다. 천상의 지식은 널리 퍼지고 확산됩니다. 이런 점에서 천상의 지식은 마치 태양과 같습니다. 태양은 위로 아래로, 선한 사람에게나 악한 사람에게나 그 빛을 비춰 줍니다. 이와 같이 은혜로운 영혼 안에 있는 신적인 빛도 겉으로 드러나 친구들과 원수들 모두에게, 본성의 상태에 있는 사람들과 은혜의 상태에 있는 사람들 모두에게 유익과 도움을 주게 되어 있습니다.

"그들을 불러 경고하여 도무지 예수의 이름으로 말하지도 말고 가르치지도 말라 하니, 베드로와 요한이 대답하여 이르되, 하나님 앞에서 너희의 말을 듣는 것이 하나님의 말씀을 듣는 것보다 옳은가 판단하라. 우리는 보고 들은 것을 말하지 아니할 수 없다 하니"(행 4:18-20).

꿀벌은 자기가 속한 집단의 유익을 위해 온갖 꽃에서 꿀을 모아 꿀벌통에 저장합니다. 이와 같이 천상적인 그리스도인도 다른 사람들에게 더 많은 감미로움을 전달하기 위하여 모든 긍휼과 의무와 섭리와 규례와 약속과 특권으로부터 감미로움을 흡수합니다. 유대교 랍비들에게는 "우리는 가르치기 위해서 배운다"라는 격언이 있습니다. 한 이교도는 이렇게 말했습니다. "그러므로 나는 많은 사람들에게 베풀어 줄 유익을 구하고, 또 그것을 나누어 주기 위해서 먹기도 하고 저축하기도 합니다."

소크라테스를 비롯한 이교도들은 지식을 독점하는 사람들과 다른 사람들이 자기보다 빛을 더 밝게 비추지 못하도록 자신의 빛을 자기 가슴속에만 품어 두는 사람들을 정죄할 것입니다.

프톨레마이스의 주교였던 시네시우스(Synesius)의 글을 보면, 비범한 능력이라는 보물을 자기 안에 감추어 두고 '자신의 목숨을 내놓을지언정 자신의 생각만은 다른 사람들에게 나누어 주려고 하지 않는 사람들'이 나옵니다. 진실로 이런 사람들은 구원에 수반되는 지식과는 거리가 먼 사람들입니다. 왜냐하면 구원에 수반되는 지식은 당연히 기꺼운 마음으로 다른 사람들을 교화하고 위로하고 구원하는 데 물심양면으로 헌신하게 할 것이기 때문입니다(고후 6:10; 갈 4:19 참고).

세 번째로, 하나님을 위한 거룩한 열심과 용기와 결단이 따릅니다. 신적인 지식은 사람을 사자처럼 용맹하게 만듭니다.

"오직 자기의 하나님을 아는 백성은 강하여 용맹을 떨치리라"(단 11:32).

잠언 24장 5절도 동일한 점을 말합니다.

"지혜 있는 자는 강하고 지식 있는 자는 힘을 더하나니."

히브리어를 그대로 직역하자면, "그는 힘을 더 강하게 하나니"가 됩니다.

신적인 빛은 사람에게 하나님을 위한 용기를 충만하게 채웁니다. 신적인 빛은 영혼을 놀라울 정도로 두려움도 없고 염려도 없게 만듭니다.

"만일 여호와를 섬기는 것이 너희에게 좋지 않게 보이거든 너희 조상들이 강 저쪽에서 섬기던 신들이든지 또는 너희가 거주하는 땅에 있는 아모리 족속의 신들이든지 너희가 섬길 자를 오늘 택하라. 오직 나와 내 집은 여호와를 섬기겠노라"(수 24:15).

그 결과가 어떠하든지 우리는 우리의 주인을 바꾸지 않을 것이며, 그분을 섬기는 일을 버리지도 않을 것이라고 말합니다.

크리소스톰에게 비친 빛의 광채가 얼마나 그의 마음을 뜨겁고 열렬하게 만들었습니까! 그는 황후 유독시아(Eudoxia, 395-404)를 단호하게 책망하며, 그녀가 탐욕 때문에 두 번째 이세벨로 불릴 것이라고 말했습니다. 그러자 유독시아는 크리소스톰에게 위협을 가하는 전갈을 보냈지만, 크리소스톰은 그에 대해서 다음과 같이 답했다고 합니다. "가서 황후에게 말하시오. 나는 죄밖에는 그 어떤 것도 두려워하지 않는다고 말이오."

교회사에 등장하는 어떤 예언자는 지진이 일어나기 바로 전에 국가의 중심 인물들을 찾아가 곧 지진이 일어날 것이니 넘어지지 않게 견고히 서 있으라고 명했다고 합니다. 아, 그리스도인들이여! 지진이 다가오고 있습니다. 여러분이 견고히 서 있고 싶다면, 지진 때문에 여러분의 마음이 흔들리지 않기를 바란다면, 신적인 지식에 수반되는 열심과 용기를 얻으십시오. 그러면 온 세상이 흔들릴 때에도 여러분은 결코 흔들리지 않는 시온산과 같을 것입니다(시 125:1,2 참고).

전도자들의 전기를 쓴 사람들에 따르면, 시몬 질로우티즈(Simon Zelotes)가 영국에서 설교했다고 합니다. 아, 영국이여, 영국이여! 만일 질로우티즈와 같은 전도자들의 설교가 영국에 절실히 필요한 때가 있다면, 그것은 바로 오늘날입니다. 오늘날 우리 조국은 수많은 위험 가운데서도 얼마나 안일하며 무감각하고 활기가 없으며 멍한지요! 저는 조국의 여러 가지 가증스러운 행위로 말미암아 내 영혼이 은밀히 애통할 수 있기를 원합니다.

마지막 네 번째로, 하나님에 대한 믿음과 확신이 따릅니다.

"여호와여 주의 이름을 아는 자는 주를 의지하오리니 이는 주를 찾는 자들을 버리지 아니하심이니이다"(시 9:10).

"이로 말미암아 내가 또 이 고난을 받되 부끄러워하지 아니함은 내가 믿는 자를 내가 알고, 또한 내가 의탁한 것을 그날까지 그가 능히 지키실 줄을 확신함이라"(딤후 1:12).

이 점에 대해서는 장황하게 말하지 않겠습니다. 왜냐하면 다음 장에서 믿음에 대하여 자세히 말할 것이기 때문입니다.

✢

이렇게 해서 지금까지 구원에 수반되는 지식이 어떤 것인지를 성경 말씀을 기초로 설명하였습니다.

2장
구원에 수반되는 믿음

이제 구원에 수반되는 믿음에 대해 살펴보고자 합니다. 앞에서 저는 믿음이 반드시 구원에 수반된다고 말했습니다. 이 장에서는 하나님의 도움을 의지하여 실제로 구원에 수반되는 믿음이 과연 어떤 것인지를 살펴봅시다. 먼저 구원에 수반되는 믿음, 구원을 함축하는 믿음, 사람을 구원으로 이끄는 믿음은 믿음이 행사되는 대상과 믿음의 속성을 보면 알 수 있습니다.

1. 믿음의 대상

첫째, 구원에 수반되는 믿음은 그 믿음의 대상을 보고 알 수 있습니다.

1) 그리스도의 인격

믿음의 첫 번째 대상은 그리스도의 인격입니다. 믿음은 하나님의 약속 가운데 있는 그리스도를 대상으로 삼습니다. 하나님의 약속은 껍질에 불과합니다. 그리스도가 그 안에 들어 있는 알맹이입니다. 하나님의 약속은 작은 상자에 불과합니다. 그리스도가 그 안에 들어 있는 보석입니다. 하나님의 약속은 밭에 불과합니다. 그리스도가 그 밭에 숨겨져 있는 보물입니다. 하나님의 약속은 금으로 된 반지입니다. 그리스도가 그 반지에 박혀 있는 진주입니다. 믿음은 이렇게 반짝이며 빛나는 진주를 바라보기를 가장 기뻐합니다.

"그들을 지나치자마자 마음에 사랑하는 자를 만나서 그를 붙잡고 내 어머니 집으로, 나를 잉태한 이의 방으로 가기까지 놓지 아니하였노라"(아 3:4).

"머리는 갈멜산 같고 드리운 머리털은 자주 빛이 있으니, 왕이 그 머리카락에 매이었구나"(아 7:5).

믿음은 두 개의 손을 가지고 있습니다. 믿음은 그 두 손으로 왕이신 예수 그리스도를 진지하게, 그리고 굳게 붙잡습니다.

그리스도의 아름다움과 영광은 사람의 마음을 확 사로잡고 끌어당기는 강력한 힘이 있습니다. 믿음은 그리스도의 아름다움과 영광을 보자마자 그것을 굳게 붙잡습니다. 그리스도는 의와 영원한 행복을 얻기 위하여 믿음이 발휘되는 가장 중요한 대상입니다.

"그들을 데리고 나가 이르되 선생들이여, 내가 어떻게 하여야 구원을 받으리이까 하거늘, 이르되 주 예수를 믿으라. 그리하면 너와 네 집이 구원을 받으리라 하고"(행 16:30,31).

모든 성경 구절에서 그리스도는 믿음의 가장 중요한 대상으로 분명하게 제시됩니다. 그리스도의 인격에 대하여 믿음이 발휘되면 발휘될수록, 아론의 지팡이가 꽃을 피워 냈듯이 믿음은 싹을 틔우고 꽃을 피웁니다. 믿음은 그리스도를 성부 하나님의 본체와 인격의 형상으로 바라봅니다. 믿음은 그리스도를 만 사람 중에 가장 빼어난 분으로 주목합니다. 믿음은 그리스도를 온 세상에서 가장 영광스러운 대상으로 봅니다.

2) 그리스도의 의로움

그리스도의 의로움입니다.

"그 안에서 발견되려 함이니 내가 가진 의는 율법에서 난 것이 아니요 오직 그리스도를 믿음으로 말미암은 것이니, 곧 믿음으로 하나님께로부터 난 의라" (빌 3:9).

바울은 결코 자신이 율법의 의 안에서 발견되기를 원하지 않았습니다. 왜냐하면 그의 모든 율법적인 의는 '더러운 옷'(사 64:6)일 뿐이기 때문입니다. 그의 율법적인 의를 모두 모아 꿰맨다 해도 헝겊 조각으로 기운 상의 한 벌이나 아무짝에도 쓸모없어 버릴 수밖에 없는 거지의 웃옷밖에 되지 않았습니다. 그러므로 그는 믿음으로 말미암은 그리스도의 의 안에서 발견되기를 원했습니다.

바울은 그리스도의 의가 순결하고 흠 없는 의이며, 비교할 데 없는 의요 완전하고 완벽한 의요 절대적인 의며, 영광스러운 의라는 것을 알고 있었습니다. 믿음은 화려하고 아름다운 예복, 곧 그리스도의 흠 없고 점 없는 의를 지속적으로 바라보는 것을 무척 좋아합니다. 영혼은 그리스도의 의로 옷 입고 하나님 앞에 전적으로 아름다운 모습으로, 그분이 보시기에 티나 주름 잡힌 것이 하나도 없는 모습으로 영광스럽게 서게 됩니다.

이 복된 대상, 그리스도의 영광스러운 의에 대한 믿음의 활동으로 말미암아 사람은 하나님 앞에서 담대하고 거리낌 없이 서게 됩니다. 이것으로 말미암아 사람은 하나님을 위해 적극적으로 결단하고 행동하게 됩니다. 이것으로 말미암아 사람은 유혹에 대항하여 싸우고 여러 가지 고난을 견뎌 내게 됩니다. 이것으로 말미암아 사람은 죽는 날을 고대하고, 왕관보다 관(棺)을 더 좋아하게 됩니다. 이것으로 말미암아 사람은 태어난 날보다 죽는 날을 더 좋아하게 됩니다. 이것으로 말미암아 사람은 죄와 사탄과 지옥과 진노를 이기게 됩니다.

아담이 가지고 있던 의는 피조물의 의일 뿐이었습니다. 그러나 믿음이 그 대상으로 삼는 의는 하나님께로부터 나온 의입니다(롬 3:21, 10:3 참고). 아담의 의는 변하기 쉽고 죄로 인해 잃어버리기 쉬운 의였습니다. 그러나 성도의 믿음이 대상으로 삼는 의는 영원한 의요, 죄를 범한다고 상실되는 의가 아닙니다(고후 5:21; 잠 8:18 참고).

"네 백성과 네 거룩한 성을 위하여 일흔이레를 기한으로 정하였나니 허물이 그치며 죄가 끝나며 죄악이 용서되며 영원한 의가 드러나며 환상과 예언이 응하며, 또 지극히 거룩한 이가 기름 부음을 받으리라"(단 9:24).

"주의 의는 영원한 의요 주의 율법은 진리로소이다"(시 119:142).

아담의 의는 흔들릴 수 있었습니다. 다음과 같이 표현해도 된다면, 우리가 아는 것처럼 사탄은 아담의 귀에 유혹의 말을 속삭여 실제로 아담의 모든 의를 흔들었다고 말할 수 있습니다. 그러나 믿음이 그 대상으로 삼는 영광스러운 의는 결코 흔들리지 않으며, 도무지 흔들릴 수 없는 의입니다.

"주의 의는 하나님의 산들과 같고"(시 36:6).

산보다 더 견고한 것이 세상에 어디 있겠습니까! 그리고 하나님의 산처럼 견고한 산이 또 어디 있겠습니까! 산은 도무지 요동하지 않습니다. 성도의 믿음이 대상으로 삼는 그리스도의 의도 마찬가지입니다.

아담의 의는 낮은 곳에 있어서 아담의 손이나 사탄의 손으로 어떻게 해 볼 수 있는 의였습니다. 아담의 의는 그렇게 높은 곳에 있지 않았습니다. 그래서 아담은 (이렇게 표현해도 된다면) 얼마든지 손을 뻗어 그것을 어떻게 해 볼 수 있었습니다. 아담의 의는 그렇게 높은 곳에 있지 않았습니다. 그래서 사탄도 얼마든지 손을 뻗어 그것을 어떻게 해 볼 수 있었습니다. 그렇습니다. 사탄은 아담의 의를 전복시킬 수 있었습니다. 우리 모두는 비참한 경험을 통해서 이것을 이미 알고 있습니다.

그러나 믿음이 그 대상으로 삼는 의는 사탄이나 이 세상이 도무지 범접할 수 없는 높은 곳에 있습니다.

"내가 측량할 수 없는 주의 공의와 구원을 내 입으로 종일 전하리이다. 내가 주 여호와의 능하신 행적을 가지고 오겠사오며 주의 공의만 전하겠나이다…… 하나님이여, 주의 의가 또한 지극히 높으시니이다. 하나님이여, 주께서 큰 일을 행하셨사오니 누가 주와 같으리이까?"(시 71:15, 16, 19)

믿음이 가장 중요한 대상으로 삼는 그리스도의 이 영광스러운 의를 믿음으로 말미암는 의라고 부릅니다. 왜냐하면 믿음은 그리스도의 의를 깨닫고 적용하며, 그것을 양식으로 삼고 그것으로 말미암아 기뻐하기 때문입니다(롬 3:28 참고).

"아브라함이나 그 후손에게 세상의 상속자가 되리라고 하신 언약은 율법으로 말미암은 것이 아니요 오직 믿음의 의로 말미암은 것이니라"(롬 4:13).

"그런즉 우리가 무슨 말을 하리요? 의를 따르지 아니한 이방인들이 의를 얻었으니, 곧 믿음에서 난 의요"(롬 9:30).

믿음이 전심으로 추구하는 그리스도의 의는 믿음으로 말미암는 의라고 불립니다. 왜냐하면 믿음으로 말미암아 그리스도의 의가 영혼에 입혀지기 때문입니다. 믿음은 영혼을 그리스도의 의로 완전히 감쌉니다. 그리하여 하나님 앞에서 그 영혼을 의롭게 합니다.

이 영광스러운 의와 관련된 믿음의 활동은 영혼에 큰 힘을 더해 줍니다.

"내게 대한 어떤 자의 말에 공의와 힘은 여호와께만 있나니"(사 45:24).

이 복된 의와 관련된 믿음의 활동은 영혼에 대단한 기쁨과 즐거움을 더해 줍니다.

"내가 여호와로 말미암아 크게 기뻐하며 내 영혼이 나의 하나님으로 말미암아 즐거워하리니 이는 그가 구원의 옷을 내게 입히시며 공의의 겉옷을 내게 더하심이 신랑이 사모(紗帽)를 쓰며 신부가 자기 보석으로 단장함 같게 하셨음이라"(사 61:10).

그리스도의 이 완전한 의와 관련된 믿음의 활동은 영혼을 하나님 앞에 바르고 의롭게 만들며, 순결하고 거룩하게 만듭니다.

"그리스도는 모든 믿는 자에게 의를 이루기 위하여 율법의 마침이 되시니라"(롬 10:4).

그리스도는 믿는 자들을 위하여 율법을 이루십니다. 믿는 자들은 그리스도를 믿음으로써 그리스도 안에서 율법을 이룹니다. 즉, 그리스도는 행하심으로, 믿는 자들은 그리스도께서 행하시는 것을 믿음으로 율법을 이룹니다. 그리하여 믿는 자들은 하나님의 보좌 앞에서 아름답고 흠 없는 자로, 완전하고 완벽한 자로 인정받게 됩니다.

믿음이 그리스도의 의로 영혼을 옷 입히면, 영혼은 많은 복을 누리게 됩니다. 야곱은 그의 형 에서처럼 보이도록 만드는 옷을 입고서 많은 복을 가로챘습니다. 마찬가지로 그리스도의 비할 데 없는 의를 대상으로 삼는 믿음의 활동은 평안이라는 복, 즐거움이라는 복, 죄 사함이라는 복을 가져옵니다. 한마디로 말해서, 믿음은 이 세상에서 우리를 복되게 만들고 오는 세상에서 우리를 행복하게 만드는 데 기여하는 모든 복을 가져옵니다.

3) 하나님의 약속

믿음의 세 번째 대상은 그리스도인의 대헌장인 하나님의 보배로운 약속입니다. 모든 보석이 제각기 독특한 장점을 가지고 있듯이, 하나님의 모든 약속도 각각 독특한 장점을 가지고 있습니다. 하나님의 모든 약속은 아주 특별한 책입니다. 그 책은 어디를 펼치든지 몰약과 은혜가 뚝뚝 떨어집니다.

보배로운 믿음은 바로 이 보배로운 약속들을 주시고 이 약속들을 먹고 삽니다. 이 보배로운 약속들은 젖을 내는 유방과 같아서 믿음은 이것에서 위로와 감미로움을 빨아 먹습니다.

"주의 종에게 하신 말씀을 기억하소서. 주께서 내게 소망을 가지게 하셨나이다. 이 말씀은 나의 고난 중의 위로라 주의 말씀이 나를 살리셨기 때문이니이다"(시 119:49,50).

"내가 산 자들의 땅에서 여호와의 선하심을 보게 될 줄 확실히 믿었도다"(시 27:13).

"이 사람들은 다 믿음을 따라 (믿음 안에서) 죽었으며, 약속을 받지 못하였으되 그것들을 멀리서 보고 환영하며[1] 또 땅에서는 외국인과 나그네임을 증언하였으니"(히 11:13).

족장들과 선지자들과 사도들과 그 밖의 다른 성도들이 하나님의 약속들에 대해 어떻게 믿음을 발휘했는지를 일일이 나열하자면 끝이 없을 것입니다. 거룩하게 하시는 것과 관련된 하나님의 약속들, 의롭게 하시는 것과 관련된 하나님의 약속들, 구원과 관련된 하나님의 약속들, 영화롭게 하시는 것과 관련된 하나님의 약속들, 보호하시는 것과 관련된 하나님의 약속들, 갈 길을 지시하시는 것과 관련된 하나님의 약속들, 힘을 북돋아 주시는 것과 관련된 하나님의 약속들에 대해서 족장들과 선지자들과 사도들과 그 밖의 다른 성도들이 어떻게 믿음을 발휘했는지를 나열하자면 끝이 없을 것입니다.

잘 보십시오. 등잔불은 기름이 있어야 계속 탈 수 있고, 어린아이는 엄마의

---

[1] 헬라어 원어를 그대로 번역하자면, '믿음으로 그것들에 입 맞추었으며'가 됩니다. 그들이 하나님의 약속들에 입을 맞추었다는 것입니다. 즉, 하나님의 약속 안에서 그리스도께 입을 맞추었다는 것입니다

젖을 먹어야 계속 살 수 있습니다. 이와 같이 믿음도 하나님의 보배로운 약속들이 있어야 살 수 있습니다. 여러분의 영혼이 하나님의 약속들을 바라보는 데서 더 깊은 유익과 위로를 얻을 수 있도록 두 가지 감미로운 조언을 하고자 합니다.

첫째, 하나님의 보배로운 약속들을 바라볼 때 신령하고 절대적인 약속들을 가장 중요하게 바라보고 마음을 가장 많이 쓰십시오. 가령 예레미야 32장 40,41절, 33장 3절, 에스겔 11장 19,20절, 20장 41-43절, 34장 30,31절, 36장 25-27절, 이사야 32장 15절, 42장 1절, 65장 24절, 시편 91편 15절 등의 말씀들이 있습니다.

이렇게 신령하고 절대적인 약속들은 여러분에게 가장 밀접하고 중요한 것입니다. 이 약속들 안에 그리스도의 마음과 사랑과 선의가 가장 잘 담겨 있습니다. 이 약속들은 여러분이 흔들릴 때 여러분을 안정시키기에, 여러분이 넘어질 때 여러분을 붙들어 주기에, 여러분이 길을 잃고 헤맬 때 여러분을 상기시켜 주기에, 여러분이 기진맥진할 때 여러분을 위로해 주기에, 여러분이 비틀거릴 때 여러분을 인도해 주기에 가장 알맞습니다.

그러므로 하나님의 모든 약속을 여러분의 가장 탁월하고 중요한 친구로 삼으십시오. 특히 여러분의 영혼이 어둠 가운데 있을 때, 여러분이 죄는 많이 인식하고 은혜는 거의 인식하지 못할 때, 더러운 본성은 많이 인식하고 위로는 거의 인식하지 못할 때, 무감각함은 많이 인식하고 생기는 거의 인식하지 못할 때, 완고한 마음은 많이 인식하고 부드러운 마음은 거의 인식하지 못할 때, 두려움은 수없이 많이 인식하고 믿음은 거의 인식하지 못할 때, 하나님의 모든 약속을 여러분의 가장 탁월하고 중요한 친구로 삼으십시오.

율법 아래 있는 유대인들에게는 신령한 약속보다 현세적인 약속이 더 많았습니다. 그러나 복음 아래 있는 우리에게는 현세적인 약속보다 신령한 약속이 훨씬 더 많습니다. 그러므로 하나님의 약속이라는 벽난로 앞에 앉아 여러분의 몸을 따뜻하게 하십시오. 하나님의 약속이라는 우물에서 목을 축이고 만족을 얻으십시오. 하나님의 약속이라는 진수성찬을 먹고 기운을 회복하십시오. 믿음의 눈으로 하나님의 모든 약속을 주시하십시오. 달고도 신령한 약속들, 절대적인 약속들에 시선을 고정시키십시오. 신령하고 절대적인 약속들은 마음에 지대한 영향을 미쳐 거룩함을 향하도록 하며, 영원한 행복에 들어가도록 준비하게 할 것입니다.

하나님의 약속 안에 쌓여 있는 부와 보석, 진주의 일부분에만 관심을 두지 말고, 여러분의 이해를 넓혀 하나님께서 그 약속 안에 쌓아 두신 모든 부와 보물을 충분히 응시하십시오. 여러분의 믿음의 눈을 태양에서 나오는 한 줄기 빛에만 두지 말고, 태양에서 나오는 모든 광채를 보기 위해서 노력하십시오. 생명의 나무에 달린 가지 하나만 바라보지 말고, 그 나무에 달린 모든 가지를 바라보십시오. 가나안 땅에 맺히는 포도 한 송이만 바라보지 말고, 그 땅에 맺히는 모든 포도송이를 바라보십시오.

지각이 있는 상속인이라면 자신에게 주어진 재산에 관한 서류나 기록을 읽을 때, 부동산으로는 어떤 것들이 있고 동산으로는 어떤 것들이 있으며, 땅으로 가지고 있는 것들은 무엇이고 돈으로 가지고 있는 것들은 얼마이며 보석으로 가지고 있는 것들은 무엇인지, 지금 집에 있는 재산은 얼마고 집 밖에 있는 재산은 얼마인지를 확인할 것입니다. 그들은 얌전히 앉아 "재산에 관한 서류에 보니 이런저런 땅이 우리 것이로구나!"라고 말만 하고 조사하기를 그치지는 않을 것입니다. 절대로 그렇게 하지 않을 것입니다. 그들은 모든 것을 찬찬히 살펴보고 정확하게 따져 볼 것입니다. "우리에게는 정확히 얼마의 돈과 얼마의 땅이 있다"라고 말할 것입니다.

사랑하는 독자여! 하나님의 약속 안에는 골수와 기름진 것이 많이 있습니다. 꿀과 감미로운 것이 많이 있습니다. 은혜와 영광이 많이 있습니다. 하나님의 약속 안에 있는 그 모든 부요와 감미로움이 겉으로 드러날 때까지 하나님의 약속을 짜내어 그 정수를 뽑아내십시오.

그리스도인들이여! 만일 여러분이 그렇게 한다면, 하나님은 더 크게 영광을 받고 하나님의 약속들은 더 존귀하게 여김을 받을 것입니다. 또 여러분의 은혜는 더욱 강해질 것이고, 여러분의 두려움은 더 줄어들 것이며, 여러분의 마음은 더욱 따뜻해지고 바빠질 것이며, 여러분의 삶은 더욱 규모 있어질 것입니다. 또 사탄은 더 쉽게 자주 정복될 것입니다. 믿음의 세 번째 대상에 대해서는 이쯤 해 두겠습니다.

4) 미래의 영광

마지막으로, 믿음이 중요한 대상으로 삼는 것은 하나님을 사랑하는 자를 위하여 하나님께서 예비해 놓으신 영광, 복, 그리고 생명입니다(딤후 4:8 참고). 영원한 세계에 속한 것들은 가장 중요하고 탁월한 것들입니다. 영원한 세계에 속한 것들은 그 원인과 작용과 결과와 목표에서 가장 탁월합니다. 그러므로 믿음은 영원한 세계에 속한 것들을 주시하고 그것들을 양식으로 삼습니다.

믿음은 모든 것을 실현시킵니다. 믿음은 없는 것을 있게 만듭니다.

"믿음은 바라는 것들의 실상이요 보이지 않는 것들의 증거니"(히 11:1).

믿음은 장차 올 영광을 현재의 것으로 만듭니다. 믿음은 장차 올 부요함을 현재의 것으로 만듭니다. 믿음은 장차 올 기쁨을 현재의 것으로 만듭니다. 믿음은 장차 올 은총을 현재의 것으로 만듭니다. 믿음은 눈으로 볼 수 없는 하나님을 모셔다가 영혼 앞에 보여 줍니다. 모세는 눈으로 볼 수 없는 분을 믿음으로 보았습니다. 믿음은 장차 받을 상급을 가져다가 영적인 방식으로 실제로 영혼 앞에 둡니다. 믿음은 하나님의 은총을 영혼 앞에 둡니다. 믿음은 영혼 앞에 평안, 죄 사함, 그리스도의 의, 천국의 기쁨, 구원을 가져다 놓습니다. 믿음은 이 모든 것들을 영혼에 매우 가깝게, 그리고 분명하게 가져다 놓습니다.

"믿음은……보이지 않는 것들의 증거니."

믿음은 눈으로 볼 수 없는 것들, 현재 없는 것들을 눈으로 보도록 만듭니다. 믿음은 영혼으로부터 매우 멀리 있는 것을 매우 가깝게 만듭니다. 여러 가지 증거를 확신시킴으로써, 그리고 하나님의 말씀으로부터 이유와 근거를 추론함으로써 그렇게 합니다. '증거'라고 번역된 헬라어가 본래 그런 의미를 담고 있습니다.

"우리가 잠시 받는 환난의 경한 것이 지극히 크고 영원한 영광의 중한 것을 우리에게 이루게 함이니 우리가 주목하는 것은 보이는 것이 아니요 보이지 않는 것이니 보이는 것은 잠깐이요 보이지 않는 것은 영원함이라"(고후 4:17,18).

믿음은 눈에 보이지 않는 것들, 영원한 것들을 다룹니다. 믿음의 눈은 언제나 위를 향합니다. 마치 눈이 하나인데 그 눈으로 항상 하늘을 올려다본다는 어떤 물고기처럼 말입니다. 믿음은 천국으로 들어가 영원한 세계에 속한 영광스러운 것들에 시선을 고정시킵니다. 그 수가 너무 많아서 도저히 셀 수 없고, 그 크기가 너무 커서 도저히 측량할 수 없으며, 그 가치가 너무 귀해서 도저히 셈할 수 없는 영광스러운 것들에 시선을 고정시킵니다. 믿음은 다음과 같이 말합니다. "번쩍번쩍거리는 하늘은 내 아버지의 발등상에 불과하도다. 아, 발등상의 겉모습이 이토록 영광스러울진대, 하나님의 보좌는 얼마나 영광스럽겠는가!"

진실로 천국에는 말로 형용할 수 없는 생명이 있고, 사람의 머리로는 이해할 수 없는 빛이 있으며, 그 깊이를 잴 수 없는 기쁨이 있고, 도저히 없앨 수 없는 감미로움이 있으며, 아무리 먹어도 끝없이 남아 있는 잔칫상이 있습니다. 믿음은 말합니다. "나는 영광에 속한 이와 같은 진주들을 바라보고, 그것들로 살아간다."

지금까지 구원에 수반되는 믿음이 그 대상으로 삼는 탁월하고 보배로운 것들에 대해 말했습니다.

2. 믿음의 속성

이제 구원에 수반되는 믿음의 여러 가지 속성을 살펴봅시다. 구원에 수반되는 믿음은 다음과 같은 속성들을 지닙니다.

1) 구원에 수반되는 믿음은 역사하는 믿음입니다.

믿음은 생생한 활동을 통해서 자신을 밝히 드러냅니다. 믿음은 사람으로 하여금 하나님을 향하여 활기와 생기가 넘치게 만듭니다. 믿음은 사람으로 하여금 하나님의 역사와 그분의 모든 길에 대하여 부지런하고 적극적이도록 만듭니다. 믿음은 그 자체로 매우 활기 넘치는 특성을 가지고 있습니다. 그래서 믿음은 그리스도인을 가장 활기 넘치게 만듭니다. 믿음은 무엇인가를 하는 것입니다. 그러므로 믿음은 사람으로 하여금 가만히 있지 못하고 무엇인가를 하게 만듭니다. 믿음이 있으면 영혼은 결코 게으름을 피우지 못합니다. 믿음은 잠언 마지막 장에 나오는 현숙한 여인과 같습니다. 이 현숙한 여인은 한시도 쉴 새 없이 모든 일을 하며, 여종에게까지도 게으름 피우는 것을 결코 용납하지 않습니다.

믿음은 영혼으로 하여금 죄를 슬퍼하고 죄와 싸우게 만들며, 죄에 대해서 울고 죄를 범할 기회를 두려워하게 만들며, 사망에 이르는 유혹에 대항하고 죽을 때까지 죄와 싸우게 만듭니다.

믿음은 사람으로 하여금 하나님과 동행하고 그분을 수종하게 만들며, 하나님과 씨름하고 하나님을 위해서 어려운 일을 참아 내게 하며, 하나님을 위해서라면 그 어떤 것도 아끼지 않고 내놓게 만듭니다. 믿음이 있으면 영혼은 여러 가지 경건한 의무들을 쉽고 즐겁고 유익한 것으로 여기게 됩니다. 믿음이 있으면 영혼의 행실이 진지하고 양심적이며 조심스럽고 성실하며 부지런하고 충실해집니다.

역사하지 않는 믿음은 결코 믿음이 아닙니다. 역사하지 않는 믿음은 죽은 믿음입니다. 역사하지 않는 믿음은 속이는 믿음입니다. 역사하지 않는 믿음은 아무런 가치가 없는 믿음입니다. 역사하지 않는 믿음은 마지막 심판 날에 사람을 천국과 영원한 행복으로 이끌지 못합니다.

구원에 수반되는 믿음은 머리로 생각하는 것보다는 실제로 행하는 일을 더 잘합니다. 논쟁하는 것보다는 순종하는 것, 말하는 것보다는 실행하는 것을 더 잘합니다.

"이 말이 미쁘도다. 원하건대 너는 이 여러 것에 대하여 굳세게 말하라. 이는 하나님을 믿는 자들로 하여금 조심하여 선한 일을 힘쓰게 하려 함이라. 이것은 아름다우며 사람들에게 유익하니라"(딛 3:8).

믿음은 사람을 충실히 힘쓰게 만듭니다. 아니, 그가 맡은 모든 일에 온 힘을 다하게 만듭니다.

하나님께서 기대하시는 것은 잎사귀가 아니라 열매요, 입술의 말이 아니라 행함입니다. 만일 우리가 하나님의 이런 기대를 거스른다면, 우리는 자신의 구원을 해칠 뿐 아니라 자신이 받을 저주가 더 커지게 만드는 것입니다. 믿음은 영혼으로 하여금 많이 행하고 풍성히 실행하게 만듭니다. 이런 일이 나타날 수 있는 이유 가운데 하나는, 믿음이 영혼을 설득하되, 이사야 56장 7절에 기록된 것처럼 영혼의 모든 행함과 모든 의무 이행과 봉사가 하나님께 인정받고 열납되리라고 영혼을 설득하기 때문입니다.

"내가 곧 그들을 나의 성산으로 인도하여 기도하는 내 집에서 그들을 기쁘게 할 것이며, 그들의 번제와 희생을 나의 제단에서 기꺼이 받게 되리니, 이는 내 집은 만민의 기도하는 집이라 일컬음이 될 것임이라."

믿음은 모든 기도와 탄식과 신음과 눈물이 하나님께 열납된다는 확신을 영혼에게 줍니다. 이런 확신으로 말미암아 영혼은 많이 기도하고 탄식하며 애통하게 됩니다.

또한 믿음은 하나님께서 도와주리라고 말씀하신 수많은 약속들을 영혼 앞에 펼쳐 놓습니다. 믿음은 말합니다. "오, 영혼이여! 여기를 보라. 하나님께서 너에게 요구하시는 명령에 대해 적당한 도움을 얻을 수 있을 것이다." 그로 말미암아 사람은 생명을 얻기 위해서 일하는 것처럼 일하게 됩니다. 그로 말미암아 사람은 일하면서 땀을 흘리고, 땀을 흘리면서 일하게 됩니다.

믿음은 영혼 앞에 하나님의 상급과 보상을 뚜렷이 제시합니다(히 11:25, 26 참고). 믿음은 말합니다. "오, 영혼이여! 잘 보라. 하나님께서는 아주 작은 일에도 큰 상급을 내려 주신다. 연약하고 불완전한 섬김에도 큰 보상이 있다. 한계가 뻔히 있는 일에도 무한한 보상이 준비되어 있다."

믿음은 또 이렇게 말합니다.

"오, 믿는 영혼이여! 행하라. 열심히 행하라. 죽음이 와도 네가 하나님 앞에서 행한 모든 일은 사라지지 않는다. 모든 선한 행함은 영원한 생명을 틔워 낼 작은 씨앗과도 같다. 마지막 날에는 사람들만 부활하는 것이 아니라 모든 행함도 부활할 것이다. 그날 악한 자들은 하나님을 섬기는 것이 결코 헛된 일이 아님을 보게 될 것이다. 그날 사람들은 가장 열심히 행한 영혼이 가장 찬란하게 빛나고 가장 높임을 받으며 가장 크게 보상받는 것을 보게 될 것이다."

마지막 날에 주님이 선한 종들에게 씌워 주실 면류관과 그들이 받게 될 상급을 바라보면, 영혼은 주님의 선한 일을 매우 열심히 행하게 될 것입니다. 왜냐하면 그들의 모든 수고가 주 안에서 결코 헛되지 않을 것임을 알기 때문입니다(고전 15:58 참고).

또한 믿음은 그리스도의 충만함으로부터 영양분을 끌어 옵니다. 믿음은 그리스도의 가슴으로부터 미덕과 힘을 빨아들입니다. 믿음은 그리스도를 머리로 여깁니다. 그래서 머리 되시는 그리스도로부터 모든 것을 끌어 옵니다. 믿음은 그리스도를 남편으로 여깁니다. 그래서 남편 되시는 그리스도로부터 모든 것을 공급받습니다. 믿음은 그리스도를 샘근원으로 여깁니다. 그래서 샘근원 되시는 그리스도에게서 나온 물을 마십니다. 믿음은 그리스도를 바다, 곧 선량함의 바다로 여깁니다. 그래서 믿음은 그리스도로부터 모든 것을 얻습니다. 믿음은 그리스도를 자녀에게 필요한 모든 것을 공급해 주시는 아버지로 여깁니다(골 1:19 참고). 그래서 믿음은 그리스도로부터 모든 것을 얻습니다(요 1:16 참고). 이렇게 그리스도로부터 얻은 신적인 지식과 능력으로 말미암아 영혼은 하나님을 위하여 힘써 일하고 부지런히 활동하고 움직이게 됩니다.

한마디로 말해서, 믿음은 다른 모든 은혜를 작동시켜 역사하는 은혜입니다. 믿음은 모든 은혜에 영향을 미칩니다. 믿음은 진주알을 꿰어 목걸이로 만드는 은줄과도 같습니다. 믿음은 다른 모든 미덕에 힘과 생기를 불어넣습니다. 믿음이 손으로 어루만진 사랑은 활활 타오릅니다. 믿음이 차려 놓은 식탁에서 배불리 먹은 소망은 강력해지고 천국에 그 닻을 던집니다(롬 15:13 참고). 믿음이 미소를 지으면 기쁨과 용기와 열심은 천하무적이 되어 그 어떤 원수의 공격 앞에서도 끄떡하지 않습니다.

잘 보십시오. 윤활유를 치면 바퀴가 잘 돌아가는 것처럼, 태엽을 감아 주면 시계가 힘차게 돌아가는 것처럼, 날개를 퍼덕이면 새가 힘있게 날아가는 것처럼, 돛을 펴면 배가 물살을 가르며 나아가는 것처럼, 믿음이 있으면 모든 경건한 의무들과 봉사들이 아주 쉬워집니다. 영혼이 영적 쇠퇴기에 처한 경우가 아니라면 정말 그렇습니다.

지금까지 말한 바와 같이 구원에 수반되는 믿음은 역사하는 믿음이요 생생한 믿음입니다. 대부분의 사람들이 가진 바 자기 좋을 대로 생각하고 스스로를 영원히 기만하는 죽은 믿음은 결코 구원에 수반되는 믿음이 아닙니다.

2) 구원에 수반되는 믿음은 성장합니다.

구원에 수반되는 믿음은 성장하고 증가하는 속성을 가지고 있습니다. 그것은 성전에서 흘러나오는 물과 같아서 에스겔 선지자가 말하는 것처럼 그 수위가 점점 더 높아집니다(겔 47:1-5 참고). 그것은 연약한 식물이 본성적으로 점점 더 높이 성장하는 것과 같습니다. 그것은 모든 씨앗 중 가장 작지만 하나님의 능력으로 나중에는 모든 사람들이 기대하는 것보다 더 크게 성장하고 자라는 겨자씨 한 알과 같습니다(마 13:32 참고).

다른 모든 은혜와 마찬가지로 믿음도 불완전합니다. 그러나 믿음은 점진적으로 자라나고 성장합니다.

"복음에는 하나님의 의가 나타나서 믿음으로 믿음에 이르게 하나니 기록된 바 오직 의인은 믿음으로 말미암아 살리라 함과 같으니라"(롬 1:17).

은혜로운 영혼은 언제나 지식에 지식을 더하고 사랑에 사랑을 더하며, 경외심에 경외심을 더하고 열심에 열심을 더할 뿐 아니라, 언제나 믿음에 믿음을 더합니다. 은혜로운 영혼은 믿음에 부요한 자가 다른 여러 가지 은혜에 가난한 자가 될 수 없음을 알고 있습니다. 은혜로운 영혼은, 믿음이 성장하는 것이 마치 '이른 비와 늦은 비' 같아서 다른 모든 은혜들에 유익을 줄 것임을 알고 있습니다. 은혜로운 영혼은 믿음이 성장하는 것 외에는 달리 두려움을 극복할 방법이 없음을 알고 있습니다.

은혜로운 영혼은 천국의 모든 상큼한 열매들, 곧 기쁨과 위로와 평안이 믿음이 융성해질 때 더불어 융성해진다는 것을 알고 있습니다. 은혜로운 영혼은 자신에게 맡겨진 일과 자신이 해야 할 일이 많으며, 자신이 이겨 내야 할 유혹과 자신이 길러야 할 덕성이 많고, 자신이 감당해야 할 짐과 자신이 정복해야 할 부패함과 자신이 이행해야 할 의무들이 많다는 것을 알고 있습니다. 그래서 믿는 영혼은 하나님과 더불어 다음과 같이 논의합니다.

"오, 주님! 다른 모든 것이 연약할지라도, 믿음만큼은 강하게 하옵소서. 다른 모든 것이 죽을지라도, 믿음은 생생히 살아 있게 하옵소서. 다른 모든 것이 쇠퇴한다 할지라도, 믿음은 번창하게 하옵소서. 주님, 만일 주님이 나에게 강력한 믿음만 주신다면, 평판이 낮고 능력이 부족하며 재산이 없어도 나는 아무 상관 없습니다. 주님, 만일 주님이 나를 믿음에 부요한 자로 만드신다면, 다른 어떤 일에 가난한 자가 되어도 좋고 모든 일에 가난한 자가 되어도 좋습니다. 주님, 나로 하여금 믿음의 눈을 더 크게 뜨게 하옵소서. 믿음의 눈을 더 예민하게 뜨게 하옵소서. 믿음의 눈을 더 높이 뜨게 하옵소서. 그리하면 나는 만족할 것입니다. 비록 요셉이 없고, 베냐민이 없을지라도 만족할 것입니다(창 42:36, 43:14 참고).″

사도 바울은 데살로니가 교인들을 향하여 "너희의 믿음이 더욱 자라고"(살후 1:3)라고 하면서 칭찬했습니다. 그것이 그들의 영광이었습니다. 어떤 사람의 믿음이 성장하면, 그 사람은 훌륭한 삶을 살게 되고 아름다운 죽음을 맞이하게 되며 부활의 아침에 갑절의 복을 받게 됩니다. 어떤 사람의 명예가 높아지고 재산이 불어나며 능력이 향상되고 평판이 좋아지는 것으로는 절대 그런 결과가 나타날 수 없습니다.

구원에 수반되는 믿음은 영혼을 그리스도와 연합시키며, 그리스도와 지속적으로 교제하게 만듭니다. 그러한 연합과 교제로 말암아 그 영혼이 믿음을 성장시키는 신적인 능력과 미덕을 나타냅니다.

한편 연약한 성도들이 이런 내용으로 인해 넘어지거나 낙심하지 않도록 다음 두 가지 주의할 점을 덧붙이고자 합니다.

|주의 1| 비록 구원에 수반되는 믿음이 성장하는 믿음이긴 하지만, 믿음이 쇠퇴하고 믿음을 발휘하거나 행사할 수 없는 특별한 시기와 경우들이 있다는 점을 기억하십시오. 하나님의 은혜로 태어난 이 복된 아기가 깊이 잠들 수도 있습니다. 이 천상의 진주가 이 세상이라는 두터운 진흙과 타락한 본성과 유혹이라는 재에 묻혀 한동안 활동하지도 못하고 성장하지도 못할 수 있습니다. 아브라함, 다윗, 솔로몬, 베드로, 그리고 그 밖의 다른 사람들에게서도 이런 경우를 볼 수 있습니다.

|주의 2| 아무리 강력한 믿음이라 할지라도 때로는 흔들릴 수 있음을 기억하십시오. 마치 체력이 가장 튼튼한 사람이 기절하고, 가장 튼튼하게 건조된 선박이 파도에 요동하며, 가장 지혜로운 사람이 회의에 빠지고, 가장 밝은 별이 가물거리는 것처럼, 아무리 강한 믿음이라 할지라도 때로는 흔들릴 수 있습니다. 그러므로 만일 당신의 믿음이 성장하는 것을 인지할 수 없더라도, 당신에게 전혀 믿음이 없다고 속단하지 마십시오. 믿음이 참으로 실재하는데도 생기 있게 활동하지 않을 수 있습니다.

나무에 잎사귀가 없고 꽃도 피어 있지 않고 아무런 열매도 없을지라도 그 뿌리에는 생명이 있을 수 있습니다. 뿌리에 있는 생명은 봄이 되면 자연스럽게 겉으로 드러나게 되어 있습니다. 마찬가지로 참된 믿음은 공의로운 해가 되시는 예수 그리스도께서 당신에게 빛을 비추고 당신의 영혼에 유쾌한 봄

을 허락하시면 생기 있는 모습을 드러내게 되어 있습니다.

3) 구원에 수반되는 믿음은 세상의 영광을 경시합니다.

구원에 수반되는 믿음은 성도로 하여금 세상의 눈으로 보기에는 위대하고 찬란한 것들을 가치 없고 별것 아닌 것으로 여기게 만듭니다. 믿음은 성도가 낯선 이방의 땅에 있는 것같이 약속의 땅에 거류하게 만듭니다(히 11:9 참고). 낯선 이방의 땅에서 나그네로 사는 것은 아무 일도 아닙니다. 그러나 약속의 땅에서 나그네로 살아간다는 것은 믿음의 탁월함이요 영광입니다.

믿음은 다른 사람들이 마음을 주고 사랑하는 일을 단호하게 거부합니다. 믿음은 이 세상에 속한 것들을 경멸과 멸시의 눈초리로 바라봅니다. 믿음은 다음과 같이 말합니다. "하늘에 있는 보물에 비할 때 이 세상에 있는 보물이 무슨 가치가 있는가? 은에 비할 때 돌이 무슨 가치가 있으며, 황금에 비할 때 찌꺼기가 무슨 가치가 있으며, 빛에 비할 때 어둠이 무슨 가치가 있으며, 천국에 비할 때 지옥이 무슨 가치가 있는가?"

믿음은 또 이렇게 말합니다. "이 세상에 속한 모든 보물과 즐거움과 기쁨은 주님의 얼굴빛과 주님의 성령이 주시는 기쁨과 주님의 은혜가 주시는 감동에 비하면 아무것도 아니다(시 4:6,7 참고)."

다윗은 이렇게 넓은 세상에서 자기 눈에 보이는 것이라고는 오직 한 가지 사실, 곧 '주의 계명들이 심히 넓다'는 것이라고 말합니다(시 119:96 참고). 믿음으로 말미암아 다윗은 자신의 왕관과 모든 보화와 자신의 승리와 수행원들을 아무것도 아닌 것으로 여기게 되었습니다. 이처럼 믿음은 사람으로 하여금 이 세상에서 가장 좋은 것들을 아무것도 아닌 것으로 여기게 만듭니다. 믿음은 사람으로 하여금 찌꺼기와 배설물을 짓밟듯이 이 세상의 진주들을 짓밟아 버리게 만듭니다(히 11:24,26 참고).

믿음은 이 세상에 속한 것들을 사랑하는 마음을 죽입니다.

"그러나 내게는 우리 주 예수 그리스도의 십자가 외에 결코 자랑할 것이 없으니 그리스도로 말미암아 세상이 나를 대하여 십자가에 못 박히고 내가 또한 세상을 대하여 그러하니라"(갈 6:14).

믿음은 "이 세상은 내 집도 아니요 내 주택도 아니요 내 가정도 아닙니다. 나는 더 좋은 나라, 더 좋은 도시, 더 좋은 가정을 기다리고 있습니다"라고 말합니다(고후 5:1,2 참고).

천국의 면류관과 그 나라의 상속자로서 하나님의 아들이 된 사람은 천국의 면류관과 그 나라에 미치지 못하는 모든 것을 경멸과 멸시의 눈으로 바라봅니다. 믿음은 영혼에게 장차 상속받을 면류관과 왕국이 있다고 말해 줍니다. 그리고 이것 때문에 영혼은 이 세상에 속한 것들을 멸시하게 됩니다(딤후 4:8 참고).

믿음은 영혼을 높이 들어 올리고 높은 곳에 세웁니다. 사도 바울은 에베소서 2장 6절에서 "또 함께 일으키사 그리스도 예수 안에서 함께 하늘에 앉히시니"라고 말합니다. 믿음은 사람으로 하여금 고귀한 삶을 살게 합니다.

"그러나 우리의 시민권은 하늘에 있는지라. 거기로부터 구원하는 자, 곧 주 예수 그리스도를 기다리노니"(빌 3:20).

사람이 고귀한 삶을 살수록 그의 눈에는 이 세상에 속한 것들이 더욱 천해 보이기 마련입니다. 사람들의 모든 인생사를 내려다볼 수 있고, 가장 크고 부유하고 화려한 도시들을 작은 새집처럼 내려다볼 수 있는 높은 언덕 꼭대기에 조망대를 세운 루시안(Lucian, ?-180)의 관점은 매우 유쾌합니다. 믿음은 하나님의 언덕에, 하나님의 산에, 곧 높은 산에 영혼을 세웁니다. 믿음은 영혼을 그곳에 세워 놓고 이 세상의 모든 일을 환히 내려다보게 합니다. 믿음으로 말미암아 하나님의 높은 언덕에 세워진 사람들의 눈에, 이 세상의 모든 부유함과 화려함과 영광은 한갓 작은 새집에 불과할 것입니다.

믿음은 마틴 루터를 하나님의 높은 언덕에 세웠습니다. 그래서 그는 하나님께서 이 세상의 보잘것없고 비천한 것들을 자기에게 맡기시지 않기를 호소했습니다. 믿음은 모세를 높은 곳에 세웠습니다. 믿음은 모세를 신령한 영적 세계에 세웠습니다. 그래서 모세는 애굽의 모든 보화와 쾌락과 부유함과 영광을 마치 작은 새집처럼, 두더지 굴처럼, 찌꺼기와 배설물처럼, 자신의 마음을 쏟기에는 너무 비천하고 보잘것없는 것으로 여길 수 있었습니다. 진실로 일단 믿음이 사람에게 천국을 한 번 보여 준다면, 그의 눈에 이 세상의 모든 것들은 비천하고 저급한 것으로 보일 것입니다.

4) 구원에 수반되는 믿음은 마음을 정결하게 합니다.

구원에 수반되는 믿음은 마음을 정결하게 합니다. 구원에 수반되는 믿음은 마음을 정결하게 하는 믿음입니다.

"믿음으로 그들의 마음을 깨끗이 하사"(행 15:9).

믿음은 두 개의 손을 가지고 있어서, 한 손으로는 그리스도를 붙잡고, 다른 한 손으로는 그리스도의 집인 마음을 청소합니다. 믿음은 그리스도의 성품이 비둘기와 같다는 사실을 알고 있습니다. 즉, 그리스도께서 깨끗하고 즐거운 곳에 눕기를 좋아하신다는 사실을 잘 알고 있습니다. 믿음은 독수리와 같은 눈뿐만 아니라 깔끔한 주부의 손도 가지고 있습니다. 믿음은 죄를 발견하는 데 능숙할 뿐만 아니라 죄를 씻어 내는 데도 능숙합니다. 믿음에는 치유하는 특성뿐만 아니라 깨끗하게 하는 특성도 있습니다. 올바른 믿음은 영혼을 정결하게 하여 죄를 사랑하거나 기뻐하지 않게 만들며, 죄의 통치와 지배에서 벗어나게 만듭니다(겔 16장 참고).

"죄가 너희를 주장하지 못하리니 이는 너희가 법 아래에 있지 아니하고 은혜 아래에 있음이라"(롬 6:14).

믿음은 때때로 하나님께 거룩하게 만들어 주리라는 약속들을 이루시도록 간청할 뿐만 아니라 그렇게 하실 수밖에 없도록 만들어 마음을 죄로부터 정결하고 깨끗하게 합니다. 믿음은 다음의 약속을 받아들입니다.

"내가 그들을 내게 범한 그 모든 죄악에서 정하게 하며 그들이 내게 범하며 행한 모든 죄악을 사할 것이라"(렘 33:8).

"다시 우리를 불쌍히 여기셔서 우리의 죄악을 발로 밟으시고 우리의 모든 죄를 깊은 바다에 던지시리이다"(미 7:19).

"죄악이 나를 이겼사오니 우리의 허물을 주께서 사하시리이다"(시 65:3).

"내가 또 내 손을 네게 돌려 네 찌꺼기를 잿물로 씻듯이 녹여 청결하게 하며 네 혼잡물을 다 제하여 버리고"(사 1:25).

믿음은 이런 약속들을 받아들이고, 그 약속들을 하나님 앞에 펼쳐 놓고는 그 약속들을 이루실 때까지 간청하고 재촉하며 구하고 간구합니다. 믿음은 영혼을 놀라울 정도로 뻔뻔스럽게 만들고, 놀라울 정도로 부끄러움을 모르게 만듭니다. 믿음은 다음과 같이 말합니다.

"주님, 이것은 주님이 친히 주신 말씀이 아닙니까? 주님께서 말씀하신 바를 이루시지 않겠습니까? 주님은 신실하신 하나님이 아닙니까? 주님께서 주신 약속을 이행하시는 것이 주님의 영광을 진작시키는 일이 아닙니까? 오, 하나님이여, 일어나 내 죄를 흩으시옵소서. 주님의 손을 내게 얹으사 내 죄를 깨끗하게 하옵소서."

그리하여 믿음은 마음을 정결하게 합니다.

또한 때때로 믿음은, 다윗이 자신의 힘이 아니라 만군의 여호와의 능력과 이름으로 골리앗에 대항하여 싸웠던 것처럼(삼상 17:47 참고), 그리스도의 능력을 의지하고 죄에 대항하여 싸움으로써 죄로부터 마음을 정결하게 합니다. 믿음은 영혼을 하나님께로 곧바로 인도하고, 하나님이 친히 죄에 대항하시도록 합니다.[2] 그 결과 믿음의 지혜로 말미암아 싸움의 양상이 변하고, 이제 죄와 영혼이 싸우는 것이 아니라 죄와 하나님이 싸우게 된다고 할 수 있습니다. 그리고 죄는 하나님의 능력과 영광스러운 임재 앞에서 무너지고 맙니다. 시편 61편 2절은 참으로 탁월한 말씀입니다.

"내 마음이 약해질 때에 땅 끝에서부터 주께 부르짖으오리니 나보다 높은 바위에 나를 인도하소서."

잘 보십시오. 어린아이는 자기보다 힘센 사람이 싸움을 걸어오면 아버지에게 달려가 도움을 청하고 자기 옆에 있어 달라고, 그리고 자기를 위해서 싸워 달라고 간청합니다. 이와 마찬가지로 믿음은 죄와 싸워 이기기에는 자신이 너무나 연약하고 무능하다는 것을 알고서 그리스도께로 달려가 도움을 청합니다. 강한 자를 능히 결박할 수 있는 그리스도께 대신 싸워 달라고 호소합니다. 그 결과 그리스도는 그 강한 자를 결박하고 쫓아내십니다. 믿음은 그리스도께서 함께 싸우시지 않으면 영혼의 모든 의도와 결심과 노력으로는 결코 죄를 이길 수 없다고, 또 결코 마음이 죄로부터 정결해질 수 없다고 영혼에게 말합니다. 그러고는 그리스도를 모셔 와 그분께 가장 중요한 임무를 맡겨 드립니다. 그리하여 영혼을 죄로부터 정결하게 하는 것입니다.

루터의 말에 따르면, 독일의 신학자 스타우피시우스(Staupicius)는 자신이 그리스도의 값없고 능력 있는 은혜를 깨닫기 전에 어떤 특별한 죄를 범하지 않겠노라고 수백 번 결심하고 맹세했지만 도무지 그 죄를 이길 수 없었고, 자신의 마음을 그 죄로부터 정결하게 할 수도 없었음을 고백했다고 합니다. 그러다가 마침내 스타우피시우스는 자신이 자신의 결심을 굉장히 깊이 신뢰

---

[2] 역자주 – 다윗이 믿음을 가지고 골리앗에 대항했을 때 하나님께서 개입하셔서 골리앗을 무찌르셨던 것처럼 성도가 믿음을 가지고 죄에 저항하면 하나님께서 개입하셔서 친히 죄에 대항하시게 된다는 의미입니다.

한 반면 예수 그리스도는 매우 얄팍하게 신뢰하고 있다는 사실을 깨달았고, 믿음으로 그리스도께서 자신의 죄와 싸우시도록 의탁하고서야 승리를 거둘 수 있었다고 합니다.

또한 믿음은 그리스도의 피를 적용함으로써 마음을 죄로부터 정결하게 합니다. 믿음은 그리스도의 거룩하고도 복된 피로 연고를 만들어 영혼의 상처에 바르고, 영혼의 상처를 치료합니다. 믿음은, 온 세상이 흘린 모든 눈물이나 모든 바닷물로 영혼의 부정함을 깨끗이 씻을 수 있는 것이 아니라고 영혼에게 말합니다. 믿음은 검은 자를 희게 만들 수 있는 것은 오직 그리스도의 보배로운 피밖에 없다고 영혼에게 말합니다. 믿음은 나병에 걸린 영혼을 치료할 수 있는 것은 나병 환자 나아만을 치료하는 그리스도의 피밖에 없다고 영혼에게 말합니다. 믿음은 이 보혈의 샘이, 유다와 예루살렘이 그들을 씻고 영혼과 육신의 모든 더러움과 추한 죄를 씻는 유일한 샘이라고 말합니다(슥 13:1 참고). 그리스도인이 자신의 마음에서 발견하는 모든 흠은 믿음의 손을 통하여 어린양의 피로만 깨끗이 씻을 수 있습니다.

또한 믿음은 마음을 정결하게 하는 여러 가지 규례에 영혼을 참여하게 함으로써, 여러 가지 규례에 믿음을 더하고 결부시킴으로써 죄로부터 영혼을 정결하게 합니다. 사도 바울은 다음과 같이 말합니다.

"그들과 같이 우리도 복음 전함을 받은 자이나 들은 바 그 말씀이 그들에게 유익하지 못한 것은 듣는 자가 믿음과 결부시키지 아니함이라"(히 4:2).

믿음은 얼마나 훌륭한 재료인지, 그것이 들어간 모든 음료는 영혼을 이롭게 하고 정결하게 하며 더 선하게 만드는 효과를 낳습니다. 만일 이와 같은 천상적인 재료가 들어가지 않으면, 그 어떤 음료든 그 어떤 방편이든 영혼에 아무런 유익도 주지 못합니다.

믿음은 사람으로 하여금 기도하고 말씀을 청종하며 성도들과 교제하고 공적인 의무에 참여하게 만들며, 가정에서 경건의 의무를 준행하고 은밀한 의무를 이행하게 만듭니다. 그리고 믿음이 영혼과 함께하여 영혼을 정결하게 하는 여러 가지 규례에 자신을 결부시킵니다. 그리하여 이런 규례들이 더욱 효과적으로 모든 더러움과 부정함으로부터 영혼을 정결하게 하도록 합니다.

믿음은 영혼을 찌꺼기와 양철 녹으로부터 정결하게 하기 위하여 규례 안에서 자신의 모든 미덕과 효능을 발휘합니다. 믿음이 이렇게 하는 이유는, 이 세상에서 죄의 존재나 활동과 역사로부터 영혼을 완전히 정결하게 할 수 있기 때문이 아닙니다. 절대 그것 때문이 아닙니다. 만일 그렇게 할 수 있다면, 이 땅이 곧 천국이 될 것이요, 우리가 더 이상 규례에 참여할 필요가 없을 것입니다. 믿음이 이렇게 하는 이유는, 구원에 수반되는 믿음이 본성적으로 남아 있는 죄로부터 마음을 점점 정결하고 깨끗하게 하기 때문입니다. 올바른 믿음은 언제나 마음을 점점 더 단정하고 깨끗하게 만들어 갑니다. 영광의 주님께서 자신의 거처를 기뻐하시도록, 그분이 자신의 궁정을 떠나지 않고 영혼과 함께 영원히 거하시도록 말입니다.

지금까지 구원에 수반되는 믿음이 마음을 정결하게 만든다는 진리에 대해서 말했습니다.

5) 구원에 수반되는 믿음은 영혼을 녹입니다.

구원에 수반되는 믿음은 영혼을 부드럽게 하고 누그러뜨립니다. 믿음처럼 죄인의 마음을 깨뜨리는 것은 없습니다. 베드로는 올바르게 믿었기 때문에 슬피 울었습니다(마 26:75 참고). 막달라 마리아 역시 깊은 믿음을 가지고 있었기 때문에 많은 눈물을 흘렸습니다(눅 7:44 참고). 믿음은 상처를 입은 그리스도, 두들겨 맞은 그리스도, 멸시받은 그리스도, 창에 찔린 그리스도, 피 흘리는 그리스도를 영혼 앞에 보여 줍니다. 그로 말미암아 영혼은 주저앉아

심히 눈물을 흘리게 됩니다.

복음적인 애통은 모두 믿음에서 흘러나옵니다.

"내가 다윗의 집과 예루살렘 주민에게 은총과 간구하는 심령을 부어 주리니, 그들이 그 찌른 바 그를 바라보고 그를 위하여 애통하기를 독자를 위하여 애통하듯 하며, 그를 위하여 통곡하기를 장자를 위하여 통곡하듯 하리로다"(슥 12:10).

자신들의 죄가 만든 그리스도의 상처를 바라볼 때, 그들의 마음도 깊이 상처를 입습니다. 그리고 그들은 깊은 탄식으로 그리스도를 위해 애통하지 않을 수 없습니다.

사람들은 흔히 염소의 피만이 전설에 나오는 단단한 돌을 깨뜨릴 수 있다고 말합니다. 한편 죄인의 완고한 마음을 인자하고 감미롭게 효과적으로 깨뜨릴 수 있는 것은 오직 믿음으로 말미암아 그리스도의 옆구리에 흘러내리는 피를 바라보는 것밖에 없습니다.

플리니에 따르면, 어떤 독사는 사람을 물 때 사람의 몸 안에 있는 모든 피를 다 빼앗아 간다고 합니다. 그러나 그리스도 외에 피땀을 흘린 사람이 있었다는 소리는 한 번도 들어 본 적이 없습니다. 그리스도께서 피땀을 흘리셨다는 생각만으로도 믿는 영혼은 앉아서 땀을 흘리고 울게 됩니다. 사람이 가장 추한 상태에 있을 때 그리스도께서 사람을 사랑하셨다는 사실, 사람의 극단적인 비참함이 오히려 그리스도의 사랑과 긍휼을 불붙게 했다는 사실, 이것이 믿는 영혼을 녹입니다.

그리스도께서 성부 하나님의 영원한 품을 떠나셨다는 사실, 하나님과 동등한 분이 종의 형체를 입고 이 세상에 오셨다는 사실, 영광의 옷을 입고 계시며 왕으로 태어나신 분께서 누더기를 걸치셨다는 사실, 하늘들의 하늘이라도 감당할 수 없는 분이 마구간의 구유에 누우셨다는 사실, 태어날 때부터 죽는 순간까지 그분의 모든 생애가 슬픔과 고난의 생애였다는 사실, 이런 사실들을 믿음으로 말미암아 은혜로운 영혼은 크게 슬퍼합니다.

모든 육체를 심판하실 분이 오히려 심판을 받으셨다는 사실, 생명의 주께서 죽임을 당하셨다는 사실, 성부 하나님의 기쁨이신 그분이 심령의 고통으로 "나의 하나님, 나의 하나님, 어찌하여 나를 버리셨나이까?"(마 27:46; 막 15:34)라고 울부짖으셨다는 사실, 영광의 면류관을 쓰고 계셨던 그분의 머리에 가시 면류관이 씌워졌다는 사실, 불꽃과도 같고 태양보다 더 밝던 그분의 눈이 죽음의 흑암에 의해 감겨졌다는 사실, 이런 사실들을 믿음으로 말미암아 은혜로운 영혼들은 크게 슬퍼합니다.

천사들의 찬송만을 쉬지 않고 들으셨던 그분의 귀가 신성모독의 말만 들으셨다는 사실, 희고 혈색이 좋은 얼굴이 유대인들로부터 침 뱉음을 당했다는 사실, 그 어떤 사람도 흉내 낼 수 없고 그 어떤 천사도 흉내 낼 수 없는 것을 말씀하신 그분의 혀가 신성모독이라는 죄로 고소당했다는 사실, 황금 홀과 철장을 동시에 휘두르던 주님의 양손과 풀무에 단련한 빛난 주석 같은 그분의 양발이 십자가에 못 박혔다는 사실, 이 모든 일이 사람들의 죄, 사람들의 배역 때문에 일어났다는 사실, 이런 사실들을 믿음으로 말미암아 은혜로운 영혼들은 크게 슬퍼합니다.

이것들을 보고 믿으며, 이 사실들에 대하여 믿음을 행사할 때, 은혜로운 영혼은 상하고 크게 슬퍼할 수밖에 없습니다. 탄식하고 애통할 수밖에 없습니다. 슬퍼하고 애도할 수밖에 없습니다. 이처럼 구원에 수반되는 믿음은 어느 정도 마음을 깨뜨리며 녹이는 믿음입니다.

6) 구원에 수반되는 믿음은 세상을 정복합니다.

구원에 수반되는 믿음은 세상을 정복하고 이기는 믿음입니다.

"무릇 하나님께로부터 난 자마다 세상을 이기느니라. 세상을 이기는 승리는 이것이니 우리의 믿음이니라"(요일 5:4).

믿음은 얼굴을 찌푸리고 있는 세상, 아첨하는 세상, 유혹하는 세상, 핍박하는 세상을 이깁니다. 믿음은 다음과 같은 방식으로 세상을 이깁니다.

(1) 믿음은 영혼을 그리스도께 연합시킴으로써 영혼이 그리스도의 모든 승리와 정복에 참여하게 만듭니다. 이로써 믿음은 영혼을 그리스도와 함께 승리하도록 이끕니다.

"이것을 너희에게 이르는 것은 너희로 내 안에서 평안을 누리게 하려 함이라. 세상에서는 너희가 환난을 당하나 담대하라. 내가 세상을 이기었노라"(요 16:33).

우리는 이미 패배한 원수를 상대하기만 하면 됩니다. 우리의 예수님께서 이미 이 세상에 치명적인 상처를 입히셨습니다. 이제 우리는 패배한 원수를 우리의 발로 짓밟고 서서 사도 바울과 한목소리로 다음과 같이 노래하면 됩니다.

"그러나 이 모든 일에 우리를 사랑하시는 이로 말미암아 우리가 넉넉히 이기느니라"(롬 8:37).

(2) 믿음은 눈에 보이는 것보다 더 높은 가치를 지닌 것을 영혼에 제시함으로써 세상을 이깁니다.

믿음은 세상보다 더 가치 있는 것들을 영혼에 제시합니다. 그리하여 영혼으로 하여금 세상을 이기게 만드는 것입니다. 세상은 모세 앞에 온갖 명예와 쾌락 등을 제시했습니다. 그러나 모세의 믿음은 세상이 제시한 것보다 더 귀한 것들을 모세 앞에 제시했습니다. 믿음은 장차 받을 보상을 보여 주고, 장차 올 세상, 곧 천국의 모든 영광과 즐거움과 보물을 영혼 앞에 펼쳐 놓습니다. 이처럼 믿음은 세상이 영혼에게 제시하는 것보다 더 값비싼 것들을 제시함으로써 세상을 이기고 능가하게 합니다. 그리스도께서도 '그 앞에 있는 기쁨을 위하여 십자가를 참으사 부끄러움을 개의치 아니하시더니' 하나님 보좌 우편에 앉으셨습니다(히 12:2 참고).

(3) 믿음은 모든 만물이 그 영혼의 소유라고 말함으로써 세상을 이깁니다. 믿음은 말합니다. "하나님은 너의 하나님이시다. 그리스도는 너의 그리스도이시다. 이 의는 너의 의이다. 이 약속은 너의 약속이다. 이 면류관은 너의 면류관이다. 이 영광은 너의 영광이다. 이 보화들은 너의 보화들이다. 이 기쁨은 너의 기쁨이다."

사도 바울은 고린도전서 3장 21절 이하에서 "만물이 다 너희 것임이라……지금 것이나 장래 것이나 다 너희의 것이요"라고 말합니다. 순교자들의 믿음도 이와 같은 방식으로 역사했고, 그 결과 그들은 시험하고 핍박하는 세상을 능히 이길 수 있었습니다(히 11:35 참고).

(4) 믿음은 이 세상에 속한 것들의 가치를 정확하게 평가함으로써 세상을 이깁니다.

대부분의 사람들은 이 세상에 속한 것들을 과대평가하고, 이 세상에 지나치게 높은 값을 매깁니다. 그들은 이 세상을 하나의 신으로 만듭니다. 그러고는 "크다! 에베소 사람의 아데미여"(행 19:28)라고 외칩니다. 그러나 믿음은 모든 피조물의 실상을 그대로 드러냅니다. 믿음은 세상에 속한 모든 것들이 아무 효과도 없고 잡다하며, 언제든지 변할 수 있고 잠시 잠깐 있다 없어질 것이라는 사실을 영혼 앞에 환히 보여 줍니다. 그리하여 영혼으로 하여금 이 세상을 이기도록 하는 것입니다.

믿음은 사람에게 모든 장미에 있는 찌르는 것들, 모든 왕관에 있는 가시들, 화려한 옷 아래 숨어 있는 흉터들, 금으로 만든 잔에 담긴 독, 아주 맛있는 음식 안에 있는 독소, 반짝이는 진주 안에 있는 흠을 보여 줍니다. 그리스도인이 이 모든 것들의 가치를 정확하게 보고 그것들을 '헛되고 헛된 것'으로 여기도록 하며, 그리하여 믿는 영혼이 이 세상을 배설물과 찌꺼기로 알고 철저하게 무시하고 경시하게 만듭니다.

(5) 믿음은 그리스도를 매우 탁월하고 영광스럽고 포괄적인 선(善)이요 모든 선을 총망라하는 선으로 영혼에게 제시함으로써 세상을 이기게 합니다.

그리스도는 모든 선을 총망라하는 유일하신 선입니다. 그리스도는 모든 만물을 총망라하는 유일하신 분입니다. 피조된 모든 것들 안에서 발견할 수 있는 모든 아름다움과 진귀함과 탁월함과 부요함과 영광이 그리스도 안에 모두 모여 있습니다. 은 여러 조각의 가치와 값어치가 금 한 조각이나 보석 하나에 다 들어 있는 것처럼, 하늘과 땅에 여기저기 흩어져 있는 모든 완전함들이 그리스도 안에 하나도 빠짐없이 그대로 드러납니다. 영혼이 이 진리를 보고 깨달을 때, 영혼은 그로 말미암아 이 세상을 이기게 됩니다. 믿음은 그리스도로 말미암아 우리가 잃어버리는 것보다 더 많은 완전함과 더 좋은 탁월함이 그리스도 안에 있다는 것을 영혼에게 보여 줍니다. 그리하여 영혼으로 하여금 세상을 정복하게 만드는 것입니다.

믿음의 이런 속성들을 아는 것은 매우 중요하고 가치 있는 일이기 때문에, 지금까지 이것에 관하여 자세하게 말했습니다. 구원에 수반되는 다른 항목들은 비교적 간략하게 다루려고 합니다.

다음 항목으로 넘어가기 전에 믿음에 관하여 좀 더 덧붙이고 싶은 내용이 있습니다.

3. 강한 믿음과 약한 믿음

먼저 강한 믿음에 관하여 생각해 본 다음에 약한 믿음에 관하여 생각해 봅시다. 이 두 가지를 다루면서 제가 염두에 두고 있는 목적은, 보배로운 영혼들이 믿음에 관하여 오해하고 낙심하지 않도록 하는 것입니다.

1) 강한 믿음

⑴ 강한 믿음은 가장 강력한 유혹에도 저항하리라 굳게 결의하게 만들고, 가장 강력한 유혹들을 정복하는 가운데 행복을 느끼게 합니다.

"믿음으로 모든 세계가 하나님의 말씀으로 지어진 줄을 우리가 아나니 보이는 것은 나타난 것으로 말미암아 된 것이 아니니라"(히 11:3).

"다니엘이 이 조서에 왕의 도장이 찍힌 것을 알고도 자기 집에 돌아가서는 윗방에 올라가 예루살렘으로 향한 창문을 열고 전에 하던 대로 하루 세 번씩 무릎을 꿇고 기도하며 그의 하나님께 감사하였더라"(단 6:10).

⑵ 강한 믿음은 가장 심한 어려움과 위험 앞에서도 하나님을 시인하고, 하나님께 바짝 달라붙어 매달리게 만듭니다. 욥은 비록 하나님께서 자기를 죽이신다 할지라도 끝까지 하나님을 의뢰하리라 결심했습니다(욥 13:15,16 참고).

⑶ 강한 믿음은 이 세상의 영광보다 그리스도의 십자가를 더 좋아하게 만들며, 핍박에 따르는 고통을 모면하느니 그리스도를 위해 고통받는 편을 더 좋아하게 만듭니다(히 11:24-26 참고).

⑷ 강한 믿음은 영혼을 놀라울 정도로 두려워하지 않으며 놀라울 정도로 염려하지 않게 만듭니다. 강한 믿음은, 마치 어린아이가 집에서 아무런 두려움이나 염려 없이 사는 것처럼 이 세상을 살아가게 합니다(시 23:4 참고).

"사드락과 메삭과 아벳느고가 왕에게 대답하여 이르되, 느부갓네살이여, 우리가 이 일에 대하여 왕에게 대답할 필요가 없나이다. 왕이여, 우리가 섬기는 하나님이 계시다면 우리를 맹렬히 타는 풀무불 가운데에서 능히 건져 내시겠고 왕의 손에서도 건져 내시리이다"(단 3:16,17).

"오직 나는 여호와를 우러러보며 나를 구원하시는 하나님을 바라보나니 나의 하나님이 나에게 귀를 기울이시리로다. 나의 대적이여, 나로 말미암아 기뻐하지 말지어다. 나는 엎드러질지라도 일어날 것이요 어두운 데에 앉을지라도 여호와께서 나의 빛이 되실 것임이로다. 내가 여호와께 범죄하였으니 그의 진노를 당하려니와 마침내 주께서 나를 위하여 논쟁하시고 심판하시며 주께서 나를 인도하사 광명에 이르게 하시리니, 내가 그의 공의를 보리로다"(미 7:7-9).

(5) 강한 믿음은 섭리 가운데 하나님의 약속과 반대되는 일들이 자꾸 일어난다 할지라도 하나님의 약속을 굳게 붙잡도록 만듭니다.

다윗은 시편 60편 6,7절에서 다음과 같이 말합니다.

"하나님이 그의 거룩하심으로 말씀하시되, 내가 뛰놀리라. 내가 세겜을 나누며 숙곳 골짜기를 측량하리라. 길르앗이 내 것이요 므낫세도 내 것이며 에브라임은 내 머리의 투구요 유다는 나의 규이며."

비록 다윗은 추방되어 있었지만, 그의 믿음은 모든 것을 자신의 소유로 여기고 있습니다. 마치 그가 지금 모든 것을 소유하고 있는 것처럼 말입니다. 왜냐하면 하나님께서 자신의 거룩하심으로 말씀하셨기 때문입니다. 비록 현재 진행되는 일들이 약속과 어긋날지라도 다윗의 믿음은 하나님의 약속에 전적으로 매달렸습니다.

(6) 강한 믿음은 사람이 가장 크게 소망하는 안락함에 완전히 역행하는 명령에도 순종하게 만듭니다.

"믿음으로 아브라함은 부르심을 받았을 때에 순종하여 장래의 유업으로 받을 땅에 나아갈새 갈 바를 알지 못하고 나아갔으며, 믿음으로 그가 이방의 땅에 있는 것같이 약속의 땅에 거류하여 동일한 약속을 유업으로 함께 받은 이삭 및 야곱과 더불어 장막에 거하였으니"(히 11:8,9).

"너희가 갇힌 자를 동정하고 너희 소유를 빼앗기는 것도 기쁘게 당한 것은 더 낫고 영구한 소유가 있는 줄 앎이라"(히 10:34).

보배로운 영혼들이여! 여러분의 믿음이 여러분을 이렇게 숭고한 차원까지 이끌어 가지 않는다고 해서, 틀림없이 여러분에게는 믿음이 전혀 없을 것이라고 생각해서는 안 됩니다. 그런 식으로 자신의 영혼을 몰아붙여서는 절대 안 됩니다. 비록 주님이 소중히 여기시는 다른 사람들처럼 위대한 믿음을 소유하고 있지는 못할지라도, 참된 믿음이 여러분에게 있을 수 있습니다.

철학자들의 말에 따르면, 열(熱)에는 여덟 가지 단계가 있다고 합니다. 그러나 우리는 세 단계만 인식할 뿐입니다. 만일 어떤 사람이 가장 뜨거운 것만을 기준으로 삼아 열이라고 정의한다면, 다른 모든 단계의 열은 열로서 인정받지 못할 것입니다. 이와 마찬가지로, 만일 어떤 사람이 가장 높은 수준의 믿음, 가장 높은 수준의 역사만을 믿음이라고 정의한다면, 이제 곧 살펴볼 진실한 믿음도 믿음으로서 인정받지 못할 것입니다.

2) 약한 믿음

이제 약한 믿음에 관하여 생각해 봅시다.

(1) 약한 믿음도 강한 믿음과 전혀 다를 바 없이 사람을 의롭게 만들며 그리스도에게 연합시킵니다.

약한 믿음도 이 세상에서 가장 강한 믿음과 똑같이 사람을 그리스도의 소유로, 그리스도의 사람으로 만듭니다. 어린 아기도 성년이 된 형과 똑같이 그 아버지의 자식입니다. 연약한 믿음도 이 세상에서 가장 강한 믿음과 똑같이 사람에게 그리스도와 영원에 속한 모든 보배로운 것들에 대한 완전한 권리를 줍니다. 연약한 손으로도 거인의 강한 손과 똑같이 진주를 받을 수 있습니다. 믿음은 그리스도를 영접하는 것입니다(요 1:12 참고).

(2) 영원한 행복과 복락에 대한 하나님의 약속들은 믿음의 강함을 근거로 주어진 것이 아니라 믿음의 진실함을 근거로 주어집니다.

약속들은 믿음의 등급에 대해서 주어진 것이 아니라 믿음의 실재에 대해서 주어집니다. 예수 그리스도를 믿는 사람은 누구든지 구원을 받을 것입니다. 비록 그의 믿음이 사자들의 입을 봉하거나 기적을 일으키거나 산들을 옮기거나 나라들을 이기거나 타오르는 화염을 끄거나 강력한 시험을 이기거나 큰 핍박 가운데 기뻐할 정도의 믿음이 아니라 할지라도, 믿는 사람은 누구든지 구원을 받을 것입니다(히 11:33-35 참고).

강한 믿음을 가졌기 때문에 구원을 받는 사람은 아무도 없습니다. 누구든지 참된 믿음을 가졌기 때문에 구원을 받는 것입니다. 마지막 심판의 날에 그리스도께서는 사람들이 받은 은혜의 비중을 측정하기 위해 저울을 가져오는 것이 아니라 사람들이 받은 은혜의 진실함을 측정하기 위해 시금석을 가져오실 것입니다. 그리스도께서는 사람들이 받은 은혜의 강함보다는 진실함을 더 중요하게 보실 것입니다.

(3) 가장 연약한 믿음이라도 점점 더 강하게 자라날 수 있습니다.

연약한 성도라 할지라도 그는 믿음으로 믿음에 이를 것입니다(롬 1:17 참고). 그리스도는 우리에게서 믿음을 시작하실 뿐 아니라 우리의 믿음을 완성하시기도 합니다(히 12:2 참고). 그리스도는 하나님의 은혜를 받았지만 아직 어린 아기에 불과한 사람들을 양육하실 것입니다. 그리스도는 절대 그들이 유아기 상태에 묶여 있도록 내버려 두시지 않습니다. 선한 일을 시작하신 그리스도께서 그 일을 끝까지 이루실 것입니다(빌 1:6; 벧전 1:5 참고).

그리스도는 우리의 영혼을 돌보실 뿐만 아니라 우리에게 주신 은혜도 돌보십니다. 은혜는 그리스도께서 우리 안에 이루신 역사입니다. 그러므로 은혜는 그리스도의 돌보심 가운데 성장해야만 합니다. 또 한편 그리스도는 우리에게 주신 은혜를 견고하게 세우고 고쳐 주시는 위대한 건축자요 수리공이십니다. 그리스도는 여러분의 가냘픈 은혜의 불꽃을 화염으로 만들어 주실 것입니다. 그리스도는 여러분의 한 방울 은혜를 큰 바다와 같이 풍성한 은혜로 만들어 주실 것입니다. 그리스도는 여러분이 가지고 있는 십 원을 십만 원으로 만들어 주실 것입니다. 그리스도는 여러분의 백만 원을 일억 원으로 만들어 주실 것입니다(마 12:20, 13:32 참고).

그러므로 여러분의 믿음이 약하다고 낙심하지 마십시오. 비록 연약한 모습으로 심어진 씨앗이라 할지라도 능력 있게 성장하는 법입니다. 여러분의 연약한 믿음은 영광스럽게 부활할 것입니다. 그리스도는 매우 값비싼 진주가 흙 속에 묻혀 있도록 내버려 두시지 않습니다.

(4) 가냘픈 불꽃도 불이며, 한 방울의 물도 물이며, 작은 별도 별이며, 작은 진주도 진주인 것처럼, 연약한 믿음도 믿음입니다.

진실로 여러분의 작은 믿음도 하나님께서 귀하게 생각하고 평가하시는 보석입니다. 여러분의 작은 믿음도 여러분으로 하여금 이 세상 모든 것보다 그리스도와 그분의 은혜를 더 소중히 여기게 만들 것입니다(마 18:10; 벧전 2:7 참고).

자, 이것을 꼭 기억하십시오. 그것이 진정한 믿음이라면 그 분량이 가장 크든 작든 그 믿음으로 말미암아 여러분이 구원을 얻을 것입니다. 큰 믿음뿐만 아니라 작은 믿음도 구원에 이르는 믿음입니다. 강력한 믿음뿐만 아니라 연약한 믿음도 구원에 이르는 믿음입니다. 보배로운 영혼이여! 당신에게 매우 강한 믿음, 이러이러한 정도의 믿음이 없다고 해서 당신에게 구원에 이르는 믿음이 없다고 말하지 마십시오. 다만 위대한 믿음을 가진 사람은 이 세상에서도 천국을 체험하는 한편, 연약한 믿음을 가진 사람은 죽은 후에 천국에 들어가는 것일 뿐입니다.

3장
구원에 수반되는 회개

이제 여러분에게 말하려는 세 번째 항목은 구원에 수반되는 회개란 무엇인가 하는 것입니다. 구원에는 반드시 회개가 수반된다는 것은 앞에서 이미 말했습니다. 이제 구원에 수반되는 회개, 구원을 함축하는 회개, 구원에 닿아 있는 회개가 무엇인지에 대해 세부 항목을 따라 말하고자 합니다.

1. 사람의 전 인격을 변화시키는 회개

구원에 수반되는 회개는 전 인격의 총체적이고 전반적인 변화요, 인격의 모든 부분에서 일어나는 변화입니다. 비록 그 변화가 완전하지는 않을지라도 말입니다. 구원에 수반되는 회개는 마음과 삶, 말과 행실을 모두 변화시킵니다. 구원에 수반되는 회개는 고대 에티오피아 사람을 이스라엘 사람으로 만들고, 나병 환자를 천사로 만듭니다.

"너희는 스스로 씻으며 스스로 깨끗하게 하여 내 목전에서 너희 악한 행실을 버리며 행악을 그치고 선행을 배우며"(사 1:16,17).

여러분의 마음과 생활이 변해야 합니다. 선지자 에스겔도 동일한 의도로 말합니다.

"너희는 너희가 범한 모든 죄악을 버리고 마음과 영을 새롭게 할지어다"(겔 18:31).

삶과 마음이 변해야 합니다. 구원에 수반되는 회개는 전 인격에 변화를 초래합니다. 속사람의 모든 기질과 겉사람의 모든 것을 변화시킵니다. 이해력이 어둠에서 빛으로 돌아서게 됩니다. 의지가 죄의 종에서 거룩함의 종으로 돌아서게 됩니다. 정서가 무질서에서 질서로 변하게 됩니다. 마음이 완고한 데서 부드럽게 바뀝니다. 겉사람도 마찬가지입니다. 음란한 눈이 정숙한 눈으로, 영적으로 거듭나지 않은 귀가 고분고분하게 순종하는 귀로, 뇌물을 주고받던 손이 아낌없이 나누어 주는 관대한 손으로, 허영을 따라 이리저리 방황하던 발이 정결의 길을 걷는 발로 바뀝니다.

이것을 꼭 기억하십시오. 사람을 전체적으로 변화시키지 않고 어느 한 부분만 변화시키는 회개, 사람을 헤롯과 아그립바처럼 절반뿐인 그리스도인으로, 유사 그리스도인으로 변화시키는 회개는, 절대 이 세상에서 사람의 마음을 천국으로 이끌지 못하며, 죽은 후에도 그를 천국으로 이끌어 올리지 못합니다.

구원에 수반되는 회개는 사람의 내면을 전적으로 영광스럽게 만들며, 사람의 외적 행실을 금으로 수놓은 옷처럼 만듭니다(시 45:13 참고). 구원에 수반되는 회개는 속사람과 겉사람 모두에 하나님의 형상을 아로새깁니다. 구원에 수반되는 회개는 사람의 마음을 언약궤처럼 황금으로 채웁니다. 구원에 수반되는 회개는 사람의 삶을 태양처럼 찬란히 빛나게 만듭니다.

2. 모든 죄로부터 돌이키는 회개

구원에 수반되는 회개는 총체적인 돌이킴일 뿐만 아니라 전적인 돌이킴입니다. 모든 죄로부터 돌이키는 것입니다. 그 어떤 조건이나 단서를 붙이지 않고 돌이키는 것입니다.

"나는 거짓을 미워하며 싫어하고 주의 율법을 사랑하나이다"(시 119:163).

에스겔 18장 30절도 같은 내용의 말씀입니다.

"주 여호와의 말씀이니라. 이스라엘 족속아, 내가 너희 각 사람이 행한 대로 심판할지라. 너희는 돌이켜 회개하고 모든 죄에서 떠날지어다. 그리한즉 그것이 너희에게 죄악의 걸림돌이 되지 아니하리라"(겔 18:30).

에스겔 33장 11절도 동일한 내용을 가르칩니다.

"너는 그들에게 말하라. 주 여호와의 말씀이니라. 나의 삶을 두고 맹세하노니 나는 악인이 죽는 것을 기뻐하지 아니하고 악인이 그의 길에서 돌이켜 떠나 사는 것을 기뻐하노라. 이스라엘 족속아 돌이키고 돌이키라. 너희 악한 길에서 떠나라. 어찌 죽고자 하느냐 하셨다 하라."

마치 홍수가 노아의 가장 가깝고도 절친했던 친구들을 수장시켰던 것처럼, 참회하는 사람이 흘리는 눈물의 홍수는 그 사람이 가장 가까이하고 사랑했던 정욕을 수장시킵니다. 그것이 이삭이든 베냐민이든, 오른쪽 눈이든 왼쪽 눈이든, 구원에 수반되는 회개는 그 모든 것을 잘라 냅니다.

구원에 수반되는 회개는 아버지라고 해서 봐주고 어머니라고 해서 봐주는 법이 없습니다. 구원에 수반되는 회개는 아각이든 아간이든 절대 봐주는 법이 없습니다. 옛 아담이 걸치고 있던 모든 누더기를 벗어 던져 버립니다. 사슴이나 노루의 뿔이든, 가축이든 뒤에 아무것도 남겨 두지 않습니다. 낡은 건물을 돌 하나 남기지 않고 모조리 다 헐어 버립니다. 악어의 비늘을 모두 벗겨 내 버립니다. 나병 환부를 하나도 남김없이 깨끗이 씻어 냅니다.

"그런즉 너는 이스라엘 족속에게 이르기를 주 여호와의 말씀에 너희는 마음을 돌이켜 우상을 떠나고 얼굴을 돌려 모든 가증한 것을 떠나라"(겔 14:6).

죄는 하나님께 등을 돌리는 것이요, 지옥을 향해 나아가는 것입니다. 반대로 회개는 죄에게 등을 돌리는 것이요, 천국을 향해 나아가는 것입니다.

한쪽 눈으로 예루살렘을 바라보면서 동시에 다른 쪽 눈으로 바벨론을 곁눈질하는 사람, 하나님을 바라보면서 동시에 어떤 죄든지 죄를 곁눈질하는 사람은 아직까지 구원에 수반되는 회개를 모르는 사람입니다. 이런 사람의 회개와 신앙고백은 갑절의 저주로부터 그를 안전하게 지켜 낼 수 없습니다.

다윗이 므비보셋에게 그의 땅에 대해 "너는 시바와 밭을 나누라"(삼하 19:29)라고 말한 것처럼, 어떤 일에서는 하나님을 섬기고 또 다른 일에서는 자신의 정욕을 섬기는 사람은 하나님을 향해 "당신은 사탄과 내 영혼을 나누고 내 마음을 나누십시오"라고 말하는 것과 같습니다. 이런 영혼은 지옥 중에서도 가장 두려운 지옥에 떨어져야 마땅하지 않습니까?

그리스도는 회개한다고 하면서도 참으로 회개하지 않는 사람 때문에 모든 해를 입으십니다. 마치 시저가 자신을 더 잘 대해야 마땅한 브루투스(Brutus)에게서 해를 입었던 것처럼 말입니다. 시저는 다음과 같이 말했다고 합니다. "아니 너는 내 아들이 아니냐? 네가 나를 해치다니! 네가 나를 찌르다니! 나를 구하기 위해서 네 자신의 목숨을 아낌없이 내놓아야 마땅한 네가 말이다."

그리스도는 자신의 친구의 집에서 입는 상처를 가장 고통스러워하고 두려워하십니다. 그러하기에 참으로 회개하는 사람의 마음과 손은 그리스도를 대항하는 모든 것을 대항합니다. 참으로 회개하는 사람은 모든 죄를 독이요 개가 토한 오물과 같고 길가의 수렁과 같이 여깁니다. 참으로 회개하는 사람은 모든 죄를 이와 같이 여겨 모든 죄로부터 그 마음을 돌이키고 모든 죄를 멀리하며 버릴 뿐만 아니라, 모든 죄를 지옥보다 더 끔찍하게 혐오합니다.

3. 하나님께로 돌이키는 회개

구원에 수반되는 회개는 모든 죄로부터 돌이킬 뿐만 아니라 하나님께로 돌이키는 회개입니다. 그것은 단순히 악을 행하지 않을 뿐만 아니라 선을 행하기를 배우는 것입니다. 그것은 단순히 어둠으로부터 돌아서는 것이 아니라 빛을 향해 돌아서는 것입니다. 사도 바울의 말을 들어 보십시오.

"그 눈을 뜨게 하여 어둠에서 빛으로, 사탄의 권세에서 하나님께로 돌아오게 하고"(행 26:18).

이사야 55장 7절의 말씀도 마찬가지입니다.

"악인은 그의 길을, 불의한 자는 그의 생각을 버리고 여호와께로 돌아오라. 그리하면 그가 긍휼히 여기시리라. 우리 하나님께로 돌아오라. 그가 너그럽게 용서하시리라"(사 55:7).

악인이 그 사악한 길을 버리는 것만으로는 충분하지 않습니다. 악인은 반드시 하나님께로 돌아와야 합니다. 그 마음을 하나님의 은혜의 능력 아래 굴복시키고, 그 인생을 하나님의 뜻과 말씀에 굴복시켜야만 합니다.

소극적인 선이 은혜로운 영혼을 결코 만족시킬 수 없는 것처럼, 소극적인 선은 죄에 빠진 영혼을 결코 구원해 낼 수 없습니다. "나는 이렇게 악하다"라고 고백하는 것으로는 충분하지 않습니다. "나는 이렇게 선하다"라고 말할 수 있어야 합니다. 그렇지 않으면 영원히 멸망할 수밖에 없습니다.

"그러나 악인이 만일 그가 행한 모든 죄에서 돌이켜 떠나 내 모든 율례를 지키고 정의와 공의를 행하면 반드시 살고 죽지 아니할 것이라"(겔 18:21).

소극적인 의와 거룩함은 하나님이 보시기에 절대로 의도 아니며 거룩함도 아닙니다. 하나님으로부터 쫓겨나지 않도록 해 주고, 천국 문 밖으로 쫓겨나지 않도록 해 주며, 지옥에서 영원히 불타지 않도록 해 주는 것은 바리새인들의 소극적인 의나 상대적인 선함이 결코 아닙니다(눅 18:5; 마 20:13,14 참고). 나무가 상한 열매를 전혀 맺지 않은 것은 뽐낼 만한 일이 아닙니다. 나무는 반드시 좋은 열매를 맺어야 합니다. 그렇지 않으면 그 나무는 잘려서 불쏘시개로나 써야 할 것입니다. 좋은 열매를 맺지 않는 나무마다 불에 던져 살라질 것입니다.

"아름다운 열매를 맺지 아니하는 나무마다 찍혀 불에 던져지느니라"(마 7:19). 이것은 그리스도께서 하신 말씀입니다.

소극적인 의를 가지고 있으면서 스스로 만족하는 사람들은 마지막 날에 천국의 문이 굳게 닫혀 자신이 들어갈 수 없다는 것을 깨닫게 될 것입니다. 소극적인 의와 거룩이 할 수 있는 모든 일은 고작 사람으로 하여금 지옥에서 그나마 제일 좋은 방, 제일 좋은 침대를 얻도록 돕는 것뿐입니다.

구원에 수반되는 회개는 마음과 삶을 죄로부터 분리시킬 뿐만 아니라 하나님께로 향하도록 만듭니다. 구원에 수반되는 회개는 사람으로 하여금 사망의 길로 가는 것을 멈출 뿐만 아니라 생명의 길로 행하도록 만듭니다.

"참으로 그들은 불의를 행하지 아니하고 주의 도를 행하는도다"(시 119:3).

4. 가장 사랑하던 죄를 공격하는 회개

구원에 수반되는 회개는 그 죄인이 회심하기 이전에 가장 쉽게 빠지고 넘어지곤 했던 한 가지 또는 여러 가지 죄를 가장 효과적으로, 그리고 가장 특별하게 공략합니다. 회개의 손은 죄를 가장 호되게 칩니다. 회개의 손은 그 영혼이 이전에 가장 많이 곁눈질했던 죄를 가장 중요하게 여깁니다.

이스라엘이 범한 죄 중에서 가장 크고 치명적인 것은 우상숭배와 불순종이었습니다. 그런데 하나님께서 이스라엘에게 자비롭게 역사하시자, 그들은 바로 그 치명적인 죄들에 회개의 손을 댑니다. 이사야 27장 9절에서 우리는 이런 사실을 확인해 볼 수 있습니다.

"야곱의 불의가 속함을 얻으며 그의 죄 없이 함을 받을 결과는 이로 말미암나니, 곧 그가 제단의 모든 돌을 부서진 횟돌 같게 하며 아세라와 태양상이 다시 서지 못하게 함에 있는 것이라."

여기서 우리가 볼 수 있는 것처럼, 하나님께서 그 백성에게 나타나 은혜를 베푸시자, 그들은 자신이 빚어 놓은 아세라와 태양상에 회개의 손을 댑니다. "이것들이 반드시 허물어져야 합니다. 이것들은 결코 다시 세워져서는 안 됩니다. 우리는 아세라상과 태양상을 절대 다시 세우지 않을 것입니다. 우리는 그것들을 완전히 버리고 부서뜨리며 분쇄하고 폐쇄할 것입니다"라고 말하면서 회개해야 합니다.

이사야 30장 22절도 동일한 내용을 전합니다.

"또 너희가 너희 조각한 우상에 입힌 은과 부어 만든 우상에 올린 금을 더럽게 하여 불결한 물건을 던짐같이 던지며 이르기를 '나가라' 하리라."

여기에서 회개의 손이 은과 금으로 만든 우상을 내리치는 것을 볼 수 있습니다. 그들이 조각한 우상뿐만 아니라 그 우상과 조금이라도 관련이 있는 모든 것들까지도 회개의 대상입니다. 이제 그들은 자신이 이전에 섬기던 우상들을 향해 혐오감을 표현하고, 거룩한 격분을 표시합니다.

"나가라."

회개의 손이 그들과 그들이 이전에 섬기던 우상을 갈라놓았습니다. 회개의 손이 그들의 영혼과 그들이 애지중지 사랑하던 죄를 갈라놓았습니다. 지금 그들은 이전에 우상들을 사모하고 경배하며 공경했던 것만큼 우상과 형상을 미워하고 멸시하며 혐오하고 증오합니다.

누가복음 7장에 나오는 막달라 마리아도 마찬가지입니다. 그녀는 예수님을 만난 후에 이전의 자기 자신, 곧 죄악된 자기 자신과 완전히 정반대되는 길로 행합니다. 이전에는 여러 가지 일들에서 육체를 만족시켰지만, 이제 똑같은 일에서 육체를 거스릅니다.

사도행전 16장에 나오는 회개한 간수장도 마찬가지입니다. 그는 자신의 손으로 사도들에게 입힌 상처를 씻어 줍니다. 그는 이전의 잔인함과는 정반대로 긍휼을 따라 행합니다. 처음에 사도들을 대하는 그의 태도는 이 세상에서 가장 잔인하고 비인간적이며 난폭하고 포악했습니다. 그러나 나중에 그는 이 세상에서 가장 자상하고 부드럽고 친절하며 예의 바르고 다정다감한 사람이 되었습니다. 누가복음 19장 8절에 기록된 삭개오, 사도행전 9장에 기록된 바울, 역대하 33장 16절에 기록된 므낫세에게서도 동일한 모습을 발견할 수 있습니다.

5. 포괄적인 회개

구원에 수반되는 회개는 그 범위가 매우 넓고 포괄적입니다. 이 회개는 이미 말한 것들 외에도 다음과 같은 구체적인 내용을 담고 있습니다.

1) 구원에 수반되는 회개는 죄를 깨닫고 인식할 때 이루어집니다.

사람들이 자신의 죄를 회개하기 위해서는 먼저 자신의 죄를 깨달아야 합니다. 먼저 자신의 죄를 인식해야 합니다. 에브라임은 먼저 자신의 죄를 깨달았고, 그다음에 회개하고 죄로부터 돌이켰습니다.

"내가 돌이킨 후에 뉘우쳤고 내가 교훈을 받은 후에 내 볼기를 쳤사오니"(렘 31:19).

사람은 자기가 그릇된 길로 가고 있다는 것을 발견해야 그다음에 자기 본래의 길로 돌아오기 마련입니다. 자기가 그릇된 길로 빠져 들었다는 사실을 깨닫기 전에는, 계속 그릇된 길을 걸어갈 것입니다. 그러나 자기가 길을 잃었다는 사실을 깨닫게 되면, 바른 길을 찾기 위해서 노력하기 시작할 것입니다. 이와 마찬가지로 죄인도 자신이 사망의 길로 가고 있다는 사실을 깨닫게 될 때, 비로소 다음과 같이 부르짖게 됩니다.

"내게 무슨 악한 행위가 있나 보시고 나를 영원한 길로 인도하소서"(시 139:24).

2) 구원에 수반되는 회개에는 죄에 대한 깨달음과 인식뿐만 아니라 죄에 대한 고백과 인정도 포함됩니다(시 51편 참고).

"내가 입을 열지 아니할 때에 종일 신음하므로 내 뼈가 쇠하였도다……내가 이르기를 내 허물을 여호와께 자복하리라 하고 주께 내 죄를 아뢰고 내 죄악을 숨기지 아니하였더니 곧 주께서 내 죄악을 사하셨나이다"(시 32:3,5).

죄 사함의 약속은 죄의 고백을 근거로 주어집니다.

"만일 우리가 우리 죄를 자백하면 그는 미쁘시고 의로우사 우리 죄를 사하시며 우리를 모든 불의에서 깨끗하게 하실 것이요"(요일 1:9).

잠언 28장 13절도 동일하게 말합니다.

"자기의 죄를 숨기는 자는 형통하지 못하나 죄를 자복하고 버리는 자는 불쌍히 여김을 받으리라."

만일 우리가 우리의 죄를 진실하게 진정으로, 겸손하게 진심으로 고백한다면, 용서는 반드시 따라오게 되어 있습니다. 사람이 자신의 죄를 고백할 때, 하나님은 용서하십니다(Homo agnoscit, deus ignoscit).

그런데 죄의 고백에는 반드시 죄를 죽이는 것이 뒤따라야 합니다. 그렇지 않으면 우리는 모든 것을 잃어버리고 말 것입니다. 하나님을 잃어버리고 그리스도를 잃어버리며, 천국을 잃어버리고 영원히 영혼을 잃어버릴 것입니다.

참으로 회개하는 사람은 비발두스(Vivaldus)처럼 말할 수 있습니다. "나는 내 죄를 숨기지 않고 드러냅니다. 나는 내 죄를 닦아 내지 않고 그것들 위에 내 눈물을 뿌립니다. 나는 내 죄에 대해서 핑계를 대지 않고 그것들을 고소합니다."

만일 우리가 죄를 좋아하지 않는다면, 죄는 우리를 해치지 못합니다(Peccata enim non nocent, si non placent). 우리의 구원의 시작은 우리 죄를 아는 것입니다.

3) 구원에 수반되는 회개는 죄를 고백할 뿐만 아니라 죄를 뉘우치고 슬퍼하게 합니다(시 51:4; 슥 12:10,11; 스 10:1,2; 고후 7:11 참고).

사랑하는 성부 하나님을 노엽게 만들고, 복된 구세주를 십자가에 못 박았으며, 친절한 위로자이신 성령을 근심시켰다는 것 때문에, 죄를 회개하는 사람은 그 마음을 상하게 만들어 한숨을 쉬며 탄식하고, 흐느껴 울며 신음하게 됩니다.

회개하는 막달라 마리아는 그리스도를 깊이 사랑했을 뿐만 아니라 많은 눈물을 흘렸습니다. 회개하는 다윗의 베개는 보석 대신 눈물로 치장되어 있었습니다. 틀림없는 사실은 감미로운 시인 다윗이 깊은 회개로 자신의 마음이 상해 있을 때 가장 아름다운 곡조로 하나님을 찬양했다는 것입니다. 참으로 회개하는 영혼은 이렇게 말합니다. "만일 내가 이 땅에서 울지 않는다면, 어떻게 하나님이 천국에서 내 눈물을 닦아 주시겠습니까? 만일 내가 눈물로 씨를 뿌리지 않는다면, 어떻게 기쁨으로 단을 거두겠습니까? 나는 눈물과 더불어 태어났고, 눈물과 함께 죽을 것입니다. 그런데 이 눈물의 골짜기를 걷는 동안 어떻게 울지 않을 수 있겠습니까?"

가장 감미로운 기쁨은 가장 쓰라린 눈물을 흘릴 때 얻게 됩니다. 참회의 눈물은 신령한 기쁨의 원인입니다. 하나님 앞에서 울었던 한나는 집으로 돌아가 다시는 얼굴에 근심 빛을 띠지 않았습니다(삼상 1:18 참고). 꿀벌은 가장 쓴 풀에서 가장 달콤한 꿀을 채취합니다. 그리스도는 맹물로 가장 감미로운 포도주를 만드셨습니다. 가장 강력하고 순수하며 진실하고 영원하며 탁월한 기쁨은 회개의 눈물로 만들어집니다. 하나님의 분명한 말씀을 들어 보십시오.

"눈물을 흘리며 씨를 뿌리는 자는 기쁨으로 거두리로다"(시 126:5).

그러나 죄로 인해 애통하는 사람들이 자신의 눈물에 빠져 죽지 않도록 저는 다음과 같이 경고합니다. 영원한 지옥의 저주를 받은 사람들이 흘리는 눈물에는 아무런 구제책이 없지만, 그 밖의 모든 것에는 반드시 구제책이 있습니다. 그러므로 천국에 이르는 길을 지속적으로 걷고자 하는 사람이라면 자신을 작은 지옥의 상태로 방치해서는 안 됩니다. 천국을 기대할 수 있는 사람이라면 그 어떤 이유로든 쫓겨나거나 전복되지 않을 것입니다.

4) 구원에 수반되는 회개에는 죄에 대한 슬픔뿐만 아니라, 죄에 대한 경건한 부끄러움과 수치심도 포함됩니다(스 9:6; 렘 3:24,25, 31:19 참고).

에스겔서 16장 61,63절에는 이렇게 기록되어 있습니다.

"네가 네 형과 아우를 접대할 때에 네 행위를 기억하고 부끄러워할 것이라 ……이는 내가 네 모든 행한 일을 용서한 후에 네가 기억하고 놀라고 부끄러워서 다시는 입을 열지 못하게 하려 함이니라. 주 여호와의 말씀이니라."

회개하는 영혼은 자신의 죄가 용서되었음을 볼 때, 하나님의 진노가 가라앉았음을 볼 때, 신적인 공의가 만족되었음을 볼 때 부끄러움으로 주저앉습니다. 로마서 6장 21절을 보십시오.

"너희가 그때에 무슨 열매를 얻었느냐? 이제는 너희가 그 일을 부끄러워하나니, 이는 그 마지막이 사망임이라."

죄와 부끄러움은 떼려야 뗄 수 없는 친구 사이입니다. 죄의 감미로움을 누리는 일이 있으면, 죄에 수반되는 참된 부끄러움을 느끼는 일도 반드시 있습니다. 하나님은 이 두 가지를 함께 묶어 놓으셨습니다. 그러므로 온 세상이라도 그들을 갈라놓을 수 없습니다.

회개하지 않던 칼리굴라(Caligula)는 자신에 대해서 "부끄러워할 줄 모른다는 것이 내가 가장 사랑하는 나의 장점이다"라고 말했습니다. 그러나 그 자체로 부끄러운 일, 양심을 거슬러 행한 일이 있다면 그로 인해 마땅히 매우 가슴 아파해야 합니다. 죄악된 것들은 의심할 여지 없이 오직 부끄러울 따름입니다. 죄악을 저질러 부끄럽게 된 영혼은 지옥에 들어가기에 가장 적합한 영혼이며, 사탄의 손안에 던져진 영혼입니다. 그런데 그런 죄를 범하고도 부끄러워하지 않는 것, 그것이 바로 이 세상에서 사람에게 임할 수 있는 재앙 중 가장 큰 재앙입니다.

5) 구원에 수반되는 회개는 죄로 인해 부끄러워하고 얼굴을 붉힐 뿐만 아니라 죄를 혐오하고 증오하며 죄 때문에 자신을 혐오하고 증오합니다(욥 42:6; 겔 16:61-63; 암 5:15 참고).

"거기에서 너희의 길과 스스로 더럽힌 모든 행위를 기억하고 이미 행한 모든 악으로 말미암아 스스로 미워하리라"(겔 20:43).

진실로 회개한 사람은 자신의 죄를 혐오하고, 자기 죄로 인해 자신을 혐오합니다. 그는 다음과 같이 부르짖습니다.

"아, 이 음란한 눈이여! 아, 이 사악한 손이여! 아, 이 간사한 혀여! 아, 이

비뚤어진 의지여! 아, 이 더러운 마음이여! 이 죄악된 자아 때문에 나는 내 죄와 나 자신을 얼마나 혐오하는지요! 나는 죄악된 자아를 얼마나 혐오하는지요! 나는 거듭나지 않은 자아를 얼마나 혐오하는지요! 내 모든 죄는 내게 무거운 짐이요, 내 모든 죄 때문에 나도 나에게 무거운 짐입니다. 내 모든 죄는 내게 혐오스러운 것이요, 내 모든 죄 때문에 재와 먼지를 뒤집어쓰고 나 자신을 혐오하지 않을 수 없습니다."

진실로 회개하는 사람은 자기 자신을 낮게 평가할 뿐만 아니라 자신을 혐오합니다. 진실로 회개하는 사람은 이 세상 사람들이 자신에 대해서 생각하고 말하는 것 중에서, 또 그렇게 하려고 마음먹고 있는 것 중에서, 가장 나쁘게 생각하고 말합니다.

"너희 중에서 살아남은 자가 사로잡혀 이방인들 중에 있어서 나를 기억하되 그들이 음란한 마음으로 나를 떠나고 음란한 눈으로 우상을 섬겨 나를 근심하게 한 것을 기억하고 스스로 한탄하리니 이는 그 모든 가증한 일로 악을 행하였음이라"(겔 6:9).

만일 당신의 회개가 당신으로 하여금 죄를 버리도록 역사하지 않는다면, 그리고 당신의 죄가 당신으로 하여금 자신을 미워하도록 역사하지 않는다면, 당신의 회개는 구원에 수반되는 회개가 아닙니다.

이렇게 하여 지금까지 구원에 수반되는 회개가 포함하고 있는 여러 가지 구체적인 의미들을 살펴보았습니다.

6. 구원에 수반되는 회개에 동행하는 적절한 수행원

구원에 수반되는 회개에는 다음과 같은 탁월한 동료들이 함께합니다.

첫째, 구원에 수반되는 회개에는 믿음이 항상 따라다닙니다.

"그들이 그 찌른 바 그를 바라보고 그를 위하여 애통하기를"(슥 12:10).

애통함과 믿음은 바늘과 실처럼 붙어 다닙니다. 마태복음 4장 17절을 보십시오.

"이때부터 예수께서 비로소 전파하여 이르시되 회개하라, 천국이 가까이 왔느니라 하시더라."

또 마가복음 1장 14,15절을 보십시오.

"요한이 잡힌 후 예수께서 갈릴리에 오셔서 하나님의 복음을 전파하여 이르시되 때가 찼고 하나님의 나라가 가까이 왔으니 회개하고 복음을 믿으라 하시더라."

둘째, 구원에 수반되는 회개에는 그리스도를 향한 사랑이 늘 따라다닙니다. 누가복음 7장에 나오는 막달라 마리아에게서 이 점을 볼 수 있습니다.

셋째, 하나님께 범죄할까 봐 자녀로서 두려워하는 것과 하나님을 영화롭게 하고자 하는 거룩한 관심도 구원에 수반되는 회개와 늘 함께 다닙니다. 사도 바울은 이렇게 말합니다.

"하나님의 뜻대로 하는 근심은 후회할 것이 없는 구원에 이르게 하는 회개를 이루는 것이요 세상 근심은 사망을 이루는 것이니라. 보라, 하나님의 뜻대로 하게 된 이 근심이 너희로 얼마나 간절하게 하며 얼마나 변증하게 하며 얼마나 분하게 하며 얼마나 두렵게 하며 얼마나 사모하게 하며 얼마나 열심 있게 하며 얼마나 벌하게 하였는가? 너희가 그 일에 대하여 일체 너희 자신의 깨끗함을 나타내었느니라"(고후 7:10,11).

진실로 생명에 이르는 회개는 이와 같이 생생한 동료들을 늘 함께 데리고 다닙니다. 이 모든 것들은 함께 태어났고, 또 함께 죽을 것입니다. 회개하는 영혼이 이 땅을 내놓고 천국을 차지할 때까지, 은혜를 내놓고 영광을 얻을 때까지 말입니다.

7. 지속적인 회개

마지막으로, 구원에 수반되는 회개는 지속적인 행위요 결코 후회할 것이 없는 회개입니다(고후 7:10 참고). 회개는 경건한 슬픔이라는 물이 쉼 없이 솟아나는 마르지 않는 샘입니다. 올바로 회개한 사람은 언제나 하나님께로 더 가까이 나아가고 있습니다. 올바로 회개한 사람은 언제나 죄로부터 더 멀리 떨어져 나오고 있습니다. 그러면서도 참으로 회개한 사람은 하나님께로 더 가까이 나아갈 수 없고 죄로부터 더 멀리 떨어져 나올 수 없다는 이유로 탄식하고 애통해합니다(롬 7장 참고).

회개는 한 시간, 하루, 일 년 안에 다 끝나는 일이 아니라 평생을 두고 해야 하는 일입니다. 진실로 회개하는 사람은 날마다 성실하게 믿는 것과 같이 날마다 성실하게 회개합니다. 진실로 회개하는 사람은 회개의 한 가지 행동으로 만족할 수 있는 것과 같이 믿음이나 사랑이나 기쁨의 한 가지 행동으로도 쉽게 만족할 수 있습니다. 다윗은 시편 51편 3절에서 "무릇 나는 내 죄과를 아오니 내 죄가 항상 내 앞에 있나이다"라고 말합니다. 참회자는 다음과 같이 말합니다. "죄를 범하지 않도록 보호를 받는 것 다음으로 내가 이 세상에서 가장 위대한 은혜라고 여기는 것은, 죄에 대해서 지속적으로 애통할 수 있는 것입니다."

회개하는 영혼은 목숨이 끊어질 때까지 자신의 회개를 결코 멈추지 않습니다. 그는 죽을 때에도 눈에 회개의 기쁜 눈물을 머금고 천국에 갑니다. 그는 자신의 전 생애가 단 하루, 즉 마지막 날에 영원한 기쁨을 수확하기 위하여 눈물을 뿌리는 단 하루에 불과하다는 사실을 압니다.

구원에 수반되는 회개는 죄를 궁극적으로 버리는 것입니다. 그것은 죄에게 영원히 작별을 고하는 것입니다. 그것은 죄와 영원히 이별을 하는 것입니다. 그것은 더 이상 어리석음으로 돌이키지 않는 것입니다. 호세아 14장 8절에서 회개하고 돌아온 에브라임은 "내가 다시 우상과 무슨 상관이 있으리요?"라고 말합니다. 에브라임의 말은 이런 의미를 담고 있습니다.

"나는 죄의 쓰디쓴 맛을 경험해 보았다. 반대로 나는 죄를 용서해 주시는 하나님의 은혜의 감미로움도 경험해 보았다. 그러므로 죄여, 나를 떠나라. 나는 너와 더 이상 아무런 관계도 맺지 않을 것이다. 너는 그리스도에게서 그분의 직무를 빼앗아 갔고 나에게서는 내 위로와 면류관을 빼앗아 갔다. 죄여! 나를 떠나라. 죄여! 나를 떠나라. 나는 더 이상 네 기분을 맞추지 않을 것이며, 네 얼굴을 보지 않을 것이다."

마치 잠자리에 들기 전에 하루 종일 입었던 옷을 벗어 던지는 것처럼, 역경을 당할 때만 자신의 죄를 벗어 던졌다가 상황이 좋아지고 성공의 아침이 오면 다시 그 죄를 주워 들려는 사람은 아직까지 진실하게 회개한 사람이 아닙니다. 그런 사람은 토했던 것을 다시 핥아 먹는 개와 같고 더러운 구덩이로 다시 돌아가 뒹구는 돼지와 같습니다(벧후 2:22 참고). 가룟 유다와 데마가 바로 이런 사람이었습니다.

어떤 사람들은 엄숙한 의무를 이행하기 이전에 자신의 죄를 그만두지만, 다시 그것들에게로 돌아갈 마음을 품고 있습니다. 마치 우화에 나오는 뱀이 물을 마시러 갈 때는 자신의 독을 버렸다가 물을 다 마신 후에는 다시 그 독으로 돌아가는 것처럼 말입니다. 그런 행동은 지극히 무익한 행동입니다.

아브라함이 그 하인들에게 "너희는 나귀와 함께 여기서 기다리라. 내가 아이와 함께 저기 가서 예배하고 우리가 너희에게로 돌아오리라"(창 22:5)라고 말한 것처럼, 사람들이 자신의 정욕에게 그렇게 말한다면, 그것은 참으로 슬픈 일이 아닐 수 없습니다. 진실로 그렇게 말하는 사람들은 구원에 수반되는 회개와 전혀 관계가 없는 사람들입니다. 왜냐하면 구원에 수반되는 회개란 죄와 영혼을 궁극적으로, 그리고 영원히 갈라놓기 때문입니다.

구원에 수반되는 회개는 죄와 영혼을 완전하게 갈라놓고 서로 멀리 떨어뜨려 놓기 때문에, 죄와 영혼은 온 세상이 다 들고 일어난다 하더라도 한 쌍의 연인이 헤어졌다가 다시 만나는 것처럼 다시 만날 수 없습니다. 회개하는 영혼은 죄를 친구가 아니라 원수로 여기고, 또 그렇게 대우합니다. 회개하는 영혼은 다윗의 아들 암논이 다말을 대하듯이 죄를 대합니다.

"그리하고 암논이 그를 심히 미워하니 이제 미워하는 미움이 전에 사랑하던 사랑보다 더한지라. 암논이 그에게 이르되 일어나 가라"(삼하 13:15).

회개하는 영혼은 죄에 대하여 바로 이와 같은 태도를 취합니다.

이렇게 하여 지금까지 구원에 수반되는 회개에 대해 생각해 보았습니다.

4장
구원에 수반되는 순종

이제 여러분에게 말하려는 네 번째 항목은 구원에 수반되는 순종이란 무엇인가 하는 것입니다. 구원에는 반드시 순종이 수반된다는 사실은 앞에서 이미 말했습니다. 여기에서는 구원에 수반되거나 구원을 함축하는 순종이 무엇인지에 대해 세부 항목을 따라 말하고자 합니다.

1. 마음에서 우러나오는 순종

구원에 수반되는 순종은 충심으로부터 우러나는, 마음에서 우러나는 순종입니다. 마음, 곧 속사람은 실제로 하나님의 말씀과 뜻에 반응하고 응답합니다. 성도는 마음으로 하는 순종이 아니라면 그리스도께 열납되지 않는다는 사실을 알고 있습니다. 성도는 마음에서 우러나오는 것 외에는 그리스도의 마음을 흡족하게 할 수 있는 것이 없다는 사실을 알고 있습니다. 성도는 이렇게 말합니다. "그리스도께서 나를 대신하여 순종하실 때 마음으로부터 순종하셨다. 그런데 내가 그리스도를 마음으로부터 순종하지 않을 수 있겠는가?"

그리스도께서는 마음으로부터 흘러나오는 순종이 아니면 그 어떤 것도 사랑하지 않고, 그 어떤 것도 열납하지 않으실 것입니다.

"너희가 본래 죄의 종이더니 너희에게 전하여 준 바 교훈의 본을 마음으로 순종하여"(롬 6:17).

"그런즉 내 자신이 마음으로는 하나님의 법을, 육신으로는 죄의 법을 섬기노라"(롬 7:25).

사도 바울의 말인즉, 자신의 순종은 마음에서 우러나오는 순종이라는 것입니다. 로마서 1장 9절에서도 사도 바울은 그와 같이 말합니다.

"내가 그의 아들의 복음 안에서 내 심령으로 섬기는 하나님이 나의 증인이 되시거니와."

많은 사람들이 자신의 몸으로 하나님을 섬깁니다. 그러나 사도 바울은 자신의 심령으로 하나님을 섬긴다고 말합니다. 많은 사람들이 겉사람으로 하나님을 섬깁니다. 그러나 사도 바울은 자신의 속사람으로 하나님을 섬긴다고 말합니다.

하나님께서는 성도들의 마음에 자신의 율법을 새겨 주셨습니다. 그러므로 그들은 마음으로부터 하나님의 율법을 순종할 수밖에 없습니다. 시편 기자는 "나의 하나님이여, 내가 주의 뜻 행하기를 즐기오니"라고 말합니다. 그가 어떻게 그렇게 말할 수 있었습니까?

"주의 법이 나의 심중에 있나이다"(시 40:8).

내면에 있는 마음은 외부에 있는 계명에 응답하고 반응합니다. 기록된 책이 그 책을 기록한 사람의 마음을 반영하는 것처럼 말입니다. 얼굴과 얼굴이 서로 닮은 것처럼 말입니다. 밀랍에 찍힌 형상이 인장에 새겨진 기호를 그대로 반영하는 것처럼 말입니다.

    서기관들과 바리새인들은 외적으로 율법을 순종하는 일에 열심을 냈습니다. 그러나 그들의 순종에는 마음이 담겨 있지 않았습니다. 그렇기 때문에 그들의 모든 행위는 그리스도의 눈에 아무런 가치도 없었습니다. 왜냐하면 그리스도는 마음에서 우러나고 사랑에서 비롯되는 외적인 행실만을 흡족히 여기시기 때문입니다. 그들의 섬김에는 그들의 영혼이 담겨 있지 않았습니다. 그렇기 때문에 그들의 모든 섬김은 헛된 것이었습니다. 겉으로 드러난 그들의 신앙고백은 휘황찬란했습니다. 그러나 그들의 마음은 더러운 무덤과 같았습니다. 그들의 겉모양은 태양처럼 빛났지만, 그들의 내면은 지옥만큼이나 깜깜했습니다(마 23장 참고). 그들은 마치 애굽의 신전과 같았습니다. 겉모양은 화려하지만 속은 추악했습니다.

    이것을 꼭 기억하십시오. 마음의 성실함으로 봉인되지 않은 그 어떤 행동이나 그 어떤 섬김도 하늘에서는 전혀 인정을 받지 못합니다. 우리가 알맹이는 마귀에게 주고 껍데기만 하나님께 드린다면, 하나님은 결코 만족하지 않으실 것입니다.

2. 하나님의 모든 뜻을 이행하는 순종

    구원에 수반되는 순종은 마음에서 우러나는 순종일 뿐만 아니라 전체적인 순종입니다. 영혼은 자신이 알고 있는 하나님의 모든 뜻에 순종합니다. 편견이나 편애가 없이, 어느 한쪽으로 치우치지 않고 모든 뜻에 순종합니다. 신실하게 순종하는 영혼은 위선자들이 하는 것처럼 순종해야 할 명령과 거부해야 할 명령을 자기 마음대로 고르거나 선택하려고 하지 않습니다.

    신실하게 순종하는 영혼은 십계명의 두 번째 돌판뿐만 아니라 첫 번째 돌판도, 첫 번째 돌판뿐만 아니라 두 번째 돌판도 함께 보려는 눈과 함께 들으려는 귀와 함께 순종하려는 마음을 가지고 있습니다. 위선자들은 첫 번째 돌판에는 집착하면서도 두 번째 돌판에는 관심을 두지 않습니다. 그러나 신실하게 순종하는 사람은 그렇게 하지 않습니다. 신성모독자들은 두 번째 돌판에는 집착하면서도 첫 번째 돌판은 경멸합니다. 그러나 신실하게 순종하는 사람은 그렇게 하지 않습니다.

신실하게 순종하는 사람은 자신의 의무를 깨닫고 순종합니다. 신실하게 순종하는 사람은 양심을 따라 순종합니다.

"내가 주의 모든 계명에 주의할 때에는 부끄럽지 아니하리이다"(시 119:6).

잘 보십시오. 믿음은 결코 자신의 마음에 드는 대로 대상을 선택하지 않습니다. 믿음은 하나님께서 순종하라고 제시하시는 모든 대상을 굳게 붙잡습니다. 믿음은 자기 마음대로 이 진리는 택하고 저 진리는 거부하는 식으로 작용하지 않습니다. 이 진리에는 순종하고 저 진리에는 불순종하는 식으로 작용하지 않습니다. 믿음은 다음과 같이 말하지 않습니다. "나는 이런 경우에는 하나님을 신뢰하겠지만, 다른 경우에는 신뢰하지 않겠다. 나는 하나님께서 이런 자비는 주실 것이라고 신뢰하겠지만, 저런 자비를 주실 것이라고는 신뢰하지 않겠다. 나는 이런 방식으로는 하나님을 신뢰하겠지만, 다른 방식으로는 신뢰하지 않겠다."

믿음은 약속을 주신 하나님이 능력 있고 신실하신 분임을 알고 있습니다. 그러므로 믿음은 한 가지 약속뿐 아니라 다른 약속에 대해서도 응답합니다. 이와 마찬가지로 진실로 순종하는 영혼은 하나님의 계명을 자기 마음대로 취사선택하지 않습니다. 이 계명은 지키고 저 계명은 지키지 않겠다는 식으로 하지 않습니다. 진실로 순종하는 영혼이라면, "나는 이 명령에 대해서는 하나님을 순종하겠지만, 저 명령에 대해서는 순종하지 않겠다"라고 감히 말하지 못하며, 또 그렇게 말할 수도 없습니다. 절대 그렇게 할 수 없습니다.

복음적인 의미로 볼 때 그 영혼은 하나님의 모든 계명에 순종합니다.

"유대 왕 헤롯 때에 아비야 반열에 제사장 한 사람이 있었으니 이름은 사가랴요 그의 아내는 아론의 자손이니 이름은 엘리사벳이라. 이 두 사람이 하나님 앞에 의인이니 주의 모든 계명과 규례대로 흠이 없이 행하더라"(눅 1:5,6).

사가랴와 엘리사벳은 하나님의 모든 계명에 순종했을 뿐만 아니라 모든 규례대로 행했습니다. 그들은 모든 규례대로 행했을 뿐만 아니라 모든 계명에 순종했습니다. 그들은 선한 영혼들이었으며, 계명과 규례 모두에 대해서 선한 영혼들이었습니다.

신실하게 순종하는 영혼은, 그리스도의 어머니 마리아가 가나의 혼인 잔치에서 그 집 하인들에게 "너희에게 무슨 말씀을 하시든지 그대로 하라"(요 2:5)라고 했던 명령을 동일하게 자신의 전 인격에게 내립니다. "눈이여, 귀여, 손이여, 마음이여, 입술이여, 다리여, 몸이여, 영혼이여, 예수 그리스도께서 너희들에게 말씀하시는 모든 것을 전심으로, 그리고 애정을 다하여 깨닫고 준행하라."

다윗이 또한 그렇게 했습니다.

"나로 하여금 깨닫게 하여 주소서. 내가 주의 법을 준행하며 전심으로 지키리이다……교만한 자들이 거짓을 지어 나를 치려 하였사오나 나는 전심으로 주의 법도들을 지키리이다"(시 119:34,69).

전심이라는 말은 영혼의 모든 기능과 몸의 모든 지체들을 포함합니다. 결국 다윗은 이렇게 말하고 있는 셈입니다. "나는 손과 마음, 몸과 영혼, 내 안에 있는 모든 것과 내 밖에 있는 모든 것을 다 바쳐 주의 법도를 지키고 준행하겠습니다."

이렇게 하는 영혼이 순종의 길을 바르게 걷고 있는 영혼입니다. 이런 영혼은 순종하는 데 머뭇거리거나 대충대충 하지 않습니다. 이런 영혼은 주님께서 진정으로, 그리고 전적으로 이루어지는 섬김을 사랑하신다는 것을 알고 있습니다. 그러므로 이런 영혼은 전심으로, 그리고 신실한 심령으로 순종합니다.

이교도인 에픽테투스(Epictetus, 60?-130)가 남긴 범상치 않은 말을 읽은 적이 있습니다. 그는 다음과 같이 말했습니다. "오, 주여! 만일 그것이 당신의 뜻이라면, 당신이 원하시는 대로 내게 명하시고, 당신이 원하시는 곳으로 나를 보내소서. 당신이 좋게 보시는 것이라면 나는 그 어떤 것이라도 망설이지 않고 받아들이겠습니다."

마지막 날에 이 이교도가 자리를 박차고 일어나 그리스도께 부분적으로 순종하고 어떤 계명에는 순종하면서도 다른 계명들을 습관적으로 위반하며 살아가는 사울 왕과 같은 사람들, 예후와 가룟 유다와 같은 사람들, 데마와 같은 사람들, 서기관과 바리새인과 같은 사람들, 기회주의자들을 정죄할 것입니다!

이것을 꼭 기억하십시오. 한 가지 계명을 습관적으로 위반하면서 살아가는 사람은 마지막 날에 모든 계명을 위반한 죄인으로 하나님께 책망을 받을 것입니다(약 2:10 참고). 하나님은 공의로운 방식으로 그를 고소하실 것입니다(겔 18:10-13 참고). 한 가지 일에서뿐만 아니라 다른 일에서도 여호와 하나님을 전적으로 따랐다는 것이 여호수아와 갈렙의 영광이었습니다(민 14:24 참고).

고넬료의 경우도 마찬가지입니다.

"내가 곧 당신에게 사람을 보내었는데 오셨으니 잘하였나이다. 이제 우리는 주께서 당신에게 명하신 모든 것을 듣고자 하여 다 하나님 앞에 있나이다"(행 10:33).

고넬료는 자기가 듣고 싶은 것을 취사선택하지 않았습니다. 사도행전 13

장 22절에도 이와 같은 맥락의 말씀이 나옵니다.

"내가 이새의 아들 다윗을 만나니 내 마음에 맞는 사람이라. 내 뜻을 다 이루리라."

헬라어를 보면 '내 뜻'이라고 번역된 부분이 '내 모든 뜻'이라고 되어 있습니다. 이것은 다윗의 순종이 전체적인 순종이요 진실한 순종이었다는 것을 상징하는 표현입니다. 신실한 마음은 하나님의 모든 계명을 사랑하고 하나님의 모든 계명을 소중히 여기며, 하나님의 모든 계명에 하나님의 형상이 인쳐져 있음을 봅니다. 그러므로 신실한 마음을 가진 영혼의 전체적인 경향과 성향은 모든 계명을 순종하고 모든 계명에 굴복하는 것입니다. 하나님은 전체적인 순종을 요구하십니다(수 1:8; 신 5:29; 겔 18:5-9 참고). 상급에 대한 약속은 전체적인 순종에 대해서 주어집니다(시 19:11 참고).

전체적인 순종은 모든 사람들이 죽음의 순간과 심판대 앞에서 가지고 있기를 소원하거나 기뻐할 보석입니다. 이 사실들을 기억합시다. 이와 비슷한 성질의 다른 것들을 기억하는 일은 모든 정직한 영혼들을 자극하여 하나님께 순종하되 치우침 없이 전체적으로 순종하게 합니다.

3. 거룩하고 천상적인 신령한 동기에서 비롯되는 순종

구원에 수반되는 순종은 내적인 신령한 이유와 거룩하고도 천상적인 동기에서 비롯됩니다. 구원에 수반되는 순종은 믿음에서 비롯됩니다. 그래서 성경은 구원에 수반되는 순종을 표현할 때 "믿어 순종하게 하시려고"(롬 16:26)라고 말합니다. 디모데전서 1장 5절도 마찬가지입니다.

"이 교훈의 목적은 청결한 마음과 선한 양심과 거짓이 없는 믿음에서 나오는 사랑이거늘."

믿음은 생기 있고 활기차게, 풍성하고 지속적으로 하나님을 따르며 섬기도록 만드는 하나님의 덕과 능력을 영혼 안으로 끌어들입니다.

믿음과 마찬가지로 사랑도 영혼으로 하여금 하나님께 적극적으로 순종하게 만듭니다.

"사람이 나를 사랑하면 내 말을 지키리니"(요 14:23).

시편 119편 48절도 같은 내용의 말씀입니다.

"또 내가 사랑하는 주의 계명들을 향하여 내 손을 들고 주의 율례들을 작은 소리로 읊조리리이다."

성경은 하나님의 계명을 지키는 것이 그분을 사랑하는 것이라고 말합니다. 왜냐하면 사랑은 영혼으로 하여금 하나님의 모든 계명을 준행하도록 만들기 때문입니다. 하나님을 사랑하는 마음이 있으면 모든 무거운 짐도 가벼운 것이 되고, 모든 멍에가 쉬운 것이 되며, 모든 계명이 즐거운 것이 됩니다. 하나님을 사랑하는 마음이 있으면 아무리 어려운 일이라도 어렵게 여기지 않고 더욱 쉽게 순종할 수 있으며, 하나님의 모든 계명의 길로 순종하고 행하며 달려 나가지 않고서는 견딜 수 없는 마음을 가지게 됩니다.

또한 올바른 순종은 믿음과 사랑에서 비롯될 뿐만 아니라 자녀로서 하나님을 경외하는 마음으로부터 비롯됩니다.

"고관들이 거짓으로 나를 핍박하오나 나의 마음은 주의 말씀만 경외하나이다"(시 119:161).

"믿음으로 노아는 아직 보이지 않는 일에 경고하심을 받아 경외함으로 방주를 준비하여"(히 11:7).

그러나 위선자들과 기회주의자들은 이와 같이 보배롭고 영광스러운 원리로 인해 순종으로 나아가지 않습니다. 그래서 하나님은 그들의 모든 순종을 면전에서 내던져 버리십니다(사 1:11,12 참고).

구원에 수반되는 순종은 내적이고 신령한 원리로부터 비롯될 뿐만 아니라 거룩하고도 천상적인 동기들로부터도 비롯됩니다. 가령 하나님의 사랑을 맛보았거나 하나님과의 교제가 얼마나 감미롭고 탁월한지를 체험했거나 그리스도께 순종하면서 그리스도의 아름다움과 영광을 탁월하고 귀하게 경험한 것과 같은 동기들 말입니다(사 64:5 참고).

영혼이 하나님의 친절한 얼굴과 천상적인 말씀과 영광스러운 입맞춤과 거룩한 포옹을 경험하면, 하나님의 말씀과 뜻에 거침없이 전적으로 순종하려고 합니다. 반면 위선자들과 육신적인 신앙고백자들이 순종하는 모든 동기들은 다만 외적이고도 육신적일 뿐입니다. 가령 다른 사람들의 눈과 귀를 의식한다거나 사람들로부터 칭찬과 보상을 받는다거나 배를 만족시키고 싶다거나 단골 손님을 확보하고 싶다거나 야망을 채우고 싶다거나 하는 동기들 뿐입니다(호 7:14 참고).

위선자들과 육신적인 신자들은 때로는 피조물에 대한 두려움 때문에, 때로는 피조물의 결핍 때문에, 때로는 피조물이 보여 주는 모본 때문에, 때로는 피조물에게 한 맹세 때문에 감동을 받아 순종합니다. 또 때로는 하나님이 얼굴을 찡그리고 불쾌히 여기며 징계하시기 때문에 자극을 받아 순종합니다(호 5:15; 시 78:34 참고). 때로는 양심을 잠재우고 침묵시키기 위해서, 양심의 입을 막기 위해서, 마음을 채찍질하고 괴롭히며 상처 입히고 저주하며 두렵게 하고 가책을 느끼게 하는 양심의 능력을 제거하기 위해서 부분적으로 순종하기도 합니다. 이처럼 위선자들과 육신적인 신앙고백자들의 순종은 언제나 여러 가지 저급하고 비천하며 육신적이고 부패한 이유에서 비롯됩니다.

반면 구원에 수반되는 순종은 지금까지 말한 것처럼, 언제나 내적이고 신령하며 거룩하고 천상적인 동기들로부터 비롯됩니다.

4. 신속하고 기꺼우며 자발적이고 즐거운 순종

구원에 수반되는 순종은 신속하고 기꺼우며 자발적이고 즐거운 순종입니다.

1) 구원에 수반되는 순종은 신속한 순종입니다.
"너희는 내 얼굴을 찾으라 하실 때에 내가 마음으로 주께 말하되 여호와여, 내가 주의 얼굴을 찾으리이다 하였나이다"(시 27:8).
"주의 계명들을 지키기에 신속히 하고 지체하지 아니하였나이다"(시 119:60).
"그의 화살을 날려 그들을 흩으심이여 많은 번개로 그들을 깨뜨리셨도다"(시 18:4).

왜 그렇게 해야 하는지 이유도 모르는 채, 상사의 명령이라는 한 가지 이유로, 마른 나무 막대기에 물을 주기 위해 일 년 내내 매일 거의 십 리나 되는 거리를 걸어서 물을 길으러 간 사람에 대한 글을 읽은 적이 있습니다. 그렇다면 하나님의 은혜를 받은 백성은 얼마나 신속하게 하나님의 모든 계명에 순종해야 하겠습니까! 더구나 하나님의 모든 계명은 가장 고상하고 강력하며 탁월한 논거로 뒷받침되고 있지 않습니까!

2) 구원에 수반되는 순종은 기꺼우며 자발적인 순종입니다.
"바울이 대답하되 여러분이 어찌하여 울어 내 마음을 상하게 하느냐? 나는 주 예수의 이름을 위하여 결박당할 뿐 아니라 예루살렘에서 죽을 것도 각오하였노라 하니"(행 21:13).

하나님의 사랑과 영광에서 흘러나오는 광채는 은혜로운 영혼들로 하여금 즐거이 헌신하게 합니다(시 110:3 참고). 그들 속에 있는 신적인 원리들이 그들로 하여금 즐거이 헌신하게 합니다.

고린도후서 8장 3절도 동일한 의미의 말씀입니다.

"내가 증언하노니 그들이 힘대로 할 뿐 아니라 힘에 지나도록 자원하여."

마게도냐 교인들은 기꺼운 마음으로 순종했습니다. 헬라어 표현을 살려 말하자면, 그들은 자신의 힘이 닿는 대로 자원했을 뿐만 아니라 힘에 지나도록 자원했습니다.

자신의 백성을 향한, 자신의 백성을 위한, 자신의 백성 가운데 이루어지는 그리스도의 모든 움직임과 행동은 값없이 기꺼이 이루어집니다. 그리스도는 기꺼이 그들을 사랑하십니다. 그리스도는 기꺼이 그들을 용서하십니다. 그리스도는 그들을 위해 기꺼이 중보하십니다. 그리스도는 그들을 향해 기꺼이 행동하십니다. 그리고 그리스도는 그들을 기꺼이 구원하십니다. 그러므로 그분의 백성도 그리스도를 향하여 기꺼이 움직이고 행동합니다. 그들은 기꺼이, 그리고 자원하여 그리스도의 말씀을 듣고 기도하며 기다리고 울며 일하고 기대합니다. 그들 안에 거하시는 은혜와 거룩의 성령께서는 그들이 자발적으로 모든 경건한 의무를 이행하고 섬기도록 이끄십니다(딤전 6:18; 살전 2:8; 대상 29:6-18 참고).

소크라테스에 관해서 전해 오는 바에 따르면, 어떤 폭군이 그를 죽이겠다고 위협했을 때 소크라테스는 다음과 같이 대답했다고 합니다. "나는 기꺼이 죽겠습니다." 그러자 폭군은 자신의 말을 바꿨습니다. "그렇다면, 네가 원하는 것과는 정반대로 나는 너를 살려 주겠다." 소크라테스는 다시 이렇게 대답했습니다. "글쎄요, 당신이 나에게 어떻게 하든지, 나는 그것을 내 뜻으로 여기고 기꺼이 받아들이겠습니다." 소크라테스는 약간 고양되고 세련된 본성에 따라 그렇게 말할 수 있었습니다. 그렇다면 은혜를 받은 사람, 그리스도와 연합되고 교제하는 사람도 이와 같이, 아니 이보다 훨씬 더 훌륭하게 할 수 있어야 하지 않겠습니까!

3) 구원에 수반되는 순종은 즐겁고도 유쾌한 순종입니다.

아버지 되시는 하나님의 뜻에 언제나 순종하고 아버지 되시는 하나님의 일을 언제나 수행하는 것이 성도의 양식입니다. 그것은 성도에게 기쁨이요 면류관입니다. 그것은 성도의 영혼에게 기쁨이요 낙원입니다.

"나의 하나님이여, 내가 주의 뜻 행하기를 즐기오니 주의 법이 나의 심중에 있나이다"(시 40:8).

태양이 자신의 길을 즐겁게 가는 것처럼, 성도들도 순종의 길을 즐겁게 달려갑니다.

하나님의 일을 하는 것이 바로 보수입니다. 좀 더 정확히 말하자면, 그것은 보수보다 더 낫습니다. 그러므로 그들은 하나님께 순종하는 가운데 기뻐하지 않을 수 없습니다. 하나님의 계명을 순종하는 것에 대해서뿐만 아니라 하나님의 계명을 순종하는 과정에도 보상을 누립니다.

"할렐루야, 여호와를 경외하며 그의 계명을 크게 즐거워하는 자는 복이 있도다"(시 112:1).

하나님의 계명을 매우 즐겁게 연구하고 순종하는 사람이 복이 있습니다.

"주의 율례들을 즐거워하며 주의 말씀을 잊지 아니하리이다……나로 하여금 주의 계명들의 길로 행하게 하소서. 내가 이를 즐거워함이니이다……내가 사랑하는 주의 계명들을 스스로 즐거워하며……환난과 우환이 내게 미쳤으나 주의 계명은 나의 즐거움이니이다"(시 119:16, 35, 47, 143).

그리스도를 사랑하는 사람에게는 하나님의 모든 계명이 무거운 것이 아닙니다. 왜냐하면 사랑에 빠진 사람은 아무리 어려운 일도 어렵지 않게 여기기 때문입니다. 그리스도를 사랑하고 그리스도에 대한 지식이 성장하며 그리스도와 포옹하면, 은혜로운 영혼은 그로 말미암아 말과 행실로, 입술과 삶으로, 머리와 마음으로, 책과 가슴으로 그리스도의 모든 계명을 준행하되 근면하고 부지런할 수밖에 없습니다.

이렇게 하여 구원에 수반되는 순종이 신속하고 기꺼우며 즐거운 순종이라는 사실에 대해서 말했습니다.

5. 단호한 순종

구원에 수반되는 순종은 단호한 순종입니다. 여호수아는 백성들 앞에서 아주 단호하게 말했습니다.

"오직 나와 내 집은 여호와를 섬기겠노라"(수 24:15).

여호수아는 하나님을 섬기는 일에 대해서 완전히 단호한 태도를 취합니다. 결과가 어떻든지 여호와를 섬기겠다는 것입니다. 모든 위험과 어려움과 장애물과 낙심할 만한 일들이 첩첩이 있지만, 여호와께 순종하고 여호와를 섬기겠다는 것입니다.

히브리서 11장에서 "이런 사람은 세상이 감당하지 못하느니라"(38절)라고 칭송받는 믿음의 위인들 역시 마찬가지입니다. 그들은 모든 종류의 죽음과 비참함 앞에서도 굳게 결심하고 단호하게 마음을 먹고 하나님의 모든 계명에 순종했습니다. 이와 같이 사도 바울도 각처에서 자기를 결박하려고 기다리는 것을 알면서도 하늘의 환상에 순종했습니다(행 20:23 참고). 그는 논쟁하는 것보다 순종하는 데 더 능숙했습니다.

"그러나 내 어머니의 태로부터 나를 택정하시고 그의 은혜로 나를 부르신 이가 그의 아들을 이방에 전하기 위하여 그를 내 속에 나타내시기를 기뻐하셨을 때에 내가 곧 혈육과 의논하지 아니하고"(갈 1:15,16).

베드로와 요한을 비롯한 다른 사도들도 매를 맞고 위협을 당하면서도 주님께 순종했으며, 주님의 일을 지속적으로 고수해 나갔습니다.

"베드로와 요한이 대답하여 이르되 하나님 앞에서 너희 말을 듣는 것이 하나님의 말씀을 듣는 것보다 옳은가 판단하라. 우리는 보고 들은 것을 말하지 아니할 수 없다 하니……주여, 이제도 그들의 위협함을 굽어보시옵고, 또 종들로 하여금 담대히 하나님의 말씀을 전하게 하여 주시오며……그들이 옳게 여겨 사도들을 불러들여 채찍질하며 예수의 이름으로 말하는 것을 금하고 놓으니 사도들은 그 이름을 위하여 능욕받는 일에 합당한 자로 여기심을 기뻐하면서 공회 앞을 떠나니라. 그들이 날마다 성전에 있든지 집에 있든지 예수는 그리스도라고 가르치기와 전도하기를 그치지 아니하니라"(행 4:19,20,29, 5:40-42).

여기에서 보는 것처럼, 그 어떤 시련이나 환난이나 두려움이나 위협이나 위험이나 죽음이 오더라도, 그들이 하나님의 모든 계명에 단호하게 순종하는 것을 막지 못합니다. 활활 타오르는 용광로도, 사자굴도, 피 흘리는 칼도, 고문하는 형틀도 은혜로운 영혼들이 가장 사랑하는 주님께 순종하는 것을 막지는 못합니다. 결코 그렇게 하지 못합니다.

"주의 의로운 규례들을 지키기로 맹세하고 굳게 정하였나이다"(시 119:106).

6. 하나님의 영광을 목표로 삼는 순종

구원에 수반되는 순종의 목표는 오직 하나님의 영광입니다. 기도와 찬송, 말이나 행동, 주거나 받는 것, 생활과 행함에서 순종하는 영혼의 목표는 하나님의 영광입니다.

"우리 중에 누구든지 자기를 위하여 사는 자가 없고 자기를 위하여 죽는 자도 없도다. 우리가 살아도 주를 위하여 살고 죽어도 주를 위하여 죽나니 그러므로 사나 죽으나 우리가 주의 것이로다"(롬 14:7,8).

순종하는 영혼은 하나님의 영광을 진작시키는 것을 모든 행동의 목표로 삼습니다. 만일 사탄이나 이 세상이나 옛사람이 언제라도 다른 목표들을 그 영혼 앞에 제시하면, 이 위대한 목표, 곧 하나님의 영광이라는 목표가 그 모든 목표들을 일축시킵니다. 왜냐하면 사람이 가장 위대하고 높은 목표로 설정해 놓은 것은 당연히 틀림없이 그 밖의 다른 모든 목표들을 일축시키기 마련이기 때문입니다.

잘 보십시오. 태양빛 앞에서는 모닥불 불빛이 아예 없는 것처럼 되듯이, 하나님의 영광을 자신의 목표로 삼는 사람은 그 목표로 말미암아 모든 육신적이고 저급하며 비천한 목표들을 아예 없는 것처럼 여기게 됩니다. 자기 자신을 최고의 목표로 삼는 사람, 부와 명예와 사람들의 칭찬을 최고의 목표로 삼는 사람은 마지막 날에 영원한 슬픔 가운데 누울 수밖에 없습니다. 이런 사람은 영원한 불못 가운데 거할 수밖에 없습니다(사 30:33, 33:14 참고).

사람의 됨됨이는 그 사람이 무엇을 목표로 삼고 있느냐에 따라 결정되고, 사람의 행위도 그 사람이 무엇을 목표로 삼고 있느냐에 따라 결정됩니다. 만일 그가 가치 없는 것을 목표로 삼고 있다면, 모든 것이 가치 없어질 것입니다. 만일 그가 선한 것을 목표로 삼고 있다면, 모든 것이 선한 것이 될 것이며, 그는 영원히 행복한 사람이 될 것입니다.

7. 지속적인 순종

구원에 수반되는 순종, 구원과 닿아 있는 순종, 구원을 함축하는 순종은 지속적인 순종입니다.

"내가 주의 율례들을 영원히 행하려고 내 마음을 기울였나이다"(시 119:112).

거룩한 순종의 이유와 동기와 원동력은 영구적이고 불변합니다. 그러므로 올바른 그리스도인의 순종은 아침 이슬이나 속이는 활과 같지 않습니다.

"이 모든 일이 우리에게 임하였으나 우리가 주를 잊지 아니하며 주의 언약을 어기지 아니하였나이다. 우리의 마음은 위축되지 아니하고 우리 걸음도 주의 길을 떠나지 아니하였으나 주께서 우리를 승냥이의 처소에 밀어 넣으시고 우리를 사망의 그늘로 덮으셨나이다"(시 44:17-19).

그리스도의 사랑과 모든 약속, 그리스도의 임재와 나타나심과 모본과 그리스도께서 제시하시는 보상은 올바른 그리스도인을 이끌어 모든 난관과 죽음 앞에서도 꿋꿋이 지속적으로 순종의 길을 걸어가게 만듭니다. 살고 싶다는 소망이나 죽음에 대한 두려움도 신실한 그리스도인으로 하여금 주인을 바꾸거나 자신의 일을 외면하게 만들지 못합니다.

"그러므로 나의 사랑하는 자들아, 너희가 나 있을 때뿐 아니라 더욱 지금 나 없을 때에도 항상 복종하여 두렵고 떨림으로 너희 구원을 이루라"(빌 2:12).

빌립보 교인들은 그리스도에게 지속적으로 순종하였습니다. 그들은 바울이 있을 때에나 없을 때에나 지속적으로 자신의 일에 마음을 쏟았습니다. 바로 이것이 빌립보 교인들의 영광이었습니다.

그러나 위선자들과 기회주의자들의 순종은 단순히 격렬하고 일시적일 뿐 지속성이 없습니다. 그들도 순종에 대해서 이야기하고 순종을 칭송하기도 하며, 때때로 일시적으로 순종의 길에 발을 들여놓기도 합니다. 그러나 그들은 순종의 길로 행하지 않습니다. 그들이 지속적으로 하는 것은 오직 변덕을 부리는 일밖에 없습니다.

욥기 27장 10절은 이렇게 말합니다.

"그가 어찌 전능자를 기뻐하겠느냐? 항상 하나님께 부르짖겠느냐?"

히브리어 원문에 기초하여 하반절을 풀이해 보면 다음과 같은 말입니다.

"그가 언제든지 하나님께 부르짖겠느냐? 그가 성공할 때와 역경 가운데 있을 때에 하나님께 부르짖겠느냐? 건강할 때와 병들어 아플 때, 강할 때와 약할 때, 명예를 누릴 때와 불명예스러울 때, 자유를 누릴 때와 갇혔을 때 그가 하나님께 부르짖겠느냐?"

이 질문에 대한 답은 "그가 언제나 하나님께 부르짖지는 않는다"라는 것입니다. 모든 때에 하나님께 부르짖지는 않는다는 것입니다. 절뚝거리는 말이 몸에 열이 올랐을 때에는 건강한 말과 다를 바 없이 잘 달리다가도 열이 식으면 완전히 멈춰 서는 것처럼, 위선자도 한동안 경건한 방식으로 잘해 나가다가도 일단 자신이 기대한 목표를 달성하게 되면 그 자리에 딱 멈춰 서서 더 이상 앞으로 나아갈 수 없게 됩니다.

멜랑히톤(Melanchton)의 대수도원장은 그가 일개 수도사였을 때는 엄격한 삶을 살았고 걸음걸이도 점잖았으며 늘 겸손한 표정을 짓고 있었습니다. 그런데 대수도원장이 된 이후 그는 겉으로는 그럴듯하게 비범한 거룩의 모습을 보이면서도 점점 참을 수 없을 만큼 교만하고 오만해졌습니다. 어떤 사람이 그에게 왜 그러느냐고 이유를 묻자 그는 자신이 이전에 가졌던 품행이나 겸손한 표정들은, 그렇게 하면 수도원장이 될 수 있을 것 같아서 한 것일 뿐이라고 고백했습니다.

높은 자리에 올라가고 싶은 생각으로 신앙의 겉옷을 걸치고서 천사처럼 말하고 성도처럼 행하다가도, 일단 기대한 목적을 달성하면 그보다 더 교만하고 비열하며 허황된 사람이 없을 정도로 본색을 드러내는 더러운 마음들이 얼마나 많은지요! 그러나 구원에 수반되는 순종은 지속적이고 영구적입니다.

그리스도인은 자신의 길로 행할 때 천국을 향해 똑바로 나아갑니다.

"암소가 벧세메스 길로 바로 행하여 대로로 가며 갈 때에 울고 좌우로 치우치지 아니하였고, 블레셋 방백들은 벧세메스 경계선까지 따라가니라"(삼상 6:12).

이와 마찬가지로 은혜로운 영혼도 천국에 이르는 길로 똑바로 나아갑니다. 물론 천국에 이르는 길이란 순종의 길입니다. 비록 눈물을 흘리고 소리

내어 울며 나아갈지라도 그들은 그 길로 계속 나아가며, 좌우로 치우치지 않습니다. 때때로 유혹과 부패의 힘에 밀려 순종의 길에서 벗어난다 할지라도 그들은 재빨리 순종의 길로 되돌아옵니다. 때때로 순종의 길을 벗어날 수도 있지만, 그들은 계속 순종의 길을 떠나서 행하지는 못합니다. 이 정직한 여행자는 자신의 길에서 벗어나더라도 다시 돌아옵니다. 정직한 영혼도 이와 마찬가지입니다(시 119:3,4 참고).

8. 적극적일 뿐만 아니라 소극적인 순종

소극적인 순종도 적극적인 순종과 같이 구원에 수반되는 순종입니다.

"무릇 그리스도 예수 안에서 경건하게 살고자 하는 자는 박해를 받으리라"(딤후 3:12).

"(우리가) 참으면 또한 함께 왕 노릇 할 것이요 우리가 주를 부인하면 주도 우리를 부인하실 것이라"(딤후 2:12).

"자녀이면 또한 상속자, 곧 하나님의 상속자요 그리스도와 함께한 상속자니 우리가 그와 함께 영광을 받기 위하여 고난도 함께 받아야 할 것이니라. 생각하건대 현재의 고난은 장차 우리에게 나타날 영광과 비교할 수 없도다"(롬 8:17,18).

큰 환난을 통과하지 않고서 천국으로 들어가는 길은 전혀 없습니다.

"제자들의 마음을 굳게 하여 이 믿음에 머물러 있으라 권하고 또 우리가 하나님의 나라에 들어가려면 많은 환난을 겪어야 할 것이라 하고"(행 14:22).

신실한 마음은 적극적으로 그리스도께 순종할 뿐만 아니라 소극적으로도 기꺼이 순종합니다.

"바울이 대답하되 여러분이 어찌하여 울어 내 마음을 상하게 하느냐? 나는 주 예수의 이름을 위하여 결박당할 뿐 아니라 예루살렘에서 죽을 것도 각오하였노라 하니"(행 21:13).

사도 바울의 말은 이런 뜻입니다.

"그리스도를 위해서라면 편안한 삶을 기꺼이 포기할 각오가 되어 있다. 그리스도를 위해서라면 어떤 고난이라도 견딜 각오가 되어 있다. 그리스도를 위해서라면 피조물을 잃어버리고 떠날 각오가 되어 있다."

바울은 빌립보서 3장 8절에서 자신을 바다 한가운데서 큰 폭풍우를 만난 사람에 빗대어 말합니다. 그는 그리스도를 위해서 자신이 소중히 여기던 것들을 모두 버렸다고 말합니다. "그를 위하여 모든 것을 잃어버리고 배설물로 여김은"이라고 말합니다. 이와 같이 우리도 폭풍우가 몰아칠 때 그리스도를 위해서 모든 것을 배 밖으로 내던지고, 많은 슬픔과 피 흘림과 죽음을 헤치고 영원한 면류관을 얻기 위하여 헤엄쳐 나가야 합니다.

성도들이 당하는 고난에 대해서는 앞에서 이미 충분히 다루었기 때문에, 여기에서는 더 이상 다루지 않겠습니다.

✠

이렇게 하여 구원에 수반되는 순종에 대해서 생각해 보았습니다.

5장
구원에 수반되는 사랑

　이제 여러분에게 말하려는 다섯 번째 항목은 구원에 수반되는 사랑이란 무엇인가 하는 것입니다. 구원에는 반드시 사랑이 수반된다는 사실은 앞에서 이미 말했습니다. 여기에서는 구원에 수반되거나 구원을 함축하는 사랑이 무엇인지에 대해 세부 항목을 따라 말하고자 합니다. 여기에서는 우리를 향한 그리스도의 사랑이 먼저이며 그 사랑이 값없고 완전하며 감미롭고 위대하다는 것을 말하지 않고 구원에 수반되는 우리의 사랑에 대해 살펴보고자 합니다.

1. 최고의 사랑

　구원에 수반되는 사랑은 최고의 사랑이요 출중한 사랑입니다. 그리스도를 향한 진실한 사랑은 다른 모든 관계에서 이루어지는 사랑을 놀라울 정도로 초월하며 능가합니다. 다시 말해서, 그리스도를 향한 진실한 사랑은 놀랍게도 아버지, 어머니, 아내, 자녀, 형제, 자매에 대한 사랑, 아니 자신의 목숨에 대한 사랑까지도 능가합니다(마 10:37,38; 눅 14:26,27,33 참고).

시편 기자는 이렇게 고백합니다.

"하늘에서는 주 외에 누가 내게 있으리요? 땅에서는 주밖에 내가 사모할 이 없나이다"(시 73:25).

우리에게 그리스도를 향한 참된 사랑이 있다면, 그리스도를 알렉산더 대제와도 감히 비교할 수 없는 정도로 떠받치지 않으면 만족하지 못할 것입니다. 그리스도를 모든 것으로 여기지 않으면 만족하지 못할 것입니다. 그리스도 안에는 우리가 그분을 사랑해야 하는 가장 위대한 이유들과 고매한 이유들이 있습니다. 우리가 그분을 사랑해야 하는 모든 이유들이 있습니다.

우리가 그리스도를 사랑해야 할 모든 이유들은 오직 그리스도 안에, 그것도 아주 탁월한 방식으로 존재합니다. 우리는 그리스도 안에서 그 이유들을 발견할 수 있습니다.

"아버지께서는 모든 충만으로 예수 안에 거하게 하시고"(골 1:19).

예수 그리스도 안에는 단순한 충만함이 아니라 흘러넘치는 충만함이 있습니다. 모든 지혜와 지식, 모든 빛과 생명과 사랑과 선함, 모든 감미로움과 복과 기쁨과 즐거움, 모든 만족과 아름다움과 행복, 모든 탁월함과 영광이 그리스도 안에 있습니다(골 2:9 참고).

그리스도를 진실하게 사랑하는 사람들은 그리스도께서 머리로서, 왕으로서, 아버지로서, 남편으로서, 형제로서, 친척으로서, 친구로서 사랑하신다는 사실을 알고 있습니다. 모든 관계 속에서 이루어지는 사랑은 그리스도께서 베풀어 주시는 사랑 안에 총집결되어 있습니다. 그리고 이것은 성도로 하여금 탁월한 사랑으로 그리스도를 사랑하게 만듭니다. 그리스도를 진실하게 사랑하는 사람들은 자기가 자신을 사랑하는 것보다 그리스도께서 자신을 더 깊이 사랑하신다는 것, 아니 그리스도께서 그분의 목숨보다 자신을 더 사랑하신다는 것을 알고 있습니다(요 10:17,18 참고).

사랑은 사랑을 이끄는 자석입니다. 그리스도는 온화하고 사랑스럽습니다. 그분은 저명하고 눈에 잘 띄는 분입니다. 그분은 명성과 성품과 직분과 은혜와 은사와 계시와 현현과 규례에 한 점 흠도 없고 비길 데도 없는 분이십니다. 그분은 진지함과 위엄과 긍휼과 영광으로 가득한 분이십니다.

아가서에서 신부는 이렇게 고백합니다.

"내 사랑하는 자는 희고도 붉어 많은 사람 가운데 뛰어나구나"(아 5:10).

그리스도는 전적으로 즐거운 분이십니다. 그리스도는 머리끝에서 발끝까지 전적으로 매력적인 분이십니다. 그리스도는 온화하고 사랑스러운 분이십니다. 그리스도는 영광스럽고 탁월하신 분입니다. 그리스도는 사랑스럽습니다. 그리스도는 매우 사랑스럽습니다. 그리스도는 가장 사랑스럽습니다. 그리스도는 항상 사랑스럽습니다. 그리스도는 전체가 다 사랑스럽습니다. 그분은 '하나님의 영광의 광채시요 그 본체의 형상'(히 1:3)이십니다.

만일 영혼이 그리스도가 누구이신지를 깨닫기만 한다면, 그 안에서 모든 고상한 완전함들과 출중한 탁월함들을 발견하게 될 것입니다. 지금까지 말한 것들과 이와 유사한 것들을 숙고한다면, 성도들은 매우 탁월한 사랑으로 예수 그리스도를 사랑하게 될 것입니다.

2. 순종하는 사랑

구원에 수반되는 사랑은 순종하는 사랑입니다. 즉, 구원에 수반되는 사랑은 역사하고 일하는 사랑입니다. 사람이 그리스도를 사랑하게 되면, 그 사랑 때문에 그는 그리스도의 모든 계명에 복종하게 됩니다. 예수 그리스도께서 친히 하신 말씀을 들어 보십시오.

"나의 계명을 지키는 자라야 나를 사랑하는 자니……사람이 나를 사랑하면 내 말을 지키리니"(요 14:21, 23).

신적인 사랑은 매우 활동적입니다. 다윗은 "내가 그(여호와)를 사랑하는도다"(시 116:1)라고 말합니다. 그러면 이 사랑은 어떻게 역사했습니까? 다윗은 같은 시편에서 다음과 같이 고백합니다.

"내가 평생에 기도하리로다……내가 생명이 있는 땅에서 여호와 앞에 행하리로다……내가 구원의 잔을 들고 여호와의 이름을 부르며 여호와의 모든 백성 앞에서 나는 나의 서원을 여호와께 갚으리로다……내가 주께 감사제를 드리고 여호와의 이름을 부르리이다"(2, 9, 13, 14, 17절).

신적인 사랑은 한 가지 종류의 의무에 제한되거나 한정되어 있지 않습니다. 오히려 그것은 모든 종류의 의무를 즐거이 이행합니다.

"사랑하는 사람은 날아갑니다.
사랑하는 사람은 뛰어갑니다.
사랑하는 사람은 믿습니다.
사랑하는 사람은 기뻐합니다.
사랑하는 사람은 애통해합니다.
사랑하는 사람은 줍니다.
사랑하는 사람은 빌려 줍니다.
사랑하는 사람은 인내합니다.
사랑하는 사람은 기다립니다.
사랑하는 사람은 소망합니다."

"하나님은 불의하지 아니하사 너희 행위와 그의 이름을 위하여 나타낸 사랑으로 이미 성도를 섬긴 것과 이제도 섬기고 있는 것을 잊어버리지 아니하시느니라"(히 6:10).

사랑은 영혼으로 하여금 열심히 일하게 만듭니다. 구원에 수반되는 사랑은 매우 적극적이고 활동적입니다. 구원에 수반되는 사랑은 마치 자신이 데리고 있는 모든 여종에게 일을 정하여 맡기는 현숙한 여인과 비슷합니다(잠 31장 참고). 구원에 수반되는 사랑은 절대 잠잠히 있지 못합니다. 오히려 그것은 언제나 하나님의 뜻을 수행합니다. 구원에 수반되는 사랑은 그 어떤 은혜든지 그것이 영혼 안에서 빈둥거리고 있는 것을 허용하지 못합니다. 그것은 다른 모든 은혜들을 자극하고 선동해서 활동하고 움직이게 만듭니다. 사랑은 믿음으로 하여금 그리스도로부터 은혜를 얻게 하며, 인내로 하여금 그리스도를 기다리게 하며, 겸손으로 하여금 그리스도께 굴복하게 하며, 경건한 슬픔으로 하여금 그리스도의 죽으심에 대해서 애통하게 하며, 자아를 부인하여 그리스도를 위하여 가장 가깝고도 소중한 안락함들을 포기하게 만듭니다.

태양이 땅을 비옥하게 만드는 것처럼, 신적인 사랑도 영혼으로 하여금 의롭고 거룩한 행실에 열매를 많이 맺도록 합니다. 사랑하는 사람은 게으르거나 열매를 맺지 못할 수 없습니다. 사랑이 영혼으로 하여금 지속적이고도 풍성하게 선한 일을 하게 만들기 때문입니다.

"그리스도의 사랑이 우리를 강권하시는도다"(고후 5:14).

사랑은 우리를 자극하고 우리를 격려하여 적극적으로 움직이도록 만듭니다. 열정적인 심령에 사로잡힌 사람들처럼, 또는 강한 바람에 밀려 소망의 항구로 나아가는 배처럼 사랑은 우리를 지속적으로 이끌어 갑니다.

본성적인 사랑은 자녀와 종업원과 아내가 순종하도록 만드는 원인입니다.

이와 마찬가지로 신적인 사랑도 영혼으로 하여금 논쟁하기보다 순종하게 만듭니다. 그리스도를 사랑하는 영혼은 죽을 때까지 순종하기를 결코 멈추지 않을 것입니다.

구원에 수반되는 사랑은 마치 태양과 같습니다. 여러분도 아는 것처럼 태양은 그 광채를 위로 아래로, 동서남북으로 발산합니다. 이와 마찬가지로 성도의 사랑도 위로는 하나님을 향하고 아래로는 땅에 거하는 사람들을 향합니다. 오른쪽으로는 친구들을 향하고, 왼쪽으로는 원수들을 향합니다. 하나님의 은혜를 받은 사람들에게로 향하고, 본성에 머물러 있는 사람들에게로 향합니다. 신적인 사랑은 어느 방향으로든지 항상 역사하게 되어 있습니다.

3. 진실하고 순결한 사랑

구원에 수반되는 사랑은 진실하고 순결한 사랑입니다.

"우리 주 예수 그리스도를 변함없이 사랑하는 모든 자에게 은혜가 있을지어다"(엡 6:24).

올바른 그리스도인은 그리스도를 위해서 그리스도를 사랑합니다. 이런 사람은 그리스도를 사랑하되, 그분 안에 있는 내적이고도 영원한 가치 때문에 그리스도를 사랑합니다. 이런 사람은 그리스도를 사랑하되, 그분의 비할 데 없는 탁월함과 아름다움 때문에, 그분 안에 있는 빼어난 감미로움과 사랑스러움, 거룩함과 선함 때문에 그리스도를 사랑합니다. 이런 사람은 빵을 얻기 위해서 그리스도를 사랑하는 무리와는 전혀 다릅니다. 이런 사람은 입맞춤으로 그리스도를 배신하는 가룟 유다와는 전혀 다릅니다. 이런 사람은 어느 날은 "호산나, 호산나"라고 외치다가 그다음 날에는 "십자가에 못 박으소서, 십자가에 못 박으소서"라고 소리치는 (복음서에 등장하는) 사람들과도 전혀 다릅니다(마 21:9,15, 27:22,23 참고).

올바른 그리스도인은 그리스도를 순결하게 사랑합니다.

"처녀들이 너를 사랑하는구나"(아 1:3).

이것은 "그들이 깊은 진실함과 순결함과 정직함으로 너를 사랑하는구나. 그들이 네 안에 있는 향기로운 향내 때문에, 타고난 감미로움 때문에, 비할 데 없는 선함 때문에 너를 사랑하는구나"라는 말입니다.

4절에서도 같은 맥락의 말씀이 나옵니다.

"처녀들이 너를 사랑함이 마땅하니라."

히브리어 원문을 그대로 번역하자면, "정직함들이 너를 사랑하는구나"입니다. 여기에서 '정직함들'이라는 말은 '정직한 사람들'을 의미합니다. 구체적인 대상을 추상적인 표현으로 나타낸 것입니다. 그러므로 "정직한 사람들이 너를 사랑하는구나"라는 의미로 볼 수 있습니다. 또 다르게 번역할 수도 있습니다. "그들이 정직함 가운데 너를 사랑하는구나." 이렇게 번역하면 다음과 같은 뜻이 됩니다.

"그들은 매우 정직하게, 매우 전적으로, 매우 진실하게 너를 사랑하는구나. 비열하고 육신적인 관점에서 너를 사랑하는 위선자들과 같지 않구나. 입에 발린 말로 너를 사랑할 뿐 실제로는 너를 사랑하지 않는 위선자들과 같지 않구나. 혀로는 너를 사랑하지만 마음과 삶으로는 너를 무시하는 위선자들과 같지 않구나. 선물을 주는 사람보다 선물 자체를 더 좋아하는 위선자들과 같지 않구나."

구원에 수반되는 사랑은 참되고 진실한 사랑입니다. 그것은 진실하고 정직한 사랑입니다. 그것은 영혼으로 하여금 그리스도를 사랑하게 만듭니다. 그리스도께서 주는 선물보다 그 선물을 주는 주인공이신 그리스도를 더욱 사랑하게 만듭니다. 그것은 영혼으로 하여금 선물을 주신 그리스도 때문에 그 선물을 사랑하게 만듭니다. 또한 그것은 영혼으로 하여금 자신에게 선물을 주지 않아도 그리스도를 사랑하게 만듭니다. 진실로 그리스도의 선물보다 그리스도 그분을 더욱 사랑하는 사람들은 머지않아 그리스도로부터 귀한 선물을 많이 받게 될 것입니다.

베스파시아누스(Vespasian) 황제는 자기를 사랑한다고 고백하는 여인에게 후한 상을 베풀라고 명령했습니다. 그러자 황제의 청지기는 회계 장부에 그것을 어떤 항목으로 분류해 기록해야 하느냐고 물었습니다. 이에 황제는 '베스파시아누스를 사랑한 그녀에게(Vespasiano adamato)'라는 항목으로 분류해 기록하라고 대답했습니다.

그리스도인들이여, 생각해 보십시오. 베스파시아누스은 이교도 황제였습니다. 그런데도 그는 자신의 인격을 사랑한 여인에게 그토록 후한 상을 주려고 했습니다. 하물며 주 예수님께서 자신이 주는 선물보다 자신을 더 사랑하는 사람들에게 가장 빼어난 선물들을 아끼시겠습니까? 그리스도는 이교도보다 결코 못하실 수 없습니다. 그리스도는 결코 이교도보다 열등하게 행동하실 수 없습니다. 그리스도 안에 있는 신령한 감미로움과 사랑스러움 때문에 그리스도를 사랑하는 사람은 결코 패배자가 되지 않을 것입니다. 왜냐하면 그리스도께서 그에게 진 빚을 곧 갚아 주실 것이기 때문입니다.

4. 열정적인 사랑

구원에 수반되는 사랑은 열정적인 사랑이요 뜨거운 사랑입니다. 그것은 천상의 불에서 나온 불꽃입니다. 그것은 모든 정서를 거룩하게 타오르게 만듭니다.

"내 마음으로 사랑하는 자야! 네가 양 치는 곳과 정오에 쉬게 하는 곳을 내게 말하라"(아 1:7).

'내 마음으로 사랑하는 자야!'라는 친근하고도 사랑이 가득한 정감 어린 말투는 신부의 사랑이 그리스도를 향하여 얼마나 뜨겁게 불타오르고 있는지를 보여 줍니다.

이사야 26장 8,9절도 마찬가지입니다.

"여호와여, 주께서 심판하시는 길에서 우리가 주를 기다렸사오며 주의 이름을 위하여 또 주를 기억하려고 우리 영혼이 사모하나이다. 밤에 내 영혼이 주를 사모하였사온즉 내 중심이 주를 간절히 구하오리니."

이렇게 깊은 애정에서 우러나오는 열정적인 표현, 즉 "내 영혼이 주를 사모하였사온즉 내 중심이 주를 간절히 구하오리니"라는 표현은 그리스도를 향한 교회의 사랑이 얼마나 열정적이고 열렬한지를 격조 높게 보여 줍니다.

아가서에 기록된 교회의 정감 어린 감탄도 마찬가지입니다.

"너희는 건포도로 내 힘을 돕고 사과로 나를 시원하게 하라. 내가 사랑하므로 병이 생겼음이라"(아 2:5).

약혼한 처녀가 자신의 연인을 만나 그와 사랑을 주고받으면서 그의 사랑으로 말미암아 병이 나고 놀라워한다는 것은, 연인을 향한 그의 사랑이 얼마나 강렬하고 열렬한지를 보여 주는 가장 강력한 증거입니다. 아가서에 나오는 그리스도의 신부가 바로 그러합니다.

성도들을 향한 그리스도의 사랑은 열정적인 사랑이요 뜨거운 사랑입니다. 그분은 우리를 위하여 아버지의 품을 떠났고, 우리를 위하여 천상의 화려한 옷을 벗었으며, 우리를 위하여 피 흘려 죽으셨습니다. 이것이 그분의 열정적이고도 뜨거운 사랑을 증언합니다. 그리스도의 이런 사랑은 하나님의 사랑을 받은 모든 사람들의 마음속에 자연스럽게 열렬하고 뜨거운 사랑을 불러일으킵니다. 그리스도께서 누군가를 사랑하시면, 그분은 언제나 자기 자신에게 있는 것과 비슷한 사랑을 그 사람 안에 만들어 내십니다.

생기 없고 미온적이며 냉랭한 사랑은 사람을 이 세상에서는 차디차게 얼어붙은 존재로, 지옥에서는 가장 뜨거운 곳에 들어가기에 합당한 존재로 만들 것입니다. 자색 옷을 입은 부자의 사랑은 매우 차가웠습니다. 머지않아 그는 지옥의 화염이 매우 뜨겁다는 것을 깨닫게 되었습니다(눅 16:19-24 참고). 구원에 수반되는 사랑은 열기와 불로 가득합니다.

5. 영원한 사랑

구원에 수반되는 사랑은 지속적인 사랑이요 영구적인 사랑입니다. 구원에 수반되는 사랑의 대상은 영원히 변하지 않습니다. 그 사랑의 동기와 이유도 영원히 변하지 않습니다. 그 사랑의 본질도 영원히 변하지 않습니다. 초대 교회의 그리스도인들은 죽기까지 자기 생명을 아끼지 않았습니다(계 12:11 참고). 박해자들은 그리스도를 위해 헌신한 순교자들의 생명을 빼앗았습니다. 그러나 그리스도를 향한 순교자들의 사랑은 조금도 파괴할 수 없었습니다. "우리 주 예수 그리스도를 변함없이 사랑하는 모든 자에게 은혜가 있을지어다"(엡 6:24).

헬라어 원문에는 '변함없이'라는 말이 '순결하게'라고 표현되어 있습니다. 즉, 사도는 우리에게 그리스도를 향한 사랑이 순수성을 잃어버리거나 부패하거나 퇴색되어서는 안 된다는 것을 가르치고 싶어했습니다. 그리스도를 향한 사랑은 지속적이고 영원히 변하지 않으며 오랫동안, 아니 영원히 계속되어야 한다는 것입니다.

구원에 수반되는 사랑은 아무리 써도 떨어지지 않는 병의 기름과 같고 통의 가루와 같습니다(왕상 17:16 참고). 구원에 수반되는 사랑은 매달 새싹을 틔우고 꽃을 피우며 열매를 맺는 페르시아의 사과나무와 같습니다. 구원에 수반되는 사랑은 옛날이야기 속에 등장하는 '결코 꺼지지 않는 등잔불'과 같습니다. 구원에 수반되는 사랑은 마치 불에 넣어도 타지 않고 물에 넣어도 가라앉지 않는 트라키아(Thracia)의 돌과 같습니다.

"너는 나를 도장같이 마음에 품고 도장같이 팔에 두라. 사랑은 죽음같이 강하고 질투는 스올같이 잔인하며 불길같이 일어나니 그 기세가 여호와의 불과 같으니라. 많은 물도 이 사랑을 끄지 못하겠고 홍수라도 삼키지 못하나니 사람이 그의 온 가산을 다 주고 사랑과 바꾸려 할지라도 오히려 멸시를 받으리라"(아 8:6,7).

사랑은 모든 원수들과 유혹과 저항과 고난과 핍박과 위험과 죽음을 견뎌 냅니다. 사랑의 좌우명은 "내 사전에 패배는 없다"입니다. 사랑은 태양과 같습니다. 왜냐하면 태양은 일단 자신의 궤도를 달리기 시작하면 그 최고점에 오를 때까지 결코 뒤로 물러서지 않기 때문입니다. 진실한 사랑은 배교를 혐오합니다.

진실한 사랑은 좀 더 완전해지기를 갈망하며, 엘리야의 불수레처럼 영혼을 천국으로 이끌어 올릴 때까지 만족하지 않습니다(왕하 2:11 참고). 많은 사람들은 그리스도를 사랑하되, 아침 이슬과 같이 사랑합니다. 그들의 사랑은 하룻밤 사이에 자라나서 하룻밤 사이에 사라지고 마는 요나의 박넝쿨과 같습니다(욘 4:7 참고). 반면 구원에 수반되는 사랑은 룻의 사랑, 끝까지 계속되며 영원히 변하지 않는 사랑입니다(룻 1:16,17 참고). 구원에 수반되는 사랑은 그 영혼과 함께 잠자리에 들고, 함께 식탁에 앉는 사랑입니다. 그 영혼과 함께 눕고 함께 일어나는 사랑입니다. 그 영혼과 함께 감옥에 들어가고 화형대까지 나아가며 무덤에 들어가고 천국에 들어가는 사랑입니다.

6. 풍성한 사랑

구원에 수반되는 사랑은 풍성한 사랑, 날로 증가하는 사랑입니다. 성도 안에 있는 사랑은 마치 노아 시대에 임한 홍수와 같습니다. 왜냐하면 그 수위가 점점 더 높아지기 때문입니다. 진정한 사랑은 본질적으로 풍부하며 점점 더 커지는 법입니다.

"내가 기도하노라. 너희 사랑을 지식과 모든 총명으로 점점 더 풍성하게 하사"(빌 1:9).

성도는 오래 살면 살수록 그리스도 안에서 그분을 사랑할 수밖에 없는 탁월하고도 출중한 이유들을 더 많이 발견해 갑니다. 그리스도는 점진적으로 자신을 그 영혼에게 계시해 주십니다. 그리고 그리스도를 향한 성도의 사랑은 성도가 그리스도 안에서 그분을 사랑해야 할 이유를 발견하는 만큼 커집니다. 빛이 많으면 많을수록 사랑은 더욱 커집니다. 지식과 사랑은 마치 물과 얼음처럼 서로를 발생시킵니다. 그리스도를 앎으로써 그리스도를 사랑하게 되고, 그리스도를 사랑함으로써 그리스도를 알게 됩니다. 그리스도를 조금밖에 모르는 사람은 그리스도를 많이 사랑할 수 없습니다. 반면에 그리스도를 많이 아는 사람은 그리스도를 조금만 사랑할 수 없습니다. 그리스도에 대한 이해가 깊어지면 깊어질수록 그리스도를 향한 사랑도 점점 더 깊어지기 마련입니다.

또 날마다 하나님의 긍휼을 힘입고, 그리스도의 사랑과 돌보심과 인자하심과 동정심이 자신을 향해 점점 더 풍성하게 역사하는 것을 체험하게 되면, 그리스도를 향한 사랑도 점점 더 커질 수밖에 없습니다. 마치 불에 기름을 끼얹으면 불이 더 커지는 것처럼, 우리를 향한 그리스도의 위대한 사랑이 신선하고 새롭게 계시될수록 그리스도를 향한 우리의 사랑도 점점 더 커집니다.

아내를 향한 남편의 사랑이 풍성해질수록, 남편을 향한 아내의 사랑도 커집니다. 아버지가 자녀에게 사랑을 더 많이 보여 줄수록, 천진난만한 자녀는 아버지를 더 많이 사랑하게 됩니다. 이와 마찬가지로 주 예수님께서 우리에게 자신의 사랑을 더 많이 계시해 주실수록, 우리는 주 예수 그리스도를 더 깊이 사랑하게 됩니다. 그리스도께서는 막달라 마리아에게 많은 사랑을 보여 주셨습니다. 그래서 막달라 마리아는 그리스도를 더 깊이 사랑하게 되었습니다.

"그의 많은 죄가 사하여졌도다. 이는 그의 사랑함이 많음이라"(눅 7:47).

민수기 33장 29절에는 이스라엘이 밋가를 떠나 하스모나에 진을 쳤다는 기록이 나옵니다. 지명을 원어의 의미대로 표현하면, '감미로움'을 떠나 '신속함'에 진을 쳤다는 것이 됩니다. 이와 마찬가지로 영혼에 계시된 하나님의 사랑의 감미로움은 영혼으로 하여금 그리스도를 향해 더 감미롭고 신속하며 의기충천한 사랑을 발휘하고 행사하게 만듭니다.

그리스도의 사랑을 특별하게 체험한 영혼은 자신이 그리스도를 더 많이 사랑할 수 없다는 것 때문에 눈물을 흘립니다. 서퍽(Suffolk) 주의 웰치(Welch) 목사가 어느 날 식탁에 앉아 울고 있는 것을 본 어떤 사람이 그에게 왜 우느냐고 물었다고 합니다. 그러자 그는 자신이 그리스도를 더 많이 사랑할 수 없는 것이 슬퍼서 운다고 말했다고 합니다.

그리스도를 진실로 사랑하는 사람들은 그리스도를 향한 자신의 사랑이 아무리 크게 성장해도 결코 만족할 줄을 모릅니다. 그들은 그리스도를 향한 자신의 사랑이 작으면 자신이 그리스도를 전혀 사랑하지 않는다고 생각합니다. 그리고 그리스도를 향한 자신의 사랑이 커도 자신이 그리스도를 조금밖에 사랑하지 않는다고 생각합니다. 그리스도를 향한 자신의 사랑이 강력해도 자신의 사랑이 연약하다고 생각합니다. 자신의 사랑이 최고봉에 올라도 그것이 그리스도의 진가와 아름다움과 영광과 충만함과 감미로움과 선하심에 훨씬 못 미친다고 생각합니다. 이 세상을 살아가면서 그들이 가장 비참하게 여기는 것은 바로 자신이 그리스도의 사랑을 그렇게 풍성하게 받고 있으면서도 그리스도를 조금밖에 사랑하지 못한다는 것입니다.

7. 감출 수 없는 사랑

구원에 수반되는 사랑은 공공연한 사랑입니다. 구원에 수반되는 사랑은 명백하게 드러나는 사랑입니다. 그것은 도저히 감출 수 없는 사랑이요, 가리거나 묻어 둘 수 없는 사랑입니다. 그것은 마치 태양과 같아서 그 빛을 사방으로 발산하고, 온 세상에 자기 모습을 드러내게 되어 있습니다. 그리스도를 사랑하는 사람은 여러 가지 모습들을 통해 그리스도를 향한 자신의 사랑을 나타내게 되어 있습니다.

1) 신적인 사랑은 영혼이 그리스도를 더 깊고도 분명하며 온전하게 누리기를 갈망하고, 그로 말미암아 언제라도 기꺼이 죽으리라 각오하게 만듭니다.
신적인 사랑의 음성은 다음과 같습니다.
"주 예수여, 오시옵소서"(계 22:20).
"내 사랑하는 자야, 너는 빨리 달리라. 향기로운 산 위에 있는 노루와도 같고 어린 사슴과도 같아라"(아 8:14).
"내가 그 둘 사이에 끼었으니 차라리 세상을 떠나서 그리스도와 함께 있는 것이 훨씬 더 좋은 일이라 그렇게 하고 싶으나"(빌 1:23).
사도 바울은 그리스도께서 자기와 함께 계시는 것도 분명히 놀라운 은혜이지만, 자신이 육체를 떠나 그리스도와 함께 있게 되는 것은 그보다 훨씬 더 놀라운 은혜라고 말합니다. 그는 자신의 구원자를 보기 위해서 죽기를 소원한다고 말합니다. 자신의 구주와 함께 있기를 원하기 때문에 육체로 사는 것을 좋아하지 않는다고 말합니다.

사랑은 그 대상이 되는 그리스도와 영원히 함께 있기를, 그분과 더불어 교제하고 그분을 향유하며 그와 친밀하게 영원히 연합하기를 소원하고, 또 그렇게 되기 위하여 애씁니다. 약혼한 처녀는 혼인하는 날을 고대합니다. 나그네는 묵을 여관에 도착하기를 고대합니다. 선원은 항구에 도착하기를 고대합니다. 포로는 풀려나는 날을 고대합니다. 그러나 그리스도를 사랑하는 사람이 그리스도를 더 깊이, 그리고 더 온전히 향유하기를 학수고대하는 것에 비하면 그것들은 모두 아무것도 아닙니다.

그리스도를 사랑하는 사람은 자신이 천국에 들려 올라가 영화롭게 되기까지는 자신을 옭아매고 있는 사슬들이 완전히 떨어져 나가지 않으리라는 것을 잘 알고 있습니다. 또 그렇게 되기까지는 자신을 위해 예비된 영광스러운 혼인 예복을 입을 수 없다는 것을 잘 알고 있습니다. 또 그렇게 되기까지는 자신의 눈에서 모든 슬픔과 눈물이 완전히 다 씻어지지 않으리라는 것을 잘 알고 있습니다. 또 그렇게 되기까지는 자신의 기쁨이 완전하지 않으며, 자신의 위로가 순전하지 않고, 자신의 평화가 영구적이지 않으며, 자신의 은혜가 완전하지 않다는 것을 잘 알고 있습니다. 그래서 그들은 그리스도의 인격을 향유하기를 고대하고 갈망합니다.

어떤 사람이 다음과 같은 유명한 말을 남겼습니다.

"지옥에 있는 모든 마귀들이 사방으로 나를 포위할지라도 상관없습니다. 굶주림이 나를 쇠약하게 만들지라도 상관없습니다. 모든 슬픔이 내 마음을 짓누를지라도 상관없습니다. 모든 고통이 내 육신을 좀먹는다 할지라도 상관없습니다. 자지 못해서 내 몸이 바싹 마르거나 더위로 몸이 검게 그을리거나 추위로 몸이 얼어붙을지라도, 이 모든 것들과 이보다 더한 일들이 내게 일어난다 할지라도 나는 괜찮습니다. 내 구주를 향유할 수만 있다면 그렇게 되어도 나는 괜찮습니다."

2) 그리스도를 향한 사랑으로 말미암아 영혼은 그리스도께서 높아지도록 자신을 낮추고, 그리스도께서 더 크게 보이도록 자신을 작게 만들며, 오직 그리스도께서 환히 빛을 발하도록 자신을 가립니다.

이렇게 함으로써 그리스도를 향한 사랑은 자신의 존재를 드러냅니다. 사랑은 주 예수님을 높일 수만 있다면, 자신의 현재 상태와 행동에 개의치 않습니다. 사랑으로 말미암아 영혼은 그리스도가 만유 중에 만유가 되시기 위해서라면 자원하여 자신이 그리스도를 위한 발등상이 되고, 기꺼이 하찮은 존재가 됩니다(계 4:10,11; 요 3:26-31; 빌 3:7,8 참고).

3) 구원에 수반되는 사랑으로 말미암아 영혼은 그리스도를 위해 고난받으면서도 기뻐하고 의연하며 인내하고 지속적일 수 있습니다.

"(사랑은) 모든 것을 견디느니라"(고전 13:7).

사랑은 결코 불평하지 않습니다. 사랑은 짐이 너무 무겁다느니, 감옥이 너무 어둡다느니, 용광로가 너무 뜨겁다느니, 쇠사슬이 너무 무겁다느니, 독약이 너무 쓰다느니 불평하는 법이 결코 없습니다(행 21:13 참고). 그리스도를 진실로 사랑하는 사람은 자신의 목숨을 지푸라기와 같이 버릴 수 있습니다. 그리스도를 사랑하는 마음 때문에 그렇게 할 수 있습니다. 바질에 살던 한 복된 처녀는 기독교 신앙을 믿는다는 죄목으로 유죄 판결을 받고 화형을 선고받았습니다. 재판장은 만일 그녀가 우상을 숭배하면 재산과 목숨을 되돌려 주겠다고 약속했습니다. 그러나 그녀는 다음과 같이 외쳤습니다. "내 재산과 목숨을 가져가시오. 그것들은 없어질 것이요 멸망할 것입니다. 그러나 그리스도는 이 세상에서 가장 귀한 분이십니다."

앨리스 드라이버(Alice Driver)도 이와 비슷하게 말했습니다. "나는 아버지의 작두를 자주 사용해 보았습니다. 그러나 나도 여러분 중에 그 어떤 사람 못지않게 그리스도를 위해서 망설임 없이 죽을 수 있습니다."

이와 같이 구원에 수반되는 사랑은 그리스도인으로 하여금 그리스도의 영광을 높이는 것이라면 그 어떤 고난이라도 기꺼이, 그리고 자원하여 받게 만듭니다.

4) 구원에 수반되는 사랑으로 말미암아 영혼은 그리스도와 함께 기뻐하고 슬퍼합니다.

이렇게 함으로써 구원에 수반되는 사랑은 스스로를 드러냅니다. 그리스도를 사랑하는 영혼은 그 눈을 그리스도께 고정합니다. 그 결과 그리스도의 눈살을 찌푸리게 만드는 것에 그 영혼도 눈살을 찌푸립니다. 그리스도의 얼굴을 환한 미소로 밝히는 것에 그 영혼의 얼굴도 환하게 밝아집니다. 사랑은 자신이 사랑하는 그리스도를 불쾌하게 만드는 모든 것을 아주 싫어합니다.

옛날에 하르팔로스(Harpalus)가 한 말을 잘 들어 보십시오. "왕이 기뻐하는 것이라면 내게도 기쁘다." 그리스도를 진실로 사랑하는 사람도 똑같은 식으로 말합니다. "그리스도께서 기뻐하시는 것이라면 내게도 기쁘다." 그리스도를 진정으로 사랑하는 사람은 다음과 같이 말합니다. "그리스도는 거룩을 기뻐하신다. 그러므로 나도 거룩을 기뻐한다. 그리스도는 선으로 악을 이기고 사랑으로 미움을 이기며, 친선으로서 적의를 이기고 온유함으로 격정을 이기는 것을 기뻐하신다. 그러므로 나도 똑같은 것을 기뻐한다."

그리스도를 사랑하는 사람은 그렇게 말합니다.

"주께서 그러하심과 같이 우리도 이 세상에서 그러하니라"(요일 4:17).

우리는 그리스도께서 사랑하시는 것을 동일하게 사랑하고, 그리스도께서 미워하시는 것을 동일하게 미워하게 됩니다. 그리스도는 모든 의로움을 사랑하고 모든 불의를 증오하십니다. 그런데 그리스도를 사랑하는 사람들은 자기도 그렇다고 말합니다(시 119:113,128,163 참고).

사람들은 콘스탄틴(Constantine) 대제의 자녀들이 아버지를 쏙 빼닮았으며 아버지를 안 닮은 데가 없다고 말합니다. 그리스도를 진실로 사랑하는 사람들도 그리스도를 쏙 빼닮았으며, 그리스도를 안 닮은 데가 없습니다. 그러하기에 그들을 일컬어 그리스도의 지체라고 하는 것입니다(고전 12:12 참고).

5) 그리스도를 향한 참된 사랑은 그리스도를 사랑하는 사람들로 하여금 그리스도를 위해 고난받는 일에 자신을 조금도 아끼지 않고, 그리스도의 영광이 손상되는 것을 철저히 막도록 만듭니다.

그리스도를 향한 참된 사랑으로 말미암아 사람은 자기 왕관을 잃어버릴 수도 있는 일에 과감히 뛰어들면서까지 그리스도의 면류관을 그분의 머리에 그대로 두기 위해 애씁니다. 익사하는 것을 무릅쓰고라도 그리스도의 명예가 가라앉는 것을 막으려 합니다. 이렇게 그리스도를 향한 참된 사랑이 스스로를 드러냅니다. 히브리서 11장에 나오는 사드락과 메삭과 아벳느고, 다니엘과 모세, 그리고 그 밖의 모든 신앙의 위인들이 그렇게 행했습니다.

자기가 섬기는 주인을 몹시 소중하게 사랑한 하인에 관한 이야기를 읽은 적이 있습니다. 그는 주인의 원수들이 주인의 목숨을 노린다는 사실을 알고서는 주인의 옷을 대신 입고 주인인 척하여 원수들의 손에 주인 대신 죽임을 당했다고 합니다. 신적인 사랑은 사람으로 하여금 그리스도를 위해서 이 하인처럼 행하도록 만듭니다. 다시 말해서, 신적인 사랑은 사람으로 하여금 그리스도를 위해 교수형을 당하고 화형을 당하도록 만듭니다.

"그들은 죽기까지 자기들의 생명을 아끼지 아니하였도다"(계 12:11).

그들에게는 자신의 목숨보다 그리스도와 그분의 진리가 더 귀중했습니다. 자신의 목숨과 '그리스도와 그분의 영광' 중 어느 한 가지를 선택해야 하는 상황이 왔을 때, 그들은 자기 목숨을 가볍게 여기고 경멸했으며, 심지어 혐오하기까지 했습니다. 그리고 그리스도의 영광이 눈곱만큼이라도 손상되느니 차라리 자신이 가장 극심한 비참을 당하는 편을 선택했습니다.

6) 구원에 수반되는 사랑으로 말미암아 그리스도를 사랑하는 사람들은 그리스도의 명예가 더러워지는 것을 괴로워하게 됩니다.

"그들이 주의 법을 지키지 아니하므로 내 눈물이 시냇물같이 흐르나이다"(시 119:136).

"어찌하면 내 머리는 물이 되고 내 눈은 눈물 근원이 될꼬? 죽임을 당한 딸 내 백성을 위하여 주야로 울리로다. 내가 광야에서 나그네가 머무를 곳을 얻는다면 내 백성을 떠나가리니 그들은 다 간음하는 자요 반역한 자의 무리가 됨이로다"(렘 9:1,2).

롯도 사악한 소돔 사람들의 불법한 행실 때문에 심령이 깊이 상하고 괴로워했습니다(벧후 2:7,8 참고). 자신과 한 몸인 아내가 소금 기둥으로 변한 것 때문이 아니라 소돔 사람들의 사악한 행실이 그의 의로운 심령을 상하게 만들었습니다.

"주의 집을 위하는 열성이 나를 삼키고 주를 비방하는 비방이 내게 미쳤나이다"(시 69:9).

여자는 자신의 남편과 관련된 일에 가장 큰 상처를 받습니다. 마찬가지로 그리스도인은 자신의 신랑이신 그리스도와 관련된 일 때문에 가장 큰 상처를 입습니다.

　모세는 자신의 일에 대해서는 말이 없는 하나님의 사람이었습니다. 그러나 이스라엘 백성들이 금송아지를 만들어 놓고 그 주위에서 춤을 추며 하나님의 영광을 크게 손상시키자, 그는 하나님의 명예가 더러워진 것으로 인해 마음 깊이 괴로워합니다(출 32:19 참고).

　사람들의 말에 따르면, 그리스 사람들이 고난을 당할 때 아폴로(Apollo) 신상이 눈물을 흘린다고 합니다. 비록 실제로 그리스 사람들을 도와주지는 못하지만 말입니다. 이와 마찬가지로 그리스도를 진실하게 사랑하는 사람은 그리스도께서 받은 불명예로 인하여 눈물을 흘립니다. 비록 그 일을 어떻게 막을 수 있는지를 모른다 할지라도 말입니다.

　그리스도와 그분을 사랑하는 사람의 관계는 서로 맞게 조율된 류트(lute, 현악기의 일종)의 두 현과 같습니다. 서로 맞게 조율된 두 개의 현 중 어느 하나를 퉁기면 즉시 다른 현이 울립니다. 이와 마찬가지로 그리스도가 공격을 받으면 즉시 그리스도인이 몹시 근심합니다. 또 그리스도인이 공격을 받으면 즉시 그리스도께서 몹시 근심하십니다. 그러하기에 예수님은 핍박자 사울에게 이렇게 말씀하셨습니다.

　"사울아, 사울아, 네가 어찌하여 나를 박해하느냐?"(행 9:4)

7) 구원에 수반되는 사랑은 영혼으로 하여금 면밀하고 엄밀한 눈으로 그리스도의 안색과 태도를 주시하게 합니다.

　또한 그 영혼은 자신을 향한 그리스도의 안색과 태도에 따라 기뻐하기도 하고 슬퍼하기도 합니다. 이렇게 함으로써 구원에 수반되는 사랑은 스스로를 드러냅니다. 그리스도께서 슬픈 표정으로 자신에게 언짢게 행동하시면 영혼은 슬퍼합니다. 마치 베드로처럼 말입니다. 예수님은 자신을 세 번이나 부인한 베드로에게 슬픈 눈길을 던지셨고, 이를 본 베드로는 슬퍼서 밖에 나가 크게 통곡했습니다(눅 22:61,62 참고).

반대로 그리스도께서 즐거운 표정으로 친절하게 말하며 다정하게 행동하시면, 영혼은 기뻐하고 즐거워합니다. 아가서 3장 4절에 나오는 교회처럼 말입니다.

"그들을 지나치자마자 마음에 사랑하는 자를 만나서 그를 붙잡고 내 어머니 집으로, 나를 잉태한 이의 방으로 가기까지 놓지 아니하였노라."

이사야 61장 10절에 나오는 교회도 그러했습니다.

"내가 여호와로 말미암아 크게 기뻐하며 내 영혼이 나의 하나님으로 말미암아 즐거워하리니 이는 그가 구원의 옷을 내게 입히시며 공의의 겉옷을 내게 더하심이 신랑이 사모를 쓰며 신부가 자기 보석으로 단장함 같게 하셨음이라."

그리스도를 참으로 사랑하는 사람은 항상 그리스도를 바라봅니다. 그리고 그리스도의 표정에 따라 기뻐하기도 하고 슬퍼하기도 하며, 행복해하기도 하고 우울해하기도 합니다.

크세노폰(Xenophon, B.C.435-354)이 기록한 역사를 살펴보면, 티그라네스(Tigranes)라는 사람이 등장합니다. 티그라네스는 키루스(Cyrus) 왕에게 포로로 잡혀 있는 자기 아내와 아버지와 친구들을 위해 대가를 치르고 그들을 구하려고 키루스 왕을 찾아왔습니다. 이때 그는 여러 가지 질문을 받는 중에 다음과 같은 질문을 받았습니다. "그대는 아내를 구하기 위해서 어떤 대가를 치르려고 하는가?" 티그라네스는 자기 목숨을 대가로 치르고 아내를 석방시키려 한다고 대답했습니다. 결국 일이 잘 해결되어 모든 사람들이 석방되었고, 그들은 모두 집으로 돌아갔습니다. 그리고 모든 사람들이 키루스를 훌륭한 사람이라고 칭찬했습니다.

티그라네스는 자기 아내가 키루스를 어떻게 생각하는지 궁금해서 물었습니다. 그러자 그녀는 이렇게 대답했습니다. "사실 뭐라고 말할 수가 없어요. 그 사람을 바라보거나 쳐다본 적이 없기 때문이지요." 티그라네스는 궁금해서 또 물었습니다. "그렇다면, 당신은 누구를 바라보았소?" 그의 아내는 다음과 같이 대답했습니다. "내가 마땅히 바라보아야 할 사람을 바라보았지요. 자기 목숨을 기꺼이 내놓으면서까지 나를 구해 내려 했던 그 사람만을 바라보았답니다."

그리스도인, 곧 진실로 그리스도를 사랑하는 사람도 이와 같습니다. 진실로 그리스도를 사랑하는 사람은 친히 피를 흘려 자기를 구속해 주신 그리스도만을 바라볼 뿐, 그 밖의 다른 것은 바라볼 가치도 없다고 생각합니다.

8) 구원에 수반되는 사랑은 그리스도의 형상을 지니고 있는 다른 사람들에게 친절이라는 손길을 뻗칩니다.

"예수께서 그리스도이심을 믿는 자마다 하나님께로부터 난 자니, 또한 낳으신 이를 사랑하는 자마다 그에게서 난 자를 사랑하느니라. 우리가 하나님을 사랑하고 그의 계명들을 지킬 때에 이로써 우리가 하나님의 자녀를 사랑하는 줄을 아느니라"(요일 5:1,2).

그런데 많은 사람들이 성도들에 대한 사랑을 오해합니다. 그리고 그 오해로 인해 초래되는 결과들은 사람들의 영혼에 매우 위험하고 해롭습니다. 그러므로 구원에 수반되는 사랑이 성도들을 향한 사랑으로 나타날 때, 그 사랑이 어떤 특성을 가지는지에 대해 간략하게 설명하고 넘어가려고 합니다.

⑴ 성도들에 대한 참된 사랑은 영적입니다.

성도들에 대한 참된 사랑은 그 영혼에 새겨져 있는 그리스도의 형상에 대한 사랑입니다.

"성령 안에서 너희 사랑을 우리에게 알린 자니라"(골 1:8).

진실로 사랑하는 영혼은 하나님으로 말미암아 하나님을 사랑하고, 하나님의 자녀들의 아버지가 되시는 하나님으로 말미암아 그들을 사랑합니다.

그런데 많은 사람들이 그리스도인들을 사랑하되, 그들의 유익을 위하여 그들을 사랑하는 것이 아니라, 그들의 재산을 노리고 사랑합니다. 그들은 그리스도인들의 마음속에 있는 은혜 때문이 아니라 그리스도인들의 지갑 안에 있는 돈 때문에 그리스도인들을 사랑합니다. 많은 사람들이 마치 보헤미안 집시처럼 좋은 옷 한 벌을 얻기 위해 아첨을 해 댑니다. 성도들에게 새겨져 있는 하나님의 형상 때문에 성도들을 사랑하는 것은 본성이라는 정원에서는 자라날 수 없는 꽃입니다. 자신의 마음에 은혜가 없는 사람은 다른 사람의 마음에 있는 은혜를 사랑할 수 없는 법입니다. 사람들은 누가 시키지 않아도 본능적으로 자기 부모를 사랑하고 자기 자녀들을 사랑하며 자기 자신을 사랑합니다. 이와 꼭 마찬가지로 세상 사람들은 누가 시키지 않아도 본능적으로 하나님의 백성들과 그들의 삶에 새겨져 있는 하나님의 형상을 미워합니다.

진실한 사랑은 하나님의 사랑으로부터 흘러나와 사람 안에 반짝이는 것, 그리스도와 그분의 은혜로부터 흘러나와 사람 안에 반짝이는 것에 대한 사랑입니다.

경건한 사람을 사랑하는 것과 경건함 때문에 그 사람을 사랑하는 것은 전혀 다릅니다. 많은 사람들이 경건한 사람들을 사랑합니다. 경건한 사람들이 정치가이거나 권세를 쥐고 있거나 학식이 있거나 아니면 착한 성품을 가지고 있기 때문에 그들을 사랑합니다. 그러나 이 모든 것은 본성적인 사랑에 불과합니다. 반면 성도들은 경건한 사람들이 영적으로 사랑스럽기 때문에 그들을 사랑하고, 경건한 사람들의 내면이 영광스럽고 그들의 외면이 금으로 수놓은 옷과 같기 때문에 그들을 사랑합니다(시 45:13 참고). 이것이 성도들에게 합당한 사랑입니다. 이런 이유로 성도들을 사랑하는 것은 매우 고상하고 고매한 일입니다. 이 세상의 그 어떤 위선자도 그런 사랑에 도달할 수 없습니다.

소매 상인의 가게에는 말벌들이 많이 날아다닙니다. 말벌들이 가게 주인을 사랑해서가 아니라 가게 안에 꿀과 과일이 있기 때문입니다. 이 시대는 이와 같은 말벌들이 우글거립니다.

(2) 성도들을 향한 진정한 사랑은 보편적인 사랑입니다.

성도들을 향한 진정한 사랑은 특정한 그리스도인뿐만 아니라 다른 그리스도인들도 사랑하는 사랑입니다. 특정한 사람뿐만 아니라 다른 사람들도, 부유한 아브라함뿐만 아니라 가난한 거지 나사로도, 다윗과 같이 존경을 받는 사람뿐만 아니라 욥과 같이 멸시를 받는 사람도, 야곱과 같이 높이 올려진 사람뿐만 아니라 요셉과 같이 고난을 받는 사람도, 사도들과 같이 칭송을 받는 사람뿐만 아니라 제자들과 같이 멸시를 당하는 사람도 사랑하는 사랑입니다.

사도 바울은 빌립보서 4장 21절에서 "그리스도 예수 안에 있는 성도에게 각각 문안하라"라고 말합니다. 다시 말해서, 가장 부유한 성도뿐만 아니라 가장 가난한 성도에게도, 가장 강한 성도뿐만 아니라 가장 연약한 성도에게도, 가장 높은 성도뿐만 아니라 가장 낮은 성도에게도 문안하라는 말입니다. 그들은 모두 한 성령을 가지고 있으며, 동일한 예수님을 믿고, 같은 신앙을 가지고 있습니다. 그들은 모두 동료 지체이며, 동료 여행객이며, 동료 군인이며, 동료 시민이며, 동료 상속자입니다. 그렇기 때문에 반드시 그들은 모두 동일하게 마음으로부터 우러나온 진실한 사랑을 받아야 합니다.

사도 야고보는 당시 성도들 사이에서 나타났던 편파적인 사랑을 호되게 책망합니다(약 2:1-4 참고). 그렇다고 해서 사도 야고보가 사회적으로 사람들의 신분을 구별하는 것을 무조건 금한 것은 아닙니다. 다만 돈 있는 사람의 재산이 가난한 사람의 경건함보다 더 존중받고, 경건하지만 돈이 없는 사람을 멸시하고 조롱하며 무시하고 기를 죽이면서 돈 많은 사람에게 예의 바르게 행하는 것은 하나님께서 크게 책망하실 죄라는 것입니다.

폼페이(Pompey, B.C.106-148)는 자신의 아내 코넬리아(Cornelia)에게 다음과 같이 말했습니다. "당신이 폼페이 대제를 사랑했다는 것은 전혀 칭송받을 일이 아니오. 그러나 만일 당신이 폼페이라는 비참한 사람을 사랑하고 있다면, 당신은 오고 오는 모든 후손들에게 귀감이 될 것이오."

이 말의 뜻을 잘 생각해 보십시오.

귀족 출신이었던 순교자 로마누스(Romanus)는 자신을 박해하는 사람에게 "내가 귀족이라는 것 때문에 호의를 베풀지 마시오"라고 간청했다고 합니다. 그는 다음과 같이 덧붙여 말했습니다. "나를 존귀하게 만드는 것은 조상으로부터 물려받은 혈통이 아니라 그리스도를 믿는 내 신앙이오."

실로 어떤 성도를 사랑하되, 그 성도 안에 있는 은혜 때문에, 그 성도에게 있는 거룩함과 하나님의 형상 때문에 그를 사랑하는 사람은, 성부 하나님의 사랑스러운 형상을 간직하고 있는 모든 성도를 사랑할 수밖에 없습니다. 왕복을 입고 있는 성도뿐만 아니라 누더기를 걸치고 있는 성도들을 모두 사랑할 수밖에 없습니다. 왕좌에 앉아 있는 성도뿐만 아니라 거름 더미에 앉아 있는 성도를 모두 사랑할 수밖에 없습니다. 대부분 가장 남루한 그리스도인들이 가장 부유한 그리스도인들입니다. 대부분 땅의 것을 가장 적게 가지고 있는 사람들이 하늘의 것을 가장 많이 가지고 있습니다(약 2:5 참고). 진짜 다이아몬드는 어둠 속에서 가장 밝게 빛납니다.

(3) 성도들을 향한 우리의 사랑이 올바른 사랑이라면, 우리는 그들 안에서 반짝이는 신령한 이유들, 곧 그들을 사랑할 수밖에 없게 만드는 신령한 이유들에 합당하게 그들을 사랑하고 즐거워합니다. 그래서 그들이 더 경건하고 은혜스러울수록 우리는 그들을 더 많이 사랑합니다.

"내가 여호와께 아뢰되 주는 나의 주님이시오니 주밖에는 나의 복이 없다 하였나이다. 땅에 있는 성도들은 존귀한 자들이니 나의 모든 즐거움이 그들에게 있도다"(시 16:2,3).

만일 우리가 누군가를 사랑하는 이유가 그가 경건하기 때문이라면, 경건에 대한 사랑과 정신과 능력과 실천이 다른 사람들보다 더 탁월한 사람을 더 많이 사랑할 것입니다. 이것은 매우 확실한 사실입니다.

어떤 사람들은 판단력이 유약하고 내적인 원리들이 저급하며, 경건을 실천하는 데는 활기가 없으면서도 자기보다 더 건전하게 판단하는 사람들을 흘겨보고, 내적인 원리에 관한 한 자기보다 더 고차원적인 사람들을 흘겨보며, 경건을 실천하는 일에 자기보다 믿음이 더 깊은 사람들을 흘겨보는 부류의, 경건한 사람들을 사랑하는 사람들이 있습니다. 의심할 여지 없이 이런 사랑은 신실함이라기보다는 위선에 더욱 가깝습니다.

진실로 사랑해야 할 영적인 이유들이 가장 뛰어나고 분명한 대상을 가장 사랑하지 않는 사람은 은혜를 전혀 받지 못한 사람이거나, 아니면 은혜를 조금밖에 소유하지 못한 사람이거나 둘 중 하나입니다. 분명한 사실은, 자신이 가진 은사와 은혜보다 다른 사람이 가진 하나님의 은사와 은혜가 더 탁월한 것을 보고서 시기하는 사람들은 영혼이 매우 심각한 질병을 앓고 있다는 것입니다.

세례 요한의 제자들은 그리스도께서 세례 요한보다 더 많은 제자들과 추종자들을 거느리고 계시다는 사실 때문에 계속 투덜거렸습니다. 그런 세례 요한의 제자들이 아직도 이 세상에 버젓이 존재하고 있습니다. 아니, 그들은 오늘날 새롭게 부활한 것처럼 보입니다.

가장 맑은 날에도 구름이 있고, 가장 깨끗한 리넨(linen)에도 얼룩이 있으며, 가장 화려한 보석에도 흠이 있고, 가장 감미로운 과일에도 벌레가 있는 것처럼, 보배로운 그리스도인들도 시험을 당할 때는 자신의 은혜와 재능과 탁월함을 가리고 무색하고 희미하게 만드는 다른 사람들의 은혜와 재능과 탁월함을 시기하고 불평할 수 있습니다. 실제로 이런 일은 매우 빈번하게 일어납니다. 가장 탁월한 사람들에게도 교만과 자기 사랑이 너무 가득합니다. 그리고 그것 때문에 그들은 때때로 자신에게 없는 탁월함을 비방하고 모욕합니다. 마치 자신의 이름을 쓸 줄 모르던 어떤 위대한 사람이 인문 과학을 국제적인 독이요 역병이라고 비방했던 것처럼 말입니다.

비록 세상적인 재물은 가장 적을지라도 하나님의 은혜를 가장 많이 가지고 있는 사람들을 우리가 가장 많이 사랑한다는 것은, 우리가 참으로 하나님의 은혜를 받은 사람이요 그 은혜 때문에 다른 사람들을 사랑한다는 것을 매우 분명하게 입증합니다. 진주가 금반지에 박혀 있을 때 더 밝은 빛을 발하겠지만, 설령 거름 더미에서 발견되었다 할지라도 마찬가지로 값진 것입니다. 이와 마찬가지로 수많은 가난한 성도들도 그리스도가 볼 때는 값지고 화려한 존재입니다. 그러므로 우리의 눈에도 그들이 그렇게 보여야 합니다. 비록 그들이 욥처럼 거름 더미 위에 앉아 있을지라도 그리스도의 눈에 그들은 고귀하고 화려한 존재입니다. 세상은 많은 재물과 명예와 외적인 화려함으로 치장되어 있는 사람들을 가장 고귀하고 화려한 존재로 보겠지만, 그리스도의 눈은 그렇지 않습니다.

(4) 성도들을 향한 참된 사랑은 지속적입니다.

"사랑은 언제까지나 떨어지지 아니하되"(고전 13:8).

사랑은 천국에서 영원토록 계속됩니다. 지속성이 없는 사랑은 결코 진정한 사랑이 아닙니다.

"형제 사랑하기를 계속하고"(히 13:1).

진정한 사랑은 성공의 때나 역경의 때나, 폭풍우가 일 때나 평온한 때나,

건강할 때나 병들었을 때나, 사랑하는 대상이 곁에 있을 때나 없을 때나 변함없이 지속됩니다. 지혜자는 다음과 같이 말합니다.

"네 친구와 네 아비의 친구를 버리지 말며……친구는 사랑이 끊어지지 아니하고 형제는 위급한 때를 위하여 났느니라"(잠 27:10, 17:17).

성공은 많은 친구들을 만들지만, 역경은 친구들을 시험합니다. 성공의 시기에는 진정한 친구를 가려낼 수 없으며 역경의 시기에는 진정한 친구를 몰라볼 수 없습니다.

진정한 사랑은 나오미를 향한 룻의 사랑과 같고 다윗을 향한 요나단의 사랑과 같아서 지속적이며 영구적입니다. 성도들을 향한 사랑에서 욥이 말한 개울과 같은 사람들이 많이 있습니다(욥 6:15,16 참고). 이런 개울은 아무런 필요도 없는 겨울철에는 여러 가지 봉사를 넘치게 하고 사랑을 넘치게 발휘하다가도, 날이 더워지고 건조해져 갈증을 느끼는 가련한 나그네가 목을 적셔 줄 물을 가장 절실하게 원할 때에는 바싹 말라 버립니다. 성도들을 향한 사랑이 이렇게 지속적이지 못한 사람들은 여름철에는 여러분 옆에 있다가도 겨울이 다가오면 멀리 날아가 버리는 제비와도 같습니다.

요세푸스(Josephus, Flavius)가 사마리아인들에 관해 증언한 바에 따르면, 유대인들이 번영할 때마다 사마리아인들은 유대인들의 친구가 되고자 했고, 그들을 향해 사랑을 고백했다고 합니다. 그러나 유대인들이 곤경에 빠지고 사마리아인들의 도움이 필요해질 때면, 사마리아인들은 유대인들을 인정하려고 하지 않았으며, 유대인들과 상종도 하지 않으려고 했다고 합니다. 오늘날 이 시대에는 이와 같은 사마리아인들이 득실거리고 있습니다. 그러나 진실한 사랑으로 사랑하는 사람들은 언제나 변함없이 사랑하게 되어 있습니다.

초대 교회 시대에 매우 극심한 재앙이 일어나 부모들이 자기 자녀들을 내팽개칠 때, 이방인들은 그리스도인들이 서로 굳게 결합되어 있는 모습을 매우 많이 목격했습니다. 이를 통해 신앙과 서로에 대한 그들의 사랑이 본성적인 사랑보다 더 견고하다는 것이 입증되었습니다. 웅변가 키케로(Cicero)는 "인생 중에서 우정을 제거하는 사람들은 세상으로부터 태양을 제거하는 것과 같다"라고 말했습니다. 물과 불이 우리 존재에 반드시 필요한 요소인 것처럼 지속적인 우정도 우리 존재에 반드시 필요한 요소입니다.

9) 구원에 수반되는 사랑은 영혼으로 하여금 그리스도의 책망을 들을 때 차분하게 안정되도록 만듭니다.

이렇게 함으로써 구원에 수반되는 사랑은 스스로를 드러냅니다. 베드로는 예수님이 세 번이나 거듭 책망하실 때 차분히 앉아 있었습니다.

"주님, 모든 것을 아시오매 내가 주님을 사랑하는 줄을 주님께서 아시나이다"(요 21:17).

제사장 엘리도 마찬가지였습니다.

"이는 여호와이시니 선하신 대로 하실 것이니라"(삼상 3:18).

아론도 자기 아들들이 하나님의 진노로 불에 삼켜질 때 잠잠했습니다.

"모세가 아론에게 이르되 이는 여호와의 말씀이라. 이르시기를 나는 나를 가까이하는 자 중에서 내 거룩함을 나타내겠고 온 백성 앞에서 내 영광을 나타내리라 하셨느니라. 아론이 잠잠하니"(레 10:3).

다윗도 마찬가지였습니다.

"내가 잠잠하고 입을 열지 아니함은 주께서 이를 행하신 까닭이니이다"(시 39:9).

그리스도를 사랑하는 사람들은 겨울철에 알몸으로 밖에 나간 스키타이 사람(Scythian)과 같습니다. 알렉산더 대왕이 그 사람이 어떻게 알몸으로 추운 겨울 날씨를 견딜 수 있는지 궁금해하자 그는 이렇게 대답했습니다. "내 몸은 모두 이마와 같아서 추위에 끄떡도 하지 않습니다."

아, 그리스도를 사랑하는 사람들도 마찬가지입니다. 그들은 주 예수님의 책망을 얼마든지 들을 수 있습니다. 그리스도를 사랑하는 사람들은 그리스도의 모든 책망이 사랑의 책망이라는 사실을 알고 있습니다.

"무릇 내가 사랑하는 자를 책망하여 징계하노니"(계 3:19).

그리스도를 사랑하는 사람들은 찡그린 그리스도의 얼굴 안에 숨겨진 사랑의 미소를 볼 수 있습니다. 이 사람들은 그리스도께서 자기를 책망한 것 때문에 그분이 자기를 미워하신다고 주장하는 것이 마귀가 고안해 낸 논리라는 사실을 알고 있습니다. 그리스도를 사랑하는 사람들은 그리스도의 모든 책망이 자신들에게 영원한 내적 유익을 주기 위한 것임을 알고 있으며, 따라서 그리스도의 책망을 들으면서도 잠잠합니다. 그들은 그리스도의 모든 책망이 앞으로 그들의 영혼에 임할 더 큰 사랑의 영광스러운 현현의 전조임을 알고 있습니다.

"우리에게 여러 가지 심한 고난을 보이신 주께서 우리를 다시 살리시며 땅 깊은 곳에서 다시 이끌어 올리시리이다. 나를 더욱 창대하게 하시고 돌이키사 나를 위로하소서"(시 71:20,21).

그리스도를 사랑하는 사람들은 죄를 범하고도 책망을 받지 않고 자유롭게 살아가는 것이 이 세상에서 겪을 수 있는 가장 큰 재앙임을 알고 있습니다.

"에브라임이 우상과 연합하였으니 버려 두라"(호 4:17).

그러므로 그리스도를 사랑하는 사람들은 여호와 앞에서 침묵을 지키고, 한 손으로는 자신들의 입을 가리고, 다른 손으로는 자신들의 마음을 눌러 거룩하신 분 앞에서 잠잠히 앉습니다.

10) 구원에 수반되는 사랑은 그리스도께 행해진 가장 사소한 불명예에도 마음이 상하도록 만듭니다.

이렇게 함으로써 구원에 수반되는 사랑은 스스로를 드러냅니다. 사랑은 작은 것들에도 민감합니다. 사랑은 무의미한 말 한마디나 불순한 꿈 하나에도 깊이 괴로워합니다. 마치 그리스도를 사랑하는 사람들이 영적 간음이나 신성모독 때문에 깊이 괴로워하는 것처럼 말입니다. 다윗은 사울의 옷자락을 칼로 베었을 뿐인데도 양심의 가책을 받았습니다(삼상 24:5 참고). 사울이 그릇된 질투심으로 자기를 쫓고 있지만 자신은 결백하다는 것을 사울에게 확신시켜 주기 위해서 그렇게 했을 뿐인데도 다윗은 그로 인해 마음에 찔림을 받았습니다.

사랑은 가장 작은 결함도 결코 용인하지 않으려고 합니다.

"내가 행하는 것을 내가 알지 못하노니"(롬 7:15).

사랑은 사람으로 하여금 천사와 같이 순결하고 완벽하게 순진무구한 것을 목표로 삼게 만듭니다. 사랑은 야곱의 사다리 꼭대기까지 올라가려고 합니다. 사랑은 완전함이 아니면 결코 만족할 줄을 모릅니다. 사랑은 사람에게 현재 자신의 상태보다는 마땅히 그래야만 하는 상태를 더 바라보도록 만듭니다. 사랑은 사람으로 하여금 가장 고상한 본을 본받는 일에 사력을 다해 애쓰도록 만듭니다. 사랑은 가장 탁월한 원본을 필사하는 일에 사력을 다해 애쓰도록 만듭니다.

사랑은 죄의 모양이라도 두려워합니다. 사랑은 죄의 모양이 하나라도 나타나면 두려워 떱니다. 사랑은 자신이 죄로 보이는 어떤 것을 행하는 것을 허용하지 않고, 또 허용할 수도 없습니다. 사랑은 '그 육체로 더럽힌 옷까지도'(유 1:23) 미워합니다. 사랑은 지옥 자체를 멀리하듯이 죄를 범할 수 있는 기회를 멀리합니다. 이것이 바로 그리스도인의 사랑의 신적인 영광입니다. 어거스틴은 우상에게 바쳐진 음식을 먹느니 차라리 굶어 죽는 편이 더 낫다고 말했습니다.

우상의 신전을 건축하기 위한 기부금을 내라고 하면서 견딜 수 없는 고문을 가하는데도, 그리스도에 대한 사랑과 우상 숭배에 대한 증오심 때문에 단 돈 한 푼도 내지 않으려고 했던 경건한 사람에 대해서 읽은 적이 있습니다. 사랑은 가장 작은 악이라도 가장 큰 선에 반대된다는 것을 알고 있습니다. 가장 작은 악이라도 그리스도의 성품과 명령과 그리스도의 영과 은혜와 그리스도의 영광과 피에 반대된다는 것을 알고 있습니다. 어떤 죄를 사소한 죄라고 부르려 한다면 '바늘 도둑이 소 도둑이 되는 것'처럼 사소한 불명예들이 점점 더 큰 불명예로 나아갈 수밖에 없다는 것을 사랑은 알고 있습니다. 사랑은 작은 죄들이 늘어나면 큰 죄가 된다는 것을 알고 있습니다. 사랑은 모래알보다 작은 것이 없지만 그러한 바다의 모래를 다 모아 놓으면 그보다 더 무거운 것이 없음도 알고 있습니다.

11) 구원에 수반되는 사랑은 그리스도로부터 멀어지고 배역하는 사람들에게 마음의 문을 굳게 닫습니다.

이렇게 함으로써 구원에 수반되는 사랑은 자기 자신을 드러냅니다. 사랑은 그리스도를 마음에 들어오게 하는 황금 열쇠인 동시에 다른 사람들을 들어오지 못하게 막는 강력한 자물쇠입니다. 비록 많은 대상들이 사랑의 문을 두드리겠지만 사랑은 오직 그리스도에게만 그 문을 열어 줍니다.

"내가 내 사랑하는 자를 위하여 문을 열었으나……많은 물도 이 사랑을 끄지 못하겠고 홍수라도 삼키지 못하나니 사람이 그의 온 가산을 다 주고 사랑과 바꾸려 할지라도 오히려 멸시를 받으리라"(아 5:6, 8:7).

히브리어 원문은 "멸시를 받으리라"라는 부분을 강조형으로 표현합니다.

그리스도인은 자기의 사랑을 돈을 주고 사려는 이 세상을 향해 베드로처럼 외칩니다.

"네 은과 네가 함께 망할지어다"(행 8:20).

사랑은 폭력을 사용하거나 아첨하면서 자신이 사랑하는 자에 대한 사랑과 충절을 저버리게 만드는 모든 사람들과 사물들을 경건하게 경멸하고 모멸합니다. 사랑으로 하여금 그리스도를 몰아내고 그 자리에 낯선 대상을 앉히도록 만들 수 있는 것은 아무것도 없습니다. 폭력도, 기만도, 약속도, 위협도, 십자가도, 면류관도 그렇게 할 수 없습니다. 왕궁도, 감옥도, 채찍도, 예복도, 교수형 밧줄도, 황금 목걸이도 그렇게 할 수 없습니다. 하나님에 대한 사랑은 다음과 같이 대답합니다.

"당장 내 눈앞에서 사라지라. 네가 가지고 있는 금과 헛된 영광을 다른 사람들에게 주라. 네가 가지고 있는 쾌락과 보물을 다른 사람들에게 주라. 네가 겉으로 쓰고 있는 사자의 탈로 다른 사람이나 놀라게 하라. 나는 네가 제시하는 겉만 번지르르한 것들을 멸시하고 경멸한다. 나는 너의 분노와 위협을 비웃고 조롱한다."

사랑은 사람을 매우 고상하고 숭고하며 용감하고 신실하게 만들기 때문에, 진실로 사랑하는 사람은 그리스도 외에는 다른 연인을 결코 두지 않으며 오직 그리스도만을 그의 가슴에 품습니다.

"나의 사랑하는 자는 내 품 가운데 몰약 향주머니요"(아 1:13).

바질은 돈과 승진을 미끼로 자신을 유혹하는 사람들에게 다음과 같이 응수했다고 합니다. "영원히 없어지지 않는 돈을 내게 주고, 영원히 번창할 영광을 내게 주십시오. 그러면 당신들이 원하는 대로 하겠습니다."

사랑은 사람이 유혹을 받을 때 다음과 같이 응수하도록 만듭니다. "내가 그리스도를 버리고 다른 사람들의 재물을 덥석 받아들일 것이라고 생각하면 큰 오산입니다."

사랑은 사람이 유혹받을 때 한 훌륭한 회심자처럼 대담하게 만듭니다. "나는 이제 옛날의 내가 아닙니다. 내 마음에 하나님에 대한 사랑이 없었을 때는 유혹을 받으면 쉽게 정복당했습니다. 그러나 지금은 하나님께서 그 사랑을 내 영혼에 비추어 주셨고, 나는 이제 더 이상 옛날의 내가 아닙니다. 유혹 앞에서 도망가거나 굴복하느니 차라리 죽음을 택하겠습니다."

12) 구원에 수반되는 사랑은 그리스도를 은밀하게 방문하고, 자신의 사랑을 은밀하게 표현함으로써 자기 자신을 드러냅니다.

그리스도를 진실로 사랑하는 영혼은 길모퉁이에서 그리스도를 만나기를 좋아하고, 문 뒤에서 그리스도를 만나기를 좋아하며, 바위틈에서 그리스도를 만나기를 좋아합니다(아 2:14 참고). 지켜보는 사람도, 듣는 사람도, 알아차리는 사람도 전혀 없는 곳에서 그리스도를 만나기를 좋아합니다(마 6:6 참고).

거짓 사랑은 많은 사람들이 지켜보는 가운데서 그리스도를 칭송하고 그분에게 입을 많이 맞춥니다. 반면에 거짓 없는 사랑은 은밀한 장소에서 그리스도를 안고 그리스도를 위해 눈물을 많이 흘립니다. 바리새인들은 시장과 회당에 서서 기도하기를 무척 좋아했습니다(마 6:2 참고). 반면에 나다나엘은 무화과나무 아래서 그리스도와 함께 있었습니다(요 1:48 참고). 고넬료는 자기 집 한쪽 구석에서 기도했고, 베드로는 지붕 위에서 기도했습니다(행 10장 참고). 아가서에 나오는 신부는 동네에서 분주하게 일했습니다(아 7:11 참고).

그리스도를 진실로 사랑하는 영혼들은 그리스도를 은밀하게 찾아가고 은밀하게 기도하며, 은밀하게 탄식하고 은밀하게 신음하며, 은밀하게 애통하기를 많이 합니다. 진실한 사랑은 문을 걸어 잠그고 은밀한 곳에 들어가기를 잘합니다. 진실한 사랑은 골방에서 그리스도와 가장 오랫동안 함께 있을 때를 언제나 가장 좋아합니다. 그리스도께서 그 영혼에게 은밀하게 자신을 계시해 주시므로 그들은 은밀하게 그리스도를 많이 추구할 수밖에 없습니다.

플루타르크(Plutarch)가 기록했던 역사서를 살펴보면, 아켈실라우스(Arcesilaus, B.C.?-241)라는 사람이 나옵니다. 그는 앓아누운 친구를 방문했을 때 그 친구가 궁핍한 형편이지만 자존심 때문에 도움 청하기를 부끄러워한다는 사실을 깨닫고, 친구의 필요를 채워 주면서도 자존심을 지켜 주기 위해서 그의 베개 아래 아무도 몰래 돈을 남겨 두었습니다. 그의 친구는 그가 떠난 후에 이 사실을 알고는 늘 이렇게 말하곤 했습니다. "아켈실라우스가 이것을 몰래 가져왔군."

이와 마찬가지로 그리스도도 자기 백성에게 은밀히 몰래 친절을 베풀어 주십니다. 그리고 이것 때문에 그리스도인들은 은밀하게 그리스도와 교제하기를 좋아하게 됩니다.

13) 구원에 수반되는 사랑은 영혼에 대한 그리스도의 사랑을 더 선명하게 확인하고 더 충만하게 확신하기를 갈망합니다.

이렇게 함으로써 구원에 수반되는 사랑은 자기 자신을 드러냅니다. 신적인 사랑은 물방울과 같은 자신이 큰 바다처럼 풍성해지고, 불꽃과 같은 자신이 화염처럼 활활 타오르고, 잔돈과 같은 자신이 목돈과 같이 커지고, 천 원짜리와 같은 자신이 천만 원처럼 막대한 밑천이 되기를 간절히 소원합니다. 그리스도를 진정으로 사랑하는 영혼들은 그리스도의 사랑을 아무리 많이 보아도 만족하지 못하고, 아무리 많이 맛보아도 만족하지 못하며, 아무리 많이 느껴도 만족하지 못하고, 아무리 많이 향유해도 만족하지 못합니다.

일단 그리스도의 사랑이 포도주보다 낫다는 것을 그들이 알게 되면, 그리스도께서 수없이 입맞춤해 주시는 것 외에는 아무것도 그들을 만족시킬 수 없습니다.

"내게 입 맞추기를 원하니 네 사랑이 포도주보다 나음이로구나"(아 1:2).

한 번의 입맞춤이 아니라 수없이 많이 입 맞추기를 원한다는 말입니다. 그리스도의 입맞춤을 한 번이라도 경험한 사람은 그리스도의 입맞춤을 아무리 많이 받는다 해도 결코 만족할 줄을 모릅니다. 왜냐하면 그리스도의 입술로부터 몰약과 은혜가 뚝뚝 떨어지기 때문입니다. 또 그리스도의 입맞춤에 견줄 만한 것이 전혀 없기 때문입니다.

어떤 영혼이 그리스도를 더 많이 사랑하면 사랑할수록, 그리스도의 사랑이 자신에게 계시되고 확증되며, 증거되고 인 쳐지기를 더욱 진지하고 신중하며 부지런히 바라기 마련입니다. 아가서에 나오는 신부는 다음과 같이 감미롭게 말합니다.

"너는 나를 도장같이 마음에 품고 도장같이 팔에 두라. 사랑은 죽음같이 강하고"(아 8:6).

'너는 나를 도장같이 마음에 품고'라는 말은 네 마음과 정서 속에 나를 깊이 새기되, 도장을 새기는 것처럼 하라는 뜻입니다. 내 사랑과 나에 대한 추억을 네 안에 지울 수 없는 인상으로 새겨 놓으라는 뜻입니다. 도장과 인장같이 네 팔에 나를 두라는 뜻입니다.

여러분도 알다시피 도장은 어떤 일들을 비준하고 확인하고 확실하게 해 두는 목적으로 사용됩니다. 그러므로 신부의 말은 다음과 같은 뜻입니다. "아, 당신의 사랑과 그 사랑에 대한 외적인 표현과 표명에서 나를 확인하고 확증해 주십시오."

또 유대인들 사이에서 도장은 장신구로 사용될 뿐만 아니라 지속적으로 보고 추억할 수 있는 사랑의 기념물로도 사용되었습니다. 그러므로 교회(신부)의 말은 다음과 같은 뜻입니다. "아, 당신의 사랑에 대한 기념물을 통해 나를 항상 보고 나를 항상 기억해 주십시오."

여러분도 잘 아는 것처럼, 구약의 율법 아래서 대제사장은 이스라엘 열두 지파의 이름을 돌에 새겨 그것을 기념으로서 그의 가슴에 붙이고 어깨에 메고 다녔습니다(출 28:11,12,21,29 참고). 그러므로 교회의 말은 다음과 같은 뜻입니다. "아, 내 이름을 당신의 마음에 깊이 새겨 주십시오. 당신의 눈으로 나를 항상 바라보십시오. 당신의 어깨에 나를 항상 기념으로 매고 있으십시오."

뿐만 아니라 높은 지위에 있는 사람들은 고귀한 신분의 상징으로서 손에 인장 반지를 끼고 있었습니다. 성경에도 이런 예가 나옵니다.

"여호와의 말씀이니라. 나의 삶으로 맹세하노니, 유다 왕 여호야김의 아들 고니야가 나의 오른손의 인장 반지라 할지라도 내가 빼어"(렘 22:24).

이런 점에서 생각해 볼 때, 신부의 말은 이런 뜻입니다. "아, 주 예수여! 나를 소중히 여겨 주십시오. 나를 귀하게 여겨 주십시오. 당신이 손에 끼고 다니는 인장 반지처럼, 또는 세상에서 높은 지위에 있는 사람들이 끼고 다니는 인장 반지처럼 나를 소중하고 보배롭게 여겨 주십시오."

14) 구원에 수반되는 사랑은 그리스도를 진실하게 사랑하는 사람으로 하여금 자신의 가장 값비싼 보물들과 가장 빼어난 보석들을 그리스도의 돌보심과 보호 아래 맡기게 만듭니다.

이렇게 함으로써 구원에 수반되는 사랑은 자기 자신을 드러냅니다. 우리는 사랑하는 사람을 신뢰합니다. 또 사랑하기 때문에 신뢰합니다. 많이 신뢰하지 않는다는 것은 그만큼 많이 사랑하지 않는다는 증거입니다. 반면 많이 신뢰한다는 것은 그만큼 많이 사랑한다는 증거입니다.

그리스도를 사랑하는 사람들은 가장 값비싼 진주와 자신의 명예, 자신의 목숨과 영혼, 면류관, 결백함과 자신의 모든 것을 그리스도께 전적으로 위탁합니다. 이와 관련하여 루터는 아주 유명한 말을 남겼습니다. "나는 내 영혼을 위해 죽으신 분으로 하여금 내 영혼의 구원을 틀림없이 이루시도록 할 것입니다."

시저는 원수가 아니라 친구들로부터 칼을 맞아 상처를 입었습니다. 그는 친구들을 믿었다가 그들에게 칼을 맞아 상처를 입었습니다. 그러나 그리스도를 사랑하는 사람들에게는 그리스도를 사랑하기 때문에 상처를 입는 일이 절대로 없을 것입니다. 그리스도를 사랑하는 사람들은 그리스도의 돌보심에 자신의 가장 빼어난 보석들을 맡김으로써 그 어떤 상처도 입지 않을 것입니다. 왜냐하면 그리스도의 손은 능력 있고, 그리스도의 마음은 지혜롭고 사랑이 충만하기 때문입니다. 그리스도께서는 성부 하나님과 성도들이 자신의 손에 위탁한 모든 것을 완벽하게 보호하실 것입니다.

이렇게 하여 구원에 수반되는 사랑이 어떤 것인지를 말했습니다.

6장
구원에 수반되는 기도

이제 여러분에게 말하려고 하는 여섯 번째 항목은 구원에 수반되는 기도란 무엇인가 하는 것입니다. 앞으로 남은 세 가지 항목에 대해서는 지면이 많지 않기 때문에 간략하게 요약해서 말해야 할 것 같습니다. 그렇지 않으면 글이 너무 장황해져서 독자 여러분과 제 자신이 지칠 수 있기 때문입니다. 그렇게 되지 않도록 저는 하나님의 도우심을 의지하여 남은 세 가지 항목에 대해서는 간략하게 말하도록 노력하겠습니다. 구원에는 반드시 기도가 수반된다는 사실은 앞에서 이미 말했습니다. 이제 구원에 수반되는 기도가 무엇인지에 대해 세부 항목을 따라 짧게 말하고자 합니다.

1. 신적인 경배

기도는 일종의 신적인 경배로서, 우리는 그 안에서 그리스도의 중보를 통하여 믿음과 겸손과 진실함과 열렬한 마음으로 하나님께 말씀을 드리며, 우리와 다른 사람들에게 필요한 유익들을 간구하고, 우리와 다른 사람들이 두려워하는 것들을 면할 수 있기를 빌며, 우리와 다른 사람들이 이미 받은 것들에 대해 감사합니다. 기도는 하나님과 얼굴을 맞대고 대화하는 것입니다. 기도는 영혼이 하늘로 올라가는 통로가 되는 야곱의 사닥다리입니다. 기도는 평안이라는 확신을 가져오기까지 나가서 결코 돌아오지 않는 노아의 비둘기입니다. 그러나 여러분이 개념만으로 만족하지 않기 위해서는 구원에 수반되는 기도 역시 기도에 꼭 있어야 하는 것들을 다 갖춘 종류의 기도임을 반드시 기억해야 합니다. 즉, 그러한 기도에는 다음의 조건들이 필요합니다.

1) 기도하는 사람은 반드시 의로운 사람이어야 합니다.

"의인의 간구는 역사하는 힘이 큼이니라"(약 5:16).

"하나님이 죄인의 말을 듣지 아니하시고 경건하여 그의 뜻대로 행하는 자의 말은 들으시는 줄을 우리가 아나이다"(요 9:31).

유대인들에게는 다음과 같은 격언이 있습니다. "부정한 사람은 자신의 기도를 더럽힌다." 악한 마음에서 나오는 선한 행동은 하늘에서 결코 아름다운 곡조로 받아들여지지 않습니다. 속이는 입술에서 나오는 감미로운 말들은 하나님이 보시기에 거짓말일 뿐입니다(호 11:12 참고).

어떤 보석에 대한 글을 읽은 적이 있는데, 그 보석을 죽은 사람의 입에 넣으면 모든 아름다움이 사라지고 만다고 합니다. 하나님을 향하여, 그리스도를 향하여, 천국을 향하여, 거룩을 향하여 죽어 있는 사악한 사람의 입에서 나오는 기도는 모든 아름다움을 잃어버린 보석과 같습니다.

"악인에게는 하나님이 이르시되 네가 어찌하여 내 율례를 전하며 내 언약을 네 입에 두느냐? 네가 교훈을 미워하고 내 말을 네 뒤로 던지며"(시 50:16,17).

이교도인 바이어스(Bias, B.C.?-550)는 배를 타고 여행하다가 큰 풍랑을 만났을 때, 자기와 함께 있는 사악하고 비열한 사람들이 여러 신의 이름을 부르면서 기도하는 것을 보고서는 다음과 같이 말했다고 합니다. "아, 기도를 멈추고 입을 열지 마시오. 신들이 여러분이 여기 있다는 사실을 알까 봐 두렵소이다. 만일 신들이 여러분이 여기 있다는 사실을 안다면, 틀림없이 우리 모두를 수장시킬 것이기 때문이오."

독자 여러분은 지혜로운 분들이니 이 말을 어떻게 받아들이고 적용해야 할지를 잘 알 것입니다.

2) 기도하는 내용이 반드시 선해야 합니다.

"그를 향하여 우리가 가진 바 담대함이 이것이니 그의 뜻대로 무엇을 구하면 들으심이라"(요일 5:14).

천국의 총아(寵兒)들이 하는 기도는 그 내용이 선하고 하나님의 뜻에 맞는 정도만큼 하나님께서 들으십니다(롬 8:27 참고). 여러분이 기도하는 내용은 반드시 하나님의 특별한 교훈이나 전반적인 교훈이나 약속의 범주 아래 있어야 합니다. 그렇지 않으면 하나님은 절대 여러분의 기도를 인정하지 않고 열납하지도 않으실 것입니다.

어거스틴이 회심하기 전에 했던 것과 같이 기도해서는 안 됩니다. 그는 절제할 수 있는 능력을 달라고 구하면서 다음과 같이 단서를 달았다고 합니다. "주여, 나에게 정욕을 절제할 수 있는 힘을 주옵소서. 그러나 지금 말고 나중에 주옵소서."

이런 위선은 갑절의 죄악이요, 하나님은 그런 위선자들을 그에 합당하게 벌하실 것입니다.

3) 기도의 내용이 선할 뿐만 아니라 기도하는 방식이 옳아야 합니다.

하나님께서는 기도의 내용보다는 오히려 기도의 방식을 더 중요하게 생각하십니다. 하나님께서는 기도할 뿐만 아니라 기도를 잘하는 것을 좋아하십니다. 하나님께서는 선을 행할 뿐만 아니라 올바르게 선을 행하는 것을 좋아하십니다.

이 진리를 더 효과적이고도 심도 있게 설명하기 위해서, 올바르게 기도하는 것이 무엇인지를 하나님의 도움을 의지하여 다섯 가지 항목으로 나누어 살피고자 합니다.

⑴ 올바른 방식으로 기도한다는 것은 이해력을 가지고 지식을 따라 기도하는 것입니다.

"마음으로 기도하며"(고전 14:15).

자기가 기도하는 것이 무엇인지도 모른 채 기도하는 사람은 기도하는 것이 아니라 단지 재잘거리는 것입니다. 마치 사도신경 전체를 한 군데도 틀림없이 외웠던 로마의 어느 앵무새처럼 말입니다. 그런데 많은 사람들이 이렇게 자신이 무엇을 기도하고 있는지도 모른 채로 기도하고 있습니다.

"지식 없는 소원은 선하지 못하고"(잠 19:2).

마음이 악한데 어떻게 거기서 나오는 기도가 선할 수 있겠습니까? 하나님은 눈먼 마음, 눈먼 제물, 눈먼 제사장을 가증하게 여기십니다. 어떤 사람이 다음과 같은 훌륭한 말을 남겼습니다. "먼저 기도하는 사람이 하나님의 말씀을 듣지 않으면, 하나님은 기도하는 사람의 말을 듣지 않으십니다."

사실입니다. 하나님은 우리 자신도 무엇인지 이해하지 못하는 기도를 결코 이해하시지 않을 것입니다.

⑵ 올바른 방식으로 기도하는 것은 믿음으로 기도하는 것입니다.

"하나님께 나아가는 자는 반드시 그가 계신 것과 또한 그가 자기를 찾는 자들에게 상 주시는 이심을 믿어야 할지니라"(히 11:6).

'그가 계신 것'을 믿는다는 것은 성경 말씀에 기록된 것처럼 그분이 실제로 선하고 은혜롭고 영광스럽고 탁월하고 변함이 없으시다는 것을 믿는다는 것입니다.

"그러므로 내가 너희에게 말하노니, 무엇이든지 기도하고 구하는 것은 받은 줄로 믿으라. 그리하면 너희에게 그대로 되리라"(막 11:24).

이 말씀의 헬라어 원문에는 동사의 시제가 현재형으로 되어 있습니다. "그리하면 너희에게 그대로 되리라"라고 말입니다. 이런 표현은 기도한 것을 그대로 받는다는 확실성을 보여 주는 것입니다. 여러분은 마치 이미 그것을 여러분의 손에 쥐고 있는 것처럼 믿는 마음으로 기도하며 간구한 좋은 것들을 틀림없이 받을 것입니다.

하나님은 믿음의 손이 기도를 마친 후에 절대 빈 채로 되돌아가게 하시지 않습니다. 하나님은 믿음을 사랑하십니다. 그러므로 하나님은 믿음에게 갑절의 몫, 곧 베냐민이 받았던 몫, 한나가 받았던 몫을 반드시 주실 것입니다(창 43:34; 삼상 1:5 참고).

"너희 중에 누구든지 지혜가 부족하거든 모든 사람에게 후히 주시고 꾸짖지 아니하시는 하나님께 구하라. 그리하면 주시리라. 오직 믿음으로 구하고 조금도 의심하지 말라. 의심하는 자는 마치 바람에 밀려 요동하는 바다 물결 같으니 이런 사람은 무엇이든지 주께 얻기를 생각하지 말라"(약 1:5-7).

의심하면서 기도하는 사람은 자기 손으로 천국 문을 굳게 닫아 자신의 기도가 들어가지 못하게 만듭니다.

루터의 전기를 읽어 보면, 루터의 기도는 하나님께 드리는 기도답게 깊은 경외심으로 충만했으며, 친구에게 말하는 것처럼 담대함으로 충만했다고 합니다. 기도 가운데 있는 믿음은 기도하는 사람을 하나님 앞에서 놀랄 정도로 친밀하고 담대하게 만듭니다. 믿음의 형상과 인장이 새겨져 있지 않은 기도는 하나님 앞에서 기도로 인정받지 못합니다. 천국에서 피어난 가장 감미로운 꽃마저도 믿음의 손으로 드려질 때 하나님께 열납됩니다.

한 가련한 사람이 두려워 손을 덜덜 떨면서 아우구스투스(Augustus) 황제에게 탄원서를 제출하려고 찾아왔을 때, 황제는 매우 불쾌해하면서 다음과 같이 말했습니다. "누구든지 왕에게 탄원서를 가지고 올 때 마치 코끼리에게 먹이를 가져다주는 것처럼 행동하는 것은 올바르지 못하다."

즉, 코끼리에게 먹이를 가져다주는 사람이 코끼리에게 밟혀 죽을까 봐 두려워하듯이 황제에게 탄원서를 제출하는 것은 올바른 태도가 아니라는 말입니다. 그렇습니다. 여호와 하나님은 자신에게 탄원을 올리기 위해서 찾아오는 모든 사람들이 두려워 떠는 손이 아니라 견고한 믿음으로 나아오기를 원하십니다. 믿음의 행위를 동반하는 기도로 말미암아 그리스도는 더 많은 영광을 받으시고, 기도하는 영혼도 더 많은 유익을 얻습니다.

(3) 올바른 방식으로 기도하는 것은 열정적으로 뜨겁게, 간절히 기도하는 것입니다.

야고보서 5장 16절을 보십시오.

"의인의 간구는 역사하는 힘이 큼이니라."[1]

헬라어로는 '역사하는 기도'라고 되어 있습니다. 다시 말해서, 사람의 전 인격이 움직이는 기도는 역사하는 힘이 크다는 뜻입니다. 여기에 사용된 헬라어는 가장 생생한 활동을 상징하는 역사를 의미하기 때문입니다.

병을 고치기 위해서 아주 독한 약을 썼는데, 만일 그 약이 효력이 없으면

---

1) 역자주 – 저자가 인용하는 흠정역에는 이 대목이 "The effectual fervent prayer of a righteous man availeth much"라고 되어 있습니다. 이것을 직역하면 "의인의 효과적이고 열렬한 기도는 역사하는 힘이 많으니라"라고 할 수 있습니다.

오히려 사람의 몸을 죽일 것입니다. 이와 마찬가지로 기도를 했는데 만일 그 기도가 역사하는 기도가 아니라면, 그 기도는 영혼을 죽일 것입니다.

페인트로 그린 불은 절대 불이 아닙니다. 시체는 절대 사람이 아닙니다. 이와 마찬가지로 냉랭한 기도는 절대 기도가 아닙니다. 페인트로 그린 불에는 아무런 열기도 없습니다. 죽은 시체에는 생명이 전혀 없습니다. 이와 마찬가지로 냉랭한 기도에는 무한한 능력이나 헌신이나 복이 전혀 없습니다. 하늘 문을 삼 년이나 닫아 놓았다가 원할 때 그것을 열고 우리 머리 위에 가장 감미로운 복을 끌어 내리며 우리 마음속에 가장 탁월한 은총을 끌어 내리는 것은 냉랭한 기도가 아니라 역사하는 기도입니다. 냉랭한 기도는 마치 화살촉이 없는 화살과 같고, 날이 서 있지 않은 칼과 같으며, 날개가 없는 새와 같습니다. 이런 기도는 구멍을 뚫지도 못하고, 베지도 못하며, 하늘로 날아오르지도 못합니다. 냉랭한 기도는 언제나 하늘에 도달하기 전에 꽁꽁 얼어붙습니다.

야곱은 온 힘을 다하여 하나님과 씨름했습니다. 하나님이 "날이 새려 하니 나로 가게 하라"라고 말씀하셨지만, 야곱은 "당신이 내게 축복하지 아니하면 가게 하지 아니하겠나이다"(창 32:26)라고 대답했습니다. 야곱은 강한 공격을 받고 허벅지 관절이 어긋나서 다리를 절면서도, 축복을 받지 않고는 하나님을 보내려 하지 않았습니다. 야곱은 허벅지 관절이 어긋났지만 그 손을 놓지 않았고, 그리하여 방백의 자격으로서 하나님과 겨루어 이겼습니다(창 32:25,28,31 참고). 야곱은 기도하며 울었고, 울며 기도했습니다. 그리하여 하나님과 겨루어 이겼습니다.

"천사와 겨루어 이기고 울며 그에게 간구하였으며 하나님은 벧엘에서 그를 만나셨고 거기에서 우리에게 말씀하셨나니"(호 12:4).

사람을 하나님 앞에서 방백과 승리자로 만드는 것은 입술로 수고하는 것이 아니라 마음으로 수고하는 것이며, 수많은 말을 쏟아 내는 것이 아니라 마음을 토해 내는 것입니다. 기도 가운데 하나님과 겨루어 이기기를 원하는 사람은 마음의 모든 현을 팽팽하게 당겨 놓아야 합니다. 하나님께 간구하면서 하나님을 쉬지 못하게 해야 합니다. 그리하여 하나님을 이겨야 합니다.

기도 가운데 깊은 고뇌를 겪으며 씨름해야 합니다. 상대방이 아무리 인상을 찌푸리고 대답도 하지 않고 슬픈 답변만 늘어놓아도 결코 물러설 줄 모르는 끈질긴 거지와 같아야 합니다. 자신이 간구하는 바를 얻고자 하는 사람들은 끈질긴 과부처럼 하나님께 간청하되, 하나님께서 얼굴을 붉히실 정도까지 간청해야 합니다(눅 18:2-7 참고). 바질이 말한 것처럼, 거룩한 뻔뻔스러움을 발휘하여, 만일 하나님이 우리의 끈질긴 간청을 들어주지 않으면 도저히 부끄러워 우리의 얼굴을 바라보시지 못하도록 만들어야 합니다.

끈질긴 영혼은 하나님께서 응답하실 때까지 결코 간청을 멈추지 않을 것입니다. 낙심할 만한 이유들이 아무리 많아도 그 모든 것들을 없애 버릴 것입니다. 아니, 낙심할 만한 모든 이유들을 오히려 용기를 북돋아 주는 이유들로 바꿔 버릴 것입니다. 예수님께서 "오, 영혼이여! 네가 원하는 대로 이루어질지어다"라고 말씀하실 때까지 간청할 것입니다. 마치 복음서에 나오는 가나안 여자가 그랬던 것처럼 말입니다(마 15:21-28 참고).

심령의 뜨거움이 없는 기도는 영혼 없는 몸과 같고, 불쏘시개가 없는 마른 장작 같으며, 화약 없는 탄알과 같습니다. 가장 뜨거운 온천은 물을 펄펄 끓임으로써 물을 솟구쳐 냅니다.

자신의 기도가 무덤덤하고 냉랭하다는 것을 깨닫고서 다음과 같이 자신을 책망한 어떤 사람의 이야기를 읽은 적이 있습니다. "아니, 그대는 요나가 스올의 뱃속에 있었을 때 이렇게 기도했다고 생각하는가? 다니엘이 사자굴 속에 들어갔을 때 이렇게 기도했다고 생각하는가? 십자가에 매달린 강도가 이런 식으로 기도했다고 생각하는가?"

여기에 몇 마디를 덧붙일 수 있겠습니다. "사드락과 메삭과 아벳느고가 활활 타오르는 용광로에 던져졌을 때 이런 식으로 기도했다고 생각하는가? 사도들이 사슬에 매여 투옥되었을 때 이런 식으로 기도했다고 생각하는가?"

아, 그리스도인들이 스스로를 책망하여 냉랭한 기도에서 벗어날 수 있다면 얼마나 좋을까요! 그리스도인들이 스스로를 책망하여 주님 앞에 나아가 기도할 때, 그들의 심령의 상태가 더 좋아지고 뜨거워진다면 얼마나 좋을까요! 끈질기게 기도하는 영혼은 가련한 거지와 같습니다. 수없이 빌고 문을 두드리며, 수없이 빌고 기다리며, 수없이 빌고 일하며, 수없이 문을 두드리고 뜨개질하며, 수없이 구걸하며 계속해서 헝겊 조각으로 옷을 기워 입으며, 동냥을 얻을 때까지는 문에서 한 발짝도 움직이지 않는 거지와 같습니다. 진실로 이렇게 끈질기게 간구하는 사람은 오래 지나지 않아 은혜 안에서 거지 신세를 벗어나게 될 것입니다. 하나님께서는 그 사람의 마음과 잔을 넘치도록 채워 주실 것입니다.

(4) 올바른 방식으로 기도한다는 것은 열정적으로 기도할 뿐만 아니라 근면하게 지속적으로 기도한다는 것입니다.

"항상 기도하고 낙심하지 말아야 할 것을 비유로 말씀하여"(눅 18:1).

헬라어 표현대로 하자면, '낙심한다'라는 것은 게으름뱅이가 일하기 싫어서, 또는 겁쟁이가 전쟁에 나가기 싫어서 '뒤로 움츠린다'는 의미입니다.

사람들이 항상 기도한다는 것은 다음과 같은 경우를 말합니다. 먼저, 그들의 마음이 항상 기도할 준비가 되어 있는 경우, 다시 말해서 기도할 마음의 상태를 갖추고 있는 경우입니다. 둘째로, 기도의 의무를 이행해야 하는 시간에 그 의무를 생략하지 않는 경우나 하나님 앞에서 자신의 심령을 쏟아 놓을 수 있는 모든 기회를 포착하는 경우입니다.

"쉬지 말고 기도하라"(살전 5:17).

우리는 반드시 끊임없이 기도해야 합니다. 비록 실제로 끊임없이 무릎을 꿇고 기도하지는 못할지라도, 우리는 모든 상태와 여건 속에서 우리의 마음을 기도하는 심정으로 유지해야 합니다. 성공의 때나 역경의 때나, 건강할 때나 병들었을 때나, 강할 때나 약할 때나, 부유할 때나 궁핍할 때나, 살아 있을 때나 죽음에 처할 때나 늘 기도하는 심정을 유지해야 합니다. 그러므로 에베소서 6장 18절에서 사도는 다음과 같이 말합니다.

"모든 기도와 간구를 하되 항상 성령 안에서 기도하고 이를 위하여 깨어 구하기를 항상 힘쓰며 여러 성도를 위하여 구하라."

우리가 날마다 만나게 되는 연약함들, 궁핍함들, 두려움들, 위험들, 유혹들은 우리에게 날마다 기도할 것을 요구합니다.

"소망 중에 즐거워하며 환난 중에 참으며 기도에 항상 힘쓰며"(롬 12:12).

여기에는 사냥감을 잡을 때까지 결코 포기할 줄 모르는 사냥개에서 따온 비유가 있습니다. 개는 모든 피조물 중에서 배고픔을 가장 잘 참는 동물입니다. 그래서 개는 사방팔방으로 뛰어다니며 먹이를 잡을 때까지 결단코 멈추지 않는 근성을 지니고 있습니다. 이와 마찬가지로 하나님의 자녀들도 하나님과 그리스도와 은혜와 평강과 자비와 영광을 간절히 추구하되, 천상의 음식을 얻을 때까지 결단코 포기하지 않아야 합니다.

"그들을 지나치자마자 마음에 사랑하는 자를 만나서 그를 붙잡고 내 어머니 집으로, 나를 잉태한 이의 방으로 가기까지 놓지 아니하였노라"(아 3:4).

신부는 자신이 사랑하는 자를 만날 때까지 계속해서 그를 찾고 또 찾았습니다. 은혜로운 영혼들은 자신이 하나님께 간청하는 것들을 얻을 때까지 자신에게 아무것도 없다고 생각합니다. 이들은 이전에 결코 기도한 적이 없는 것처럼 기도하며, 실제로 행동하기 전까지는 자신이 아무것도 하지 않았다고 생각합니다.

이교도들이 바다의 신으로 알고 있는 프로테우스(Proteus)에 관하여 어떤 사람들이 주장하는 바에 따르면, 프로테우스는 신탁을 내릴 때 보이는 습관이 있다고 합니다. 사람들이 프로테우스가 여러 가지 모양과 형태로 변신하는 것을 보려고 하지 않으면, 프로테우스는 말을 하거나 신탁을 전하려 하지 않았다고 합니다. 그러나 그가 어떤 모양과 형태로 나타나든지 간에 사람들이 두려워하지 않고 끝까지 포기하지 않고 간청하면, 만족스러운 신탁을 틀림없이 들을 수 있었다고 합니다.

이와 마찬가지로 우리가 하나님의 복을 얻기 위하여 하나님과 지속적으로 씨름하려 할 때에 하나님께서 심판자나 원수나 낯선 사람의 모습과 형태로 우리에게 나타나신다 할지라도, 우리가 지속적으로 하나님께 간청하여 자비를 구한다면 틀림없이 우리에게 자비가 임할 것입니다. 그리고 우리는 다음과 같이 말할 것입니다. "비록 하나님께서 사람들이 간청하는 구체적인 은총을 잠시 동안 허락하지 않고 뒤로 늦추실지라도, 사람이 기도하는 일에 지속적으로 매달리는 것은 결코 헛되지 않다."

옛날 어느 황제는 "황제는 서서 죽어야 마땅하다"라고 말했다고 하는데, 그와 비슷하게 다음과 같이 말할 수 있겠습니다. "그리스도인은 기도하면서 죽어야 마땅하다."

(5) 올바른 방식으로 기도한다는 것은 진실하게 기도한다는 것입니다.

"나의 울부짖음에 주의하소서. 거짓되지 아니한 입술에서 나오는 나의 기도에 귀를 기울이소서"(시 17:1).

'거짓되지 아니한 입술'은 히브리어로 '속이지 않는 입술'입니다.

"여호와께서는 자기에게 간구하는 모든 자, 곧 진실하게 간구하는 모든 자에게 가까이 하시는도다"(시 145:18).

여러분의 마음과 여러분의 기도가 반드시 일치해야 합니다. 말과 행실, 입술과 생활, 기도와 실천이 반드시 서로 일치해야 합니다. 그렇지 않으면 우리는 모든 것을 잃어버리고 맙니다. 천국을 잃어버리고 영혼을 영원토록 잃어버리게 됩니다.

하나님이 기뻐하시는 것은 목소리가 큰 것도 아니요 말을 많이 하는 것도 아니며, 감미로운 어조로 말하는 것도 아니고 심사숙고한 개념들을 말하는 것도 아니며 화려한 표현도 아닙니다. 하나님이 기뻐하시는 것은 기도하는 사람의 '중심이 진실한 것'(시 51:6 참고), 바로 그것입니다.

아테네 사람들은 신들에게 자신이 드릴 수 있는 가장 좋은 제물을 바쳐 제사를 올렸습니다. 물론 그들의 원수들은 그렇게 하지 않았습니다. 그런데도 아테네 사람들의 기대와는 달리 스파르타와의 전쟁에서 언제나 전과가 지지부진했고, 그들은 그 이유를 신탁으로 물었습니다. 그러자 신탁을 통하여 다음과 같은 답변이 주어졌습니다. "신들은 사람들이 외적으로 허세를 부리면서 값비싼 제사를 드리는 것보다 야심을 품지 않고 드리는 내적인 탄원을 더 좋아한다."

여러분이 경건한 의무들과 예배에서 별다른 유익을 얻지 못하는 까닭은, 여러분이 그 가운데서 진실하고 정직한 마음을 품지 않기 때문입니다. 만일 여러분이 의무를 이행하는 가운데 더욱 진실하고 온전한 마음으로 나아간다면, 하늘로부터 더 완전하고 감미로운 보상을 받게 될 것입니다.

예수님의 어머니인 마리아의 아버지, 요아김(Joachim)에 관한 기록을 보면, 그는 종종 "기도는 내 양식이요 음료입니다"라고 말했다고 합니다. 그리스도인들이여, 여러분이 진실하면 진실할수록, 기도는 더욱더 여러분의 양식이요 음료가 될 것입니다. 기도가 여러분에게 큰 기쁨과 즐거움이 될수록, 여러분은 더욱더 하나님의 기쁨과 즐거움이 될 것입니다. 왜냐하면 하나님은 하나님 섬기기를 즐거워하고 그 보상보다는 하나님의 일을 더 좋아하는 사람들을 즐거워하시기 때문입니다.

로마 황제 세베루스(Severus)는 신하들에게 많은 것을 주어야 하는 것보다 신하들이 자기에게 아무것도 구하지 않는 것으로 더욱 힘들어했습니다. 그래서 그는 자기 신하들 중 누구라도 자기에게 담대히 나오지 못하는 사람이 있으면, 그를 불러서 다음과 같이 말했습니다. "왜 그대는 나에게 아무것도 구하지 않는가?"

그리스도께서는 정직한 영혼을 향해 말씀하십니다.

"지금까지는 너희가 내 이름으로 아무것도 구하지 아니하였으나 구하라 그리하면 받으리니 너희 기쁨이 충만하리라"(요 16:24).

그리스도의 지갑은 우리에게 줄 것으로 가득 차 있고, 그리스도의 마음은 고결하며, 그리스도의 손은 아낌없이 베풀어 주십니다.

4) 기도는 반드시 선한 목적을 지향해야 합니다.

기도의 목적은 하나님의 영광을 기리는 것, 여러분의 영혼이 내적으로 영원한 유익을 누리는 것, 그리고 다른 사람들의 영혼이 내적으로 영원한 유익을 누리는 것이 되어야 합니다. 영혼이 기도하면서 가장 중요한 목표와 표적과 과녁으로 삼아야 할 것은 하나님의 영광입니다.

"그런즉 너희가 먹든지 마시든지 무엇을 하든지 다 하나님의 영광을 위하여 하라"(고전 10:31).

하나님께서 우리에게 면류관을 씌워 주실 때, 하나님은 우리 안에 베푸신 자신의 은사에 면류관을 씌워 주실 뿐입니다. 그리고 우리가 모든 행동으로 하나님께 영광을 돌릴 때, 우리는 하나님의 이름에 합당한 영광을 그분에게 돌리는 것일 뿐입니다. 왜냐하면 하나님께서 우리 안에서, 우리를 위하여 우리의 모든 행동을 이루시기 때문입니다.

하나님은 모든 사람들의 행동을 평가하실 때 그들이 품고 있는 목적에 따라 평가하십니다. 만일 사람의 목적이 선하면, 하나님은 모든 것을 선하다고 평가하십니다. 반대로 만일 사람의 목적이 악하면, 하나님은 모든 것을 악하다고 평가하십니다. 목적이 행동을 판단하는 기준입니다. 경배의 모든 행위도 영혼이 목적으로 삼고 있는 것에 따라 선할 수도 있고, 악할 수도 있습니다. 하나님을 기도의 대상으로 삼을 뿐 기도의 목적으로 삼지 않는 사람의 기도는 헛되고 자기 자신을 해치기만 합니다.

우리가 하나님을 만유 중의 만유로 여기지 않으면, 결국 하나님을 아무것도 아닌 존재로 여기는 셈입니다. 우리가 하나님을 알렉산더와 같은 가장 뛰어난 사람 이상으로 여기지 않으면, 결국 하나님을 아무것도 아닌 존재로 여기는 셈입니다.

하나님은 여러분의 기도의 대상인 동시에 목적이 되어야만 합니다. 그렇지 않으면 하나님은 여러분의 기도를 혐오하실 것입니다. 하나님의 영광을 목적으로 삼지 않는 모든 기도는 결코 하나님의 귀에 들어가지 못하며, 하나님의 마음에 남지도 못합니다. 목적은 언제나 수단만큼 고상해야 합니다. 그렇지 않으면 그리스도인은 자기 자신에 못 미치게 행동하게 되어 있습니다. 뿐만 아니라 자신의 이성에도 못 미치게 행동하게 되어 있습니다.

그리스도인들이여! 여러분의 기도가 하나님 앞에 열납되도록 만드는 것, 여러분의 기도가 여러분과 다른 사람들에게 위안이 되고 유익이 되도록 만드는 것은 말을 홍수처럼 쏟아 내는 것도 아니고 재치가 번뜩이는 표현도 아니며 뜨거운 격정으로 말하는 것도 아닙니다. 그것은 거룩하고 은혜로운 목적입니다.

그렇습니다. 하나님의 영광을 목적으로 삼는 기도 한마디가 하나님의 영광을 목적으로 삼지 않는 모든 기도보다 더욱더 사탄을 괴롭히고 고통스럽게 합니다. 그리스도의 영광을 드높이고 사탄이 받을 저주를 더욱더 크게 하는 것은 단순히 기도하는 것이 아니라, 기도 가운데 영혼이 하나님의 영광을 목적으로 삼는 것입니다.

이렇게 하여 기도, 곧 구원에 수반되는 기도에 반드시 있어야 할 요소들을 살펴보았습니다. 이제 구원에 수반되는 기도에 대한 진리를 더 심도 있고 풍성하게 보기 위하여 다른 구체적인 항목을 몇 가지 말하고자 합니다.

2. 전 인격을 개선시키는 기도

기도를 통하여 믿음이 자라고 소망이 강렬해지며, 심령이 쾌활해지고 마음이 평온을 누리며, 양심이 정결해지고 시험을 이기며, 부패한 본성을 누그러뜨리고 정서가 뜨거워지며, 의지가 더욱 새로워지고 전 인격이 더 많은 유익을 얻게 됩니다. 기도는 영적 의자와 같습니다. 영혼은 그리스도의 발아래서 그 의자에 앉아 그리스도의 은혜를 받습니다. 기도는 주님께서 우리의 마음을 위로하고 평안하게 하며 힘을 주고 소생시키며 고양시키시고자 우리의 마음에 들어오실 때 사용하는 왕의 문입니다.

성경은 이 진리를 입증해 주는 '구름같이 둘러싼 허다한 증인들'(히 12:1)을 우리에게 제시합니다. 그러나 저는 기도하는 성도들을 이 진리에 대한 증인으로 세우고 싶습니다. 아, 기도하는 영혼들이여, 제가 묻는 말에 대답해 보십시오. 여러분은 이것이 참으로 진리임을 알고 있지 않습니까? 저는 여러분이 기도에 관한 이 참된 진리를 이미 깨달았고, 지금도 깨닫고 있으며, 그렇기 때문에 기도가 여러분에게는 기쁨이요 천국임을 잘 알고 있습니다.

3. 경건한 사람들의 기도와 사악한 사람들의 기도의 차이

경건한 사람들의 기도와 사악한 사람들의 기도의 차이점을 숙고함으로써 구원에 수반되는 기도가 무엇인지 판단해 볼 수 있습니다. 지금부터 경건한 사람들과 사악한 사람들의 기도가 어떻게 다른지, 여덟 가지 측면에서 살펴보고자 합니다.

1) 은혜로운 영혼들이 기도 가운데서 하나님과 관계를 맺는 유일한 근거는 오직 그리스도입니다.

은혜로운 영혼들은 죄 사함의 자비, 깨끗이 씻어 주시는 은혜, 치유하는 향유, 위로가 되는 신적인 은총, 자신을 지탱하는 능력, 자신을 지도하는 지혜, 자신을 만족시켜 주는 선함을 간구합니다. 그런데 이 모든 것들을 간구할 때 그들이 의지하는 것은 오직 그리스도의 피와 의와 속죄, 하나님의 보좌 우편에서 이루어지는 그리스도의 중보입니다(계 4:10,11 참고).

은혜로운 영혼들은 하나님의 아들 예수 그리스도를 통하여 성부 하나님을 구합니다. 이들은 언제나 그리스도의 이름으로 자신의 탄원을 올립니다. 그것이 그리스도의 뜻이기 때문입니다.

"너희가 내 이름으로 무엇을 구하든지 내가 행하리니 이는 아버지로 하여금 아들로 말미암아 영광을 받으시게 하려 함이라. 내 이름으로 무엇이든지 내게 구하면 내가 행하리라"(요 14:13,14).

"너희가 나를 택한 것이 아니요 내가 너희를 택하여 세웠나니 이는 너희로 가서 열매를 맺게 하고, 또 너희 열매가 항상 있게 하여 내 이름으로 아버지께 무엇을 구하든지 다 받게 하려 함이라"(요 15:16).

"그날에는 너희가 아무것도 내게 묻지 아니하리라. 내가 진실로 진실로 너희에게 이르노니 너희가 무엇이든지 아버지께 구하는 것을 내 이름으로 주시리라"(요 16:23).

이 말씀의 헬라어 원문은 함축적인 표현으로 되어 있습니다. 그러므로 '무엇이든지'라는 대목은 다음과 같이 읽을 수도 있습니다. "너희가 내 이름으로 아버지께 아무리 많은 것들을 구한다 할지라도, 아버지께서 그것들을 너희에게 주시리라"라고 말입니다.

그리스도를 품에 안고 가지 않으면 아무도 천국에 들어갈 수 없습니다.

"이는 그로 말미암아 우리 둘이 한 성령 안에서 아버지께 나아감을 얻게 하려 하심이라"(엡 2:18).

헬라어로는 '그 손으로 이끄는 것'이라고 강조합니다. 이것은 왕이 총애하는 사람의 인도를 받지 않으면 결코 왕을 알현할 수 없는 이 세상 임금들의 풍속을 암시하는 표현입니다.

플루타르크는 다음과 같은 기록을 남겼습니다. "이교도들 가운데 몰로시아인들(Molossian)에게는 다음과 같은 풍습이 있습니다. 즉, 그들은 왕에게 도움을 받고자 할 때면 왕의 아들을 팔에 안고 나아가 왕 앞에 무릎을 꿇었습니다."

아, 그리스도인들이여! 그리스도는 하나님 아버지께 절친한 분이요 소중한 분이십니다. 하나님 아버지께서는 그의 아들 예수 그리스도를 통하여 자신의 모든 사랑과 은총을 베풀어 주기로 굳게 결심하셨습니다. 그러므로 만일 여러분이 믿음의 팔로 그리스도를 안고 하나님께로 나아간다면, 여러분은 하나님의 마음을 얻을 수 있을 것이고, 그렇게 하나님의 마음을 얻으면서 모든 것을 얻게 될 것입니다.

하나님의 아들이신 예수 그리스도의 자비와 중보를 바라보는 순간, 성부 하나님의 자비가 흘러내리고, 그분의 마음이 돌아서며, 긍휼히 여기는 심정이 불붙을 것입니다. 요셉이 형들에게 "너희 아우가 너희와 함께 오지 아니하면 너희가 내 얼굴을 보지 못하리라"(창 43:3)라고 말한 것처럼, 하나님께서도 "주 예수가 너희와 함께 오지 아니하면 너희가 내 얼굴을 보지 못하리라"라고 말씀하십니다.

은혜로운 영혼들은 기도할 때마다 예수 그리스도를 성부 하나님 앞에 보이고 그리스도를 의지하여 자신의 현세적이고 영적이며 영원한 유익들을 하나님께 구합니다.

그러나 헛된 사람들은 자기 자신의 가치와 의, 자기 자신의 훌륭함과 봉사를 의지하여 기도함으로써 하나님과 관계를 맺으려고 합니다.

"그들이 날마다 나를 찾아 나의 길 알기를 즐거워함이 마치 공의를 행하여 그의 하나님의 규례를 저버리지 아니하는 나라 같아서 의로운 판단을 내게 구하며 하나님과 가까이하기를 즐거워하는도다. 우리가 금식하되 어찌하여 주께서 보지 아니하시오며 우리가 마음을 괴롭게 하되 어찌하여 주께서 알아주지 아니하시나이까? 보라, 너희가 금식하는 날에 오락을 구하며 온갖 일을 시키는도다"(사 58:2,3).

여기에서 볼 수 있는 것처럼, 그들은 자신의 행위와 봉사를 의지하고서 분노하는 태도로 하나님께 자신의 일을 말씀드립니다. 왜냐하면 하나님께서 그들의 가식적인 행위에 응답해 주시지 않았기 때문입니다.

바리새인들도 이처럼 자신의 훌륭함과 의로움을 의지하고 서 있습니다.

"바리새인은 서서 따로 기도하여 이르되 하나님이여, 나는 다른 사람들 곧 토색, 불의, 간음을 하는 자들과 같지 아니하고 이 세리와도 같지 아니함을 감사하나이다. 나는 이레에 두 번씩 금식하고 또 소득의 십일조를 드리나이다 하고"(눅 18:11,12).

마태복음 6장 23절에 기록된 위선자들 역시 마찬가지입니다. 그들은 자신이 행한 외적인 봉사와 행위를 아주 많이 의지합니다. 실제로는 그 모든 것들이 허울 좋은 죄요 더러운 누더기에 불과한데 말입니다.

2) 진실로 은혜로운 영혼들은 자신을 얽매고 있는 쇠사슬을 벗어던지기 위해서라기보다는 자신의 죄를 벗어던지기 위해서 더 많이 기도합니다.

사도행전 20장 23절에서 사도 바울이 말한 것처럼, 그는 가는 곳마다 결박당하는 고통을 겪었습니다. 그러나 그는 단 한 번도 "오호라, 나는 곤고한 사람이로다. 이 결박에서 누가 나를 건져 내랴?"라고 외치지 않았습니다. 오히려 그는 "오호라, 나는 곤고한 사람이로다. 이 사망의 몸에서 누가 나를 건져 내랴?"(롬 7:24)라고 외쳤습니다.

반면 사악한 사람들은 자신의 죄를 벗어던지기 위해서라기보다 자신을 얽어맨 쇠사슬을 벗어던지기 위해서 더 씨름하며 기도합니다. 내면에 있는 정욕으로부터 구원받기 위해서라기보다 외부에 있는 원수로부터 구원받기 위해서 더 씨름하며 기도합니다. 영적인 속박으로부터 구원받기 위해서라기보다 용광로에서 건짐 받기 위해서 더 씨름하며 기도합니다(시 78:34; 슥 7:5-7; 사 26:16,17 참고).

3) 은혜로운 영혼의 기도는 천상의 신령한 것들을 향해 흘러가며 그것들을 가장 중요하게 추구합니다.

성경에 면면히 기록된 성도들의 기도는 이 사실을 풍성하게 증언합니다(시 4:6,7, 27:4 참고).

반면 헛된 사람들의 기도는 별 볼일 없고 저급하며 육신적인 것들을 가장 중요하게 추구하며 그것들을 향해 흘러갑니다(호 7:14; 슥 7:5-7; 약 4:3 참고).

4) 은혜로운 영혼은 자신의 기도를 의지하지 않고 자신의 기도를 통해 하나님을 의지하고 살아갑니다.

은혜로운 영혼은 기도가 자신의 전차(戰車)인 한편, 그리스도가 자신의 양식임을 잘 알고 있습니다. 기도는 자신을 지탱해 주는 지팡이일 수 있지만, 그리스도는 자신에게 필요한 영양분을 공급해 주는 만나임을 잘 알고 있습니다. 그러므로 그는 그리스도를 의지하고 살아갑니다.

"여호와여, 아침에 주께서 나의 소리를 들으시리니 아침에 내가 주께 기도하고 바라리이다"(시 5:3).

히브리어 원문에서 '내가 주께 기도하고'라는 구절은 '내가 내 기도를 정돈하고, 가지런히 정렬하고'라는 뜻으로 이해됩니다. '(기도하고) 바라리이다'라는 구절은 '마치 파수꾼이 적군이 침투해 오는지를 살피기 위해서 경계하는 것처럼 주의를 기울여 지켜보겠다'라는 뜻입니다.

반면 헛된 사람들은 하나님을 의지하고 살기보다는 오히려 자기의 기도를 더 의지하고 살아갑니다. 뿐만 아니라 그들은 자신의 기도가 하늘로부터 어떤 응답을 받는지를 결코 눈여겨보지도 않습니다. 그들은 마치 활을 쏘아 놓고는 자신이 쏜 화살이 어디로 떨어지는지 전혀 개의치 않는 사람들과 같습니다. 사악한 사람들은 자신이 기도했다는 것만으로도 자신이 충분히 신앙적이라고 생각합니다. 그래서 자신이 드린 기도의 결과를 지켜보고 자신이 드린 기도가 어떻게 응답되는지를 지켜보는 것은 신앙과 아무런 관계가 없다고 치부해 버립니다.

그러나 은혜로운 영혼은 이보다 고상한 심령을 가지고 있습니다. 은혜로운 영혼은 일단 기도한 후에 망루에 서서 하나님께서 뭐라고 말씀하시는지를 관찰합니다.

"내가 하나님 여호와께서 하실 말씀을 들으리니 무릇 그의 백성, 그의 성도들에게 화평을 말씀하실 것이라. 그들은 다시 어리석은 데로 돌아가지 말지로다"(시 85:8).

사악한 사람들은 하나님께서 자기의 모든 소원에 열심히 귀를 기울이시기를 원합니다. 그러나 그들 자신은 하나님의 말씀을 전혀 귀담아 들으려 하지 않습니다. 분명한 사실은, 하나님의 말씀을 듣지 않는 사람들은 하나님의 응답을 결코 들을 수 없다는 것입니다. 죄가 죄인의 귀를 틀어막을 때 공의는 언제나 하나님의 긍휼을 침묵하도록 만듭니다.

5) 은혜로운 영혼은 낙심할 이유가 많아도 기도를 멈추지 않습니다.

이와는 달리 사악한 영혼은 낙심할 이유가 조금이라도 있으면 기도를 멈춥니다(시 40:1,2, 44:10-23; 마 15:21-28; 말 3:14; 사 58:1-3; 암 8:3-5 참고).

고대의 한 순교자는 핍박자의 위협에 놀라면서도 다음과 같이 대답했다고 합니다. "눈에 보이는 것이든 눈에 보이지 않는 것이든 나는 아무것도 두려워하지 않소. 나는 그리스도의 이름에 대한 내 신앙고백을 끝까지 붙들 것이오. 그리고 무슨 일을 당하든지 성도들에게 단번에 주어진 믿음을 간절하게 구할 것이오."

살고 싶다는 소망이 아무리 간절하고 죽음에 대한 두려움이 아무리 클지라도, 그것들은 진정한 그리스도인을 기도에서 떠나게 만들 수 없습니다. 기도 응답이 늦어지거나 응답이 없을 때에도 진정한 그리스도인은 낙심하지 않고 오히려 더 열심을 내며, 실망하지 않고 더 기운을 차립니다. 진정한 그리스도인은 기도라는 한 가지 길과 통로를 계속해서 고집하며 붙들 것입니다. 비록 사람들이 험악하게 욕을 하고 사자들이 으르렁거리며 용광로가 일곱 배나 더 뜨겁게 달아오를지라도, 진정한 그리스도인은 기도를 등지지 않을 것입니다. 그러나 육신적인 마음은 그렇게 할 수 없습니다(욥 27:9,10 참고).

6) 은혜로운 영혼은 기도할 때 그 마음을 담아 기도합니다.

은혜로운 영혼은 기도를 마음의 일로 삼습니다. 그래서 다윗은 시편 42편 4절에서 "이제 이 일을 기억하고 내 마음이 상하는도다"[2]라고 말합니다. 사무엘상 1장 15절에서 한나도 같은 표현을 사용합니다.

"나는 마음이 슬픈 여자라. 포도주나 독주를 마신 것이 아니요 여호와 앞에 내 심정을 통한 것뿐이오니."

이사야 26장 8,9절에서 교회도 그와 같이 말합니다.

"여호와여, 주께서 심판하시는 길에서 우리가 주를 기다렸사오며 주의 이름을 위하여 또 주를 기억하려고 우리 영혼이 사모하나이다. 밤에 내 영혼이 주를 사모하였사온즉 내 중심이 주를 간절히 구하오리니 이는 주께서 땅에서 심판하시는 때에 세계의 거민이 의를 배움이니이다."

은혜로운 영혼은 진실되게, 또 전심으로 마음을 쏟아 기도하지 않으면 그 어떤 기도도 하나님 앞에 인정받거나 열납되거나 보상되지 않는다는 사실을 알고 있습니다. 마음을 창조하신 분은 마음의 일부분이나 마음의 한쪽 구석을 잘라 드리는 것으로는 결코 만족하실 수 없습니다.

아기의 진짜 어머니는 자신의 아기가 둘로 나뉘는 것을 결코 원하지 않습니다(왕상 3:26 참고). 하나님은 상하고 통회하는 심령을 사랑하실 뿐만 아니라 둘로 나뉜 마음을 미워하십니다. 하나님은 절뚝거리는 것이나 반으로 나눈 것을 모두 혐오하십니다. 하나님은 진실하고 전적인 섬김을 원하십니다.

"네 하나님 여호와를 경외하여 그의 모든 도를 행하고 그를 사랑하며 마음을 다하고 뜻을 다하여 네 하나님 여호와를 섬기고"(신 10:12).

---

[2] 역자주 – 흠정역과 한글 성경은 약간 차이가 있습니다. 흠정역에는 "When I remember these things, I pour out my soul in me"라고 되어 있는데, 이 부분을 직역하면, "이 일을 기억하고 내가 내 안에 있는 내 혼을 토하나이다"가 됩니다.

바로 이것이 하나님의 법입니다.

이교도들 사이에서는 제사장이 희생 제물로 바칠 짐승의 배를 가른 뒤에 가장 먼저 심장을 찾았다고 합니다. 만일 심장이 없으면 희생 제물은 제물로서 인정을 받지 못했습니다. 그렇습니다. 하나님은 마음이 담겨 있지 않는 모든 제사를 인정하시지 않습니다. 그런데도 사악한 사람들은 모든 봉사와 기도 가운데 마음을 기울이지 않습니다(사 29:13; 마 15:7-9; 겔 33:30-32; 슥 7:4-6; 대하 25:1,2 참고).

영혼 없는 몸이 죽은 것처럼, 그 안에 마음이 담겨 있지 않은 기도는 하나님이 보시기에 죽은 기도입니다. 기도는 마음이 담겨 있을 때에만 사랑스럽고 가치가 있습니다. 만일 그 안에 마음이 없다면, 그 기도는 아무런 가치나 사랑스러움도 가질 수 없습니다.

하나님께서 기도를 들으실 때 중요하게 보시는 것은, 목소리를 크게 하는 것도 아니요, 손을 쥐어짜는 것도 아니며, 가슴을 치는 것도 아닙니다. 하나님께서 가장 중요하게 보시는 것은 마음이 기도 가운데 활동하는 것입니다. 하나님은 마음이 말하는 것만을 들으십니다. 만일 마음이 말하지 않는다면, 하나님은 틀림없이 전혀 귀를 기울이시지 않을 것입니다. 기도에 마음의 수고가 없다면 그 어떤 기도도 하나님 앞에서 인정을 받지 못합니다.

7) 대부분 은혜로운 영혼들은 기도를 마칠 때면 죄로부터 더 멀어진 마음, 죄를 더 맹렬하게 대적하는 마음을 가지게 됩니다.

은혜로운 영혼들이 기도하는 동안 하나님과 누린 보배로운 교제, 자신의 요청을 하나님의 귀에 불어넣는 동안 하나님께서 그들의 마음에 불어넣어 주신 감미로운 숨결, 그리고 기도하는 동안 성령께서 그들의 마음에 허락하신 은밀한 도움과 감동과 감격은, 죄를 더 철저하게 대적하도록 그들의 마음을 무장시키고, 죄에 대해 최고도로 저항 태세를 취하게 합니다. 기도하는 영혼은 이렇게 말합니다. "어떻게 하나님을 거슬러 이런저런 악을 행할 수 있겠는가? 기도 중에 자신의 영광을 내 앞으로 지나가도록 허락하신 분에게 합당하지 못한 일을 나는 절대 할 수 없다. 또 절대 하지도 않을 것이다."

반면 사악한 사람들은 기도를 마칠 때면 범죄하는 일에 더 큰 용기를 얻고 죄의 길로 행하기로 더 굳게 결심합니다. 잠언에서 창기는 다음과 같이 말합니다.

"내가 화목제를 드려 서원한 것을 오늘 갚았노라. 이러므로 내가 너를 맞으려고 나와 네 얼굴을 찾다가 너를 만났도다. 내 침상에는 요와 애굽의 무늬 있는 이불을 폈고 몰약과 침향과 계피를 뿌렸노라. 오라, 우리가 아침까지 흡족하게 서로 사랑하며 사랑함으로 희락하자"(잠 7:14-18).

예레미야서 7장 9,10절에도 같은 내용이 나타납니다.

"너희가 도둑질하며 살인하며 간음하며 거짓 맹세하며 바알에게 분향하며 너희가 알지 못하는 다른 신들을 따르면서 내 이름으로 일컬음을 받는 이 집에 들어와서 내 앞에 서서 말하기를 우리가 구원을 얻었나이다 하느냐? 이는 이 모든 가증한 일을 행하려 함이로다."

사악한 사람들은 프랑스의 왕 루이(Louis)와 같습니다. 그는 불경한 말을 한 다음에 십자가에 입을 맞추고 나서 이전보다 더 불경한 말을 한 다음에 또다시 십자가에 입을 맞추었다고 합니다. 이와 마찬가지로 사악한 사람들은 죄를 범하고 난 다음에 기도하고, 기도한 다음에 또 죄를 범합니다. 이들은 더 많이 기도할수록 더 쉽고 단호하고 뻔뻔하게 죄를 짓습니다.

사악한 사람들은 자신의 양심을 잘 길들여 더 많이 기뻐하고 더 적게 후회하면서 범죄하기 위하여 기도를 이용합니다. 아, 이런 죄인들은 지옥에 가기 위하여 얼마나 수고하는지요! 도와줄 것도 없고 소망도 없다고 절규하게 될 마지막 심판의 날에 자신의 양심이 자신을 대적하도록 무장시키기 위해서 얼마나 수고하는지요! 참으로 비참하고 가련한 일이 아닐 수 없습니다.

8) 은혜로운 영혼들은 기도 중에 다른 사람들의 마음이 어떤 영향을 받았는가 하는 것보다 자신의 마음이 어떤 영향을 받았는지를 더 중요하게 관찰합니다.

은혜로운 영혼들은 기도할 때 자신의 심령을 면밀하게 바라봅니다. 자신의 마음을 엄밀하게 바라봅니다. 자신의 마음이 어떤 감동을 받고 어떻게 녹아 내렸는지, 어떻게 겸비해지고 어떻게 소생되었는지, 어떻게 고양되고 어떻게 신령하게 되었는지, 어떻게 향상되었는지를 주의 깊게 봅니다.

반면 헛된 사람들은 기도할 때 '사람들에게 보이기 위하여' 기도합니다. 그들은 다른 사람들이 자신의 기도를 얼마나 좋아하는지, 그들이 자신의 기도를 통해 어떤 감명을 받고 어떤 매력을 느끼는지를 가장 중요하게 봅니다. 헛된 사람들은 자신의 기도가 다른 사람들의 마음에 어떤 영향을 미치는지를 관찰하는 데 가장 민감합니다. 그들은 그 어떤 의도로든 자신의 기도가 자신의 마음에 어떤 영향을 미쳤는지에는 전혀 관심을 두지 않습니다. 바로 이것이 그들에게 임한 가장 두려운 재앙입니다.

⚜

지금까지 저는 경건한 사람들과 경건하지 않은 사람들의 기도가 얼마나 다른지를 힘써 말했습니다. 이미 앞에서 여러 가지 항목으로 구원에 수반되는 기도가 무엇인지를 말한 것처럼, 이런 차이점을 숙고함으로써 구원에 수반되는 기도가 무엇인지를 알 수 있습니다.

7장
구원에 수반되는 견인

이제 여러분에게 말하려는 일곱 번째 항목은 구원에 수반되는 견인이란 무엇인가 하는 것입니다.

1. 거룩한 신앙고백과 관련된 견인

구원에 수반되는 견인은 거룩한 신앙고백 안에서의 견인입니다.
"그러므로 우리에게 큰 대제사장이 계시니 승천하신 이, 곧 하나님의 아들 예수시라. 우리가 믿는 도리를 굳게 잡을지어다"(히 4:14).
여기서 '굳게'라는 표현은 '거룩한 침노의 손으로'라고도 바꿀 수 있습니다. 히브리서 10장 23절 말씀도 이와 동일한 맥락입니다.
"또 약속하신 이는 미쁘시니 우리가 믿는 도리의 소망을 움직이지 말며 굳게 잡고."

'움직이지 말고'를 헬라어 원문대로 번역하자면, '이쪽저쪽으로 기울거나 동요하지 않고'가 됩니다. 여기서 '굳게 잡다'라는 헬라어는 본래 '강력하게 붙잡는 것, 또는 양손으로 굳게 붙잡는 것'이라는 뜻을 지니고 있습니다.

그러므로 그 어떤 유혹이나 환난이나 반대나 핍박이 있든지, 우리는 거룩한 신앙고백에서 떨어져 나가서는 안 됩니다. 오히려 그 어떤 난관이나 위험이나 죽음 앞에서도 강력한 손으로, 양손으로 우리의 신앙고백을 굳게 붙잡아야 합니다. 옛날 아테네의 선장 키내기루스(Cynægirus)가 전쟁에서 노략한 값비싼 전리품을 실은 배를 굳게 붙잡았듯이 말입니다.

2. 경건하고 신령한 원리들과 관련된 견인

구원에 수반되는 견인은 경건하고 신령한 원리들 안에서의 견인입니다. 또한 구원에 수반되는 견인은 사랑 안에 거하는 것이요, 믿음과 소망 안에 거하는 것입니다(요 15:9,10; 고전 13:13 참고). 견인은 그 자체로 따로 독특하게 존재하는 은혜가 아닙니다. 오히려 견인은 모든 미덕을 빛내는 미덕입니다. 또한 견인은 모든 은혜에 전체적인 아름다움과 영광을 부여하는 은혜입니다. 그리고 견인은 모든 은혜를 완전함으로 이끌어 가는 은혜입니다.

경건하고 천상적인 여러 가지 원리들 안에서 견인하는 것은 믿음과 회개, 애통과 소망 안에서 견인하는 것입니다. 그것은 사랑과 경외함, 겸손과 인내와 자기 부인 안에서 견인하는 것입니다. 구원에 수반되는 견인, 구원에 이르는 견인은 바로 이와 같이 구원에 수반되는 거룩하고도 은혜로운 원리들 안에서의 견인입니다. 그 어떤 은혜도 견인 없이 혼자서 자신을 천국으로 인도할 수 없습니다. 가장 반짝이고 빛나는 은혜도 그렇게 할 수 없습니다. 그 어떤 은혜도 절대 그렇게 할 수 없습니다.

은혜 중에 가장 크다고 할 수 있는 믿음도, 만일 그것이 기운을 잃고 없어져 버리면 사람을 천국으로 인도할 수 없습니다. 은혜의 유모라고 할 수 있는 사랑도, 만일 그것이 쇠퇴하여 냉랭해지면 사람을 천국으로 인도할 수 없습니다. 은혜를 아름답게 만들고 예쁘게 꾸며 준다고 할 수 있는 겸손도, 만일 그것이 끝까지 계속되지 않는다면 사람을 천국으로 인도할 수 없습니다. 순종, 회개, 인내, 그 밖의 그 어떤 은혜도 끝까지 완벽하게 역사하지 않으면 사람을 천국으로 인도할 수 없습니다. 마지막 심판의 날에 모든 은혜와 모든 은혜로운 영혼들이 면류관을 쓰게 되는 이유는 그들이 은혜 안에서 견인되었기 때문입니다.

"네가 죽도록 충성하라. 그리하면 내가 생명의 관을 네게 주리라"(계 2:10).

모든 위선자들처럼, 일시적으로 믿는 사람들, 일시적으로 회개하는 사람들, 일시적으로 사랑하는 사람들, 일시적으로 기뻐하는 사람들, 일시적으로 소망하는 사람들, 그리고 끝까지 견인하지 못하고 지속하지 못하는 사람들은 심판의 날에 갑절의 비참함을 당할 것입니다.

견인은 모든 은혜의 완성입니다. 견인이 없다면, 현재 싸우고 있는 사람은 승리를 소망할 수 없습니다. 지금 당장은 이기고 있을지 몰라도, 만일 그가 모든 원수들을 무찌를 때까지 계속 견인하여 승리에 승리를 거듭해 나가지 않는다면 면류관을 기대할 수는 없습니다.

3. 그리스도의 진리 안에 거하는 것

구원에 수반되는 견인은 그리스도의 말씀과 그분의 진리 안에 거하는 것이요 존속하는 것입니다.

"너희가 내 안에 거하고 내 말이 너희 안에 거하면 무엇이든지 원하는 대로 구하라. 그리하면 이루리라"(요 15:7).

"청년들아, 내가 너희에게 쓴 것은 너희가 강하고 하나님의 말씀이 너희 안에 거하시며 너희가 흉악한 자를 이기었음이라……너희는 처음부터 들은 것을 너희 안에 거하게 하라. 처음부터 들은 것이 너희 안에 거하면 너희가 아들과 아버지 안에 거하리라"(요일 2:14,24).

"지나쳐 그리스도의 교훈 안에 거하지 아니하는 자는 다 하나님을 모시지 못하되 교훈 안에 거하는 그 사람은 아버지와 아들을 모시느니라"(요이 1:9).

믿음의 교훈을 건전하고 진실하게, 그리고 끝까지 한결같이 견고하게 붙잡는 사람들을 제외하고는 그 어떤 사람도 믿음의 결국, 곧 영혼의 구원을 얻지 못합니다.

그리스도께서는 다음과 같이 말씀하셨습니다.

"너희가 내 말에 거하면 참으로 내 제자가 되고"(요 8:31).

마치 하루의 최후를 장식하는 것이 저녁이듯이, 마치 연극 전체 장면의 최후를 장식하는 것이 마지막 연기이듯이, 어떤 행동의 최후를 장식하는 것은 그 결말입니다. 아무리 시작이 좋아도 끝이 좋지 않으면 좋지 않은 법입니다. 그리스도인의 시작은 그 결말에 비할 때 미미할 뿐입니다. 므낫세와 바울은 시작이 좋지 않았지만 끝이 좋았습니다. 반대로 가룟 유다와 데마는 시작이 좋았지만 끝이 좋지 않았습니다.

영생과 영광에 이르도록 만드는 것, 사람을 궁극적으로 행복하게 만드는 것은 그리스도의 교훈을 지식적으로 아는 것이나 그리스도의 말씀을 칭송하는 것이 결코 아닙니다. 그것은 그리스도의 말씀 안에 거하는 것이요, 그리스도의 교훈 안에 존속하는 것입니다. 후메내오와 알렉산더처럼 믿음의 교훈과 믿음의 말씀에서 떨어져 나가고 파선한 사람들은 주님이나 주님의 백성들에 의해서, 또는 그 양자에 의해서 사탄에게 내준 바 될 것입니다(딤전 1:19,20;

고전 5:5 참고). 대개 이런 사람들의 결말은 시작보다 더 비참합니다. 성령으로 시작했으나 육신으로 마치는 사람들에게는 갑절의 저주가 따릅니다(벧후 2:20-22; 딤후 3:13 참고).

4. 은혜로운 행동 안에 존속하는 견인

마지막으로, 구원에 수반되는 견인은 거룩하고 은혜로운 행동들과 활동들 안에서 계속 거하는 것이요, 경건한 의무들과 신앙적인 봉사들 가운데 계속 거하는 것입니다(빌 3:10-14; 사 40:31 참고). 그리스도인의 삶은 가만히 앉아 있는 것이 아니라 활발하게 움직이는 것입니다. 그리스도인의 상징적인 무늬는 천국을 향하여 움직여 나아가는 집이어야만 합니다. 그리스도인은 제자리에 가만히 서 있어서는 절대 안 됩니다. 그리스도인이라면 언제나 믿음에서 믿음으로, 능력에서 능력으로 계속 나아가야만 합니다. 성도들은 이 땅에서 할 일을 다 마친 후에 더 좋은 세상에 이르러 그곳 보좌에 앉게 될 것입니다. 견인은 계속해서 나아가는 것이요, 경건과 거룩의 길로 계속 행하는 것입니다.

"여자들과 예수의 어머니 마리아와 예수의 아우들과 더불어 마음을 같이하여 오로지 기도에 힘쓰더라"(행 1:14).

"그들이 사도의 가르침을 받아 서로 교제하고 떡을 떼며 오로지 기도하기를 힘쓰니라……날마다 마음을 같이하여 성전에 모이기를 힘쓰고 집에서 떡을 떼며 기쁨과 순전한 마음으로 음식을 먹고"(행 2:42, 46).

"참과부로서 외로운 자는 하나님께 소망을 두어 주야로 항상 간구와 기도를 하거니와"(딤전 5:5).

"기도에 항상 힘쓰며"(롬 12:12).

그리스도인은 천국에 들어가 편히 앉기 전에 먼저 광야에서 열심히 일해야 합니다. 그리스도인은 행복에 들어가기 전에 먼저 지속적인 거룩의 진보를 이루어야 합니다. 이를 위해 견인은 그리스도인으로 하여금 하나님을 향하여, 천국을 향하여, 거룩을 향하여 지속적으로 움직이도록 만듭니다. 바로 이것이 견인의 탁월함입니다.

사람이 하나님과 천국과 거룩을 향하여 움직이고 활동하도록 만드는 주인공은 바로 은혜입니다. 그런데 견인은 그 사람이 언제나 앞으로 나아가고 움직이도록 만듭니다. 움직임은 피조물에게 있는 탁월함입니다. 그런데 해, 달, 별 등의 천체의 움직임에서 볼 수 있는 것처럼, 어떤 피조물이든 더욱 탁월할수록, 그 피조물의 움직임도 더욱 탁월해집니다. 견인은 은혜와 거룩의 길에서 끊임없이 움직이는 것입니다. 견인은 수많은 장애물들과 낙심할 만한 일들과 유혹들과 고난과 핍박이 있더라도 사람으로 하여금 여호와의 길과 일을 결코 떠나지 않고 계속하도록 만듭니다. 개가 짖어도 달이 자기 길을 가는 것처럼, 견인은 교만한 사람들이 짖어 대고 물어뜯어도 그리스도인으로 하여금 경건하고도 천상적인 활동을 계속해 나가도록 만듭니다(시 44:16-21 참고).

이렇게 하여 구원에 수반되는 견인이 무엇인지를 살펴보았습니다.

8장
구원에 수반되는 소망

이제 여덟 번째로 구원에 수반되는 소망이란 무엇인가 하는 것에 대해 살펴보겠습니다. 이것에 관해서는 매우 간략하게 말하고자 합니다. 먼저 구원에는 소망이 수반된다는 사실을 말하겠습니다. 그다음에 구원에 수반되는 소망이 무엇인지를 말하겠습니다. 마지막으로 소망의 여러 가지 속성들을 말하겠습니다.

1. 구원에 수반되는 소망

소망은 구원에 수반되는 여러 가지 특별한 요소들 중 하나입니다.

"우리가 소망으로 구원을 얻었으매 보이는 소망이 소망이 아니니 보는 것을 누가 바라리요?"(롬 8:24)

"우리가 성령으로 믿음을 따라 의의 소망을 기다리노니"(갈 5:5).

"너희 마음의 눈을 밝히사 그의 부르심의 소망이 무엇이며 성도 안에서 그 기업의 영광의 풍성함이 무엇이며"(엡 1:18).

"우리는 낮에 속하였으니 정신을 차리고 믿음과 사랑의 호심경을 붙이고 구원의 소망의 투구를 쓰자"(살전 5:8).

"우리로 그의 은혜를 힘입어 의롭다하심을 얻어 영생의 소망을 따라 상속자가 되게 하려 하심이라"(딛 3:7).

"영생의 소망을 위함이라. 이 영생은 거짓이 없으신 하나님이 영원 전부터 약속하신 것인데"(딛 1:2).

이 모든 성경 구절들을 볼 때, 구원에는 소망이 수반되는데, 소망은 마치 영생과 같습니다.

2. 구원에 수반되는 소망이란 무엇인가

제가 두 번째로 말하려는 것은 구원에 수반되는 소망, 구원을 함축하는 소망이 무엇인가 하는 것입니다. 저는 다음에 세분된 항목을 따라 할 수 있는 대로 아주 간략하고 명쾌하게 말하고자 합니다.

1) 소망은 하나님의 은혜이며, 이로써 장차 올 좋은 일을 기대하고 그것이 올 때까지 인내로 기다리게 합니다.

우리는 구원에 수반되는 소망으로 말미암아 장차 임할 좋은 일을 기대하고 그것이 실현될 때까지 인내하며 기다립니다.

(1) 소망은 하나님의 은혜입니다.

하나님은 소망을 주시는 분입니다. 그러므로 성경은 하나님을 일컬어 소망의 하나님이라고 부릅니다.

"소망의 하나님이 모든 기쁨과 평강을 믿음 안에서 너희에게 충만하게 하사"(롬 15:13).

왜냐하면 오직 하나님만이 우리 소망의 대상이시기 때문입니다. 오직 하나님만이 사람의 영혼에 소망을 창조하고 불어넣어 주시기 때문입니다.

소망은 사람이 태어날 때부터 가지고 나오는 본성적인 정서가 결코 아닙니다. 사람들은 태어날 때부터 입에 혀를 가지고 태어나지만 소망은 그렇지 않습니다. 사람들은 태어날 때 마음에 소망을 전혀 가지지 않은 채로 태어납니다. 소망은 고귀하게 하사됩니다. 소망은 위에서 내려옵니다. 소망은 성령의 능력으로 사람의 영혼에 잉태되는 하늘의 아기입니다. 소망은 사람이 태어날 때부터 가지고 나오는 본성적인 정서가 아닐 뿐만 아니라 사람이 부지런히 연마하여 도달할 수 있는 윤리적인 미덕도 아닙니다. 분명히 말하건대, 소망은 오직 하나님만이 주실 수 있는 신학적인 미덕입니다.

(2) 소망으로 인해 장차 올 좋은 일을 기대합니다.

소망이라는 하나님의 은혜로 말미암아 우리는 장차 임할 좋은 일을 기대합니다. 여기서 '나쁜 일'이 아니라 '좋은 일'을 기대한다고 한 것은 나쁜 일은 사람들이 기대하는 것이 아니라 오히려 두려워하는 것이기 때문입니다.

구원에 수반되는 소망의 대상은 네 가지 특성을 가지고 있습니다.

첫째, 그것은 반드시 좋은 소망이어야 합니다.

둘째, 그것은 반드시 미래에 관한 것이어야 합니다.

셋째, 그것은 반드시 실현 가능해야 합니다.

넷째, 그것은 반드시 성취하기 힘든 것이어야 합니다.

(3) 소망으로 인해 장차 올 좋은 일을 인내하며 기다립니다.

소망이라는 하나님의 은혜로 말미암아 우리는 장차 임할 좋은 일을 기대하고, 그것이 실현될 때까지 인내하면서 기다립니다. 소망은 영혼이 갈망하고 바라는 좋은 일을 소유하게 될 때까지 묵묵히 기다리도록 만듭니다.

"만일 우리가 보지 못하는 것을 바라면 참음으로 기다릴지니라"(롬 8:25).

'소망'이라는 단어로 자주 번역되는 히브리어는 '본래 자신이 갈망하는 좋은 일을 기다리는 가운데 몸과 마음이 모두 매우 열렬한 의지를 발휘하고, 심령이나 정신이 전력을 발휘하는 것'을 의미합니다.

2) 소망은 천상적인 대상인 하나님과 그리스도에 대해 정통합니다.

구원에 수반되는 소망은 거룩하고 천상적인 대상들, 가령 하나님과 그리스도에 관해서 정통합니다.

"우리 구주 하나님과 우리의 소망이신 그리스도 예수의 명령을 따라 그리스도 예수의 사도 된 바울은"(딤전 1:1).

이 말씀에서 그리스도는 우리가 소망해야 할 가장 중요한 대상으로 표현되어 있습니다. 왜냐하면 우리는 그리스도의 공로와 긍휼로 말미암아 죄 사함을 받고 우리의 영혼이 영원히 구원받기를 소망하기 때문입니다.

때때로 소망은 그리스도의 의를 대상으로 삼습니다.

"우리가 성령으로 믿음을 따라 의의 소망을 기다리노니"(갈 5:5).

때때로 소망은 성부 하나님을 대상으로 삼습니다.

"너희는 그를 죽은 자 가운데서 살리시고 영광을 주신 하나님을 그리스도로 말미암아 믿는 자니 너희 믿음과 소망이 하나님께 있게 하셨느니라"(벧전 1:21).

"이스라엘의 소망이시요 고난당한 때의 구원자시여"(렘 14:8).

"이스라엘의 소망이신 여호와여, 무릇 주를 버리는 자는 다 수치를 당할 것이라……재앙의 날에 주는 나의 피난처시니이다"(렘 17:13,17).

때때로 소망은 하나님의 말씀과 약속을 주요 대상으로 삼습니다.

"주의 종에게 하신 말씀을 기억하소서. 주께서 내게 소망을 가지게 하셨나이다"(시 119:49).

"나의 영혼이 주의 구원을 사모하기에 피곤하오나 나는 주의 말씀을 바라나이다"(시 119:81).

"주는 나의 은신처요 방패시라. 내가 주의 말씀을 바라나이다"(시 119:114).

"나 곧 내 영혼은 여호와를 기다리며 나는 주의 말씀을 바라는도다"(시 130:5).

"주를 경외하는 자들이 나를 보고 기뻐하는 것은 내가 주의 말씀을 바라는 까닭이니이다"(시 119:74).

"내가 날이 밝기 전에 부르짖으며 주의 말씀을 바랐사오며"(시 119:147).

하나님의 약속을 소망하는 것은 머리에 두통을 앓는 것과 마음이 깨지는 것을 막아 줍니다. 하나님의 약속을 소망하는 것은 머리와 마음 모두를 낙심과 절망에서 보호합니다. 하나님의 약속에 소망을 두면 마음에 천국이 이루어집니다. 하나님의 모든 약속은 소망이 하늘로 올라갈 때 딛고 올라가는 사다리입니다. 하나님의 약속에 소망을 두는 것은 영생과 영혼을 함께 묶어 줄 뿐만 아니라 영광과 영혼도 함께 묶어 줍니다. 하나님의 약속에 소망을 두는 것은 곤경에 빠진 영혼에 힘을 줍니다. 하나님의 약속에 소망을 두는 것은 혼란에 빠져 있는 영혼을 평온하게 합니다. 하나님의 약속에 소망을 두는 것은 낙심한 영혼을 위로합니다. 하나님의 약속에 소망을 두는 것은 방황하는 영혼을 회복시킵니다. 하나님의 약속에 소망을 두는 것은 머뭇거리는 영혼을 확고하게 세워 줍니다. 하나님의 약속에 소망을 두는 것은 멸망당한 영혼을 구원합니다.

'하나님의 약속과 소망'의 관계는 '소망과 사람의 영혼'의 관계와 같습니다. 즉, 하나님의 약속이 소망의 닻이듯이, 소망은 영혼의 닻입니다. 잘 보십시오. 하나님의 약속과 소망의 관계는 젖 먹이는 어머니의 유방과 어린아이의 관계, 기름과 등잔과의 관계와 같습니다(롬 8:24 참고). 소망은 하나님의 약속을 먹고 하나님의 약속을 끌어안을 때 잘 살고 성장합니다. 하나님의 모든 약속은 천국의 진수성찬인데, 소망은 바로 이런 하나님의 약속을 먹고 삽니다. 모든 소망은 일정한 기쁨을 영혼에 가져오고, 이로 인하여 영혼은 천국을 사무치게 그리워하게 됩니다(히 11:13; 시 16:11; 딛 3:7 참고).

또 소망은 하나님의 우편에 있는 영광과 지극한 복락, 행복을 그 대상으로 삼습니다.

"복스러운 소망과 우리의 크신 하나님 구주 예수 그리스도의 영광이 나타나심을 기다리게 하셨으니"(딛 2:13).

소망은 사람이 그리스도의 영광스러운 다시 오심을 목을 빼고 손을 뻗쳐 고대하도록 만듭니다. 시스라(Sisera)의 어머니가 아들의 금의환향을 고대했던 것처럼 말입니다. 소망이 있는 영혼은 종종 "어찌하여 그가 타신 전차가 더디게 달려오는가?"라고 탄식합니다.

"너희를 위하여 하늘에 쌓아 둔 소망으로 말미암음이니"(골 1:5).

여기에서는 소망하는 모든 것들, 곧 우리를 위하여 하늘에 쌓아 둔 모든 영광과 지복, 행복과 복락을 환유적으로 소망이라는 한 단어로 표현했습니다. 로마서 8장 23,24절, 골로새서 1장 27절, 로마서 5장 2절에서도 마찬가지입니다. 또 히브리서 6장 18절 말씀도 마찬가지입니다.

"앞에 있는 소망을 얻으려고 피난처를 찾은 우리에게 큰 안위를 받게 하려 하심이라."

여기에서는 소망의 대상, 곧 천국과 행복을 환유적으로 소망이라는 한 단어로 표현했습니다. 이때 사용된 헬라어가 의미하는 것처럼, 소망은 천국과 행복을 매우 굳게 붙잡는 것입니다. 그리하여 그 어떤 것도 소망의 손에서 그 보배로운 것들을 빼앗아 가지 못하게 하는 것입니다. 그렇기 때문에 소망은 소망하는 영광스러운 것들을 의미하기도 합니다(엡 1:18 참고).

이렇게 하여 여러분은 구원에 수반되는 소망이 대상으로 삼는 여러 가지 보배롭고도 영광스러운 것들을 알게 되었습니다.

3) 구원에 수반되고 구원을 함축하며 구원에 가까운 소망은 견고한 기초, 즉 하나님의 모든 약속 위에 서 있습니다(잠 10:28 참고).

이 점에 대해서는 이미 앞에서 충분히 말했습니다. 구원에 수반되는 소망은 값없이 주시는 하나님의 은혜 위에 서 있습니다. 구원에 수반되는 소망은 하나님의 무한하고도 영광스러운 능력 위에 서 있습니다. 구원에 수반되는 소망은 하나님의 진리와 신실하심 위에 서 있습니다. 이 보배롭고 영광스러운 기초들이 성도의 소망을 지탱해 줍니다. 마치 여러 기둥들이 성막 문의 휘장들을 지탱해 주었던 것처럼 말입니다. 성도의 소망은 그리스도의 사랑, 그리스도의 피, 그리스도의 의, 그리스도의 속죄, 그리스도의 중보 위에 세워져 있습니다.

반면 위선자들과 사악한 사람들의 소망은 언제나 연약하고 가냘프며 불안정한 기초 위에 세워져 있습니다. 때때로 그들은 자신이 외적으로 신앙을 고백하고 등잔을 가지고 있다는 사실을 근거로 자신의 소망을 세웁니다. 실제로는 기름이 없는 빈 등잔을 가지고 있으면서 말입니다(마 25:3 참고). 때때로 그들은 유대인들과 바리새인들과 서기관들처럼 자신이 의무를 이행하고 봉사한다는 사실을 근거로 자신의 소망을 세웁니다(사 58:1-3; 마 6:1,2 참고). 때때로 그들은 외적인 특권들을 기초로 자신의 소망을 세웁니다. "우리는 여호와의 성전이라, 여호와의 성전이라"(렘 7:4 참고)라고 외치면서 말입니다.

때때로 그들은 자신에 대한 다른 사람들의 좋은 평가를 기초로, 때때로 섬광처럼 반짝이는 기쁨을 기초로, 때때로 의무를 이행하는 가운데 마음이 넓어지는 것을 기초로, 때때로 신앙적인 봉사를 하는 가운데 심령이 뜨거워지고 열심을 갖게 되는 것을 기초로 자신의 소망을 세웁니다. 그러나 이것들은 모두 부실한 기초들입니다. 이런 것들을 기초로 자신의 소망을 세운 사람은 틀림없이 넘어질 것이며, 참으로 크게 넘어질 것입니다.

성도들의 소망은 가장 안전하고 든든한 기초 위에 세워져 있습니다. 옛날 어떤 사람이 아주 훌륭한 말을 남겼습니다.

"나는 내 소망의 근거가 되는 세 가지를 숙고한다. 즉, 나를 아들로 삼아 주신 하나님의 사랑, 하나님의 신실한 약속, 그 약속을 이루시는 하나님의 능력이 바로 그것이다. 그러므로 내 어리석은 생각이 '네가 누구이기에 그런 소망을 품느냐?'라고 투덜거리거나, '네가 바라는 영광이란 무엇이냐?' 또는 '무슨 공로로 너는 그것을 얻겠다고 소망하고 있느냐?'라고 아무리 투덜거려도 나는 아무렇지도 않다. 왜냐하면 나는 확신을 가지고 '내가 믿는 자를 내가 안다'(딤후 1:12 참고)라고 대답할 수 있기 때문이다. 또한 나는 확신한다. 하나님께서 그 사랑 안에서 나를 아들로 삼아 주신 것을, 하나님께서 그 약속을 신실하게 지키신다는 것을, 하나님께서 그 약속을 능히 이루신다는 것을 확신한다. 이것은 쉽게 끊어지지 않는 세 겹 줄이다."

3. 소망의 여러 가지 속성들

구원에 수반되는 소망, 구원에 가까운 소망, 구원을 함축하는 소망, 구원을 가져오는 소망은 탁월한 여러 가지 속성을 가지고 있어서 다른 모든 거짓 소망과 분명하게 구별할 수 있습니다. 구원에 수반되는 소망은 다음과 같은 일곱 가지 속성을 가지고 있습니다.

1) 구원에 수반되는 소망은 하늘을 살아가도록 만듭니다.

구원에 수반되는 소망은 마음을 고양시키고 분발시켜서 자신의 보화가 있는 하늘을 살도록 만듭니다. 이 소망은 하늘로부터 왔습니다. 그래서 이 소망은 마음으로 하늘을 살도록 만듭니다. 이 소망은 영광의 광채입니다. 그래서 이 소망은 마음으로 영광 가운데 살아가도록 만듭니다.

신적인 소망은 사람을 천국으로 이끌어 소생하는 생명을 얻고 갈 길을 지도하는 지혜를 얻게 하며, 지탱해 주는 능력을 얻고 의롭다 칭함을 받게 하는 의를 얻게 하며, 성별하는 거룩함을 얻고 죄를 용서하는 긍휼을 얻게 하며, 기뻐할 수 있는 확신을 얻고 면류관을 쓰는 행복을 얻게 합니다. 신적인 소망은 천국에서 누릴 즐거움을 미리 앞당겨 누리게 합니다. 신적인 소망은 천국에서 누릴 즐거움을 기쁘게 예상하며 살아가게 합니다.

(다음과 같은 표현이 가능하다면) 이렇게 말할 수도 있습니다. 신적인 소망은 영원한 세계의 기쁨과 즐거움을 스스로에게 상기시키며 자신이 믿음으로 소유하고 있는 모든 것들을 감미롭게 기대하면서 살아가게 합니다. 소망에게 가장 값비싼 보화, 가장 탁월한 친구, 가장 중요한 즐거움, 가장 큰 감미로움은 하늘에 있습니다. 그러하기에 소망은 하늘에서 살기를 그 무엇보다 열망합니다.

2) 구원에 수반되는 소망은 영혼의 힘을 북돋아 줍니다.

구원에 수반되는 소망은 영혼이 모든 고난과 반대와 시험에 대항할 수 있도록 힘을 강화시켜 줍니다.

"우리는 낮에 속하였으니 정신을 차리고 믿음과 사랑의 호심경을 붙이고 구원의 소망의 투구를 쓰자"(살전 5:8).

잘 보십시오. 투구는 머리를 보호하고 안전하게 지켜 줍니다. 마찬가지로 소망은 마음을 보호하고 안전하게 지켜 줍니다. 소망은 사탄과 이 세상이 영혼을 향해 쏘아 대는 모든 화살을 막아 내는 투구입니다.

히브리서 11장에 기록된 믿음의 영웅들은 천상의 보화를 소망하여 이 세상의 보화를 멸시했습니다. 그들은 하늘에 있는 나라를 소망하여 기꺼이 자기 본토를 떠났고, 낯선 이방의 땅에 사는 것처럼 약속의 땅에 거류했습니다. 마지막 날에 손으로 짓지 않은 하늘의 영원한 집을 소유하게 될 것이라는 소망 때문에, 그들은 광야를 걷고 산을 넘어 여행하며, 사자굴에 들어가고 토굴에 들어가면서도 기꺼이 즐겁게 살아갔습니다. 영광스러운 부활에 대한 소망은 그들을 가장 거센 시험에도 용기 있게 저항하도록 만들었습니다(롬 5:2-5 참고).

성도의 소망은 모든 두려움과 염려를 이기고, 모든 시련과 고난을 이기며, 모든 고통과 시험을 이깁니다. 성도들은 수중에 가진 것이 거의 없지만 소망 중에는 많은 것을 가지고 있습니다. 성도들은 지갑에 가진 것이 거의 없지만 약속 중에는 많은 것을 가지고 있습니다. 성도라면 진실로 다음과 같이 말할 수 있습니다. "나는 더 나은 것들을 소망합니다. 내 소망은 내 소유보다 더 큽니다."

소망은 짙게 드리운 구름 너머에 있는 천국을 바라봅니다. 소망은 흑암 너머에 있는 빛과 사망 너머에 있는 생명을 보고, 찡그린 얼굴 너머에 있는 미소 띤 얼굴을 보며, 비참함 너머에 있는 영광을 봅니다. 소망은 영생과 영혼을 하나로 묶고, 그리스도와 영혼을 하나로 묶습니다. 소망은 영혼과 하나님의 모든 약속을 하나로 묶고, 영혼과 천국을 하나로 묶습니다. 그리하여 그리스도인으로 하여금 모든 고난과 반대와 시험에 저항하고 이기게 합니다.

3) 구원에 수반되는 소망은 영혼에 생기와 활력을 불어넣습니다.

구원에 수반되는 소망은 영혼에 생기와 활력을 불어넣습니다.

"여호와여, 내가 주의 구원을 바라며 주의 계명들을 행하였나이다"(시 119:166). 소망이 있으면 영혼은 행함과 순종으로 나아가게 되어 있습니다.

"우리 주 예수 그리스도의 아버지 하나님을 찬송하리로다. 그의 많으신 긍휼대로 예수 그리스도를 죽은 자 가운데서 부활하게 하심으로 말미암아 우리를 거듭나게 하사 산 소망이 있게 하시며"(벧전 1:3).

성경은 하나님께서 주신 소망을 일컬어 '산 소망'이라고 부릅니다. 왜냐하면 그 소망이 영혼에 생명과 위로를 주기 때문입니다. 그 소망은, 위선자들과 사악한 사람들이 품고 있는 바 시들어 말라 다 죽어 가는 소망과는 반대되는 것으로서 '산 소망'이라고 일컬어집니다. 성경은 하나님께서 우리에게 주신 소망을 일컬어 '산 소망'이라고 부릅니다. 왜냐하면 그 소망이 생생하게 살아 있는 원인, 곧 그리스도의 성령으로부터, 그리고 영혼이 그리스도와 연합하고 교제하는 데로부터 발생하기 때문입니다.

그러나 성경이 하나님께서 우리에게 주신 소망을 일컬어 '산 소망'이라고 부르는 가장 큰 이유는, 그 소망으로 말미암아 영혼이 생기 넘치는 노력을 하기 때문입니다. 소망은 사람으로 하여금 혼신의 힘을 다 기울여 기도하고 말씀을 들으며 혼신의 힘을 다 기울여 애통하도록 만들고, 혼신의 힘을 다 기울여 순종하고 봉사하고 행하도록 만듭니다.

소망은 절대 다음과 같은 식으로 말하지 않습니다. "이 일은 너무 어렵다. 저 일은 너무 다루기 어렵다. 이 일은 너무 고상한 일이다. 저 일은 너무 저급한 일이다." 소망은 사람으로 하여금 모든 일에 팔을 걷어붙이고 달려들게 만듭니다. 소망은 사람으로 하여금 관념적이지 않고 행동하게 만듭니다. 소망은 사람으로 하여금 말하는 데보다는 행동하는 데 능숙하도록 만듭니다. 소망은 모든 종교적인 의무 이행과 봉사에 생기와 활력을 불어넣어 줍니다.

"밭 가는 자는 소망을 가지고 갈며 곡식 떠는 자는 함께 얻을 소망을 가지고 떠는 것이라"(고전 9:10).

소망은 그리스도인으로 하여금 밭을 가는 일과 곡식 떠는 일에 참여하게 합니다. 소망은 그리스도인으로 하여금 하나님과 하나님의 영광을 위하여 가장 어려운 봉사에 참여하게 만듭니다.

명예와 재물과 이 세상의 총애를 얻고 싶은 육적인 소망 때문에 압살롬과 아히도벨, 예후와 하만, 많은 이교도들은 생기와 활기가 넘치고 행동과 활동이 충만했습니다. 그렇다면 두말할 것도 없이 거룩하고도 천상적인 소망은 사람들을 훨씬 더 생기 있고 활기차게 만들 것입니다. 천상적인 소망이 육적인 소망보다 더 탁월한 정도만큼 말입니다. 소망이 충만한 사람은 충만히 활동할 수밖에 없습니다. 산 소망과 부지런한 손은 결코 헤어질 수 없는 막역한 친구입니다. 소망 때문에 사람은 죽음을 무릅쓰고서라도 행동하게 됩니다.

4) 구원에 수반되는 소망은 성도에게 큰 평안을 줍니다.

구원에 수반되는 소망은 사람으로 하여금 모든 폭풍우와 비바람의 한복판에서도, 모든 소란과 진동과 변화의 한복판에서도 노아처럼 평온과 안정을 누리게 합니다. 다른 사람들은 어찌할 바를 모르고 있을 때, 소망은 그 영혼을 하나님의 품에 눕히고 그곳에서 아무런 방해도 받지 않고 편안히 잠자게 합니다. 욥기 11장 18절을 보십시오.

"네가 희망이 있으므로 안전할 것이며 두루 살펴보고 평안히 쉬리라."

여기서 '쉬리라'라고 번역된 히브리어는 사람이 침대에서 편안하게 쉬고 잠을 잔다는 뜻을 가진 어근에서 파생했습니다. 흑암이 가장 짙은 밤에도, 가장 오랫동안 계속되는 폭풍우에도, 가장 극심한 대폭설에도 소망은 영혼으로 하여금 안전하고 즐겁게 쉬고 잠자게 합니다.

"우리가 이 소망을 가지고 있는 것은 영혼의 닻 같아서 튼튼하고 견고하여 휘장 안에 들어가나니"(히 6:19).

소망은 모든 폭풍우와 비바람 속에서도 영혼을 안전하고 평안하게 지켜 주는 영혼의 닻입니다. 소망은 영혼이 암초에 부딪치는 것과 모래 벌판에 파묻히는 것을 막아 줍니다. 소망은 땅이 아니라 하늘에 굳게 매여 있는 닻이요, 이 세상이 아니라 천국에 굳게 매여 있는 닻이며, 휘장 밖이 아니라 휘장 안에 굳게 매여 있는 닻입니다. 그러므로 배에 비유할 수 있는 성도의 영혼은 안전하고 든든할 수밖에 없습니다. 천국에 닻을 두고 있는 배는 절대 암초에 부딪쳐 부서지지 않을 것입니다. 소망은 휘장 안으로 들어가 하나님께 닻을 확실하게 내립니다. 그러므로 바람이 불든 안 불든, 비가 오든 안 오든 성도의 영혼은 안전합니다.

신적인 소망은 마음을 평온하게 만듭니다. 자신의 수중에 있는 것 이상으로 기대할 수 없는 사람은 절대 평온이나 만족을 누릴 수 없습니다. 우리의 가장 선하고 위대한 재산은 보이지 않습니다. 이 세상에 살 동안 우리의 완벽하고 완전한 재산은 우리가 현재 소유하고 있는 것들이 아니라, 우리가 장차 받으리라고 기대하는 것들, 또 죽은 후에 누리게 될 장래의 권리들입니다.

5) 구원에 수반되는 소망은 긍휼을 끝까지 기다리게 합니다.

구원에 수반되는 소망은 비록 하나님께서 긍휼을 더디 베푸실지라도 영혼으로 하여금 긍휼을 얻기 위하여 평온하고 인내심 있게 하나님을 기다리게 합니다.

"만일 우리가 보지 못하는 것을 바라면 참음으로 기다릴지니라"(롬 8:25).

"나, 곧 내 영혼은 여호와를 기다리며 나는 주의 말씀을 바라는도다. 파수꾼이 아침을 기다림보다 내 영혼이 주를 더 기다리나니 참으로 파수꾼이 아침을 기다림보다 더하도다"(시 130:5,6).

소망은 사람으로 하여금 기다리도록 만듭니다. 아브라함이 그랬던 것처럼, 긍휼을 얻기 위하여 오랫동안 기다리도록 만듭니다(롬 4:18-21 참고). 설령 하나님의 묵시가 더디 올지라도 소망은 그것이 이를 때까지 기다립니다(합 2:1-3 참고). 소망은 이렇게 말합니다. "조금만 더 있으면 오신다고 약속하신 분이 오실 것이다. 그분은 지체하지 않으실 것이다(히 10:36,37 참고)."

또 다시 소망은 이렇게 말합니다. "내가 하나님의 긍휼을 더 오랫동안 기다린다면, 마침내 하나님의 긍휼이 더 크고 좋고 감미롭게 임할 것이다." 소망은 또 이렇게 말합니다. "기다릴 가치가 없는 것이라면, 그것은 긍휼이 아니다. 하나님의 긍휼을 기다리는 일이라면, 아무리 오랫동안 기다린다 할지라도 그것은 충분히 가치 있는 일이다."

브둘리아(Bethulia) 남자들은 하나님을 기다리기로 결심했습니다. 그러나 닷새가 지나도 하나님의 구원은 오지 않았습니다. 이레가 되는 날에도 하나님의 구원은 임하지 않았습니다. 그러다가 마침내 하나님의 구원은 임했습니다. 소망은 이렇게 말합니다. "마치 신생아의 출산이 지체되듯이 구원이 지체되어도, 비록 이런저런 긍휼이 지체되어도 결국에는 반드시 이루어질 것이다. 그러므로 기다리자."

소망은 하나님께서 긍휼을 베푸실 시간을 경솔하게 미리 정하지 않으며, 하나님께서 긍휼을 베푸시는 방법과 방식을 제한하지 않습니다. 오히려 소망은 그 시간과 방법을 지혜롭고 신실하신 하나님께 맡깁니다. 소망은 이렇게 말합니다.

"그리스도께서는 언제 은혜를 베푸셔야 할지를 잘 알고 계신다. 그리스도께서 알고 계시는 그 시간이 가장 좋은 시간이다. 비록 그분이 지체하실지라도, 그분은 틀림없이 오실 것이다. 그분은 자신이 정해 놓으신 시간을 일 초도 넘기지 않고 정각에 오실 것이다. 그러므로 영혼이여, 지치지 말고 인내하면서 주님을 계속 기다리라."

사도 바울은 이렇게 말합니다.

"너희의 믿음의 역사와 사랑의 수고와 우리 주 예수 그리스도에 대한 소망의 인내를 우리 하나님 아버지 앞에서 끊임없이 기억함이니"(살전 1:3).

소망은 인내의 어머니요 유모입니다. 소망은 인내를 낳고 먹입니다. 만일 소망이 없다면, 마음은 죽을 것입니다. 또 만일 소망이 없다면, 인내도 죽을 것입니다. 잘 보십시오. 믿음은 소망에 생기와 힘을 줍니다. 그리고 소망은 인내에 생기와 힘을 줍니다. 그러므로 성경은 인내를 일컬어 소망의 인내라고 부릅니다. 소망이 있어야 인내가 계속 존재할 수 있습니다. 마치 기름이 있어야 불이 계속 타오르는 것과 같습니다.

6) 구원에 수반되는 소망은 영혼을 정결하게 만듭니다.

구원에 수반되는 소망은 영혼을 정결하게 합니다. 그것은 그리스도인으로 하여금 그리스도께서 깨끗하신 것과 같이 자기 자신을 깨끗하게 합니다.

"주를 향하여 이 소망을 가진 자마다 그의 깨끗하심과 같이 자기를 깨끗하게 하느니라"(요일 3:3).

신적인 소망은 반드시 거룩함으로 나아가게 되어 있습니다. 구원에 대해 가장 순결하고 강력한 소망을 가진 사람은 성화에 가장 근면하고 열심을 냅니다.

앞에 인용한 구절에서 '깨끗하게 하느니라'라고 번역된 헬라어는 본래 율법 시대의 정결 의식이나 금에서 불순물을 제거하는 금세공인에게서 따온 은유입니다. 이 표현이 우리에게 가르쳐 주는 것이 있습니다. 그리스도와 영광 중에 그분의 다스림을 받을 소망을 가진 사람들, 이렇게 순결하고 복된 상태에 자신의 마음을 쏟는 사람들, 그런 천국에 자신의 마음을 쏟는 사람들,

그런 거룩하고 신령한 복과 순결한 상태에 자신의 마음을 쏟는 사람들은, 완전한 순결을 얻기 위해서 애쓰지 않으면 그 누구도 영원한 영광을 누릴 수 없다는 것을 압니다. 그래서 그들은 그리스도께서 자신 앞에 제시해 놓은 탁월한 본을 따라가기 위하여 자신의 내면과 외면, 몸과 영혼을 모두 깨끗하게 합니다.

이처럼 소망은 마음과 삶을 정결하게 만듭니다. 하나님, 그리스도, 그리고 하나님의 말씀처럼 가장 순결한 대상들과 영혼을 연합시킴으로써, 또한 영혼으로 하여금 영혼을 정결하게 하는 모든 규례들을 진지하고 성실하게 활용하게 함으로써, 소망이 바라보고 있는 완전한 순결함과 영광을 거스르는 어둠의 모든 부패함과 원리들을 태우는 불로 영혼 안에 역사함으로써, 영혼으로 하여금 그리스도에게 기대고 그분 안에 살며 모든 순결함과 거룩함의 샘이요 근원이신 그리스도로부터 정결하게 하는 힘을 얻게 함으로써, 소망은 마음과 삶을 정결하게 합니다. 이런 방식으로 소망은 그리스도처럼 영광 가운데 있기를 기대하는 사람들을 정결하게 합니다.

7) 구원에 수반되는 소망은 결코 소멸하지 않습니다.

구원에 수반되는 소망은 항구적이며 영속합니다. 구원에 수반되는 소망은 영혼이 그리스도의 품 안에 안식할 때까지 결코 그 영혼을 떠나지 않습니다.

"악인은 그의 환난에 엎드러져도 의인은 그의 죽음에도 소망이 있느니라"(잠 14:32).

의로운 사람의 소망은 그와 함께 잠자리에도 들어가고 식탁에도 오릅니다. 의로운 사람의 소망은 그와 함께 자리에 눕고 자리에서 일어납니다. 의로운 사람의 소망은 그와 함께 무덤까지 가고 천국까지 갑니다. 의로운 사람의 좌우명은 '숨을 거둘 때에도 나는 소망하리라'입니다.

유대인들의 오랜 관습이 있습니다. 그들은 시체를 매장하기 위해서 길을 갈 때 모든 사람들이 풀을 뜯습니다. 자기들의 형제는 단지 풀과 같이 베임을 당했을 뿐이며 부활의 아침에 다시 일어날 것이기 때문에 자기들은 소망이 없는 사람들처럼 슬퍼하지 않는다는 것을 행동으로 보여 주려는 관습입니다. 유대인들은 오늘날까지도 조금도 주저하지 않고 자신들의 무덤을 산 자들의 집, 또는 산 자들의 왕궁이라고 부릅니다.

구원에 수반되는 소망은 장수하는 소망입니다. 구원에 수반되는 소망은 살아 있는 소망입니다.

"우리 주 예수 그리스도의 아버지 하나님을 찬송하리로다. 그의 많으신 긍휼대로 예수 그리스도를 죽은 자 가운데서 부활하게 하심으로 말미암아 우리를 거듭나게 하사 산 소망이 있게 하시며"(벧전 1:3).

'산 소망'이라는 것은 결코 죽지 않는 소망이라는 뜻입니다. 사람이 살아 있을 때나 죽었을 때나 결코 그 사람을 떠나지 않는 소망이라는 뜻입니다.

"나는 항상 소망을 품고 주를 더욱더욱 찬송하리이다"(시 71:14).

그 어떤 시련과 고난과 반대도 자신의 소망을 꺾지 못할 것이라고 다윗은 말합니다. "나는 어떤 위험이나 곤란이나 죽음을 맞이할지라도 내 소망을 굳게 지키기로 단호히 결심하였습니다. 무슨 일이 일어날지라도, 나는 소망을 포기하느니 차라리 내 목숨을 포기하는 쪽을 택하겠습니다. 나는 끊임없이 소망할 것입니다."

실상 다윗은 그렇게 말하고 있습니다.

소망이 없는 상태는 매우 서글픕니다. 소망이 없는 상태는 이 세상에서 가장 비참합니다. 소망이 없는 상태는 사람의 인생을 끔찍한 지옥 자체로 만들어 버립니다. 지혜자가 말하는 것처럼, 만일 소망이 더디 이루어지는 것이 마음을 상하게 한다면(잠 13:12 참고), 소망을 잃어버리는 것은 영혼을 쇠약하게 만들고 사람의 인생을 계속 사망으로 만들 것입니다. 소망이 없는 영혼은 마치 닻을 내리지 않은 배와 같습니다.

"주님, 소망으로 당신을 의지하지 않은 영혼이 어디에서 안정을 찾을 수 있겠나이까?"

다른 모든 것을 포기하더라도 소망만큼은 절대 포기해서는 안 됩니다.

알렉산더 대왕이 승리가 보장된 원정길에 나서면서 자신에게 있는 금을 다른 사람들에 나누어 주자, 어떤 사람이 알렉산더 대왕 자신을 위해 계속 가지고 있는 것은 무엇이냐고 물었습니다. 그때 알렉산더는 "더 크고 좋은 것들에 대한 소망일세"라고 대답했습니다.

성도의 소망은 뚜껑을 열면 상자 밖으로 날아가 버리는 판도라의 소망과는 다릅니다. 성도의 소망은 영혼에게 영원한 작별을 고하지 않습니다. 절대 그런 일이 없습니다. 성도의 소망은 마치 아침 햇살과 같습니다. 아침 햇살의 가장 작은 광채는 머지않아 정오의 찬란한 햇빛으로 바뀝니다. 성도의 소망은 기쁨의 새벽입니다. 그리고 그것은 성도가 그리스도와 면류관을 완전히 소유하게 될 때까지 점점 더 밝은 빛을 비추게 되어 있습니다.

반면 위선자의 소망은 아침 이슬과 거미줄과 같으며, 솥 밑에서 타고 있는 가시나무 소리 같고, 숨을 거두는 것과 같습니다. 위선자가 죽음에 이르렀을 때 이것은 그에게 지옥과 두려움이 될 것입니다(욥 8:13,14, 11:20, 27:8; 잠 14:32, 11:7 참고). 그러나 다른 모든 것과 모든 사람들이 자기를 떠날지라도 자신의 소망만큼은 자신이 면류관을 쓰고 천국에 앉을 때까지 결코 떠나지 않을 것이라는 사실은 마음이 정직한 사람의 즐거움이 됩니다.

2부를 마치기 전에 여러분에게 두 가지를 주의할 점을 제시하고자 합니다. 이것들이 여러분에게 위로와 안정이 될 것입니다.

| 주의 1 | 구원에 수반되는 여덟 가지 요소들이 모든 성도들에게 동일한 정도로 있지는 않습니다. 설령 여러분이 구원에 수반되는 지식과 믿음과 회개와 순종과 사랑을 최소의 분량과 최소의 정도로만 가지고 있다 할지라도, 여러분은 자신의 구원에 대해 매우 분명하게 확신할 수 있습니다. 마치 이미 천국에 들어가 있는 사람처럼 확신할 수 있습니다.

그리스도인들이여! 잘 들으십시오. 구원에 수반되는 여러 가지 요소들을 최소한의 분량만큼만 가지고 있다 할지라도, 여러분은 내세에 틀림없이 천국에 들어가게 될 것입니다. 그렇다면 그 최소한의 분량을 통해서도 여러분은 이 땅에 사는 동안 천국을 누려야 마땅하지 않겠습니까? 구원에 수반되는 것들을 최소한의 분량만큼만 가지고 있다 할지라도 여러분은 마지막 날에 면류관을 쓰게 될 것입니다. 그렇다면 그 최소한의 분량을 통해서도 여러분은 이 땅에 사는 동안 위로와 확신을 누려야 하지 않겠습니까? 그렇게 될 수 있습니다. 만일 여러분이 자신의 영혼과 평안과 위로를 대적하지 않는다면 그렇게 될 수 있습니다.

| 주의 2 | 구원에 수반되는 여러 가지 요소를 다 가지지는 못하더라도 그 중에 몇 가지만 있어도 영혼은 안전합니다. 비록 구원에 수반되는 여러 가지 것들을 전부 여러분 안에서 발견할 수는 없다 하더라도, 만일 그중 몇 가지만이라도 여러분에게서 발견된다면, 아니 한두 가지만이라도 여러분에게서 발견된다면, 아니 구원에 수반되고 구원을 함축하며 구원에 근사한 여러 가지 것들 중 단 한 가지만이라도 여러분에게서 발견된다면, 여러분의 상태는 안전합니다. 그리고 마침내 행복이 여러분의 몫이 될 것입니다.

구원에 수반되는 보배로운 여러 가지 것들 중에서 어떤 것이 없다는 것 때문에 '여러분의 신앙은 아무것도 아니요 결국 멸망하고 말 것'이라는 식으로 성급하게 결론짓지 마십시오. 그 보배로운 여러 가지 것들 중에서 한 가지가

여러분에게 있다는 느낌과 인식을 능력 있게 활용하여 여러분의 상태가 선하다는 결론에 이르십시오. 여러분의 보배로운 영혼을 대적하는 일로 죄와 사탄의 편을 들지 마십시오.

✣

지금까지 충분한 근거를 가진 확신에 도달하는 방식과 방법에 대해서 상세하게 말했습니다. 이제 서둘러 결론을 맺겠습니다.

3부

진정한 확신과 거짓된 확신, 그리고 삶의 적용

HEAVEN ON EARTH
: A Treatise on Christian Assurance

1장
진정한 확신과 거짓된 확신의 차이

충분한 근거 위에 세워진 확신은 여러 가지 특징을 지니고 있습니다. 그 특징들을 하나하나 살펴보면 진정한 확신과 거짓된 확신의 차이점을 자연스럽게 알 수 있습니다.

1. 하나님의 사랑과 그리스도 안에 있는 은총에 대한 깊은 감격

건전하고 근거가 충분한 확신은 하나님의 무한하신 사랑과 주 예수 안에 있는 영혼을 향한 은총에 대해 깊은 감격을 수반합니다. 확신에 찬 영혼은 종종 다음과 같이 자신의 심경을 토로합니다.

"아, 주여! 내가 누구이며 어떤 사람이기에 주님께서 내 가슴에 죄 사함의 흰 돌을 주시나이까?(계 2:17 참고) 세상은 사람들의 가슴에 저주의 검은 돌만을 줄 뿐인데 말입니다. 주여! 내게 확신을 주고 반석을 쳐 물을 주시고 하늘의 만나로 먹이시니 이 얼마나 큰 은혜인지요! 주님이 가장 사랑하는 사람들 중에도 많은 사람들이 확신을 갖지 못해 탄식과 애통으로 인생의 많은 날들을 보내고 있는데 말입니다. 주여! 주님께서 나를 무릎 위에 올려놓고 팔로 끌어안으시며, 그 품에 안겨 잠자게 하고 그 복된 입으로 감미로운 입맞춤, 포도주보다 더 나은 입맞춤(아 1:2 참고), 아니 생명보다 더 나은 입맞춤을 수없이 해 주시니 이 얼마나 놀라운 사랑인지요!(시 63:3 참고) 많은 사람들은 내가 이렇게 누리는 것들이 없어서 자신의 삶에 피곤함을 느끼는데 말입니다.

주여! 주님께서 내게 주신 이 은혜, 이 확신을 내가 무엇이라고 불러야 하겠습니까? 이 은혜, 이 확신으로 말미암아 여러 가지 의무들을 이행하고 십자가를 지고 가며 받은 여러 가지 은혜들을 가장 선하게 활용하기에 적합해집니다. 이 은혜, 이 확신은 나를 잘 빚어 감미롭게 말할 수 있게 하고, 의롭게 판단할 수 있게 하며, 후하게 베풀 수 있게 하고, 진지하게 행동할 수 있게 하며, 즐거이 고난을 받아들이고 겸손하게 행할 수 있게 만듭니다."

확신에 찬 영혼은 또 이렇게 말합니다.

"나는 모세처럼 노래하지 않을 수 없고, 사도 바울처럼 노래하지 않을 수 없습니다. '여호와여, 신 중에 주와 같은 자가 누구니이까? 주와 같이 거룩함으로 영광스러우며, 찬송할 만한 위엄이 있으며, 기이한 일을 행하는 자가 누구니이까?'(출 15:11) '능히 모든 성도와 함께 지식에 넘치는 그리스도의 사랑을 알고 그 너비와 길이와 높이와 깊이가 어떠함을 깨달아, 하나님의 모든 충만하신 것으로 너희에게 충만하게 하시기를 구하노라'(엡 3:18,19)."

확신에 찬 영혼은 또 이렇게 말합니다.

"스바 여왕은 솔로몬 왕의 지혜와 위대함과 선함과 탁월함과 영광에 깊이 경탄한 나머지 다음과 같은 칭송을 발하지 않을 수 없었습니다. '복되도다, 당신의 사람들이여! 복되도다, 당신의 이 신하들이여! 항상 당신 앞에 서서 당신의 지혜를 들음이로다'(왕상 10:8). 하물며 하나님의 사랑과 내가 하나님의 백성이라는 사실, 내가 하나님과 연합하여 교제한다는 것, 이 세상에서 내가 누리는 복락과 죽은 후에 누리게 될 행복 등에 대해서 복된 확신을 가지고 있는 나는, 깊고도 진지하며 참되고 영구적인 찬양을 하나님께 드리는 것이 지극히 당연하지 않습니까?"

2. 하나님과 그리스도를 더 완전히 누리고 항상 추구함

근거가 충분한 확신은 언제나 영혼 안에 한 가지 간절하고도 중대한 갈망을 불러 일으킵니다. 그 갈망은 하나님과 그리스도를 더 깊고도 분명하며 완전하게 누리고자 하는 갈망입니다. 시편 63편 1절은 이 사실을 분명하게 말해 줍니다.

"하나님이여, 주는 나의 하나님이시라."

여기에 확신이 있습니다.

그렇다면 그다음에 나오는 말씀은 어떤 내용입니까?

"내가 간절히 주를 찾되 물이 없어 마르고 황폐한 땅에서 내 영혼이 주를 갈망하며 내 육체가 주를 앙모하나이다."

또 확신에 찬 영혼은 부르짖습니다.

"차라리 세상을 떠나서 그리스도와 함께 있는 것이 훨씬 더 좋은 일이라 그렇게 하고 싶으나"(빌 1:23).

"내 사랑하는 자야, 너는 빨리 달리라"(아 8:14).

"주 예수여, 오시옵소서"(계 22:20).

확신에 찬 영혼은 또 이렇게 말합니다.

"오, 주 예수여! 주님은 나의 빛이요 생명이며,

나의 사랑이요 기쁨이며,

나의 면류관이요 천국이며, 나의 모든 것입니다.

내 죄로 인하여 침 뱉음을 당하신 그 아름다운 얼굴과,

내 죄악으로 인하여 가시 면류관을 쓰신 그 영광스러우신 머리를

보고 싶어 견딜 수가 없나이다.

내가 고대하는 것은 주님과 함께 천국뜰을 거니는 것이며,

하늘에 있는 예루살렘의 영광을 보는 것이며,

주님의 오른쪽에 있는 기쁨의 강물을 마시는 것이며,

주님의 나라에 있는 모든 진수성찬을 맛보는 것이며,

모든 세대에 걸쳐 드러나지 않고 숨겨져 있는

그 놀라운 비밀과 신비들을 모두 아는 것이며,

복되신 주님을 완전히 누리며

주님께 푹 빠져 사는 것이나이다."

3. 사탄의 강력한 공격을 받음

근거가 충분한 확신은 대개 사방에서 사탄의 강한 공격을 받습니다. 사탄은 성도들이 기쁨과 평안을 누리고 구원과 위로를 얻는 일을 지독히 반대하는 원수입니다. 그래서 사탄은 성도들이 누리는 평안과 안식을 몹시 놀라게 하고 뒤집고 방해하고 교란시키기 위해서 모든 수단과 술책을 동원합니다. 예수 그리스도께서는 하늘로부터 "이는 내 사랑하는 아들이요 내 기뻐하는 자라"(마 3:17)라는 놀라운 음성을 듣고서는 이내 광야에서 사탄의 필사적인 공격을 당하셨습니다(마 4:1-10 참고). 바울 또한 셋째 하늘에 올라가 말로

형용할 수 없는 하늘의 영광을 보고 내려오자마자 즉시 사탄으로부터 공격과 괴롭힘을 당했습니다(고후 12:2,7 참고).

확신에 찬 그리스도인들이여! 자리에서 일어나십시오. 자리에서 일어나십시오. 그리고 제가 묻는 말에 대답해 보십시오. 여러분은 포학자의 기세가 성벽을 치는 폭풍과 같다는 것을 경험하지 않았습니까?(사 25:4 참고) 주님께서 여러분에게 "작은 자야, 안심하라. 네 죄 사함을 받았느니라"(마 9:2)라고 말씀하신 후에, 사탄이 사자와 늑대의 역할과 뱀과 여우의 역할을 모두 하는 것을 경험하지 않았습니까? 그것도 순전히 여러분의 확신을 약화시키고, 여러분의 확신이 참된지 아닌지를 의심하게 하며, 여러분의 확신에 찬물을 끼얹고, 여러분의 확신에서 생생함과 감미로움과 아름다움과 영광을 제거하기 위해서 역사하는 사탄을 경험하지 않았습니까? 여러분은 틀림없이 이런 경험을 가지고 있을 것입니다.

하나님의 명예와 영광, 그리고 여러분의 위로와 복락에 대해서 사탄이 품고 있는 악의와 질투심과 적대감은 이루 말할 수 없이 큽니다. 그래서 사탄은 여러분의 신앙의 기둥을 허물어뜨리고 여러분의 확신을 약화시키며 전복시킬 수 있는 모든 함정과 덫과 방법과 수단을 활용하되, 매우 끈질기고 집요할 수밖에 없습니다. 여러분도 아는 것처럼, 해적은 값비싼 물건을 가장 많이 적재한 선박이나 배를 가장 맹렬하게 공격합니다. 이와 마찬가지로 사탄도 온전한 확신이라는 값비싼 보물을 소유하고 있는 보배로운 영혼들을 가장 맹렬하게 공격합니다.

확신은 성도의 영혼 안에 천국을 만들어 줍니다. 바로 이것 때문에 사탄은 으르렁거리고 격노합니다. 확신은 사람으로 하여금 하나님을 가장 위대하게 섬기도록 만들며, 사탄을 가장 크게 미워하도록 만듭니다. 바로 이것 때문에 사탄은 확신을 가지고 있는 영혼을 향해 분노합니다. 확신은 성도를 모든 무기로 무장한 사탄이라도 어떻게 할 수 없는 막강한 존재로 만들기 때문에, 확신에 찬 성도는 '아침의 아들'(사 14:12)을 포로로 사로잡고 해하는 사탄의 능력을 제거하며, 그를 쇠사슬로 묶고 이깁니다. 바로 이것 때문에 사탄의 지옥이 훨씬 더 뜨거워집니다(롬 8:32-39 참고). 그러므로 사탄이 여러분의 확신을 공격하는 것을 절대 의아하게 생각하지 마십시오. 오히려 그것을 준비하고 기다리십시오.

감옥의 교도관은 죄수가 감방 안에 얌전히 있을 때는 조용히 앉아 자기 볼일을 봅니다. 그러나 만일 죄수가 감옥을 탈출한다면, 교도관은 고함을 지르며 죄수를 추적할 것입니다. 영혼이 사탄의 권세라는 감방에 얌전히 갇혀 있는 한 사탄은 조용히 앉아 자기 볼일을 봅니다. 그러한 때에는 영혼을 괴롭히거나 성나게 하려고 거의 애쓰지 않습니다. 그러나 일단 한 영혼이라도 자유를 얻고 그리스도로 말미암아 주어진 자신의 자유를 확신하게 되면(요 8:36 참고), 사탄은 바로처럼 말합니다.

"내가 뒤쫓아 따라잡아 탈취물을 나누리라. 내가 그들로 말미암아 내 욕망을 채우리라. 내가 내 칼을 빼리니 내 손이 그들을 멸하리라"(출 15:9).

확신에 찬 모든 성도들의 경험은 이런 사실을 확증합니다. 이스라엘이 애굽에 들어갈 때 그들에게는 아무런 원수도, 아무런 반대도 없었습니다. 그러나 가나안을 향해 나아갈 때는 언제나 그들을 대적하는 원수들이 끊이지 않았습니다.

4. 성도의 담대함

근거가 충분한 확신은 사람을 사자처럼 담대하게 만듭니다. 근거가 충분한 확신은 사람이 모든 위험과 죽음 앞에서도 그리스도와 그분의 대의를 위해 용맹스럽고 씩씩해지도록 만듭니다. 성령께서 사도들 위에 임하여 그들에게 자신의 내적이고도 영원한 행복을 확신시켜 주신 후에, 사도들은 얼마나 담대하고 기세등등하며 단호해졌습니까! 모든 반대와 고난과 핍박 속에서도 그들은 조금도 흔들리지 않았습니다. 사도행전 2장에서부터 28장까지의 기록이 이 사실을 입증해 줍니다.

확신은 다윗의 마음에도 동일한 효력을 발휘했습니다. 시편 23편 4절과 6절을 비교해 보십시오.

"내 평생에 선하심과 인자하심이 반드시 나를 따르리니, 내가 여호와의 집에 영원히 살리로다"(6절).

다윗의 이런 확신이 그의 마음에 어떻게 작용했습니까? 다윗은 다음과 같이 대답합니다.

"내가 사망의 음침한 골짜기로 다닐지라도 해를 두려워하지 않을 것은 주께서 나와 함께하심이라. 주의 지팡이와 막대기가 나를 안위하시나이다"(4절).

모세도 마찬가지였습니다. 하나님께서 상 주시리라는 것을 확신했기에 모세는 왕의 노함을 무서워하지 않고, 보이지 않는 자를 보는 것같이 하여 참았습니다(히 11:26,27 참고). 히브리서 10장 34절도 동일한 내용을 말합니다.

"너희가 갇힌 자를 동정하고 너희 소유를 빼앗기는 것도 기쁘게 당한 것은 더 낫고 영구한 소유가 있는 줄 앎이라."

천국에서 더 낫고 영구한 소유를 누리게 되리라는 지식과 확신 때문에 그들은 현세의 재산을 빼앗기는 것도 기쁘고 용감하게 감당했습니다. 비록 이 세상과 육체와 마귀라는 활 쏘는 자들이 확신을 소유한 영혼에게 화살을 날려 깊은 고통을 안겨 주려 할지라도, 확신을 소유한 영혼의 방패는 계속해서 팽팽한 상태로 있을 것입니다. 확신은 강철로 만든 활을 꺾으며, 난공불락의 성을 짓밟아 이기게 하고, 모든 반대와 고난을 딛고 승리하게 만듭니다.

네덜란드의 순교자 콜로누스(Colonus)는 자신에게 사형을 언도한 재판관을 불러 그의 손을 자신의 가슴과 그의 가슴에 대 보라고 요청했다고 합니다. 그러고는 자기의 심장과 재판관의 심장 중에 과연 누구의 심장이 더 두근거리느냐고 물었다고 합니다. 이처럼 확신은 사람으로 하여금 담대해지게 합니다. 하물며 그리스도와 그분의 대의를 위해서는 두말할 것도 없습니다.

5. 이웃의 행복을 추구함

자신의 영원한 행복과 복락에 대해서 근거가 충분한 확신을 가지게 되면, 그는 자연히 다른 사람들을 행복하게 만드는 일에 근면하고 부지런하게 되어 있습니다.

"하나님을 두려워하는 너희들아, 다 와서 들으라. 하나님이 나의 영혼을 위하여 행하신 일을 내가 선포하리로다"(시 66:16).

다윗의 말은 다음과 같은 뜻입니다.

"나는 하나님께서 나에게 씌워 주신 영혼의 복과 은총을 여러분에게 선포하겠습니다. 이전에 나는 어둠이었습니다. 그런데 하나님께서 나를 빛으로 만드셨습니다. 이전에 나는 불의한 자였습니다. 그런데 하나님께서 나를 의로운 자로 만드셨습니다. 이전에 나는 온통 뒤틀린 존재였습니다. 그런데 하나님께서 나를 완전한 자로 만드셨습니다. 이전에 나는 상처와 흠과 얼룩으로 가득 차 있었습니다. 그런데 하나님께서 나를 깨끗하게 씻어 주시고 흠이나 주름진 것이 없이 아름답게 만드셨습니다. 이전에 나에게는 확신이 없었습니다. 그런데 이제 나는 확신의 귀중함을 깨달았습니다. 이전에 나는 오랫동안 확신을 추구했습니다. 그런데 이제 나는 확신의 감미로움을 느끼고 있습니다.

확신은 얼마나 값비싼 진주요 얼마나 놀라운 하나님의 광채요 얼마나 아름다운 영광의 불꽃인지요! 확신은 내 영혼이 그동안 확신을 얻기 위해 기다리고 눈물을 흘리며 씨름하던 모든 것을 풍성하게 보상하고도 남습니다."

하나님께서 그 은혜로 말미암아 바울을 불러 바울 속에, 그리고 바울에게 기꺼이 그리스도를 계시하셨을 때, 바울도 마찬가지였습니다. 바울은 얼마나 사력을 다해 수고하고 애썼는지요! 다른 사람들에게 그리스도를 전하고 그들로 그리스도를 영접하게 하며, 그리스도로 말미암아 주어지는 영원한 행복과 복락에 대한 확신을 심어 주기 위하여 얼마나 사력을 다해 수고하고 애썼는지요! 사도 바울은 셋째 하늘에 올라갔다 온 이후 다른 사람들을 천국으로 인도하는 것을 자신의 모든 것으로 삼습니다(고후 12:2-10 참고).

아가서에 나오는 신부 역시 마찬가지입니다.

"내 사랑하는 자는 희고도 붉어 많은 사람 가운데 뛰어나구나. 머리는 순금 같고 머리털은 고불고불하고 까마귀같이 검구나. 눈은 시냇가의 비둘기 같은데 우유로 씻은 듯하고 아름답게도 박혔구나. 뺨은 향기로운 꽃밭 같고 향기로운 풀언덕과도 같고 입술은 백합화 같고 몰약의 즙이 뚝뚝 떨어지는구나. 손은 황옥을 물린 황금 노리개 같고 몸은 아로새긴 상아에 청옥을 입힌 듯하구나. 다리는 순금 받침에 세운 화반석 기둥 같고 생김새는 레바논 같으며 백향목처럼 보기 좋고 입은 심히 달콤하니 그 전체가 사랑스럽구나. 예루살렘 딸들아 이는 내 사랑하는 자요 나의 친구로다. 여자들 가운데에서 어여쁜 자야 네 사랑하는 자가 어디로 갔는가? 네 사랑하는 자가 어디로 돌아갔는가? 우리가 너와 함께 찾으리라"(아 5:10-6:1).

자신이 그리스도의 소유라는 사실을 확신한 이후로, 그녀는 예루살렘의 딸들이 그리스도를 볼 수 있도록 얼마나 수고하고 애쓰는지요! 경건하고 천상적인 수사학과 논리를 총동원하고, 사랑과 감미로움이 가득 담긴 어투를 사용하여 얼마나 수고하고 애쓰는지요!

예수님의 제자 안드레 역시 마찬가지입니다. 신적인 빛과 사랑의 광채가 그를 비추자, 그는 주저하지 않고 자신의 형제 시몬을 모든 빛과 사랑의 샘근원이 되시는 예수님께로 인도하기 위해서 힘씁니다.

"요한의 말을 듣고 예수를 따르는 두 사람 중의 하나는 시몬 베드로의 형제 안드레라. 그가 먼저 자기의 형제 시몬을 찾아 말하되 우리가 메시야를 만났다 하고(메시야는 번역하면 그리스도라), 데리고 예수께로 오니 예수께서 보시고 이르시되 네가 요한의 아들 시몬이니 장차 게바라 하리라 하시니라(게바는 번역하면 베드로라)"(요 1:40-42).

그리스도의 얼굴을 한 번 보았을 뿐인 빌립도 크게 흥분하여, 나다나엘을 찾아가 자기와 함께 가서 생명보다 더 나은 인자하심을 함께 누리자고 초대합니다(요 1:43-46 참고).

확신의 능력 아래 있는 영혼들이 끊임없이 토해 내는 외침은 "너희는 여호와의 선하심을 맛보아 알지어다. 그에게 피하는 자는 복이 있도다"(시 34:8)라는 것입니다. 죄인들이여! '그 길은 즐거운 길이요, 그의 지름길은 다 평강'(잠 3:17)입니다. 그의 계명들은 무거운 것이 아니라 즐거운 것입니다(요일 5:3 참고). 예수님께서 친히 우리에게 말씀하십니다.

"내 멍에는 쉽고 내 짐은 가벼움이라"(마 11:30).

그리스도의 명령을 준수한 행동에 대해서도 상급이 있지만, 그리스도의 계명에 순종하는 과정 중에도 상급이 있습니다(시 19:11 참고).

확신은 다른 사람들에게 조언하고 본을 보이고 그들을 위해 기도함으로써, 그리고 자신의 영적 경험을 그들에게 전달함으로써, 그들을 그리스도께로 인도할 수 있도록 힘쓰게 하며 강력하게 이끕니다. 확신은 헛된 사람들이 주님과 그분의 길에 대해 자주 제기하는 모든 거짓을 논박할 수 있는 의지와 기술과 체험을 공급해 줍니다.

확신은 사람으로 하여금 이 세상을 향하여 "주의 궁정에서의 한 날이 다른 곳에서의 천 날보다 나은즉"(시 84:10)이라고 선언하게 합니다. 하나님보다 못한 모든 것들보다는 하루를 하나님과 더불어 동행하고, 한 시간을 하나님과 교제하는 데에서 영광스러운 즐거움과 순결한 위로와 영원한 평안과 고귀한 만족과 천상의 기쁨을 더 많이 얻을 수 있다고 선포하게 합니다.

이와 같은 방식으로, 근거가 충분한 확신의 능력 아래 있는 영혼들은 다른 사람들을 자신처럼 행복한 사람으로 만들기 위해 수고합니다. 확신을 가지고 있는 영혼은 자기 혼자 천국에 가는 것을 언짢아합니다. 확신을 가지고 있는 영혼은 자주 다음과 같이 부르짖습니다.

"아버지여! 이 사람의 영혼에도 복을 주시고, 저 사람의 영혼에도 면류관을 씌워 주옵소서. 우리가 함께 하늘에 들어가 행복을 누리게 하옵소서."

6. 모든 죄에 강력히 대항함

하나님의 사랑과 자기 자신의 영원한 행복과 복락에 대한 근거가 충분한 확신은 그 사람을 강력하게 무장시키고 힘을 북돋아 모든 사악함과 비열함에 대항하게 만듭니다. 이런 확신을 가지고 있는 사람이 아니라면 어느 누구도 자신의 죄를 혐오하거나 죄 때문에 자기 자신을 혐오하지 않습니다. 이런 확신을 가지고 있는 사람보다 더 크게 죄와 싸우고 죄를 경계하는 사람은 없습니다. 죄가 작용하고 활동하는 것을 감지할 때, 이런 확신을 가지고 있는 사람보다 더 크게 신음하고 애통하며, 피 흘리고 탄식하는 사람은 없습니다.

"그 여자를 돌아보시며 시몬에게 이르시되 이 여자를 보느냐 내가 네 집에 들어올 때 너는 내게 발 씻을 물도 주지 아니하였으되 이 여자는 눈물로 내 발을 적시고 그 머리털로 닦았으며……예수께서 여자에게 이르시되 네 믿음이 너를 구원하였으니 평안히 가라 하시니라"(눅 7:44,50).

죄가 조금이라도 움직이기만 하면, 확신의 능력 아래 있는 사람은 그것 때문에 부르짖습니다.

"오호라, 나는 곤고한 사람이로다. 이 사망의 몸에서 누가 나를 건져 내랴?"(롬 7:24)

"내가 하나님 여호와께서 하실 말씀을 들으리니 무릇 그의 백성, 그의 성도들에게 화평을 말씀하실 것이라. 그들은 다시 어리석은 데로 돌아가지 말지로다"(시 85:8).

하나님께서 자신의 백성들에게 말씀하시는 화평은 어리석음과 망령된 것으로부터 그들을 든든하게 보호하고 확실하게 지켜 줍니다.

요셉은 자신에 대한 주인의 사랑을 확신하고 있었기에, 욕정에 사로잡힌 여주인의 음탕한 공격에 단호히 저항할 수 있었습니다(창 39:6,12 참고). 그렇다면 죽음보다 더 강한 하나님의 사랑에 대한 확신도 우리에게 그와 같은 효력을 발휘하지 않겠습니까? 아니, 그보다 더 큰 효력을 발휘하지 않겠습니까? 당연히 그럴 것입니다.

확신은 사람으로 하여금 자기가 이전에 섬기던 우상에게 "너희는 여기서 나가라……내가 다시 우상과 무슨 상관이 있으리요?"(슥 6:7; 호 14:8 참고)라고 말하는 것처럼, 자기가 범한 죄에 대해서도 똑같이 말하게 합니다. 확신에 찬 영혼은 이렇게 말합니다. "교만이여 사라져라. 격정이여 사라져라. 세속적인 마음이여 사라져라. 부정함이여 사라져라. 무자비함이여 사라져라. 내가 다시 너희와 무슨 상관이 있으리요?"

다윗은 죄인들을 향하여 "너희 행악자들이여, 나를 떠날지어다! 나는 내 하나님의 계명들을 지키리로다"(시 119:115)라고 말했습니다. 확신에 찬 영혼도 자신의 죄를 향해서 그와 똑같이 말합니다. 확신에 찬 영혼은 이렇게 말합니다. "오, 나의 정욕이여, 나를 떠날지어다! 나는 하나님의 사랑을 맛보았고, 내 자신을 전적으로, 그리고 유일하게 하나님께 바쳤도다. 그러므로 나는 내 하나님의 계명을 지킬 수밖에 없도다."

유대 랍비들의 기록에 따르면, 이스라엘이 출애굽을 시작하여 가나안을 향해 진군하기 시작한 바로 그날 밤에, 애굽에 있는 모든 우상들과 우상들의 신전이 번개와 지진으로 인해 파괴되었다고 합니다. 그리스도와 확신이 영혼 안에 세워질 때도 이와 같은 일이 일어납니다. 사탄과 사람의 마음이 세워 놓은 모든 우상들이 무너지고, 가증스러운 물건이 쫓겨납니다. 올바른 확신은 사람으로 하여금 그리스도께서 깨끗하신 것과 같이 자기를 깨끗하게 하는 일에 매진하게 만듭니다(요일 3:2,3 참고).

확신에 찬 그리스도인은 빛을 거슬러 범죄하는 것이 위험하다는 것을 알고 있습니다. 또 사랑을 거슬러 범죄하는 것이 더욱 위험하다는 것을 알고 있습니다. 또 자신에게 계시되고 나타난 사랑을 거슬러 범죄하는 것이 가장 위험하다는 것을 알고 있습니다. 만일 그리스도인이 빛과 사랑과 명백하게 계시된 사랑을 거슬러 범죄한다면, 하나님은 당연히 그에게 이렇게 말씀하실 것입니다.

"이것이 네가 친구를 후대하는 것이냐?"(삼하 16:17)

확신을 가지고 있으면서도 죄를 범한다는 것은, 위대한 은혜를 거슬러 범죄하는 것이요, 영광에 대한 가장 강한 소망을 거슬러 범죄하는 것입니다. 이러한 범죄는 틀림없이 하나님을 노하시게 만들 것입니다.

"솔로몬이 마음을 돌려 이스라엘의 하나님 여호와를 떠나므로 여호와께서 그에게 진노하시니라. 여호와께서 일찍이 두 번이나 그에게 나타나시고"(왕상 11:9).

확신을 가지고 있으면서도 죄를 범한다는 것은, 낙원 안에서 범죄하는 것이요, 서슬이 시퍼런 칼 아래에서 범죄하는 것이며, 천국의 주변에서 범죄하는 것입니다. 확신을 가지고 있으면서도 죄를 범한다는 것은, 생명보다 더 나은 하나님의 은총, '말할 수 없는 영광스러운 즐거움'(벧전 1:8), 그리고 '모든 지각에 뛰어난 하나님의 평강'(빌 4:7)을 잃어버릴 위험을 무릅쓰고 범죄하는 것입니다.

확신을 가지고 있으면서도 범죄하는 것은, 그리스도를 모욕하고 성령을 근심하게 하는 것이며, 양심에 상해를 입히는 것이요, 받은 은혜를 약화시키는 것이며, 스스로 가지고 있는 증거를 흐리게 만들고 큰 재앙으로 들어가는 것이며, 받은 긍휼을 몹시 상하게 하고 유혹자로 하여금 여러분의 구주를 이기도록 선동하는 것입니다.

분명하게 아십시오. 사람들로 하여금 죄를 우습게 알도록 만드는 확신, 대담하게 범죄하도록 만드는 확신, 사람들로 하여금 죄를 가지고 장난하도록 만드는 확신, 사람들로 하여금 죄의 길로 계속 나아가도록 만드는 확신은 단순한 억측에 불과합니다. 이런 확신은 절대 사람을 천국으로 인도하지 못합니다. 이런 확신은 사람이 지옥에 떨어지는 것을 결코 막지 못합니다. 오히려 이런 확신을 가지고 있는 사람은 갑절의 저주를 받을 것이요, 저주받고 비참함 가운데 버림을 받은 모든 영혼들 중에서도 가장 비참한 영혼이 될 것입니다.

"오, 주여! 이런 거짓된 확신으로부터 내 영혼을 구하여 주옵소서. 내게 진정한 확신을 주옵소서. 지옥보다는 죄를 더 혐오하게 만드는 신적인 확신, 지옥에 떨어지는 것을 두려워하기보다는 죄를 피하기 위해서 좀 더 주의를 기울이게 만드는 신적인 확신을 나에게 주옵소서!"

7. 사랑과 겸손과 기쁨이 수반되는 확신

근거가 충분한 확신에는 세 명의 아름다운 시녀, 또는 세 명의 훌륭한 친구들이 늘 함께합니다.

1) 사랑

아, 하나님의 은혜에 대한 확신은 그리스도를 향한 사랑의 불에 기름을 부어 활활 타오르게 만듭니다. 막달라 마리아는 그리스도를 깊이 사랑했습니다. 그녀를 향한 그리스도의 사랑이 그녀로 하여금 그리스도를 깊이 사랑하게 만들었습니다(눅 7:36-50 참고). 또한 확신은 영혼으로 하여금 시편 기자와 같이 노래하게 합니다.

"나의 힘이신 여호와여, 내가 주를 사랑하나이다"(시 18:1).

사랑에 빠진 사람들은 입을 다물고 있지를 못합니다. 무엇인가를 말해야 합니다. 이처럼 그리스도를 사랑하는 사람들에게도 은혜로운 표현이 차고 넘칩니다. 사랑을 끌어당기는 자석은 사랑입니다. 자신이 그리스도의 사랑을 받고 있다는 것을 알고 있는 영혼은 그리스도를 사랑하지 않을 수 없습니다. 그리스도의 사랑은 영혼으로 하여금 그리스도를 사랑하도록 강권합니다. 강제로 사랑하게 만드는 것이 아니라, 사랑하기 때문에 사랑하지 않을 수 없도록 만드는 것입니다.

그리스의 조각가 프락시텔레스(Praxiteles)는 자신의 마음속에서 느꼈던 열애를 본떠서 사랑을 절묘하게 그려 냈습니다. 성도가 그리스도의 마음이 자신을 향하여 간절하다는 사실을 깨닫게 되면, 성도의 마음도 그리스도를 향하여 매우 간절해질 것입니다. 신적인 사랑은 은매화로 만든 지팡이와 같습니다. 플리니의 보고에 따르면, 은매화로 만든 지팡이는 그것을 손에 쥐고 여행을 하는 나그네의 기운이 절대 떨어지지 않게 하며, 걸어가는 것이나 사랑하는 것에 대해서 결코 지치지 않게 만든다고 합니다.

사랑 한 가지만 있어도 모든 힘을 이깁니다. 사랑은 여왕이 머리에 감는 리본입니다. 그것은 오직 여왕만이 머리에 장식할 수 있는 것입니다. 사랑은 혼인 예복이며, 오직 신부에게만 맞는 옷입니다. 사랑은 따뜻하게 하는 힘을 가지고 있는 불일 뿐만 아니라, 끌어당기는 힘을 가지고 있는 자석입니다. 지금 그리스도를 사랑하지 않는 사람은 그리스도의 사랑을 한 번도 확신해 본 적이 없는 사람입니다.

2) 겸손

다윗은 확신 가운데서 고백합니다.

"나는 벌레요 사람이 아니라, 사람의 비방거리요 백성의 조롱거리니이다"(시 22:6).

아브라함은 확신 가운데서 자신을 '티끌이나 재'에 불과한 존재로 고백합니다(창 18:27 참고). 야곱은 확신 가운데서 자신이 '모든 은총과 모든 진실하심을 조금도 감당할 수 없다'고 토로합니다(창 32:10 참고). 욥은 확신 가운데 '스스로 거두어들이고 티끌과 재 가운데서 회개'했습니다(욥 42:6 참고). 모세는 하나님과 '대면하여(얼굴과 얼굴을 맞대고)' 친히 대화를 나누는 영광과 행복을 누렸습니다(신 34:10 참고). 또한 그는 성경의 많은 책을 기록하고, 하나님의 은총을 많이 누린 사람이었습니다. 그러면서도 모세는 온유함이 지면의 모든 사람보다 더했습니다(민 12:3 참고). 위대한 사도 바울도 하나님의 수많은 계시와 영광스러운 나타나심을 경험하였으나 자기 자신을 '모든 성도 중에 지극히 작은 자보다 더 작은 나'(엡 3:8)라고 소개합니다.

사람의 영혼을 잔뜩 부풀려 교만하게 만드는 것, 자신을 실제보다 더 좋게 평가하게 만들고, 하나님께서 그들을 평가하시는 가치보다 더 높게 자신의 가치를 매기게 만드는 것은 억측이요 마귀가 주입한 잘못된 생각이며, 결코 올바른 확신이 아닙니다.

3) 거룩한 기쁨

진정한 확신은 위로라는 강력한 물줄기가 영혼에 흘러넘치도록 만듭니다. 확신은 영혼 안에 가장 강력한 기쁨을 일으킵니다. 누가복음 1장 46,47절에서 마리아는 다음과 같이 노래합니다.

"마리아가 이르되, 내 영혼이 주를 찬양하며 내 마음이 하나님 내 구주를 기뻐하였음은."

사람이 하나님께서 자신의 구세주가 되신다는 사실을 확신하게 되는 순간, 그 사람의 심령은 즉시 하나님을 기뻐하게 되어 있습니다.

누가복음 15장에 기록된 세 가지 비유(잃은 양을 찾은 목자, 잃은 드라크마를 찾은 여인, 잃은 아들을 되찾은 아버지의 비유)는 이 진리를 뒷받침합니다. 또 베드로전서 1장 8,9절의 말씀도 이 진리를 입증합니다.

"예수를 너희가 보지 못하였으나 사랑하는도다. 이제도 보지 못하나 믿고 말할 수 없는 영광스러운 즐거움으로 기뻐하니, 믿음의 결국 곧 영혼의 구원을 받음이라."

근거가 충분한 확신에 뒤따르는 기쁨, 그리고 그 기쁨의 표현이란! 확신은 영혼 안에 기쁨의 낙원을 세웁니다. 터툴리안은 "어떤 일이나 어떤 사람 안에서 행할 경우, 우리는 바로 그 일, 그 사람을 즐거워한다"라고 말했습니다. 그리스도인은 확신의 능력으로 말미암아 자신의 모든 일을 그리스도 안에서 행합니다. 그리스도인은 오직 그리스도 안에서만 즐거워합니다.

8. 성령의 증언으로 말미암는 확신

마지막으로, 근거가 충분한 확신은 때때로 하나님의 성령의 증거와 증언으로부터 말미암습니다. 성령은 때때로 성도의 심령에 증언하십니다. 즉, 그가 하나님으로부터 난 사람이요, 하나님의 사랑을 받는 사람이며, 하나님과 더불어 연합과 친교를 나누는 사람이요, 하나님과 함께 영원토록 다스리게 될 존재임을 증언하십니다.

"이와 같이 성령도 우리의 연약함을 도우시나니, 우리는 마땅히 기도할 바를 알지 못하나 오직 성령이 말할 수 없는 탄식으로 우리를 위하여 친히 간구하시느니라"(롬 8:26).

성령은 성령의 은사들과 은혜들에 대해 친히 증언하실 뿐만 아니라 우리 자신의 영혼과 더불어 친히 증언하십니다. 성령은 우리가 하나님의 자녀인 것을 친히 증언하십니다. 때때로 두 증인들이 함께 자신들의 증언을 연합하여 '성도가 하나님의 자녀요 영광의 상속자'(롬 8:17 참고)라는 이 복되고 영광스러운 진리를 확증하고 입증합니다.

복된 성령께서 자신의 양심의 법정에 서서 자신이 하나님의 아들이라는 사실에 대해 증언하신다는 것은 성도들에게 위로가 될 뿐만 아니라 영광이 되기도 합니다.

"우리가 세상의 영을 받지 아니하고 오직 하나님으로부터 온 영을 받았으니, 이는 우리로 하여금 하나님께서 우리에게 은혜로 주신 것들을 알게 하려 하심이라"(고전 2:12).

다시 말해서, 하나님께서 우리를 택하고 부르사 의롭게 하고 거룩하게 하며 영화롭게 하신다는 것을 알게 하시기 위하여 성령을 주신 것입니다.

사람은 하나님으로부터 값없이 많은 것들을 받았지만 얼마든지 그것에 대해서 까맣게 모를 수도 있습니다. 성령께서 오셔서 그것을 밝혀 주시기 전까지는 그런 사실들은 모를 수도 있습니다. 이렇게 말하면 어떤 사람들은 다음과 같이 질문할 것입니다.

"어떻게 우리가 성령의 속삭임과 옛뱀의 쉿쉿거리는 소리를 분별할 수 있습니까? 오늘날과 같이 사탄이 주로 광명의 천사로 가장해 나타날 때에(고후 11:14 참고), 어떻게 우리가 성령의 보고와 증거와 증언을 많은 사람들을 속이고 기만하는 옛뱀의 보고와 증거와 증언으로부터 분별할 수 있습니까?"

저는 이렇게 대답합니다. 제가 지금부터 제시하는 아홉 가지 시금석으로 성령의 속삭임과 옛뱀의 쉿쉿거리는 소리를 구별해 낼 수 있습니다. 만일 여러분이 자신의 영혼의 평화와 안정과 만족과 위로와 구원을 소중히 여긴다면, 이 시금석들을 진지하게 숙고하기 바랍니다.

1) 성령의 증언은 내적이고 은밀합니다.

그리스도의 성령은 외적인 음성으로 증언하시지 않습니다. 하나님께서 그리스도에 대해 증언하실 때 하늘로부터 친히 음성을 들려주신 것처럼 우리에게 말씀하시지는 않습니다(마 3:17 참고). 또한 천사를 통해서 증언하시지도 않습니다. 동정녀 마리아에게 예수님을 잉태하리라고 예고할 때 천사를 통해 말씀하신 것처럼 우리에게 증언하시지는 않습니다(눅 1:30-34 참고). 그리스도의 성령은 내적이고 은밀하며 영광스럽고 말로 형용할 수 없는 방식으로, 마치 그리스도께서 복음서에 나오는 중풍병자에게 말씀하신 것처럼, 성도들에게 그들의 죄가 용서되었으니 안심하고 즐거워하라고 말씀하십니다(마 9:2 참고).

오늘날에는 안타깝게도 많은 사람들이 자신들에게 하늘로부터 외적인 음성이 울려 퍼지면서 여차여차한 영광스러운 것들이 계시되었다고 온 세상으로 하여금 믿게 하려고 안달합니다. 그들은 모두 기만당하고 현혹되어 있습니다. 그들을 물리치기 위해서는 바로 이 진리를 엄숙하게 말해야 합니다. 그리스도의 성령께서 내적이고 은밀하며 영광스럽고 말로 형용할 수 없는 방식으로 증언하신다는 이 진리를 엄숙하게 말해야 합니다. 외적인 증언을 자랑하고 떠벌리며 그것을 깊이 의지하는 사람들은 자신이 참으로 그리스도의 성령의 내적이고 감미로우며 은밀하고 강력한 증언을 한 번도 듣지 못한 것이 아닌지를 깊이 우려해 보아야만 합니다.

열왕기상 19장 11,12절에서는 다음과 같이 말합니다.

"크고 강한 바람이 산을 가르고 바위를 부수나 바람 가운데에 여호와께서 계시지 아니하며, 바람 후에 지진이 있으나 지진 가운데에도 여호와께서 계시지 아니하며, 또 지진 후에 불이 있으나 불 가운데에도 여호와께서 계시지 아니하더니, 불 후에 세미한 소리가 있는지라."

여호와께서는 세미한 소리 가운데서 엘리야에게 말씀하셨습니다.

그리스도인들이여! 이렇게 표현해도 좋을지 모르겠지만, 여호와의 영께서는 시끄러운 소리를 내시지 않습니다. 오히려 그분은 세미한 소리로 임하시며, 영혼에 부드럽고도 은밀하게 증언하십니다. 하나님께서 그 영혼을 사랑하고 그 영혼의 죄를 용서하셨으며 영원토록 그 영혼을 영화롭게 할 것이라고 증언하십니다.

2) 성령의 증언은 거룩한 방식으로 획득됩니다.

그리스도의 성령의 증거와 증언은 거룩하고 천상적인 방식으로만 얻을 수 있고, 또 계속 향유할 수 있습니다. 다음에 열거하는 성경 구절들을 비교해 보면 이 사실을 분명하게 알 수 있습니다.

"고넬료가 주목하여 보고 두려워 이르되 주여 무슨 일이니이까? 천사가 이르되 네 기도와 구제가 하나님 앞에 상달되어 기억하신 바가 되었으니"(행 10:4).

"내가 이같이 말하여 기도하며 내 죄와 내 백성 이스라엘의 죄를 자복하고 내 하나님의 거룩한 산을 위하여 내 하나님 여호와 앞에 간구할 때, 곧 내가 기도할 때에 이전에 환상 중에 본 그 사람 가브리엘이 빨리 날아서 저녁 제사를 드릴 때 즈음에 내게 이르더니, 내게 가르치며 내게 말하여 이르되 다니엘아 내가 이제 네게 지혜와 총명을 주려고 왔느니라"(단 9:20-22).

"베드로가 이 말을 할 때에 성령이 말씀 듣는 모든 사람에게 내려오시니"(행 10:44).

주님의 영은 거룩하신 영입니다. 그러므로 그분은 거룩한 방식을 떠나서는 성부 하나님의 사랑에 대해 그 어떤 증언도 영혼에게 하실 수 없으며, 또 절대 그렇게 하려고 하시지도 않을 것입니다.

이것을 반드시 기억하십시오. 많은 사람들이 죄악된 방식으로, 더럽고 불경건한 방식으로 행하던 중 휘황찬란한 증언을 들었노라고 자랑해 대지만, 사실 그 모든 증언들은 옛뱀의 쉿거리는 소리에서 비롯된 것입니다. 그런 증언들은 은혜의 성령으로부터 온 것이 아닙니다. 그리스도의 복된 성령께서 사악하고 추악한 길로 행하는 사람들에게 하나님의 사랑과 은총에 대해서 증언하신다고 주장하는 것은 신성모독이나 전혀 다를 바 없다고 저는 생각합니다.

3) 성령의 증언은 선명하고 완전하며 만족을 줍니다.

그리스도의 성령의 증거와 증언은 선명하고 완전하며 만족을 줍니다.

"그는 진리의 영이라. 세상은 능히 그를 받지 못하나니 이는 그를 보지도 못하고 알지도 못함이라. 그러나 너희는 그를 아나니 그는 너희와 함께 거하심이요 또 너희 속에 계시겠음이라"(요 14:17).

"그의 계명을 지키는 자는 주 안에 거하고 주는 그의 안에 거하시나니 우리에게 주신 성령으로 말미암아 그가 우리 안에 거하시는 줄을 우리가 아느니라"(요일 3:24).

영혼은 성령의 사무치는 증언을 순수하게 받아들이고는 "주여, 이제는 충분합니다"라고 말합니다. 만족한 영혼은 편히 앉아 자신의 기쁨을 노래로 담아 냅니다.

"내 사랑하는 자는 내게 속하였고, 나는 그에게 속하였도다"(아 2:16).

"여호와는 나의 산업과 나의 잔의 소득이시니 나의 분깃을 지키시나이다"(시 16:5).

"하늘에서는 주 외에 누가 내게 있으리요? 땅에서는 주 밖에 내가 사모할 이 없나이다"(시 73:25).

"이제 후로는 나를 위하여 의의 면류관이 예비되었으므로"(딤후 4:8).

"내 사랑하는 자야, 너는 빨리 달리라"(아 8:14).

그리스도의 성령의 영광스러운 증언에는 얼마나 대단한 능력과 위엄과 영광이 수반되는지요! 성령의 증언은 모든 먹구름을 흩어 버리고, 모든 의심을 녹이며, 모든 질문을 시원하게 해결해 주고, 논쟁하는 사람을 잠잠하게 합니다. 만일 그리스도의 성령의 증언이 완전하고 만족스럽지 않다면, 성령의 증언은 '말할 수 없는 영광스러운 즐거움'(벧전 1:8)과 '모든 지각에 뛰어난 하나님의 평강'(빌 4:7)을 영혼에 결코 충만히 채울 수 없을 것입니다. 만일 성령의 증언이 만족스럽지 못하다면, 영혼은 아직도 많은 두려움과 의심 아래 앉아 있을 것이며, 마음속으로 어쩌면 자신은 멸망하도록 버림받았을지도 모르며 결국 은혜의 문이 자신에게 굳게 닫혀 있음을 발견하게 될 것이라고 논쟁하며 탄식하고 있을 것입니다.

여러분이 사형 선고를 받은 사람에게 왕이 그의 죄를 사면하였고 그에게 은총을 베풀어 이런저런 작위를 하사해 주었다는 소식을 전한다고 합니다. 그러나 왕이 실제로 그렇게 했다는 것을 그 사람이 알기 전까지는 단순한 소식만으로는 그를 안정시키거나 만족시킬 수 없을 것입니다. 왕이 실제로 그렇게 했다는 것을 그가 만족스럽게 알기 전까지 그 사람은 "이제는 됐다"라고 말할 수 없습니다. 기뻐할 수 없습니다. 기쁨으로 충만할 수 없습니다.

그러나 왕이 실제로 그렇게 했다는 것을 그가 충분히 알게 되면, 왕이 자기를 위해서 이런저런 일을 틀림없이 행했다는 것을 그가 충분히 알게 되면, 그제야 비로소 그는 만족하고, 한숨과 탄식을 멀리 던져 버리고 말할 수 없는 영광으로 즐거워하게 될 것입니다. 그리스도의 성령의 증거와 증언을 받은 성도도 이와 마찬가지입니다.

4) 성령의 증언이 모든 성도들에게 다 있는 것이 아닙니다.

비록 성령은 증언하시는 영이지만, 성도들이 하나님의 아들이요 그리스도의 소유라는 사실을 항상 증언하시는 것은 아닙니다. 성령의 역사와 성령의 증언은 매우 다릅니다. 성령의 증언은 없지만, 가령 믿음과 사랑과 회개와 거룩과 같은 성령의 영광스럽고도 효과적인 역사가 많이 일어나는 경우가 종종 있습니다(사 50:10 참고). 다윗은 성령을 소유하고 있었고 성령의 감미로운 역사를 자신 안에서, 그리고 자신 위에서 수없이 누리고 체험했지만, 바로 그 시간에 죄로 말미암아 성령의 증거와 증언을 잃어버리고 있었습니다(시 51:10-12).

비록 성령이 증언하고 인 치시는 영이지만, 성도들의 영혼에 성부 하나님의 사랑과 은총을 항상 증언하고 인 치시는 것은 아닙니다. 다음에 열거하는 성경 구절들을 비교해 보면 이 사실을 알 수 있습니다. 또 수많은 탁월한 그리스도인들의 체험이 이 사실을 충분하게 입증하고 있습니다. 욥기 23장 8,9

절, 요한일서 5장 13절, 시편 88편, 77편, 미가 7장 8,9절, 이사야 8장 17절을 읽어 보십시오.

모든 성도들이 성령의 증언이 필요함을 동일하게 느끼는 것도 아닙니다. 모든 성도들이 이런 증언을 동일하게 소중히 평가하는 것도 아닙니다. 모든 성도들이 이런 증거를 똑같이 깨닫고 유익하게 활용하는 것도 아닙니다. 그러므로 성령께서 어떤 성도들에게는 증언하는 영으로서 역사하시면서 또 다른 성도들에게는 그렇게 역사하시지 않는다고 해서 이상히 여길 필요가 전혀 없습니다. 만약 성령께서 여러분의 영혼에 증언하고 인 치시는 영으로 역사하고 있지 않으므로 여러분이 성령을 받지 않았다고 말한다면, 그것은 사탄을 기쁘게 하고 여러분 자신의 영혼을 해롭게 할 뿐입니다.

성도들의 행복과 복락에 대하여 증언하시는 것이 성령의 직무인 것은 사실이지만, 모든 성도들에게 항상 증언하시는 것은 성령의 직무가 아닙니다. 성령은 어떤 방식이나 영혼의 어떤 기능에서는 역사하지 않고 또 다른 방식이나 영혼의 다른 기능에서 역사하실 수도 있습니다. 때때로 성령은 이해력에 역사하고, 때때로 성령은 의지에 역사하며, 때때로 성령은 정서에 역사하고, 때때로 성령은 믿음에 역사하고, 때때로 성령은 경외심에 역사하며, 때때로 성령은 사랑에 역사하고, 때때로 성령은 겸손에 역사하십니다.

우리의 마음은 성령께서 타시는 하프입니다. 만일 어떤 사람이 언제나 악기에 있는 한 개의 현만으로 연주한다면, 그는 다양한 곡조를 연주할 수 없을 것이며, 즐거운 음악을 연주할 수도 없을 것입니다. 이와 같이 만일 성령께서도 우리의 영혼 안에 있는 어느 한 가지 기능에만 역사하신다면, 동일한 결과를 낳게 될 것입니다. 그러하기에 성령께서는 우리 가운데서 다양한 방식으로 역사하십니다.

때때로 성령은 자기 자신을 소생시키는 영으로 드러내십니다. 때로는 각성시키는 영으로 자기 자신을 드러내십니다. 또 때로는 기쁨을 주는 영으로 자기 자신을 드러내십니다. 또 때로는 인 치는 영으로 자기 자신을 드러내십니다. 그리고 때로는 기운을 북돋아 주는 영으로 자기 자신을 드러내십니다.

5) 성령의 증언은 틀림이 없습니다.

성령의 증거와 증언은 틀림이 없는 증언이요 증거입니다. 성령은 진리 그 자체이십니다. 성령은 '하나님의 깊은 것'까지도 살피며 통달하시는 분입니다(고전 2:10 참고). 주님의 성령은 모든 거짓된 영들을 밝혀 내고 논박하며 파괴하시는 분입니다. 성령께서는 결단코 속으실 수 없는 분입니다. 왜냐하면 성령은 전지하고 전능하며 어디든지 계시기 때문입니다.

성령은 천국의 국무위원이십니다. 성령은 성부 하나님의 품 안에 누워 있으며, 늘 그곳에 계십니다. 성령은 성부 하나님께서 자신의 마음에 두고 사랑하는 모든 사람들의 이름을 다 아십니다. 그러므로 성령의 증언은 확실할 수밖에 없습니다. 설령 어떤 사람이 하늘로부터 "너는 행복하고 복되도다"라는 음성을 들었다고 할지라도, 성령의 증언이 훨씬 더 확실한 증언입니다.

성령의 증언은 여러분이 얼마든지 안전하고 분명하게 신뢰할 수 있는 증언입니다. 성령의 증언은 속인 적이 한 번도 없습니다. 성령의 증언은 그것을 의지하는 사람을 속인 적이 한 번도 없습니다. 기만이 난무하는 이 시대에서 많은 사람들이 안타깝게도 체험을 통해서 알게 된 것과 같이, 영혼을 속이고 타락시키는 다른 거짓된 증언들은 '애굽의 갈대'에 불과합니다. 그러나 성령의 증언은 영혼을 든든하게 지탱하는 반석과 같습니다.

6) 성령의 증언은 항상 우리 자신의 영혼의 증언을 수반합니다.

하나님의 성령의 증언은 언제나 우리 자신의 영혼의 증언을 수반합니다.

이 두 가지는 구별될 수 있지만 절대 분리될 수는 없습니다. 하나님의 성령께서 누군가를 위하여 증언하시면, 그 사람의 심령은 그에 대해 불리하게 증언할 수 없습니다. 잘 보십시오. 물에 비췬 얼굴이 실제의 얼굴과 서로 같은 것 같이, 성도의 심령의 증언과 그리스도의 성령의 증언도 서로 일치합니다.

"성령이 친히 우리의 영과 더불어 우리가 하나님의 자녀인 것을 증언하시나니"(롬 8:16).

만일 우리의 양심이 우리가 하나님의 자녀요 상속자임을 먼저 증언하지 않는다면, 성령께서도 증언하시지 않습니다. 왜냐하면 성령께서 우리의 영과 더불어 증언하시기 때문입니다.

요한일서 3장 20,21절은 이 사실을 매우 분명하게 표현합니다.

"우리 마음이 혹 우리를 책망할 일이 있어도 하나님은 우리 마음보다 크시고 모든 것을 아시기 때문이라. 사랑하는 자들아, 만일 우리 마음이 우리를 책망할 것이 없으면 하나님 앞에서 담대함을 얻고."

요한일서 5장에서도 마찬가지입니다.

"증언하는 이가 셋이니 성령과 물과 피라. 또한 이 셋은 합하여 하나이니라"(7,8절).

성령은 탁월하고 효과적으로 증언하십니다. 물과 피는 실질적으로 증언합니다. 그리고 우리의 영혼과 이성은 간접적으로 증언합니다. 여기에서 '성령'은 우리로 하여금 그리스도와 그분의 모든 은택을 붙잡도록 힘을 주시는 보혜사 성령으로 해석할 수 있습니다. '물'은 우리의 중생과 성화로 해석할 수 있습니다. 그리고 '피'는 믿음으로 말미암아 우리에게 전가되고 적용되는 그리스도의 피와 의로 해석할 수 있습니다. "또한 이 셋은 합하여 하나이니라"라는 말씀은 이 셋이 하나가 되어 똑같은 것을 증언한다는 말입니다.

7) 성령의 증언은 언제나 성경에 따라 이루어집니다.

성령의 증언은 언제나 성경 말씀에 따라 이루어집니다. 내적인 증언과 외적인 증언, 하나님의 성령과 하나님의 말씀 사이에는 매혹적인 일치가 있습니다. 모든 성경은 성령에 의해서 기록되었습니다(벧후 1:20,21 참고). 그러므로 성령은 자기 자신을 부인하실 수 없습니다. 그런데 만일 성령께서 성경의 기록과 상반되게 증언하신다면, 그것은 결국 성령께서 자기 자신을 부인하시는 셈입니다. 성령의 증언을 성경의 증언과 모순되게 만드는 것은 신성모독입니다. 성령께서는 자신의 모든 의중을 성경에 계시하셨습니다. 그러므로 성령은 자신이 이미 성경에 증언한 바와 모순되는 증언을 결단코 하시지 않을 것입니다.

성경은 거듭난 사람들, 새로운 피조물이 된 사람들, 믿고 회개한 사람들이 구원을 받을 것이라고 말합니다. 그리고 성령은 "너는 거듭났고, 너는 새로운 피조물이며, 너는 믿고 회개한 사람이다. 그러므로 너는 구원을 받을 것이다"라고 말씀하십니다. 성령은 성경이 묶어 놓은 것을 결코 풀지 않으며, 성경이 저주하는 것들을 결코 의롭다 하시지 않습니다. 성령은 성경이 반대하는 것에 결코 찬성하시지 않습니다. 성령은 성경이 저주하는 것을 결코 복되다 하시지 않습니다.

구약성경에서는 모든 계시를 하나님의 말씀에 비추어 시험해 보라고 말합니다.

"너희 중에 선지자나 꿈꾸는 자가 일어나서 이적과 기사를 네게 보이고, 그가 네게 말한 그 이적과 기사가 이루어지고 너희가 알지 못하던 다른 신들을 우리가 따라 섬기자고 말할지라도, 너는 그 선지자나 꿈꾸는 자의 말을 청종하지 말라. 이는 너희의 하나님 여호와께서 너희가 마음을 다하고 뜻을 다하여 너희의 하나님 여호와를 사랑하는 여부를 알려 하사 너희를 시험하심이니라.

너희는 너희의 하나님 여호와를 따르며 그를 경외하며 그의 명령을 지키며 그의 목소리를 청종하며 그를 섬기며 그를 의지하며"(신 13:1-4).

"마땅히 율법과 증거의 말씀을 따를지니, 그들이 말하는 바가 이 말씀에 맞지 아니하면 그들이 정녕 아침 빛을 보지 못하고"(사 8:20).

요한복음 16장 13절도 마찬가지로 말합니다.

"그러나 진리의 성령이 오시면 그가 너희를 모든 진리 가운데로 인도하시리니, 그가 스스로 말하지 않고 오직 들은 것을 말하며 장래 일을 너희에게 알리시리라."

여기에서 성령은 자신이 맡은 책임에 따라 신실하게 전하기만 하는 일종의 사신이나 대사로 소개되고 있습니다.

옛뱀의 쉿쉿거리는 소리를 의지하고 기대는 사람들도 자신이 하나님의 복을 받은 사람이라는 증언을 가질 수 있습니다. 그러나 그들의 증언은 성경의 증언과 모순됩니다. 반면 그리스도의 성령께서 사람에게 주시는 모든 증언은 언제나 성경과 일치합니다. 잘 보십시오. 두 부로 만들어 도장 찍은 계약서가 서로 일치하는 것처럼, 양도 증서의 사본이 원본과 항목마다 조항마다 계약마다 글자마다 정확하게 일치하는 것처럼, 성령의 증언은 성경의 증언과 정확하게 일치합니다.

8) 성령의 증언은 거룩합니다.

성령의 증언은 거룩한 증거요 증언입니다. 성령의 증언은 형식의 면에서 거룩합니다. 성령의 증언은 근본적으로 거룩합니다. 성령의 증언은 효과의 면에서 거룩합니다. 성령의 영광스러운 증언만큼 마음으로 하여금 거룩을 사랑하고 연구하고 실천하게 하며 그와 관련하여 더욱 성장하도록 힘쓰게 만드는 것은 없습니다.

성령의 증언이 더욱더 선명하고 온전할수록, 그로 말미암아 영혼이 더욱더 거룩하고 은혜로워져 갑니다. 사람을 구속의 날까지 인 치는 성령처럼, 영혼에게 평안과 사랑과 용서를 말하고 인 쳐 주는 성령처럼, 영혼으로 하여금 거룩과 귀중한 관계를 맺게 하는 것은 또 없습니다(시 85:8; 고전 15:31; 고후 5:14 참고).

성령의 증언은 사람으로 하여금 그리스도를 기쁘시게 하는 일을 소중히 여기도록 만드는 일에 가장 큰 효과를 나타냅니다. 사람으로 하여금 그리스도께 범죄하는 것을 두려워하도록 만드는 데 가장 큰 효과를 나타냅니다. 사람으로 하여금 그리스도를 높이기 위해 열심히 애쓰도록 만드는 데 가장 큰 효과를 나타냅니다. 사람으로 하여금 그리스도와 신중히 동행하도록 만드는 데 가장 큰 효과를 나타냅니다.

이것을 반드시 기억해 두십시오. 사람들로 하여금 죄에 대해서 분방한 태도를 취하게 만드는 것, 사람들로 하여금 죄를 가지고 장난하게 만드는 것, 사람들을 죄의 노예로 만드는 것, 그리스도께서 제정해 주신 규례들을 업신여기고 경건한 의무들을 게을리 하며 하나님과 동행하는 삶에 부주의하도록 조장하는 것은 그리스도의 성령의 속삭임이 아니라 옛뱀의 쉿거리는 소리입니다.

"오, 주여! 옛뱀의 쉿거리는 소리로부터 내 영혼을 구원하시고, 주님을 의지하는 모든 종들의 영혼을 구원하여 주옵소서."

9) 성령의 증언은 오직 중생한 마음에만 주어집니다.

마지막으로, 확신은 하나님께서 중생한 마음에만 허락해 주시는 보석이며 아주 값비싼 진주입니다. 성령께서는 결코 아무에게나 인 치시지 않습니다. 하나님께서는 흰 돌을 주시되(계 2:17 참고), 하나님으로 말미암아 돌과 같이 굳은 마음이 제거된 사람들에게만 주십니다(겔 36:25-27 참고).

그리스도께서는 어떤 사람에게 영적인 생명을 불어넣어 주시기 전까지는 절대 그에게 그의 이름이 생명책에 기록되었다고 증언하시지 않습니다. 그리스도는 먼저 "네 병이 나을지로다. 네가 깨끗해질지어다"라고 말씀하기 전에는 결코 "작은 자야, 안심하라. 네 죄 사함을 받았느니라"라고 말씀하시지 않습니다(마 9:1-8; 눅 5:18-20 참고). 그리스도는 어떤 사람을 새로운 피조물로 만들기 전에는 그 사람에게 모든 인생의 이름보다 더 좋은 새 이름을 결코 주시지 않습니다(사 56:5; 고후 5:17 참고).

그리스도는 먼저 우리를 종에서 아들로 만드십니다. 그런 후에야 우리는 하나님을 "아빠 아버지"(롬 8:15)라고 부를 수 있게 됩니다. 그리스도는 먼저 우리를 원수에서 친구로 만드십니다. 그런 후에야 우리를 자신의 신복과 가족으로 삼으십니다(엡 2:13-20 참고).

그리스도는 절대 진주를 돼지의 코에 걸어 주시지 않습니다. 그리스도는 절대 새 포도주를 헌 부대에 담으시지 않습니다. 그리스도는 절대 나병 환자에게 화려한 옷을 걸쳐 주시지 않습니다. 그리스도는 죽은 사람의 목에 절대 금사슬을 걸어 주시지 않습니다. 그리스도는 반역자의 머리에 반짝이는 면류관을 씌워 주시지 않습니다.

성령은 그리스도께서 먼저 그 마음에 자신의 인을 쳐 주신 사람들에게만 성령의 인을 쳐 주십니다. 성령은 그리스도께서 죄를 미워하시는 것처럼 죄를 미워하는 사람들에게만, 그리고 그리스도께서 의를 사랑하는 것처럼 의를 사랑하는 사람들에게만 성령의 증언을 주십니다. 성령은 지옥보다 죄를 더 미워하는 사람들에게만, 목숨보다 진리를 더 사랑하는 사람들에게만 성령의 증언을 주십니다.

성령께서 인 치신 영혼은 기꺼이 그리스도를 위해 오른쪽 눈도 뽑아 내고,

오른쪽 손도 잘라 낼 것입니다. 성령께서 인 치신 영혼들은 그리스도를 위해서 기꺼이 베냐민과 헤어지고, 이삭을 제물로 드리려고 할 것입니다.

자신의 혈기를 그대로 가지고 있고 자신의 죄 속에 뒹굴면서도 성령의 인 치심이나 성령의 증거와 증언을 가지고 있다고 자랑하고 뽐내는 사람들은 모두 속고 기만당한 영혼들입니다. 이런 사람들을 물리치기 위해서는 지금 살펴본 이 진리를 심각하게 생각해야 합니다.

⚜

이렇게 하여 저는 여러분에게 성령의 속삭임과 옛뱀의 쉿쉿거리는 소리의 차이점, 진정한 증언과 거짓된 증언의 차이점에 대해서 설명했습니다.

2장
확신에 관한 의문과 답변

저의 귀에는 몇몇 보배로운 영혼들이 몇 가지 의문을 제기하는 소리가 들리는 것 같습니다. 여기에서 저는 먼저 예상되는 의문을 한 가지씩 전제하고, 그에 대한 답을 몇 가지로 말하려고 합니다.

1. 확신을 강화하고 안전하게 유지하는 방법은 무엇인가

우리는 많은 기도와 눈물과 기다림 후에 확신이라는 이 값비싼 진주를 얻었습니다. 그렇지만 이렇게 얻은 확신이 강해지기 위해서는 어떻게 해야 합니까? 이렇게 얻은 확신을 유지하기 위해서는 어떻게 해야 합니까? 사탄은 우리의 확신을 약화시키려고 애를 쓰고, 온 세상보다 더 가치 있는 이 보석을 우리에게서 빼앗아 가려고 애를 씁니다. 우리의 확신을 강하게 하고 그것을 안전하게 지키기 위해서 우리는 어떻게 해야 합니까?

1) 영혼을 강력하게 만들어 주는 방편들을 계속 고수하십시오.

여러분이 처음 확신을 얻게 되었던 방편과 방법들, 가령 기도와 성경 읽기, 설교 경청과 성찬 참여, 성도들과의 교제 등을 진지하고 성실하게, 부지런하고 지속적으로 사용하십시오. 거룩하고 천상적인 방편들을 성실하고 따뜻한 마음으로 활용하는 것은 확신을 유지할 뿐만 아니라, 확신을 증가시키고 강화시키는 일에도 복됩니다. 하나님의 길과 성소에 나타난 하나님의 임재는 당신이 죄와 허물로 죽어 있을 때에도 당신에게 놀라운 이적을 이루었습니다. 하물며 당신이 은혜로 말미암아 살아 있는 지금은 그것들이 당신에게 얼마나 더 놀라운 이적을 이루겠습니까?

확신을 강화하는 하나님의 방식을 자기 자신에게 적용하지 않는 사람은, 자신의 확신이 비록 완전히 소멸되지는 않았을지라도 약화되었다는 사실을 금방 깨닫게 될 것입니다. 자신이 너무 훌륭하기 때문에 하나님이 제정해 주신 여러 가지 규례에 힘써 참여하지 않아도 된다고 생각하는 사람은, 금방 확신이 점점 연약해질 것입니다.

이런 표현이 정확한 것인지는 모르겠습니다만, 가장 탁월했던 선지자들, 가장 빼어났던 사도들은 그리스도께서 제정해 주신 여러 가지 방편들과 보배로운 제도를 고수했습니다. 이것을 반드시 기억하십시오. 규례에 성실히 참여하지 않아도 얼마든지 잘 살 수 있다는 식으로 주제넘게 행동하는 사람들이 있습니다. 그러나 실상 그들은 규례에 참여하지 않기 때문에 그 삶이 잘못되어 있는 사람들입니다. 그들은 근거가 충분한 확신을 갖는다는 것이 얼마나 큰 은혜인지를 한 번도 경험해 본 적이 없거나 아니면 언젠가 얻었던 확신을 지금은 잃어버린 사람들입니다.

2) 여러분이 누리고 있는 신령하고도 영원한 특권들을 많이 묵상하십시오.

가령 하나님의 양자로 입양된 것, 의롭다 칭함을 받는 것, 하나님과 화해한 것 등과 같은 특권들을 많이 묵상하십시오(벧전 2:9 참고). 그렇게 하면 그러한 특권들에 대한 묵상이 여러분의 확신을 강화하고 유지하는 데 강력하게 기여한다는 사실을 체험적으로 깨닫게 될 것입니다. 이것을 게을리 하는 사람은 자기 머리 위의 해가 구름 뒤로 가려지는 것과 자신의 즐거운 노래 소리가 슬퍼하는 소리로 변하는 것, 자신의 음성이 애곡하는 사람들의 음성으로 변하는 것을 금방 알게 될 것입니다(욥 30:31 참고).

3) 여러분의 마음을 확신보다는 그리스도께 더 많이 쏟으십시오.

반드시 그렇게 하십시오. 햇살보다는 태양에, 시냇물보다는 수원에, 가지보다는 뿌리에, 결과보다는 원인에 더 마음을 쓰십시오. 확신도 감미롭지만 그리스도는 더욱 감미롭습니다(아 1:13 참고). 확신도 사랑스럽지만 그리스도는 더욱 사랑스럽습니다(아 5:16 참고). 확신도 보배롭지만 그리스도는 가장 보배롭습니다(잠 3:15 참고).

확신은 많은 위로와 즐거움을 안겨 주는 꽃임에 틀림없습니다. 그러나 그것은 꽃일 뿐입니다. 확신은 귀중한 상자임에 틀림없습니다. 그러나 그것은 상자일 뿐입니다. 확신은 금반지임에 틀림없습니다. 그러나 그것은 금반지일 뿐입니다. 뿌리에 비할 때 꽃이 뭐 그렇게 대단합니까? 상자에 들어가 있는 연고에 비할 때 상자 자체가 뭐 그렇게 대단합니까? 반지에 박혀 있는 진주에 비할 때 반지 자체가 뭐 그렇게 대단합니까? 확신도 마찬가지입니다. 그리스도에 비할 때 확신은 정말 아무것도 아닙니다.

그러므로 여러분의 눈과 마음을 가장 먼저, 가장 많이, 그리고 최종적으로 그리스도께 고정하십시오. 그렇게 하면 확신은 여러분이 어디를 가든지 함께할 것입니다. 그러나 그렇게 하지 않으면, 여러분은 곧바로 따뜻하던 여름 날씨가 추운 겨울 날씨로 바뀌어 있음을 알게 될 것입니다.

4) 여러분이 받은 은혜보다는 그리스도에게 마음을 더 많이 쏟으십시오.
반드시 그렇게 하십시오. 은혜가 영광스러운 피조물임에는 틀림없지만, 그래도 은혜는 한갓 피조물에 불과합니다. 그러므로 은혜를 바라보는 것은 얼마든지 괜찮은 일이지만, 여러분의 마음은 그리스도께 드리십시오. 반드시 그렇게 하십시오. 여러분의 마음을 그리스도께 드려야 합니다. 그리스도께서는 여러분이 받은 여러 가지 은혜가 자신과 경쟁하는 것을 결코 허용하시지 않습니다. 그리스도보다는 자신이 받은 은혜에 마음을 더 많이 쏟는 사람, 또는 자신의 마음의 왕좌에 그리스도와 더불어 자신이 받은 은혜를 세우는 사람은, 금방 그리스도의 얼굴과 은총을 잃어버리는 것이 무엇인지를 알게 될 것입니다.

여러분이 받은 은혜는 그리스도의 하인이요 하녀에 불과합니다. 여러분이 그것들을 바라볼 수는 있겠지만, 절대 그것들과 결혼해서는 안 됩니다. 이미 주인이신 그리스도와 결혼한 사람들이 그 주인의 하인인 여러 가지 은혜들과 더불어 결혼한다는 것은 주인이신 그리스도께 치욕을 드리는 일입니다. 여왕이 자기 수하에 있는 화려한 복장의 신복들을 바라보는 일은 얼마든지 가능하지만, 여왕이 의지하면서 살아야 하는 대상은 오직 왕뿐입니다. 부인은 자신이 낳은 사랑스러운 아기를 얼마든지 즐거워할 수 있지만, 오직 남편만을 의지하면서 살아야 하고, 자기 남편에게 마음을 가장 많이 쏟아야 합니다.

이와 마찬가지로 은혜로운 영혼들이 자신이 가지고 있는 은혜들을 얼마든지 바라볼 수는 있겠지만, 그들은 반드시 왕이신 예수님만 의지하고 살아야 합니다. 은혜로운 영혼들은 자신이 받은 은혜를 얼마든지 즐거워할 수 있지만, 그들은 반드시 왕이신 예수님을 의지하고 살아야 하며, 그리스도께 마음을 가장 많이 쏟아야 합니다. 그렇게 할 때 그리스도와 확신을 유지할 수 있습니다. 반면 이 규칙과 반대로 행하는 사람은 머지않아 자신이 그리스도와 확신을 모두 잃어버렸음을 알게 될 것입니다.

그리스도는 우리의 마음속에서 전부가 되시거나 아무것도 아닌 존재가 되시거나, 둘 중 하나이기를 원하십니다. 다시 말해서 그리스도는 만유 중의 만유이거나 전혀 아무것도 아닌 존재이거나, 둘 중 하나이기를 원하신다는 말입니다. 십자가에서 주님은 자신의 겉옷이 사람들의 손에 여러 조각으로 나뉘는 것을 묵인하셨습니다(요 19:23 참고). 그러나 주님은 자신의 왕관이 사람들의 손에 여러 조각으로 나뉘는 것은 결코 허용하시지 않습니다(사 42:8 참고).

5) 영혼이 온갖 유혹에 더욱 강하게 저항하도록 확신을 사용하십시오.

확신을 사용하여 부패한 본성으로부터 여러분의 영혼을 보호하십시오. 확신을 사용하여 여러분의 결심을 높이 세우십시오. 확신을 사용하여 여러분의 정서를 뜨겁게 하십시오. 확신을 사용하여 그리스도인으로서의 여러분의 행실을 향상시키십시오.

확신은 값비싼 진주입니다. 그러므로 누구든지 그것을 보존하고 싶은 사람은 반드시 그것을 잘 사용해야만 합니다. 우리의 체력을 유지하고 강화시키는 손쉬운 방법은 체력을 잘 사용하는 것입니다. 확신은 하나님께서 사람에게 맡기신 달란트 중에서도 가장 탁월하고 중요한 달란트입니다. 그러므로 누구든지 그것을 선하게 활용하고 사용하지 않는다면, 그것을 금방 잃어버리고 말 것입니다. 하나님은 그토록 귀중한 달란트가 녹스는 것을 결코 원하시지 않습니다(마 25:28 참고).

금을 얻고, 금을 걸고 다니십시오. 금을 활용하고, 금을 보존하십시오. 확신에 대해서도 똑같이 말할 수 있습니다. 확신을 얻고, 확신을 가지고 다니십시오. 확신을 활용하고, 확신을 보존하십시오.

원로원 의원 디오니시우스(Dionysius)는 막대한 양의 돈을 숨겨 놓고 쓰지 않는 어떤 사람에 대한 소식을 듣고, 그에게 그 돈을 모두 가져오라고 명령하면서 이를 조금이라도 어길 경우 죽을 것을 각오하라고 엄포를 놓았습니다. 그러자 그는 디오니시우스가 명령한 대로 가서 숨겨 놓았던 돈을 가져왔습니다. 그러나 숨겨 놓았던 돈을 전부 가져오지는 않았습니다. 대신 그 사람은 남겨 놓은 돈을 가지고 외국으로 가서 그곳에 눌러앉았습니다. 그리고 그곳에서 땅을 사서 사업을 시작했습니다. 이 소식이 디오니시우스의 귀에 들어갔습니다. 이 소식을 들은 디오니시우스는 전에 그에게서 빼앗은 돈을 모두 돌려보내며 다음과 같은 말을 전했습니다. "이제 그대가 어떻게 돈을 사용해야 하는지를 알게 되었으니, 이전에 그대에게서 빼앗았던 돈을 돌려보내노라."

제가 왜 이 예화를 여러분에게 말하는지는 여러분이 잘 알 것입니다.

6) 여러분이 섬기는 하나님과 겸손하게 동행하십시오.

하나님께서는 겸손한 사람의 마음을 자신의 거처로 삼으십니다.

"지극히 존귀하며 영원히 거하시며 거룩하다 이름하는 이가 이와 같이 말씀하시되, 내가 높고 거룩한 곳에 있으며, 또한 통회하고 마음이 겸손한 자와 함께 있나니, 이는 겸손한 자의 영을 소생시키며 통회하는 자의 마음을 소생시키려 함이라"(사 57:15).

가장 높은 하늘과 가장 겸손한 마음은 거룩하신 하나님께서 즐거이 거하시는 곳입니다. 여기에서 '(내가) 겸손한 자와 함께 있나니'라는 이 대목은 여러 가지 내용을 내포하고 있습니다.

첫째, 이것은 겸손한 사람들에 대한 하나님의 배려를 보여 줍니다.

둘째, 이것은 하나님께서 겸손한 사람들을 도와주시고 강하게 하신다는 것을 보여 줍니다.

셋째, 이것은 하나님의 보호를 보여 줍니다. '겸손한 자와 함께 있나니'라는 말은 겸손한 자를 지켜 주고 보호하시겠다는 뜻입니다(욥 22:29 참고).

넷째, 이것은 겸손한 사람들에 대한 하나님의 동정심을 보여 줍니다.

다섯째, 이것은 하나님께서 겸손한 사람들에게 적당한 모든 유익을 제공해 주신다는 것을 보여 줍니다(사 57:18, 63:9 참고).

여섯째, 이것은 하나님께서 겸손한 사람들의 마음과 정서를 다스리고 지배하신다는 것을 보여 줍니다.

일곱째, 이것은 하나님께서 겸손한 사람들을 가르치신다는 것을 보여 줍니다.

여덟째, 이것은 하나님께서 겸손한 사람들에게 자신을 더 선명하고 온전하고 크게 계시하고 전해 주신다는 것을 보여 줍니다(시 10:17, 25:9 참고).

하나님은 '(내가) 겸손한 자와 함께 있나니'라고 말씀하십니다. 다시 말하면, "내가 내 은혜와 내 영광을, 내 선함과 내 감미로움을, 내 인자함과 내 친절함을 겸손한 영혼들에게 더 풍부하고 풍성하게, 그리고 더 영광스럽게 나타내고 알리리라"라고 말씀하시는 것입니다.

겸손한 영혼들이여, 이제 제가 묻는 말에 대답해 보십시오. 하나님께서 이렇게 여러분과 함께 거하시는 것이 여러분의 확신을 강화하고 유지하는 데 크게 기여하지 않겠습니까?

"그러나 더욱 큰 은혜를 주시나니, 그러므로 일렀으되 하나님이 교만한 자를 물리치시고, 겸손한 자에게 은혜를 주신다 하였느니라"(약 4:6).

여기에서 '하나님이 교만한 자를 물리치시고'라는 말씀은 헬라어 원문에서 '하나님께서 교만한 자를 대항하여 스스로 전투 대형을 갖추시고'라는 의미의 강조적인 표현으로 되어 있습니다.

아무튼 겸손은 그 자체로 은혜인 동시에 은혜를 받을 수 있는 그릇이기도 합니다. 사람들이 빈 그릇에 물을 붓는 것처럼, 하나님께서도 겸손한 심령에 은혜를 부어 주십니다. 그런데 여러분이 은혜를 더 많이 받으면 받을수록, 여러분의 확신은 더욱더 강화되고 유지되게 되어 있습니다.

그러므로 이것을 반드시 기억하십시오. 겸손한 사람이 받는 긍휼은 가장 감미로운 긍휼이요, 가장 위대한 긍휼이며, 가장 크게 성장하고 번창하는 긍휼이요, 가장 복되고 거룩한 긍휼이며, 가장 오래 지속되고 영구적인 긍휼입니다. 그러므로 만일 여러분이 확신을 강화하고 유지하고 싶다면, 여러분의 하나님과 겸손히 동행하십시오. 다시 말하건대, 여러분의 하나님과 겸손히 동행하십시오. 겸손히 동행하십시오. 그렇게 하면 여러분은 죽을 때까지 확신이라는 면류관을 머리에 쓸 수 있을 것입니다.

7) 다른 성도들이 자신의 확신을 잃어버리게 된 원인인 구체적인 죄들을 경계하고 주의하십시오.

육신적인 신뢰와 안전감을 늘 주의하십시오. 다윗은 자신의 마음을 그런 죄로부터 지키지 않은 까닭에 귀한 확신을 잃어버렸습니다(시 30:6,7 참고). 그리고 거룩하고 신령한 것들에 대해 경박하고 부주의하며 나태한 정신을 주의하십시오. 아가서에 나오는 신부는 부주의한 정신 때문에 확신을 잃어버리고, 그리스도와의 감미로운 교제를 잃어버렸습니다(아 5:2,3,6 참고). 또한 하나님의 징계를 당할 때 완강하고 완고하게 버티는 정신을 갖지 않도록 주의하십시오(사 57:17 참고).

한마디로, 아담이 선악을 알게 하는 나무의 열매를 맛봄으로써 무엇을 잃어버리게 되었는지를 기억하고, 금단의 열매를 맛보지 마십시오.

8) 한번 잃어버린 확신을 회복하는 것이 얼마나 어려운지를 자주 진지하게 숙고하십시오.

한번 잃어버린 확신을 다시 찾기 위해서는 얼마나 많은 한숨과 신음, 탄식과 기도, 눈물과 비통함, 영혼의 출혈이 요구되는지요! 확신을 맨 처음 얻을 때에도 여러분은 큰 대가를 치렀습니다. 그러나 만일 여러분이 불행하게도 그 확신을 잃어버린다면, 그것을 다시 찾는 데는 더 많은 고통과 대가가 요구될 것입니다. 확신을 잃어버린 다음에 그것을 회복하는 것과 지금 가지고 있는 확신을 계속 유지하는 것, 이 두 가지 중에서 더 쉬운 것은 후자입니다. 무너진 집을 다시 일으켜 세우는 것보다는 집을 잘 수리해 가며 사는 편이 훨씬 더 쉽습니다.

9) 확신을 잃어버릴 경우 틀림없이 뒤따라오게 되어 있는 서글프고 통탄스러운 여러 가지 불행과 불편들을 엄숙하게 숙고하십시오.

그중에 몇 가지만 살펴보겠습니다.

첫째, 그리스도의 보배로운 것들이 이전에는 그렇게 감미로울 수 없었는데, 확신을 잃어버리고 나면 그것들도 이전처럼 그렇게 감미롭지 않을 것입니다.

둘째, 확신을 잃어버리면, 여러분은 이전과 같은 방식으로 경건한 의무들을 이행할 수 없게 될 것입니다. 이전처럼 열정적으로, 그리고 빈번하고 풍부하게, 신령하고 생생하고 즐겁게 경건한 의무들을 행하지 못할 것입니다.

셋째, 확신을 잃어버리면, 고난이 여러분을 이전보다 더 빨리 침몰시킬 것이고, 시험이 여러분을 이전보다 더 빨리 이길 것이며, 반대가 여러분을 이전보다 더 빨리 낙망시킬 것입니다.

넷째, 확신을 잃어버리면, 여러분이 받는 긍휼이 쓴맛을 낼 것이며, 여러분의 삶이 무거운 짐이 될 것이고, 사망이 여러분에게 두려운 존재가 될 것입니다. 여러분은 사는 것을 피곤하게 생각하면서도 죽는 것을 무서워하게 될 것입니다.

2. 어떻게 하면 확신을 잃어버리고도 영혼이 보존될 수 있는가

사람들이 자신의 확신을 유지하고 보존하기 위해서 마땅히 해야 하는 방식으로 주의를 기울이지 않고, 이런저런 이유로 자신이 한때 소유했던 복된 확신을 잃어버렸다면 어떻게 됩니까? 이렇게 확신을 잃어버리고 비참함에 빠진 영혼들이 어떻게 해야 기진맥진하지 않고 침몰하지 않으며 쇠약해지지 않고 보존될 수 있습니까?

1) 확신은 잃어버렸지만 하나님의 아들이라는 신분은 잃어버리지 않았다는 것을 숙고하십시오.

이전에 가졌던 확신을 잃어버린 사람들은, 자신이 비록 확신은 잃어버렸지만 하나님의 아들이라는 신분은 잃어버리지 않았다는 사실을 숙고함으로써, 기진맥진하고 침몰하는 것으로부터 보호받고 힘을 얻을 수 있습니다. 한번 하나님의 아들이 된 사람은 언제나 하나님의 아들이기 때문입니다(롬 8:15-17 참고). 여러분은 하나님의 아들입니다. 비록 낙심한 아들이기는 하지만 말입니다. 여러분은 하나님의 아들입니다. 비록 위로를 얻지 못하는 아들이기는 하지만 말입니다. 여러분은 하나님의 아들입니다. 비록 슬퍼하는 아들이기는 하지만 말입니다.

한번 하나님의 자녀가 된 사람은 언제나 하나님의 자녀입니다. 한번 하나님의 상속자가 된 사람은 언제나 하나님의 상속자입니다. 한번 하나님의 사랑을 받는 사람은 언제나 하나님의 사랑을 받는 사람입니다. 한번 행복한 사람은 언제나 행복한 사람입니다.

"내 집이 하나님 앞에 이같지 아니하냐? 하나님이 나와 더불어 영원한 언약을 세우사 만사에 구비하고 견고하게 하셨으니 나의 모든 구원과 나의 모든 소원을 어찌 이루지 아니하시랴?"(삼하 23:5)

다윗의 말은 다음과 같은 뜻을 담고 있습니다.

"내 자신이나 내 집은 하나님 앞에서 마땅한 대로 정확하고 완벽하게 행하지 못했다. 우리는 하나님과 맺은 언약을 파기했고, 하나님의 영광을 저해했으며, 하나님을 배신했다. 그런데도 하나님은 나와 영원한 언약을 세우셨고, 영원한 언약으로 자원하여 자신이 내 아버지가 되고 나는 자신의 아들이 될 것이라고 맹세하셨다. 바로 이것이 내 구원이요 내 영혼이 위로와 힘을 얻는 영원한 근거이다."

2) 영원한 행복과 복락이 확신에 달려 있지 않다는 것을 숙고하십시오.

이전에 가졌던 확신을 잃어버린 사람들은, 자신의 위로와 기쁨과 평안은 비록 확신에 의존하고 있지만, 자신의 영원한 행복과 복락은 확신에 달려 있지 않다는 사실을 숙고함으로써, 기진맥진하고 침몰하는 것으로부터 보호받고 힘을 얻을 수 있습니다. 만일 여러분의 영원한 행복과 복락이 여러분의 확신에 달려 있다면, 여러분은 하루에도 수십 번 행복과 불행 사이를 왔다 갔다 할 것입니다. 아니, 한 시간에도 여러 번 행복과 불행 사이를 왔다 갔다 할 것입니다.

여러분의 행복은 하나님과 여러분이 맺고 있는 연합과 교제, 그리고 여러분이 하나님의 소유라는 사실에 달려 있는 것입니다. 그것은 여러분이 하나님의 소유라는 사실을 여러분이 깨닫고 알고 있다는 것에 달려 있지 않습니다. 다만 여러분의 기쁨과 위로가 여러분이 하나님의 소유라는 사실을 여러분이 깨닫고 알고 있다는 것에 달려 있을 뿐입니다.

여러분의 영원한 행복은 여러분이 하나님의 소유라는 사실에 달려 있습니다. 어린아이의 행복은 그가 자기 아버지의 자식이라는 사실에 달려 있습니다. 한편 어린아이의 기쁨과 위로는 자신이 자기 아버지의 자식이라는 사실을 그 아이가 깨닫고 알고 있다는 것에 달려 있습니다. 주님과 성도들의 관계도 마찬가지입니다.

"이러한 백성은 복이 있나니, 여호와를 자기 하나님으로 삼는 백성은 복이 있도다"(시 144:15).

철학자들 사이에서도 행복에 관하여 이백여덟 가지의 견해가 있습니다. 행복의 관건이 무엇인지에 대해서는 철학자들마다 의견이 분분합니다. 그러나 성령과 하나님의 말씀은, 우리가 하나님과 하나가 되고 하나님과 친밀하며 하나님의 사랑을 받고 하나님을 닮을 때 행복해질 수 있다고 가르칩니다.

눈을 크게 뜨고 잘 보십시오. 성경은 비록 어떤 사람에게 확신이 없다 할지라도, 그가 하나님 안에 있다면 행복하다고 선언합니다.

"야곱의 하나님을 자기의 도움으로 삼으며, 여호와 자기 하나님에게 자기의 소망을 두는 자는 복이 있도다"(시 146:5).

또 성경은 비록 어떤 사람에게 지금 당장 확신이 없다 할지라도, 그가 하나님을 신뢰하고 있다면 행복하다고 선언합니다.

"여호와를 의지하는 자는 복이 있느니라"(잠 16:20).

또 성경은 비록 어떤 사람에게 하나님의 사랑에 대한 확신이 없다 할지라도, 그가 하나님을 경외하고 있다면 행복하다고 선언합니다.

"항상 경외하는 자는 복되거니와"(잠 28:14).

하나님을 경외하기 때문에 범죄하는 것을 두려워하는 사람, 하나님을 경외하기 때문에 불순종하는 것을 두려워하는 사람, 하나님을 경외하기 때문에 반역하는 것을 두려워하는 사람이 복되다는 것입니다. 또한 성경이 모든 곳에서 증언하고 있는 것처럼, 그리스도를 믿는 사람, 그리스도를 의지하고 신뢰하는 사람은 비록 확신이 없다 할지라도 행복한 사람입니다.

행복은 확신처럼 성령의 어떤 일시적인 역사에 달려 있는 것이 아니라, 좀 더 영구적이고 불변하는 성령의 역사에 달려 있습니다. 철학자들도 "나중에 비참해질 수 있는 사람은 결코 행복한 사람이 아니다"라고 말했습니다. 만일 사람의 영원한 행복이 행복할 것이라는 자신의 확신에 달려 있다면, 사람은 아침저녁으로 행복과 불행 사이를 왔다 갔다 할 것입니다. 페르시아 왕 크세르크세스의 선원처럼, 아침에 왕관을 머리에 쓰는 행복을 누리다가도 그날 저녁에 참수형을 당하게 될 것입니다.

그러나 성도의 상태는 언제나 행복합니다. 비록 자신이 행복하다는 것을 언제나 깨닫는 것은 아니지만 말입니다. 성도의 상태는 언제나 안전합니다. 비록 자신이 안전하다는 것을 언제나 깨닫는 것은 아니지만 말입니다. 비록 자기 자신이 그것을 항상 깨닫는 것은 아니지만, 언제나 행복하고 안전하다는 것, 바로 이것이 성도의 행복입니다.

3) 확신을 회복할 수 있다는 말씀을 숙고하십시오.

이전에 가졌던 확신을 잃어버린 사람들은, 확신을 다시 회복할 수 있다는 성경 말씀을 숙고함으로써, 기진맥진하여 침몰하는 것을 막을 수 있습니다. 확신을 잃어버리는 것은 영혼에게 일어날 수 있는 상실들 중에서 가장 심각하고 서글픈 것입니다. 그러나 다음에 열거하는 성경 구절들이 명확히 증언하는 것처럼, 잃어버린 확신을 얼마든지 회복할 수 있다는 사실을 숙고함으로써, 기진맥진하고 침몰하는 것으로부터 보호받고 힘을 얻을 수 있습니다. 시편 71편 20,21절, 42편 5,7,8절, 84편 11절, 이사야 54장 7,8절, 미가 7장 18,19절, 아가 3장 4절 등을 숙고하십시오. 과거에도 이런 사례들이 많이 있었을 뿐만 아니라 우리 시대에도 이런 사례들이 많이 있지 않습니까? 의심할 여지 없이 시온의 보배로운 아들과 딸 중에는 확신이라는 값비싼 진주를 잃어버렸다가 나중에 오랫동안 기다리고 눈물을 흘리며 씨름한 뒤에야 그것을 다시 찾은 사람들이 많이 있습니다.

한숨을 내쉬며 낙심하는 영혼들이여! 절대 용기를 잃지 마십시오. 세상 것을 잃어버렸을 때도 그것을 다시 찾을 수 있다는 사실은 사람들의 마음에 큰 힘을 줍니다. 영적인 것도 이와 같이 되지 말아야 할 이유가 전혀 없습니다.

4) 가장 탁월하고 고상한 성도들도 확신을 잃은 후에 다시 찾았다는 사실을 숙고하십시오.

다음에 나오는 성경 구절들을 비교해 보면 이 사실을 알 수 있습니다. 이 말씀들을 통해, 자신이 확신을 잃어버린 것처럼 이 세상의 가장 고상하고 탁월한 성도들도 확신을 잃어버렸었다는 사실을 진지하게 숙고함으로써, 기진맥진하고 침몰하는 것으로부터 보호받고 힘을 얻을 수 있을 것입니다. 시편 30편 6,7절, 51편 12절, 욥기 23장 8,9절, 이사야 8장 17절을 읽어 보십시오.

한때 이 세상에서 훌륭한 사람들이었으며 지금은 천국에서 영광의 왕들과 함께 개가를 부르고 있는 사람들도, 때때로 그들이 평소에 향유하던 하나님의 사랑과 은총에 대한 감미로운 확신과 인식을 잃어버렸습니다. 그러므로 낙심하거나 실망하지 마십시오. 이 세상에서 현세적인 시련을 당할 때 비슷한 시련을 당하는 사람들이 있다는 사실은 위로와 용기를 줍니다. 하물며 영적인 시련을 당할 때는 더욱더 그러할 것입니다(행 16장 참고).

5) 비록 확신을 잃어버렸을지라도 성령의 복된 역사와 감화력을 잃어버리지는 않았음을 숙고하십시오.

이전에 가졌던 감미로운 확신을 잃어버린 사람들의 심령을 지탱해 주는 다섯 번째 지지물은, 비록 자신이 확신을 잃어버렸다 할지라도 성령의 복된 역사와 감미로운 감화력은 잃어버리지 않았다는 사실을 스스로 기억하고 진지하게 숙고하는 것입니다. 눈으로 태양을 볼 수 없을 때도 태양의 온기와 열과 기운을 느낄 수 있습니다. 다윗은 확신을 잃어버렸습니다. 즉, 다윗은 태양을 눈으로 볼 수 없었습니다. 그러나 시편 51편에서 명확하게 드러나는 것처럼, 다윗은 자신의 마음속에서 확신의 온기와 기운을 누리고 있었습니다.

오, 그리스도인이여! 비록 지금은 태양이 구름 뒤에 가려져 있을지라도, 태양은 다시 그 모습을 드러낼 것이고, 그동안 태양의 온기와 기운이 여러분에게 있어 여러분을 도울 것입니다. 그러므로 소망이 없는 사람처럼 슬퍼하거나 애통해하지 마십시오. 지금 여러분의 마음에 임하는 공의로운 해의 따스한 기운은 그분이 이전과 같이 여러분에게 다시 빛을 발하며 미소 지으시리라는 것에 대한 분명한 증거입니다(시 42:11 참고). 그러므로 그대의 활을 풀지 마십시오.

6) 하나님을 온전히 향유함으로써 기뻐할 그날을 숙고하십시오.

이전에 가졌던 확신을 잃어버린 사람들은, 하루와 같이 짧은 시간이 흐르고 나면 하나님을 더욱 선명하고 온전하며 완벽하고 완전히 향유함으로써 현재 확신을 잃어버린 것을 만회할 수 있다는 사실을 진지하게 숙고함으로써, 기진맥진하고 침몰하는 것으로부터 보호받고 힘을 얻을 수 있습니다.

애통하고 있는 영혼이여! 머지않아 여러분의 태양은 다시 떠올라 영원히 지지 않을 것입니다. 여러분의 기쁨과 위로는 항상 푸르고 신선할 것입니다. 하나님께서 모든 측면에서 여러분을 위로하실 것입니다. 여러분에게 더 이상 밤은 없을 것입니다. 여러분은 언제나 하나님의 품 안에 거할 것입니다.

"내가 그의 길을 보았은즉 그를 고쳐 줄 것이라. 그를 인도하며 그와 그를 슬퍼하는 자들에게 위로를 다시 얻게 하리라. 입술의 열매를 창조하는 자 여호와가 말하노라. 먼 데 있는 자에게든지 가까운 데 있는 자에게든지 평강이 있을지어다. 평강이 있을지어다. 내가 그를 고치리라 하셨느니라"(사 57:18,19).

"우리에게 여러 가지 심한 고난을 보이신 주께서 우리를 다시 살리시며, 땅 깊은 곳에서 다시 이끌어 올리시리이다. 나를 더욱 창대하게 하시고 돌이키사, 나를 위로하소서"(시 71:20,21).

오, 어찌할 바를 몰라 당혹스러워하고 있는 영혼이여! 얼굴을 찡그리지 않고 만면에 웃음을 띨 수 있는 그날, 어둠이 하나도 없고 빛만 있는 그날, 물이 전혀 섞이지 않은 포도주를 마시게 되는 그날, 쓴맛이 전혀 없는 감미로움을 맛보는 그날, 슬픔을 전혀 모르고 기쁨만 누리게 되는 그날이 가까이 와 있습니다. 희년이 가까이 와 있습니다. 지금은 눈물을 흘리며 씨를 뿌리지만, 얼마 지나지 않아 기쁨으로 단을 거두게 될 것입니다. 그렇습니다. 그대는 머리 위에 영영한 희락을 띠고 기쁨과 즐거움을 얻으리니 슬픔과 탄식이 사라질 것입니다(사 35:10 참고).

3. 잃어버린 확신을 되찾기 위해 어떤 방편들을 사용해야 하는가

이 질문에 대해서 간략하게 대답하고 나서 결론을 내리고자 합니다.

1) 여러분에게서 확신을 빼앗아 간 죄, 바로 그 아간을 색출하기 위해 부지런히 노력하십시오.

하나님께서 여러분의 촛불을 끄고 정오에 여러분의 태양이 지게 하신 것은, 틀림없이 작은 결점 때문이 아니라 큰 죄 때문일 것입니다. 하나님께서 여러분이 입고 있던 예복을 벗기고 여러분의 머리에서 면류관을 벗기며 여러분을 천국에서 추방하신 것은, 틀림없이 여러분이 그동안 금단의 열매를 먹어 왔기 때문일 것입니다. 제가 여기서 '맛보았다'라고 말하지 않은 것에 주의하기 바랍니다. 그러므로 만일 여러분이 확신을 회복하고 싶다면, 여러분에게서 확신을 빼앗아 간 바로 그 죄, 바로 그 아간을 색출하기 위해서 부지런히 노력해야 합니다. 그러나 이것이 전부는 아닙니다.

2) 여러분의 낮을 밤으로 바꾸고, 여러분의 즐거움을 탄식으로 바꾼 그 아간, 바로 그 사악함에 대해서 깊이 눈물 흘리고 애통해하십시오.

다윗은 시편 51편에서 그렇게 하였습니다. 그리고 하나님은 그를 일으켜 세워 그에게 '구원의 즐거움'(12절)을 회복시켜 주셨습니다. 하나님은 여러분의 죄를 불쾌하게 여기십니다. 반면 하나님은 여러분의 눈물을 흡족하게 여기십니다. "통회하는 자의 마음을 소생시키려 함이라"(사 57:15)라는 말씀은 하나님의 약속입니다. 에덴동산에서 쫓겨난 아담이 에덴동산을 바라보며 자신의 타락을 진심으로 통회했다는 말이 있습니다.

확신을 잃어버린 영혼들이여! 하늘을 바라보며 여러분의 타락을 진심으로 통회하고, 확신을 잃어버린 것을 통회하십시오. 회개하는 눈물만큼 하나님의 마음을 감동시키는 것은 없습니다. 에브라임이 자신의 죄로 인해 눈물을 흘리자마자, 하나님의 긍휼히 여기는 마음이 그를 향하여 발동하였습니다. 하나님은 애통하며 탄식하는 에브라임이 자신의 아들이요 자신이 기뻐하는 자식이라는 것과 반드시 그를 불쌍히 여기리라는 것을 말하고 싶어하셨으며, 결국 참지 못하고 세상에 공포하시고 맙니다(렘 31:18-20 참고). "내가 반드시 그를 불쌍히 여기리라"(렘 31:20)는 대목을 히브리어 원문대로 보자면, "내가 그를 불쌍히 여기고 그를 불쌍히 여기리라" 또는 "내가 그를 풍성하게 불쌍히 여기리라"라는 표현으로 바꿀 수 있습니다.

우리의 마음이 전심으로 우리의 죄로 인해 슬퍼할 때, 하나님은 그와 같은 사랑으로 우리에게 역사하실 것입니다. 그리고 우리의 영혼에 더 이상 밤은 없을 것입니다. 하나님은 회개의 눈물에 젖어 자신의 죄를 통회하는 사람들이 슬픔에 빠져 헤어 나오지 못하도록 내버려 두시지 않습니다.

어떤 사람의 말에 따르면, 예루살렘이 멸망한 이후 유대인들 사이에는 한 가지 속담이 생겼다고 합니다. "기도의 문은 닫혀 있지만, 눈물의 문은 닫혀 있지 않다." 하나님은 약속을 통하여 스스로 맹세하시기를 "눈물을 흘리며 씨를 뿌리는 자는 기쁨으로 거두리로다"(시 126:5)라고 하셨습니다. 성도들의 눈물은 그 안에 일종의 전능한 능력이 있어서 하나님조차도 저항하실 수 없습니다.

"내가 네 기도를 들었고 네 눈물을 보았노라. 내가 너를 낫게 하리니, 네가 삼 일 만에 여호와의 성전에 올라가겠고"(왕하 20:5).

3) 낙심하여 주저앉아 있지 말고 힘차게 일어나 움직이십시오.

여러분이 얼마나 값비싼 진주를 잃어버렸는지 기억하고 회개하여 처음 행위를 찾으십시오(계 2:4,5 참고). 옛날에 하던 선한 행위, 곧 믿음과 묵상과 자기 점검과 기도와 말씀 경청과 애통에 다시 열심을 내기 시작하십시오. 인생을 다시 시작하십시오. 처음에 확신을 얻기 위해서 행했던 바로 그 일들을 다시 새롭게 시작하십시오.

가정에서 이행해야 하는 의무들을 이행하십시오. 공적인 규례에 적극 참여하십시오. 은밀하게 하나님을 섬기는 일을 많이 하십시오. 여러분 안에 있는 모든 선한 은사를 불러 일으키십시오. 여러분 안에 있는 모든 생명력을 상기시키십시오. 여러분 안에 있는 작은 불꽃이 활활 타오르게 될 때까지, 이런 일들을 쉬지 말고 계속하십시오. 여러분에게 있는 작은 것이 큰 것이 될 때까지, 이런 일들을 쉬지 말고 계속하십시오. 여러분이 가지고 있는 작은 돈이 큰 돈으로 불어날 때까지, 이런 일들을 쉬지 말고 계속하십시오.

하나님은 우리가 은혜의 방편들을 활용할 때 우리를 만나 주시고, 은혜의 방편들을 활용할 때 우리가 잃어버린 은혜를 다시 회복시켜 주실 것입니다(시 22:26 참고). 그러나 이것이 전부는 아닙니다.

4) 인내심을 가지고 주님을 기다리십시오.

다윗은 인내심을 가지고 하나님을 기다렸고, 마침내 하나님은 기가 막힐 웅덩이에서 그를 끌어 올리셨습니다. 소란과 혼미라는 웅덩이에서 그를 끌어 올리셨습니다. 그의 발을 반석 위에 두시고 그의 걸음을 견고하게 하셨습니다. 그리고 그의 입에 새 노래를 담아 주셨습니다(시 40:1-3 참고). 하나님은 기다리는 영혼을 한 번도 실망시키신 적이 없습니다. 앞으로도 하나님은 기다리는 영혼을 결코 실망시키지 않을 것입니다.

하나님은 자녀들의 인내심을 시험하기를 좋아하시지만, 그렇다고 그들이 인내할 수 없을 정도까지 시험하는 것을 좋아하시지는 않습니다. 그러므로 하나님은 자기 백성들과 영원히 다투시지 않으며, 끊임없이 노하시지도 않습니다. 자기 백성들이 낙심할까 염려하시기 때문입니다(사 57:16-19 참고).

확신은 기다릴 가치가 있는 보석입니다. 확신은 은혜의 문 앞에서 오랫동안 기다려 온 사람들에게만 주어지는 진주입니다. 확신은 끈질긴 기다림을 통해서만 얻을 수 있고, 그 후에야 머리에 쓸 수 있는 왕관입니다. 참을성 있게 기다릴 줄 모르는 사람들에게는 가장 작은 은혜라도 너무 아깝다는 것을 하나님은 알고 계십니다. 그러나 기다리는 사람들에게는 가장 큰 은혜라도 조금도 아깝다고 생각하시지 않습니다. 하나님의 약속이라는 유방은 기다리는 영혼에게 활짝 열려 있습니다(사 30:18, 64:4, 49:23 참고). 기다리는 영혼은 하나님으로부터 모든 것을 얻겠지만, 고집 세고 성급한 영혼은 하나님의 찌푸린 얼굴과 타격, 상처와 꺾인 뼈밖에 얻을 것이 없습니다.

슬픔에 잠긴 영혼들이여, 다음의 말씀들을 가슴에 고이 간직하고 살아가십시오.

"내가 너희를 고아와 같이 버려두지 아니하고 너희에게로 오리라"(요 14:18).

"너희에게 인내가 필요함은, 너희가 하나님의 뜻을 행한 후에 약속하신 것을 받기 위함이라. 잠시 잠깐 후면 오실 이가 오시리니, 지체하지 아니하시리라"(히 10:36,37).

5) 하나님께서 여러분의 문 앞에 가져다 놓으시는 위로를 거절하지 마십시오.

복음이 주는 강심제를 내버리지 않도록 주의하십시오. 아삽은 그러한 죄를 범했습니다.

"내 영혼이 위로받기를 거절하였도다"(시 77:2).

하나님께서 영혼에게 임하여 사랑을 베풀어 주시는데 영혼이 그것을 거부합니다. 하나님께서 임하여 영혼 앞에 위로의 약속들을 공표하시는데 영혼이 그것을 거들떠보지도 않습니다. 하나님께서 임하여 은혜의 부요함을 제시하시는데 영혼이 그것을 받아들이지 않습니다.

때때로 하나님의 위로를 전달해 주는 사람이 마음에 들지 않는다는 이유로 사람들은 하나님의 위로를 거절합니다. 그러나 이것을 잘 기억하십시오. 금을 준다고 하면, 사람들은 금을 주는 사람이 얼마나 위대한지, 아니면 얼마나 비천한지를 전혀 개의치 않습니다. 이와 마찬가지로 복음의 강심제와 위로를 우리에게 전달해 주는 사람이 누구인지를 상관해서는 안 됩니다. 어떤 사람들이 생각하는 것처럼 왕실의 혈통으로 태어난 선지자 이사야의 손을 통해서 그것이 전해지든지, 드고아의 목자 출신인 아모스의 손을 통해서 그것이 전해지든지 개의치 마십시오. 여러분 앞에 천상의 진수성찬이 차려져 있다면, 그것을 차려 주는 사람이 누구인지를 개의치 말고 음식을 맛있게 맛보고 배불리 먹는 것이 지혜로운 행동입니다. 그리고 그것이 여러분의 의무입니다.

3장

삶의 적용

지금까지 말한 것을 간략하게 적용하면서 마지막 결론을 맺고자 합니다.

1. 가진 확신에 대해 감사하라

여러분은 확신을 가지고 있습니다. 그렇다면 그것으로 말미암아 하나님께 감사하십시오. 확신은 하늘과 땅보다 더 가치 있는 보석입니다. 그러므로 하나님께 감사하십시오. 확신은 귀한 혈통을 가진 은혜입니다.

사람은 태어나면서부터 입에 혀를 가지고 태어납니다. 그러나 확신은 그렇지 않습니다. 태어나면서부터 확신을 가지고 태어나는 사람은 아무도 없습니다(약 1:17 참고). 확신은 특별한 은총입니다. 확신은 하나님께서 자신의 자녀들의 가슴에만 심어 주시는 천국의 꽃입니다. 확신은 받은 바 은혜를 감미롭게 해 주는 은혜입니다. 확신은 우리에게 있는 모든 은혜에 화관을 씌워 주는 은혜입니다.

확신은 쓴맛이 나는 모든 것을 감미롭게 만들며, 감미로운 모든 것을 더욱 감미롭게 만듭니다. 확신이 없는 사람은 즐거움을 거의 느끼지 못하고, 확신을 향유하는 사람은 아무런 부족함을 느끼지 못합니다. 그러므로 확신을 가지고 있으며 확신의 감미로움을 깨닫고 있는 여러분은 하나님께 감사드리십시오.

마케도니아의 필립 왕은 자신의 아들 알렉산더가 아리스토텔레스(Aristoteles)가 살고 있는 시대에 태어났다는 사실로 인해 매우 기뻐했다고 합니다. 그렇다면 여러분은, 주님께서 여러분의 머리에 세상의 모든 임금들이 쓰는 왕관보다 더 가치 있고 중요한 면류관, 곧 확신이라는 면류관을 씌워 주셨다는 사실로 말미암아 얼마나 더 기뻐해야 마땅하겠습니까?

2. 확신을 가졌다면 세상 사람들의 현세의 복락을 부러워하지 말라

만일 하나님께서 여러분에게 확고한 확신을 주셨다면, 세상 사람들의 현세적인 행복과 복락을 부러워하지 마십시오(시 37:17,18; 잠 23:17 참고). 잘 생각해 보십시오. 먼지를 태산과 같이 쌓아 놓는다 한들, 금을 태산과 같이 쌓아 놓은 것에 비할 때 무슨 가치가 있겠습니까? 길거리에 굴러다니는 돌이 진주 앞에서 무슨 가치를 가지겠습니까? 가시면류관이 금면류관 앞에서 무슨 가치가 있겠습니까? 확신 앞에서 이 세상의 모든 보화와 명예와 쾌락과 평판도 마찬가지입니다.

부러워하는 사람들은 부러움을 받는 사람들이 가지고 있는 장점의 분량만큼 고통을 겪습니다. 부러움은 부러워하는 사람의 기운을 정확하게 꺾어 버리고 괴로움을 줍니다.

이 세상 사람들은 선망의 대상이 아니라 동정의 대상입니다. 쇠창살 안에 갇혀 있는 죄수를 어느 누가 부러워하겠습니까? 형 집행을 눈앞에 두고 있는 범인을 어느 누가 부러워하겠습니까? 곧 매장될 시체를 어느 누가 부러워하겠습니까? 하나님께서는 당신에게 확신을 주심으로써 굉장히 많은 것을 당신에게 주셨습니다. 만일 하나님께서 당신에게 온 세상, 아니 천 개의 세상을 주셨다 할지라도, 확신을 통해서 주신 것에 비하면 그것들은 아무것도 아닙니다.

스페인 대사가 자신이 섬기는 왕은 '아주 굉장한 궁전을 소유한, 아주 굉장한 궁전을 소유한, 아주 굉장한 궁전을 소유한 왕'이라고 강조하면서 자랑하자, 프랑스 대사가 다음과 같이 응수했다고 합니다. "내가 섬기는 왕은 프랑스를 소유한, 프랑스를 소유한, 프랑스를 소유한 왕이라오." 프랑스 대사의 말인즉, 프랑스는 스페인 왕이 통치하는 모든 나라를 합쳐 놓은 가치만큼 가치 있는 나라라는 것입니다.

그리스도인들이여! 이 세상 사람들이 "오, 우리가 가지고 있는 부요함이여! 우리가 가지고 있는 명예여! 우리가 가지고 있는 높은 직위여!"라고 외칠 때, 여러분도 다음과 같이 외쳐야 합니다. "오, 확신이여! 확신이여! 확신이여!" 왜냐하면 세상에 속한 모든 부와 영광이 가지고 있는 것보다 더 큰 가치와 영광을 확신 안에서 발견할 수 있기 때문입니다. 그러므로 세상 사람들의 현세적인 번영과 행복을 부러워하지 마십시오.

3. 확신을 가졌다면 노예적 두려움에서 벗어나라

만일 하나님께서 여러분에게 확신을 주셨다면, 노예들이나 느끼는 두려움에 굴복하지 마십시오. 사람들의 조롱이나 비방을 두려워하지 마십시오. 궁핍한 생활을 하게 될 것이라고 두려워하지 마십시오. 하나님께서는 여러분에게 그리스도를 주셨습니다. 그런 하나님께서 여러분에게 작은 빵 한 조각을 아끼시겠습니까? 하나님께서는 여러분에게 면류관을 주셨습니다. 그런 하나님께서 여러분에게 생활에 필요한 작은 것들을 아끼시겠습니까?

확신은 은혜 중에서도 가장 귀한 은혜입니다. 하나님께서 어떤 사람에게 그런 확신을 주셨다면, 그들에게 그보다 덜한 은혜들을 아끼시겠습니까? 하나님은 절대 그렇게 하시지 않습니다. 죽음을 두려워하지 마십시오. 더 나은 생명에 대한 확신을 가지고 있는 여러분이 죽음을 두려워해야 할 이유가 무엇이겠습니까?

4. 확신을 가졌다면 의심의 끈을 끊으라

만일 하나님께서 여러분에게 영원한 행복과 복락에 대한 근거가 충분한 확신을 주셨다면, 하나님의 사랑에 대해서 더 이상 의심하지 마십시오. 하나님께서는 한 번 자신의 사랑을 확증해 보여 주신 사람들이 하나님의 사랑을 다시금 의심하는 것을 기뻐하시지 않습니다.

하나님께서 기대하시는 것이 있습니다. 곧 우리의 죄 때문에 우리를 향한 하나님의 사랑이 본질적으로 변하는 것이 아니듯이, 하나님의 가장 거친 섭리 때문에 하나님을 향한 우리의 생각이나 심정이 변하지 않기를 기대하십니다(시 89:30-35; 렘 31:3; 전 9:8 참고).

5. 확신을 가진 자는 거룩한 삶을 살라

만일 하나님께서 여러분에게 확신을 주셨다면, 거룩하게 살아가십시오. 천사처럼 살아가십시오. 여러분의 예복을 희고 순결하게 유지하십시오(계 3:4 참고). 한결같이 살아가십시오. 환히 빛나는 불빛이 되십시오(마 5:16 참고).

이 세상을 살아가는 동안에 여러분의 행복은 여러분의 거룩입니다. 그리고 천국에 가서 여러분의 행복은 여러분의 완전한 거룩입니다. 거룩은 행복과 조금도 다르지 않습니다. 다른 것이 있다면 오직 이름만 다를 뿐입니다. 거룩은 새싹으로 돋아난 행복이며, 행복은 활짝 핀 거룩입니다. 행복은 바로 거룩의 정수입니다. 어떤 사람이든 그 사람이 더욱 거룩할수록, 주님은 그 사람을 더 많이 사랑하십니다(요 14:21-23 참고).

어거스틴은 요한복음 1장 14절(말씀이 육신이 되어 우리 가운데 거하시매 우리가 그의 영광을 보니 아버지의 독생자의 영광이요 은혜와 진리가 충만하더라)에 대한 소책자에서 아주 탁월한 말을 했습니다. "하나님은 그 어떤 사람의 겸손함보다 그리스도의 겸손함을 더 크게 사랑하셨습니다. 왜냐하면 그리스도는 은혜와 진리에 관하여 다른 어떤 사람보다 더 완전했기 때문입니다."

철학자들도 의미 있는 말을 했습니다. "만일 신에게 미덕이 없다면, 신은 아무런 내용도 없는 이름뿐인 것이다." 거룩이 없는 우리의 모든 신앙고백도 마찬가지입니다. 거룩은 모든 신앙의 정수요 핵심 바로 그 자체입니다. 거룩은 영혼에 하나님이 새겨지고 인 쳐진 것입니다. 거룩은 그리스도의 형상이 마음에 새겨진 것입니다. 거룩은 우리의 빛이요 우리의 생명이며, 우리의 아름다움이요 우리의 영광이며, 우리의 기쁨이요 우리의 면류관이며, 우리의 천국이요 우리의 모든 것입니다.

거룩한 영혼은 살아 있을 때도 행복하고, 죽는 순간에도 복되며, 부활의 아침에 말할 수 없이 영광스러울 것입니다. 부활의 아침에 주님은 이렇게 선포하십니다.

"보라, 내가 여기에 있고,
내 거룩한 백성이 여기에 있도다.
그들은 내 기쁨이로다.
보라, 내가 여기에 있고,
내 거룩한 백성이 여기에 있도다.
그들은 내 면류관이로다.
그러므로 이 거룩한 백성들의 머리에
내가 영원히 없어지지 않는 면류관을 씌워 주리라."

주 예수여, 주님의 말씀대로 이루어지리이다. 아멘.

HEAVEN ON EARTH
A Treatise on Christian Assurance

잉글랜드 P&R 시리즈 13
지상에서 누리는 천국

지은이 | 토마스 브룩스
옮긴이 | 이태복

펴낸곳 | 지평서원
펴낸이 | 박명규

편 집 | 정 은, 이윤경, 김정은
마케팅 | 전두표

펴낸날 | 2001년 10월 27일 초판
　　　　2012년 6월 22일 개정판

서울 강남구 역삼동 684-26 지평빌딩 135-916
☎ 538-9640,1　Fax. 538-9642
등 록 | 1978. 3. 22. 제 1-129

값 20,000원
ISBN　978-89-6497-022-5-94230
ISBN　978-89-86681-78-9(세트)

메일주소　jipyung@jpbook.kr
홈페이지　www.jpbook.kr
페이스북　www.facebook.com/jipyung
트 위 터　@_jipyung